Musik und Erleuchtung

Der Weg der großen Meister

Ein Lesebuch

mit Texten und Zitaten zur Kunst

herausgegeben von

Klaus Derick Muthmann

Verlag Max Hieber
München

Inhaltsverzeichnis

Der Weg der Kunst

Lernen und Lehren

Interpretation und Praxis

Vorwort des Herausgebers

Dieses Buch ist eine Sammlung wesentlicher und wichtiger Aussagen über die abendländische Musikkultur, über die Meister, die diese Kultur geschaffen und die Interpreten, die sie weitergegeben haben. Es wurden Texte ausgewählt, die die Hintergründe und Voraussetzungen schöpferischer Arbeit beleuchten und die Hinweise geben auf das, was der »Weg der Kunst« unter den vielen menschlichen Bestrebungen ist.

Aus einer Vielzahl von Büchern wurden die wesentlichen, sozusagen inspirierten Stellen ausgewählt und in einem Buch zusammengefaßt, es werden Ausblicke in andere Künste und Kulturen geboten und Gebiete wie Esoterik und Psychologie berührt, um dem Leser einen möglichst weiten Gesichtskreis zu eröffnen und um ihm unterhaltsamen und abwechslungsreichen Stoff zu bieten. Viele dieser Texte befassen sich mit Themen des praktischen Musizierens, darunter wichtige Veröffentlichungen aus dem englischen Sprachbereich, deren einzigartige wissenschaftlich-praktische Klarheit sie zu wertvollen Hilfen für Lernende macht.

Es wurde darauf geachtet, daß neben den bedeutsamen Überlieferungen aus dem Leben der Komponisten auch über die Einzelphänomene der Musik und der Musikausübung – Haltung, Atmung, Bewegung, Ton, Intonation, Rhythmus, Zeitbehandlung, Dynamik, Form, Klang, Übungspraxis und die psychologischen Voraussetzungen – grundlegende Aussagen vorgelegt werden, die den interessierten Leser zu weiterführenden Studien anregen sollen.

Dieses Buch ist besonders für die heranwachsende Jugend gedacht, die Eindrücke von wirklichem Wert gewinnen soll, und die nun hier brauchbare Hinweise und Beispiele für das bekommen soll, was Kunst und schöpferisches Tun ist.

Über die eigentliche schöpferische Kraft, das »Geheimnisvolle« in der Kunst, das sich in den Meisterwerken kristallisiert hat, sind von den Künstlern nur wenige Äußerungen überliefert, eben weil ihre Aufgabe die Meisterung ihrer Kunst war. Dichter, Philosophen, Psychologen, Ärzte und Mystiker haben sich aber auch für diesen Bereich interessiert und ihn in ihre Untersuchungen und Deutungen eingeschlossen. Interessante Zeugnisse aus diesem Kreis sind in unserem Buch enthalten.

Die vorliegende Anthologie wurde sorgfältig zusammengestellt und enthält eine große Zahl von Texten, die zum ersten Mal in deutscher Sprache erscheinen, auch vieles aus Büchern, die lange vergriffen sind, oder Texte, die an versteckten Stellen stehen, jedes Kapitel wird abgerundet durch Aphorismen.

Es wird heute oft von Meditationsmusik gesprochen: Die Werke der großen Meister sind Musik, die durch Meditation geschaffen wurde und die wiederum zur Meditation führt. Musik ist nicht einfach Ton, Rhythmus, Klang und Bewegung, sondern sie bedient sich dieser Elemente in einer sublimen Sprache (wie jedes echte Mantra oder Gebet auch), mechanische Wiederholung oder verstandesmäßige Kalkulation führen nicht zu den Höhen großer Musik, sondern nur das »aufrichtige« Erlernen der Sprache, die die Meister uns vorgesprochen haben.

Aus vielen dieser Zeugnisse geht hervor, wie die Menschen vorgegangen sind, um auf dem Weg der Kunst weiterzukommen: hingebungsvolle, geduldige Arbeit in der vorgefundenen Materie hat Erleuchtung und Einfall herbeigezogen, und die Meisterwerke hätten ohne Offenheit gegenüber dem noch gestaltlosen höheren Bewußtsein nicht empfangen werden können. Das große Kunstwerk ist gekennzeichnet durch Freiheit von verstandesmäßiger Einwirkung, nicht durch der Mode unterworfenes Material, auch haben in vergangenen Kulturen oftmals tausend Jahre nicht ausgereicht, die Möglichkeiten eines Stiles auszuschöpfen.

In unserer Auswahl fehlen manche Namen, weil zitierbare Texte fehlen; die Bilder sind so ausgewählt, daß sie in Tätigkeit und Haltung der Musiker Einblick geben; es wurde Wert gelegt auf möglichst originale Zitate ohne Deutung; abschließende oder einführende Texte des Herausgebers sind nur dann hinzugefügt worden, wenn sie zum Verständnis notwendig waren.

Der Leser soll sich von Widersprüchen in diesen Aussagen nicht begrenzen lassen, er soll die ihnen innewohnende Harmonie selbst entdecken und er soll Anregungen empfangen für einen Weg, der sinnvoll ist.
Warngau, den 15. August 1984

Klaus Derick Muthmann

Schöpfung und Form

Die Werkstatt der Komponisten

Ferdinand Olivier

Was Schönheit wird genannt im Erdentale,
Was in die Seele Wonneschauer gießet,
Was sich im Hyazinthenkelch erschließet
Und golden glüht am blauen Sternensaale,–

Es ist der Glanz und Widerschein vom Strahle
Der aus der holden Gottesstadt entsprießet
Und liebend auf die Welt herniederfließet
Im Lobgesange himmlischer Chorale.

Zum Prisma wird auch manches Herz erhoben,
Daß sich in ihm der heil'ge Schimmer breche,
Verherrlicht in bunten Farbentönen;

Den Strahl, den unsichtbaren, der von oben
Sich naht, gestaltet's um, damit er spreche
Vom Vaterhause zu den Erdensöhnen.

Johann Sebastian Bach

1685–1750

Der Generalbaß

Der Generalbaß ist das vollkommenste Fundament der Musik, welcher mit beiden Händen gespielet wird, dergestalt, daß die linke Hand die vorgeschriebenen Noten spielet, die rechte Hand aber Kon- und Dissonanzen dazu greift, damit dieses eine wohlklingende Harmonie gebe zur Ehre Gottes und zulässiger Ergötzung des Gemüts, und soll, wie aller Musik, also auch des Generalbasses Finis und Endursache anders nicht als nur zu Gottes Ehre und Rekreation des Gemüts sein. Wo dieses nicht in acht genommen wird, da ist's keine eigentliche Musik, sondern ein teuflisches Geplärr und Geleier.

Bach als Lehrer

Nur derjenige, welcher viel weiß, kann viel lehren. Nur derjenige, welcher Gefahren kennengelernt, selbst ausgestanden und überwunden hat, kann sie gehörig bemerklich machen und seine Nachfolger mit Erfolg belehren, wie ihnen ausgewichen werden müsse. Beides vereinigte sich bei Bach. Sein Unterricht wurde dadurch der lehrreichste, zweckmäßigste und sicherste, den es je gegeben hat, und alle seine Schüler traten, wenigstens in irgendeinem Zweig der Kunst, in die Fußstapfen ihres großen Meisters, obgleich keiner ihn erreichte und noch viel weniger übertraf.

Ich will zuerst etwas über seinen Unterricht im Spielen sagen. Das erste, was er hierbei tat, war, seine Schüler die ihm eigene Art des Anschlags zu lehren. Zu diesem Behufe mußten sie mehrere Monate hindurch nichts als einzelne Sätze für alle Finger beider Hände mit steter Rücksicht auf diesen deutlichen und sauberen Anschlag üben. Unter einigen Monaten konnte keiner von diesen Übungen loskommen, und seiner Überzeugung nach hätten sie wenigstens sechs bis zwölf Monate lang fortgesetzt werden müssen. – Fand sich aber, daß irgendeinem derselben nach einigen Monaten die Geduld ausgehen wollte, so war er so gefällig, kleine zusammenhängende Stücke vorzuschreiben, worin jene Übungssätze in

Verbindung gebracht waren. Von dieser Art sind die sechs kleinen Präludien für Anfänger und noch mehr die fünfzehn zweistimmigen Inventionen. Beide schrieb er in den Stunden des Unterrichts selbst nieder und nahm dabei bloß auf das gegenwärtige Bedürfnis des Schülers Rücksicht. In der Folge hat er sie aber in schöne, ausdrucksvolle kleine Kunstwerke umgeschaffen. Mit dieser Fingerübung entweder in einzelnen Sätzen oder in den dazu eingerichteten kleinen Stücken war die Übung aller Manieren (Verzierungen) in beiden Händen verbunden.

Hierauf führte er seine Schüler sogleich an seine eigenen größeren Arbeiten, an welchen sie, wie er recht gut wußte, ihre Kräfte am besten üben konnten. Um ihnen die Schwierigkeiten zu erleichtern, bediente er sich eines vortrefflichen Mittels, nämlich: er spielte ihnen das Stück, welches sie einüben sollten, selbst erst im Zusammenhange vor und sagte dann: »So muß es klingen!«

Man kann sich kaum vorstellen, mit wie vielen Vorteilen diese Methode verbunden ist. – Wenn durch das Vergnügen, ein solches Stück in seinem wahren Charakter zusammenhängend vortragen zu hören, auch nur der Eifer und die Lust des Schülers angefeuert würde, so wäre der Nutzen schon groß genug. Allein dadurch, daß der Schüler nun auch auf einmal einen Begriff bekommt, wie das Stück eigentlich klingen muß und welchen Grad von Vollkommenheit er zu erstreben hat, wird der Nutzen noch ungleich größer. Denn sowohl das eine als das andere kann der Schüler ohne ein solches Erleichterungsmittel nur nach und nach, so wie er die mechanischen Schwierigkeiten allmählich überwindet, und vielleicht doch nur sehr unvollkommen kennen und fühlen lernen. Überdies ist nun der Verstand mit in das Spiel gezogen worden, unter dessen Leitung die Finger weit besser gehorchen, als sie ohne dieselbe vermögen würden. Kurz, dem Schüler schwebt nun ein Ideal vor, welches den Fingern die im gegebenen Stücke liegenden Schwierigkeiten erleichtert, und mancher junge Klavierspieler, der kaum nach Jahren einen Sinn in ein solches Stück zu bringen weiß, würde es vielleicht in einem Monat recht gut gelernt haben, wenn es ihm nur ein einziges Mal im gehörigen Zusammenhange und in gehöriger Vollkommenheit vorgespielt worden wäre.

So zweckmäßig und sicher Bachs Lehrart im Spielen war, so war sie es auch in der Komposition. Den Anfang machte er nicht mit trockenen, zu nichts führenden Kompositionen, wie es zu seiner Zeit von anderen Musiklehrern geschah; noch weniger hielt er seine Schüler mit Berechnungen der Tonverhältnisse auf, die nach seiner Meinung nicht für den Komponisten, sondern für den bloßen Theoretiker und Instrumentenmacher gehörten. Er ging sogleich an den reinen vierstimmigen Generalbaß und drang dabei sehr auf das Aussetzen der Stimmen, weil dadurch der Begriff von der reinen Fortschreitung der Harmonie am anschaulichsten gemacht wird. – Hierauf ging er an Choräle. Bei diesen Übungen setzte er selbst anfänglich die Bässe und ließ von den Schülern nur den Alt und Tenor dazu erfinden. Nach und nach ließ er sie auch die Bässe machen. Überall sah er nicht nur auf die höchste Reinheit der Harmonie an sich, sondern auch auf natürlichen Zusammenhang und fließenden Gesang aller einzelnen Stimmen. Was für Muster er selbst in dieser Art geliefert hat, weiß jeder Kenner; seine Mittelstimmen sind oft so sangbar, daß sie als Oberstimmen gebraucht werden könnten. – Nach solchen Vorzügen mußten auch seine Schüler in diesen Übungen streben, und ehe sie nicht einen hohen Grad von Vollkommenheit hierin erreicht hatten, hielt er es nicht für ratsam, sie eigene Erfindungen versuchen zu lassen. Ihr Gefühl für Reinheit, Ordnung und Zusammenhang in den Stimmen mußte erst an anderen Erfindungen geschärft und gleichsam zu einer Gewohnheit werden, ehe er ihnen zutraute, dieselben Eigenschaften ihren eigenen Erfindungen geben zu können.

Überdies setzte er bei allen seinen Kompositionsschülern die Fähigkeit, musikalisch denken zu können, voraus. Wer diese nicht hatte, erhielt von ihm den aufrichtigen Rat, mit der Komposition sich nicht zu beschäftigen. Daher fing er auch sowohl mit seinen Söhnen als auch mit anderen Schülern das Kompositionsstudium nicht eher an, bis er Versuche von ihnen gesehen hatte, worin er diese Fähigkeit oder das, was man musikalisches Genie nennt, zu bemerken glaubte.

Wenn sodann die schon erwähnten Vorbereitungen in der Harmonie geendigt waren, nahm er die Lehre von den Fugen vor und machte mit zweistimmigen den Anfang usw. In allen diesen und anderen Kompositionsübungen hielt er seine Schüler strenge an: 1. Ohne Klavier, aus freiem Geiste zu komponieren; diejenigen, welche es anders machen wollten, schalt er »Klavierritter«. 2. Ein stetes Augenmerk sowohl auf den Zusammenhang jeder einzelnen Stimme für und in sich als auch auf ihr Verhältnis gegen die mit ihr verbundenen und zugleich fortlaufenden Stimmen zu haben.

Keine, auch nicht eine Mittelstimme durfte abbrechen, ehe das, was sie zu sagen hatte, vollständig gesagt war. Jeder Ton mußte eine Beziehung auf einen vorhergehenden haben. Erschien einer, dem nicht anzusehen war, woher er kam oder wohin er wollte, so wurde er als ein Verdächtiger ohne Anstand verwiesen. Dieser hohe Grad von Genauigkeit in der Behandlung jeder einzelnen Stimme ist es eben, was die Bachische Harmonie zu einer vielfachen Melodie macht. Das unordentliche Untereinanderwerfen der Stimmen, so daß ein Ton, welcher in den Tenor gehört, nun in den Alt geworfen wird, und umgekehrt, ferner das unzeitige Einfallen mehrerer Töne bei einzelnen Harmonien, die, wie vom Himmel gefallen, die angenommene Anzahl der Stimmen auf einer einzelnen Stelle plötzlich vermehren, auf der folgenden Stelle aber wieder verschwinden und auf keine Weise zum Ganzen gehören; kurz, das, was Bach mit dem Worte »mantschen« (sudeln, Töne und Stimmen unordentlich durcheinandermengen) bezeichnet haben soll, findet sich weder bei ihm selbst noch bei irgendeinem seiner Schüler.

Bach sah seine Stimmen gleichsam als Personen an, die sich wie eine geschlossene Gesellschaft miteinander unterredeten. Waren ihrer drei, so konnte jede derselben bisweilen schweigen und den anderen so lange zuhören, bis sie selbst wiederum etwas Zweckmäßiges zu sagen hatte. Kamen aber auf einmal mitten in der besten Unterredung ein paar unberufene und unbescheidene fremde Töne in ihre Mitte gestürzt und wollten ein Wort, vielleicht gar nur eine Silbe eines Wortes, ohne Verstand und Beruf mit einsprechen, so hielt dies Bach für eine große Unordnung und bedeutete seinen Schüler, daß sie nie zu gestatten sei.

Bei aller Strenge dieser Art gestattete er dennoch auf einer anderen Seite seinen Schülern große Freiheiten. Sie durften im Gebrauch der Intervalle, in den Wendungen der Melodie und Harmonie alles wagen, was sie wollten und konnten, nur mußte nichts vorkommen, was dem musikalischen Wohlklang oder der völlig richtigen, unzweideutigen Darstellung des inneren Sinns, um dessentwillen alle Reinheit der Harmonie gesucht wird, nachteilig sein konnte. So wie er selbst hierin alle Möglichkeiten versucht hat, so sah er es auch gerne, wenn seine Schüler es taten.

Andere Kompositionslehrer vor ihm, wie zum Beispiel Bernardi, Bononcini und Fux, gestatteten nicht so viele Freiheiten. Sie waren bange, daß ihre Schüler dadurch in Gefahren verwickelt werden möchten, veranlaßten aber dadurch offenbar, daß sie auch nie Gefahren überwinden lernten. – Die Lehrart Bachs ist daher gewiß zweckmäßiger und führt weiter. Auch schränkt er sich überhaupt nicht, so wie seine Vorgänger, bloß auf den reinen Satz ein, sondern nimmt überall Rücksicht auf die noch übrigen Erfordernisse einer wirklich guten Komposition, nämlich auf Einheit des Charakters durch ein ganzes Stück, auf Verschiedenheit des Stils, auf den Rhythmus, auf Melodie, etc. Wer die Bachische Lehrmethode in der

Komposition nach ihrem Umfange kennenlernen will, findet sie in Kirnbergers »Kunst des reinen Satzes« hinlänglich erläutert.

Endlich durften seine Schüler, solange sie unter seiner musikalischen Aufsicht standen, außer seinen eigenen Kompositionen, nichts als klassische Kunstwerke studieren und kennenlernen. Der Verstand, durch welchen das wahre Gute erst erkannt wird, entwickelt sich später als das Gefühl; nicht zu gedenken, daß auch selbst dieses durch häufige Beschäftigung mit unechter Kunst irregemacht und verwöhnt werden kann. Gewöhnung an das Gute ist daher die beste Lehrart für die Jugend. Die Begriffe davon folgen mit der Zeit nach und können dann die Anhänglichkeit an lauter echte Kunstwerke immer mehr befestigen.

Alle seine Schüler sind bei dieser so vortrefflichen Lehrart ausgezeichnete Künstler geworden, obgleich einer mehr als der andere, je nachdem einer entweder früher in seine Schule kam oder in der Folge Aufmunterung und Veranlassung zu fernerer Ausbildung und Anwendung des von ihm erhaltenen Unterrichts fand. Seine beiden ältesten Söhne, Wilhelm Friedemann und Carl Philipp Emanuel, sind indessen doch die ausgezeichnetsten unter ihnen geworden, gewiß nicht, weil er ihnen besseren Unterricht als seinen übrigen Schülern erteilt hat, sondern weil sie schon von ihrer ersten Jugend an Gelegenheit hatten, im väterlichen Hause nichts als gute Musik zu hören.

(J. N. Forkel)

Dort (in Berka) war mir zuerst bei vollkommener Gemütsruhe und ohne äußere Zerstreuung ein Begriff von Eurem Großmeister geworden. Ich sprach mir's aus: als wenn die ewige Harmonie sich mit sich selbst unterhielte, wie sich's etwa in Gottes Busen, kurz vor der Weltschöpfung, möchte zugetragen haben. So bewegte sich's auch in meinem Innern, und es war mir, als wenn ich weder Ohren, am wenigsten Augen, und weiter keine übrigen Sinne besäße noch brauchte.

(Johann Wolfgang Goethe)

Georg Friedrich Händel

1685–1759

Außer dem Deutschen, seiner Muttersprache, war er vertraut mit dem Englischen und beherrschte Latein, Französisch und Italienisch; er hatte Geschmack an der Malerei gefunden, den er während seines Aufenthaltes in Italien vervollkommnete, und er fand großes Vergnügen daran, Kunstwerke zu betrachten. Seine größte Freude jedoch erwuchs ihm aus seiner eigenen Kunst, und er erlebte die höchste Befriedigung seiner religiösen Gefühle, wenn er auf der Orgel der St.-Paul-Kathedrale spielte. Er erklärte in Unterhaltungen öfter, welch hohes Glück es ihm bereite, Worte der Heiligen Schrift in Musik zu setzen, und welches Maß an Erbauung er erlebe bei der Betrachtung der erhabenen Gedanken, die in der Heiligen Schrift enthalten sind.

Aus dem gleichen Motiv besuchte er regelmäßig den Gottesdienst in seiner Pfarrkirche nahe Hannover Square, wo seine andächtige fromme Haltung, sein Ernst in Stimme und Geste, womit er sein Glaubensbekenntnis sprach, seine Sünden bekannte und den Schöpfer um Vergebung bat, außerordentlich ergreifend waren.

(William Coxe)

Joseph Haydn
1732–1809

Obwohl mehr ernster, ruhiger Gemütsart, liebte es Haydn, dem Gespräch eine launige Wendung zu geben und gelegentlich auch eine heitere Anekdote einzuflechten. Seine natürliche Bescheidenheit ließ es nicht zu, daß die mächtigsten Triebfedern, die ihn beseelten, Ehre und Ruhm, bei ihm in Ehrsucht ausarteten. Er betrachtete sein Talent nicht als sein eigenes Werk, sondern als ein Geschenk des Himmels, dem er sich dankbar bezeigen zu müssen glaubte, womit auch seine Religiosität im Einklang stand.

Für diese zeugt auch ein Bericht des deutschen Liederkomponisten Johann Abraham Peter Schulz (1747–1800), der Haydn 1770 in Esterhaz besuchte. Als er dem Komponisten sein Erstaunen aussprach, über die große Zahl der von ihm geschaffenen Werke und ihn fragte, wie ihm das möglich sei, antwortete Haydn: »Ja, sehen Sie, ich stehe früh auf, und sobald ich mich angekleidet habe, falle ich auf die Knie und bete zu Gott und zur heiligen Jungfrau, daß es mir heute wieder gelingen möchte. – Habe ich dann gefrühstückt, so setze ich mich ans Klavier und fange an zu suchen. Finde ich bald etwas, dann geht es auch ohne viele Mühe leicht weiter. Will es aber nicht vorwärts, dann sehe ich, daß ich die Gnade durch einen Fehltritt verwirkt habe, und dann bete ich wieder so lange um Gnade, bis ich fühle, daß mir verziehen ist.«

(Carl Ferdinand Pohl)

»Haben Sie«, fragte ich Haydn, »sich je ein System oder Regeln gemacht, mit deren Hilfe Sie den Beifall des Publikums zu erzwingen wußten?« – Haydn schwieg. – Ich fuhr daher in meiner Rede fort: »Sie wissen«, sagte ich, »daß unsere Philosophen alles zergliedern und mit dem ›Es gefällt‹ so lange nicht zufrieden sind, bis sie die Ursache gefunden, *warum* es gefällt. Haben sie die Ursache entdeckt, so kennen sie die Bestandteile des Schönen und können dasselbe unter Regeln bringen, die in dem Fall, wo einer die Absicht hat, etwas hervorzubringen, das gefallen soll, auf das strengste beobachtet werden müssen.«

Haydn antwortete: »Daran habe ich im Feuer der Komposition nie gedacht. Ich schrieb, was mich gut dünkte und berichtigte es nachher nach den Gesetzen der Harmonie. Andere Kunstgriffe habe ich nie gebraucht. – Ein paar Mal nahm ich mir die Freiheit, zwar nicht das Ohr, aber doch die gewöhnlichen Regeln der Lehrbücher zu beleidigen, und unterschrieb die Stellen mit den Worten ›con licenza‹. – Man schrie laut: ›Ein Fehler!‹ und wollte es aus dem Fux (Verfasser des berühmten Lehrbuchs ›Gradus ad Parnassum‹) beweisen. – Ich fragte meine Gegner, ob sie nach dem Gehör beweisen könnten, daß es ein Fehler sei. Sie mußten mit Nein antworten.«

»Auch mein Ohr«, fuhr Haydn fort, »hört in jenen Stellen keine Fehler, vielmehr glaube ich, etwas Schönes zu hören. Darum bat ich um Erlaubnis, mich gegen die Regel versündigen zu dürfen.«

(A. Chr. Dies)

Ich war auch nie so fromm, als während der Zeit, da ich an der »Schöpfung« arbeitete. Täglich fiel ich auf meine Knie nieder und bat Gott, daß er mir Kraft zur glücklichen Ausführung dieses Werkes verleihen möchte. – Bald war ich eiskalt am ganzen Leibe, bald überfiel mich eine glühende Hitze, und ich befürchtete mehr als einmal, plötzlich vom Schlage gerührt zu werden. – Erst als ich zur Hälfte in meiner Komposition vorgerückt war, merkte ich, daß sie geraten wäre.

(G. A. Griesinger)

Ordnungsliebe schien Haydn so sehr angeboren zu sein als der Fleiß. Erstere bemerkt man, wie auch die Liebe zur Reinlichkeit, an seiner Person und im ganzen Hauswesen. Er nahm zum Beispiel nie Besuche an, wenn er nicht zuvor ganz angekleidet war. Wurde er von einem Freunde überrascht, so suchte er wenigstens so viel Zeit zu gewinnen, um die Perücke noch aufsetzen zu können.

Aus Liebe zur Ordnung hatte er seine Studier- und Geschäftsstunden genau bestimmt, und er sah es ungern, wenn die Notwendigkeit ihn zu einer Abänderung zwang. – Die Verteilung der Stunden und die daraus entspringende Ordnung möchte einigen meiner Leser maschinenmäßig vorkommen. Wenn sie aber an die vielen Geistesprodukte denken, die aus Haydns Feder flossen, so werden sie gestehen, daß Haydn nur seine Zeit weise verwendet habe. Er hatte seinen Körper beobachtet und wußte, was er ihm zumuten dürfe. – Müßig konnte er nicht sein, Abwechslung vergnügte ihn, Ordnung war ihm zur Natur geworden. So entstand seine Tagesordnung.

Haydn stand in der wärmeren Jahreszeit um halb sieben Uhr auf und barbierte sich sogleich, welches er bis in sein dreiundsiebzigstes Jahr von keiner fremden Hand tun ließ. Dann kleidete er sich ganz an. – War während des Ankleidens ein Schüler gegenwärtig, so mußte derselbe die ihm aufgegebene Lektion auf dem Klavier spielen. Die Fehler wurden angemerkt, darüber grammatische Belehrung erteilt und dann eine neue Aufgabe für die nächste Lektion gegeben.

Um acht Uhr nahm Haydn sein Frühmahl. Gleich nachher setzte er sich an das Klavier und phantasierte so lange, bis er zu seiner Absicht dienende Gedanken fand, die er sogleich zu Papier brachte. So entstanden die ersten Skizzen von seinen Kompositionen.

Um halb zwölf Uhr nahm er Besuche an, oder er machte einen Spaziergang und gab selbst Besuche.

Die Stunde von zwei bis drei war zum Mittagessen bestimmt. Nach Tische nahm er immer eine kleine häusliche Beschäftigung vor, oder er ging in seine Bibliothek und nahm ein Buch zum Lesen.

Um vier Uhr ging er wieder an die musikalische Beschäftigung. Er nahm dann die des Morgens entworfene Skizze und setzte sie in Partitur, wozu er drei bis vier Stunden verwendete. Um acht Uhr abends ging er gewöhnlich aus, kam aber um neun Uhr wieder nach Hause und setzte sich entweder zum Partiturschreiben oder nahm wieder ein Buch und las bis zehn Uhr.

Die Zeit um zehn Uhr abends war zum Nachtessen bestimmt. – Haydn hatte sich ein Gesetz darausgemacht, abends nichts anderes als Wein und Brot zu genießen, welches er nur dann und wann übertrat, wenn er irgendwo zum Nachtessen eingeladen war. – Bei Tische liebte er ein scherzhaftes Gespräch und überhaupt eine muntere Unterhaltung.

Um halb zwölf Uhr ging er zu Bette, in seinem Alter auch noch später.

Die Winterszeit machte im ganzen keinen Unterschied in der Tagesordnung, als daß Haydn morgens eine halbe Stunde später aufstand; alles übrige blieb wie im Sommer.

Im hohen Alter, vorzüglich in den letzten fünf bis sechs Jahren seines Lebens, zerstörten körperliche Schwäche und Krankheiten die oben beschriebene Ordnung. Der tätige Mann konnte sich endlich nicht mehr beschäftigen. Auch hatte er sich in dieser Epoche an eine halbstündige Nachmittagsruhe gewöhnt.

»Beschäftigung *muß* ich haben. – Gewöhnlich verfolgen mich musikalische Ideen bis zur Marter. Ich kann sie nicht loswerden, sie stehen wie Mauern vor mir. Ist es ein Allegro, das mich verfolgt, dann schlägt mein

Puls immer stärker, ich kann keinen Schlaf finden. Ist es ein Adagio, dann bemerke ich, daß der Puls langsamer schlägt. Die Phantasie spielt mich, als wäre ich ein Klavier.«...

»*Ich bin wirklich ein lebendiges Klavier!* Schon seit mehreren Tagen spielt es in mir ein altes Lied in e-minor, das ich in meiner Jugend oft gespielt habe: ›O Herr, wie lieb ich Dich von Herzen!‹ – Wo ich gehe und stehe, überall hör' ich's. Aber kurios, wenn es mich so innerlich quält und nichts helfen will, um die Qual loszuwerden und mir fällt nur mein Lied ein: ›Gott erhalte Franz den Kaiser!‹, dann wird mir leichter, es hilft.«

(A. Chr. Dies)

W. A. Mozart

1756–1791

Aus Briefen und Gesprächen

Wenn man den Geist dazu hat, so drückt's und quält's einem: Man muß es machen, und man macht's auch und fragt nicht darum. Aus Büchern lernen: Schauen's, das ist alles wieder nichts. Hier, hier und hier (auf Ohr, Kopf und Herz zeigend) ist Ihre Schule. Ist's da richtig, dann in Gottes Namen, die Feder in die Hand und steht's da, hernach einen verständigen Mann darüber befragt.

*

Hinschmieren könnte ich freilich den ganzen Tag fort, aber so eine Sache kommt in die Welt hinaus, und da will ich halt, daß ich mich nicht schämen darf, wenn mein Name drauf steht.

*

Etwa auf Reisen im Wagen oder nach guter Mahlzeit beim Spazieren, und in der Nacht, wenn ich nicht schlafen kann, da kommen mir die Gedanken stromweis und am besten.

*

Die mir nun gefallen, die behalte ich im Kopf und summe sie wohl auch für mich hin, wie mir andere wenigstens gesagt haben. Halt ich das nun fest, so kömmt mir bald eins nach dem anderen bei, wozu ein Brocken zu brauchen wäre, um eine Pastete daraus zu machen, nach Kontrapunkt, nach Klang der verschiedenen Instrumente usw. Das erhitzt mir nun die Seele, wenn ich nämlich nicht gestört werde; da wird es immer größer, und ich breite es immer weiter und heller aus, und das Ding wird im Kopf wahrlich fast fertig, wenn es auch lang ist, so daß ich's hernach mit einem Blick gleichsam wie ein schönes Bild oder einen hübschen Menschen im Geist übersehe, und es auch gar nicht nacheinander, wie es hernach kömmen muß, in der Einbildung höre, sondern wie gleich alles zusammen. Das ist nun ein Schmaus! Alles das Finden und Machen geht in mir nun wie in einem schönen starken Traum vor. Aber das Überhören, so alles zusammen, ist doch das Beste.

*

Wie nun aber über dem Arbeiten meine Sachen überhaupt eben die Gestalt oder Manier annehmen, daß sie Mozartisch sind und nicht in der Manier eines anderen, das wird halt eben zugehen, wie daß meine Nase ebenso groß und herausgebogen, daß sie Mozartisch und nicht wie bei anderen Leuten geworden ist. Denn ich lege es nicht auf die Besonderheit an. Wüßte die meine auch nicht einmal näher zu beschreiben; es ist aber wohl bloß natürlich, daß die Leute, die wirklich ein Aussehen haben, auch verschieden voneinander aussehn, wie von außen, so von innen. Wenigstens weiß ich, daß ich mir das Eine so wenig als das Andere gegeben habe.

Aus frühen Biographien

Aber eben dieser immer zerstreute, immer tändelnde Mensch schien ein ganz anderes, schien ein höheres Wesen zu werden, sobald er sich an das Klavier setzte. Dann spannte sich sein Geist, und seine Aufmerksamkeit richtete sich ungeteilt auf den einen Gegenstand, für den er geboren war, auf die Harmonien der Töne. Auch bey der vollständigsten Musik bemerkte er den kleinsten Mißton, und sagte zugleich mit treffender Genauigkeit, auf welchem Instrumente der Fehler gemacht worden sey und welcher Ton es eigentlich hätte seyn sollen. Selbst seine Hände hatten eine so feste Richtung für das Klavier, daß er selten und nur mit äußerster Mühe und Furcht im Stande war, sich bey Tische das Fleich zu schneiden; gewöhnlich bat er seine Frau um diese Gefälligkeit. Über das kleinste Geräusch bey der Musik geriet der sonst so sanfte Mann in den lebhaftesten Unwillen.

Die Musik machte das Hauptgeschäft seines Lebens und zugleich seine angenehmste Erholung aus. Nie, auch in seiner frühesten Jugend nicht, brauchte man ihn zum Spielen anzuhalten; vielmehr mußte man zu verhüten suchen, daß er sich nicht darüber vergaß und seiner Gesundheit schadete. Von seiner Kindheit an spielte er am liebsten bey der Nacht;

wenn er sich Abends um 9 Uhr an das Klavier setzte, so brachte man ihn sicher vor Mitternacht nicht wieder davon weg, und auch dann mußte man ihn noch halb zwingen; sonst würde er die ganze Nacht fort phantasirt haben. Früh von 6 oder 7 Uhr an bis 10 Uhr componirte er, und zwar mehrentheils im Bette; dann setzte er den ganzen Tag nichts mehr, ausgenommen, wenn etwas Dringendes zu verfertigen war.

(Friedrich Schlichtegroll)

Die Körperbildung dieses außerordentlichen Menschen hatte nichts Auszeichnendes; er war klein, sein Angesicht angenehm, aber, wenn man das große, feurige Auge ausnimmt, kündigte es die Größe seines Genies auf den ersten Anblick nicht an.

Der Blick schien unstet und zerstreut, außer wenn er bey dem Klavier saß; da änderte sich sein ganzes Antlitz! Ernst und versammelt ruhte dann sein Auge; auf jeder Muskelbewegung drückte sich die Empfindung aus, welche er durch sein Spiel vortrug und in dem Zuhörer so mächtig wieder zu erwecken vermochte.

Er hatte kleine schöne Hände; bey dem Klavierspielen wußte er sie so sanft und natürlich an der Klaviatur zu bewegen, daß sich das Auge daran nicht minder, als das Ohr an den Tönen ergötzen mußte. Auch darin zeichnete sich also Mozart von den tummelnden Kraftgenies unserer Tage aus!

Der kleine Wuchs seines Körpers kam von seiner frühen Geistesanstrengung her, und von dem Mangel an freyer Bewegung in der Zeit seiner Kindheit. Er war zwar von schönen Eltern erzeugt und selbst ein schönes Kind gewesen; aber von dem 6ten Lebensjahre an war er an eine sitzende Lebensweise gebunden; um diese Zeit fing er schon an zu schreiben! Und wie viel hat der Mann nicht in seinem Leben geschrieben? Da Mozart bekanntermaßen in der Nacht am liebsten spielte und komponierte und die Arbeit oft dringend war: so kann sich jeder vorstellen, wie sehr ein so fein organisierter Körper darunter leiden mußte! Sein früher Tod, *(wenn er ja nicht auch künstlich befördert war)*, muß diesen Ursachen hauptsächlich zugeschrieben werden.

Er ließ sich dann auf allgemeines Verlangen in einer großen musikalischen Akademie im Operntheater auf dem Pianoforte hören. Nie sah man noch das Theater so voll Menschen, als bey dieser Gelegenheit; nie ein stärkeres, einstimmigeres Entzücken, als sein göttliches Spiel erweckte. Wir wußten in der That nicht, was wir mehr bewundern sollten, ob die *außerordentliche* Komposition, oder das *außerordentliche* Spiel; beydes zusammen bewirkte einen Totaleindruck auf unsere Seelen, welcher einer süßen Bezauberung glich! Aber dieser Zustand lösete sich dann, als Mozart zu Ende der Akademie allein auf dem Pianoforte mehr als eine halbe Stunde phantasirte und unser Entzücken auf den höchsten Grad gespannt hatte, in laute überströmende Beyfallsäußerung auf. Und in der That übertraf dieses Phantasiren alles, was man sich vom Klavierspiele vorstellen konnte, da der höchste Grad der Kompositionskunst mit der vollkommensten Fertigkeit im Spiele vereinigt ward. Gewiß, so wie diese Akademie für die Prager die einzige ihrer Art war, so zählte Mozart diesen Tag zu den schönsten seines Lebens.

Sein Spiel auf dem Pianoforte fand zuerst Bewunderer und Liebhaber; denn obschon Wien mehrere große Meister dieses Instrumentes, des Lieblinges des Publikums zählte, so kam doch keiner unserm Mozart gleich. Eine bewundernswürdige Geschwindigkeit, die man besonders in Rücksicht der linken Hand oder des Basses einzig nennen konnte, Feinheit und Delikatesse, der schönste, redendeste Ausdruck und ein Gefühl, das unwiderstehlich zum Herzen drang, sind die Vorzüge seines Spieles gewesen, die gepaart mit seiner Gedankenfülle, mit der tiefen Kenntniß der Komposition natürlich jeden Hörer hinreißen, und Mozarten zu dem größten Klavierspieler seiner Zeit erheben mußten.

Mozart schrieb alles mit einer Leichtigkeit und Geschwindigkeit, die wohl beym ersten Anblick Flüchtigkeit oder Eile scheinen konnte; auch kam er nie während des Schreibens zum Klavier. Seine Imagination stellte ihm das ganze Werk, wenn es empfangen war, deutlich und lebhaft dar. Die große Kenntniß des Satzes erleichterte ihm den Ueberblick der gesamten Harmonie. Selten trift man in seinen Konzeptpartituren ausgebesserte oder überstrichene Stellen an. Daraus folgt nicht, daß er seine Arbeiten nur hingeworfen habe. In seinem Kopfe lag das Werk immer schon vollendet, ehe er sich zum Schreibpulte setzte. Wenn er den Text zu einer Singkomposition bekam, so ging er lange Zeit damit herum dachte sich ganz hinein, und erregte die Thätigkeit seiner Phantasie. Bey dem Klavier arbeitete er dann die Gedanken vollständig aus; und nun erst setzte er sich zum Schreiben hin. Daher war ihm das Schreiben eine leichte Arbeit, wobey er oft scherzte und tändelte. Es ist schon oben gesagt worden, daß er auch in seinen Mannsjahren halbe Nächte bey dem Klavier zubrachte, dieß waren eigentlich die *Schöpferstunden* seiner himmlischen Gesänge! Bey der schweigenden Ruhe der Nacht, wo kein Gegenstand die Sinne fesselt, entglühete seine Einbildungskraft zu der regesten Thätigkeit, und entfaltete den ganzen Reichthum der Töne, welchen die Natur in seinen Geist gelegt hatte. Hier war *Mozart ganz* Empfindung und Wohllaut – hier floßen von seinen Fingern die wunderbarsten Harmonien! *Wer Mozart in solchen Stunden hörte, der nur kannte die Tiefe, den ganzen Umfang seines musikalischen Genies: frey und unabhängig von jeder Rücksicht durfte da sein Geist mit kühnen Fluge sich in die höchsten Regionen der Kunst schwingen.* In solchen Stunden der dichterischen Laune schuf sich Mozart unerschöpflichen Vorrath; daraus ordnete und bildete er dann mit leichter Hand seine unsterblichen Werke.

(Franz Xaver Niemetschek)

Sie (Mozarts Frau) sagte uns, daß Mozart ihr jede fertiggestelle Oper brachte und sie bat, sie zu lernen. Er spielte und sang sie dann mit ihr, so daß sie nicht nur die Musik, sondern auch die Texte auswendig kannte, aber besonders eine Arie aus »Idomeneo« hörte er gerne von ihr und darum war sie auch Madames Lieblingsarie, »Se il Padre perdei«. Die glücklichste Zeit seines Lebens waren die Tage, da er in München »Idomeneo« schrieb. Darum bewahrte er diesem Werk eine besondere Vorliebe.

Frage: *Sang und spielte er viel? Welche Stücke spielte er am häufigsten und phantasierte er, wenn er allein war? Welche besonderen Eigenheiten hatte sein Spiel?*

Er spielte privat nicht viel und phantasierte manchmal, wenn er mit ihr allein war. Oft spielte er ihr die Lieder vor, die sie lernen sollte. Er liebte es auch nicht, vor Fremden zu spielen; wenn er aber wußte, daß sie ein gutes Urteil hatten, tat er sein Bestes, um ihren Beifall zu erringen.

Frage: *Saß er am Instrument, wenn er komponierte und versuchte er manche Stellen, wenn sie ihm gerade einfielen, oder schrieb er ein Stück erst nieder, wenn es in seinem Kopf ganz fertig war, und schrieb er es gleich in Partitur? Mußte er beim Komponieren allein sein oder konnte er sich so absondern, daß auch viele Anwesende ihn nicht störten?*

Er trat selten an das Instrument, wenn er komponierte. Er konnte beim Komponieren aufstehen und im Zimmer auf- und abgehen, unberührt von allem, was um ihn her vorging. Er konnte dann bei ihr niedersitzen, sie um Tinte und Papier bitten und sagen: »Ma chere femme, ayez la bonté de me dire de quoi on a parlé«. Dann konnte er an ihrer Seite schreiben, während sie zu ihm sprach, ohne daß die Konversation ihn am Arbeiten störte.

Wenn irgendeine große Konzeption in seinem Geiste entstand, war er völlig wie abwesend, ging in der Wohnung auf und nieder und wußte nicht, was um ihn her vorging. Sobald aber in seinem Kopfe alles fertig war, brauchte er kein Pianoforte, sondern nahm Tinte und Papier und sagte zu ihr, während er schrieb: »Nun, liebes Weib, sei so gut und sage mir, wovon die Rede war« und die Unterhaltung störte ihn durchaus nicht, »was mehr ist«, fügte sie hinzu, »als ich mit dem gewöhnlichsten Brief tun kann«.

Seine Stimme war ein Tenor, sehr leise im Sprechen und zart im Singen, aber wenn ihn etwas erregte oder er die Stimme heben mußte, war sie stark und energisch. Sein gewöhnlicher Ausruf war »Saperlott!«, und gelegentlich konnte er mit dem Fuß stampfen, wenn er ungeduldig oder im Orchester nicht alles richtig war. Sie war mit ihm in der »Entführung«, als das Orchester das Tempo eines Stückes zu schnell nahm; da wurde er sehr ungeduldig und schrie das Orchester an, ohne die Zuhörer zu fürchten oder sich ihrer Anwesenheit inne zu werden.

Es war nicht schwer, ihn zufriedenzustellen, und er war nicht wählerisch in bezug auf »les plaisirs de la table«… sie hatte nie ernstlichen Streit mit ihm – er war von so milder Veranlagung, daß man nicht mit ihm streiten konnte… einmal sagte er, sein Glück sei zu groß um dauerhaft zu sein.

Sie erzählte, daß sie beide nach ihrer Heirat zu Besuch nach Salzburg kamen und das Quartett »Andro ramingo« (aus »Idomeneo«) sangen. Da wurde er von einer Gemütsbewegung so übermannt, daß er in Tränen ausbrach und das Zimmer verlassen mußte, und es dauerte lange, ehe ihn beruhigen konnte.

Er liebte alle seine Opern, wenn sie vollendet waren und sagte oft: »Ich werde damit nicht viel Geld verdienen, aber ich bin zufrieden, und das ist meine Belohnung«. Er wurde oft aufgefordert, etwas für das Volk zu schreiben, aber er lehnte es immer ab – »Ich kann nur schreiben, was mir selbst gefällt.«

Mozart las gerne und kannte Shakespeare in der deutschen Übersetzung.

Die Witwe sagte mir, daß die Orgel Mozarts Lieblingsinstrument gewesen sei – er spielte sie mit unvergleichlicher Fertigkeit.

Es ist offenbar, daß Überarbeitung den frühen Tod Mozarts herbeigeführt hat. Er konnte sich nie ganz von seinen musikalischen Gedanken losreißen. Er spielte sehr gern Billard, aber er komponierte während des Spiels, und wenn er sich mit seinen Freunden unterhielt, arbeitete doch sein Geist fort.

Not und Pflicht erzeugten diese Gewohnheit, die seinen Körper erschöpfte und seinen Tod herbeigeführt haben würde, hätte ihn nicht das Fieber plötzlich dahingerafft.

Madame bestätigte, daß sie die ganze Nacht bei ihm saß, während er die Ouvertüre zu »Don Giovanni« schrieb. Er komponierte oft bis 2 Uhr und stand um 4 Uhr morgens auf, eine Anstrengung, die zu seinem Tode beitrug.

(Vincent und Mary Novello)

Ludwig van Beethoven
1770–1827

Aus den Briefen von Bettina von Arnim an Goethe

Das ganze menschliche Treiben geht wie ein Uhrwerk an ihm auf und nieder, er allein erzeugt frei aus sich das Ungeahnte, Unerschaffne, was sollte diesem auch der Verkehr mit der Welt, der schon vor Sonnenaufgang am heiligen Tagwerk ist und nach Sonnenuntergang kaum um sich sieht, der seines Leibes Nahrung vergißt und von dem Strom der Begeisterung im Flug an den Ufern des flachen Alltagslebens vorübergetragen wird; er selber sagte: »Wenn ich die Augen aufschlage, so muß ich seufzen, denn was ich sehe, ist gegen meine Religion, und die Welt muß ich verachten, die nicht ahnt, daß Musik höhere Offenbarung ist als alle Weisheit und Philosophie, sie ist der Wein, der zu neuen Erzeugungen begeistert, und ich bin der Bacchus, der für die Menschen diesen herrlichen Wein keltert und sie geistestrunken macht, wenn sie dann wieder nüchtern sind, dann haben sie allerlei gefischt, was sie mit aufs Trockne bringen. – Keinen Freund hab' ich, ich muß mit mir allein leben; ich weiß aber wohl, daß Gott mir näher ist wie den andern in meiner Kunst, ich gehe ohne Furcht mit ihm um, ich hab' ihn jedesmal erkannt und verstanden, mir ist auch gar nicht bange um meine Musik, die kann kein bös Schicksal haben, wem sie sich verständlich macht, der muß frei werden von all' dem Elend, womit sich die andern schleppen.«

Man fürchtete sich, mich zu ihm zu führen, ich mußte ihn allein aufsuchen; er hat drei Wohnungen, in denen er abwechselnd sich versteckt, eine auf dem Lande, eine in der Stadt und die dritte auf der Bastei, da fand ich ihn im dritten Stock; unangemeldet trat ich ein, er saß am Klavier*. Ich nannte meinen Namen, er war sehr freundlich und fragte: ob ich ein Lied hören wolle, was er eben komponiert habe. – Dann sang er scharf und schneidend, daß die Wehmut auf den Hörer zurückwirkte: Kennst du das Land? – »Nicht wahr, es ist schön«, sagte er begeistert, »wunderschön! Ich will's noch einmal singen.« Er freute sich über meinen heitern Beifall. »Die meisten Menschen sind gerührt über etwas Gutes, das sind aber keine Künstlernaturen, Künstler sind feurig, die weinen nicht«, sagte er.

Dann sang er noch ein Lied von Dir, das er auch in diesen Tagen komponiert hatte: Trocknet nicht, Tränen der ewigen Liebe!

Er begleitete mich nach Hause, und unterwegs sprach er eben das viele Schöne über die Kunst, dabei sprach er so laut und blieb auf der Straße stehen, daß Mut dazu gehörte, zuzuhören, er sprach mit großer Leidenschaft und viel zu überraschend, als daß ich nicht auch der Straße vergessen hätte; man war sehr verwundert, ihn mit mir in eine große Gesellschaft, die bei uns zum Diner war, eintreten zu sehen. Nach Tisch setzte er sich unaufgefordert ans Instrument und spielte lange und wunderbar, sein Stolz fermentierte zugleich mit seinem Genie; in solcher Aufregung erzeugt sein Geist das Unbegreifliche, und seine Finger leisten das Unmögliche. – Seitdem kommt er alle Tage, oder ich gehe zu ihm. Darüber versäume ich Gesellschaften, Galerien, Theater und sogar den Stephansturm. Beethoven sagt: »Ach, was wollen Sie da sehen! Ich werde Sie abholen, wir gehen gegen Abend durch die Allee von Schönbrunn.« Gestern ging ich mit ihm in einen herrlichen Garten, in voller Blüte, alle Treibhäuser offen, der Duft war betäubend; Beethoven blieb in der drückenden Sonnenhitze stehen und sagte: »Goethes Gedichte behaupten nicht allein durch den Inhalt, auch durch den Rhythmus eine große Gewalt über mich, ich werde gestimmt und aufgeregt zum Komponieren durch diese Sprache, die wie durch Geister zu höherer Ordnung sich aufbaut und das Geheimnis der Harmonien schon in sich trägt. Da muß ich denn von dem Brennpunkt der Begeisterung die Melodie nach allen Seiten hin ausladen, ich verfolge sie, hole sie mit Leidenschaft wieder ein, ich sehe sie dahinfließen, in der Masse verschiedener Aufregungen verschwinden, bald erfasse ich sie mit erneuter Leidenschaft, ich kann mich nicht von ihr trennen, ich muß mit raschem Entzücken in allen Modulationen sie vervielfältigen, und im letzten Augenblick, da triumphiere ich über den ersten musikalischen Gedanken, sehen Sie, das ist eine Sinfonie; ja, Musik ist so recht die Vermittlung des geistigen Lebens zum sinnlichen.

Ich möchte mit Goethe hierüber sprechen, ob der mich verstehen würde? – Melodie ist das sinnliche Leben der Poesie. Wird nicht der geistige Inhalt eines Gedichts zum sinnlichen Gefühl durch die Melodie? – Empfindet man nicht in dem Lied der Mignon ihre ganze sinnliche Stimmung durch die Melodie? Und erregt diese Empfindung nicht wieder zu neuen Erzeugungen? – Da will der Geist zu schrankenloser Allgemeinheit sich ausdehnen, wo alles in allem sich bildet zum Bett der Gefühle, die aus dem einfachen musikalischen Gedanken entspringen, und die sonst ungeahnt verhallen würden; das ist Harmonie, das spricht sich in meinen Sinfonien aus, der Schmelz vielseitiger Formen wogt dahin in einem Bett bis zum Ziel. Da fühlt man denn wohl, daß ein Ewiges, Unendliches, nie ganz zu Umfassendes in allem Geistigen liege, und obschon ich bei meinen Werken immer die Empfindung des Gelingens habe, so fühle ich einen ewigen Hunger, was mir eben erschöpft schien mit dem letzten Paukenschlag, mit dem ich meinen Genuß, meine musikalische Überzeugung den Zuhörern einkeilte, wie ein Kind von neuem anzufangen. Sprechen Sie dem Goethe von mir, sagen Sie ihm, er soll meine Sinfonien hören, da wird er mir recht geben, daß Musik der einzige unverkörperte Eingang in eine höhere Welt des Wissens ist, die wohl den Menschen umfaßt, daß er aber nicht sie zu fassen vermag.

Es gehört Rhythmus des Geistes dazu, um Musik in ihrer Wesenheit zu fassen, sie gibt Ahnung, Inspiration himmlischer Wissenschaften, und was der Geist sinnlich von ihr empfindet, das ist die Verkörperung geistiger Erkenntnis. – Obschon die Geister von ihr leben, wie man von der Luft lebt, so ist es noch ein anderes, sie mit dem Geiste begreifen; – je mehr aber die Seele ihre sinnliche Nahrung aus ihr schöpft, je reifer wird der Geist zum glücklichen Einverständnis mit ihr. – Aber wenige gelangen dazu, denn so wie Tausende sich um der Liebe willen vermählen und die Liebe in diesen Tausenden sich nicht einmal offenbart, obschon sie alle das Handwerk der Liebe treiben, so treiben Tausende einen Verkehr mit der Musik und haben doch ihre Offenbarung nicht. Auch ihr liegen die hohen Zeichen des Moralsinns zugrunde wie jeder Kunst, alle echte Erfindung ist ein moralischer Fortschritt. – Sich selbst ihren unerforschlichen Gesetzen unterwerfen, vermöge dieser Gesetze den eigenen Geist bändigen und lenken, daß er ihre Offenbarungen ausströme, das ist das isolierende Prinzip der Kunst; von ihrer Offenbarung aufgelöst werden, das ist die Hingebung an das Göttliche, das in Ruhe seine Herrschaft an dem Rasen ungebändigter Kräfte übt und so der Phantasie die höchste Wirksamkeit verleiht. So vertritt die Kunst allemal die Gottheit, und das menschliche Verhältnis zu ihr ist Religion; was wir durch die Kunst erwerben, das ist von Gott, göttliche Eingebung, die den menschlichen Befähigungen ein Ziel steckt, das er erreicht.

Wir wissen nicht, was uns Erkenntnis verleiht; das fest verschlossene Samenkorn bedarf des feuchten, elektrisch warmen Bodens, um zu treiben, zu denken, sich auszusprechen. Musik ist der elektrische Boden, in dem der Geist lebt, denkt, erfindet. Philosophie ist ein Niederschlag ihres elektrischen Geistes; ihre Bedürftigkeit, die alles auf ein Urprinzip gründen will, wird durch sie gehoben, und obschon der Geist dessen nicht mächtig ist, was er durch sie erzeugt, so ist er doch glückselig in dieser Erzeugung, und so ist jede echte Erzeugung der Kunst unabhängig, mächtiger als der Künstler selbst, und kehrt durch ihre Erscheinung zum Göttlichen zurück und hängt nur darin mit dem Menschen zusammen, daß sie Zeugnis gibt von der Vermittlung des Göttlichen in ihm.

Musik gibt dem Geist die Beziehung zur Harmonie. Ein Gedanke, abgesondert, hat doch das Gefühl der Gesamtheit der Verwandtschaft im Geist; so ist jeder Gedanke in der Musik, in innigster, unteilbarster Verwandtschaft mit der Gesamtheit der Harmonie die Einheit.

Alles Elektrische regt den Geist zu musikalischer, fließender, ausströmender Erzeugung.

Ich bin elektrischer Natur. – Ich muß abbrechen mit meiner unerweislichen Weisheit, sonst möchte ich die Probe versäumen, schreiben Sie an Goethe von mir, wenn Sie mich verstehen, aber verantworten kann ich nichts und will mich auch gern belehren lassen von ihm.«

Ich versprach ihm, so gut ich's begreife, Dir alles zu schreiben. – Er führte mich zu einer großen Musikprobe mit vollem Orchester, da saß ich im weiten unerhellten Raum in einer Loge ganz allein; einzelne Streiflichter stahlen sich durch Ritzen und Astlöcher, in denen ein Kranz bunter Lichtfunken hin und her tanzte, wie Himmelsstraßen mit seligen Geistern bevölkert.

Da sah ich denn diesen ungeheuren Geist sein Regiment führen. O Goethe! Kein Kaiser und kein König hat so das Bewußtsein seiner Macht, und daß alle Kraft von ihm ausgehe, wie dieser Beethoven, der eben noch im Garten nach einem Grund suchte, wo ihm denn alles herkommen; verstünd' ich ihn so, wie ich ihn fühle, dann wüßt' ich alles. Dort stand er so fest entschlossen, seine Bewegungen, sein Gesicht drückten die Vollendung seiner Schöpfung aus, er kam jedem Fehler, jedem Mißverstehen zuvor, kein Hauch war willkürlich, alles war durch die großartige Gegenwart seines Geistes in die besonnenste Tätigkeit versetzt. – Man möchte weissagen, daß ein solcher Geist in späterer Vollendung als Weltherrscher wieder auftreten werde.

Gestern abend schrieb ich noch alles auf, heute morgen las ich's ihm vor, er fragte: »Hab' ich das gesagt? – Nun dann hab' ich einen Raptus gehabt«; er las es noch einmal aufmerksam und strich das oben aus und schrieb zwischen die Zeilen, denn es ist ihm drum zu tun, daß du ihn verstehst.

Erfreue mich nun mit einer baldigen Antwort, die dem Beethoven beweist, daß du ihn würdigst. Es war ja immer unser Plan, über Musik zu sprechen, ja ich wollte auch, aber durch Beethoven fühl' ich nun erst, daß ich der Sache nicht gewachsen bin.   Bettine.

Meine Adresse ist Erdbeergasse im Birkenstockischen Hause, noch vierzehn Tage trifft mich dein Brief.

Goethe antwortet:
Dein Brief, herzlich geliebtes Kind, ist zur glücklichen Stunde an mich gelangt, Du hast Dich brav zusammengenommen, um mir eine große und schöne Natur in ihren Leistungen wie in ihrem Streben, in ihren Bedürfnissen wie in dem Überfluß ihrer Begabtheit darzustellen, es hat mir großes Vergnügen gemacht, dies Bild eines wahrhaft genialen Geistes in mich aufzunehmen; ohne ihn klassifizieren zu wollen, gehört doch ein psychologisches Rechnungskunststück dazu, um das wahre Fazit der Übereinstimmung da herauszuziehen; indessen fühle ich keinen Widerspruch gegen das, was sich von deiner raschen Explosion erfassen läßt; im Gegenteil möchte ich Dir für einen inneren Zusammenhang meiner Natur mit dem, was sich aus diesen mannigfaltigen Äußerungen erkennen läßt, einstweilen einstehen. Der gewöhnliche Menschenverstand würde vielleicht Widersprüche darin finden; was aber ein solcher vom Dämon Besessener ausspricht, davor muß ein Laie Ehrfurcht haben, und es muß gleichviel gelten, ob er aus Gefühl oder aus Erkenntnis spricht, denn hier walten die Götter und streuen Samen zu künftiger Einsicht, von der nur zu wünschen ist, daß sie zu ungestörter Ausbildung gedeihen möge. Bis sie indessen allgemein werde, da müssen die Nebel vor dem menschlichen Geist sich erst teilen.

Sage Beethoven das Herzlichste von mir, und daß ich gern Opfer bringen würde, um seine persönliche Bekanntschaft zu haben, wo denn ein Austausch von Gedanken und Empfindungen gewiß den schönsten Vorteil brächte, vielleicht vermagst Du so viel über ihn, daß er sich zu einer Reise nach Karlsbad bestimmen läßt, wo ich doch beinahe jedes Jahr hinkomme und die beste Muße haben würde, von ihm zu hören und zu lernen. Ihn belehren zu wollen, wäre wohl selbst von Einsichtigern als ich Frevel, da ihm sein Genie vorleuchtet und ihm oft wie durch einen Blitz Hellung gibt, wo wir im Dunkel sitzen und kaum ahnen, von welcher Seite der Tag anbrechen werde.

Sehr viel Freude würde es mir machen, wenn Beethoven mir die beiden komponierten Lieder von mir schicken wollte, aber hübsch deutlich geschrieben, ich bin sehr begierig, sie zu hören, es gehört mit zu meinen erfreulichsten Genüssen, für die ich sehr dankbar bin, wenn ein solches Gedicht früherer Stimmung mir durch eine Melodie (wie Beethoven ganz richtig erwähnt) wieder aufs neue versinnlicht wird.

Schließlich sage ich Dir noch einmal den innigsten Dank für Deine Mitteilungen und Deine Art, mir wohlzutun, da Dir alles so schön gelingt, da Dir alles zu belehrendem, freudigem Genuß wird; welche Wünsche könnten da noch hinzugefügt werden, als daß es ewig so fortwähren möge; ewig auch in Beziehung auf mich, der den Vorteil nicht verkennt, zu Deinen Freunden gezählt zu werden. Bleibe mir daher, was Du mit so großer Treue warst, so oft Du auch den Platz wechseltest und sich die Gegenstände um Dich her veränderten und verschönerten.

Auch der Herzog grüßt Dich und wünscht, nicht ganz von Dir vergessen zu sein. Ich erhalte wohl noch Nachricht von Dir in meinem Karlsbader Aufenthalt bei den drei Mohren.
Am 6. Juni 1810.   G.

Goethe über Beethoven

Beethoven habe ich in Teplitz kennengelernt. Sein Talent hat mich in Erstaunen gesetzt; allein er ist leider eine ganz ungebändigte Persönlichkeit, die zwar gar nicht unrecht hat, wenn sie die Welt detestabel findet, aber sie freilich dadurch weder für sich noch für andere genußreicher macht. Sehr zu entschuldigen ist er hingegen und sehr zu bedauern, da ihn sein Gehör verläßt, was vielleicht dem musikalischen Teil seines Wesens weniger als dem gesellschaftlichen schadet. Er, der ohnehin lakonischer Natur ist, wird es nun doppelt durch diesen Mangel.
In Goethes Tagebuch lesen wir:
20. Juli (1812) ...... Abends mit Beethoven nach Bilin gefahren.
21. Juli ...... Abends bei Beethoven. Er spielte köstlich.
Am 19. Juli schrieb er seiner Frau die köstlichen Worte über Beethoven:
»Zusammengefaßter, energischer, inniger habe ich noch keinen Künstler gesehen. Ich begreife recht gut, wie er gegen die Welt wunderlich stehen muß.«

Begegnungen

In Teplitz im folgenden Jahr lernten sie sich kennen. Goethe war bei ihm; er spielte ihm vor; da er sah, daß Goethe tief gerührt zu sein schien, sagte er: »O Herr, das habe ich von Ihnen nicht erwartet; in Berlin gab ich auch vor mehreren Jahren ein Konzert, ich griff mich an und glaubte, was Rechts zu leisten, und hoffte auf einen tüchtigen Beifall, aber siehe da, als ich meine höchste Begeisterung ausgesprochen hatte, kein geringstes Zeichen des Beifalls ertönte, das war mir doch zu arg, ich begriff's nicht: das Rätsel löste sich jedoch dahin auf, daß das ganze Berliner Publikum fein gebildet war und mir mit nassen Schnupftüchern vor Rührung entgegenwankte, um mich seines Dankes zu versichern. Das war einem groben Enthusiasten wie mir ganz übrig; ich sah, daß ich nur ein romantisches, aber kein künstlerisches Auditorium gehabt hatte. Aber von Euch, Goethe, lasse ich mir dies nicht gefallen; wenn mir Eure Dichtungen durchs Gehirn gingen, so hat es Musik abgesetzt, und ich war stolz genug, mich auf gleich Höhe schwingen zu wollen wie Ihr, aber ich habe es meiner Lebtag nicht gewußt, und am wenigsten hätte ich's in Eurer Gegenwart selbst getan, da müßte der Enthusiasmus ganz anders wirken. Ihr müßt doch selber wissen, wie wohl es tut, von tüchtigen Händen beklatscht zu sein; wenn Ihr mich nicht anerkennen und als Euresgleichen abschätzen wollt, wer soll es dann tun? – Von welchem Bettelpack soll ich mich dann verstehen lassen?« So trieb er Goethe in die Enge, der im ersten Augenblick gar nicht verstand, wie er's gut machen solle, denn er fühlte wohl, Beethoven habe recht.

(Bettina von Arnim)

*

Johann van Beethoven ging eines Tages in Begleitung seines Bruders Ludwig und noch mehrerer Personen von Gneixendorf nach Lengenfeld, um den dortigen Chirurgen Karrer, der im Beethovenschen Hause gern gesehen ward, zu besuchen, traf ihn aber nicht, da er eben zu einem Kranken gerufen worden. Frau Karrer fühlte sich durch den Besuch des gnädigen Herrn Gutsbesitzers äußerst geschmeichelt und tischte reichlich auf, was nur immer zu haben war; da fiel ihr Blick auf eine Mannsperson, die sich bescheiden und schweigend auf die Ofenbank niedergelassen hatte. In ihm einen Bedienten vermutend, füllte sie ein irdenes Krügl mit Heurigem (Wein) und reichte es dem Tonsetzer freundlich mit den Worten: »Nu, da hat er auch einen Trunk!« Als der Chirurg spät abends nach Hause kam, ahnte er sogleich aus der Beschreibung dessen, der hinter dem Ofen gesessen, den wahren Charakter desselben und rief aus: »Liebes Weib, was hast du getan, der größte Tonsetzer des Jahrhunderts war heute in unserem Hause, und du hast ihn so sehr mißachtet!« – –

Als junger Mensch erst kürzlich vom Lande nach Wien verpflanzt, hatte ich mir noch nicht jene gelenkige, tanzmeisterliche Voltigierkunst zu eigen gemacht, so notwendig, um in dem Menschengewusel der Residenz ohne Anstoß sich durchzuwinden. So rannte ich doch eines Tages in einem Gäßchen mit einem Menschen zusammen, der mich darob mit einem durchdringenden Blicke fixierte, dann weiterging. Nie werde ich dieses Menschenauge, in dessen leuchtenden Abgrund ich so nahe geblickt, vergessen! Aber es ist zu verwundern, wenn ich die vernachlässigte Kleidung, das gebräunte Antlitz mit diesem von Intelligenz und Überlegenheit zeugenden Blick zusammenzureimen suchend, auf die Idee geriet, einen der verschmitztesten gefährlichsten Gauner, wie sie in Großstädten sich herumzutreiben pflegen, getroffen zu haben? In dieser Voraussetzung betrachtete ich ihn stets, wenn er mir wieder begegnete, auf neugierige und leider nichts weniger als respektvolle Weise. Er hatte es bemerkt, denn er richtete einmal seine kleinen, wetterleuchtenden Augen halb befremdet, halb verächtlich auf mich, nahm aber dann weiter keine Notiz mehr von mir. Von einem Freunde zufällig belehrt, wen ich da vor mir gehabt, zog ich dann freilich bei jeder Begegnung den Hut vor ihm bis zur Erde, er aber ignorierte nun meine Höflichkeit wie früher meine Grobheit. – –

Beethoven, der sich eine Sommerwohnung bei Hütteldorf gemietet hatte und die schönere Jahreszeit dort zubrachte, pflegte auf seinen Spaziergängen, die er in der Umgegend machte, immer Notenpapier und Bleifeder mit sich zu nehmen, um, wenn ihm ein guter Gedanke einfiel, denselben sogleich zu Papier zu bringen. Da dieses sehr häufig der Fall war, so traf es sich denn oft, daß er, mit dem neuen Gedanken so sehr beschäftigt, nicht immer den geeignetsten Platz wählte. So geschah es einst, daß zwei Kohlbauern die Straße von Grinzing herabfuhren, als eben Beethoven mitten auf der Fahrstraße ruhig schreibend stand. Schon wollte ihn der eine, unwillig über den ihm den Weg Verstellenden, mit einem derben Zurufe gehen heißen, als der andere denselben mit dem Ausrufe zurückhielt: »Hanns, tu das beileib nit, der is der große Musikant von Wien, der g'rad wieder was Neu's schreibt.« – Beide verweilten nun so lange, bis Beethoven seine Idee zu Papier gebracht und sich – ohne weiter den Ort und die Umgegend zu beachten – entfernt hatte. –

(Friedrich von Kleyle)

Halb betäubt, ganz ermüdet, suchte ich vergebens einen Fiaker, um in die Stadt zurückzufahren; es blieb mir nichts zu tun übrig, als mich denjenigen anzuschließen, welche in den Gasthöfen Ruhe und Nachtlager aufschlugen. Als ich in den nächstgelegenen eintrat, war eben der Kellner mit einem Herrn in lebhaftem Gespräche begriffen, der, gleiche Absichten hegend, über die Stätte seiner Nachtruhe verhandelte. Die Worte des Kellners: »Ich kann Ihnen nur noch ein Zimmer mit zwei Betten anbieten, und Sie sind nicht sicher, ob nicht ein Schlafgenosse« – unterbrach ich (den Faden des Gespräches erfassend), indem ich sprach: »Daß nicht ein Schlafgenosse Ihnen zugeteilt wird«, und erbat mir das zweite Bett des erwähnten Zimmers. »Wir wollen nicht viel Federlesens machen, mein Herr; wir sind beide müde und werden uns in einem Zimmer wohl vertragen«, war die rasch erfolgende Antwort des Fremden, die dem Kellner jede weitere Erklärung ersparte und mir die gewünschte Ruhe verschaffte. – Unser Gemach ward uns angewiesen; wir betraten es stillschweigend, und es schien, als ob ein jeder von uns beiden zu müde gewesen sei, mit seinem Zeltgenossen nähere Bekanntschaft zu machen. Ich entkleidete mich schnell, legte mich zu Bett und wünschte meinem Unbekannten »Gute Nacht« mit der Bitte, das Licht auszulöschen. Ein ziemlich trockenes »Wird geschehen« war die kurze Erwiderung. Eben diese ziemlich barsch gesprochenen Worte waren es aber, die mich aufmerksam machten und veranlaßten, meinen Mann mehr ins Auge zu fassen. Es war eine Gestalt mittlerer Größe, gedrungenen Körperbaues, ein wahres Bild männlicher Kraft und edlen Selbstbewußtseins. Langsam und gedankenvoll legte er seine Kleider ab, zog ein Täfelchen aus der Rocktasche und notierte sich einiges emsig und mit rasch bewegter Hand unter leisem Brummen, löschte endlich das Licht und warf sich aufs Bett. Dieses originelle Benehmen hatte mich kaum aus meiner Schlaftrunkenheit geweckt, als mein Erstaunen um so mehr gesteigert ward, da der Unbekannte plötzlich aus dem Bette sprang, sich allmählich in der Dämmerung des anbrechenden Morgens wieder ankleidete, seinen Hut nahm und im Begriffe war, das Zimmer zu verlassen. – »Was tun Sie denn, mein Herr?« rief ich erstaunt. – »Lassen Sie sich nicht stören, schon graut der Morgen, sehen Sie nicht den rötlichen Streifen am Horizont?« – »Allerdings, aber wir wollten ja beide ruhen!« – »Was Ruhe, wenn die Sonne aufgehen will!« – »Lassen wir sie aufgehen und schlafen wir!« – »Hören Sie die Akkorde im Osten? Ich muß Ideen schöpfen!« – Mit diesen Worten war mein Freund schon zur Tür hinaus, ich aber schlief in dem Gedanken ein, daß er nicht ganz bei Trost sei. – Spät war ich erwacht. Als ich in der Gaststube das Frühstück verzehrte, erkundigte ich mich bei meinem Wirt, wer denn mein sonderbarer Stubengenosse gewesen? »Ei, Sie kennen den Herrn van Beethoven nicht?« war die überraschende Antwort.

(Graf Franz von Pocci, 1840)

Komposition

Fieberhaft erregt von der wunderbaren Schlußhymne, dieser Apotheose treuer Gattenliebe, bemerkte ich kaum, wie sich das Haus allmählich leerte, bis mein treuer Freund Franz Schubert meinen Arm ergriff, mich zum Ausgang zu geleiten. Mit uns zugleich traten drei Herren aus den unteren Logengängen, die ich indessen nicht weiter beachtete, weil sie mir den Rücken zuwendeten, wohl aber war ich darüber erstaunt, daß alle Hinausströmenden auf dem Vorplatze sich zur Seite drängten, um den Dreien freien Raum zu lassen. Da zupft mich Schubert ganz sachte, mit dem Finger auf den mittleren Herrn zeigend, der soeben den Kopf umdrehte, so daß der helle Schein der Lampen auf das Gesicht fällt, und ich – die mir durch Stich und Bild wohlbekannten Züge des Schöpfers der heutigen Oper, Beethoven, selbst erblickte. Mein Herz schlug überlaut in dieser Minute, ob und was ich Schubert alles sagte, dessen erinnere ich mich nicht; wohl aber, daß ich dem Ersehnten und seinen Begleitern (Schindler und Breuning, wie ich später erfuhr) wie ein Schatten durch winklige Straßen an hochgegiebelten Häusern vorüber so lange folgte, bis die nächtliche Finsternis sei meinen Augen entzog. – –

Ich füge nur noch die letzte Unterredung an, die ich mit dem tiefernsten Denker pflog. Eines Tages brachte ich ihm eine neue, etwas komplizierte Komposition von mir; nachdem er sie aufmerksam durchgelesen, äußerte er: »Sie geben zuviel, weniger wäre besser gewesen; das liegt eben in der himmelstürmenden Jugend, die nie genug zu tun meint, wird sich aber mit der reiferen Zeit schon geben, und lieber ist mir immer noch ein Überfluß als ein Mangel an Ideen.« – »Wie soll man es denn anfangen, das Rechte zu finden und – wie sind Sie selbst zu diesem hohen Ziel gelangt?« setzte ich schüchtern hinzu. »Ich trage meine Gedanken lange, oft sehr lange mit mir herum, ehe ich sie niederschreibe«, antwortete er[*]. »Dabei bleibt mir mein Gedächtnis so treu, daß ich sicher bin, ein Thema, was ich einmal erfaßt habe, selbst nach Jahren nicht zu vergessen. Ich verändere

---

[*] Wörtlich Beethoven nachgeschrieben bis zum Schluß (Schlösser).

manches, verwerfe und versuche aufs neue so lange, bis ich damit zufrieden bin; dann beginnt in meinem Kopfe die Verarbeitung in die Breite, in die Enge, Höhe und Tiefe, und da ich mir bewußt bin, was ich will, so verläßt mich die zugrunde liegende Idee niemals, sie steigt, sie wächst empor, ich höre und sehe das Bild in seiner ganzen Ausdehnung wie in einem Gusse vor meinem Geist stehen, und es bleibt mir nur die Arbeit des Niederschreibens, die rasch vonstatten geht, je nachdem ich die Zeit erübrige, weil ich zuweilen mehreres zugleich in Arbeit nehme, aber sicher bin, keines mit dem andern zu verwirren. Sie werden mich fragen, woher ich meine Ideen nehme? Das vermag ich mit Zuverlässigkeit nicht zu sagen; sie kommen ungerufen, mittelbar, unmittelbar, ich könnte sie mit Händen greifen, in der freien Natur, im Walde, auf Spaziergängen, in der Stille der Nacht, am frühen Morgen, angeregt durch Stimmungen, die sich bei dem Dichter in Worte, bei mir in Töne umsetzen, klingen, brausen, stürmen, bis sie endlich in Noten vor mir stehen.«

Mit unbeschreiblichen Empfindungen hatte ich zugehört, sein Wort tief in mein Herz geschlossen. – – (1822)

(Louis Schlösser)

Beim Spaziergang sprach Beethoven begeistert: »Hier sitze ich oft stundenlang, und meine Sinne schwelgen in dem Anblick der empfangenden und gebärenden Kinder der Natur. Hier verhüllt mir die majestätische Sonne kein von Menschenhänden gemachtes Dreckdach, der blaue Himmel ist mein sublimes Dach. Wenn ich am Abend den Himmel staunend betrachte und das Heer der ewig in seinen Grenzen sich schwingenden Lichtkörper, Sonnen oder Erden genannt, dann schwingt sich mein Geist über diese soviel Millionen Meilen entfernten Gestirne hin zum Urquell, aus welchem alles Erschaffene strömt, und aus welchem ewig neue Schöpfungen entströmen werden. Wenn ich dann und wann versuche, meinen aufgeregten Gefühlen in Tönen eine Form zu geben – ach, dann finde ich mich schrecklich getäuscht, ich werfe mein besudeltes Blatt auf die Erde und fühle mich fest überzeugt, daß kein Erdgeborener je die himmlischen Bilder, die seiner aufgeregten Phantasie in glücklicher Stunde vorschwebten, weder durch Töne, Worte, Farbe oder Meißel darzustellen imstande sein wird. Ja, von oben muß es kommen, was das Herz treffen soll, sonst sind es nur Notenkörper ohne Geist, nicht wahr? Was ist Körper ohne Geist? Dreck oder Erde, nicht wahr? Der Geist soll sich aus der Erde erheben, worin auf eine gewissen Zeit der Götterfunken gebannt ist, und ähnlich dem Acker, dem der Landmann köstlichen Samen anvertraut, soll es aufblühen und viele Früchte tragen, und also vervielfältigt hinauf zur Quelle emporstreben, woraus es geflossen ist. Denn nur durch beharrliches Wirken mit den verliehenen Kräften verehrt das Geschöpf den Schöpfer der unendlichen Natur. « – (1824)

(Johann Andreas Stumpff)

Der zweite Aufzug bot gleich anfänglich große Schwierigkeit. Beethoven seinerseits wünschte den armen Florestan durch eine Arie auszuzeichnen, ich aber äußerte mein Bedenken, daß ein dem Hungertode fast Verfallener unmöglich Bravour singen dürfe. Wir dichteten dieses und jenes; zuletzt traf ich nach seiner Meinung den Nagel auf den Kopf. Ich schrieb Worte, die das letzte Aufflammen des Lebens vor seinem Erlöschen schildern.

> Und spür ich nicht linde, sanft säuselnde Luft,
> Und ist nicht mein Grab mir erhellet?
> Ich seh', wie ein Engel, im rosigen Duft,
> Sich tröstend zur Seite mir stellet.
> Ein Engel, Leonoren, der Gattin, so gleich! –
> Der führt mich zur Freiheit – ins himmlische Reich!

Was ich nun erzähle, lebt ewig in meinem Gedächtnisse. Beethoven kam abends gegen sieben Uhr zu mir. Nachdem wir anderes besprochen hatten, erkundigte er sich, wie es mit der Arie stehe? Sie war eben fertig, ich reichte sie ihm. Er las – lief im Zimmer auf und ab, murmelte, brummte, wie er gewöhnlich, statt zu singen tat – und riß das Fortepiano auf. Meine Frau hatte ihn oft vergeblich gebeten, zu spielen; – heute legte er den Text vor sich und begann wunderbare Fantasien, die leider kein Zaubermittel festhalten konnte. Aus ihnen schien er das Motiv der Arie zu beschwören. Die Stunden schwanden, aber Beethoven fantasierte fort. Das Nachtessen, welches er mit uns teilen wollte, wurde aufgetragen, aber – er ließ sich nicht stören. Spät erst umarmte er mich und, auf das Mahl verzichtend, eilte er nach Hause. Tags darauf war das treffliche Musikstück fertig. (1814)

(Friedrich Treitschke)

Auf die Frage Potters, wen er ihm als Lehrer empfehle, sagte Beethoven: »Ich habe meinen Albrechtsberger verloren und habe kein Vertrauen zu irgendeinem anderen.« Potter wurde jedoch auf Beethovens Empfehlung Schüler Försters, bei welchem er so lange studierte, bis ihm sein Lehrer sagte, er habe nun genug studiert und brauche sich jetzt nur noch praktisch in der Komposition zu üben. Als Potter dies Beethoven erzählte, erwiderte dieser, man könne nie aufhören, zu studieren, er [Beethoven] habe nicht genug studiert. »Sagen Sie dem Förster, daß er ein alter Schmeichler ist.« Potter erzählte das Förster, welcher nur dazu lachte. Beethoven lobte Potter niemals ins Angesicht; er sagte wohl: »Recht gut, gut«, aber niemals ein bestimmtes Lob. Bei Streichers jedoch sprach er rühmend über Potter und wunderte sich, daß er ihn nicht öfter in Mödlingen besuchte. Einmal gab er ihm den Rat, beim Komponieren nie in einem Zimmer zu sitzen, in welchem ein Klavier stehe, um nicht der Versuchung ausgesetzt zu sein, dasselbe zu Rate zu ziehen. Wenn sein Werk fertig sei, möge er es probieren; denn er könne nicht immer ein Orchester zur Verfügung haben. Beethoven hat Czerny nach dessen Mitteilung gesagt, daß er selbst in früheren Jahren vielfach am Klavier probiert habe. (1817)

(Cipriani Potter)

Waschen und Baden gehörten zu Beethovens unentbehrlichsten Lebensbedürfnissen. Hierin war er ganz Orientale. Für ihn hatte Mohammed keineswegs zu viele Waschungen vorgeschrieben. Ging er während der Arbeit in den Vormittagsstunden nicht aus, um sich wieder zu sammeln, so stellte er sich, oft im tiefen Negligé, ans Waschbecken und goß große Krüge voll Wasser auf seine Hände, dabei die ganze Skala auf- und abwärts heulend oder zur Abwechslung brummend; bald durchschritt er wieder mit rollenden oder stierenden Augen das Zimmer, notierte einiges und setzte dann das Aufgießen und Heulen weiter fort. Dies waren Momente tiefster Meditation, wovon kein besonderes Aufhebens zu machen wäre, hätten sie nicht nach zwei Seiten unangenehme Folgen gehabt. Zunächst bewirkten sie oft Lachen bei seinen Dienstleuten, und, dies gewahrend, geriet der Meister in Zorn, der ihn bisweilen zu lächerlichen Ausbrüchen gebracht. Oder er geriet mit den Hauseigentümern in Konflikt, wenn das Wasser durch den Boden gedrungen, was leider oft vorgekommen ist. Dies war ein Hauptgrund, daß Beethoven allenthalben ein unbeliebter Einwohner gewesen.

In jeder Jahreszeit stand Beethoven mit Tagesanbruch auf, um sogleich an den Schreibtisch zu gehen. So arbeitete er bis 2 oder 3 Uhr, die Stunde seines Mittagstisches. In der Zwischenzeit lief er meist ein- oder zweimal ins Freie, wo er aber ebenfalls »spazieren arbeitete«. Solche Ausflüge überschritten selten die Dauer einer vollen Stunde und glichen den Ausflügen der Bienen, um Honig zu sammeln, sie blieben sich auch in jeder Jahreszeit gleich, und weder Kälte noch Wärme wurde beachtet. Die Nachmittage waren zu regelmäßigen Spaziergängen bestimmt; zu späterer Stunde pflegte er ein bevorzugtes Bierhaus aufzusuchen, um die Tagesliteratur zur Hand zu nehmen, wenn dieses Bedürfnis nicht bereits in einem Caféhause befriedigt worden. Zur Zeit der englischen Parlamentssitzungen aber ward die »Allgemeine Zeitung« wegen der Verhandlungen regelmäßig zu Hause gelesen. Daß sich unser Politikus auf die Seite der Opposition gestellt, wird man begreiflich finden. Dazu bedurfte es nicht seiner großen Vorliebe für Lord Brougham, Hume und andere Oppositionsredner. Die Winterabende verbrachte Beethoven stets zu Hause, sie waren der ernsten Lektüre gewidmet. Nur selten sah man ihn abends mit Notenschrift beschäftigt, weil diese zu angreifend für seine Augen war. In früheren Jahren mochte dies anders gewesen sein; daß er jedoch die Abendstunden zu keiner Zeit zur Komposition (Erfindung) benutzt, ist gewiß. Längstens 10 Uhr begab er sich zur Ruhe.

Zunächst sollte Heiligenstadt und seine Umgebung besucht werden, wo er so viele Werke zu Papier gebracht, aber auch seine Naturstudien (!) betrieben hatte. Die Sonne schien sommerlich, und die Landschaft prangte bereits im schönsten Frühlingskleide. Nachdem das Badehaus zu Heiligenstadt mit dem anstoßenden Garten besehen und manch angenehme, auch auf seine Schöpfungen bezugnehmende Erinnerung zum Ausdruck gekommen war, setzten wir die Wanderung nach dem Kahlenberg über Grinzing fort. Das anmutige Wiesental zwischen Heiligenstadt und letzterem Dorfe durchschreitend, blieb Beethoven wiederholt stehen und ließ seinen Blick voll von seligem Wonnegfühl in der Landschaft umherschweifen. Sich dann auf den Wiesenboden setzend und an eine Ulme lehnend fragte er mich, ob in den Wipfeln dieser Bäume keine Goldammern zu hören sei. Es war aber alles stille. Darauf sagte er: »Hier habe ich die Szene am Bach geschrieben, und die Goldammer da oben, die Wachteln, die Nachtigallen und Kuckucke ringsherum haben mitkomponiert.« Auf meine Frage, warum er die Goldammer nicht auch in die Szene eingeführt, griff er nach dem Skizzenbuch und schrieb (nämlich das hüpfende G-Dur-Motiv im zweiten Satze der Pastoral-Sinfonie). »Das ist die Komponistin da oben«, äußerte er; »hat sie nicht eine bedeutendere Rolle auszuführen als die anderen? Mit denen soll es nur Scherz sein.« Als Grund, warum er diese Mitkomponistin nicht ebenfalls genannt, gab er an: »Diese Nennung hätte die große Anzahl böswilliger Auslegungen dieses Satzes nur vermehrt.«

(Anton Schindler)

Als Knabe wurde er zu Mozart geführt, der ihn spielen hieß, worauf er fantasierte. »Das ist recht hübsch,« sagte Mozart, »aber eingelernt.« Gekränkt bat sich Beethoven ein Thema aus und fantasierte so, daß Mozart zu einigen Freunden sagte: »Auf den gebt acht, der wird euch noch was erzählen.« ––

Beethoven fuhr mit Goethe in Karlsbad spazieren, der sich über das lästige Grüßen beschwerte. »Machen sich Ew. Exzellenz nichts daraus, vielleicht geht's mich an.« ––

Zum Adagio des E-Moll-Quartetts habe ihn der Anblick des gestirnten Himmels begeistert, daß es gleich ganz vor ihm gestanden hätte. ––

Scherzo der D-Moll-Sinfonie: Er habe in einem Boskett gesessen, da sei es in der Dämmerung ihm gewesen, als seien überall Zwerge zum Vorschein gekommen und wieder verschwunden. ––

Scherzo der Pastorale: In Heiligenkreuz wird ein betrunkener Fagottist aus dem Wirtshaus geworfen, der dann die Baßnoten bläst. ––

Über dem Kyrie der D-Messe war geschrieben: Von Herzen kam's, zum Herzen soll es dringen. ––

Während des Komponierens der drei vom Fürsten Galitzin gewünschten Quartette strömte aus der unerschöpflichen Phantasie Beethovens ein solcher Reichtum neuer Quartettideen, daß er beinahe unwillkürlich noch das Cis-Moll- und F-Dur-Quartett schreiben mußte. »Bester, mir ist schon wieder was eingefallen«, pflegte er scherzend und mit glänzenden Augen zu sagen, wenn wir spazieren gingen. Dabei schrieb er einige Noten in sein Skizzenbüchlein. ––

Für ihn war die Krone aller Quartettsätze und sein Lieblingsstück die Kavatine Es ¾ aus dem B-Dur-Quartett. Er hat sie wirklich unter Tränen der Wehmut komponiert (Sommer 1825) und gestand mir, daß noch nie seine eigene Musik einen solchen Eindruck auf ihn hervorgebracht habe und daß selbst das Zurückempfinden dieses Stückes ihm immer neue Tränen koste. ––

Wenn er in Partitur schrieb aus seinen Skizzen, stand er morgens früh auf und ließ sich nicht stören. Während des Schreibens stieß er fortwährend ein unartikuliertes Heulen aus und stampfte mit den Füßen, mitunter stand er auf, sah aus dem Fenster und setzte sich dann wieder, zu schreiben. – –

(Karl Holz, 1825)

Ich kam eines Morgens im Sommer, als Beethoven in Baden wohnte, zu ihm, um Unterricht zu nehmen. Als ich ins Haus trat, hörte ich ihn in seinem Zimmer fantasieren. Um ihn nicht dabei zu stören, blieb ich lauschend an der Türe stehen und bemerkte, daß er nicht eigentlich fantasiere, sonder rhapsodisch einzelne Gänge hinwarf und sie bald auf diese und bald auf jene Weise zu versuchen schien. Nach einigen Augenblicken stand er vom Instrument auf und öffnete das Fenster. Jetzt trat ich ein. Er grüßte mich in sehr fröhlicher Stimmung, sagte aber: »Wir wollen heut nicht Unterricht nehmen; wir wollen lieber zusammen spazieren gehen, der Morgen ist so herrlich.« – Es war Beethovens große Lust, auf einsamen, oft ungebahnten Pfaden durch Wald, Tal und Berg zu streifen. Freudig gingen wir dann zusammen hinaus und befanden uns bald mitten im einsamen Walde an den schönen Bergabhängen von Baden. Ich bemerkte, daß Beethoven innerlich sehr beschäftigt war und vor sich hinsummte; aus Erfahrung wußte ich, daß er in solchen Augenblicken am mächtigsten zum Schaffen aufgelegt war, und hütete mich wohl, ihn zu stören, sondern ging stumm neben ihm hin. In den einzelnen Phrasen, die er vor sich hinsummte, glaubte ich eine Ähnlichkeit mit dem, was er zuvor in seinem Zimmer gespielt hatte, zu erkennen. Es war zuverlässig, daß er sich mit einem größeren Werke beschäftigte. Nachdem wir etwa eine Stunde gegangen waren, setzten wir uns auf den Rasen nieder. Plötzlich tönte von den jenseitigen Bergen des Tales herüber eine Schalmei, deren unvermuteter Klang unter dem hellen, blauen Frühlingshimmel, in der tiefsten Einsamkeit des Waldes eine wunderbare Wirkung auf mich tat. Ich konnte mich nicht enthalten, Beethoven, der in Nachdenken versunken neben mir saß und nichts davon zu hören schien, darauf aufmerksam zu machen. Er horchte auf, doch an seiner Miene bemerkte ich, daß er die Töne, obgleich sie fortdauerten, nicht vernahm. Da zum erstenmal gewann ich die Überzeugung, daß sein Gehör schwer leide; schon früher war es mir bisweilen so vorgekommen, doch da das Übel, wie sich nachher zeigte, anfangs periodisch kam und wegblieb, hatte ich mich zu irren geglaubt. Hier aber überzeugte ich mich unwiderlegbar. Denn die Töne dauerten so hell und klar fort, daß man auch nicht einen verlor, und Beethoven hörte nichts! Um ihn nicht zu betrüben, stellte ich mich, als höre ich auch nichts mehr. Wir brachen nach einiger Zeit auf, die Klänge begleiteten uns noch lange auf unserm einsamen Waldwege, ohne daß Beethoven die mindeste Wahrnehmung davon hatte. So wurde der süße Reiz, den sie zuerst auf mich geübt hatten, zu einem tief schmerzlichen, und ich ging nun, ohne es fast zu wollen, schweigsam und in mich versunken neben meinem großen Lehrer her, der, wie zuvor, fortfuhr, ganz in seinem Innern beschäftigt, einzelne unverständliche Phrasen und Töne zu summen und laut zu singen. Als wir nach einigen Stunden zurückkehrten, setzte er sich ganz ungeduldig ans Klavier und rief: »Jetzt will ich Euch etwas vorspielen.« Und mit hinreißendem Feuer und gewaltiger Macht spielte er das Allegro der großen F-Moll-Sonate! –

Der Tag wird mir unvergeßlich bleiben!

Bei einem Spaziergange, auf dem wir uns so verirrten, daß wir erst um acht Uhr nach Döbling, wo Beethoven wohnte, zurückkamen, hatte er den ganzen Weg über für sich gebrummt oder teilweise geheult, immer herauf und herunter, ohne bestimmte Noten zu singen. Auf meine Frage, was es sei, sagte er: »Da ist mir ein Thema zum letzten Allegro der Sonate eingefallen.« (In F-Moll, opus 57.) Als wir ins Zimmer traten, lief er, ohne den Hut abzunehmen, ans Klavier. Ich setzte mich in eine Ecke, und er hatte mich bald vergessen. Nun tobte er wenigstens eine Stunde lang über das neue, so schön dastehende Finale in dieser Sonate [die 1807 erschien]. Endlich stand er auf, war erstaunt, mich noch zu sehen, und sagte: »Heute kann ich Ihnen keine Lektion geben, ich muß noch arbeiten.«

(Ferdinand Ries)

Beethoven war einer der tätigsten Menschen, die je gelebt haben; mit seinem staunenswerten Talent verband er einen eisernen Fleiß; die tiefe Mitternacht fand ihn noch arbeitend, und wenn er die schöne Jahreszeit auf dem Lande verlebte, war er lange, bevor die letzten Sterne erblaßt waren, schon im Freien, sich an der Natur erlabend und auf Töne sinnend. Nicht selten vergaß er, zum großen Verdruß seiner betagten Haushälterin, zur Mahlzeit heimzukehren, und manchen Freund lud er dazu ein, der dann vergebens seiner wartete. Oft begegnete es ihm, daß er, wenn er im Grünen saß, aufstand und weitereilte, ohne zu bemerken, daß er seinen Hut hatte liegen lassen, so daß er nicht selten, zum großen Schaden seiner Gesundheit, im schrecklichsten Unwetter, mit bloßem Haupte, die grauen Haare vom Regen triefend, erstarrt und erkältet nach langem

Ausbleiben in seine Wohnung zurückkam; so sehr hatte ihn die Tonwelt, in die er versunken war, der wirklichen entrückt! – – (1827)

(Johann Sporschil)

Der dritte Stil Beethovens datiert sich von der Zeit, als er nach und nach ganz gehörlos wurde. Daher die unbequeme Spielweise bei seinen letzten Klaviersachen. Daher die Ungleichheit des Stils in seinen drei letzten Klaviersonaten (op. 109, 110, 111), wo in der As-Dur- und C-Moll Sonate der erste Satz augenscheinlich viel früher komponiert (oder wenigstens entworfen) wurde als die letzten Sätze. Daher manche harmonische Härte, und er äußerte sich gegen Dr. Bertolini im Vertrauen, daß ihn seine Taubheit hindere, den konsequenten Fluß und Zusammenhang seiner früheren Werke auch in seinen letzten zu befolgen, da er früher gewohnt war, alles beim Klavier zu komponieren. Gewiß würde er in seinen letzten Werken gar vieles geändert haben, wenn er es hätte hören können. – –

Als um 1800 Cramer hier in Wien war und ebenso durch sein Spiel wie durch die dem Haydn gewidmeten drei Sonaten (wovon die erste in As-Dur ¾ Takt) großes Aufsehen erregte, schrieb Beethoven, (der sich mit ihm nicht sehr gut zu vertragen schien) – die As-Dur-Sonate op. 26, in welcher das Finale absichtlich an die Clementi-Cramersche laufende Manier erinnert. Die sogenannte 54. Sonate F-Dur ist aus selber Zeit und auch da das Finale in gleicher Manier. – –

Die Marcia funebre wurde bei Gelegenheit eines damals beliebten Trauermarsches von F. Paer geschrieben und der Sonate op. 26 beigefügt.

Das Adagio E-Dur im zweiten Rasumowskyschen Quartett fiel ihm ein, als er einst den gestirnten Himmel betrachtete und an die Harmonie der Sphären dachte (1807 oder 1808). – –

Als das erstemal nach der siebenten Sinfonie die achte (in F) aufgeführt wurde, wollte diese letztere gar nicht gefallen. »Eben weil sie viel besser ist«, sagte er. – –

Beethoven sagte mir einst auf einem Spaziergang nach Mödling: »Jetzt schreibe ich eine Sonate, welche meine größte sein soll. « (Es war op. 106, um 1818) – –

Man findet oft in Beethovens Werken, daß er auf einzelne, unbedeutend erscheinende Noten den Bau seines Tonstückes gründete, und indem man diese Noten heraushebt, wie er selber pflegte, gibt man dem Ganzen die eigentliche Färbung und Einheit. Beispiel: im Finale der Sonate Nr. 12, op. 26 die beiden Achtel im 6. Takt, linke Hand. – –

Sonate Nr. 17, op. 29, Nr. 2, 3. Satz. Das Thema zu diesem Tonstück improvisierte Beethoven, als er einst (1803) einen Reiter an seinem Fenster vorbeigaloppieren sah.

Sonate Nr. 21, op. 57. Beethoven selbst hielt diese Sonate für seine größte, bis zu der Zeit, als er op. 106 komponiert hatte. Der dritte Satz, höchstwahrscheinlich eine Naturszene schildernd, vielleicht das Meer bei stürmischer Nacht, in der Ferne ein Hilferuf. Es ist gewiß, daß Beethoven sich zu vielen seiner schönsten Werke durch ähnliche, aus der Lektüre oder aus der eigenen, regen Phantasie geschöpfte Visionen und Bilder begeisterte, und daß wir den wahren Schlüssel zu seinen Kompositionen und zu deren Vortrage nur durch die sichere Kenntnis dieser Umstände erhalten würden, wenn dieses noch überall möglich wäre. Er war hierüber nicht gern mitteilsam, aber doch bisweilen, bei vertraulicher Laune. – –

Fantasie op. 77. Diese sehr geistreiche Fantasie gibt ein getreues Bild von der Art, wie er zu improvisieren pflegte, wenn er kein bestimmtes Thema durchführen wollte und sich daher seinem Genie in Erfindung immer neuer Motive überließ. – –

Klavierkonzert Nr. 6, op. 73. Als Beethoven das Adagio (2. Satz) schrieb, schwebten ihm die religiösen Gesänge frommer Wallfahrer vor.

(Karl Czerny)

Der ganze Vormittag, vom ersten Lichtstrahl bis zur Tafelzeit, war der mechanischen Arbeit, dem Niederschreiben nämlich, geweiht; des Tages Rest gehörte zum Denken und Ordnen der Ideen. Kaum den letzten Bissen zu Munde geführt, wurde, falls er keinen weiteren Ausflug in petto hatte, die gewöhnliche Promenade angetreten; d. h. er lief im Duplierschritt, wie gestachelt dazu, ein paarmal rund um die Stadt. – Und dies geschah, mochte das Wetter sein, wie es wollte. – –

Ohne ein kleines Notenbuch, worin er seine momentanen Ideen bemerkte, war er nie auf der Straße zu finden. Kam darauf zufällig die Rede, so parodierte er Johanna d'Arcs Worte: »Nicht ohne meine Fahne darf ich kommen!« und mit einer Stetigkeit sondergleichen hielt er das sich selbst gegebene Gesetz, wiewohl übrigens in seinem Haushalt eine wahrhaft admirable Konfusion dominierte. Bücher und Musikalien in allen Ecken zerstreut – dort das Restchen eines kalten Imbisses – hier versiegelte oder halbgeleerte Bouteillen – dort auf dem Stehpulte die flüchtige Skizze eines neuen Quatuors – hier die Rudera des Dejeuners – dort am Piano, auf bekritzelten Blättern, das Material zu einer herrlichen, noch als Embryo schlummernden Sinfonie – hier eine auf Erlösung harrende Korrektur – freundschaftliche und Geschäftsbriefe den Boden bedeckend – zwischen den Fenstern ein respektabler Laib Stracchino, ad latus erkleckliche Trümmer einer echten Veroneser Salami – –, und trotz dieses Bunterlei hatte unser Meister die Manier, ganz im Widerspruche zur Wirklichkeit, seine Akkuratesse und Ordnungsliebe bei jeder Gelegenheit mit ciceronianischer Eloquenz herauszustreichen. Nur wenn stunden-, tage-, oft wochenlang etwas Benötigtes gesucht werden mußte und alles Bemühen fruchtlos blieb, dann ging's aus einen andern Tone, und Unschuldige sollten das Bad ausgießen. »Ja, ja!« – wurde kläglich gejammert – »Das ist ein Unglück! Nichts kann an Ort und Stelle bleiben, wo ich es hingelegt; alles wird mir verräumt; alles geschieht mir zum Possen; o Menschen, Menschen!« – Die Dienerschaft aber kannte den gutmütigen Murrkopf; ließ ihn nach Herzenslust fortbrummen, und – wenige Minuten – so war alles vergessen, bis ein ähnlicher Anlaß dieselbe Szene erneuerte. – – (1806)

(Ignaz von Seyfried)

Improvisation

Von besonderem Reiz für mich war das Zusammenleben mit Tante *Ertmann*. Stundenlang saß ich neben ihr, ihrem herrlichen Klavierspiele und ihren Erzählungen über Beethoven lauschend.

»Anfänglich«, so erzählte sie mir, »wurde viel gegen den großen Meister und seine Richtung geeifert. Man fand seine Musik unverständlich und langweilig. Begierig, seine neuen Sonaten kennenzulernen, ging ich eines Tages in die Musikalienhandlung des Herrn Haslinger, ließ mir einige derselben vorlegen und spielte sie sogleich auf einem dort stehenden Flügel. In meinem Eifer hatte ich einen jungen Mann nicht bemerkt, der schüchtern in einer Ecke stand und sich mir dann leise näherte. Wer malt mein Erstaunen, als er plötzlich meine Hand faßte und mir in den wärmsten Ausdrücken für die gelungene Wiedergabe seiner Sonaten dankte. Es war Beethoven.« – –

»Von diesem Momente an wurden wir Freunde. Nie werde ich vergessen,« so fuhr meine Tante fort, »welch warmes und inniges Interesse Beethoven mir und den Meinigen bezeigte. Es schien mir daher unbegreiflich, daß er nach dem Tode meines einziggeliebten Kindes mich nicht besuchte. Nach mehreren Wochen erschien er endlich. Mich stumm grüßend, setzte er sich an das Klavier und fantasierte während langer Zeit.

Wer könnte diese Musik beschreiben! Man glaubte Engelschöre zu hören, welche den Eingang meines armen Kindes in die Welt des Lichtes feierten. Dann, als er geendet, drückte er wehmütig meine Hand und ging stumm, wie er gekommen.« - -

(Mathilde Marchesi, 1877)

Mendelssohn über Dorothea von Ertmann

Sie spielt die Beethovenschen Sachen sehr schön, obgleich sie seit langer Zeit nicht studiert hat; oft übertreibt sie es ein wenig mit dem Ausdruck und hält zu sehr an und eilt dann wieder; doch spielt sie wieder einzelne Stücke herrlich, und ich denke, ich habe etwas von ihr gelernt. Wenn sie so zuweilen gar nicht mehr Ton herausdrücken kann und nun dazu zu singen anfängt mit einer Stimme, die so recht aus dem Innern heraufkommt, so hat sie mich oft an dich, o Fanny, erinnert, obwohl du ihr freilich weit überlegen bist. Als ich gegen das Ende des Adagios des B-Dur-Trios kam, rief sie: »Das kann man vor Ausdruck gar nicht spielen,« und das ist wirklich wahr von dieser Stelle.

(Felix Mendelssohn-Bartholdy, 1831)

Beethovens Improvisieren (wodurch er in den ersten Jahren nach seiner Ankunft in Wien das meiste Aufsehen erregte und selbst Mozarts Bewunderung gewann) war von verschiedener Art, ob er nun auf selbstgewählte oder auf gegebene Themen fantasierte.
1. In der Form des ersten Satzes oder des Finalrondos einer Sonate, wobei er den ersten Teil regelmäßig abschloß und in demselben auch in der verwandten Tonart eine Mittelmelodie usw. anbrachte, sich aber dann im zweiten Teil ganz frei, jedoch stets mit allen möglichen Benutzungen des Motivs seiner Begeisterung überließ. – Im Allegrotempo wurde das Ganze durch Bravourpassagen belebt, die meist noch schwieriger waren als jene, die man in seinen Werken findet.
2. In der freien Variationsform, ungefähr wie seine Chorfantasie, op. 80, oder das Chorfinale der neunten Sinfonie, welche beide ein treues Bild seiner Improvisation dieser Art geben.
3. In der gemischten Gattung, wo potpourriartig ein Gedanke dem anderen folgt, wie in seiner Solofantasie op. 77. Oft reichten ein paar einzelne

unbedeutende Töne hin, um aus denselben ein ganzes Tonwerk zu improvisieren (wie z. B. das Finale der dritten Sonate, D-dur, von op. 10.) – –

In der Geschwindigkeit der Skalen, Doppeltriller, Sprünge usw. kam ihm keiner gleich – auch Hummel nicht. Seine Haltung beim Spiel war musterhaft ruhig, edel und schön, ohne die geringste Grimasse (nur bei zunehmender Harthörigkeit gebückt), seine Finger waren sehr kräftig, nicht lang und an der Spitze vom vielen Spielen breit gedrückt, denn er sagte mir oft, daß er in seiner Jugend ungeheuer, meistens bis spät über Mitternacht exerziert hatte. – –

Er hielt auch beim Unterrichten sehr auf schöne Fingerhaltung (nach der Emanuel Bachschen Schule, nach der er mich unterrichtete); er selber spannte kaum eine Dezime. Der Gebrauch der Pedale war bei ihm sehr häufig, weit mehr als man in seinen Werken angezeigt findet. Einzig war sein Vortrag der Händelschen und Gluckschen Partituren und der Seb. Bachschen Fugen, indem er in die ersteren eine Vollstimmigkeit und einen Geist zu legen wußte, der diesen Werken eine neue Gestalt gab. – –

Auch war er der größte Avistaspieler seiner Zeit (selbst im Partiturlesen), und, wie durch Divination, übersah er beim schnellsten Durchblicken jede fremde Komposition, und sein Urteil war stets richtig, aber (besonders in seinen jüngeren Jahren) sehr scharf, beißend und rücksichtslos. Manches, was die Welt bewunderte und noch bewundert, sah er von dem hohen Standpunkte seines Genies in ganz anderem Lichte. – –

So außerordentlich sein Spiel im Improvisieren war, so war es oft weniger gelungen beim Vortrag seiner bereits gestochenen Kompositionen, denn da er sich nie die Geduld und Zeit nahm, etwas wieder zu exerzieren, so hing das Gelingen meistens von Zufall und Laune ab, und da sein Spiel so wie seine Kompositionen der Zeit vorausgeeilt waren, so hielten die damaligen noch äußerst schwachen und unvollkommenen Fortepianos (bis um 1810) seinen gigantischen Vortrag noch gar nicht aus. Daher kam es, daß Hummels perlendes, für seine Zeit wohlberechnetes, brillantes Spiel dem größeren Publikum weit verständlicher und ansprechender erscheinen mußte. Aber Beethovens Vortrag des Adagio und des Legato im gebundenen Stil übte auf jeden Zuhörer einen beinahe zauberhaften Eindruck und ist, soviel ich weiß, noch von niemand übertroffen worden. – –

(Karl Czerny)

Beethoven habe geklagt, er könne mit der Violine gar nicht zurechtkommen. Von A. aufgefordert, doch zu versuchen, entwickelt Beethoven ein

so schreckliches Spiel, daß A. ausrufen mußte: »Erbarme dich, hör' auf!«
Beethoven hörte auch auf, und nun lachen beide, daß sie sich die Seiten
halten müssen. Eines Abends phantasierte Beethoven wundervoll auf
dem Klavier, und A. sagt am Schlusse: »Es ist jammerschade, daß eine so
herrliche Musik im Augenblick geboren und mit dem nächsten Augenblick verloren geht.« Darauf Beethoven: »Da irrst du, ich kann jede ex-
temporierte Phantasie wiederholen«, setzte sich hin und spielte sie ohne
Abweichung noch einmal. Beethoven war sehr häufig in Geldverlegen-
heit. Einmal klagte er auch A. seine Not; er müsse Miete zahlen und wisse
durchaus nicht, wie er das anstellen solle. »Da ist leicht zu helfen!« sagt
A., gibt ihm ein Thema (Freudvoll und leidvoll) und schließt ihn in sein
Zimmer ein bei dem Bescheide, er müsse nach drei Stunden die Variationen begonnen haben. Als A. wiederkommt, findet er Beethoven noch
recht mürrisch auf demselben Fleck und erhält auch auf die Frage, ob er
angefangen habe, ein Stück Papier mit dem Bemerken: »Da ist der
Wisch!« A. bringt die Noten ganz erfreut zu Beethovens Hauswirt und
sagt, er solle damit in die Verlagsbuchhandlung gehen, dort würde er ein
schönes Stück Geld dafür erhalten. Der Hauswirt will anfangs darauf
nicht eingehen, entschließt sich aber endlich doch zum Gang und kehrt
von demselben ganz freudig zurück mit der Frage, ob nicht noch solche
Zettel zu haben wären.

(Karl Amenda, 1798)

Beethoven, allein gelassen, setzte sich nun selbst an das Pianoforte. Anfangs schlug er nur dann und wann kurz und abgebrochen einige Noten
an, gleichsam als befürchte er, bei einem Verbrechen ertappt zu werden;
aber nach und nach vergaß er alles andere um sich her und verlor sich ungefähr eine halbe Stunde lang in eine Fantasie, deren Stil äußerst abwechselnd war und sich besonders durch die schroffsten Übergänge auszeich-
nete. Die Liebhaber waren entzückt, für den Uneingeweihten war es um
so interessanter, zu bemerken, wie die Musik von des Mannes Seele sich
auf sein Gesicht übertrug. Er schien mehr das Kühne, Gebietende und
Stürmische zu fühlen, als das Sanfte und Stille. Seine Gesichtsmuskeln
schwollen an, und seine Adern traten hervor; das doppelt wilde Auge rollte, der Mund bebte, und Beethoven sah aus wie ein Zauberer, der von den
Geistern überwältigt wird, die er selbst gerufen hat. (1822)

(Sir John Russel)

Saß er einmal am Klavier, wozu ihn jedoch nie eine Aufforderung, von welcher und der feinsten Art sie auch immer sein mochte, sondern nur der eigene, innere, unwiderstehliche Trieb bringen konnte, so nahm sein Wesen beinahe etwas Überirdisches an. Sein Auge flammte, alle Muskeln des Gesichts zuckten fieberhaft, und man sah den Meister der Töne im gigantischen Kampfe mit seinen eigenen Schöpfungen und nicht selten von ihnen und ihrer unheimlichen Macht völlig übermannt werden. Ein solcher Anblick hatte etwas Großes, aber auch zugleich etwas Schauerliches an sich. – –

(Unbekannt)

Spiel und Aufführung

Ein andermal bat ich ihn, mir den Schlüssel zu den beiden Sonaten op. 57 (F-oll) und op. 29 (D-Moll) anzugeben. Er erwiderte: »Lesen Sie mir nur Shakespeares Sturm.« – –

Was die Sonate pathétique unter Beethovens Händen wurde (obgleich er am reinen Spiel manches zu wünschen übrig ließ), das mußte man gehört und wieder gehört haben, um sich genau orientieren zu können, daß es dasselbe, schon bekannte Werk sei. Überhaupt wurde alles und jedes, von seiner Hand vorgetragen, zu einer neuen Schöpfung, wobei sein stets gebundenes Spiel wesentlich mitwirkte, das zu seinen besonderen Eigenheiten im Vortrage gehörte. Beim Unterricht lehrte Beethoven: Die Hände stets anlegen an die Klaviatur, damit die Finger sich nicht mehr als nötig heben können, denn nur bei dieser Methode wird es möglich, Ton zu erzeugen und singen zu lernen. – Das abgestoßene Spiel, besonders im Vortrag von Passagen, haßte er, und nannte es »Fingertanz« oder »die Hände in der Luft führen«. Was ich selbst von Beethoven immer vortragen hörte, war mit wenig Ausnahme stets frei alles Zwanges im Zeitmaße; ein »Tempo rubato« im eigentlichen Sinn des Wortes, wie es Inhalt und Situation bedingte, ohne aber nur den leistesten Anklang an eine Karikatur zu haben. Es war die deutlichste, faßlichste Deklamation, wie sie in dieser hohen Potenz vielleicht nur aus seinen Werken heraus zu studieren sein dürfte. Seine älteren Freunde, die der Entwicklung seines Geistes nach jeder Richtung hin aufmerksam gefolgt sind, versicherten, daß er diese Vortragsweise erst in den ersten Jahren seiner dritten Lebensperiode angenommen, und von der früheren weniger nuancierten ganz abgewichen sei; woraus hervorgeht, daß sein Forschungssinn schon damals die

Mittel und Wege gefunden hatte, dem Laien wie dem Geweihten die Pforten zu den Mysterien seines Geistes sicher zu entschließen. –

Wie die Sonaten, so wollte er auch seine Quartettmusik vorgetragen wissen, die nicht minder ähnliche Seelenzustände malt, wie der größere Teil seiner Sonaten. – –

Hinsichtlich der Akzentuation muß ich überhaupt bemerken, daß Beethoven vorzüglich alle Vorbehalte, besonders jene der kleinen Sekunde und diese selbst in laufenden Passagen kräftig hervorhob; in langsamerer Bewegung aber selbe ungemein schön (wie der Sänger) zur Hauptnote hinüberzutragen wußte. –

Es fehlte nicht an Klagen über Vergreifung der Tempi bei den Konzerten des großen Wiener Musikvereins, zumal die oberste Leitung stets in Händen von Dilettanten sich befand, die so große Massen zu leiten und zu beherrschen ungeübt waren. Diese Klagen brachten Beethoven eines Tages zu der höchst wichtigen Äußerung: Er habe seine Sinfonien für kein so großes Orchester geschrieben, als der Wiener Musikverein gewöhnlich aufstellt, weil er überhaupt keine Lärmmusik geschrieben haben wolle. Er verlange für seine Instrumentalwerke nur ein Orchester von ungefähr sechzig guten Musikern, indem er überzeugt sei, daß nur diese Zahl die schnell wechselnden Schattierungen im Vortrage richtig geben könne, mithin der Charakter jedes Satzes samt seinem poetischen Inhalte nicht verletzt werde.

Wie es Beethoven mit den herkömmlichen Wiederholungen in seinen letzten Lebensjahren gehalten, weisen die meisten Werke aller Gattungen aus dieser Periode sattsam aus. Bei Veranlassung der Aufführung seiner acht Sinfonien im Josephstädter Theater 1823 und 1824 hatte er mir ausdrücklich geboten, die Wiederholung der zweiten Teile zu übergehen, »weil doch schon alles mehrmal gehört worden und die Leute die Sinfonien schon auswendig wissen«. Bei einzelnen Sonaten wollte er sogar die Wiederholung des ersten Teiles nicht mehr gelten lassen.

Was Beethovens Eigenheit in der Akzentuation betrifft, so kann der Verfasser anführen, was sich teils aus den kritischen Anmerkungen über Czernys Vorträge, teils aus den unmittelbaren Belehrungen am Piano ergibt. Vorzugsweise war es der rhythmische Akzent, den er meist kräftig hervorhob und hervorgehoben wissen wollte; dagegen behandelte er den melodischen (gewöhnlich der grammatische genannt) meist nach Erfordernis, pflegte nur alle Vorhalte, den der kleinen Sekunde im Kantabile ganz besonders, immer mehr zu betonen, als man es von andern gehört. Dadurch erhielt sein Spiel ein Prägnant-Charakteristisches, fern von dem

Glatten, Flachen, das sich niemals zur Tonsprache erhebt. Bei der Kantilene verwies er auf die Methode gebildeter Sänger, die nicht zuviel und nicht zuwenig tun, riet ferner, bisweilen passende Worte einer streitigen Stelle unterzulegen und sie zu singen, oder auch solche Stellen von einem gebildeten Violinisten oder Bläser zu hören. Großes hielt er auf den Anschlag und dessen Doppelbedeutung: der physische oder materielle und der psychische, darauf Clementi die Aufmerksamkeit gelenkt. Unter letzterem verstand dieser die im Gefühle berechnete Tonfülle, bevor noch der Finger die Taste berührt. Wem dieses fremd ist, wird niemals ein Adagio seelenvoll vortragen. Überhaupt war unser Meister ein erklärter Gegner der Miniaturmalerei in aller musikalischen Darstellung und forderte demnach überall kräftigen Ausdruck. Auch die Vorträge des Schuppanzighschen Quartetts gaben davon Zeugnis. Die vier Männer brachten im Forte die Wirkung eines kleinen Orchesters hervor, im vollen Gegensatze zu dem Matten und Süßlichmanirierten hochberühmter Quartette unsrer Tage. — —

Ein noch wichtigerer Teil der Beethovenschen Redekunst am Pianoforte betrifft die von ihm oft gebrauchte Zäsur und die rhetorische Pause, beides von Clementi überkommen. Die Zäsur, ein plötzliches Abbrechen des Redeflusses, ist in der Tonkunst dem Begriffe nach mehr verwandt mit der rhetorischen Pause als in der Dichtkunst. Der Begriff der rhetorischen Pause hat nach Beethoven nur das Eigentümliche, als Verlängerung einer geschriebenen zu gelten ohne ausdrücklich angezeigten Ruhepunkt (Halt). Diese beiden Vortragsmittel, im Begriffe nicht gar zu weit geschieden, haben zum Zweck, dem Folgenden eine erhöhte Wirkung zu geben.

Gleichwie der Dichter seinen Monolog oder Dialog in einem bestimmt fortschreitenden Rhythmus hält, der Deklamator aber dennoch zu sicherem Verständnis des Sinnes Einschnitte und Ruhepunkte sogar an Stellen machen muß, wo der Dichter sie durch keine Interpunktion anzeigen durfte, ebenso ist diese Art zu deklamieren in der Musik anwendbar und modifiziert sich nur mit der Zahl der ein Werk Ausführenden. — —

(Anton Schindler)

Starcke war oft zum Mittagessen geladen und hatte später oft das Seelenvergnügen, Beethoven fantasieren zu hören. Das Merkwürdigste und Angenehmste war die Einladung zu einem Frühstück, es war für Starcke ein wahres Seelenfrühstück. Beethoven logierte damals 1812 auf der

Mölker Bastei. Nachdem das Frühstück, welches in sehr gutem Kaffee bestand (und den Beethoven in einer gläsernen Maschine selbst zu machen pflegte) eingenommen war, bat Starcke noch um ein Frühstück für Seele und Herz, und Beethoven fantasierte in drei verschiedenen Stilen, erstens in gebundenem, zweitens in fugiertem, wo ein Thema mit Sechzehntelnoten göttlich und auf die wunderbarste Weise durchgeführt wurde, und drittens im Kammerstil, worin Beethoven die größten Schwierigkeiten mit seiner besonderen Laune zu verbinden wußte.

Starcke hatte, um auch seine Hochachtung gegen Beethoven zu bezeigen, sein Horn mitnehmen lassen und machte ihm den Antrag, die F-Sonate mit Horn [op. 17] mit ihm zu spielen. Beethoven sagte mit Vergnügen zu, es fand sich aber bei der Stimmung, daß das Fortepiano gerade um einen halben Ton zu tief stand; Starcke sagte, er wollte sein Horn um einen halben Ton tiefer stimmen, Beethoven erwiderte mit dem Bemerken, daß der Effekt leide, lieber wolle er um einen halben Ton höher transponieren (also anstatt F- Fis-Dur spielen). Es wurde angefangen, und Beethoven spielte es bewunderungswürdig schön; die Passagen rollten so deutlich und schön, daß man gar nicht glauben konnte, er transponiere. Beethoven erteilte auch Starcke das Lob, daß er die Sonate nie mit der Schattierung gehört habe, vorzüglich zog er das pp vor. Das Ganze war ein göttliches Frühstück. - - -

(F. S. Gaßner)

In dem nämlichen Allegro*) ist eine böse Laune Beethovens für das Horn; einige Takte, ehe im zweiten Teile das Thema vollständig wieder eintritt, läßt Beethoven dasselbe mit dem Horn andeuten, wo die beiden Violinen noch immer auf einem Sekunden-Akkorde liegen. Es muß dieses dem Nichtkenner der Partitur immer den Eindruck machen, als ob der Hornist schlecht gezählt habe und verkehrt eingefallen sei. Bei der ersten Probe dieser Sinfonie, die entsetzlich war, wo der Hornist aber recht eintrat, stand ich neben Beethoven, und im Glauben, es sei unrichtig, sagte ich: »Der verdammte Hornist! kann der nicht zählen? – Es klingt ja infam falsch!« Ich glaube, ich war sehr nahe daran, eine Ohrfeige zu erhalten. – Beethoven hat es mir lange nicht verziehen.

Wenn Beethoven mir Lektion gab, war er, ich möchte sagen, gegen seine Natur, auffallend geduldig. Ich mußte dieses, sowie sein nur selten

*) Eroica, 1. Satz

unterbrochenes freundschaftliches Benehmen gegen mich größtenteils seiner Anhänglichkeit und Liebe für meinen Vater zuschreiben. So ließ er mich manchmal eine Sache zehnmal, ja noch öfter, wiederholen. In den Variationen in F-Dur, der Fürstin Odescalchi gewidmet (opus 34), habe ich die letzten Adagio-Variationen siebzehnmal fast ganz wiederholen müssen; er war mit dem Ausdrucke in der kleine Kadenz immer noch nicht zufrieden, obschon ich glaubte, sie ebensogut zu spielen wie er. Ich erhielt an diesem Tage beinahe zwei volle Stunden Unterricht. Wenn ich in einer Passage etwas verfehlte, oder Noten und Sprünge, die er öfter recht herausgehoben haben wollte, falsch schlug, sagte er selten etwas; allein, wenn ich am Ausdrucke, an Crescendos usw. oder am Charakter des Stückes etwas mangeln ließ, wurde er aufgebracht, weil, wie er sagte, das erstere Zufall, das andere Mangel an Kenntnis, an Gefühl, oder an Achtsamkeit sei. Ersteres geschah auch ihm gar häufig, sogar wenn er öffentlich spielte.

Im allgemeinen spielte er selbst seine Kompositionen sehr launig, blieb jedoch meistens fest im Takte und trieb nur zuweilen, jedoch selten, das Tempo etwas. Mitunter hielt er in seinem Crescendo mit ritardando das Tempo zurück, welches einen sehr schönen und höchst auffallenden Effekt machte.

Beim Spielen gab er bald in der rechten, bald in der linken Hand irgendeiner Stelle einen schönen, schlechterdings unnachahmlichen Ausdruck; allein äußerst selten setzte er Noten oder eine Verzierung zu.

(Ferdinand Ries)

Er bemerkte einmal, wie zur Orchesterleitung auch körperliche Kraft erfordert würde. Ich habe manchmal darüber sprechen gehört, daß Beethoven als Direktor manchen Spielenden nicht so angenehm war, als ein anderer geübter Dirigent; ich weiß nicht, vielleicht war es nur bei einigen so, aber jedenfalls stellte er selbst, wenn ich so sagen darf, das vollständige Bild des aufzuführenden Stückes dar; so wenigstens bei seiner Klavierbegleitung »Der fernen Geliebten«, denn da saß er schon ganz gefühlvoll da. Im Dirigieren durfte unser Meister keineswegs als Musterbild aufgestellt werden, und das Orchester mußte wohl achthaben, um sich nicht von seinem Mentor irreleiten zu lassen; denn er hatte nur Sinn für seine Tondichtungen und war unablässig bemüht, durch die mannigfaltigsten Gestikulationen den identifizierten Ausdruck zu bezeichnen. So schlug er oft bei einer starken Stelle nieder, sollte es auch im schlechten Taktteile sein. Das Diminuendo pflegte er dadurch zu markieren, daß er immer kleiner wurde und beim Pianissimo sozusagen unter das Taktierpult schlüpfte. Sowie die Tonmassen anschwellten, wuchs auch er wie aus einer Versenkung empor, und mit dem Eintritt der gesamten Instrumentalkraft wurde er, auf den Zehenspitzen sich erhebend, fast riesengroß und schien, mit beiden Armen wellenförmig rudernd, zu den Wolken hinaufschweben zu wollen. Alles war in regsamster Tätigkeit, kein organischer Teil müßig, und der ganze Mensch einem perpetuum mobile vergleichbar. Bei zunehmender Harthörigkeit entstand freilich öfters ein derber Zwiespalt, daß der Maestro in Arsin battierte und die Musiker in Thesin akkompagnierten; dann orientierte sich der von der Heerstraße Abgekommene am leichtesten bei leisen Sätzen, während er von dem gewaltigsten Forte rein nichts verstand. Auch kam ihm in solchen Fällen das Auge zu Hilfe; er beobachtete nämlich den Strich der Bogeninstrumente, erriet daraus die eben vorgetragene Figur und fand sich bald wieder zurecht. − −

(Fanny Giannatasio, 1817)

Beethoven zu sehen, war in den letzten Jahren seines Lebens in dem Gasthause »zur Eiche« auf der Brandstatt regelmäßig jeden Samstag abends Gelegenheit gegeben. Beethoven fand sich dort ein, um sein Lieblingsgericht: Blutwurst mit Kartoffeln, zu sich zu nehmen, dazu Regensburger Bier zu trinken und dann eine Pfeife Tabak zu rauchen. Er hatte dort in einem Winkel sein Tischchen, an welches sich aus Respekt niemand weiter setzte. Sehr häufig besuchten in Wien anwesende Freunde dieses Lokal, bloß um Beethoven zu sehen.

Mir war es vergönnt, Beethovens Bekanntschaft im Streicherschen Hause zu machen. Dasselbe war damals der Sammelplatz aller auf Musik einwirkenden Persönlichkeiten; so kam es, daß auch ich, wenn auch bloß Organist und ausübender Klavierkünstler, Zutritt fand. Eines Tages war ich allein dort und saß am Flügel neben Nanette Streicher, welche eben das große B-Dur-Trio von Beethoven [op. 97] studierte. Da trat plötzlich Beethoven, auf dessen Hauswesen Frau Streicher viel Einfluß hatte, in das Zimmer, eben als wir bis zum Anfang des letzten Satzes gekommen waren. Er hörte unter Anwendung des stets in seiner Hand befindlichen Hörrohrs einige Augenblicke zu, zeigte sich aber alsbald mit dem zu zahmen Vortrage des Hauptmotivs des Finale nicht einverstanden, sondern beugte sich über die Klavierspielerin hinüber und spielte ihr dasselbe vor, worauf er sich alsbald wieder entfernte. Ich war von der Hoheit seiner Erscheinung, seinem energischen Auftreten und der unmittelbaren Nähe seiner imposanten Persönlichkeit in solchem Grade aufgeregt und erschüttert, daß ich geraume Zeit brauchte, bis ich wieder in ruhige Verfassung kam.

*

In einem durch seine Pflege der Musik bekannten und berühmten Hause Wiens hatte eine namhafte Künstlerin auf dem Klavier den sehr originell und eigentümlich anhebenden vierten Satz eben begonnen, als Beethoven mit ernsten, fast feierlichen Schritten und den Worten »Nichts! Nichts!« eintrat. Lautlose Stille unter allen Anwesenden, die längst schon nur mit Scheu und Ehrfurcht zu dem einzigen Meister emporzublicken vermochten. Dieser aber näherte sich der Pianistin, beugte sich über dieselbe und spielte in dieser Stellung mit glühendem und sprühendem Auge den Hauptgedanken des berühmten Tonstückes vor. Das Instrument schien wie völlig umgewandelt, die einzelnen Töne erklangen mit einer wunderbaren Energie, Kraft und Fülle, und die Zuhörer allzumal fühlten sich unwiderstehlich wie von einer höhern und überirdischen Macht tief und gewaltig erschüttert. Franz Lachner, der vielfach mit Beethoven zu verkehren das Glück hatte und Augen- und Ohrenzeuge der merkwürdigen Szene war, versichert, daß jene Stunde bei weitem die erhabenste und ergreifendste Erinnerung aus seinem ganzen musikalischen Leben bilde, daß es ihn noch jetzt beim Anhören dieser Stelle jedesmal eiskalt überlaufe und ihm dieselbe, auch von den ausgezeichnetsten Künstlern unserer Tage vorgetragen, stets vollkommen profaniert vorkomme. Das letzte ist um so begreiflicher, als auch namhafte Pianisten durch die oben berührte originelle Haltung jener Hauptidee zu einer zu leichten, fast ans Tändelnde anstreifenden Spielart verführt werden, die also mit den von Franz Lachner gehörten und konstatierten prägnanten und plastischen Tönen Beethovens in vollkommenen Widerspruch tritt.

(Franz Lachner, 1860)

Aus Gesprächen und Briefen

Man wird mir vorwerfen, dieses und jenes getan zu haben, allein bei einer strengen Untersuchung kann ich bestehen… Ich lasse mich mehr auf das

Allgemeine ein. Ich übergehe die Mißhandlungen, denen ich von allen Seiten ausgesetzt war, und man wird merken, wie fest und unerschütterlich ich war. Sokrates und Jesus waren mir Muster. (1820)

An Graf Franz Brunswick

Was mich angeht, ja du lieber Himmel! Mein Reich ist in der Luft, wie der Wind oft, so wirbeln die Töne, so oft wirbelt's auch in meiner Seele.

(13. Februar 1814)

An Graf Moritz Lichnowsky

Ich machte gestern mit einem Freunde einen schönen Spaziergang in die Brühl, und unter freundschaftlichen Gesprächen kamen Sie auch besonders vor, und siehe da, gestern bei meiner Ankunft finde ich Ihren Brief. – Ich sehe, daß Sie mich immer mit Gefälligkeiten überhäufen. Da ich nicht möchte, daß Sie glauben sollten, daß ein Schritt, den ich gemacht, durch ein neues Interesse oder überhaupt etwas dergleichen hervorgebracht worden sei, sage ich Ihnen, daß bald eine Sonate (e-moll, op. 90) von mir erscheinen wird, die ich Ihnen gewidmet. Ich wollte Sie überraschen, denn längst war diese Dedikation Ihnen bestimmt, aber Ihr gestriger Brief macht mich es Ihnen jetzt entdecken.

Keines neuen Anlasses brauchte es, um Ihnen meine Gefühle für Ihre Freundschaft und Wohlwollen öffentlich darzulegen – aber mit irgend nur etwas, was einem Geschenke ähnlich sieht, würden Sie mir Weh verursachen, da Sie alsdann meine Absicht gänzlich mißkennen würden, und alles dergleichen kann ich nicht anders als ausschlagen.

(21. September 1814)

Beethoven sprach sich oft gegen meine Mutter darüber aus, daß er sich sehr nach häuslichem Glück sehne und es sehr bedaure, nie geheiratet zu haben!

(Marie von Breuning)

Aus den Notizbüchern

Eine große Handlung, welche sein kann, zu unterlassen und so zu bleiben! O welcher Unterschied gegen ein unbeflissenes Leben, welches sich in mir so oft abbildete! O schreckliche Umstände, die mein Gefühl für Häuslichkeit nicht unterdrücken, aber deren Ausübung!
O Gott, Gott, sieh auf den unglücklichen Beethoven herab! Laß es nicht länger so dauern!

(1813)

Die Ohrenmaschinen womöglich zur Reife bringen, alsdann reisen! – Dieses bist du dir, den Menschen und Ihm, dem Allmächtigen, schuldig: nur so kannst du noch einmal alles entwickeln, was in dir verschlossen bleiben muß. – Und ein kleiner Hof, eine kleine Kapelle, von mir in ihr der Gesang geschrieben, aufgeführt, zur Ehre des Allmächtigen, des Ewigen, Unendlichen!

(1815)

Mein unglückseliges Gehör plagt mich hier (in Baden bei Wien) nicht. Ist es doch, als ob jeder Baum zu mir spräche auf dem Lande: Heilig, heilig! – Im Walde Entzücken! – Wer kann alles ausdrücken? – Schlägt alles fehl, so bleibt das Land selbst im Winter… Leicht bei einem Bauern eine Wohnung gemietet, um diese Zeit gewiß wohlfeil. – Süße Stille des Waldes!

(1815)

Allmächtiger im Walde! Ich bin selig, glücklich im Wald: jeder Baum spricht durch Dich. – O Gott, welche Herrlichkeit! – In einer solchen Waldgegend, in den Höhen ist Ruhe, Ruhe, Ihm zu dienen.

(1815)

Über den Sommer arbeiten zum Reisen! Dadurch nur kannst du das große Werk für deinen armen Neffen vollführen. – Später Italien, Sizilien durchwandern mit einigen Künstlern! – Mache Pläne und sei getrost für Karl!

(1817)

»Mein Herz strömt über beim Anblick der schönen Natur – obschon ohne
sie!«

(1817)

Meine Skrupel müssen nun aufhören, und ich kann wohl denken, daß sich
die Witwe (Johanna, die Mutter des Neffen Karl) nicht schlecht bedacht,
welches ich ihr von Herzen wünsche. Das Meinige, o Herr, hab' ich erfüllt. – Es sei möglich gewesen ohne Kränkung der Witwe, war aber nicht
an dem. – Nur du, Allmächtiger, siehst in mein Herz, weißt, daß ich mein
eigenes Beste um meines teuren Karl willen zurückgesetzt habe. Segne
mein Werk, segne die Witwe! – Warum kann ich nicht ganz meinem Herzen folgen und sie, die Witwe, fördern? Gott, Gott, mein Hort, mein Fels,
o mein Alles! Du siehst mein Inneres und weißt, wie wehe es mir tut, jemanden leiden machen müssen bei meinem guten Werke für meinen teuren Karl!!! O höre, stets Unaussprechlicher, höre mich, deinen unglücklichen, unglücklichsten aller Sterblichen!

(1818)

Ein kleines Haus allda, so klein, daß man allein nur ein wenig Raum hat!
Nur einige Tage in dieser göttlichen Brühl (bei Baden bei Wien)! Sehnsucht oder Verlangen, Befreiung oder Erfüllung!

(1818)

Das moralische Gesetz in uns und der gestirnte Himmel über uns!
Kant!!!!

(1820)

Igor Strawinsky
Über Beethovens Klaviersonaten

Für mich sind alle Klaviersonaten Beethovens Köstlichkeiten, mit Ausnahme von Opus 31, 1. Die Meisterschaft ist absolut von der ersten an, und die Größe der Eingebung, die in ihnen enthalten ist, gleicht der Unübersehbarkeit eines Gebirgszugs in leichtem Dunst: so wird auch die Suche nach einem »Wendepunkt« bedeutungslos, nach den Ausgangspunkten, von denen aus die Propheten »die Welt von morgen« verkünden könnten. Beethovens Kraft war von Anfang an (zumindest) vorauszuahnen, und seine Hand war während seiner ganzen Laufbahn am Schalthebel. Ob es Einschränkungen im verbalen Parkraum sind, die dafür verantwortlich zu machen sind, daß ich nicht in der Lage bin, eine *apparatus criticus* beizusteuern, ganz zu schweigen von einer These zur »Relevanz« der Musik für die zeitgenössische Szene (zum Unglück der Szene gibt es die vermutlich nicht), ist einzig und allein Platzmangel daran schuld, daß sich meine Anmerkungen auf die letzten vier Sonaten konzentrieren.

In den Klaviersonaten, mehr noch als in seinen anderen Werken, entdeckt und erfaßt Beethoven die verschiedenen Territorien für eine Reihe zukünftiger Komponisten und auch für sich selbst. Ein bewußtes oder unbewußtes Beispiel für das letztere findet sich im Zusammenhang zwischen den halben Noten der linken Hand in den Takten 51–62 im Presto der Sonate op. 10, 2 und den Takten 35–50 im Scherzo der Vierten Symphonie. Doch der für andere Komponisten abgesteckte Raum umfaßt so ziemlich das ganze neunzehnte Jahrhundert. So finden sich überall Hinweise auf Schubert und Mendelssohn. Und im Fall Chopin weisen Beethovens Sonaten nicht nur den Weg, sondern ebnen ihn auch noch gründlich (vgl. die erste Variation in Opus 109). Gewisse harmonische und melodische Merkmale Wagners sind ebenfalls bereits vorgezeichnet, und das schon im ersten Satz von Opus 31, 3 – dessen dritter Satz, wie ich neulich entdeckt habe, einen herrlichen Trauermarsch abgibt, wenn im halben Tempo gespielt. Viel erstaunlicher ist die für eine Weiterentwicklung durch Tschaikowsky geradezu prädestinierte Stelle ab Takt 11 im Maestoso von Opus 111. Die territorialen Vermächtnisse an Brahms dagegen sind zu zahlreich, um sie hier aufzuzählen. Zu ihnen gehören etwa der erste Satz der Sonate op. 28 hinsichtlich der Zweiten Symphonie des jüngeren Komponisten, das abschließende Presto der »Appassionata« hinsichtlich der nicht ganz so makellosen Konzeption seines g-Moll-Quartetts, und der Anfang der Sonate op. 109 für den Anfang von Brahms' Vierter Symphonie – wobei Beethoven eine ganze Menge mehr enthält, was Brahms nicht »mitbekommen« hat.

Da für mich Beethoven als Hammerschwinger und Donnerer kein attraktiver Aspekt ist, hat das zur Folge, daß die mehr orchestralen Sonaten, darunter die »Waldstein«-Sonate und die »Appassionata«, nicht zu meinen erkorenen Lieblingen zählen. Auch teile ich die Lobpreisungen für Opus 101 nicht, mit seinem plattfüßigen Marsch und dem zu lang geratenen Finale, oder diejenige für »Les Adieux«, in der »l'absence« viel eindrucksvoller ist als »le retour« (zur Melodie des englischen Kinderlieds »Three Blind Mice«, wobei letzterer Satz einige der eher unfreiwillig komischen Züge der Stummfilmmusik trägt (die Episode in Ges-Dur). Meine Lieblingssonate aus der mittleren Periode ist jene schlanke in Fis-Dur. Ich bewundere auch den zweiten Satz von Opus 54; viel Aufhebens wird von Haydns Einfluß gemacht, wenig von dem Bachs, und doch ist der zweistimmige Kontrapunkt hier eine Hommage an Bach, die nur von den späten Fugen und den letzten »Diabelli«-Variationen übertroffen wird. Ein weiterer kleiner Liebling von mir ist die G-Dur-Sonate, die auf die in Fis folgt. Die Barkarole ist einer von Beethovens lieblichsten Andante-Sätzen, das Vivace ist reines Entzücken, und der erste Satz ist in Beethovens bester bukolischer Manier, ein besseres Beispiel hierfür, in der Tat, als das Scherzo der »Pastorale«, mit dem er den Vergleich herausfordert; aber ich sollte hinzufügen, daß mich »country-western« Musik, sogar von der österreichischen Art, völlig kalt läßt. Nachdem ich jetzt zum besten gegeben habe, was ich selbst bevorzuge, frage ich mich, was machen Bevorzugungen überhaupt aus? Die Sonaten in ihrer Gesamtheit atmen nach eineinhalb Jahrhunderten noch immer den »*zeitlosen Geist und ungebrochenen Hauch des Lebens*«, die Plutarch den Werken der größten Epoche der Griechen zusprach.

Opus 106

Diese Mammut-Sonate erinnert in ihrer außergewöhnlichen Fruchtbarkeit, ihren riesigen Dimensionen und ihrer radikalen Substanz an das spätere Quartett gleicher Tonart. Beide Werke sind heute noch eine Herausforderung an unser Aufnahmevermögen und harren in der Tat noch des vollen Verständnisses einer zukünftigen Generation. In beiden Werken beschränkt sich überdies das Radikale in der Musik auf die für sich stehenden Schlußfugen; ich zumindest ziehe es vor, zur Fuge der Sonate mit noch frischen Ohren zu kommen, weil ich sie sonst als diffus empfinde (mein Gedächtnis ist jetzt eine Art von Postamt für unzustellbare Briefe, das Sendungen annimmt, aber nicht weitergibt). Und bei beiden ist der allerletzte einheitliche Zusammenhang wiederum als problematisch anzusehen, nicht ganz so kritisch in der Sonate, trotz des großen Ausdrucksunterschiedes zwischen den beiden ersten und den beiden letzten, und zwischen den beiden letzten Sätzen.

Weite Strecken des ersten Satzes könnten in meine Kategorie der orchestralen Sonaten eingehen; allerdings nicht die Kanons, zumindest dann nicht, wenn sie wie von Ashkenazy mit klarem, gestochenem Staccato gespielt werden. Das Scherzo eröffnet Ausblicke auf dasjenige des Quartetts in Es-Dur mit den Unterbrechungen des Presto- und des 2/4-Satzes, der in der Sonate eine russische Melodie ist. Die Vorausschau wird durch die Retrospektive im Gleichgewicht gehalten, wenn der b-Moll-Kanon in der Oktave die Eroica zitiert.

Weiträumigkeit, die hauptsächlichste Neuerung im Adagio, ist auch die Hauptgefahr für zukünftige Komponisten. Der Satz ist harmonisch, der reichhaltigste aller Sonaten, insoweit dieses Element für sich betrachtet werden kann, und die sechstaktige Modulation zum zweiten Thema ist der Höhepunkt des Stücks. Was die Fuge anbelangt, so ist ihre verschwenderische Fülle nicht nur unerschöpflich, sondern auch erschöpfend; ich will mich deshalb lediglich auf die Erwähnung einer anderen Ähnlichkeit mit der Quartett-Fuge beschränken, nämlich dem Umstand, daß die lauten und dissonanten Episoden durch weiche und konsonante gemildert werden. Die dreischichtige, lineare Schreibweise der D-Dur-Episode (in Viertelnoten im pianissimo) deutet auf die Fuge der As-Dur-Sonate hin.

Opus 109 und 110

Die drei letzten Sonaten stellen sich als eine große Stilbereinigung dar – was ein Schreiber mit höherem Anspruch als eine Wiederentdeckung des klassischen Geistes beschreiben würde. Verdichtung tritt stärker in Erscheinung als Expansion, und gezügeltere Emotion tritt an die Stelle der Trostlosigkeit des Adagios von Opus 106.

Der Formalismus des Mittelsatzes ist, wie der in seiner Funktion ähnliche Mittelsatz von Opus 110, ein Anachronismus, da der Satz einer anderen Periode anzugehören und auf einem unterschiedlichen Niveau angesiedelt zu sein scheint als die übrige Sonate. Die Eliminierung des Mittelsatzes in Opus 111 war vorhersehbar, aber dann bedeutet »Evolution« in der Sonate die Eliminierung einer ganzen Anzahl von Dingen, die einmal für Bausteine einer »Sonate« gehalten wurden, von der Idee kontrastierender Themen und Sätze in einem festgelegten Charakter bis hin zu vielen anderen rhetorischen Stilmitteln. Beethovens Entdeckungspfad neigte am Schluß mehr und mehr zur Kontrapunktik hin, wobei homophone thematische Entwicklungen der thematischen Transformation in Variation und Fuge Platz machten.

Die Notwendigkeit der Wiederaufnahme des Choralthemas der Variationen – eine Reminiszenz, und nicht die einzige, an die »Goldberg«-Variationen – ist das beherrschende, strukturelle Faktum des Satzes, und die lange Dominante (die ganze letzte Variation!) ist sein eindrucksvollstes architektonisches »Detail«. Spannung wird natürlich durch andere Mittel als die Ausnutzung der Dominante erzeugt, und eines von ihnen ist die Verzahnung metrischer Getriebeeinheiten, 3/9 mit 9/8 mit 3/9 am Anfang der Variation – was eine Studie für die proportionalisierten Metren der Variationen von Opus 111 darstellt.

Die dritte Variation ist ein schwaches Glied, nicht so sehr wegen ihrer zu deutlichen Funktion einen Kontrast zu erbringen, sondern wegen der nicht vorhandenen Eignung des Themas für unbekümmerte, hindemithartige Verarbeitung. Die kontrapunktische fünfte Variation enthält, wie die späten Fugen – aber immerhin schon so früh wie die Fugenexposition nahe dem Ende der letzten Violinsonate – den größten Anteil der Sonate an »moderner« Musik.

Beethoven liebte anscheinend das Choralthema in Opus 109 so sehr, daß er es kaum über sich brachte, sich von ihm zu trennen. Es erscheint wieder in Opus 110 in der Form, in der es bereits in der »Bach-Partita«-Variation (Nr. II) von Opus 109 als erstes Thema anklingt, und die überraschende Anzahl von Wiedereinsätzen, an den verschiedensten, harmonischen Positionen aneinandergereiht, wird zum Grundzug des Satzes. Das Allegro Molto, in und für sich selbst ein Meisterwerk, mag aus Gründen, die ich bereits im Zusammenhang mit dem Mittelsatz von Opus 109 genannt habe, etwas zu glatt erscheinen. Aber das wirklich verblüffende Ereignis in der Sonate sind die zehn wiederholten G-Akkorde, die vom zweiten Arioso (dem Vorläufer übrigens der »Beklemmt«-Episode in der

Cavatina von Opus 130) zur Umkehrung der Fuge überleiten. Sie fallen auf das letzte Drittel eines jeden Takts nach einer Zweidrittel-Pause, aber während die ersten zwei oder drei Akkorde ein Synkopengefühl zu vermitteln vermögen – und der Rückblick auf sie nimmt Webers Klaviervariationen viel stillen Wind aus den Segeln – werden sie zunehmend schnell unerträglich langweilig.

Die Fuge ist der Höhepunkt der Sonate, aber ihr Wunder offenbart sich in der Substanz des Kontrapunkts und läßt sich nicht beschreiben. Nach weiterer reiflicher Überlegung (die wievielte mag es gewesen sein?) entschied sich Beethoven ab Takt 15 des c-Moll-Einsatzes des Themas für einen anderen Verlauf. Er schrieb von da ab die nächsten 27 Takte um, und die herausgenommene und die endgültige Fassung können nunmehr in einer Faksimile-Ausgabe (Ichthys Verlag Stuttgart) verglichen werden, eine die Augenstrapaze lohnende Beschäftigung. Am Ende der Fuge und damit dem Ende der Sonate wird übrigens der Eintritt der Dominante mit völlig neuartigem Effekt verzögert.

Opus 111

Ob die Wiederholung im ersten Satz eine Fehlkalkulation ist – wofür ich sie halte, obgleich ich zugebe, daß die thematische Vorwegnahme der Sonate von Liszt mein Urteil beeinflußt haben mag – ist es schwer, sich den Anfang zweimal anzuhören. Wenn Beethoven nach Vollendung der Sonate das Klavier als ein unbefriedigendes Instrument bezeichnet hat, dann muß er dabei an die extremen Tonbereiche, die riesigen Intervallsprünge und die polternden Bässe dieses Satzes gedacht haben.

Arietta, die Überschrift des Variationenthemas, geriet einstmals in den Verdacht, einen Scherz zu verbergen nach Art des non troppo serioso in der sechsten »Diabelli«-Variation, einer Manifestation des Spaßvogels Beethoven. Doch was die »Diabelli«-Variationen anbelangt, ist der Verlauf dieses Werks zum Teil bereits in der ersten Variation erkennbar (vgl. die »Nachbarschaften« in der Baßstimme).

Die rhythmischen Neuerungen sind verblüffend, ganz besonders in der *Boogie-woogie*-Variation (Nr. III), aber nicht mehr als der neue »Zeit«-Aspekt (wie ich ihn empfinde, werde ich sogleich zu verdeutlichen versuchen). Der Nexus zwischen Rhythmus und »Zeit« ist der Puls (Hamlets »Mein Puls und der Eure halten maßvoll Zeit«); während die metrischen Unterteilungen der Variationen wechseln, wobei 9/16 gleich 6/16 (d. h.

das frühere punktierte Achtel entspricht dem neuen Achtel) gleich 12/32 gleich 6/16 wird, bleibt der Puls konstant. Verhältnisse wie diese, und noch viel kompliziertere, waren natürlich schon lange vorher von Beethoven verwendet worden, aber noch nie mit solcher Wirkung – einer Wirkung von Kontinuität und überwölbender Vereinheitlichung; verglichen damit klingen die Kontraste und Komplementäreffekte der Variationen von Opus 109 ausgesprochen kurzatmig.

Doch »Zeit an sich« ist undenkbar. Etwas über ein Zeit-Element in einem Musikstück vorauszubestimmen heißt, etwas über die Musik als Ganzes auszusagen, wobei unser Bewußtsein des Zeitablaufs in der Musik eher ein Ergebnis – eine Folgerung aus den musikalischen Einfällen und ihrer Verarbeitung – ist als eine Ursache. Doch es will mir so vorkommen, als ob die subjektiven Erwartungen des Hörers hinsichtlich des Zeitablaufs, das Erfassen seiner Zwänge, Grenzen, Unvermeidbarkeiten als Faktoren offensichtlicher und dringlicher geworden sind als je zuvor in Musik. (Was eine andere Formulierung dafür ist, daß die Musik dichter ist.)

Unser Vorgehen bei der Zeitbestimmung in den Variationen wurde entwickelt aus und ist untrennbar von der Evolution des tonalen Systems, in dem Töne wie

Die Himmel selbst, und die Planeten,
wie unsere eigene Mitte
Maß, Rang und Ort beachten.

Es ist dies eine Evolution von der Linearität zu einem vielgestaltigeren Relativismus (Worte, die einer Erklärung bedürfen, an der ich mich im nächsten Absatz versuchen werde), die bei Beethoven selbst einen Punkt erreicht, wo die Macht der Tonalität (Macht der Musik) zu einer Macht von und über Zeit wird. So vermag er, unser Wahrnehmungsvermögen für Zeitablauf außer Kraft zu setzen (im Zeit-Vakuum der Trillervariation), oder es zum Beinahe-Stillstand zu reduzieren (in der in Zeitlupe verlaufenden Variation in Es, wo allerdings der riesige Abstand zwischen beiden Systemen eine zusätzliche Wirkung ausübt) oder es durch »permanente« Wendungen (die abwärts gleitenden Modulationen) verspätet eintreten zu lassen, indem sie, während das Unerwartete zum Erwarteten wird, plötzlich zur Ausgangstonart zurückschwenken.

Beethovens Maße wurden natürlich nicht einem Vakuum aufgesetzt, aber die vorhergehenden Entwicklungen und Prozesse sind zu mühsam, hier erörtert zu werden; sie beinhalten Argumente wie solche, daß vor Beethoven große Formen in Wirklichkeit nur durch Zusammenfügen von kleineren zustandekamen, also der Grund dafür, daß die Zeit-Skalen von Händels biblischen Epen und Mozarts Opern so elastisch sind (wenn sie das sind), daß sie umfangreichere Striche und Einlagen verkraften können. Mir fehlt es jedoch an Initiative für solche Untersuchungen. Ich bin nicht an Musikgeschichte interessiert, sondern an der *Musik* in der Musikgeschichte, und sicherlich nicht an Dingen wie Entstehung, Entwicklung, Verfall oder auch nur an einer »Sonatenform«, wenn es so etwas abstrakt überhaupt je gab.

Beethovens eigener Zeitsinn war von solcher Universalität, daß er so ziemlich ein Jahrhundert lang als eine Art von musikalischem Greenwich galt. Doch was ich wirklich meine, ist natürlich das musikalische Ganze, was der Grund dafür ist, daß es kaum einer Erwähnung bedarf, weshalb das Problem mit der Zeit, als es schließlich dem Beethovenschen Greenwich gemeldet wurde, mit der Herausforderung an den Anspruch des tonalen Systems auf eine universelle Grammatik zusammenfiel.

Das soll nicht heißen, daß das Zeitgefühl in diesen trasparenten und transzendenten Variationen entweder verdrängt oder geschwächt worden ist im Zuge der Pulverisierung der Zeit in unserer eigenen Ära, einer Ära, in der Vergänglichkeit nicht länger eine simple Lebenserfahrung zu sein scheint, sondern eher etwas wie ein Endziel. Kein solches Ziel könnte Beethoven ferner liegen, der danach trachtete, Vergänglichkeit durch dynamische Beherrschung von Zeit zu besiegen, mit seinen eigenen Formen, wie ein Ingenieur eine Naturgewalt bändigt.

Anmerkungen

Zur Zeit der früheren Sonaten hatte Beethovens Klavier eine flache Tastatur, auf ½ der rasche Oktavengänge verhältnismäßig leicht auszuführen waren, sowie eine relativ kurze Nachhallzeit, die die Baßregister transparenter klingen ließ, als das im allgemeinen bei modernen Instrumenten der Fall ist; für den Anfang der »Mondschein«-Sonate waren seine Klaviere mit einem Pedal ausgestattet, das die Hämmer von drei Saiten zu nur einer verschob, wodurch eine Veränderung von Ton und Klangfülle zustandekam, vergleichbar mit einem Registerwechsel auf Orgel oder Cembalo. Klavierbauer haben selbstredend diese *Sopra una corda*-Vorrichtung durch technische Verbesserung längst um ihre Existenz gebracht und damit das Adagio der »Hammerklavier«-Sonate (um nur ein Opfer zu nennen) einer ganzen Dimension beraubt, denn das Alternieren von zwei Timbres und Stärkegraden deutet darauf hin, daß der Satz in Dialogform konzipiert war.

(Harper's Magazine März 1975, leicht gekürzt und aus dem Englischen übersetzt von Ken W. Bartlett)

Donald Francis Tovey

Analyse von musikalischen Meisterwerken

Sir Donald Francis Tovey (1875–1940) gilt neben Charles Hubert Parry (seinem Lehrer) und Edward Dent als einer der Väter der englischen Musikwissenschaft. Er betätigte sich als Komponist und Pianist und lehrte gleichzeitig als Reid Professor of Music an der Edinburgh University. Er verfaßte zahlreiche Musikartikel für die Encyclopaedia Britannica, Essays u. a. über Gluck und Schubert, sowie eine Reihe von musikwissenschaftlichen Büchern. Die abgedruckten Ausführungen über Analyse sind seinem »Leitfaden zu Beethovens Klaviersonaten« entnommen.

Vorwort

Die methodische Analyse von musikalischen Meisterwerken ist eine Aufgabe, die sich sowohl Interpreten wie auch Komponisten stellt. Wollen wir uns zunächst mit dem Interpreten befassen.

Interpreten sollten verstehen, was sie spielen. Bei Dirigenten, die auf dem ganzen Orchester spielen, ist das unbestritten; auch bei der Kammermusik wird das nie in Frage gestellt. Der Solist und seine Kritiker sind gelegentlich schon skeptischer, was den Nutzen analytischer Einsicht für die Wiedergabe anbelangt. Aber die gängigen Vorstellungen zu diesem Thema scheinen durchaus nicht einhellig zu sein. Für gewöhnlich nimmt man an, daß eine »analytische« Wiedergabe die Musik in kleine Abschnitte mit klaffenden Nahtstellen zerhackt. Wer dem Inhalt des vorliegenden Buchs zu folgen versucht, wird sehr bald entdecken, daß der einzig mögliche nachteilige Effekt, der von einer analytischen Betrachtungsweise bei einer Beethoven-Aufführung ausgehen könnte, eine Beschleunigung des Tempos wäre und die Musik in einem einzigen atemlosen Ablauf dahinströmen lassen würde. Bereits der erste Eindruck einer korrekten Analyse wird ergeben, daß »AB in CD einmündet und EFG in ... XYZ«. Dabei ist unklar, was schlechthin unter »analytischem Spiel« verstanden wird; aber der Begriff ist vermutlich aus einer Art des Spiels zustande gekommen, das unwesentliche Details überbetont. Eine solche Wiedergabe macht etwa aus der g-Moll-Episode im ersten Satz von Beethovens Violinkonzert ein Adagio, wobei die Hörner der rhythmischen Hauptfigur keinerlei erkennbaren Sinn mehr geben können. Solche Art des Spiels gibt im ersten Satz der *Appassionata* den Quintolen der Takte 81–90 harte Akzente und zerhackt somit eine Sequenz in zweitaktige Schnippsel die sich aber zweistimmig über fünf Oktaven hinweg in achttaktiger Gliederung bewegt. Ein solches Spiel läßt ein Fugenthema wie mit Trompeten und Posaunen hervortreten, während es krasseste Mißachtung aller Gegenthemen und Kontrapunkte an den Tag legt. In allen diesen Fällen kann eine korrekte Analyse nur den Zweck haben, eine Vertiefung des Verständnisses herbeizuführen; und wenn echte analytische Wiedergabe zum Nachteil gereicht, dann kann dieser Nachteil nur in der Tendenz liegen, der Musik zu wenig Wohlklang und zu viel technische Flüchtigkeit angedeihen zu lassen, wozu Komponisten in ihrem eigenen Spiel nur zu oft neigen. Die hauptsächlichste Lehre aus der Analyse großer Musik ist die Lehre von organischer Einheit. Und letzten Endes sollte sie auch dem Wohlklang zugute kommen.

Für Kompositionsschüler ist die Verwendung von Analysen Übungssache. Der Inhalt dieses Buchs wird dem angehenden Komponisten in dem Maße von Nutzen sein, wie er sich an einer eigenen Analyse versucht, bevor er eine gedruckte zu Rate zieht. Mancher berühmte Lehrer ließ seine Schüler eine vollständige musikalische Paraphrase eines klassischen Werks schreiben. Gegen diese Methode gibt es gravierende Vorbehalte. Unter großem Arbeitsaufwand verleitet sie zum Verständnis der Form als einem Gußstück zum Einfüllen von Material. Dazu kann auf dieser anfechtbaren Grundlage lediglich eine kleine Anzahl von unterschiedlichen Formen während der Studienjahre gelehrt werden. Wenn irgendwelche formalen Erkenntnisse durch Paraphrase vermittelt werden können, dann sollte das ex tempore am Klavier geschehen, wo Fehler sofort zu berichtigen und ein halbes Dutzend vollständiger Versuche im Verlauf von einer Stunde möglich sind. Für den Komponisten ist die wahre Lektion über klassische Formen ihre unendliche Vielfalt und ihre immense rhetorische und dramatische Kraft. Diese Lektion kann nur an einer Vielzahl von Beispielen erlernt werden. Der vorliegende Band mag dem Kompositionsschüler zunächst als ein Beispiel für Sir Hubert Parrys Methode der musikalischen Übersicht dienen, dann aber auch als ein Nachschlagewerk, anhand dessen er seine eigenen Bemühungen um eine Analyse der Klaviersonaten Beethovens überprüfen kann, und als Ansporn zum Studium anderer musikalischer Klassiker.

A Form

1. Die Zeit-Dimension

Die Vorbedingung für eine einwandfreie Analyse eines jeden Musikstücks besteht darin, daß die Komposition als zeitgebundener Vorgang
verstanden werden muß. So etwas wie einen simultanen *coup d'aile* gibt
es nicht; auch nicht, wenn Mozart unterstellt wird, er habe seine Musik
auf diese Weise begriffen. Manche Schüler beginnen ihre Analyse einer
Sonate, indem sie sie durchblättern, um zu sehen »wo das zweite Thema
kommt« und wo andere noch unglücklicher bezeichnete Abschnitte einsetzen. So liest man offensichtlich keine Geschichte. Für den Hörer besteht überhaupt keine Veranlassung zu wissen, daß es so etwas wie ein
zweites Thema gibt, bis er es hört. So braucht er auch nicht zu wissen, daß
die Neunte Symphonie auf der Dominante von d-Moll beginnt. Er hört
lediglich ein ausgehaltenes Vibrieren auf einer leeren Quinte. Besitzt er
das absolute Gehör, mag er bemerken, daß ihr Baßton ein A ist; und wenn
er Verständnis hat, wird er auch noch bemerken, daß er nur eine nüchter-
ne Feststellung gemacht hat, es sei denn, er muß sie zum Zwecke der Ausarbeitung einer Analyse erwähnen.

2. Terminologie

Die musikalische Analyse begeht nicht nur den Fehler, eine Notenseite in
einer räumlichen Kategorie zu belassen, anstatt die in ihr enthaltene Information in die Zeit-Kategorie zu versetzen, sie leidet auch unter einer
Terminologie, die in allen Ländern schlecht und in England durch
Falschübersetzung noch schlechter ist. Anstatt zu versuchen, diese Terminologie zu verbessern, wollen wir sie überhaupt vermeiden. Anstelle
von »Erstes Thema und Zweites Thema« werden wir »Erste Gruppe und
Zweite Gruppe« sagen, womit wir Haydn eine Chance geben, beide Gruppen aus demselben Thema zu entwickeln, und Spohr seine Verfahrensweise ermöglichen, ein nobles, erstes Thema aufzustellen, dem wohl-
überlegte Sechzehntelfiguren folgen, die zur Dominante überleiten,

einem kantablen zweiten Thema und einer Menge brillanter Passagen mit einer effektvollen Modulation, in die der Maler seinen herbstlichen Baum stellt und einem geschmackvollen, aus dem Anfang gewonnenen Kadenzthema.

Gegen die Begriffe »zweiteilig und dreiteilig« gibt es vorerst noch kein Heilmittel. Eine »zweiteilige« Melodie besteht aus zwei Bögen, von denen der erste nicht auf der Tonika endet, und der zweite es tut. Bei einer »dreiteiligen« Melodie endet der erste Bogen auf der Tonika. Das erzeugt ein Gefühl von Vollständigkeit, das die Erwartung auslöst, daß alles Nachfolgende ein Mittelteil ist und zu einem *da capo* des ersten Melodiebogens führt. Diese Erwartung erfüllt sich so oft, daß die sich hieraus ergebende Form A,B,A »dreiteilig« genannt wird, da sie offensichtlich aus drei Teilen besteht. Der wirkliche Unterschied zwischen »dreiteiligen« und »zweiteiligen« Typen hat jedoch mit dieser Teilbarkeit nichts zu tun. Der sog. »dreiteilige« Eindruck wird unwiderruflich dann hervorgerufen, wenn sich der erste Melodiebogen mit seinem Tonika-Abschluß vollendet hat. Was dann folgt, ist oftmals nicht länger als der erste Bogen; und die einzige Regel, die wir dafür finden können, ist, daß er in gewisser Weise entweder durch Häufung von Details (Thema des langsamen Satzes von Op. 57) oder durch weiter ausladende Harmonik (Arietta von Op. 111) mehr Raum zu beanspruchen scheint, ungeachtet seiner tatsächlichen Länge. Die Arietta von Op. 111 weist ein subtiles Hin- und Herpendeln zwischen beiden Typen auf. Beide Melodiebögen werden in der üblichen Weise wiederholt; allerdings endet der erste Bogen beim ersten Mal auf eine zur Dominante hinführenden Weise und hält sich beim zweiten Mal mehr oder weniger auf der Tonika in der Schwebe. Diese Feinheit wird dann in den Variationen getreulich reproduziert.

Der wesentliche Unterschied zwischen »zweiteilig« und »dreiteilig« ist derjenige zwischen einem Aggregat, dessen Bestandteile untrennbar sind, und einem Aggregat, das eines oder mehrere Dinge enthält, die bereits vollständig sind. Der sog. »zweiteilige« Typus entwickelt sich unter enormer Ausweitung in die höheren Sonatenformen. Der sog. »dreiteilige« Typus verläuft in zwei Bahnen – Ausweitung und Vervielfachung. Abgesehen davon findet großangelegte Imitation durch bloßes Alternieren zweier kompletter melodischer Formen in Menuett und Trio statt. In diesem Fall wird auf organische Einheit völlig verzichtet; denn in dem daraus resultierenden A,B,A ersteht B ebenso komplett vor uns wie A. Die Organisation wird auch nicht von höherem Rang, wenn Beethoven das in seinen größten Scherzi zu A,B,A,B,A multipliziert. Es gibt einen ganz bestimmten Stellenwert in der Ästhetik für eine Abstinenz von organischen Konstruktionen; das hat, in der Tat, eine organische Begründung. Wir dürfen demnach nicht vergessen, daß die Menuett-Trio-Gruppe etwas anderes darstellt als ein A,B,A-Organismus. Wenn sich der A,B,A-Organismus durch Ausweitung weiterentwickelt, werden alle seine Teile vergrößert, und der Wiedereintritt von A mag zu einer dramatischen Angelegenheit werden. Wenn sich der Organismus durch Multiplikation weiterentwickelt, haben wir die Rondoformen, in denen A in der Dimension von ein oder zwei Melodiebögen verbleibt und nach jeder Episode B, C etc. wiederkehrt.

Wie dann diese größeren Formen zueinander in Beziehung stehen, wird in der Analyse der einzelnen Werke aufgezeigt werden. Noch ein Wort zu den zwei Melodietypen ist geboten. In beiden Typen ist die Wiederholung der einzelnen Bestandteile ein häufiges und natürliches Phänomen. Die »zweiteilige« Form wird so genannt, weil sie sich aus zwei wiederholbaren Abschnitten zusammensetzt. Man nehme die vollkommenste dreiteilige Melodie, die man sich denken kann – etwa das Thema der Variationen aus der Kreutzer-Sonate. Zerfällt es auch wirklich in drei wiederholbare Teile? Der Versuch, die Wiederholungen unter diesem Gesichtspunkt zu ordnen, ist der Mühe wert, zu erfahren, wie völlig unmöglich es ist, die Form als auf einer dreiteiligen Gliederung basierend zu verstehen. Die Form zeigt überzeugend, daß es sich nicht um A:B:A sondern um A:B+A handelt. Das ist nicht Theorie, sondern unmittelbare ästhetische Erkenntnis. Es gibt einen Fall bei Beethoven, wo das Phänomen AA:BB:AA in Erscheinung tritt, und das ist eines der höchst organisierten Rondi, die jemals geschrieben wurden, nämlich das Rondo von Op. 90. Hier verhält sich B einfach wie ein weiteres Thema, was es auch ist. Diese betont anorganische Struktur ist das Rückgrat des ganzen Satzes. Wollen wir uns nicht mit Versuchen das Leben schwer machen zu klassifizieren, was der Komponist selbst sich als ureigenste Schöpfung ausdachte. Ich empfinde zutiefst die Notwendigkeit für unabhängige Begriffe, um zwischen »Form-mit-einem-unvollständigen-ersten-Glied« und »Form-mit-einem-vollständigen-ersten-Glied« zu unterscheiden; und ich wäre dankbar, wenn solche Begriffe aus dem Lateinischen oder Griechischen geprägt werden könnten, nur nicht von beidem, und mit nicht mehr als acht Silben. Aber ich sehe überhaupt keine Notwendigkeit für eine Terminologie, die das Thema des Rondos aus Op. 28 oder Op. 90 beschreiben soll.

3. Methode der Analyse

Der Schüler wird gut beraten sein, sich aus eigener Initiative an musikalischen Analysen anhand der Methode dieses Kommentars zu versuchen. Er mag sich Beethovens Sonaten vornehmen und die Analysen dieses Buchs nachher zur Korrektur seiner Arbeit benützen oder auch die Methode auf andere Klassiker anwenden. Dabei ist es von größter Wichtigkeit, daß er niemals etwas festhält, was sein Ohr nicht wahrgenommen hat, abgesehen vom Bild der Notenseite. Das Ohr wird nie lernen Feinheiten zu erkennen, wenn sein Urteilsvermögen durch vorgefaßte Einbildung gelitten hat. Solche Einbildungen wuchern in den Köpfen von Schreibern, die meinen, die »logische« Entwicklung einer Komposition vollziehe sich in der Ableitung eines Themas von einem anderen. Derartige Ableitungen sind als stilistische Erscheinung durchaus interessant. Sie kommen und gehen, je nachdem der Komponist einmal mit ihm vertrautem Material umgeht, oder ein andermal eine Pionierarbeit in Angriff nimmt. Dem Schüler, dem das verborgen bleibt, entgeht eine Anzahl von geistreichen Details, und das ist von Nachteil für seine Chancen, den Stil seines Spiels erkennen zu lassen; und dennoch wird sich der genaue Interpret einer geistreichen Wendung unwillkürlich eines Lächelns nicht erwehren können. Der Schüler dagegen, der meint, Sonaten bauten sich auf thematischen Spitzfindigkeiten auf und damit beginnt, sie hineinzugeheimnissen, wann immer es ihm gelingt wahrzunehmen, daß da ein »B« in »Beide« steckt, wird nie zu einem echten Verständnis gelangen.

Viele, wenn auch nicht die meisten Schüler werden finden, daß gewisse Dinge in den Analysen dieses Bandes keineswegs selbstverständlich sind, wenngleich der Hauptanteil der Information aus Binsenwahrheiten zu bestehen scheint. Aber die selbstverständlichsten und die am wenigsten selbstverständlichen Dinge sind alles Tatsachen. Die Methode schreitet von Punkt zu Punkt fort, parallel zum Verlauf der Musik, und wo sich mehrere Sachverhalte überschneiden, werden sie in der Reihenfolge ihrer Funktion im Gesamtplan dargestellt. Wenn also ein ganzer Abschnitt in einer bestimmten Tonart steht, wird diese Tonart am Kopf des Absatzes genannt; und wenn es sich nicht um die Tonika handelt, wird die Verwandtschaft hierzu erwähnt, es sei denn, dieser Aspekt ist (wie etwa im Verlauf einer langen Durchführung) unerheblich. Dann wird die Musik Phrase für Phrase durchgenommen. Der erste Punkt ist die Länge der Phrase und im Zusammenhang damit die Art und Weise ihrer Unterteilung: so ist beispielsweise der Anfang von Op. 28 eine zehntaktige Phrase

(6+4). Allein schon aus diesem Punkt läßt sich eine Menge lernen. Ein beliebtes Mittel, das Gefühl für Bewegung zu steigern, ist das Abtrennen von immer kleiner werdenden Figuren in einem, wie man es nennen könnte, sich zuspitzenden Rhythmus. Neuerdings beginnt die Kritik solche Dinge wahrzunehmen. Sie neigt jedoch dazu, sie zunächst als Manierismen mißzuverstehen oder als wesentliche Hypothese einer Kunstform zu entdecken und als fatalen Fehler zu bezeichnen. Die Elektrizität verdankt ihren Namen einem Manierismus im Verhalten von Bernstein: sie erweist sich jedoch als eine fundamentale Eigenschaft des Universums. Gleicherweise geht der Neapolitanische Manierismus des Echos von Phrasenenden in einen wesentlichen Bestandteil des Sonatenstils auf.

Beim Analysieren können Thementeile, die sich loslösen und auf verschiedenste Weise in der Durchführung neu kombiniert werden, mittels Buchstaben zitiert und identifiziert werden. Wenn der Schüler seine eigenen Analysen anfertigt, braucht er sich bei der Verwendung solcher Buchstaben lediglich an die Reihenfolge seiner eigenen Identifizierung zu halten; allerdings bedient sich die vorliegende Arbeit früherer Erkenntnisse.

Parry-Schüler werden mit der ganzen Methode vertraut sein.

Das Prinzip, Musik als Zeitvorgang zu behandeln, müßte es uns, wenn strikt angewandt, verbieten, die Abschnitte irgendeiner Komposition vor Abschluß ihrer Analyse zu spezifizieren. Aber nachdem das Leben nun einmal so kurz ist, mag es uns erlaubt sein anzunehmen, daß der erste voll entwickelte rasche Satz einer Sonate in der Sonatenform ist (besonders dann, wenn wir nach etwa einem Drittel seines Ablaufs einen Doppelstrich und ein Wiederholungszeichen bemerken) und daß, wenn Beethoven einen Satz »Rondo« nennt, er auch in der Rondoform gehalten ist (und nicht einmal das trifft bei Mozart immer zu!).

4. Harmonische Analyse

Die Behandlung von Tonarten und Tonartenverwandtschaften ist eines der wichtigsten Dinge in der musikalischen Ästhetik. Der Platz reicht nicht aus, um die hier vertretene und in der folgenden Tabelle der Tonartenverwandtschaften zusammengefaßte Theorie näher zu begründen. Auf harmonische Details wird nicht im einzelnen eingegangen, es sei denn, sie veranschaulichen ein wichtiges Prinzip. Schüler sollten wissen, daß die zweite Gruppe des ersten Satzes von Op. 2, Nr. 2 eine Reihe von versteckten, enharmonischen Modulationen enthält; aber dem Schüler, der sich am meisten darin gefällt, nur die Wurzeln der hierfür verantwortlichen verminderten Septimen zu identifizieren, wird sehr wahrscheinlich die ungleich wichtigere Tatsache verborgen bleiben, daß der Baß stetig emporsteigt. In der Tat, es hat sich gezeigt, daß Schülern jegliche Veränderungen entgehen, sobald diese Wurzeln an die Stelle jener aufsteigenden Baßlinie gesetzt worden sind. Es ist besser, überhaupt keine »Theorie« zu kennen, als sich in eine derartige Taubheit gegenüber jeglicher Dramatik in der Musik treiben zu lassen. Harmonische Analyse ist nur so lange nützlich, wie sie die rhetorische Kraft des Komponisten belegt. Aus diesem Grunde ist ein stetiger Auf- oder Abstieg der Baßlinie ungleich wichtiger als die Akkorde darüber. Sie werden durch sie dramatisiert, wenn sie von üblicher Beschaffenheit sind; sind sie jedoch Gegenstand des Erstaunens, werden sie es unvermeidlich in noch höherem Grade, und das ohne Aufmerksamkeit auf sich selbst zu lenken.

B Tonalität

Klassische Tonartenverwandtschaften sind nicht abhängig davon, wie leicht eine Tonart von der anderen erreicht werden kann. Modulation ist eine Technik, die niemals Beschränkung unterworfen ist. Tonartenverwandtschaft ist eine Gegebenheit mit ganz bestimmten Eigenschaften, die nicht mit anderen Gegebenheiten durcheinandergeworfen werden darf.

Das hier tabellisierte Schema repräsentiert, wie sich zeigen wird, Beethovens Verfahrensweise aufs genaueste. Die zugrundeliegende Theorie wird im Artikel »Harmony« in der 14. Auflage der *Encyclopaedia Britannica* erläutert. Ob sich der Schüler mit der Theorie befaßt oder nicht, er wird finden, daß das, was sie ausmacht, nackte Tatsachen sind. Wenn wir uns auf die bekannte Geschichte von Tonleitern und Harmonik berufen sowie die Transponierbarkeit des Schlüsselsystems von Dur und Moll nach jeder erdenklichen Tonhöhe, dann ergibt sich, daß die folgenden Grundsätze für alle klassischen Tonartenverwandtschaften gelten:

1. Tonarten sind nur aufgrund von zwei Toniken verwandt, niemals über das Medium einer dritten Tonika. (Es ist deshalb völlig falsch, eine Verwandtschaft zwischen d-Moll und C-Dur zu konstatieren, nur weil ersteres die zugehörige Molltonart der Subdominante F ist.)

2. Jede Durtonart ist zum Zwecke der Verwandtschaftsbestimmung mit der Molltonart über demselben Grundton gleichzusetzen.

3. Zwei Tonarten sind direkt verwandt, wenn sich der Grundakkord der einen unter den regulären Akkorden der anderen befindet. So ist d-Moll direkt mit C-Dur verwandt, weil es der supertonische Dreiklang (der zweiten Stufe) ist. Im Falle einer Molltonika, läßt sich die Tonartenverwandtschaft nicht immer durch die Suche nach gemeinsamen Akkorden in der instabilen Mollskala feststellen, wir können uns aber stets nach der zweiten Tonart richten und die Verwandtschaft umkehren. Da d-Moll die Supertonika (zweite Stufe) von C-Dur ist, ergibt sich, daß C-Dur die erniedrigte Septime von d-Moll ist.

4. *In der Dominante und auf der Dominante.* Da der Dominantakkord in jedem Vollschluß an vorletzter Stelle steht, läßt die nachdrückliche Hervorhebung eines jeden Dominantakkords darauf schließen, daß die Tonart, deren Dominante dieser Akkord ist, wiederhergestellt werden soll. Diese Betonung wird noch dadurch unterstrichen, daß der Dominantakkord mit Detail (etwa einem »Leitton«), das in einer Dominantbeziehung zu ihm steht, geschärft wird. Daher bedeutet die Dominante der Dominante (das Dur der Supertonika, wie etwa D-Dur von C-Dur) selten, wenn überhaupt, eine selbständige Tonart. Es handelt sich fast immer um eine lediglich überhöhte Dominante. Solange der Schüler den Unterschied zwischen *auf* der Dominante und *in* der Dominante stehend nicht voll begreift, sollte ein weiteres Studium der Tonartenverwandtschaften aufgeschoben werden. Die Sache ist leicht zu untersuchen. Eine Passage wie die Takte 19–24 in der Sonate G-Dur op. 14, Nr. 2 sollte niemals als in A-Dur stehend bezeichnet werden. Ein derartiger Fehler ist weit mehr als eine Frage der Terminologie; wenn der Schüler nicht beizeiten dazu erzogen wird, den Effekt des Zusammenhangs auf solche Passagen wahrzunehmen, wird sein musikalisches Verständnis ernsthaft gestört. Glücklicherweise läßt sich das leicht veranschaulichen. Man übertrage die ganze Passage ab Takt 9 oder sogar ab Takt 1 in die Molltonart. Wenn das Original nach A-Dur geht, wird die Übertragung nach a-Moll gehen. Das ist natürlich falsch; das mag an sich erträglich sein, aber niemand mit einem Ohr für Musik wird es als eine Übertragung des Originals hinnehmen. Doch jetzt wollen wir es in die Dominante von d-Moll übertragen, eine recht mühsame Aufgabe, die diplomatischen Umgang mit Vorzeichen und anderen Details erfordert:

Bei aller Unbeholfenheit ist das Ergebnis jedenfalls eine korrekte Übertragung.

5. *Indirekte Verwandtschaften*. Als Folgerung aus der Identität von Dur- und Molltonarten über derselben Tonika dehnt Beethoven (einem von Haydn initiierten und von Domenico Scarlatti vorweggenommenen Verfahren folgend) den Bereich von Tonartenverwandtschaften erheblich aus, indem er die Modi nach einer oder sogar beiden Richtungen hin verändert. Die Supertonika läßt diese Veränderung nicht zu, da das Ergebnis in der Regel nur als eine überhöhte Dominante eintritt, und ihre Umkehrung, die erniedrigte Septime zwischen zwei Durtonarten, aus demselben Grunde versagt, weil sie die Tonika als eine bloße Dominante der Subdominante erscheinen läßt und selbst oft als eine überhöhte Subdominante verwendet wird wie zu Beginn der Sonaten Op. 31, Nr. 1 und Op. 53.

6. *Neapolitanische Verwandtschaften*. Die erniedrigte Supertonika, wie sie in der »Neapolitanischen Sext« zutage tritt, ist im Sinne der Tonartenverwandtschaften ein integraler Bestandteil des Mollmodus. (Das ganze System von Dur und Moll ist an sich schon die Errungenschaft neapolitanischer Meister.) Aus dieser erniedrigten zweiten Stufe kann eine Reihe von direkten oder indirekten »Neapolitanischen« Verwandtschaften hervorgehen. Eine verbreitete Form der Eröffnung von Dur-Sätzen bringt eine Phrase auf der Tonika und wiederholt sie eine Stufe höher auf der Supertonika. (Beethoven: Erste Symphonie, Quartett op. 59, Nr. 3, Quintett op. 29 etc.) Überträgt man eine solche Eröffnung nach Moll, bleibt als einziger Schritt aufwärts die erniedrigte Supertonika. (Sonate op. 57, Quartett op. 59, Nr. 2, Quartett op. 95.)

7. Tonartenverwandtschaft ist in unmittelbarer Gegenüberstellung der betreffenden Tonarten auszudrücken. »Dominante Vorbereitung« – d. h. vorbereitende Hervorhebung der intensivierten Dominante der neuen Tonart – dient dazu, eine direkt verwandte Tonart als eine Region zu etablieren, in der sich die Musik so beständig einrichtet, daß die ursprüngliche Tonika hinter dem Horizont versunken ist. Bei entfernteren Tonarten wird eine Dominant-Vorbereitung überflüssig und weitere diskursive vorbereitende Modulationen machen den Verwandtschaftseffekt zunichte.

8. Klassische Komponisten setzen nicht voraus, daß sogar die Tonika als solche erkannt wird ohne das sie begleitende Erkennungsmerkmal einer Rückkehr zu Themen, die bereits erklungen sind, oder deren Erklingen in der Tonika erwartet wird.

Tonalität läßt sich von der Form nicht trennen, und Tonartenverwandtschaften werden als solche nur in ihrer Beziehung zu den Symmetrien des Gesamtplans empfunden. Deshalb betreffen sie vornehmlich das Verhältnis von »erster Gruppe« zu »zweiter Gruppe«, zwischen ganzen Sätzen, zwischen Haupt- und Mittelabschnitten von *da capo* Sätzen und im Rondo zwischen Hauptthema und Episoden. Jeder Abschnitt hat seinen eigenen, auf sich bezogenen Effekt und nichts derartiges ist von diskursiven Modulationen zu erwarten.

C Organische Einheit

Die Hummel-Spohr-Konvention in ihren besten Beispielen ist zu gut, um als eine Abstraktion behandelt zu werden. Der Archetypus aller derartigen Abstraktionen ist Humpty-Dumptys Klage, daß Alices Aussehen sich in dasjenige aller anderen Menschen verwandelt hat, so daß er keinerlei Hoffnung mehr hat, sie wiederzuerkennen, sollte er ihr nochmals begegnen (*Alice in the Looking Glass* von Carol Lewis).

Was wird aus Beethovens revolutionären Ideen, wenn wir seine Werke als Einzelerscheinungen und seine Formen als aus der inneren Natur seiner Materialien zustandegekommen betrachten, anstatt als von außen her überkommen? Kein Zweifel, aus einer solchen Sicht ist die strengste Form nicht diejenige, die einem gewissen Durchschnitt am nächsten kommt, wie er sich aus vielen klassischen Beispielen ableiten läßt, sondern diejenige, die, wenn angemessen beschrieben, für so ziemlich jede Note des Werks verantwortlich ist. Ein Choralvorspiel (wie Bachs Orgelvertonungen von *Aus tiefer Not*) mag den Choral als langsamen Cantus firmus benützen und ihn mit Fugato-Strukturen über seinen eigenen Phrasen mit rascheren Notenwerten begleiten. Diese Definition beschreibt die melodische Funktion fast aller Noten des ganzen Stücks; harmonische Grammatik besorgt den Rest – wobei es Bachs vollendeter Rhetorik vorbehalten bleibt, ihre eigenen Wunder zu vollbringen, als wäre die Form völlig frei! Es ist ein rein praktischer Zufall, daß die freie Rhetorik nicht zur Urheberin der strengen Form wurde anstelle des Gegenteils; in der Tat, sie wurde es, soweit es die Choralmelodie betraf. In diesem Licht gesehen, stellt es sich heraus, daß Beethoven seine strengste Form in seinen Spätwerken gelungen ist; gerade diejenigen, in denen laut Volksmeinung die Form zerbrochen sein soll. Ohne ein Studium von Proportionen und Details wissen wir nichts über Form. Aufgrund der Erkenntnisse dieses Studiums erweist sich Beethovens Phrasenbau als weit weniger kompliziert als derjenige Mozarts und seine Form in ihren großräumigeren Aspekten viel symmetrischer als diejenige Haydns. Der Archetypus von Beethovens großartigsten Kodas findet sich in den rhetorischen Zusammenfassungen, durch die Haydn die Reprisen in seinen reifsten Werken ersetzt. Allerdings ist das Reprisenelement in Beethovens Form stets so stark vertreten wie bei Mozart und erreicht seine höchste Bedeutung in seinen letzten Werken. Beethoven mühte sich während seines ganzen Werdegangs um Polyphonie trotz seiner fast physischen Schwierigkeiten mit geglättetem Kontrapunkt. Er scheiterte durchaus nicht immer daran, Vollkommenheit zu erreichen, und er besaß keine Skrupel, das Risiko des Scheiterns einzugehen. Zu Beginn seiner »dritten Periode« entdeckte er mit Enthusiasmus Bach und Händel. In Bachs Fugen enthüllte sich ihm die Kraft einer Regelform, die Dinge wie von selbst entstehen läßt (wie Kingsley's *Mother Carey**), während Händels Rhetorik seiner eigenen verwandt war. So lassen sich Beethovens letzte Werke über Seiten hinweg anhand ihrer Polyphonie analysieren, trotz ihrer stilistischen Schroffheit. Eine Reprise in der Umkehrung des doppelten Kontrapunkts wird dadurch kaum leichter erkennbar; aber die ursprüngliche thematische Einführung muß äußerst exakt sein, um eine solche Verarbeitung zuzulassen. Natürlich kann man nicht erwarten, daß die Form von Beethovens letzten Quartetten aus der Stimme der ersten Violine herauslesbar ist.

Es gibt schlimmere Irrwege als Beethovens letzte Quartette von der ersten Violine her zu sehen. So kann für das geistige Wohlbefinden eines Musikers nichts fataler sein, als Ableitungen, die der Phantasie entsprungen sind, nachzujagen, und die weder durch das Ohr noch durch ihren eigenen Zusammenhang verifizierbar sind. Vor allen diesen Trugschlüssen wird der Schüler immer wieder in jeder Analyse dieses Buchs gewarnt. Er oder sie ist willkommen – besser noch, aufgefordert – jeglicher analytischer Darstellung so lange zu mißtrauen, als sie beim Vergleich mit dem musikalischen Klangbild nicht imstande ist zu überzeugen.

D Tabelle der Tonartenverwandtschaften

Der Schüler sollte sich mit den Namen und Klängen der Kardinalpunkte einer Tonart vertraut machen – also I (Tonika), II (Supertonika), III (Me-

---

* Charles Kingsley (1819–1875), englischer Schriftsteller; schrieb u.a. utopische und kulturgeschichtliche Romane und war Wortführer der christlichsozialen Bewegung in England (der Übers.).

diante), IV (Subdominante), V (Dominante), VI (Submediante). Während die Supertonika so genannt wird, weil sie einen Ton über der Tonika steht, sollte die Subdominante nicht als der unter der Dominante liegende Ton verstanden werden, sondern als eine Antidominante im gleichen Abstand unterhalb der Tonika wie die Dominante oberhalb der Tonika. Auf diese Weise lernen wir die Polarisation zwischen den beiden verstehen und nehmen wahr, daß die Submediante ihren Namen zurecht als Mediante zwischen Tonika und Subdominante trägt.

Wenn also die Stufen der Tonleiter durch römische Ziffern dargestellt werden, dann können wir alle Tonartenverwandtschaften ausdrücken, indem wir großgeschriebene Ziffern für Dur und kleingeschriebene für Moll verwenden. Erhöhte Stufen können durch Kreuz- und erniedrigte durch B-Vorzeichen ausgedrückt werden, stets in Relation zur jeweiligen Tonika. So ist bei einer Dur-Tonika die direkt verwandte Mediante iii und die erniedrigte Mediante b III. Die Mediante einer Moll-Tonika ist jedoch in der Regel erniedrigte und wird durch III dargestellt, während die als Nebendreiklang auftretende Mediante der Dur-Tonika mit ♯ iii bezeichnet wird.

Die Begriffe »relatives Dur« und »relatives Moll« sollte man vergessen. Die Tonarten, die sie repräsentieren, sind nicht enger verwandt als die übrigen direkten Verwandtschaften.

Die nachfolgenden Tabellen verzeichnen lediglich die Tonarten, wie sie in der klassichen Tonalität von Alessandro Scarlatti bis Wagner zueinander in Beziehung gebracht worden sind. Es gibt keinen Hinderungsgrund für einen Komponisten, andere Tonarten einzubeziehen. Verwandtschaft kann sich nur durch Berührung oder parallele formale Merkmale zu erkennen geben; aber Berührung wird eine nicht vorhandene Verwandtschaft ebenso sicher aufzeigen wie ihr Vorhandensein. Die Bezeichnung »natürliche Modulation« wurde allgemein auf Modulation im Bereich direkter Verwandtschaften angewandt. Alle anderen wurden unterschiedslos »fremde« genannt. Es wäre eine gute Sache, wenn wir die Bezeichnung »natürlich« solchen Modulationen beigeben könnten, die so angelegt sind, daß sie die Tonartenverwandtschaft aufzeigen, sei sie direkt oder entfernt: etwa wenn Beethoven einen Dreiklang Note für Note in einen anderen verwandelt. Der Begriff »Dominant-Modulation« könnte für Prozesse Verwendung finden, die durch ihre Dominante eine zweite Tonart etablieren. Wenig Nutzen bringt der Begriff »fremde« Modulation, ebensowenig wie irgendwelche von einer Vorstellung von »entfernt« hergeleiteten Bezeichnungen. Die Worte »treibend« und »diskursiv« beschreiben wesentliche Vorgänge. Eine enharmonische Modulation macht, wenn sie echt ist, jeglichen Eindruck einer Tonartenverwandtschaft bewußt zunichte. Bloße Veränderungen in der Notation, wenn etwa die Tonart Ges als Fis geschrieben ist, sind an sich für eine Modulationen völlig belanglos. Aber eine Sequenz normaler Modulation kann eine solche Veränderung beinhalten und sich zunutze machen, um beispielsweise die Tonart C-Dur mit dem, was strenggenommen His sein müßte, zu identifizieren. In solchen enharmonischen Zirkeln kann nur noch die parallele Aussage der formalen Anlage der Tonika wiederherstellen. Tonarten außerhalb des Bereichs dieser Tabellen zeitigen in Nebeneinanderstellung gewisse Effekte; das werden aber nicht die Effekte der Tonartenverwandtschaften sein. Wenn der Zusammenhang dazu führt, daß II nicht nur eine überhöhte Dominante ist, wird der Effekt überwältigt sein wie in der Reprise des ersten Satzes der *Eroica*. Die Tonartenabstände ♯ IV, ♯ iv, sind verknotet im harmonischen Raum und sind von ihren Antipoden bV und bv nicht zu unterscheiden. (Siehe Tabelle auf übernächster Seite)

Brief Toveys an die ertaubte
Komponistin Ethel Smyth

»Nehmen Sie es mir bitte nicht übel, wenn ich ein persönliches Problem berühre, das mir durch eigene Erfahrung nicht ganz fremd ist. Es gibt für mich keinen Grund daran zu zweifeln, daß einige Ihrer größten Werke noch vor Ihnen liegen. Im Augenblick ist der durch Ihr Ohrleiden verursachte Schock sicherlich zu groß, als daß Sie daran dächten, Ihre Erinnerung und ihre Vorstellungskraft zu bestärken. Und gewiß ist die Qual einer verzerrten Klangwahrnehmung weit größer als die bloße Taubheit, die Beethoven so früh die Möglichkeit nahm, die Aufführung seiner Werke kritisch zu verfolgen. Im Augenblick mag der Anblick von Noten Ihnen vielleicht schmerzlich zum Bewußtsein bringen, daß Sie Ihr Ohr nur in verzerrter Form erreichen würden... Sie werden aber, davon bin ich überzeugt, sehr bald erfahren, daß eine Musik, die Sie nicht in jüngster Zeit gehört haben, lebhafte Erinnerungen an das richtige Klangbild in Ihnen erweckt. Dieser Rückzug in Ihre persönliche Vorstellungswelt würde Sie zudem in die Lage versetzen, Dinge zu hören, die Sie in der Wirklichkeit zu hören nie gehofft hatten. Nicht zufällig hat der taube Beethoven mehr zur Erneuerung der Orchestrierung beigetragen als jeder andere Komponist vor oder nach ihm... Ich bin überzeugt, daß imaginäres Dirigieren sehr bald nicht nur an die Stelle wirklichen Hörens tritt, sondern Sie auch zu Ihrem größten Werk anzuregen vermag.

Verzeihen Sie mir diese Einmischung in guter Absicht, hier würden Engel zaudern, aber ich bin so sehr von der Richtigkeit meines Rates überzeugt, daß ich lieber Unmut, ja selbst den Schmerz in Kauf nehme, den ich Ihnen bereite als daß ich die Gelegenheit vorbeigehenlasse, etwas Gutes zu bewirken.

Tabelle der Tonartenverwandtschaften

Tabelle A. *Dur-Tonika*

Direkte Verwandtschaften:

ii iii IV V vi

Indirekte Verwandtschaften durch die Moll-Tonika[*]:

bIII iv v bVI

Indirekte Verwandtschaften durch veränderten Modus der Zweittonarten direkter Verwandtschaften[**]:

III iv v VI

Doppelt indirekte Verwandtschaften durch Veränderung beider Modi:

biii bvi

Neapolitanische Verwandtschaften[***]:

♯II ♯VII ♯vii

Indirekte Neapolitanische Verwandtschaft:

bii

Tabelle B. *Moll-Tonika*

Direkte Verwandtschaften:

III iv v VI bVII

Indirekte Verwandtschaften durch die Dur-Tonika[*]:

♯vi

Indirekte Verwandtschaften durch veränderten Modus der Zweittonarten direkter Verwandschaften[**]:

iii IV V   vi

Doppelt indirekte Verwandtschaften durch Veränderung beider Modi:

♯III ♯VI

Neapolitanische Verwandtschaft[***]:

bII

Indirekte Neapolitanische Verwandtschaften:

bii ♯VII ♯vii

---

[*] Die Supertonika und erniedrigte 7 können sich nicht als neue Tonart etablieren, wenn die Modi verändert werden.

[**] Die veränderte Dominante und Subdominante werden hier von beiden Seiten der Verwandtschaft erreicht.

[***] Die erniedrigte Supertonika ist gleichermaßen verwandt mit der Dur- und der Molltonika, wie auch die erniedrigte Sext auf einen Dur-Dominantenakkord trifft.

Franz Schubert
1797–1828

Um diese Zeit (1812) war man denn doch aufmerksam auf dieses Talent geworden. Der alte Hoforganist Wenzel Ruzicka erhielt den Auftrag, Schubert Stunden im Generalbaß zu geben. – Schon nach der zweiten Stunde sagte mir der würdige, alte Mann ganz gerührt in Gegenwart Schuberts: »Dem kann ich nichts lehren, der hat's vom lieben Herrgott gelernt!«

Nun waren die Schranken gefallen. Der Vater erkannte das große Talent seines Sohnes und ließ ihn gewähren. Und nun begann die Reihe seiner Lieder und Sonaten. Auch einige Quartette stammen aus dieser ersten Zeit.

Als er mir eines Tages einige kleine Lieder von Klopstock vorsang, und ich davon unendlich erfreut war, schaute er mir treuherzig in die Augen und sagte: »Glauben Sie denn wirklich, daß etwas aus mir werden wird?« – Ich umarmte ihn und sagte: »Es ist ja jetzt schon viel aus Ihnen geworden, und die Zeit wird noch viel und Großes aus Ihnen machen!« – Er sagte dann ganz kleinlaut: »Heimlich im stillen hoffe ich wohl selbst, noch etwas aus mir machen zu können, aber wer vermag nach Beethoven noch etwas zu machen?«

(Josef von Spaun)

Vom Herbst 1813 an datiert seine Produktivität, und zwar vorzugsweise im deutschen Liede. Spaun, Holzapfel, ich und wer sonst noch Interesse nahm, versorgten ihn fleißig mit Texten hierzu, und wir durchstöberten die lyrischen und epischen Dichtungen, so viele wir ihrer erhaschen konnten. Selten wies er eine Wahl zurück. Der Genius war erwacht, und mit steigender Bewunderung sahen wir das rasche Entfalten seiner mächtigen Schwingen. – Dabei war Schubert nichts weniger als eigenliebig; er war, ich möchte behaupten, der letzte, der die höhere Stufe der Künstlerschaft erkannte, auf der er schon damals stand. Schlicht und gutmütig im Umgange, völlig anspruchslos, fast etwas lässig im Äußeren und jeder Ziererei abhold, gefiel er sich am besten im heiteren Kreise seiner Freunde, und dem anscheinend phlegmatischen, doch auch sanguinischen Temperamente fehlte es nicht an Witz und guter Laune.

Seine Klavierkompositionen von ihm selbst vortragen zu hören und zu sehen, war ein wahrer Genuß. Schöner Anschlag, ruhige Hand, klares, nettes Spiel voll Geist und Empfindung. Er gehörte noch zur alten Schule der guten Klavierspieler, wo die Finger noch nicht wie Stoßvögel den armen Tasten zu Leibe gingen.

Interessant war es, ihn komponieren zu sehen. Sehr selten bediente er sich dabei des Klaviers. Er sagte öfters, es würde ihn dies aus dem Zuge bringen. – Ganz ruhig und wenig beirrt durch das im Konvikte unvermeidliche Geplauder und Gepolter seiner Kameraden um ihn her, saß er am Schreibtischchen vor dem Notenblatte und Textbuche niedergebeugt (er war kurzsichtig), biß in die Feder, trommelte mitunter prüfend mit den Fingern und schrieb leicht und flüssig ohne viele Korrekturen fort, als ob es gerade so und nicht anders sein müßte.

(Albert Stadler)

An einem Nachmittag (im Spätherbst 1815) ging ich mit Mayrhofer zu Schubert, der damals bei seinem Vater auf dem Himmelpfortgrund war. Wir fanden den Schubert ganz glühend, den »Erlkönig« aus dem Buche laut lesend. Er ging mehrmals mit dem Buche auf und ab; plötzlich setzte er sich, und in der kürzesten Zeit, so schnell man nur schreiben kann, stand die herrliche Ballade nun auf dem Papier.

Wir liefen damit in das Konvikt, da bei Schubert kein Fortepiano war, und dort wurde der »Erlkönig« noch denselben Abend gesungen und mit Begeisterung aufgenommen. – Der alte Organist Ruzicka setzte sich dann hin und spielte ihn selbst ohne Gesang in allen Teilen mit aller Teilnahme durch und war ganz gerührt über die Komposition. Als einige eine mehrmals wiederkehrende Dissonanz ausstellen wollten, erklärte Ruzicka, sie auf dem Klavier anklingend, wie sie hier notwendig dem Text entsprechend, wie schön sie vielmehr sei und wie glücklich sie sich löse.

(Josef von Spaun)

Als ich 1817 nach Wien kam, lernte ich Franz Schubert durch meinen Bruder Anselm kennen.

Beim Komponieren kam mir Schubert wie ein Somnambule vor. Seine Augen leuchteten dabei, hervorstechend, wie von Glas. Dabei schnalzte er öfter mit der Zunge.

Beim Vater mußte Schubert täglich neun Stunden Schulgehilfendienste leisten. Nach dieser ermüdenden Leistung legte sich Franz im Winter erst in seiner ungeheizten Kammer ins Bett und komponierte seine herrlichen Lieder mit aller Passion.

Schubert hatte eine ungewöhnlich hohe Stimme (entgegen anderer Berichte). – »Meine Stimme prangt!« äußerte er sich manchmal scherzweise.

Einmal sagte er zu mir: »Der Schubert ist mehr als der Herr von Schubert!« (Man wollte Schubert nicht »Herr von« nennen, wie es damals im allgemeinen üblich war.)

»Mich soll der Staat erhalten«, äußerte er ein paarmal zu mir, »ich bin für nichts als das Komponieren auf die Welt gekommen!«

(Anselm Hüttenbrenner)

Die Stunden, die ich mit Schubert im Zusammenspiel verlebt, gehören zu den genußreichsten meines Lebens, und ich kann jener Zeit nicht gedenken, ohne auf das Tiefste ergriffen zu sein. Nicht nur, daß ich bei solchen Gelegenheiten viel Neues kennenlernte, so gewährte mir das reine geläufige Spiel, die freie Auffassung, der bald zarte, bald feurig energische Vortrag meines kleinen, dicken Partners große Freude, welche dadurch noch erhöht wurde, daß sich gerade bei diesen Anlässen Schuberts Gemütlichkeit in ihrem vollen Glanz entfaltete, und er die verschiedenen Kompositionen durch launige Einfälle, mitunter auch durch sarkastische, aber immer treffende Bemerkungen zu charakterisieren pflegte. Mein freundschaftliches Verhältnis zu Schubert (mit dem ich auf Bruderfuß stand) währte ungetrübt bis zu seinem Scheiden fort.

(Josef von Gahy)

Ich lernte Schubert bei meinem Freund, dem Grafen Johann Carl Esterházy, in Zseliz im Jahre 1818 kennen. Ich trieb von früh her Gesangsmusik, sang aber bisher nur italienische Musik. Erst Schuberts Lieder erweckten die Liebe zum deutschen Liedergenre, welchem ich von da an, insbesondere aber den Schubertschen Liedern, fast ausschließlich mich widmete. – Schubert hatte mich liebgewonnen, machte gerne und viel mit mir Musik. Er gestand mir wiederholt, daß er von da ab bei seinen Liedern meist nur meine Stimmlage berücksichtigte.

Auf das Urteil von Johann Michael Vogl, dieses einzig dagestandenen Schubert-Sängers, meines unvergeßlichen Freundes und Meisters im

Vortrage Schubertscher Gesänge, hat Schubert viel gehalten. Er war gewohnt, die meisten seiner Gesangsschöpfungen dem Meister Vogl zur Durchsicht zu bringen, von welchem er sofort sehr gerne Rat annahm. Merkwürdig bleibt nachstehende charakteristische Tatsache, die mir Vogl selbst erzählte und die meine schon früher gefaßte Ansicht, daß Schubert eine Art musikalischer Clairvoyant gewesen, neuerdings bestätigte.

Eines Morgens nämlich brachte Schubert wieder einige neue Lieder zur Durchsicht, beziehungsweise Zensur, zu Vogl. Dieser war aber an jenem Tage sehr beschäftigt und konnte damals die übliche gemeinschaftliche Durchsicht der Lieder am Klavier nicht vornehmen, weshalb er Schubert, indem er die Lieder zurückbehielt, auf ein andermal beschied. – Mittlerweile sah Vogl für sich die zurückgelassenen Lieder durch, darin eines ihn ganz besonders ansprach. – In einiger Zeit darauf – es mochten vierzehn Tage her gewesen sein – war bei Vogl wieder eine derlei Liederrevue, bei welcher unter anderen auch das erwähnte Lied – welches nun, weil es Vogl, in seiner Stimmlage mehr zusagend, in eine tiefere Stimme transponieren ließ, von der Hand des Kopisten abgeschrieben vorlag – die Feuerprobe passieren mußte. – Nachdem es Vogl, und zwar ohne die geringste Veränderung daran vorgenommen zu haben – deren er sich an Schubertschen Liedern gern zuweilen erlaubte –, gesungen, rief Schubert in seiner schlichten Weise aus: »Schaut's! Dös Lied is nöd unnehm (unangenehm)! Von wem is denn dös?« – Er hatte nach vierzehn Tagen seine eigene Schöpfung nicht erkannt. – Ich bedaure, das Lied nicht näher bezeichnen zu können.

Eines Morgens im September 1824, in welchem Jahr ich abermals einige Wochen in Zseliz bei meinen Freunden zubrachte, forderte die Gräfin Esterházy während des gemeinschaftlichen Frühstückes Meister Schubert auf, ein Gedicht, welches ihr so gut gefiele, für unsere vier Stimmen in Musik zu setzen. Es war obiges »Gebet«. – Schubert las es, lächelte in sich hinein, wie er meist zu tun pflegte, wenn ihn etwas angesprochen, nahm das Buch und entfernte sich alsbald, um zu dichten.

Am Abend *desselben Tages* probierten wir bereits das fertige Gesangsstück am Klavier aus dem Manuskript. Schubert akkompagnierte es selbst. – War schon die Freude und das Entzücken über das herrliche Werk des Meisters bereits an jenem Abend groß, so steigerten sich diese Gefühle am andern Abend noch mehr, als man mit größerer Assurance und Sicherheit aus den nun von Schubert selbst herausgeschriebenen Stimmpartien dies herrliche Gesangsstück vortragen konnte und das Ganze dadurch an Verständlichkeit gewann.

Wer dieses Opus und den nicht eben kleinen Umfang desselben kennt, wird begreiflicherweise an der Wahrheit des Gesagten zweifeln wollen, wenn er sich obendrein sagt, daß Schubert dieses Werk in kaum zehn Stunden geliefert hat. – Es scheint unglaublich, ist aber doch wahr.

(Karl Freiherr von Schönstein)

Es war im Jahre 1822 in einer musikalischen Morgenakademie, wo ich zuerst Schuberts Bekanntschaft machte. Hatten mich schon in der Heimat (Darmstadt) seine Lieder entzückt, so war ich umso mehr erfreut, den Komponisten selbst und seinen trefflichen Interpreten, den Sänger Vogl, sehen und hören zu können. Auf den Anschlagzetteln hatte ich die Namen der beiden Unzertrennlichen gelesen und sogleich meinen Platz ganz nahe der Bühne genommen, um alles aufs genaueste beobachten zu können. – O seltsames Spiel der Phantasie, die so gerne den Schöpfer idealer Tonbilder auch mit dem Vorzug körperlicher Schönheit schmückt!

Groß war meine Enttäuschung, als Schubert, dessen Persönlichkeit mich so ungemein interessierte, auf der Estrade erschien und ich in dieser etwas unbeholfenen, fast linkischen Gestalt, dem stark gewölbten Haupte, den sanftmütigen, doch nichts weniger als geistreichen Zügen den Tondichter erblickte, den meine Träume mit der Anmut jugendlicher Antinous-Formen identifiziert hatten. Hätte es sich um äußere Vorzüge gehandelt, dann würde nichts schlagender den Ausspruch, »daß eine schöne Seele auch in einem schönen Körper wohne«, widerlegt haben, als es hier der Fall war.

Allein die Empfindung einer ungewöhnlichen Genialität gegenüber, ließ jeden Gedanken an das Physische verschwinden und erlosch vollends, als Schubert ans Klavier trat und mit seinem Trio in Es-dur begann und nach demselben noch den »Wanderer« und »Erlkönig«, von Vogl gesungen, begleitete. Melodische Tonwellen müssen seine Seele durchzittert haben, als er nach stürmischem Applaus und Rufen eine freie Fantasie folgen ließ, die am Schlusse in eines seiner köstlichen Impromptus überleitete. Eine Fülle der schönsten Tonblüten ergoß sich auf die von Bewunderung hingerissenen Zuhörer. Musik war die Sphäre, in der er lebte und atmete, wo seine Subjektivität unbewußt zur höchsten Entfaltung gelangte, sein ganzes Wesen in Ekstase geriet...

Es bedarf kaum der Erwähnung, daß ich mich nach dem Konzert zu Schubert wendete, längere Zeit mit ihm sprach und angenehm davon berührt wurde, außer seiner musikalischen Meisterschaft so viel humanistisches Wissen in ihm zu entdecken. Von diesem Tage an pflegte ich näheren Umgang mit dem gemütvollen Künstler, zu dem ein jeder, der ihn kannte, sich angezogen fühlte.

Als ich ihn bald hierauf in seiner in der Vorstadt Rossau gelegenen Wohnung besuchte, war es mir wohl bekannt, daß Schubert nicht in glänzenden Verhältnissen lebte; dennoch überraschte mich der gänzliche Mangel an jedem Komfort. – Ein geräumiges Zimmer zu ebener Erde, das eher der Werkstätte eines Arbeitsmannes als der Studierstube eines Komponisten gleichsam, worin ich nur ein mit Notenheften vollgepfropftes Klavier bemerkte und wo Saiteninstrumente, Pulte, die notwendigen Tische und Stühle in Unordnung umherstanden, sonst aber keine Spur von Bequemlichkeit sich zeigte. – Das war des jungen Meisters Künstlerheim, aus welchem so reiche Schätze von überströmender Empfindungsfülle hervorgingen...

Mein Aufenthalt in Wien (1822–1823) führte mich noch öfters mit Schubert zusammen. Stets fand ich ihn inmitten seiner Kompositionen, schreibend, singend, spielend. Eine ununterbrochene Tätigkeit, ein Schaffensdrang, der nie weder geistige noch körperliche Erschöpfung spüren ließ, war die Signatur seines Lebens.

(Louis Schlösser)

Mein Traum

Ich war ein Bruder vieler Brüder und Schwestern. Unser Vater und unsere Mutter waren gut. Ich war allen mit tiefer Liebe zugetan.

Einstmals führte uns der Vater zu einem Lustgelage. Da waren die Brüder sehr fröhlich. Ich aber war traurig. – Da trat mein Vater zu mir und befahl mir, die köstlichen Speisen zu genießen. Ich aber konnte nicht, worüber mein Vater erzürnend mich aus seinem Angesicht verbannte. Ich wandte meine Schritte und mit einem Herzen voll unendlicher Liebe für die, welche sie verschmähten, wanderte ich in ferne Gegend. Jahrelang fühlte ich den größten Schmerz und die größte Liebe mich zerteilen.

Da kam mir Kunde von meiner Mutter Tode. Ich eilte, sie zu sehen, und mein Vater, von Trauer erweicht, hinderte meinen Eintritt nicht. – Da sah ich ihre Leiche. Tränen entflossen meinen Augen. Wie die gute alte Vergangenheit, in der wir uns nach der Verstorbenen Meinung auch bewegen sollten, wie sie sich einst, sah ich sie liegen.

Und wir folgten ihrer Leiche in Trauer, und die Bahre versank. – Von dieser Zeit an blieb ich wieder zu Hause.

Da führte mich mein Vater wieder einstmals in seinen Lieblingsgarten. Er fragte mich, ob er mir gefiele. Doch mir war der Garten ganz widrig, und ich getraute mir nichts zu sagen. – Da fragte er mich zum zweitenmal, erglühend, ob mir der Garten gefiele. Ich verneinte es zitternd. Da schlug mich mein Vater, und ich entfloh.

Und zum zweitenmal wandte ich meine Schritte und mit einem Herzen voll unendlicher Liebe für die, welche sie verschmähten, wanderte ich abermals in ferne Gegend. – Lieder sang ich nun lange, lange Jahre. Wollte ich Liebe singen, ward sie mir zum Schmerz. Und wollte ich wieder Schmerz nur singen, ward er mir zur Liebe.

So zerteilte mich die Liebe und der Schmerz.

Und einst bekam ich Kunde von einer frommen Jungfrau, die erst gestorben war. Und ein Kreis sich um ihr Grabmal zog, in dem viele Jünglinge und Greise auf ewig in Seligkeiten wandelten. Sie sprachen leise, die Jungfrau nicht zu wecken.

Himmlische Gedanken schienen immerwährend aus der Jungfrau Grab auf die Jünglinge wie leichte Funken zu sprühen, welche sanftes Geräusch erregten. Da sehnte ich mich sehr, auch da zu wandeln. Doch nur ein Wunder, sagten die Leute, führe in diesen Kreis.

Ich aber trat langsamen Schrittes, innen Andacht und fester Glaube, mit gesenktem Blicke auf das Grabmal zu. Und ehe ich es wähnte, war ich in dem Kreis, der einen wunderlieblichen Ton von sich gab. Und ich fühlte die ewige Seligkeit wie in einen Augenblick zusammengedrängt. – Auch meinen Vater sah ich versöhnt und liebend. Er schloß mich in seine Arme und weinte. Noch mehr aber ich.

Franz Schubert, 3. Juli 1822

Eines Tages, zu Anfang des Jahres 1826, besuchte Lachner den Freund im Fruhwirtshaus neben der Karlskirche, wohin Schubert ein Jahr zuvor übersiedelt war. Er hatte gerade keine Arbeitslaune und war froh über die Ablenkung. – »Komm, trink'n mer an Kaffee!« – Schubert holte eine alte Mühle, ein Juwel, wie er sagte, aus dem primitiven Holzschrank und begann, nachdem er die Bohnen gemessen und seine Brille abgelegt hatte, zu mahlen. Plötzlich schrie er auf: »Ich hab's, ich hab's, du rostig's Maschinerl!« – Er schleuderte die Mühle in einen Winkel, und die Bohnen flogen in alle Winde. – »Ja, *was* hast denn, Franzl?« rief Lachner.

»A so a Kaffeemühl' is do was Herrlich's! Die Melodien und die Themen kommen nur so ang'flogen. Sixt es, dieses Ra-ra-ra, das is es! Das schafft uns Inspirationen, das versetzt uns in das wundervolle Reich der Phantasie!« – »Also dei Kaffeemühl' is es, die komponiert, und net dei Kopf?« fragte Lachner. – »Ganz recht, Franzl!« schrie Schubert, »der Kopf sucht manchmal tag'lang nach einem Motiv, das die kleine Maschin' da in aner Sekund' find't. Hör amal!« – Es waren die Themen zu dem Streichquartett in d-moll, dessen zweiter Satz die Variationen über das Lied »Der Tod und das Mädchen« enthält.

»Komm, Franzl!« sagte Schubert. »Jetzt klaub'n mer die Bohnen z'samm', damit mer endlich zu unserm Kaffee kommen!« – Es muß ein guter Kaffee gewesen sein; denn Lachner beteuerte noch fünfzig Jahre später, daß Schuberts Meisterschaft in der Zubereitung dieses Getränkes seiner Kunst im Komponieren nicht nachgestanden sei.

(Franz Lachner)

Als ich anfangs 1827 mit meinem Meister [Johann Nepomuk Hummel] nach Wien reiste, wo ich Beethoven wenige Wochen vor seinem Tode noch sehen und sprechen sollte, hatten wir Schubert nie nennen hören. Eine Jugendfreundin Hummels, die frühere Sängerin Katharina Buchwieser, damals die Gattin eines reichen, ungarischen Magnaten, schwärmte für ihn, oder vielmehr für seine Gesänge, und in deren Hause wurde er dem berühmten Kapellmeister [Hummel] vorgestellt. Wir speisten dort mehrmals in Gesellschaft des stillen jungen Mannes und seines Leibsängers, des Tenoristen Vogl. Letzterer, schon ältlich, aber voller Feuer und Leben, hatte sehr wenig Stimme mehr – und das Klavierspiel Schuberts war, trotz einer nicht unbedeutenden Fertigkeit, weit entfernt, meisterlich zu sein.

Und doch habe ich die Schubertschen Gesänge nie wieder gehört wie damals! – Vogl wußte seinen Mangel an Stimme durch innigsten, treffendsten Ausdruck vergessen zu machen, und Schubert begleitete – wie er begleiten mußte. Ein Stück folgte dem anderen – wir waren unersättlich – die Ausführenden unermüdlich. Ich habe noch meinen dicken, treuherzigen Meister vor Augen, wie er in dem großen Salon seitwärts vom Piano auf einem bequemen Stuhl saß. Er sagte wenig, aber die hellen Tränen liefen ihm über die Wangen. – Wie mir dabei zumute war, vermag ich nicht zu schildern. Es war eine Offenbarung.

An einem der folgenden Tage machte ich Schubert einen Besuch in seinem hochgelegenen, dürftig ausgestatteten Zimmer. Ein ziemlich breites, in ursprünglicher Einfachheit konstruiertes Stehpult ist mir noch gegenwärtig – es lagen frisch geschriebene Manuskripte darauf. – »Sie komponieren so viel!« sagte ich zum jungen Meister. – »Ich schreibe jeden Vormittag einige Stunden«, erwiderte er in bescheidenstem Tone, »und wenn ich ein Stück fertig habe, fange ich ein anderes an.«

Der geniale Maler Schwind, den ich in späteren Jahren kennenlernte, erzählte mir viel von jenem in seiner unbefangenen Größe so wunderbaren Künstlerleben. Schwind war mit Schubert aufs Innigste befreundet und wohnte wohl ein Jahr lang mit ihm auf demselben Hausgange. – »Kein glücklicheres Dasein konnte es geben!« rief Schwind in seiner humoristischen Weise aus. »Jeden Morgen komponierte er etwas Schönes, und jeden Abend fand er die enthusiastischen Bewunderer. Wir vereinigten uns in seinem Zimmer – er spielte und sang uns vor – wir waren begeistert, und dann ging es in die Kneipe. Geld hatten wir keines – aber wir waren selig.«

(Ferdinand Hiller)

Sooft ein Namens- oder Geburtstag der Louise Gosmar, der späteren Frau Dr. Leopold Sonnleithners, nahe war, bin ich allemal zu Grillparzer gegangen und habe ihn gebeten, etwas zu der Gelegenheit zu machen, und so habe ich es auch einmal (im Juli 1827) getan, als ihr Geburtstag bevorstand. Ich sagte ihm: »Sie, lieber Grillparzer, ich kann Ihnen nicht helfen. Sie sollten mir doch ein Gedicht machen für den Geburtstag der Gosmar!« – Er antwortete: »No ja, wenn mir was einfällt.« – Ich aber sagte: »No, so schauen's halt, daß Ihnen was einfällt!« – In ein paar Tagen gab er mir das »Ständchen« (»Zögernd leise«). – Und wie dann bald der Schubert zu uns gekommen ist, habe ich ihm gesagt: »Sie, Schubert, Sie müssen mir das in Musik setzen!« – Er: »Nun, geben Sie's mal her!« – Ans Klavier gelehnt, es wiederholt durchlesend, rief er ein über das andere Mal aus: »Aber, wie das schön ist! – Das ist schön!« – Er sah so eine Weile auf das Blatt und sagte endlich: »So, es ist schon fertig, ich hab's schon!«

Und wirklich: schon am dritten Tag hat er es mir fertig gebracht, und zwar für einen Mezzosopran (für die Schwester Pepi nämlich) und für vier Männerstimmen. – Da sagte ich ihm: »Nein, Schubert, so kann ich nicht brauchen, denn es soll eine Ovation lediglich von Freundinnen der Gosmar sein. Sie müssen mir den Chor für Frauenstimmen machen!« –

Bald aber brachte er es mir dann für die Stimme der Pepi und den Frauen-
chor, wie es jetzt ist.

(Anna Fröhlich)

Als Schubert einmal die »Wanderer-Fantasie« im Freundeskreis spielte
und im letzten Satz steckenblieb, sprang er von seinem Sitz mit den Worten auf: »Das Zeug soll der Teufel spielen!«

(Heinrich von Kreißle)

Schubert wurde durch einige Zeit düsterer gestimmt und schien angegriffen. Auf meine Frage, was in ihm vorgehe, sagte er nur: »Nun, ihr werdet
es bald hören und begreifen!« – Eines Tages (im Oktober 1827) sagte er zu
mir: »Komme heute zu Schober! Ich werde euch einen Zyklus schauerli-
cher Lieder vorsingen. Ich bin begierig zu sehen, was ihr dazu sagt. Sie
haben mich mehr angegriffen, als dies je bei anderen Liedern der Fall
war.«
Er sang uns nun mit bewegter Stimme die ganze »Winterreise« durch.
Wir waren über die düstere Stimmung dieser Lieder ganz verblüfft, und
Schober sagte, es habe ihm nur ein Lied, »Der Lindenbaum«, gefallen. –
Schubert sagte hierauf: »Mir gefallen diese Lieder mehr als alle, und sie
werden euch auch noch gefallen!« – Und er hatte recht: bald waren wir
begeistert von dem Eindruck der wehmütigen Lieder, die Vogl meister-
haft vortrug.
Schönere deutsche Lieder gibt es wohl nicht, und sie waren sein eigentlicher Schwanengesang. – Er war von da an angegriffen, ohne daß jedoch
sein Zustand besorgniserregend gewesen wäre.
Viele glaubten und glauben vielleicht noch, Schubert sei ein stumpfer
Geselle gewesen, den nichts angreife. Die ihn aber näher kannten, wissen
es, wie tief ihn seine Schöpfungen angriffen und wie er sie in Schmerzen
geboren. – Wer ihn nur einmal an einem Vormittag mit Komponieren beschäftigt gesehen hat, glühend und mit leuchtenden Augen, ja selbst mit
anderer Sprache, einer Somnambule ähnlich, wird den Eindruck nie vergessen. – Nachmittags war er freilich wieder ein anderer, allein er war zart
und tief fühlend, nur liebte er es, seine Gefühle nicht zu zeigen, sondern
sie in sich zu verschließen.

(Josef von Spaun)

Ein Brief an Schubert

Hochzuverehrender Herr! Ihren gütigen Antrag, mir das vierte Heft Ihrer unvergleichlichen Lieder zu dedizieren, nehme ich mit desto größerem Vergnügen an, als es mir nun öfters jenen Abend in das Gedächtnis zurückrufen wird, wo ich durch die Tiefe Ihres Gemütes – insbesondere auch in den Tönen Ihres »Wanderers« ausgesprochen – so sehr ergriffen ward! Ich bin stolz darauf, mit Ihnen ein und demselben Vaterland anzugehören.

(Patriarch J. L. Pyrker von Felsö-Eör, Erzbischof von Venedig, 1821)

Frédéric Chopin

1810-1849

Der arme große Künstler war ein schrecklicher Patient. Das, was ich gefürchtet hatte – leider nicht genug –, trat ein. Er verlor jegliche Selbstbeherrschung. Er ertrug zwar die Schmerzen sehr tapfer; aber die Unruhe,
die sich seines Geistes bemächtigt hatte, konnte er nicht bemeistern. Für
ihn war das Kloster mit Gespenstern und Schrecken erfüllt, selbst wenn er
sich wohlfühlte. Er sprach nicht davon, man mußte es erraten. Wenn ich
von den abendlichen Spaziergängen, die ich mit den Kindern in den Rui-
nen unternahm, gegen zehn Uhr zurückkehrte, fand ich ihn vor seinem
Klavier, bleich, hohläugig, die Haare förmlich gesträubt. Es brauchte einige Zeit, ehe er uns wiedererkannte.

Dann bemühte er sich zu lachen und spielte uns herrliche Dinge vor, die
er gerade geschaffen hatte, oder, besser gesagt, grauenvolle oder quälende
Gedanken, die gewissermaßen, ohne daß er es gewollt hätte, in dieser
Stunde der Einsamkeit, der Trauer und des Grauens sich seiner bemächtigt hatten.

So schuf er die schönsten jener kurzen Stücke, die er bescheidentlich
»Präludien« nannte. Es sind Meisterwerke. Mehrere von ihnen rufen das
Bild verstorbener Mönche wach und die Trauergesänge, die ihren Tod be-
gleiteten; andere sind sanft und melancholisch: er komponierte sie in ge-
sunden, sonnenhellen Stunden, zum Lachen der Kinder unter dem Fen-
ster, zum fernen Klang der Gitarren, zum Gesang der Vögel im feuchten
Laubwerk; andere wieder sind voll dumpfer Trauer; sie bezaubern das
Ohr und zerreißen das Herz.

Die Art seines Schaffens war spontan, staunenerregend. Die Einfälle
kamen ihm ungesucht, unerwartet. Manchmal erschienen sie ihm plötzlich, während er am Klavier saß, vollständig und in ihrer ganzen Erhabenheit. Oder sie sangen in ihm während eines Spaziergangs, und er mußte
sich beeilen, nach Hause zu kommen, um sie auf dem Klavier zu fixieren.
– Dann aber begann erst die erschütterndste Arbeit, die ich je gesehen. Da
war kein Ende mit ungeduldigen oder zögernden Versuchen, gewisse Einzelheiten so auszudrücken, wie er sie innerlich gehört hatte. Was er als
Ganzes ersonnen hatte, analysierte er nun beim Niederschreiben, und
seine Angst, das was ihm vorschwebte, nicht ganz genau wiederzufinden,

stürzte ihn förmlich in Verzweiflung. Er schloß sich dann ganze Tage lang in seinem Zimmer ein, weinte, lief auf und ab, zerbrach seine Federn, änderte einen Takt hunderte Male und schrieb ihn dann ebenso oft in der alten Form wieder auf, die er hernach wieder durchstrich. Am nächsten Tage setzte er dann die Arbeit mit der gleichen peinlichen und verzweifelten Beharrlichkeit fort. So brütete er manchmal sechs Wochen lang über einer Seite, um schließlich wieder auf das zurückzukommen, was er im ersten Entwurf skizziert hatte.

Ich gehöre nicht zu denjenigen, die da glauben, daß alle Dinge in dieser Welt schon ihre Lösung finden. Sie fangen hier vielleicht an, aber – und das ist gewiß – sie enden hier nicht. Das Leben hier unten ist ein Schleier, den die Krankheit und das Leiden für manche Menschen noch dichter macht, der sich aber für kräftigere Naturen für Augenblicke hebt. Erst der Tod zerreißt ihn für alle (Aus dem Nachruf für Chopin).

(George Sand)

In der Mitte des Parks war eine Terrasse, die das ganze Tal überragte. Die Stelle war berühmt durch das wunderbare Echo, das jedes Wort drei- bis viermal in vollkommener Deutlichkeit wiederholte.

Eines Abends kam jemand mit dem Vorschlag, ein Klavier an diesen Ort zu bringen und von dem Echo einige Stücke romantischer Musik wiederholen zu lassen.

Diese Idee wurde mit großem Beifall aufgenommen. Man brachte das prachtvolle Erardsche Instrument auf die Terrasse. Es war eine milde Nacht im Juni 1843; der Mond zeigte sich nicht, aber der Himmel war mit unzähligen Sternen besät, deren Leuchten den Glanz des Mondes ersetzte; die Luft war klar und ruhig. – Das Klavier wurde gegen das Tal geöffnet, und Liszt spielte zuerst mit seinem energischen Anschlag den Jägerchor aus Webers »Euryanthe«. Natürlich hielt er am Ende jeder Phrase inne, um die Antwort des Echos abzuwarten. – Von Beginn an wurden wir alle von Schauern der Begeisterung gepackt: in diesem Spiel mit dem Widerhall, den die Natur hier für die Kunst hatte, lag eine hohe, unbeschreibliche Poesie…

Nach dieser mit großer Kunst ausgeführten Einleitung nahm Chopin den Platz von Liszt ein und ließ nun seinerseits das Echo singen und klagen. Er hatte damals gerade ein Impromptu komponiert und spielte zum erstenmal Bruchstücke aus diesem anderen vor. Diese durchsichtige, den Klängen der Äolsharfe ähnliche Musik brachte Chopin ganz außer sich.

Weit länger als Liszt unterhielt er sich mit den Geistern des Tales. Es war dies ein seltsames Gespräch: ein Geflüster und Gemurmel, das einem beschwörenden Zaubergesange glich. Die Frau vom Hause mußte ihn beinahe mit Gewalt von dem Instrument fortziehen; er war in eine fast fieberhafte Aufregung verfallen.

(Charles Rollinat)

»Dies konnte nur ein Pole schreiben!« hörten wir einmal jemanden zu einem seiner jungen Landsleute sagen. – In der Tat: Alles, was der Trauerzug eines seinen eigenen Tod beweinenden Volkes Feierliches und Herzzerreißendes an sich haben kann, tönt in dem Totengeläute wider, das hier mitzuschwingen scheint. Das volle Gefühl mystischer Hoffnung, gläubiger Anrufung einer übernatürlichen Barmherzigkeit, einer unendlichen Güte und einer Gerechtigkeit, die jedes Grab und jede Wiege berücksichtigt, die ganze erhabene Entsagung, die verklärt ist von mit dem Heldenmut der christlichen Märtyrer ertragenen Schmerzen und Schicksalsschlägen, erklingt in dem Gesange, dessen Flehen Verzweiflung aushaucht.

Was es an Reinstem, Heiligstem, Entsagungsvollstem, Gläubigstem und Hoffnungsreichstem gibt im Herzen der Frauen, Kinder und Priester, ertönt, erzittert und erbebt darin in unbeschreiblichen Schwingungen. Man fühlt, daß es nicht der Tod eines einzelnen Helden ist, den man beweint, den zu rächen noch andere Helden zurückgeblieben sind; man fühlt, daß eine ganze Generation von Helden zu Grabe gegangen ist, hinter sich nur Frauen, Kinder und Priester zurücklassend.

Dieser so trauervolle und klagende Gesang ist dennoch von einer so eindringlichen Süße, die nicht mehr von dieser Erde zu kommen scheint. Die Töne, die durch die große Ferne, aus der sie zu uns dringen, wie gedämpft erscheinen, zwingen zu höchster Andacht; als ob sie von den Engeln selbst gesungen würden und schon im Himmel wogten, nahe bei Gottes Thron.

(Franz Liszt über Chopins Trauermarsch)

Wunderschön hörte ich ihn oft präludieren. Einmal versank er so ganz in sein Spiel, war der Welt völlig entrückt – da kam sein Diener leise herein und legte einen Brief auf das Notenpult. Mit einem Aufschrei brach Chopin sein Spiel ab, sein Haar sträubte sich in die Höhe; was ich bisher für unmöglich gehalten, sah ich nun mit eigenen Augen; doch währte dies nur einen Augenblick.

(Friederike Streicher)

Franz Liszt
1811–1886

Aus Widors Erinnerungen

Als Aristide Cavaillé-Coll für die Weltausstellung 1878 die große Orgel des Trocadéro baute, schlug er vor, daß man als Preisrichter in der Jury für die Musikinstrumente Liszt einladen sollte, den er kannte und bewunderte, sowie den großen Physiker und Akustiker Helmholtz. »Eines Morgens«, so erzählte mir Widor, »tauchte Cavaillé-Coll bei mir auf und sagte: ›Kommen Sie rasch, Liszt soll die Orgel des Trocadéro ausprobieren, und Sie sollen anschließend für ihn spielen, damit er das Instrument vom Saal aus hören kann. Dann essen wir zusammen zu Mittag.‹ Sie können sich denken, in welche Aufregung mich diese Nachricht stürzte und wie erregt ich war bei dem Gedanken, mich dem großen Manne gegenüber zu sehen. Aber er empfing mich mit solcher Einfachheit und Wärme, daß ich mich sogleich wohlfühlte.

Liszt setzte sich an die Orgel, deren herrliche Klangfarben er bewunderte, dann bat er mich, eine von meinen Kompositionen zu spielen, die er im Saal selbst hören wollte. Danach begaben wir uns alle drei in das Restaurant Foyot. Beim Mittagessen sagte Liszt zu mir: ›Sie waren sehr liebenswürdig, mir diesen Vormittag zu widmen, und so freundlich, für mich zu spielen. Wie kann ich Ihnen dafür danken?‹ – ›Meister, könnte ich Sie nur fünf Minuten lang Klavier spielen hören…‹ – ›Fünf Minuten, das ist sehr kurz‹, erwiderte Liszt lachend. ›Ich schlage Ihnen folgendes vor: Kommen Sie zu Madame Erard auf ihr Schloß de la Muette [in Paris], ich bin noch eine Woche ihr Gast und übe jeden Morgen von neun Uhr bis Mittag. Wenn ich sage: ich übe, so müßte ich besser sagen, daß ich nach Lust und Laune diejenigen Werke spiele, die ich liebe.‹«

Und während der sechs folgenden Vormittage hörte Widor unter den Händen von Liszt einen wesentlichen Teil der Klavierliteratur von J. S. Bach bis zu Liszts eigenen Werken, über solche von Mozart, Beethoven, Schubert, Schumann, Chopin und sogar bestimmte zeitgenössische Stükke, so zum Beispiel *Islamey* von Balakirew.

»Er kannte alles«, sagte mir Widor. »Niemals machte er den Eindruck von Hast, vielmehr floß alle diese Musik wie aus einer Quelle unter sei-

nen Zauberfingern hervor. Seine riesigen Hände breiteten sich wie ein
Fächer über dem Klavier aus, und dessen orchestraler Klang war unvergleichlich. Dies ist die außergewöhnlichste Erinnerung meines Künstlerlebens.«

(Marcel Dupré)

In Meiningen angelangt, besuchte ich sogleich den inzwischen dort eingetroffenen Liszt, in dessen Gesellschaft sich der ein wenig tolle, aber eminente ungarische Geiger *Eduard Reményi* befand, den ich schon früher von Weimar her kannte. Einmal kam ich dort zur Altenburg und hörte bereits auf der Treppe ein wahrhaft satanisches Konzert aus dem Musiksaal ertönen. Als ich eintrat, sprang Reményi wie besessen mit seiner Geige im Salon herum, während Liszt, ebenso erregt, ihm auf dem Flügel ungarische Tänze und Nationalweisen begleitete – Dinge, bei deren Vortrag *kein* Ungar kaltblütig bleiben kann. Und hier waren es sogar *zwei*, noch ganz besonders heißblütige Magyaren – man kann sich daher das tolle »Nationalkonzert« einigermaßen vorstellen, das sie vollführten. Schon als Zigeunerknabe lernte Reményi das Geigen, wie er sagte, ganz von sich selbst und zog spielend durch das Land *(Eine Fotografie der beiden Musiker während ihres Musizierens wird im Abbildungsteil wiedergegeben)*.

(Wendelin Weißheimer)

F. H. Clark

Liszt's Offenbarung

Gespräche mit Liszt

Ich habe dir dieses kleine Buch mitgebracht, das Schillers ästhetische Briefe enthält. Wir wollen uns verschiedene Stellen unterstreichen, welche wir in unserer Unterhaltung über die Klaviertechnik betrachten wollen. Diese Seiten mögen dein Leben lang in deinen Händen sein, ihr Geist wird dich zu der erhabensten Kunst führen.

In diesen Seiten sucht Schiller uns mit der Grund-Idee der Kunst und Schönheit, dem harmonischen Zusammenwirken vieler freien Kräfte vertraut zu machen, den Geist ästhetischer Tendenz dadurch zu betonen, daß er unsere Aufmerksamkeit auf die Tatsache lenkt, daß jede harmonische Entfaltung von dem Künstler Einheit der Tätigkeit, des Zieles, Adel der Seele verlangt und sie ihm zugleich verleiht, damit er in der Freiheit zunehme. Es ist immer die gestaltende, plastische Absicht und Tätigkeit, welche den Impuls und das Wirken vergeistigt; wie Schiller sagt: »Freiheit zu geben durch Freiheit« – das allein ist die Schönheit.

Es ist klar, daß der Dichter uns hier nur die ästhetische Tätigkeit als Ausdrucksmittel der absoluten Liebe zu Gott zeigen will: den Augenblick, in dem der Mensch den Höhepunkt seines Lebens, nämlich die Offenbarung des freien Willens erreicht. Dies kann nur entwickelt werden als Produkt der verallgemeinernden Tendenz der Wissenschaft, Philosophie, Religion und Kunst, zu verschmelzen; das einzig schafft die ästhetische Tätigkeit. Es lenkt unsere Aufmerksamkeit auf einen Mikrokosmos freier Kunsttätigkeit, der von einem Kosmos harmonischer Kultur reflektiert wird.

Wenn ich hier von harmonischer Kultur spreche, meine ich jene absolute elementare Fülle der Proportionsgesetze, auf welche alle Kunst, wahre Freiheit und Individualität sich gründet. Indem wir Musik komponieren, werden wir mit diesem ewigen Gesetz vertraut, dieser Basis der Tonalität, Tonleiter und harmonischen Sequenz sowie der musikalischen Form. Im allgemeinen ist die Kultur jedoch oberflächlich; sie hat nicht solch feste Wurzeln und wühlt mehr im Sumpfe der Ansichten umher. Alles im Leben oder in der Kunst, das auf den bloßen persönlichen Ansichten beruht, ohne daß die großen absoluten Prinzipien der Harmonie zugrunde liegen, ist wertlos für die wahre Kunst und Individualität.

»Was aber nicht Glaube ist, das ist Sünde – derjenige, welcher zweifelt, ist verdammt, wenn er isset«, wie St. Paulus sagt, und so sehen wir alle wahre Philosophie und Wissenschaft dahin zielen, jeden Zweifel, jede *Ansicht* zu entfernen, eine Bestimmung der Proportionen festzulegen.

Ist dies getan, ist die Dreifaltigkeit jedes Substantialitätsgrundes einer wahren harmonischen Entwicklung bestimmt, dann haben wir Transzendentalismus, wenn wir damit zur klaren Ausübung gelangen, besonders wenn die Kunst eine solch freie Tätigkeit des Geistes, der Gefühle und des Körpers in sich schließt, eine vollkommene Verschmelzung des menschlichen Wesens; wie Schiller dieses Grundgesetz der ästhetischen Welt ausdrückt: *Frei werden durch freies Tun.*

Das ist die Kunst, die ich dich lehren will! Von dieser absoluten endgültigen menschlichen Freiheit als der Liebe zu Gott spricht Schiller in seinem fünfundzwanzigsten Briefe:

»*Da nun aber bei dem Genuß der Schönheit oder der ästhetischen Einheit eine wirkliche Vereinigung und Auswechslung der Materie mit der Form und des Leidens mit der Tätigkeit vor sich geht, so ist eben dadurch die Vereinbarkeit beider Naturen, die Ausführbarkeit des Unendlichen in der Endlichkeit, mithin die Möglichkeit der erhabensten Menschheit bewiesen!*«

Diese höchste Erhabenheit der Kunst beanspruche ich für mein Klavierspiel; diese ganze Kraftfülle Schillerscher Ästhetik lege ich in meine Klaviertechnik hinein.

Was andere Menschen als wesentlich nur erkennen, das kann ich noch darüber hinaus auch in die Tat umsetzen, und in dieser meiner intelligent freien Tat drückt sich eine Gottähnlichkeit aus, die sie weder verstehen noch verwirklichen können. Es ist eine unaussprechliche Erkenntnis des Lebens und Gottes, welche allein von dem Tun kommt; bloßes Wissen kann dies aber niemals ergründen: Am Anfang war die Tat als Wort, diese absolute Vereinigung von Form und Bewegung. Diese ist der Keim meiner Schule des musikalischen Stils. Und lebten die Menschen nur nach diesem Prinzip, so würden sie gottähnlich werden. Da sie aber nur ein halbes Leben führen, entweder nur das der Form oder das der Bewegung, so verkümmern ihre Seelen; es ist wahr, was Beethoven sagt: Musizieren ist eine höhere Offenbarung der Menschenseele als alle Weisheit und Philosophie, denn Freiheit der Seele kann keine bloße Erkenntnis, kein bloßes Geisteswesen erreichen.

Und diese Verschmelzung des Ewigen mit dem Vergänglichen, des Erhabenen mit dem Proportionierenden müssen wir in der Klaviertechnik entwickeln. Wenn wir so handeln, erreichen wir die Höhe menschlichen Strebens, menschlichen Zieles – Seelenfreiheit.

Somit wird uns der besondere Schauplatz unserer Kunst der Klaviertechnik als dieselbe faszinierende, endlose Wahrheit und Schönheit harmonischen Blühens klar, wie die harmonische Entwicklung des Lebens selbst wahr und schön faszinierend und unendlich wie das harmonische Prinzip der Entwicklung selbst ist.

Dies alles liegt in der Entfaltung primärer, sekundärer und tertiärer Spiral-Impulse in den Armgliedern, welche in den Gelenken zykloidierende Wirbel-Artikulationen schaffen, dem Auge jedoch unsichtbar bleiben, weil sie in dem Hervorbringen der Tonkunst, in dem spiralartigen Ausströmen der Energie in die Tastenreihen hinein aufgehen und sich dem Ohr nun als absoluter Harmonienfluß offenbaren. So werden die entsprechenden Bewegungssysteme, welche der Musikform zu Grunde liegen, geschaffen. Die Alten nannten das die Harmonie des Bogens, wo die unendliche Gebundenheit des Individualisierens allseitige Anordnung erzwang. Diese Harmonie des Bogens geht in der Klaviertechnik hervor aus dem Wirbelsysteme des Willens in der Sehne des Bogens, der, von der Wirbelsäule bis zu den Tasten tätig, sich dem Rhythmensysteme der Musikform unterwirft, indem er sie schafft.

Das ist die Quelle der Freiheit und Schönheit der menschlichen Tätigkeit. In keiner anderen Art menschlicher Tätigkeit als in meiner Quellenkunst kommen sie zu einer annähernd vollen Blüte.

Harmonisierende Tätigkeit kann nur vor sich gehen, wenn primäre Bewegungen die ihnen untergeordneten beherrschen und motivieren und dazu noch ihre besondere Freiheit behalten; während die untergeordneten nur dann Glieder eines Organismus oder freien Bewegungssystems sein können, wenn sie in gleicher Weise sowohl diese charakteristischen Züge der Freiheit als den allgemeinen Geist des Übertragens, Herrschens und Unterordnens aufweisen.

Diese Fingerbewegungen, diese Handhaltung, alle auf- und abgehenden Bewegungen eines Gliedes, eines Gelenkes vernichten die Freiheit, schließen immer den Gedanken und die Hoffnung auf Entwicklung der Zentralkraft, rhythmische Arbeit und organisierende Ordnung unter dem Korrelate der Bewegung aus.

Wenn ein System primär, sekundär und tertiär arbeitender Bewegungen von energieausströmenden Impulsen in instrumentaler Beziehung

wirken soll, kann dies offenbar nur dadurch geschehen, daß die überge-
ordneten in der Folge durch die untergeordneten nach Maß und Zahl wirken. Die höheren Glieder (Oberarm) müssen mehr zentral liegen, die niederen Glieder (Finger) dagegen mehr untergeordnet und in der Peripherie. Die niederen Glieder müssen durch den Impuls der höheren in Berührung mit dem fremden Instrument gebracht werden. Die niederen
müssen alle diese innere Notwendigkeit der primären und sekundären
Glieder dem Instrument mitteilen. *Das kann einzig und allein geschehen
durch absolute Unterordnung; jede Auf-und-ab- oder Hin-und-her-Bewegung eines Gliedes im Gelenk jedoch ist einfach Insubordination* und
unterbricht außerdem den Zusammenhang der Glieder unter sich und mit
dem Toninstrument.

Und gerade hier in der Peripherie, wo wir der Subordination am meisten bedürfen, gerade hier beginnen alle diese »Professeurs du Piano« mit
ihrer *Insubordination*: sie lehren Finger-Unabhängigkeit und Hand-Un-
abhängigkeit, überhaupt irgendwelche Unabhängigkeit - das soll dann
Harmonie heißen! So verschließen diese Professeurs du Piano der Harmonie die Tür und falten in heiliger Selbstüberhebung die Hände, ja sie
nehmen sich heraus zu sagen, daß ihr Leben und »Licht« dabei mit musikalischer Kunst und klassischer Pädagogik etwas zu tun habe.

Wenn alle Teile eines harmonischen Systems der Impulse als Quelle
eines unsichtbar arbeitenden Bewegungssystems wirken und dabei in
harmonischer Vereinigung bleiben sollen, müssen die Linien der Freiheit
jedes Bewegungsgliedes mit den Linien der Freiheit aller Bewegungsglie-
der in Einklang gebracht werden, um *eine* allgemeine Linie der magnetischen Ausstrahlung zu schaffen!

Es gibt keine Freiheit für irgendein Glied, welche in ihrem Wesen Insubordination, Unabhängigkeit, Trennung ist, wie etwa Fingerbewegung
oder Anschlag oder Fallenlassen; denn dies würde unmittelbar Zerstücklung hervorrufen. Und irgendein Glied, das auch nur einen Augenblick
aus dem arbeitenden Zusammenhang angewandter Bewegung fällt, vernichtet die arbeitende Harmonie des ganzen Systems. Für diesen Fall von
Unabhängigkeit der Glieder kann kein Bewegungssystem, keine Harmonie unter den Bewegungen, keine harmonische Entwicklung, keine Freiheit, keine reine Intelligenz, keine wirkende Ordnung sein. Daher wird
solch ein Verfahren keine Beziehung zur Ästhetik, Schönheit, zum Leben
und zur Liebe Gottes aufweisen.

Wie wir auf den ersten Blick einsehen, ist eine unabhängige Gliederbe-
wegung in der Harmonie des Klaviermusizierens unmöglich. Jede Ham-

mertätigkeit, jede Fingerbewegung, jedes Schlagen mit der Hand oder dem Arme, jede irgendwie möglichen Variationen solcher mechanischen Zerstücklungen, jedes Werfen oder Fallenlassen der Armglieder, jedes Schwingen, Rollen, Vibrieren usw., kurz: alles was in der Natur des Fallens und des Schlagens liegt und was demzufolge auf mechanischer Zergliederung fußen muß, alles, was dem absurden Gedanken entspringt, dem Klavier als einem Schlaginstrument sklavisch nachahmen zu müssen – alles dies ist vollkommen wertlos und kann keinen Anspruch auf Klassizität in der Kunsttätigkeit erheben, einfach aus dem Grunde, weil alle diese Dinge eine Dreifaltigkeit, eine Harmonie der Bewegung und Arbeit und überhaupt jede Entwicklung direkter Bewegungs-Anwendung unmöglich machen!

Alle diese Dinge lassen den Gedanken an ein unendlich sich ergänzendes Impulssystem als Harmoniequelle der Energien nicht aufkommen, weil sie Hebeltätigkeit, einfache, einseitige Bewegung sind. So hämmert man auf die Tasten, ebenso wie der Klavierhammer die Saite schlägt, und deshalb ist hier bei der Anwendung der Gelenke und der Sehnen keine Basis des Gegensatzes oder einer Bogenspannung von der Wirbelsäule bis durch die wirbelnden Hände vorhanden, aus der doch aller Harmoniestreit entspringt.

Alle diese Bewegungen sind einfach und inhaltslos! Sie sind alle verhältnislose und abgebrochene Bewegungen, und da keine Bewegung je zurückgerufen werden kann, so sind sie untereinander gar nicht zu vereinen! Deshalb sind sie einer proportionierten Bewegungsmischung, welche allein Harmonie schaffen kann, ganz entgegengesetzt! Harmonie kann nur geschaffen werden mittels vereinigender Fortsetzungen, spiralartig ausströmender Impulse und Bewegungen unter Gliedern, die wie die Bogensehne an beiden Enden haften und mit dem Toninstrument zum lebendig wirbelnden Bogen verwachsen sind. Diese, als proportionierte Impulsverschmelzung und Bewegungsmischung, können allein Schönheit und Freiheit in der Kunst des instrumentalen Wirkens hervorbringen. Und dieser Evolutionsgeist allein kann dem Musizieren des Pianisten als einer freien und edlen Kunst Lebensähnlichkeit und Klassizität verleihen.

Hier haben wir den Keim der Freiheit in der Klaviertechnik. Es sich die primären, sekundären und tertiären Impulse und arbeitenden Kräfte der Harmonie.

Dies ist eine Tatsache, eine absolute Wahrheit, welche keine verschiedenen Ansichten zuläßt, weil Freiheit und Schönheit, im Prinzip immer ein und dasselbe, für immer in der Proportionalität harmonischer Entwicklung begriffen sind und aus der Dreieinigkeit entspringen.

Weil jenes Wort, jener Formgeist, jener Weltanfang, den du schon in frühester Jugend zu bewundern begannst, in der Hand des Schöpfers ganz und gar harmonische Entwicklung gewesen ist und es auch immer sein wird, wo jedes Wesen aus im Verhältnis stehenden Gliedern besteht; weil in der Philosophie, Religion und Kunst der Griechen alles dies als harmonische Entfaltung erkannt und dargestellt worden ist; weil es in aller nachfolgenden Wissenschaft und Kultur der Menschheit, sogar bis in die verwickeltsten Theorien der Evolution und des Fortschrittes, nur als harmonische Entwicklung gewirkt hat: deshalb können wir uns darauf verlassen, daß, insoweit dieses ewige Prinzip alles Lebens, aller Freude, Freiheit und Schönheit in Betracht kommt, die Klavierspielkunst sich ihm unterordnen, zu dieser harmonischen Substantialität emporsteigen muß. Denn jenes ewige Gesetz der Schönheit wird sich nie zu solcher Zerstückelung der Mechanik durch jene Fingerfertigkeit und Schlagtätigkeit oder durch jenes »freie« Fallen des Gewichts herablassen.

Viele Versuche machte ich schon, diese höhere Kunst eines klassischen Klaviermusizierens den Menschen verständlich zu machen – auch werde ich dir einmal auf der Altenburg den Flügel zeigen, den ich zu diesem Zwecke schuf – es ist jedoch kaum möglich, hierin auch nur das Geringste zu leisten, da alles in dieser Pianistenwelt dazu angetan ist, lauter Winkel in Hand und Arm zu bilden. Diese Winkel aber schalten jede Hoffnung aus auf allgemein praktisch arbeitende Spannung der Seele und des Körpers, die einer hochentfalteten Bogensehne gleichen muß. Eine Harmonie des Bogens jedoch findet ihren Grund gerade in dieser Spannung, wobei beide Enden der Bogensehne befestigt sind; wie der Ringer auch beiderseitig mit Händen und Füßen anhaftet und innerhalb dieser Gebundenheit die Freiheit seiner allseitig arbeitenden Bewegung schaffen muß. So ist das Ringen ein erhabenes Unternehmen, so ist der Harmoniestreit des Pianisten eine erhabene Entfaltung von Freiheit in der Gebundenheit in unendlichem Herrschen seines Willens. Diese Gebundenheit der beiden Enden der Bogensehne ist allein Grund einer seelischen, lebensähnlichen Freiheit, wo nur das Gebundene frei ist. Aber jede auf Zerstückelung der Bewegung gerichtete Mechanik, wie es in der Klaviermechanik zu sehen ist, vernichtet jeden Harmoniegrund. Man sieht in der Mechanik des Instruments das Vorbild für die Mechanik des Klavierspiels; wie der Hammer des Klaviers nach dem Anschlag von der Seite wegfällt und liegen bleibt, so soll ohne alle Verbindung mit der Taste ein Schlag oder Fall auf die Taste den einzelnen Ton hervorbringen. Das kann niemals mit Lebensähnlichkeit, Natur, Harmonie, Kunst, Vernunft in Einklang gebracht werden, denn das Grundwesen der Motivierung und Verbindung mangelt vollständig, und kein Mensch und auch kein Gott kann hier einen Zusammenhang behaupten.

Währenddessen die Finger an den Tasten haftend fließen, muß die Bogensehne der Willensorgane zwischen Wirbelsäule und Händen wirbelnde Wellensysteme schaffen und in Tonarbeit umsetzen, um den Stoff mit Form zu vertilgen, das heißt die angewandte Bewegung zu motivieren. Wer schlägt oder die Armglieder fallen läßt, wer von außen her an die Taste so unverbunden heranplatzt, ergibt sich ja dem Stoffe! Ein Unedles ist all dieses Klavierspiel, wenn solche »Künstler« sich mit der Schlagfertigkeit und Fingerfertigkeit so dem Stoffe, der Materie ergeben!

Die Alten haben den richtigen Ausdruck getroffen: Harmonie des Bogens bedeutet jene allgemeine Spannung der Materie des Körpers, auf welche der Geist in Wellensystemen seine Ideen zur Darstellung bringt. Das allein offenbart oder, wie Aristoteles sagte, das allein realisiert die Seele. Diese Harmonie in der Menschenäußerung, sie ist die eigentliche Seele!

Die Innenglieder, zum Beispiel Vorderarm und Oberarm, sind mehr auf die Kurve der Artikulation angewiesen als die äußere an der Peripherie liegende Hand. Und wie der Vorderarm, um seine Funktion zu vollziehen und die Kola zu gestalten, in Pronation nach innen und unten sich dreht, danach in Supination nach oben und außen abwechselt in Doppelkurven, muß zu gleicher Zeit die Hand vielmals wirbelnd rotieren, hineingeführt in Zykloide durch das sie bestimmende größere Kreisen des Oberarms. All diese Bewegungen sind gegensätzlich und arbeiten in gewissem Streit zu einander. Sie ordnen sich unter einander nach Maß und Zahl, sodaß die größeren Glieder weniger Bewegung schaffen, also seltener kreisen, die kleineren kleinere Kreise, aber öfter vollziehen, und dies schafft eine Quelle rhythmischen Systems, die aus dem Streit der Glieder die Inhalte gestaltet, die jedes Glied, während es am allgemeinen Ausdruck arbeitet, noch dazu für sich selbst wirken läßt. Dies sind die Momente des Harmonienstreitens. Und solche Momente werden unbedingt hervorgerufen bei irgendeiner Formarbeit, um einen Inhalt zu schaffen.

Klavier zu spielen mittels einer Anschlagsart und dabei zu behaupten, daß man Formen schafft, ist allemal Eitelkeit! Bei der immerwährenden Zergliederung und der Naivität des Schlagens und Fallens, ist eine Komposition, also eine Mischung und Harmonie in der Arbeit als intimer Ursprung des Verfahrens ausgeschlossen. Bemerkt man einen Winkel, einen Anschlag oder ein Fallen bei einem Pianisten, so weiß man, daß von organisierender, lebensähnlicher, also klassischer Kunst keine Rede sein kann. Doch all die Pianisten und Professeurs du Piano werden nicht begreifen können, was wir mit einem Harmonienstreit hier sagen wollen; ja, die ganze Klavierkunstwelt ist durch all die Winkel und die damit notgedrungen verbundenen Anschlagsbewegungen und Fallweisen so verbildet, daß die Musikgelehrten über den Gedanken eines Harmoniestreites des Pianisten erst recht stutzig sein werden. Und dabei wollen sie Klassiker sein!

Eine von Grund aus verschiedene, auf Bogensehnen und Wirbelsystemen des freien Willens beruhende Techniktheorie und -Praxis; ein anderes Klavier, nicht schlagartig, sondern auf Bebung gebaut, sogar unendlich kugelgelenkig; ein Künstler, der die Harmonie in sich fühlt und zum Ausdruck zu bringen vermag; ein Publikum, das die Harmonie versteht und ihr lauschen möchte – alles das und noch andere Vorbedingungen gehören dazu, ehe man diese größte Kunst der Zukunft groß oder wahr oder schön heißen kann.

Ja! Ja! sagte Liszt, nur über diese große Eigenschaft des Wortes als Gotteswelt, über die Harmonie, welche der Kunsttätigkeit ihren Charakter geben sollte, sprechen wir. Ich bin der einzige, der je den Weg zur vollen Freiheit gefunden hat. Dieser Weg ist für den Pianisten derselbe wie der ewige Weg des Lebens, den Aristoteles den feinen Faden der Vollendung in der Kunst nannte, eben jener Faden der Organisation, Moderation. Es ist derselbe enge Pfad, der zum ewigen Leben führt, und den nur wenige finden, der Schlüssel zum Himmelreich, das im Menschen selbst liegt, wie Christus unaufhörlich lehrte.

Immer dasselbe Zahlen-Prinzip (der primären, sekundären und tertiären Bewegungen) ist es, welches Plato und Humboldt im Kosmos sahen, der individualisierende Proportionsgeist, in dem Heraklit das harmonische Feuer allen Lebens erkannte, eben dieselbe Entfaltung sphärischer Emanation, welche der Welt die Evolution als den Schlüssel zur Kultur gab. – Dieser Weg primärer, sekundärer und tertiärer Bewegungen ist das *Gesetz der Freiheit* in meiner Kunst wie auch von Gottes Schöpfung.

Aus diesem Grunde nennt mich vermutlich jeder Pianist den größten Pianisten, den Quell der Kunst!

Sie alle fühlen, daß ich verborgene Quellen der Schönheit in der Tonkunst beherrsche; aber was diese geheimen Quellen sind, davon hat kein Pianist eine Ahnung. Trotz alledem sind diese Quellen eben nur jene offenkundige Wahrheit – die einzige Lebenswahrheit – harmonischer Entwicklung. In jeder Lebensform, in jeder Linie, jeder sichtbaren Bewegung in der Natur, in jedem spiralartigen Aufwärtsstreben der Weihrauchwölkchen, in jedem säuselnden Zephyr, in jedem kosenden Sonnenstrahl – denn Gottes Herrlichkeit, Gottes harmonisches Wort durchflutet die ganze Welt – in jeder Seite des harmonischen Lebenselements liegt dieses offenkundige Geheimnis meiner Größe unter den Pianisten vor aller Welt Augen da! Die Unterordnung unter das Gesetz der Harmonie habe ich in der Liebe zu Gott gelernt.

In allem Leben erkannte ich, wie diese Grundlinien die Detaillinien beherrschen und durch die Folge spiralartiger Entfaltung in Schwung halten. Diese Erkenntnis setzte ich in meiner Kunst in die Tat um.

Zuerst und vor allem muß ich betonen, und zwar sehr bestimmt, daß die Quelle meiner Kunst, diese sprudelnde Quelle meiner Technik, keine Hammertätigkeit ist – es ist nichts von der Art; es ist kein Schlagen, kein unabhängiges Treffen der Tasten; es ist ganz und gar nicht ein Fallen oder Werfen oder Schwingen der Armglieder; es gibt keine solchen mechanisch toten Dinge in meinem Spiel, wie man sie findet in allen unabhängigen Fingerbewegungen und in getrennter Handhaltung, in irgend welcher Lagerung in den Armgelenken oder einem Winkel im Ellenbogen oder in der Hand.

Meine Kunst ist immer Harmonie. *Harmonie ist aber immer verkörpert in Verbundenheit.* Jede mögliche Einzeltonbildung am Klavier nun ist und bleibt immer eine trennende Tätigkeit, welche keine Verbundenheit zuläßt.

Meine Kunstquelle sprudelt hervor aus dem Herzen und dem Solarplexus und der Wirbelsäule und entfaltet sich in dem ununterbrochenen Einigen und Verzweigen wirbelartiger Impuls-Artikulationen unter den Armgliedern, indem sie in wechselnden Beziehungen in der Harmonie der werdenden und vergehenden Proportionen längs magnetischer Linien wirken.

In allen Formen des Lebens und der Kunst finden wir in der *Zentralkraft* die wahre Quelle, die die Glieder der Proportion vereinigt und während der ganzen harmonischen Entfaltung zur Freiheit doch die Einheit bewahrt.

Das Walten der Zentralkraft ist das erste Gesetz einer bewußten Kunstleistung und muß sowohl den Teilen wie dem Ganzen unserer Freiheit der Technik und des Ausdrucks seinen Charakter verleihen.

Alle Formen des Lebens geraten infolge dieser inneren Notwendigkeit, mag nun der Anstoß dazu von innen oder außen kommen, in mehr oder weniger reine Harmonie der Bewegung, welche sich in primären, sekundären und tertiären Linien offenbart und so das Werden und Vergehen der Proportionen vollbringt. In diesen Wandlungen offenbart sich das Harmonienstreiten des Lebens als Evolution und Blüte ewiger Zentralregierung.

Der unendliche Wechsel der Zahlen der primären und sekundären Bewegungen der kurvierenden und zykloidierenden Linien in diesem Harmonienstreiten schreibt uns die Form unserer Kunsttätigkeit vor und schafft uns den Geist unserer Klaviertechnik.

Primäre, sekundäre und tertiäre Bewegungen müssen demnach die Basis unserer Technik schaffen, damit alle Linien des Ausdrucks im Körper und Willen, sowie der Entwicklung im Geiste aus der Substantialität einer universellen Form entstehen.

Dieser zentralisierende, harmonische Formgeist, den wir in allem Leben als Werdendes, Seiendes oder Sich-Äußerndes wahrnehmen, wie zum Beispiel an dem *einen* Stamm, *mehreren* Zweigen und *vielen* Blättern, an den über- und untergeordneten Vibrationen der Sinnes-Eindrücke und der Empfindungen, sowie in dem Wesen der Fruchtbarkeit, welche der Proportion zu Grunde liegt, – dieser Geist spiegelt sich auch in dem Wesen der musikalischen Formen wieder und verkörpert sich in dem *einen* Thema, *mehreren* Phrasen und *vielen* Motiven, primären, sekundären und tertiären Strukturlinien, die in primären, sekundären und tertiären Rhythmen dargestellt werden sollen und allein aus primären, sekundären, tertiären Bewegungen, also aus einer Zentralregierung, geschaffen werden können.

Diese Glieder des musikalischen Organismus stehen im allgemeinen in strenger Proportion zueinander wie 1:2::2:4, da gewöhnlich ein Thema zwei Phrasen (Kola) und vier Motive (Takte) enthält. Bei spezifisch instrumentaler Musik vermehren sich die Phrasen öfter zu *vier* und die Motive zu *acht*, und so wird diese Fruchtbarkeit der harmonischen Entwicklung zu einer erstaunlichen Reichhaltigkeit entfaltet.

Die getreue Darstellung dieser Strukturlinien der musikalischen Formen verlangt die Entwicklung primärer, sekundärer und tertiärer Rhythmen, sodaß eine Dreifaltigkeit in der Form der Rhythmen, welche ich als Rhythmenform oder Periodenform bezeichne, eine Vereinigung und Verschmelzung von Grund- und Detail-Rhythmen in dem technischen Wirken des Pianisten geschaffen werden muß.

Die Armglieder stehen zueinander im Verhältnis wie 1:2::2:4, denn

112

der *eine* Knochen oder die Form-Basis des Oberarms läßt seinen Einfluß durch *zwei* solcher Formbasen in den Vorderarm ausstrahlen, ebenso ähnliche Formverzweigungen von dem Vorderarm in die Handwurzel und die mit dieser in Verbindung stehenden *vier* Finger.

Diese Formglieder des Armes dienen dem Zweck, der Involution und Evolution der Bewegungslinien Ausdruck zu verleihen, welche die harmonische Folge der musikalischen Form verkörpern. Mit *einem* spiralartigen, wirbelnden Impuls der Schulterregion, der eine zykloidierende Artikulation des Oberarms ergänzt, mit *zwei* ähnlichen und auch oszillierenden Impulsen des Vorderarms und *vier* gleichartigen, wirbelnden Rotationen der Hand können diese Formglieder des Arms eine Freiheit in der Kunst hervorbringen, die die höchste ist, welche der menschliche Wille jemals als Schönheit der Kunsttätigkeit gekannt hat.

Wer von einem harmonisch freien Gebrauch irgendeines der Armgelenke spricht und es dabei für möglich erklärt, daß beim fortgesetzten, ausführlichen, instrumentalen Wirken diese Freiheit der Äußerung mit irgendeiner Art Anschlag, Fall oder Wurf, Vibrieren oder Schwingen in Zusammenhang gebracht werden kann – der hat weder Ahnung noch Erkenntnis oder instinktive Erfahrung von der aktuellen Freiheit dieser Gelenke: ihre Ball- und Sockel-Flächen, ihre polarische Anreihung und über die Gelenke geleiteten Muskeln und Sehnen schreiben ein längsachsiges Wirbeln, Verschlingen, Torsieren und Verzweigen als Gesetz der Freiheit vor.

Ein harmonisches Arbeiten eines freien Gelenkes kann nur entstehen, wenn beide Glieder in entgegengesetzter Richtung sich drehen, schrauben und torsieren, zu dem gemeinschaftlichen Zweck, die Ausstrahlung der Kraft in längsachsige Emanation überzuleiten und zu ergänzen. Dies läßt eine lange Reihe von Gliedern und Gelenken an der Äußerung unmittelbar teilnehmen, und in diese Reihe kann die Proportion, eben die Dreifältigkeit der Mischungen der Harmonie, hineingelegt werden. Ohne ausführliches Arbeiten eines jeden Armgelenkes kann unmöglich ein harmonisches Zusammenwirken aller Armglieder auf die steifen, unzusammenhängenden Hebel und Hämmer des Klavierwerkzeuges erzielt werden.

Das Auf-und-Abgehen und jene jämmerliche und naive Hin-und-her-Bewegung jedes Schlages, Falles oder Schwingens vereinzelt das Wirken der jeweils beteiligten Glieder, beschränkt das Arbeiten der betreffenden Gelenke und nimmt allen Anspruch auf Harmonie, weil es jede Mischung des Arbeitens aller Glieder verhindert. Bei jedem solchen Auf-und-Abgehen im Gelenk ist es höchst lächerlich, irgendwelchen Anspruch auf

Ästhetik, Schönheit und Freiheit zu machen. Doch gerade auf dieser Einseitigkeit als Wesen des Verfahrens fußt jede bisher veröffentlichte Klaviermethode!

So sind meine Leistungen wirklich schöpferische Taten; denn jede solche harmonische Entwicklung, welche alle wesentlichen Fähigkeiten, Geist, Seele und Körper umfaßt und diese Fähigkeiten durch Proportions-Wandlungen führt, entspringt einem bewußten Willen, der durch Intelligenz bestimmt wird.

Hier ist eine Kunsttätigkeit, die wahrhaft Freiheit genannt werden darf, und solch eine erhabene Möglichkeit habe ich in keiner anderen Lebensweise gefunden.

Wenn man so meine Kunst als ästhetische Tätigkeit betrachtet, ist sie in höherem Grade auf dem absoluten, ewigen, universellen Prinzip des Lebens gegründet, als es irgendein menschliches Wesen vor mir empfand, verstand und mit all seinen Kräften als eine Verwirklichung der Freiheit ausführte.

Damit habe ich für alle Zeit den Grund zur Klassizität der Schönheit und der Pianistenkunst gelegt; kein Mensch vor mir konnte sich unter Klaviermusizieren etwas anderes vorstellen, als eine auf Naivität beruhende Kunst, somit eine Tätigkeit, die von aller Freiheit, das heißt ästhetischen Einheit, Organisation und Idealisierung weit entfernt ist.

Ich habe diese Harmonie und Freiheit einer absoluten Klassizität geschaffen und der Menschheit den Weg zur Erfüllung ihres Sehnens gewiesen. Es ist eine Proportionen-Verschmelzung dreieiniger Spiralisierungen, die infolge organischer »Fruchtbarkeit aus innerer Notwendigkeit« hervorquellen.

Das Festhalten an einer solchen Harmonieform der verborgenen, unsichtbaren Quelle der Freiheit in der Tätigkeit des Musizierens ist ein Beispiel für das Wort Schillers, das ich als Motto auf meine Idealsymphonie geschrieben habe: »Das Festhalten des Ideales ist unseres Lebens höchster Zweck!«

Ich habe das alles stets im Leben zunächst instinktiv, dann immer mehr und mehr bewußt ausüben lernen müssen. Jetzt sind es gewiß dreißig Jahre, daß ich dabei bin, diese Sprudel-Spiel zu entwickeln und als ästhetisches Tun zu ergründen!

Wohl der ganze erste Teil meines Lebens wurde durch jenes allerweltsübliche Schlagspiel gemeiner Wirklichkeit beeinflußt. Als ich dann die Unmöglichkeit der Allerweltstheorie einsah und mich meinem neuen Ideal zuwandte, da bereitete mir die neue, ewig-schmelzende Fertigkeit

114

eines Mischungswirkens eine mühsame Arbeit. Denn es galt, all die Schlagkunst, meine Anschauung und meine Gewohnheit aufzugeben und mir diese unendlichen Motivierungen arbeitender Bewegungen als innerstes Wesen und Stil einer harmonischen Kunstpraxis anzueignen.

Es war also ganz genau dieselbe Frage zu lösen, die Schiller in den Worten ausdrückt: »wie man von einer gemeinen Wirklichkeit zu einer ästhetischen den Weg sich bahne!« und es hieß: jene *Auswechslung des Sehnens* nach Harmonie-Ausdruck mit der musizierenden Tätigkeit in meiner Kunst des Klavierspielens zu erzielen!

Unter der Auswechslung der Kunst-Bewegung mit der Musik-Form haben wir nun eine Evolution der Bewegung zu verstehen, aus der die Rhythmenformen der Musik – eine wirkliche Harmonie – in der Entwicklung des Kunststils entstehen, wie zum Beispiel *ein* Wirbel des Oberarms aus der Schulter sich verzweigt in *zwei* Wirbel aus dem Ellenbogen und *vier* oder *sechs* oder *acht* Wirbel aus dem Handgelenk, um damit die Musikform-Glieder (*ein* Thema, *zwei* Phrasen, *vier* Motive usw.) direkt und absolut in den Form-System-Bewegungen der Armglieder zu verkörpern.

Die absolute Tat meiner Kunst erhält also ihren Stil von der rhythmischen Trinität der Musikform selbst.

Das ist eben mein Geheimnis, sagte Liszt.

Hierzu sagt ja doch Schiller: »*Darin also besteht das eigentliche Kunstgeheimnis des Meisters, daß er den Stoff durch die Form vertilgt.*« Ich habe einfach diese Proportion-Involution der Musikform 1:2::2:4 absolut in meine Kunst-Bewegung hineingelegt als ein dreieinigendes System, als verschlingende Artikulationen (*ein* Spiralsprudel oder Wirbelimpuls des Oberarms [die Periode], *zwei* des Vorderarms [die Kola], und *vier* oder *acht* der Hand [die Motive]): *das heißt den Stoff durch die Form vertilgen!!*

Meine Kunst ist auf dieser Verwirklichung der *Vereinigung und Auswechslung der Bewegung mit der Form* begründet; und so ist das Geheimnis der Transzendentalität des Klavierspiels auch zugleich das der Klassizität jedes Kunststils, nämlich diese Vereinigung der Bewegung mit dem Proportionen-Inhalt, dem grammatischen Geist, logischen Keimwesen der Kunstform, in diesem Falle der Musikform selbst.

Somit realisiere ich durch die harmonische Evolution meiner Technik das höchste aller Kunstideale, das Schiller in folgenden Worten andeutet: »*Nur indem sie sich von der gemeinen Wirklichkeit losreißt, erhebt sich die bildende Kraft zum Ideale, und ehe die Imagination in ihrer produkti-*

ven Qualität nach eigenen Gesetzen handeln kann, muß sie sich schon bei ihrem reproduktiven Verfahren von fremden Gesetzen frei gemacht haben. Freilich ist von der bloßen Gesetzlosigkeit zu einer selbständigen inneren Gesetzgebung noch ein sehr großer Schritt zu tun, und eine ganz neue Kraft, das Vermögen der Ideen, muß hier ins Spiel gemischt werden. – Diesen Sprung zum ästhetischen Spiele macht endlich die Einbildungskraft in dem Versuch einer freien Form. Einen Sprung muß man es nennen, weil sich eine ganz neue Kraft hier in Handlung setzt; denn hier mischt sich zum ersten Mal der gesetzgebende Geist in die Handlungen, unterwirft das willkürliche Verfahren seiner unveränderlichen Einheit, legt seine Selbständigkeit in das Wandelbare und seine Unendlichkeit in das Sinnliche.«

Alles dies möchte ich dir recht klarmachen. – Ja, tausendmal möchte ich es dir wiederholen und in verschiedener Weise dir näherzubringen versuchen! Denn es ist ja der ganze Keim, es ist der Geist, eben die ganze Seele unseres Kunststils und somit Kern unserer Kunst, das Grundwesen jedes wahren Musizierens! In wenigen Worten spricht das Goethe wundervoll aus: »*Schaffet das Viele aus dem Einen, so habet ihr Anfang und Ende der Kunst.*« Es kann uns nie eine deutlichere Regel für die Technik der Pianistenkunst aufgestellt werden, als es hier von Goethe und Schiller geschehen ist. Dies sollte uns in unserer Praxis am Klavier täglich, stündlich leiten in dem Modellieren des Fortsetzens der Wirbelimpulse in den Armgelenken, alle nach der Proportion; denn diese Harmonie-Entwicklung, dieses Aufblühen und diese Fruchtbarkeit der konstant arbeitenden Bewegung ist der Klassizitätsgeist selbst! Dieses Evolutionswirken ist nie zweideutig, niemals undeutlich, nie unfrei, da die freie Form der Bewegung in den Verschlingungs-Artikulationen und die Bestimmtheit und Vollkommenheit in jener und in deren Proportionierung allein der Kunst wie dem Leben die Unendlichkeit erschließen.

Diese Geheimnis meiner Kunsttechnik liegt ganz und gar in der absoluten Vereinigung der Bewegung meiner Armglieder mit der Form der Rhythmengliederung der Musik. Wie Thema, Phrasen, Motive eine dreifältige Komposition von Rhythmenformen sind, so sind die zusammengesetzten Wirbelimpulse als Trinitätskomplex (einer im Schultergelenk, zwei im Ellenbogengelenk, vier im Handgelenk) in der Tat eine komponierte, harmonisch fließende Technik – eine absolute Abspiegelung des Geistes des Logos, des Wortes, das am Anfang war, und das Gott war!

Dies, was Schiller die Ausführung des Unendlichen in der Endlichkeit nennt, die uns zugleich zur erhabensten Menschlichkeit den Weg bahnt und immer noch das Prinzip unserer Klaviertechnik ist, kann allein ausgeübt werden, indem in den Gelenken das immerwährende, kurbelförmige Quirlen und Drehen, Schrauben, Schieben und Zykloidieren, Wirbeln und Verschlingen als Artikulationsvermögen entwickelt wird, sodaß durch die Gelenke alle Glieder ihrem Drang nach Freiheit des Wirkens, das heißt nach verschlingender Energie, Folge leisten können und jedes Glied durch seine Tendenz zur Verschlingungsartikulation im Gelenk dem benachbarten, nach außen liegenden Gliede seine Emanation mitteilen kann. Dieses Glied trägt dann den Ausfluß dieser sphärisch ausstrahlenden Energie weiter und fügt noch seinen eigenen Ausdruck hinzu und so fort, bis in absoluter Praxis ein unerschöpfliches Herausquellen auf dem Klavier erzeugt wird und dieses unsichtbar in der harmoniefließenden Ausübung und dem Wirken der Tonkunst sich verhaucht, verzehrt und in den hörbaren Rhythmenformen der Musik sich abspiegelt.

Über diese Entwicklung der Freiheit der Technik sagt Schiller: »*Diese geistreiche und ästhetisch freie Behandlung gemeiner Wirklichkeit ist, wo man sie auch antrifft, das Kennzeichen einer edlen Seele. Edel ist überhaupt ein Gemüt zu nennen, welches die Gabe besitzt, auch das beschränkteste Geschäft und den kleinlichsten Gegenstand durch die Behandlung in ein Unendliches zu verwandeln. Edel heißt jede Form, welche dem, was seiner Natur nach bloß dient (bloßes Mittel ist), das Gepräge der Selbständigkeit aufdrückt. Ein edler Geist begnügt sich nicht damit, selbst frei zu sein; er muß alles andere um sich her, auch das Leblose in Freiheit setzen. Schönheit aber ist der einzig mögliche Ausdruck der Freiheit in der Tätigkeit. Bei Handlungen aber, welche bloß auf einen Zweck sich beziehen, über diesen Zweck hinaus noch ins Übersinnliche gehen, kann dies nichts anderes heißen, als das Physische ästhetisch ausführen. Es gibt also ein ästhetisches Übertreffen der Pflicht, und ein solches Betragen heißt edel.*«

Bei meiner Quellenkunst gehen alle Gliederbewegungen in diesen Gelenk-Artikulierungen auf. Und diese Artikulierungen schaffen den Weg, die Energie als arbeitende, von den Sprudeln der Impulse erzeugte Kraft mitzuteilen und weiterzutragen, sowie auch das Mittel, um die Form der Harmonie hineinzulegen. Wenn die Energie schließlich am Ende der Reihe des Systems polarischer Ausstrahlung als Komplex-Emanation in rhythmischem Wirken des Harmonienfließens auf die Klaviatur gelangt ist, so wird der ganze Geist der Technik als dreieinigende Gestaltung allein in dieser *unsichtbaren Freiheit des Verbundenseins harmonischer Artikulationen* verkörpert.

Schiller heißt dies alles den Edelmut der Kunsttätigkeit, und ebenso wie der Tag von der Nacht unterscheidet es sich von jeder denkbaren Schlagspielkunst.

In dieser Unsichtbarkeit der arbeitenden Bewegungen liegt der Beweis für alle wahre ausführliche Vereinigung, Auswechslung der Form und der Bewegung und somit die musikalische Motivierung der Tonfolgen, was für jedes mögliche ästhetische Tonformspiel allein einen vollkommenen Grund schafft.

Hebt man aber die Finger oder die Hand merklich als einzelne Gliedertätigkeit von der Klaviatur hinweg, so erklärt man sich damit für unfähig, eine Harmonisierung der Bewegung mit dem Ausdrucksspiegel, mit der Tastatur zu bewahren. Das Heben, um zu schlagen, zu fallen oder zu werfen, ist der beste Beweis einer Kunstkrämerei beim Klavierspiel, weil dieses Heben selbst nicht in dem Ton wirkt und ein bloß unnützes Schaustück schafft, was gar nicht zur Sache des Tons gehört und nur einem niedrigen, einseitigen, zerstückelnden Mechanikbegriff entspringt.

In diesem von Schiller angedeuteten Geheimnis aller Kunst – dem Vertilgen des Stoffes durch die Form – hast du das Geheimnis meiner Kunst, das Gesetz meiner Technik, den Urquell aller Fruchtbarkeit aus innerer Notwendigkeit. *Ich habe meine Bewegung absolut mit der Musikform vertilgt und somit meine Technik zum Selbstzweck der harmonischen Freiheit erhoben und diese Technik mit dem Trinitätsgeist der Rhythmenform-Wirkung meiner Tonkunst absolut vereinigt, vermählt!* Diese Form-Tendenz des unendlichen Motivierens, Harmonisierens *vertilgt* jede mögliche Vereinzelung und Unterbrechung der Bewegung.

Jeder Winkel, L, im Ellenbogen oder in der Hand, jede Handhaltung und Fingerbewegung, jedes Heben, Fallen, Werfen, jede Anschlagsart dagegen ist eine bloße Zerstücklungs-Tendenz, welche nur aus einem bewußt oder unbewußt *formvernichtenden Willen all ihr Wirken herleiten muß.* All diese Eigenschaften der Klaviermethoden sind bloß dazu angetan, *den Stoff zu verherrlichen!* Durch sie alle ergibt sich der Pianist gänzlich dem Stoffe. Auf diese Weise unterschreibt er seine materialistische, sinnliche »Kunst«! Nur in den Sprudelverschlingungen und in den Wirbelproportionierungen meiner Quellenkunst (wegen der Freiheit und Unendlichkeit der Bewegung jedes Armgliedes und des ununterbrochenen, auswärtsstrahlenden Energiewirkens jedes Gliedes, sowie der Harmonie des Ganzen), nur in ihr allein von all den denkbaren Weisen der Klaviertechnik kann die vollkommene Dreieinigkeit einer komplexen Rhythmenmischung als Harmonienfließen ausgeübt werden.

Nur durch ein lebenslängliches, unausgesetztes Studieren und Streben, Grundbewegungen und Grundrhythmen auszuführen, wirst du vor der Oberflächlichkeit bewahrt und zum Ästhetischen hingeführt, wo du dir keine Fingerbewegung und keine gleichen Zählzeiten erlauben wirst.

Dieses Prinzip der primären Bewegungen, welches eine Basis für jede wahre Klaviertechnik schaffen muß, wurde mir vor mehr als dreißig Jahren im Geiste vollends klar. Aber wie oft besprachen das schon längst vor dem Chopin und George Sand mit mir! Wie mächtig fesselte uns dieser Aufschluß, welcher unsere höchste Kunsttat mit dem tiefsten Grunde der Natur identifizieren sollte!

George Sand sagte: Ich suchte nach dem Grunde für die Verschiedenheit von Chopins und Thalbergs Klavierspiel. Die seelenvolle Art, wie Chopin das Klavier berührte, war allen auffallend, und ich merkte, daß er in den begeisterten Momenten seines Spiels das Rückgrat weit rückwärts legte, so daß sein Arm undulierte, in längsachsigen Vibrationen strahlte; es war dann keine Spur von Winkelung im Ellenbogen oder in der Hand. Seine Hand wirbelte dann und wogte, leitete und zog und drängte die Finger, sodaß sie nicht schlugen!

Dann, sagte Liszt, setzte ich mich ans Klavier hin und machte es nach, und George Sand und Chopin freuten sich sehr darüber. Wir sahen alle ein, daß diese erste Grundbedingung eines klassischen Klaviermusizierens, das Undulieren mit ausgestreckten Armen schon dadurch ermöglicht wird, daß man niedriger und weiter vom Klavier entfernt sitzt, um ein übertriebenes Zurücklehnen nicht aufkommen zu lassen.

Thalberg aber, fuhr George Sand fort, der einen solch großen Körper hat, setzt sich vor dasselbe Piano auf einen gewöhnlichen Stuhl und in der üblichen Entfernung von der Tastatur hin. Da sieht er so ungeschickt wie ein Schornstein aus, und bei den rechten Winkeln in seinem Ellenbogen und seiner Hand (die Finger sind gerade im Mittelgelenke rechtwinklig geknickt) wirkt sein Spielen wie das Arbeiten einer Hebel- und Hammermaschine. Die Einzeltöne, die er hervorbringt, sind in sich kalt und tot. Sie klingen wie Wassertropfen und ebenso unästhetisch, ebenso unbewußt willenlos, formlos und einseitig ist der Klang; wie leblose Perlenreihen laufen sie dahin – ein nur *stofflich-sinnliches* Tonbildungsideal hört man also hier, das nur in einem *freien*, eben *toten* Fall des Gewichts besteht.

Wie sehr hat Schiller diese sinnlich gesinnten Menschen, die Thalbergs »Eiswassertontröpflungen« genießen können, in den Worten getroffen: »Deren Interesse ist schlechterdings entweder moralisch oder physisch:

119

nur gerade, was es sein soll, ästhetisch ist es nicht! Nur für das rohe Element (diese wassertröpfelnden, einzelnen, sinnlich schönen Tonbildungen) *empfänglich*, müssen sie die ästhetische Organisation erst zerstören, die einzelnen Teilchen aufscharren, ehe sie einen Genuß daran finden.« Man wird finden, meinte die Sand, daß jeder seelenvolle Ausdruck der Pianisten auf jenem undulierenden, längsachsigen, schlangenlinigen Stil der Armbewegung begründet ist; denn hier allein kann von einer Grundbewegung und von Zentralkräften die Rede sein. Allein bei solchen primär, sekundär und tertiär wirkenden Bewegungen kann man von Klassizität sprechen; denn wo die Dreifältigkeit des Harmonienflusses nicht den Grund eines jeden Wirkens schafft, da kann keine Natürlichkeit, somit keine Klassizität vorhanden sein.

Dem einfachen, nicht zusammenhängenden, geradlinigen Hammerwerk der Tasten muß man das Produkt eines harmonischen Systems zykloidierender Bewegungen entgegenbringen, welches in den Rhythmenmischungen des Musizierens aufgeht.

Wie der bogenführende Arm des Geigers im Oberarm, Unterarm und in der Hand den harmonischen Lebensstreit dem Wesen nach schafft, indem er zu den verhältnismäßig gelagerten Saiten des Bogens und der Geige einen Gegensatz in die kontinuierliche Bewegung seiner Bogenführung bringt und bei dem bogenführenden Arm kein Fingerschlagen anwenden kann, so wird jeder Pianist, wenn er nur der inneren heiligen Seelenstimme seines eigenen Wesens sowie seinem gesunden Menschenverstand folgt, herausfühlen und erkennen, daß nur ein frei und harmonisch organisiertes Wirbelsystem unter den Gliedern des Arms des Pianisten eine kontinuierliche, komplizierende Bewegungsanwendung auf die Tonleiter und Tastenfolge leisten und damit die ästhetischen Harmoniekontraste schaffen kann, und dabei jede Fingerbewegung, jeden Anschlag, jedes Fallen oder Gewichtswirken unmöglich macht, denn Trennungselemente sind zur Genüge in dem Klavier selbst und im Bau der Hand mit ihren Fingern, die sich obendrein spreizen lassen, also die Handmasse spalten, vorhanden, sodaß man nicht noch versuchen sollte, solche Trennungen, wie Schwingen, Schlagen, Fallen usw. noch hinzuzufügen.

Wie ich meinen Finger auf der Taste halte und aus diesem Naturgewebe der Artikulationen und Kurbelwendungen eine »Harmonie des Bogens« vom Sonnengeflecht, Solarplexus, und Rückgrat bis zu den Handballen und den Fingerenden sich entwickeln lasse, so weht eine Stimmung der Gebundenheit, der Freiheit als Harmoniesehnen der Seele durch alle meine Glieder und offenbart sich in diesem ausdrückenden und einziehenden

Wechselwirken als Ureigenschaft alles Werdens und Seins der Natur. Hierin schaue ich nun mit ehrfurchtsvollem Erkennen das Feld, welches darauf wartet, daß mein Wille die Proportionierungen und Formfreiheiten des Idealisierens und Individualisierens der Transzendentalität, meine Seelenregungen als Schöpfer, als Gott, als Künstler in diese lebensprühende Strudelwelt hineinlegt; und aus dieser inneren, verborgenen Quelle des Kunstlebens strahlt der dreieinigende Harmoniegeist aller Schönheit hervor.

Tatsächlich aber sagt das Publikum jetzt: »Es klingt so zahm, so leidenschaftslos, dieses Spiel von Liszt; nun, er ist ja auch Großpapa geworden.« Doch applaudieren sie alle noch; denn ich habe ja den Namen, und vor allem, ich rühre ihre Seelen, *weil meine Berührung eine bewußte Seele hat*, jetzt um so mehr, da diese Jahre des ästhetischen Strebens mir eine absolute Wissenschaft und Kunst verliehen haben – denn in meiner ganzen Betätigung ist harmonische Entwicklung, es ist keine Spur von Oberflächlichkeit, vom Hokus-Pokus der hebelnden, hämmernden, fallenden Art zu finden.

So siehst du, daß des Künstlers Leben immer ein Christusleben ist. Je näher er der absoluten Wahrheit der Schönheit kommt, je unmittelbarer er mit der Seele der Harmonie wirkt und sich so Gott nähert und mit ihm verkehrt, desto mehr entfernt er sich von der Masse der Alltagsmenschen und -Theorien, und desto eher ist das Publikum bereit, ihn zu kreuzigen und ihn mit Füßen zu treten.

Auch noch in anderer Hinsicht macht das Publikum das Leben des wahren Künstlers zu einem Leidenswege.

Die Wahrheit der Harmonie ist ihnen niemals unbedingtes Gebot, niemals selbstverständlich und absolut für sie auch im Reiche der Tat. Wie ich schon vorher sagte: ein Komponist, der nicht in Tonalität, Tonart oder harmonische Sequenz gerät oder auf sie hinzielt, ist unmöglich; umgekehrt dagegen ist ein Klavierspieler, der den Geist solcher Tonalität, Tonart oder harmonischen Sequenz in seiner Technik ausdrückt, für das heutige Publikum unmöglich! Kann es wohl einen größeren Widerspruch geben? Ist jemals eine Kunstwelt in einem solchen Irrtum befangen gewesen?

Diesem blinden Publikum ist die Proportionalität harmonischer Entwicklung in der Technik sowie im Tempo unverständlich.

Die Wahrheit der Harmonie ist ihnen nie wahr genug, ausgenommen dann, wenn sie gleichsam ein Wink mit einem Zaunpfahl ist. Die Prime, Terz, Quinte und Oktave nennt man eine Harmonie, das ist ja auch Anfang und Ende, der herrschende Geist des Komponierens. Daß dies das Wahre, Gute, Schöne des Komponierens ist, das geben sie alle zu, eben, weil sie es vernünftigerweise müssen; aber zu sagen, daß dieselbe proportionierende Wahrheit auch für die Technik und das Tempo gelten soll, daß eben dieses ewige Licht des Lebens die Kunsttätigkeit zu schaffen hat – nein, das liegt ihnen zu hoch! Solch eine Religion, solch einen Himmel des bewußten Schaffens wollen sie nicht annehmen.

So hängen sie sich ein Metronom an die Ohren, schließen ihre Vernunft in einen eisernen Kasten und legen das Portemonnaie oben darauf; dann setzen sie sich vor dem Klavier zu ihren technischen Übungen, zu ihren Zergliederungs-Stunden nieder, die sie, wie sie aber nicht wissen, niemals für einen musikalischen Ausdruck gebrauchen können.

Die spiralartige, wirbelnde Linie und die harmonische Komposition von wirbelnden Spiralen ist nun das Prinzip der Vollendung angewandter Bewegung. Sie ist die Freiheit der Schönheit musikalischen Berührens als Kunsttätigkeit, weil sie das Unbegrenzte mit der Einheit verbindet, *weil sie nie sich selber schaffen kann*, sondern immer von der bewußten, ewig neuen Befreiung des Willens abhängt, weil sie niemals automatisch oder monoton im Sinne der einfachen Symmetrie sein kann, weil sie die natürliche Asymmetrie des Proportionierens ist. So steht der Spiralwirbel der Impulse des Oberarms einem oszillierenden doppelten Spiralimpuls des Vorderarms bei unserer Berührung nicht im Wege, noch diese beiden einem vierfachen Wirbelzykloidieren der Hand. Dies schafft eine Organismus der Impulse als Harmoniegrund des Musizierens angewandter Bewegung, indem *jedes* Glied *beständig* seinen Teil zum Ausdruck des *Ganzen* beiträgt; das Produkt ist eine ausstrahlende Differentiation der Energie, die fortdauernd in der Sequenz harmonischer Entfaltung auf die Tasten verteilt sein muß und unsichtbar in der Arbeit des Tonschaffens aufgeht. Dies ist doch Hauptbedingung einer jeden organischen, seelischen Kunsttechnik.

Spiele ich leise oder laut, spiele ich Tonleitern oder Doppelgriffe und die mächtigsten Akkorde, so ist allezeit und beständig jedes Armglied im Schaffen und Erhalten seines wirbelnden Anteils am Ausdruck begriffen; denn die Seele will immer eine Ganzheit, immer eine Harmonie sein, und je nach der augenblicklichen Stimmung wird diese Ganzheit sich wuchtig oder weich äußern.

In der Hammertätigkeit aber läßt der Fingerschlag zu gleicher Zeit kein Schlagen mit der Hand aufkommen; das Schlagen mit der Hand verhindert zur selben Zeit ein Schlagen mit dem Arm. So vernichtet bei jedem möglichen Schlag, Fall oder Wurf jede Hebeltätigkeit und die dazu notwendige stillstehende Achse für den betreffenden Augenblick jede andere Hebeltätigkeit. Gibt es wohl ein auffälligeres Beispiel für ein Zuwiderhandeln gegen das reine Mechanismusprinzip des vereinten Wirkens aller Glieder als dieses, wo es für immer *unmöglich* ist, die verschiedenen Werkzeuge zu *vereinigen?* Siehst du so einen Pianisten mit Handhaltung und Fingerbewegungen und Winkeln im Ellenbogen, dann sei versichert, daß dieser ein Kleinkrämer ist, der sich zwar an die größte Kunst heranwagt, aber für sie nicht so viel Verehrung besitzt, daß er sich bemühte, über diese einfachste Hebeltätigkeit sich zu erheben! Das bedeutet für den menschlichen Geist, für Körper und Seele Zerstücklung. Der menschliche Organismus aber ist in Gottes ganzem Universum bei weitem der höchste und harmonischste, er ist ein Ebenbild Gottes. Der Mensch also, der in der Kunst dieses Ebenbild zum niedrigsten Mechanismus eines Hebens und Schlagens herabwürdigen will, mit dem Fall oder Wurf sogar noch darunter gehen will, hat entweder einen bösen Willen oder keine Spur vom Geiste der Freiheit. Er ist höchstens ein Pseudoklassiker, mehr oder weniger über die Tatsache im unklaren, daß er es versucht, Harmonie mittels Zerstücklung zum Ausdruck zu bringen.

Als wir von dem ersten Morgenspaziergang auf der Belvedère-Allee zurückkamen, führte mich Liszt die Treppe hinauf zu seinem Zimmer; er setzte sich vor das Klavier hin und intonierte Schuberts »Wohin«, welches er, wie er sagte, viele Jahre vorher transkribiert hatte.

Die wunderbare Schönheit des Gegensatzes, mit dem er die erste und zweite Kola des Themas einander gegenüberstellte und dabei in gleicher Weise die erste und zweite viertaktige Gruppe weiterführte, kann ich nie vergessen! Ich wurde von einer magischen, übernatürlichen Gewalt geistiger Erkenntnis beherrscht. Ich erfaßte sozusagen mit einem Blick die proportionierenden Kontraste seines ästhetischen Strebens, und jetzt sah ich es auch in seiner Tätigkeit.

Der Anfang war langsamer, würdevoller, die Oberarme kurvierten langsam nach unten in beständig arbeitender Bewegung, die nicht durch irgend welche auf-und-abgehende oder hin-und-herschwingende Bewegungen gestört wurde. Im zweiten Takt oszillierte sein Vorderarm in eine Supination hinüber, und in dem dritten und vierten Takt kurvierten seine Oberarme langsam nach oben, währenddessen der Vorderarm nochmals seine kontrastierenden Sinoïde ausführte. Die Hände drückten Wirbelimpulse aus, um jedes Motiv zu schaffen. Eine Fingerbewegung war überhaupt nicht zu sehen. Ich begriff mit jedem Augenblick besser, was er über die Klarheit seines Transzendentalismus als einer ästhetischen Tätigkeit gesagt hatte – die Klarheit der Vollendung, welche die Zahlenharmonien allein verleihen. Jetzt sah ich es in seinem Spiel sowohl wie ich es hörte; in Rom und Sorrent hatte ich es noch nicht gesehen, weil ich damals dieses geheime Gesetz noch nicht kannte. Ich erkannte die harmonische Entwicklung als Proportion in der Verschmelzung und nahm somit die Blüte und den Duft der absoluten Lilien des freien Willens in dem Erklingen seiner Tonformen wahr.

Wie lebte diese Musik, wie atmete sie, wie rollte sie in lebhaften Veränderungen und kontrastierenden Zügen dahin. Bald kosten sie, bald jagten sie hintereinander her in dem inneren Harmoniestreit aller Freiheit und Schönheit, welcher allein Element der Klassizität ist. Es war in der Tat wie ein lebhafter Bergfluß, bei dessen Strudel, Strömen und streitenden Wellen man unwillkürlich ausruft: Wohin! wohin! Überall war Bewegung und Fluß, jedoch nichts formlos; nicht das gewöhnliche Legato, das ohne alle Motivierung ist. Währenddessen erschien mir das Zimmer und alles in ihm, auch ich selbst in diesem wundervollen Fluß in Bewegung; so erkannte ich, daß meine Ekstase einem Nachempfinden seiner Artikulation entsprang, und ich sah, daß diese Bewegungen seiner Arme in den spiralartigen Artikulationen sich verschleierten und immer durch die fließenden Züge seiner Formenarbeit, welche die Tastengruppen umschlang, *fast ganz unsichtbar blieben.*

Als er nun geendigt hatte, beschrieb ich ihm meinen Eindruck von dieser Bewegunsharmonisierung, und er sagte:

Ich könnte gar keine reine andauernde Bewegung auf den vibrierenden Tonsaiten meines Klaviers tatsächlich zum Ausdruck bringen, wenn ich irgend eine Lagerung oder einfache Hebeltätigkeit, irgend einen Anschlag in irgend einem Armgelenk zuließe oder überhaupt in meinem Geiste oder in den Gelenken so etwas aufkommen ließe. Diese Frage der ununterbrochenen, fortwährend sich auf der Tastenreihe abändernden Berührung, der gordische Knoten des instrumentalen Wirkens, ist da gelöst, wo in jedem Gelenk der Ball die allseitige Spiegelfläche seiner Emanation in dem Sockel findet; und so ist die Ausstrahlung in Seele und Körper schon durch die Unendlichkeit dieser inneren wirbelnden Berührungen vervielfältigt, ehe sie die Tasten erreicht. Da all diese Kurbelflächen-Abspiegelungen andauernd in beständigem Wechsel sein müssen, kann die Verschlingung in keinem einzigen Fall groß sein; jede Artikulation muß minimal sein; ganz mikroskopisch sogar, weil alle Artikulationen zusammen in der Längslinie magnetischer Spiralundulationen und polarischer

Radiation vor sich gehen. Für jede Bewegung eines Armgliedes schaffe ich eine mit dem nächstliegenden Gliede kontrastierende; wenn ein Glied nach innen kurviert, so kurviert das andere nach außen; spiralisiert ein Glied *einmal*, so spiralisiert das benachbarte Glied *zweimal*. In diesen inneren Kontrasten des harmonischen Streites habe ich, wie man sieht, eine fortgesetzte und unendliche Radiation von Ursache, Berührung und Emanation in mir selber, einen Organismus, eine Harmonie des Wirkens und der Wirkung, die sich genau so vervielfältigen wie die Luftwellen, wenn die vibrierende Pianosaite auf sie wirkt, sodaß sie den unendlich vervielfältigen Ton durch das Zimmer zu deinem Ohr träg und dann weiter hinaus in die Außenwelt, und ihn dort verhallen läßt.

Darauf erwiderte ich ihm: Es kommt mir vor, als ob du eine Kraft in den Händen hättest, den Tasten und Tönen ein wirkliches Kosen mitzuteilen, genau so, wie ich es fühle, wenn du mir den Kopf streichelst oder meine Hand hältst und drückst. Bilde ich mir das nur ein? Ich sehe keine streichelnden Bewegungen in deinen Händen oder Fingern; sie haften gleichsam auf den Tasten. Niemals heben sie sich empor oder eilen hinweg, niemals machst du *Pausen* mit der Hand. Niemals sieht man bei dir etwas von jenen gebrochenen, flüchtigen, zerrissenen Tätigkeiten, welche alle anderen Pianisten aufweisen.

Ja, sagte Liszt, ich suche immer das kosmologische und harmonische Wesen der Tätigkeit. Jedes Entfernen von den Tasten, jedes Zu-ihnen-Zurückkehren ist durch die Komplikationen meines Bewegungssystems verschleiert. Indem die primären Bewegungen die sekundären erzwingen, verbergen sie den Wechsel der beständig sich ändernden Berührung in den Gelenken sowohl wie auf den Tasten. Alle unumgänglichen Zufälligkeiten des Verkehrs mit den Tasten, alle Arten von Staccatos und Pausen und dergleichen, alles dies ist durch die zugrunde liegende Harmonie immer doch geordnet und mit dem Schleier der Grazie verhüllt, den die primäre Bewegung in dem Zyklus ihrer Abwandlungen den untergeordneten Bewegungen verleiht. Kein Pianist oder Klavierlehrer kann dies verstehen, weil sie alle auf eine Einfachheit der Bewegung hinstreben. Das vernichtet aber jede mögliche Tendenz der Klassizität – jenes harmonische Komponieren der Spiralartikulationen. Und selbstverständlich werden sie das alles als Unmöglichkeit ansehen.

Ich kose in der Tat die Tasten, gerade wie ich deine Hand kose; dies ist mir aber nur möglich, weil die primäre Bewegung, zum Beispiel des Oberarms, und der primäre Impuls des Schulterblatts die Hautarbeit leisten: nämlich den Tasten eine Überfülle und einen Ausfluß von Bewegung und

Kraft zu verleihen, sodaß die Hand absolut nicht anderes zu tun hat, als diese Liebestendenz des Gefühls- und Tastsinnes der höheren Glieder kosend zu vermitteln und die Berührung zu aller Freiheit zu entwickeln.

Bei irgend einer Hebel- oder Hammertätigkeit könnte man keinen örtlichen Tastsinn gebrauchen, weil seine Funktion des Übermittelns durch die Schaffung von »Fixenaxen« und die Tätigkeit des Schlagens vernichtet wird. Diese Vermittlung der liebenden und lebenden Berührung jedoch ist keine Passivität, auch nicht etwas Unbewußtes, wie so viele von den Lehrern es denken, es ist Unterordnung unter die höheren primären Bewegungen.

Dann spielte mir Liszt eine Tonleiter vor, und ich merkte, daß die Motive in Phrasen gruppiert waren. Jedes Motiv in sich war deutlich und sowohl in agogischem wie dynamischem Sinne durchgehend schattiert. Die Töne klangen nicht einfach gleichmäßig, nicht egal, sondern lagen in der Formreihe einer Kurve und standen zu irgendeinem gegebenen Ton in verschiedenen moderierenden Verhältnissen. Auch hörte ich, daß die Motive in der Reihe ungleich waren. Das gab der Motivenreihe sowie auch den Motiven in sich eine Modulierung.

Das, sagte ich zu Liszt, ist hier gerade so ein Komplex-Rhythmus wie bei den Ozeanwellen, wo die kleinen aus den größeren herausrollen und die größeren eine deutliche Schwingungsform haben.

Du siehst, sagte Liszt, das könnte alles nicht sein, ich könnte die Motive nicht abschattieren, wenn ich nicht meine Hand wie ein allseitiges Sphäroid sprudeln und wirbeln und durch das Modulieren durch die bewegungslosen Finger als Sprossenenden hindurch an die Tastenreihe sich anschmiegen ließe. Auch könnte ich die Phrase nicht als etwas Umfassendes herausquellen lassen, wenn nicht das Schulterblatt dem Arm einen ausführlichen, sich ausdehnenden Wirbelimpuls mitteilte, der sich durch Verschlingungs-Artikulationen unendlich fortsetzen läßt. Das wäre wieder undenkbar, wenn nicht die Hand mit den Zykloidalverschlingungen den größeren Ausfluß des Armes planmäßig über die Tasten hin verteilte.

Darauf spielte Liszt den Des-Dur-Walzer von Chopin.

Nie werde ich vergessen, wie die Taktmotive, plastisch gestaltet, in bezug auf Agogik und Dynamik verschieden abschattiert, in der Phrase lagen, sodaß die Phrase eine Form in sich entwickelte, die den Stempel der Vollkommenheit dadurch erhielt, daß die Glieder *ungleich* waren. Beim Zählen gleicher Takte wäre das unmöglich gewesen, *denn jede Individualisierung bedingt ungleiche Gliederung.*

Ich sagte: Wahrlich, diese Plastizität ist gleich der der flüchtigen Weihrauchwolken oder gleich der des Espenbaumes, der sich im Sommerwind an der Quelle im Liebeshain schwingt; so bestimmt und doch so verschieden sind all die Teile, die ich in der komplexen Gruppierung wahrnehme.

Es ist selbstverständlich, sagte Liszt, daß du jetzt die Evolution in meinem Tempo, die harmonische Entwicklung des Rhythmus merkst; denn diese ist ja nur ein Spiegelbild meiner Technik. Wie du vorhin von dem Ozean sagtest, daß sich dort die Wellchen in den Wellen, die Wellen in den Strömungen drängen, so habe ich im Oberarm Rhythmen, welche die Vorderarm-Rhythmen in sich begreifen; diese letzteren setzen durch ihren eigenen Schwung die Hand-Rhythmen in überflutende Bewegung. So sind die Motive, besonders die nebensächlichen, unegal in der Kola, und die Kolas wieder, besonders die nebensächlichen, in den Perioden oder Themas unegal zusammengedrängt. Aber keine diese harmonischen Entwicklungen des Rhythmus könnte vor sich gehen, wenn man den Taktschlag zum Einheitsmaß des Tempos machte oder wenn man an gleiche Zählzeiten dächte oder sie beim Spielen anwendete. Harmonische Entwicklung des Rhythmus oder des Tempos ist unterbunden und vernichtet in dem Augenblick, wo zwei aufeinanderfolgende Zählzeiten gleich sind; zwei benachbarte Takte gleich zu zählen, ist also ein Verstoß gegen die Ästhetik, und zwar von der schlimmsten Art. Gerade in bezug auf dieses Metronomisieren der Takte und Zählzeiten, welches die Musiker im allgemeinen *klassisch, rhythmisch* nennen, sagt Schiller: »Die Musik steht noch immer in einer größeren Affinität zu den Sinnen, als die wahre, ästhetische Freiheit duldet.«

Rhythmus ist, wie Plato sagt, die proportionierende Anordnung des langsameren und des schnellen Tempos; denn wie jede Äußerung der Schönheit ist er eine Vermischung des Egalen mit dem Unegalen. Hierauf weiter bauend sagt Hermann, der große Theoretiker, im Jahre 1818: »*Die musikalische Metrik ist die Regel, welche der Geist sich für die Folge wählt*«. Und Wagner sagt in den Meistersingern: (Walther) »Wie fang ich nach der Regel an?« (Hans Sachs) »Ihr stellt sie *selbst* und folgt ihr dann.« Du siehst, Wagner spricht hier von Kunst und Künstler, nicht von Handwerkern, die jede Zählzeit oder jeden Takt *gleich* einhalten und das den Rhythmus nennen. Doch alle *akademische* Musik wird metronom heruntergespielt und so ihr die wahre Rhythmuskunst der Klassizität genommen. Diese Professeurs de Musique, diese Kritiker *par excellence* werden natürlich den Gedanken verhöhnen, man könne künstlerisch und musikalisch sein, ohne das Handwerksmäßige dieser Metronomenmanier hervorzukehren.

Rhythmus ist nie das Einhalten *einer* Zeit im niedrigen, gewöhnlichen Sinne der Symmetrie als Einförmigkeit. Rhythmus ist der Proportionen-Aufbau im unendlichen Sinne der Spiral-Vibrationen und individualisierenden Asymmetrie, wo Annäherungen der Verhältnisse werden und vergehen. Rhythmus im hohen Sinne ist niemals mit der abgeschlossenen Entwicklung der Kreise zu vertauschen. Er beginnt in dem *guten* oder *ersten* Teil des Taktes und beweist, daß er auch diese unendliche Spiral-Eigenschaft hat, indem er den *schlechten* oder *zweiten* Teil des Taktes sich unterwirft. Der zweite Teil ist kürzer als der erste. In gleicher Weise ist der zweite und dritte Ton in einer Triole kürzer als der einführende Ton. So sind die Töne in den Motiven nicht gleiche Maschinenstiche, sie sind vielmehr rhythmisch unegal angeordnet. Diese harmonische Entwicklung läßt nie zwei nebeneinander liegende Takte in der Zeit ganz gleich sein, und keine Phrase kann rhythmisch sein, ohne daß dieser individualisierende Geist der Ungleichheit die Takte moderiert.

Ein Thema oder eine Periode, die nicht eine harmonische Zusammenfassung von metrischen Variationen, von ungleichen Takt-Tempos und Phrasen ist, stellt nichts anderes dar als eine Linie toter Buchstaben, die niemals mit dem Geiste der Musik in Berührung traten und niemals die Seele der Schönheit ahnten. Aber so rudimentär, so niedrig, so unentwickelt und so unharmonisch, so unvernünftig und unästhetisch ist die Kunst des Musizierens bis heute geblieben, daß es keine Orchester- oder Ensemblespieler gibt, die es jemals versuchten, ein Thema oder eine Serie von acht Takten proportioniert zu spielen. Doch jeder dieser »Künstler« einfachen, naiven Gleichmaßes wird sich nicht scheuen, zu behaupten, daß er mit diesem naiven Mittel Musik mache, klassischen Rhythmus und Ausdruck erstrebe.

Dieses Schwungvolle, welches all das Herzerquickende, Seelenergötzende einer jeden Freude im Leben und in der Kunst verwirklicht, die Phrasen und Phrasenteile, die Perioden und Strophenglieder verungleicht, ist immer wieder dieser Logos des Individualisierungsgeistes, der jeder rhythmischen Gestaltung seine positiven und negativen Wertwechsel verleiht. Es ist nur die denkbar feinste Abschattierung des Verungleichens der Bewegung und Zählzeiten in jedem denkbaren Zug der Form überhaupt, und da dies das Wesen der Weltenharmonie ist, so hat die Musik nur dann universellen Wert, wenn sie auf diesem Prinzip der Lebensähnlichkeit, der wahren Klassizität aufgebaut ist.

Dieser Harmoniegrund der Schönheit und des Lebens beruht auf der Kraft des Gegensatzes, welcher im Maße des Unterschiedes ewig abwandelt, um niemals aufgehoben zu werden. Wie Aristoteles in seinem »De mundo« aus der Logoslehre des Heraklit zitiert: »Verbinde Ganzes und Nicht-Ganzes, Zusammentretendes und Auseinandertretendes, und aus Allem wird Eins und aus Einem Alles. Aus dem Sich-Entzweienden entsteht die schönste Harmonie!« und wie Plato im Gastmahl der Logoslehrer zitiert und sagt: »Indem es auseinandergehe, komme es wieder mit sich selbst zusammen, wie die Harmonie des Bogens und der Leier!« – das sind Beispiele, wo die Weltdenker uns den Geist der Rhythmenkunst sowohl wie unsere Wirbelproportionierung angeben. In diesen ewigen Abschattierungen, minimalsten Differenzierungen liegt nach Leibniz der Grund der Weltordnung und der Harmonie – aus dem Verständnis für dieses Prinzip, das er in seiner Monadologie andeutet, ist ja die deutsche Aufklärung hervorgegangen –; und das wird ausgedrückt wieder in den folgenden Worten aus meiner schon in den fünfziger Jahren entstandenen Orpheus-Symphonie, wo ich von dem Perioden-Vortrag und der *Rhythmen-Nuancierung* schreibe und sage: »*Gleichzeitig sei es mir gestattet zu bemerken, daß ich das taktmäßige Auf- und Abspielen möglichst beseitigt wünsche und nur den periodischen Vortrag mit dem Hervortreten der Abrundung der melodischen und rhythmischen Nuancierung als sachgemäß anerkennen kann!*« Ja, hier in der unaufhaltsamen Verungleichung der Rhythmen in sich sowie untereinander und in den analogen Wirbelartikulationen liegt die Unendlichkeit der Göttlichkeit meiner Kunst. So schrieb ich als Apotheose am Ende meiner zwölften Symphonischen Dichtung, daß diese »*unaufhaltsame Betätigung* des Ideals« unseres Lebens höchster Zweck sei. Die Göttlichkeit der Betätigung beruht auf deren allseitigem, unausgesetztem, ja unendlichem Gestalten, Bilden, Moderieren der Gegensätze nach jeder nur denkbaren Richtung hin. Genau und absolut dies haben wir in dem Wirbelsystem und in dem Periodenvortrag der Rhythmenformen.

Dann spielte mir Liszt sein »Waldesrauschen« vor, wobei er sagte: Jetzt will ich dir das wirkliche Sprudeln einer Quelle zeigen.

Es erschien mir als die absolute Verkörperung der Grazie in der Kunstleistung. Niemals sah ich einen Bruch oder Schlag, Fall oder Wurf, Schwingen oder Schwanken, sondern unaufhörlich sprudelten spontane, ausgedehnte, dreifältige Impulse hervor – tatsächlich ein *Mix tum compositum* im Energienguß – die sich durch diese komplexen Wellenformen und vielfältig verschlingenden Linien modulierten, – ein wirklicher Lebensfluß.

Ich sagte: Ich möchte gerne wissen, was jenes scheinbare Atemspru-

129

deln bedeutet, das ich an deinem Munde merkte, und das immer intensiver wird, je weiter das Spiel fortschreitet.

Liszt antwortete: Du siehst ja alles. Ein Kind bemerkt oft mehr als ein Erwachsener! Dieses Atemsprudeln ist der Überfluß der Energie, die damit beschäftigt ist, das Wirken der Impulse zu entwickeln. Dies wird alles verursacht durch die Artikulation, mit der alle Gelenke andauernd auf den Ausdruck hinarbeiten, sodaß die Ball- und Sockelflächen wie konkave und konvexe Spiegel durch Spiral-Emanation das Energiensprühen fortsetzen.

Will ich die Kraft der Schulterregion auf den Ballkopf des Oberarms ausgießen, so verlangt das von mir stets sich wiederholende Impulse, deren Arbeit ich modulieren und auf die Tonserie ausdehnen muß. Diese Ausdehnung der Impulse während der Zeit, in der ich den Arm torsiere und in die Bahn seiner an die Tastenreihe sich anschmiegenden Rotation befreie, ist eine unausgesetzte Betätigung von Geist und Empfindung; das beeinflußt so das Atmen.

Wenn der ganze Arm für die primären Schattierungen nach unten torsiert, dann lassen natürlich die Lungen die Luft ausströmen. Und spiralisiert der Arm für die sekundären Effekte nach oben, so nehmen natürlich die Lungen wieder die Luft auf. Wenn der Oberarm seine angewandte Impuls-Ausführung frei durch den Vorderarm leitet, so muß der Vorderarm-Impuls vom Ellenbogen heraus entwickelt sein. Eine freie Artikulation der beiden Vorderarm-Formbasen muß vom Oberarm manipuliert werden, und der andauernde Wechsel dieser Freiheit verlangt unaufhörliches Empfinden, Nachdenken und Betätigen. Gleichfalls verlangen all diese Verzweigungen, welche im Handgelenk die Hand durch einen Spiral-Impuls aus dem Vorderarm durch die wie Radsprossen unbeweglichen Finger wirbeln, die höchste Intelligenz und Harmonisierung des Willens. Dieses fortgesetzte Strömen der technischen Quellen erregt mein Wesen und wird zu einem unüberwindlichen Drang, und meine ganze Seele strebt zu dem einen ewig fließenden Punkte hin. Doch all diese meine Welt, welche ihr Licht mittels spiralisierender, wirbelnder, artikulierender Gelenke ausstrahlt, wird natürlich durch irgend ein vereinzeltes Gliederwirken vernichtet.

Kein Pianist hat aber hierfür irgendwie Verständnis. Alle schlagen die Tasten, und das unterbindet natürlich jede Kraft: es schneidet alle Bewegung ab. Wenn sie nur verstehen wollten, daß die Handhaltung all ihre Kunst verdirbt! Denn jede Fixation oder Winkelung unterbricht die längslinie Undulation und unterdrückt das Energiesprühen und alle

Emanation. Hielte ich nur einen Augenblick die Hand oder den Arm still, oder hielte ich sie ein, drängte nicht nach vorn in die Tasten hinein, dann könnte ich den Quell gar nicht sprudeln lassen oder das Ausströmen der Impulse in die Tasten variieren, einfach aus dem Grunde, weil jeder rechte Winkel, jeder Stillstand oder jede Fixation nicht nur viele andere Winkel usw. bedingt, sondern weil sie alle nur den Ausdruck zurückhalten wollen. Ich kann mir gar nicht denken, daß jemals eine sinnlosere Tendenz aufkommen wird als all diese Handhaltungen und Fingerbewegungen, dies Zurückhalten der Gelenke nach dem Körper hin.

Was ist denn nun eigentlich der Zweck der Fingerübungen? fragte ich.

Jede mögliche Fingerübung beim Klavierstudium hat keinen anderen Zweck, erwiderte Liszt, als den menschlichen Willen zu demoralisieren und ihm allen Sinn für etwas Göttliches zu nehmen, jedes Streben des Menschen nach Harmonie und das Musikalische in der Tätigkeit zu vereiteln. Dies ist von dem verkehrten Instinkt erfunden worden, um dem ästhetischen Geiste des Einigenden, des Gliedernden zu opponieren und jedem Sehnen nach einer wahren musikalischen Virtuosität eine Schranke zu setzen. Jede möglich Art von Schlag oder Schwingen, Fall oder Wurf auf dem Klavier ist eine Erfindung, die den Geist der Schönheit nie in die Tat umzusetzen vermag. Nur wenige Menschen können das unbegrenzte, spiralartige Ineinanderwirken des Harmoniestreitens, wie es das Leben und alles lebensähnliche Wirken schafft, verstehen. Aber fast kein Mensch wird begreifen können, wie man diese Harmonie im Klavierspiel in die Praxis umsetzt, weil er jene unendlichen Bedingungen nicht auf den feinsten Haarpunkt in allen Gelenkartikulationen zu pflegen weiß noch wünscht. All diese Fingerkunst stammt also allein von Leuten her, die sich nur unberufen in die Sache hineinmischten, ohne den Kern der Freiheit erfaßt zu haben.

Dann spielte mir Liszt seine »Irrlichter« vor, und es wurde mir immer klarer, daß die Harmonie sich aus Kontrasten entwickeln müsse und nie in einfacher Symmetrie bestehen könne. Das egale Taktieren ist nur Einförmigkeit und wirkt jeder freiheitbildenden Entwicklung entgegen. Es wurde mir immer deutlicher, daß gerade dieses Anstürmende der Ozeanwellen und des Sturmwindes von Liszt durch den agogischen Schwung eines jeden Motivs, Taktes, einer jeden Kola, Phrase und eines jeden Themas dargestellt wurde. Und von all diesem transzendentalen Naturalismus wäre gar nichts möglich gewesen, hätte er auch nur die geringste Gleichheit seiner Zählzeiten und seines Tempos oder die geringste Unabhängigkeit in dem technischen Wirken seiner Glieder zugelassen.

Dann brachte mir Liszt das Heft mit seinen transzendentalen Etüden und sagte, ich solle es mit dem Bande von Schiller behalten.

Jetzt will ich dir noch gründlicher erklären, fuhr er fort, wie dieser Geist, der allein die Moderation entwickelt, mich in ein und derselben Weise leitet, mag ich nun Musik komponieren oder spielen. Ich komponiere Musik mit dem spekulativen Gefühl nach Freiheit, indem ich Kontraste und wesentliche Identität suche, die die Basis aller schönen Kunst und des Lebens ist.

Dieselbe Kraft der Moderation, welche aller Schönheit in der Natur zugrunde liegt, ist auch die einzige Quelle wahrer Schönheit in der Kunst, und in den letzten Jahren hat auch Zeising der Welt klar und deutlich den mühsamen Pfad gezeigt, den die Wissenschaft zwei Jahrtausende hindurch gegangen ist, um das, was die griechischen Philosophen schon lange vor Christus mit ihrem Genie erfaßten und als das Individualisierungsprinzip der unegalen Zahl, der Schlangen- und Spirallinie harmonischer Entwicklung beschrieben, zu ergründen.

In den Formstudien der Metamorphose fand Goethe sein größtes Vergnügen und kam dadurch zu dem Glauben an dieses große Gesetz, dem Humboldt ebenfalls nachgeforscht, und das Zeising ganz klar dargelegt hat. Es kann jedoch nirgends vom Menschenwillen so vollkommen zum Ausdruck gebracht werden wie gerade im Klaviermusizieren, hier aber nie, ohne daß das Gesetz der Proportionalität Tempo und Technik schafft. Das will sagen, wie ich in meinen Symphonischen Dichtungen andeute: nicht zwei aufeinanderfolgende Takte dürfen ganz gleich im Tempo sein, die Zählzeiten dürfen nie gleich sein, sonst kann nur ein niedriges Gesetz herrschen und das höhere Gesetz der Dreifältigkeit und die Vollendung des Individualisierens, welche das Lebenselement der Ästhetik ist, nie erreicht werden; denn dabei ist Moderation, daß heißt feinste Nuancierung als Verungleichung des Ebenmaßes, unerläßliche allmächtige Bedingung. Die Menschen können nicht begreifen, daß zwar in einem materiellen, objektiven Kunstwerk niedrige Gesetze in beträchtlichem Maße mit höheren überkleidet werden können, daß aber in einer lebenden Kunst, im Musizieren, das niemals ein materielles Werk, sondern eine *vorübergehende* geistige und körperliche Leistung ist, kein niedriges Gesetz gebraucht werden kann. Denn eine Bewegung kann niemals zurückgerufen, überkleidet, entwickelt oder verändert werden – sie muß in demselben Moment untergehen, wo sie sich vollzieht.

Habe ich zunächst vier Takte komponiert, dann suche ich eine glückliche Eingebung, sie mit zwei, drei, fünf, sechs oder sieben Takten in Kontrast zu setzen. Wenn ich dann dazu komme, eine Komposition, die eine lange Serie von vier- oder achttaktigen Phrasen und Perioden darstellt, zu spielen, suche ich sofort das Tempo zu variieren, sodaß jeder gleiche Formteil bei seiner Wiederholung schneller oder langsamer sowohl wie lauter oder leiser gespielt wird, in der Hoffnung, etwas von dem Wesen der Vollendung der unegalen Zahl, der Individualisierungskraft auszudrücken. Diesen proportionierenden Geist besprach ich als periodischen Vortrag in meiner Symphonischen Dichtung aus dem Jahre 1857, und die Zeit wird kommen, wo diese Agogik und Dynamik in sehr ausgeprägter Weise eine Wissenschaft in sich erzeugen wird; denn es ist das Herz des Musizierens, die Seele der Musik, reines Produkt von des Menschen Geist und Willen und Freiheit körperlicher Betätigungen.

Nie werde ich vergessen, wie Beethoven den letzten Teil seiner Mondscheinsonate spielte, sagte Liszt. Das wird mir immer das Vorbild für das Individualisieren des Spielens sein. Nie waren zwei aufeinanderfolgende Takte in Ton und Zeit gleich; denn das gewaltige Herz und der gewaltige Geist dieses größten aller Musiker waltete und schuf mit einem Gesetz, das zu hoch war, als daß man es jemals auch nur mit der geringsten Gleichheit und einfachen Symmetrie des Monomaßes hätte identifizieren können. In diesem höheren Gesetz ging mir Beethoven wie ein Jupiter voran, und ich sah, wie in Feuerbildern, diese unegalen Formen seiner unsterblichen Komposition. Die sieben-, neun-, zehn-, acht-, fünf- und sechstaktigen Gruppen in ihren variierten Linien standen mir ebenso deutlich vor der Seele, wie die Züge irgend einer plastischen Form, die ich je mit Augen wahrnahm. Ja, er spielte sie mit einer leidenschaftlichen Kontrastierung, mit der er die Seelenleiden über seine verlorene Liebe wiedergeben wollte. Doch die Welt will diesen Schluß sowohl wie den Anfang der Mondscheinsonate beinahe mit der einseitigen Gleichmäßigkeit des Metronoms hören, die man als klassisch, sogar als Beethovenisch ansieht! Diese Einförmigkeit des Tempos nennen sie *Beethoven-Tempo* und sagen, es sei Tradition, berücksichtigen aber dabei nicht die Tatsache, daß sie damit Beethovens ästhetischem Gefühl gewaltig Abbruch tun.

Die unverzeihliche Art und Weise, in der das Publikum durch diese niedrige metronome Tendenz Beethoven und alle Klassiker mit Füßen tritt, sodaß man in aller Welt die Appassionata oder die Mondscheinsonate, die Eroica oder die Neunte Symphonie allgemein genommen in dem metronomen Tempo hört, ist eine Vergewaltigung jedes ästhetischen Geistes.

Und wenn einer auch sagt, daß die Genies nicht nach dem Metronom spielen, so stimmt das doch nicht ganz; denn keiner hat die *Theorie* der rhythmischen Entwicklung zum leitenden Geist seines Musikübens gemacht. Keiner wird behaupten, daß Lehrer und Schüler darauf hinstreben, vom Anfang bis zum Ende ihres musikalischen Lebens jeden Takt in Zeit und Form verschieden zu spielen und die Proportion einer rhythmischen Entwicklung in die Wahl und Folge dieser Unterschiede zu legen. Jedoch gerade das lernten Bach und Beethoven zuletzt als Geist der Schönheit und Vollendung ausüben, das lernte auch ich in jedem Augenblick meines Kunststrebens tun. Aber diese Weise, dieses Wesen der individualisierenden Tendenz möchten Bach, Beethoven und ich dieser Welt der Musikschulen nicht lehren, weil es in zu hohem Grade geistige Tätigkeit und ästhetischen Charakter verlangt.

Und hier diese ästhetische Beleidigung Bachs und Beethovens mit dieser pseudo-klassischen Theorie des Tempos gibt der Welt der Wissenschaft Anlaß, gerade wie Schiller vor hundert Jahren zu sagen, daß die Musik wegen dieses summierenden, sinnlichen Prozesses von der ästhetischen Freiheit gar nie geduldet werden könne.

So möchte ich gern die Musik als eine Kunst aus diesem Sumpf der metronomischen Erniedrigung erheben und hier in Weimar in einer großen Stilschule lehren auf der Grundlage dieser Proportionalität, welche der Welt ihre Philosophie des Wahren, Guten und Schönen verleiht und sich als goldener Faden durch die Geschichte von Pythagoras bis zu Zeising zieht! Doch das Schicksal hat mir leider solch eine Schule als Zentrum der Weltbildung versagt.

Nehmen wir den dreiunddreißigsten Takt des letzten Teils von Beethovens Sonate op. 31 No. 3, so finden wir, daß der Meister ihm ausgesprochen die Bestimmung gegeben hat, als Stützpunkt eines Bogens zu funktionieren. Seine Bedeutung verlangt also eine besonders ausgesprochene Gestaltung. Er muß größer, breiter, langsamer und lauter als irgend ein anderer einzelner Takt in der Strophe sein. Doch in all den Jahren, seitdem Beethoven selbst ihn so spielte, hat noch jeder Klavierlehrer seinen Rhythmus durch das Metronom zerstört.

Der neunte Takt in op. 53 hat einen ähnlichen Zweck zu erfüllen. Ganz im Gegensatz dazu hat der zweiundzwanzigste eine entgegengesetzte Funktion; er muß also freier und bestimmter charakterisiert werden als irgend ein anderer Takt zuvor, mit Ausnahme des neunten. Aber die Schüler, Pianisten und Konzertvirtuosen, die aus aller Welt zu mir kommen, spielen über diese Formwerte mit ihren unverkennbaren metronomischen Gewohnheiten hinweg und stellen so Taktgleichheit als das Wesen ihres Tempo-Ideals hin. Das werden die Professoren der Ästhetik mit Recht ein Summieren oder materialistisches Nach- und Nebeneinander anstatt eines eine Ganzheit bildenden Prozesses nennen – Schiller bezeichnet das als sinnlich! Deshalb ist ihr Wirken pseudo-klassisch und ihre Virtuosität im Grunde genommen unmusikalisch.

Dann setze ich mich immer hin und spiele es mit meinem gesunden Menschenverstand richtig. Aber denkst du, sie merken es? Doch wenn sie es auch merken, dann flüstern sie auf dem Heimwege einander zu: »Ach, Liszt ist für unser strenges Virtuosentempo *nicht mehr auf der Höhe!*« Wären nur die Kritiker besser unterrichtet, dann wäre immerhin noch einige Hoffnung vorhanden, wenn auch die *Lehrer* den ästhetischen Keim des Individualisierens, der Vollendung der unegalen Zahl nicht erfassen können.

Doch auch hier ist heute dieselbe hoffnungslose Halbheit wie zu der Zeit, als Schiller in den Horen diese unheilbare Verkehrtheit zu heilen versuchte, diese Halbheit, die immer mehr Menschen ansteckt und sich über immer mehr Gebiete menschlichen Strebens ausbreitet, um einem oberflächlichen Publikum eine oberflächliche Kritik vorzusetzen.

Denke nur, wie absurd ein solcher Musikkritiker ist, der mit jener Formniedrigkeit der Symmetrie beim Musizieren sogar groß tun will, der nicht weiß, daß die unegale Zahl das bezeichnende Mittel für alle Vollendung und Schönheit in der Kunst sowohl wie im Leben ist, daß dies für das Musizieren ein *ungleiches* Tempo bedeutet, daß folglich das gleiche Takttempo pseudo-klassisch ist. Hier ist in der Tat eine Gruft für die Brot-Wissenschaft, die man im Geiste Schillers nicht mit Handschuhen anfassen sollte.

Ja, sagte Liszt, als wir zwei Tage später auf unserem zweiten Spaziergang in den Park kamen, soll überhaupt Schönheit in der Technik liegen und zum Ausdruck gebracht werden, so muß diese den Geist des Harmonienstreites atmen; denn nur hier vereinigen sich Form und Bewegung in freier Verbindung. Wie soll sich aber ein Streit entwickeln, wo nur Vereinzelung vorhanden ist? Wie sollte ein Schlag, Fall oder Wurf, ein Schwingen oder ein Rollen jemals etwas anderes sein als eine Vereinzelung und Trennung der Tätigkeit? Nur durch Impulswirbelung, welche unendlich allseitig Bewegungskontraste schmilzt und das Zykloidieren schon inne und zu eigen hat, kann man Freiheit in der Tätigkeit entfalten. Da es in der ganzen Natur keinen Rhythmus, keinen Herzimpuls, kein Wogen des Blutes durch die Adern ohne diese feine Modulation fortwährenden Streites des Impulswirbels gibt, so ist eine lebensähnliche Kunst undenkbar, ist selbst die geringste Spur harmonisch-rhythmischen Impulses oder Wirkens unmöglich, ohne den abgemessenen Streit dieser natürlichen konstitutionellen Kontraste der Bewegung. Dies gestaltet sich als Proportionswirbeln und ist Quell nicht allein der Klassizität des Pianisten, sondern alles kosmo- wie mikrokosmologischen Lebens überhaupt. Wenn ich den Oberarm nach unten in seine nach innen sich drehende, spiralisierende Bahn dränge nach dem Klavier hinaus, während ich die Tasten langsam wirbelnd berühre, so ist der Vorderarm bald gezwungen, aus etwa einem Pronationsdrang durch Supination und darauf folgende Pronation ein Gegenwirken gegen jene langsame Bewegung des Oberarms auszuführen. Doch der Oberarm herrscht und zwingt den Vorderarm zum Beitrag an der Arbeit des Ganzen durch allmähliche Abschattierung. Gleichzeitig kann die Hand keine Verteilung dieses Einflusses erwirken, ohne daß sie vielmals wirbelt, und ohne diese Vorderarm- und Handverteilungen kann jener Oberarmausfluß nicht ausführlich auf Berührungsbahnen durch Ortswechsel arbeiten.

Dies ist ein Beispiel für das Wirken des Harmonienstreites, und zwar in dem ersten und niedrigsten Grade. Aber es enthüllt uns, daß das Prinzip des Lebens und der Klassizität in der Kunsttätigkeit – das Herrschen der primären Kräfte, die Zentralregierung ist. Dieses Reich der Harmonie als ein ewiges Streiten liegt im ewigen Verschmelzen und kann niemals detailliert angefangen oder ausgeübt werden. Es ist das erhabenste Ideal des Künstlersehnens, das schöpferische, durchaus göttliche Moment alchemistischen Zusammenfügens der Kontraste der Glieder der Harmonie, welche die Seele des Prozesses erzeugen und erhalten. Natürlich kann dies Prinzip des Wahren und Guten in der Schönheit niemals verwirklicht oder auch nur nachgeahmt werden durch irgend eine Art solcher Zerstücklung.

Der Geist der Schönheit beginnt sich in dem Augenblick zu offenbaren, wo die kontrastierenden Bewegungen in Unterordnung unter die Herrschaft der Gesetze der Proportion als spiralartige Modifikationen der sphärischen Verteilung diese höheren Linien der Grazie, also der Zentralherrschaft, darstellen. Dies ist die Schönheit – denn wenn kein mannigfaches Wirken des Kontrastes vor sich geht, so ist nur ein totes Wesen vorhanden, und dann hat man nach Schönheit als etwas Wirklichem, als Wahrheit der Tätigkeit niemals wissenschaftlich gestrebt. Die Tatsache bleibt unveränderlich bestehen, daß die primären Bewegungen, in denen das Leben verkörpert wird, in unaufhörlichem Arbeiten sekundäre und tertiäre beherrschen – denn immer ordnet der Logosgeist des Lebens seine

Harmonie mit und in der Materie. Diesen Grund der absoluten Schönheit und des Lebens, vor allem in der Methode des instrumentalen Musizierens beim Klavierlegato, sollte man erkennen und lehren; – ist doch hier die Schönheit als Akt des freien Willens begründet!

Und das ist das Element des Künstlers, dieser ununterbrochene formale Fluß der Einwirkung, welche dem Musizierenden Weg und Mittel zur unendlichen Verwirklichung der Freiheit des Willens verschafft. Je deutlicher der Künstler dieses Element erkennt, desto mehr fühlt er sich getrennt von jenen anderen, die das Unbewußte, Passive, Zufällige, aus dem Gewicht der Schwerkraft und des Schlages Herkommende, das Zitternde, Vibrierende, Schüttelnde usw. als Kunst betrachten. Alle solche Zerstücklungen, Unterbrechungen sind Ausschaltungen des Willens. Sie haben ihren Grund in Störungen des unfreien Wesens; denn sie suchen eine erhabene Kunst mit erniedrigenden, entgeistigten Mitteln zu betreiben. Alle Leute, die Klavierspiel nicht mittels der vollen, ununterbrochenen Wirbelproportion reiner Quellenkunst und deren immanenter, artikulierender Berührung betreiben wollen, die niemals eine Zufälligkeit wie Anschlag oder Zufall zuläßt, entbehren der reinen Freiheit des Geistes und der Seele, ihr Kunstleben ist einseitig und unklar. Das Gemüt und das Gefühl verlangen impulsive Fortsetzung der arbeitenden Einwirkung, und nur das volle Kreisen der arbeitenden Wirbel kann ununterbrochene Energie dieses instrumentalen Einwirkens ermöglichen.

Das Wirbeln kann aber beim Tonleiterspielen nicht zustande gebracht werden in irgendeinem Gelenk, als bis es in all den Gelenken vollkommen wird, und das kann niemals geschehen, bis nicht die harmonische Sequenz der komplexen Äußerung zugrunde gelegt und übernatürlich durch den Willen fortgepflanzt wird. Dies ist das höchste Moment der Kunst überhaupt und heißt das Moment des Verschmelzens, wo die Harmonie als Unbedingtes aus innerer und äußerer Notwendigkeit seelisch gegliedert hervorgeht. Alles Reden von einer rein natürlichen Technik, von einer rein natürlichen Bewegung, die nicht auf dieser harmonischen Komplizierung, Anwendung und Entwicklung fußt, ist unzulänglich. So sprechen kleine Geister und Herzen, die nicht zur unendlichen Freiheit geboren sind; sie suchen nicht die Intelligenz, welche die absolute Anstrengung harmonischer Anwendung des freien Willens ist. Solche Geister sprechen vom Klavierspielen mit Gewicht, Fall, Schlag, Wurf oder Schwingen oder dem halb passiven Rollen, sogar mit Aufhebung des Willens! Wenn sie das harmonische Evolution oder natürliche Klaviertechnik nennen, verstehen sie von dem Geiste der Schönheit, der in dem Harmoniestreite verkörpert ist, ebenso viel wie der Vogel, der auf dem Baume dort singt und niemals eine Skala oder Form bilden kann. Und gerade indem man den komponierenden Vorgang der Harmonie, welche erst die freie Einheit verleiht, zugrunde legt, nimmt man dem Akt alle Zufälligkeit und übt also den ununterbrochenen Willen aus. Dies ist das *Ganze* des Ausdrucks statt einer *Summe*, es ist ideal statt materialistisch; denn es schafft ein freies System unter fortgesetzt arbeitenden Teilen, das niemals als bloße Gewichtsmasse wirken kann, sondern stets unter der Aufsicht des unausgesetzten modulierenden Willens steht.

Wie die Einheit des schwingenden Baumes von dem einen fixierten Zentrum an der Basis des Stammes abhängt, und wie dieses Fixieren des ersten Zentrums eines Systems jedes andere Zentrum beschränkt, so daß es in dem Baum wie in der vegetabilen Natur überhaupt im allgemeinen kein freies Zentrum und keine Annäherung an die mannigfache Lagenveränderung des animalischen Willens gibt, so wird das ebenso sein, wenn man ein Zentrum als Hand- oder Schulterposition fixiert; es wird nur so viele mögliche sekundäre Zentren gleicherweise beschränken. Und schon das Fixieren eines kleinen Zentrums, wie Hand oder Knöchel, um Fingerbewegungen zu machen, wird die Freiheit, die Bewegung höherer und primärer Zentren unterbinden.

Bei der Wolke aber, die am Himmel dahinfliegt oder sich langsam dahinzieht, bewegen sich alle Zentren von selbst sowie mit dem unaufhörlichen Flug des Ganzen. Im Ozean, im Fluß sind die Zentren zunächst alle nach innen zusammengedrängt, und da die Wellen in den Wolken, im Ozean oder im Fluß bewegter werden, so werden auch die Zentren freier bewegt, sie wirbeln und tragen direkt zur Schwebe und Lokomotion des Ganzen bei.

Das Tier bewegt sich, ohne einer ewigen Fixation unterworfen zu sein; es unterliegt nur dem harmonischen Fließen der beweglichen Zentren in seinem Körper und der Natur überhaupt. Ebenso fliegt der Vogel desto freier, je mehr die Zentren seines Körpers durch die Luft fließen, während die Zentren unter sich für eine auch nur geringe Ortsveränderung auf dem Lande weniger entwickelt sind.

In aller Natur aber, wo sich höheres Leben offenbart, da über die Zentren mehr Freiheit aus, und die Entwicklung des Mechanismus selbst erhebt sich von einem Angelpunkt und einer einfachen Hebeltätigkeit zu der sphärischen Emanation, zur Ausstrahlung der Bewegung. Dieser höhere, freie, natürliche Ausdruck ist die Basis des Transzendentalismus in unserer Klaviertechnik; kein Anfang ist möglich mit einer Hebeltätigkeit aus einem Angelpunkt oder mit Fingerübungen, und jeder Augenblick, den man damit zugebracht hat, alles dieses zu lehren, ist weggeworfen, eine solche Technik ist gesundheitsschädlich und läßt keinen wahren, hohen Kunstgeist aufkommen.

Wie bei den Ozeanwellen, fließen auch bei den Tonwellen alle Zentren immer kurvierend, modulierend vorwärts – es ist immer das Werden und Vergehen der Proportionen, welches die Wellen bildet. Da das Leben immer etwas Werdendes ist, so muß die Technik einer freien Kunst immer ein Werden und Vergehen konvolvierender Wellen von Gliedern sein, die sich in harmonischem Streit bewegen, und deren Zentren immer fließen, niemals fixiert sind. Auf diese Weise können wir hoffen, schon auf Erden die ideale Harmonie der instrumentalen Einwirkung zu erreichen: alle Zentren könnten wir in der Komposition frei führen. Aber vorläufig kommen wir nicht so weit, weil es nur einige wenige gibt, deren Körper frei dem Geiste folgen kann, während bei den meisten die Zentren doch mehr oder weniger fixiert oder belastet und erschwert werden und dabei einer Beschränkung unterliegen, die Vollkommenheit und Freiheit der Wirbelproportionierung verbietet.

Wir sprachen dann lange Zeit, und Liszt lud mich ein, nach Zürich zur Tonkünstler-Versammlung zu reisen. So fuhr ich am nächsten Tage nach Zürich, und zwar allein, denn die Liszt-Schüler blieben alle in Weimar. Liszt sagte, er käme einige Tage vor dem Feste nach Zürich und würde mit mir eine Partie auf den Rütli machen. Dann erzählte er, Saint-Saëns und Sophie Menter wollten spielen, und als wir von Saint-Saëns sprachen, bemerkte ich: Im Jahre 1877 hörte ich ihm im Leipziger Gewandhaus das italienische Konzert von Bach spielen.

Liszt fuhr fort: Seine Hände scheinen über die Tasten zu fließen, und ich sehe sie gern; er hat das Hämmern ziemlich beseitigt, nur sehr wenig bewegt er noch die Finger, die Hände hebt er nicht hoch. Man sieht, wie weit er schon nach der Harmonie hin vorgeschritten ist.

Sophie Menter hatte ich nie gehört, und ich fragte Liszt nach ihr.

Ihretwegen allein solltest du nach Zürich fahren, sagte er; diese unvergleichliche Berührung mußt du hören, dieses Spiel, das zwischen kätzchenartigem Summen auf den Tasten bis zu den blitzartigen Sprüngen einer Leopardin variiert. Die sammeten, über einen sonnenerhellten Kristallboden so himmelsklar hinschreitenden Füßchen, der noch sanftere, noch tausendmal süßere Kuß in den Gelenken selbst, wo die inneren Armglieder ihre Äußerungsliebe, diese duftige Energie, auf die äußeren Glieder bestrahlend gießen – ja, das ist eine Berührung, die in der Wirbelsäule ihr Wirken beginnt, und jedes Gelenk bis zur Hand ist ein Zentrum des Modifizierens, das der Wille in den intimsten Mischungen mildert. Diese ganz instinktiv materielle Basis des Schönen bei der Berührung hat ihr die Natur in ihrem Verfahren bewahrt, und während all der Jahre des Übens hat sie sich diese auffallende Eigenschaft immer ungeschwächt erhalten. Es wird nichts ausgeübt als eine Harmonie, es ist keine bewußte Klassizität, es sind keine bewußten Proportionierungen der Freiheit, nein, alles das nicht: es ist ein Liebesausdruck der Seele in Kunstleistungen, der sich dem ganzen Körper mitteilt und das einseitige Verfahren des Anschlagens wenig zum Vorschein gelangen läßt. Sie ist mit dem Klavier wie verwachsen, in höherem Sinne wie andere. Die Klassizität des Wirbelsystems des Harmoniewirkens erwarten wir in diesem Jahrhundert noch nicht!

Von der Freiheitsverschlingung ahnt sie natürlich noch nichts; an die Ellenbogenberührung bei Schaffen der Tonleiter, deren Ermittlung allein in der wirbelnden Hand und im Oberarm zu finden ist und die die Hand in die Tasten hinein drängt, sodaß dieselbe mit ihrem Zykloidieren in den Gruppen der Tonreihe die Formen hervorsprudelt, hat sie, wie auch jeder andere, nicht gedacht. Allein ein Genius, der sich im höchsten, freiesten Grade auf die Mechanik versteht, kann diesem allseitigen, sphärischen Stil des instrumentalen Einwirkens und Ausdrucks nachforschen, wo keine fixen Zentren das Hervor- und Heraussprudeln aller Gelenke hindern, wo kein einfaches Heben und Schlagen oder Fallen mehr auftaucht, sondern eine konvolvierende Berührung in die Reihe eingeführt wird.

Der Klavierspieler jedoch, der mich am meisten seit Chopin interessiert hat, ist Arthur Nikisch. In Nikisch liegt ein heimlicher Genius der primären Bewegungsempfindungen tief verborgen.

Mit dem ganzen Arm fegt er über die Tasten und führt die Phrasen in bestrickendstem Fluß aus, und seine Bewegung sowohl als seine Berührung entstehen im Solarzentrum. Bei ihm ist schon die reine Macht des konzentrierten Bewußtseins vorhanden. Von Anschlag ist hier fast keine Spur, denn die höheren Armglieder schalten das Schlagen der niederen aus. Immerhin bleibt das Ausarbeiten der Verschlingungs-Komplizierungen übrig, um zum Klassizismus der Leistung, zum göttlichen Wesen der Virtuosität zu gelangen.

Wie in Chopin, finden wir in Nikisch den feinen durchgeistigten Körper fast eins mit dem Geiste. George Sand würde von Nikisch sagen, was sie von Chopin sagte: »Hätte er einen langen Körper und lange Arme gehabt, so wäre er nie zu primären Bewegungen des Oberarms von Natur aus so geneigt gewesen. Die kürzeren Glieder, der erhabenere Geist und die Tendenz, edel, gerade zu sitzen und zu wirken, legten die Arme auf Längslinien aus, sodaß eine Undulierung sich annähernd vollzieht, und der Fluß der Seelenäußerung sich die Ununterbrochenheit des ewigen Lebensfadens immer mehr aneignet.«

Nikisch hat seine geniale Bewegungsfähigkeit später als Dirigent verwirklicht. Der vorliegende Text zeigt, zu welcher Höhe sich die Bewegungskunst entwickeln konnte, die durch das Klavier möglich wurde. Liszt spricht-nach Schiller-von der »Vertilgung des Stoffes«, was an die »Umwandlung der Materie« (Teilhand de Chardin) erinnert, die heute ein allgemeines Thema ist, hundert Jahre nach Liszt, wie er vorausgesagt hat. Die Kompositionen Liszts sind vor dem religiös-mystischen Hintergrund zu sehen, der in diesem Text vor uns ausgebreitet wird, unter Takt 144 von »Les Jeux d'eaux à la Villa d'Este« setzte Liszt die Worte aus Evang.Joh.4,14:

> *Sed aqua quam ego dabo, fiet in eo fons aquae*
> *salientis in vitam aeternam.*

> Aber das Wasser, das ich ihm geben werde,
> wird ihm ein Brunnen des Wassers werden,
> aus dem das ewige Leben quillt.

Richard Wagner

1813–1883

Endlich begann Wagner seine Vorlesung, die sicherlich keiner der Anwesenden während seines Lebens vergessen haben wird. Die Modulationsfähigkeit seiner Stimme war so groß, daß er bald nicht mehr nötig hatte, die Namen der handelnden Personen einzeln zu nennen. Jeder wußte gleich: das ist jetzt Eva, Stolzing, Sachs oder Pogner, die da reden, und gar erst bei David und Beckmesser war in seinem Stimmklang jede Verwechslung mit den andern absolut ausgeschlossen. Selbst in dem lebhaften Durcheinandergerede der Meistersinger hob sich jeder von dem andern so deutlich ab, daß man schon ein förmliches Ensemble zu hören glaubte, das die Zuhörer mit sich fortriß und sie zu stürmischen Kundgebungen veranlaßte. Mehrmals mußte er warten, bis diese sich wieder gelegt hatten, eh' er in seiner rhetorischen Virtuosenleistung (denn eine solche war es im eminentesten Sinne des Wortes!) wieder fortfahren konnte. – Soll ich noch sagen, wie bezaubernd er im zweiten Akt Stellen: »Wie duftet doch der Flieder« oder im dritten die Anspielung Sachsens auf Tristan und Isolde las, und wie innig die Worte Evas während des einzigen Quintetts ihm von den Lippen flossen? Jedem der Anwesenden war es am Schlusse dieser unvergeßlichen Reproduktion klar, daß er an der Wiege eines mächtigen, epochemachenden Kunstwerkes gestanden.

*

Die nächsten zwei Tage gingen noch darauf, bis Wagners Häuslichkeit so weit in Ordnung war, daß er daran denken konnte, ernstlich die Feder anzusetzen. Am Flügel sitzend, schrieb er vor allem nun die Einleitung der ›Meistersinger‹ in Form einer sehr genauen Skizze auf, welche wie ein Klavierauszug aussah, aber schon alle Verdoppelungen und Füllstimmen enthielt, wie er sie für Orchester auszuführen beabsichtigte. Er sagte: »Je genauer die Skizze, desto leichter und sicherer die Instrumentation.« »Die Jugend begeht sehr häufig den Fehler, daß sie zu flüchtig arbeitet.« »Eigentlich sollte man, um recht genau zu sein, jedem der Blasinstrumente ein eignes System geben.« »Das Zusammenschreiben von je zwei Holzblasinstrumenten auf *ein* System ist für die freie Entfaltung der Stimmenführung oft sehr nachteilig.« – Um nun eine möglichst genaue Skizze zu erhalten, zog er bei Anfertigung derselben stets das Klavier zu Rat: der wirkliche Klang war einzig für ihn ausschlaggebend, nicht der gedachte. Drum brachte er keine Akkordverdopplung oder Modulation eher zu Papier, als bis er sie gehörig geprüft und sich von ihrem Wohlklang überzeugt hatte. Er mußte also beim Entwurf in nächster Nähe des Instrumentes sein. Um dies am bequemsten zu erreichen, ließ er den Deckel seines Flügels bis vorn über die Tasten hinaus zugeklappt, so daß er bequem auf ihm schreiben konnte, während er darunter mit der linken Hand einzelne Akkorde anschlug oder auch mit beiden Händen so lange probierte, bis er mit der fraglichen Wendung im reinen war, die er dann sofort zu Papier brachte, ohne erst aufstehen und sich an einen Tisch setzen zu müssen. Infolge dieser bedächtigen Art des Entwerfens rückte er naturgemäß nicht allzuschnell von der Stelle. Was aber einmal aufgeschrieben stand, stand fest, sogar so fest, daß er selten mehr eine Änderung vorzunehmen hatte. Und kam er dann zum Instrumentieren, so ging ihm dies um so leichter und schneller von der Hand. Wie er mir sagte, brachte er da ohne sonderliche Anstrengung täglich etwa sechs Partituren fertig.

Nach der Einleitung, welche er trotz ihrer kontrapunktlichen und polyphonen Kompliziertheiten in fünf Tagen aufs Papier zwingen konnte, ging er wieder streng der Reihe nach an den ersten Akt. Die kurze Unterredung der Eva, Magdalenas und des Ritters war ihm schnell (und *wie* reizend!) aus der Feder geflossen, während ihm David dann schon mehr zu tun gab. Die Aufzählung und Erledigung der vielen Weisen war keine leichte Sache. Sein sprudelnder Humor half ihm aber auch darüber hinweg. Königlich amüsierte er sich über die herumtanzenden Lehrbuben, und höchst ergötzlich war es, ihn den lustigen Reigen mit grotesken Sprüngen in seinem Zimmer ausführen zu sehen, wobei er im flottesten Falsett den Gesang der Lehrbuben intonierte mit den Worten:

»*Das Blumenkränzlein aus Seiden fein*
Wird das dem Herrn Ritter beschieden sein?«

Während der Produktion war er, so ruhig er auch äußerlich schien, innerlich furchtbar erregt. Befand er sich gerade bei der Ausarbeitung des schon Skizzierten, so genierte ihn meine Anwesenheit nicht im mindesten; war er aber dabei, Neues zu erfinden, da mußte man ihn durchaus allein lassen. Zweimal kam ich ihm durch sein eignes Verschulden in solchen schaffensfreudigen Momenten dazwischen, da er mich zu einer gewissen Stunde schriftlich von Mainz zu sich gerufen hatte. Als ich kam und an seiner verschlossenen Türe klopfte, öffnete er nicht, so daß ich glaubte, er sei schon zum Essen ins Hotel gegangen. Da ich schon im Begriff war, ihn dort aufzusuchen, hörte ich drinnen ein Geräusch. Nun klopfte ich nochmals. Endlich öffnete er, mit gänzlich veränderten, fast verstörten Gesichtszügen. »Ich bin mitten drin«, rief er und lief scheu davon, indem er bis ins Schlafzimmer retirierte, wo er sich so lange verbarg, bis er vollkommen ruhig war. Ich sprach ihm mein Bedauern aus, ihn in einem so wichtigen Moment gestört zu haben – er sei ja davongelaufen, als habe er eine schlechte Tat begangen. Da lachte er nun wieder und zeigte mir die Blätter auf dem Flügel mit den Worten: »Hier sehen Sie meine schlechte Tat!« Ich sah hin: es war die Anrede Pogners, die er auf einem Blatt für sich skizziert hatte! War er dann wieder ganz bei sich, so sah er es sogar gern, wenn man gerade dazu kam; denn da schob er den Flügeldeckel zurück, um das eben Niedergeschriebene zu spielen und zu sehen, welchen Eindruck es auf einen andern mache. So reizend und verlockend ein solches Hinzukommen auch war, so beschloß ich, künftighin darin doch vorsichtiger zu sein. Als er mir bald wieder einmal schrieb, zu angegebener Stunde bei ihm zu sein und mir beim Klopfen nicht gleich geöffnet wurde, kehrte ich sofort um, ihn am andern Ort zu erwarten. Kaum war ich wieder unten auf der Chaussee, als er oben die Balkontür aufriß und mir in voller Ekstase zurief: »Stören Sie mich jetzt nicht – – *ich bin in Brunst!*« Nach einer Stunde kam er dann in den »Europäischen Hof«. Seine Erregung mochte noch nicht ganz gewichen sein, denn er verschluckte die Speisen fast ungekaut, trotzdem er sich gerade vor so hastigem Essen besonders hüten mußte. Nach der Mahlzeit, die gewöhnlich zwischen 2 und 4 Uhr stattfand, arbeitete er nichts mehr. Es wurden dann Spaziergänge gemacht, bei welchen er äußerst gesprächig war.

(Wendelin Weißheimer)

César Franck

1822–1890

Tournemire schrieb ein kleines Buch über Franck, das auch Erinnerungen an seinen Lehrmeister enthält. Wenn Franck musizierte, galt folgende Regel: »Eine metronomisch genaue Wiedergabe wäre Ketzerei und liefe den Intentionen Francks völlig zuwider. Das kann ich mit Sicherheit sagen.« Tournemire gibt folgende, eindrucksvolle Schilderung des an der Orgel von Sainte-Clotilde improvisierenden Franck:

»César Francks ungeheures Genie brachte bei seinen Improvisationen alle Voraussetzungen mit, um ein ungewöhnliches musikalisches Konzept sogleich zu verwirklichen. Ein langes Präludium – etwas pedantisch, das den Grundgedanken darlegte – wurde nüchtern vorgetragen. Manchmal suchten dann unbestimmte Vorstellungen auf den verschiedenen Manualen ihre Verwirklichung. Am Ende befanden sich diese Fragmente jedoch stets im Einklang; es war als erlebten wir den Aufbau eines höchst kunstvollen polyphonen Ganzen – eine Art Einlaß in einen Tempelbau. Die Entscheidung über die endgültige Form fiel erst im letzten Moment, damit betraten wir gleichsam die helle Mitte des Tempels. Mit welchen Gefühlen erwarteten wir den Höhepunkt dieses Klanggebäudes, das da vor uns entstand. Plötzlich trat es in herrlichen Farben hervor. Ich erinnere mich an ein Gefühl der Vollendung, und zugleich hatte ich eine unvergeßliche Philosophiestunde erlebt, in der César Franck uns seinen Geist zu erkennen gab.

Mit dem Schwellkasten erzielte er Effekte, die sich unter seinen Fingern oftmals dramatisch steigerten.

Er machte keinen allzu reichlichen Gebrauch vom Fortissimo: mitunter improvisierte er am Schluß eines Gottesdienstes in sanften Farben. Meist aber wurden die Harmonien von den Grundstimmen mit gekoppelten, prächtig behandelten Manualen getragen. Verlangte seine Vorstellung eine Vertiefung des Klanges, dann erzeugte er sie sehr behutsam: Mixturen und Zungenstimmen wurden stufenweise zugezogen, so daß die Textur bis hin zum vollen Werk nie ihre Durchsichtigkeit verlor.«

(Charles Tournemire)

Johannes Brahms

1833–1897

In Ischl hatte ich später ein paarmal unverhofft Gelegenheit, Brahms bei der Arbeit zu belauschen. Frühaufsteher und Naturfreund wie er, war ich an einem warmen Julimorgen sehr zeitig ins Freie hinausgegangen. Da sah ich plötzlich vom Walde her einen Mann über die Wiese auf mich zu-gelaufen kommen, den ich für einen Bauern hielt. Ich fürchtete, verbote-ne Wege betreten zu haben und rechnete schon mit allerlei unangenehm-men Eventualitäten, als ich in dem vermeintlichen Bauern zu meiner Freude Brahms erkannte. Aber in welchem Zustand befand er sich, und wie sah er aus! Barhäuptig und in Hemdsärmeln, ohne Weste und Hals-kragen, schwenkte er den Hut in der einen Hand, schleppte mit der ande-ren den ausgezogenen Rock im Grase nach und rannte so schnell vor-wärts, als würde er von einem unsichtbaren Verfolger gejagt. Schon von weitem hörte ich ihn schnaufen und ächzen. Beim Näherkommen sah ich, wie ihm von den Haaren, die ihm ins Gesicht hingen, der Schweiß strom-weise über die erhitzten Wangen herunterfloß. Seine Augen starrten ge-radeaus ins Leere und leuchteten wie die eines Raubtieres – er machte den Eindruck eines Besessenen. Ehe ich mich von meinem Schrecken erholte, war er an mir vorbeigeschossen, so dicht, daß wir einander beinahe streif-ten, ich begriff sofort, daß es ungeschickt von mir wäre, ihn anzurufen: er glühte vom Feuer des Schaffens.

(Max Kalbeck, 1891/92)

Sonntag vormittag bei Brahms. Ich wollte von ihm etwas über Melodien-bildung hören, über Zeichen der ›Schönheit‹ einer Melodie. Er trat mir entgegen mit dem Goetheschen Gedicht ›Über allen Gipfeln ist Ruh‹ und analysierte dasselbe in interessantester Weise. Die Schönheit und Größe des Gesamtbildes. Vom Himmel über den Gipfeln zu den Wipfeln des Waldes herab. Das Schweigen auch in der belebten Natur; der Hinweis auf Schlaf und Tod des Menschen. Der Mensch als ein Teil der Natur, doch die Gesamtnatur in sich enthaltend und aufnehmend. Nun die Schönheit der Gestaltung. Die schönen Kadenzen ›ist Ruh‹, ›spürest Du‹. Die schöne Unterbrechung des Versmaßes in der sechsten Zeile, dann

wieder das Zurückgehen zu den kürzeren Versen. Der schöne Klang der
Reime, der ›Hauch‹, der über dem Ganzen liegt: Man könnte kein Wort
ändern, ohne zu zerstören. Die Einfachheit und Kürze des Ganzen. Ein
schönes Adagio in Liedform. Zu einer ähnlichen Analyse verwendete
Brahms einige Sarabanden aus den Französischen Suiten von Bach. Die
Gliederung des Ganzen, das Aufsteigen der Melodie. Frage und Antwort.
Die Schlüsse der einzelnen Perioden (Kadenzen). Die Gegenbewegung
der Oberstimme und des Basses zu- und voneinander: Hauptmoment für
die schöne Wirkung – das Harmonische.

Bei den Wiederholungen Veränderungen, die bei guten Komponisten
immer Steigerungen und Verschönerungen sind. Bei den Doubles ›Ver-
schleierungen‹ der Melodie. – *›Je mehr ein Kunstwerk verkaut, umso
schmackhafter wird es.‹*

Brahms kam bei seinen Erklärungen der melodischen und harmonischen Schönheit meist auf gewisse Kompositionsregeln zurück. Technik
und spezifische Kunstschönheit sind untrennbar verbunden.

(Theodor Billroth)

Aus Gesprächen mit Brahms:

Das, was man eigentlich Erfindung nennt, also ein wirklicher Gedanke,
ist sozusagen höhere Eingebung, Inspiration, das heißt: Dafür kann ich
nichts. – Von diesem Moment an kann ich dies Geschenk gar nicht genug
verachten, ich muß es durch unaufhörliche Arbeit zu meinem rechtmä-
ßig, wohlerworbenen Eigentum machen … Komme ich vielleicht nach
langer Zeit wieder darauf, dann hat es unversehens schon Gestalt angenommen, ich kann nun anfangen, daran zu arbeiten.

Wenn ich die erste Phrase eines Liedes gefunden habe, kann ich mein
Buch zuklappen, spazieren gehen und die Arbeit vielleicht erst nach Monaten wieder aufnehmen. Aber sie ist nicht verloren. Wenn ich das Thema später wieder aufnehme, hat es schon Gestalt gewonnen, und dann
fange ich an, daran zu arbeiten.

(Max Kalbeck)

Am Vormittag des *13. März* war ich bei Brahms. Er spielte mir seine
Volkslieder vor, ganz herrliche Sachen. Er selbst schwelgte förmlich wieder einmal und ich nicht minder. Darüber schien er hocherfreut. Er klopfte mir immer wieder auf die Achsel und sagte: »Das freut mich!« Er und

ich sangen aus Leibeskräften. Öfter sagte er: »Machen Sie nur Ausstellungen.« Einmal machte ich auch eine. Es betraf eine kleine A-Dur-Stelle (3/4 Takt), die mir als Nachspiel nicht recht gefiel. Er meinte, daß er gerade über die Behandlung dieser Stelle noch nicht ganz sicher sei. Darauf fragte er mich, ob er die Ausgabe »Deutsche Volkslieder« oder anders nennen solle. »Alles andere kommt so geschwollen heraus! – Ich habe 49 Stück gemacht, 7 Hefte zu 7 Stück, da ich immer gerne so eine heilige Zahl mache. Ich habe eben früher meine allererste Volksliederausgabe für Chor angeschaut. Lumpige Arbeit … Es sind auch 49!« Als ich mich verabschiedete, sagte er, meine Begeisterung bemerkend: »Nun, *ein* Stück Publikum hätte ich! Fehlen nur noch die anderen …« Als ich noch erwiderte, daß es doch merkwürdig sei, wie wenige unserer Lyriker aus den herrlichen Volksliedern gelernt hätten, sagte er: »Und wir! Machen wir's besser? Diese Lieder sind doch besser als alles was wir machen können! Ich schneide mir mit der Herausgabe dieser Sachen ins eigene Fleisch, da auch Texte darunter sind, die ich bereits komponiert und veröffentlicht habe.« Bei einigen sehr strophenreichen Balladen sagte er: »Das ist natürlich nur fürs Haus. Da muß der Sänger alles machen. Ich schreibe daher nichts zu seiner Stimme. Kein Zeichen! Nichts! Goethe hatte es so gerne, wenn seine Schauspieler lange, balladenartige Volkslieder oder Balladen deklamierten, damit sie sich im Ausdruck üben!«

Vor dem Essen sagte er zu mir: »Wollen Sie ein paar neue Lieder hören?« Dann setzte er sich ans Klavier und spielte aus dem ersten Manuskript die herrlichen »Vier ernsten Gesänge« nach Bibeltexten. Ich sang sie, jedes Stück zweimal. Brahms selbst war sehr ergriffen davon und freute sich sichtlich über meine Glückseligkeit. Ehe er anfing, sagte er: »Na, Sie wissen, Prosa ist schwer zu komponieren« und verwies etliche Male auf besonders schwierige Stellen, die der musikalischen Behandlung zu widerstreben scheinen: »Na, es ist doch gut zu sprechen und zu singen? Doch recht selbstverständlich? Man kann's ja nicht mehr einfacher komponieren!« An der Stelle, wo es heißt, es sei das Beste, »daß jeder fröhlich sei bei seiner Arbeit«, sagte er, immer wieder auf die tieftragische Musik weisend: »Schöne Fröhlichkeit das! Schöne Fröhlichkeit!« Das Manuskript zeigt, daß Brahms zuerst die Singstimme hingeschrieben hatte und dann die Begleitung nacharbeitete. Im Kopf hatte er wohl schon vorher alles fix und fertig. An Details, wie Pausenlängen, Notenlängen und dergleichen ist viel korrigiert. Alles sehr praktisch. Der Meister sagte über die Lieder: »Sie hängen wohl mit der Schumann zusammen. Nicht gerade aus Anlaß ihres Todes habe ich sie komponiert, aber die ganze Zeit her hatte ich eben wieder recht viel über den Tod nachgedacht, dessen ich ja oft und oft Gelegenheit habe zu gedenken! Ich schrieb die Lieder im Mai. Ich wollte mir zu meinem Geburtstag etwas machen! Sagen Sie es aber niemandem und bringen Sie's nicht unter die Leute, daß ich die Lieder aus dem Anlaß Schumann schrieb! Ich mag es auch nicht hören, daß ich das ›Requiem‹ für meine Mutter geschrieben habe!« Brahms war von der Musik selbst sehr erwärmt und gerührt. Als ich jedes der Lieder zweimal zu hören und zu singen verlangte, meinte er jedesmal: »Na, wenn Sie's vertragen!« und fing ohne jede Ziererei gleich wieder an. An der unendlich schönen Arbeit hatte er eine ersichtlich große Freude.

Brahms besprach bei jedem der biblischen Lieder auch den Text genau. Bei den Stellen »hätte ich auch den Glauben, schenkte ich alle meine Habe den Armen, ließ ich meinen Leib brennen«, sagte er: »Das alles ist, wie vieles in der Bibel, echt heidnisch, aber echt menschlich. Der Glaube allein ist nichts, alles herschenken ist auch nichts, den Leib als Märtyrer verbrennen lassen ist auch nichts, nur die Liebe!«

In diesen Tagen besuchte Adolph von Menzel Brahms in Ischl. Brahms wollte mich von dem Besuch verständigen, da er meine Leidenschaft für Menzels Werke kannte, hatte das aber doch in der Eile vergessen. Brahms erzählte mir, daß Menzel einmal ein Bild begutachtete, das ihm geschickt worden war und dann zu Einzelheiten sagte: »Nun, *das* ist recht hübsch daran, dies auch, aber das hier sollte heller, das dunkler gehalten sein, das da würde ich auch anders machen. Das ist etwas zu lang, das zu kurz — wenn alles dieses anders wäre, dann wär's recht nett. So wie es jetzt ist, ist es ein Dreck!«

Der Meister erzählte aus Schumanns letzter Zeit in Endenich und wie das alles zum Teil in der Literatur entstellt wurde. In der allerersten Zeit konnte Schumann noch frei herumgehen, begleitete Brahms sogar zur Bahn, wobei lediglich ein Wärter unbemerkt folgte. Er spielte alle neuen Sachen von Brahms eifrig, herrlich schön die Sonaten, auch Liszts h-Moll-Sonate sah er an und freute sich sehr über die Widmung. Er schrieb an Brahms oft sehr nette Briefe aus der Anstalt. Brahms sagte, Frau Schumann sei immer gegen die Veröffentlichung dieser Tatsachen gewesen.

Brahms erzählte allerlei über Schumann als Orchesterdirigent und meinte, daß die vielfach verbreitete Meinung, Schumann sei ein schlechter Dirigent gewesen, durchaus falsch sei. Er sei stets mit Begeisterung und mit sehr großen Kenntnissen leidenschaftlich dabei gewesen, solange er guten Willen sah. Er wurde aber sofort still, fast teilnahmslos, wenn er Unwillen oder Bosheit bemerkte.

»Was aber bei Beethoven z. B. viel schwächer ist als bei Mozart und namentlich als bei Sebastian Bach, das ist der Gebrauch der Dissonanzen. – Dissonanzen, echte Dissonanzen finden Sie bei Beethoven lange nicht mehr so benutzt wie bei Mozart. Sehen Sie sich nur ›Idomeneo‹ an! Überhaupt ein Wunderwerk und voll Frische, da Mozart damals noch ganz jung und keck war! Was für herrliche Dissonanzen, was für eine Harmonik! Bei Beethoven konnte man keine Komposition *bestellen*, da machte er was Minderes, wie seine Kongreßmusiken, seine Variationen und dgl. Wenn Haydn oder Mozart was Bestelltes machten, so war das gleich das Allerbeste.«

Dann kam er auf Haydns unerhörte Genialität zu sprechen. Er sagte: »Die Leute verstehen heute von Haydn fast nichts mehr. Daß wir jetzt gerade in einer Zeit leben, wo – gerade hundert Jahre früher – Haydn unsere ganze Musik schuf, wo er eine Sinfonie um die andere in die Welt setzte, daran denkt niemand. Ich feiere seit Jahren diese Ereignisse! In einigen Jahren, wenn die ›Schöpfung‹ und die ›Jahreszeiten‹ hundert Jahre alt sein werden, wird man des Geschäftes wegen einige Feste veranstalten – an die vielen anderen Ereignisse wird niemand denken. Und Haydn – er war da gerade in meinem Alter – entwickelte sich in dieser Zeit ein zweites Mal zu so ungeheurer Größe, nachdem er früher die Welt gesehen und so viel geschaffen hatte. *Das* war ein Kerl! Wie miserabel sind wir gegen sowas! Und fragt man nach dem Grund, warum heute alles zurückgeht –, so daß man meinen könnte, die Musik höre überhaupt jetzt auf –, so sieht man, daß dies auf dem ›Nichts-lernen‹ beruht. Ist dort oder da einer, der ein bißchen Talent hat, so lernt er sicher nichts. Sogar die Besseren sind so. Weder Schumann, noch Wagner, noch ich haben was Ordentliches gelernt. Da war auch das Talent entscheidend. Schumann ging den einen, Wagner den anderen, ich den dritten Weg. Aber gelernt hat keiner was Rechtes. Keiner hat eine ordentliche Schule durchgemacht. – Ja, *nachgelernt* haben wir. Na, das ist Fleiß; bei einem mehr, beim anderen weniger!«

Als ich einwarf, daß er doch in allem so gerieben sei, sagte er: »Ja, daß das die Leute glauben, kommt daher, daß sie nicht verstehen. Schauen Sie sich meine ersten Sachen an! – Man sieht ganz deutlich, wie ich nach und nach zulernte. Nein, nein, das ist nichts!«

(Richard Heuberger)

»Dr. Brahms, welcher Prozentsatz unter den gegenwärtig lebenden Komponisten steht Ihrer Meinung nach wirklich mit der Gottheit in Verbindung?« wagte ich zu fragen.

»Meiner Erfahrung nach sind nicht mehr als zwei Prozent wirklich inspiriert. Diese Schätzung beruht auf der großen Zahl von Manuskripten, die mir zugeschickt werden. Ich selbst sehe nie mehr als fünf Prozent davon, weil sie einer Berücksichtigung nicht wert sind, aber ich habe zwei begabte junge Komponisten, Studenten des Wiener Konservatoriums, angeleitet, den Weizen von der Spreu zu trennen; sie unterbreiten mir nur die sehr wenigen, die ein wirkliches Können verraten. Einige von ihnen haben inspirierte Ideen, aber es fehlt ihnen der Aufbau; andere besitzen den Aufbau, aber es mangelt an Inspiration. Wie ich schon gesagt habe, hat keine Komposition eine lange Lebensdauer, wenn sie nicht Inspiration sowohl wie handwerkliche Tüchtigkeit aufzuweisen hat.«

»Nenne ein konkretes Beispiel, Johannes«, sagte Joachim. »Wenn Mr. Abells Buch erscheint, werden seine Leser in späteren Jahren sich bestimmt für deine Meinung über diese so wichtige Frage interessieren.«

»Gut, nehmen wir Anton Rubinstein. Als Pianist war er ganz groß; sein Spiel erfüllte mich immer mit der höchsten Bewunderung. Als Komponist war er jedoch ganz klar nur zweit- oder drittrangig. Warum? Weil es ihm an der handwerklichen Geschicklichkeit fehlte. Er besaß die Gabe für die Melodie, und seine Ideen sind manchmal wirklich inspiriert. Seine größeren Werke sind aber nur lose zusammengeworfen und dürftig gebaut; er schrieb Opern, Oratorien, Konzerte, Symphonien, aber ich kann voraussagen, daß keines 50 Jahre nach seinem Tod noch aufgeführt wird, eben wegen ihres geringen handwerklichen Wertes.«

(A. M. Abell)

Peter Iljitsch Tschaikowsky
1840–1893

Aus Briefen an Nadeshda von Meck

Im allgemeinen erscheint der Keim einer Komposition plötzlich und unerwartet. Wenn der Boden bereitet ist – wenn sozusagen die Disposition für das Werk da ist –, schlägt er Wurzel mit erstaunlicher Kraft und Geschwindigkeit, bricht an die Oberfläche hervor, treibt Zweige, Blätter und schließlich Blüten. Nur mit diesem Bild kann ich den schöpferischen Vorgang beschreiben. Das große Problem liegt darin, daß der Keim in einem günstigen Augenblick ans Licht kommt; das andere kommt von selbst. Vergebens würde ich mich bemühen, in Worten jenes grenzenlose Gefühl von Seligkeit auszudrücken, das mich überkommt, wenn ein neuer Einfall sich mir eröffnet und anfängt, endgültige Formen anzunehmen. In solchen Augenblicken vergesse ich alles und benehme mich wie ein Geistesgestörter. Alles in mir beginnt zu pulsen und zu beben: Ich gehe kaum eher ans Skizzieren, als bis ein Gedanke den anderen überrennt. Und weiter: Wenn der Zustand des Geistes und der Seele, den wir Inspiration nennen, lange Zeit ohne Unterbrechung andauerte, kein Künstler könnte das überleben. Die Saiten rissen und das Instrument würde in Stücke zerschellen. Es ist schon viel, wenn der Haupteinfall und die Hauptlinien einer Komposition einem ohne starke geistige Aktivität kommen, als Ergebnis jener übernatürlichen und unerklärlichen Macht erscheinen, die wir Inspiration nennen.

Keine Melodie fällt mir ein ohne die dazugehörige Harmonie. Ganz allgemein gesprochen, kann man diese beiden Elemente der Musik und den Rhythmus unmöglich getrennt voneinander konzipieren. Jeder melodische Keim trägt unausweichlich auch Harmonie und Rhythmus in sich. Wenn man für Orchester komponiert, so schließt der musikalische Einfall auch das Instrument mit ein, auf dem er wiedergegeben wird, mag man gleich die Instrumentation später ändern.

Als ich gestern mit Ihnen über den Schaffens-Vorgang eines Komponisten sprach, habe ich die Arbeit, die der ersten Skizzierung gefolgt, noch nicht deutlich genug geschildert. Dieser Teil ist besonders wichtig. Was aus dem Gefühl heraus niedergeschrieben worden ist, muß nunmehr kritisch überprüft, ergänzt, erweitert und – was das Wesentlichste ist – verdichtet werden, damit es den Erfordernissen der Form angepaßt wird. Zuweilen muß man in diesem Punkte seiner eigenen Natur zuwider handeln, schonungslos Dinge vernichten, die man mit Liebe und Inspiration komponiert hat. Ich kann mich über eine karge Erfindungsgabe und Einbildungskraft nicht beklagen, habe jedoch immer unter mangelnder Gewandtheit in der Behandlung der Form gelitten. Nur in andauernder hartnäckiger Arbeit habe ich es dahin gebracht, Formen zu vollenden, die bis zu einem bestimmten Grade dem Inhalt entsprechen. Allzu unbekümmert habe ich früher nicht erkannt, wie ungeheuer wichtig die kritische Überprüfung meiner eigenen Entwürfe ist. So konnte es geschehen, daß aufeinanderfolgende Teile nur locker zusammengefügt und Nahtstellen sichtbar waren. Das war ein schwerer Fehler, und es hat mich Jahre gekostet, bis ich überhaupt begonnen habe, ihn zu korrigieren. Jedoch werden meine Kompositionen niemals Vorbilder an Form sein aus dem Grunde, weil ich nur das zu ändern imstande bin, was an ihr sich nicht mit meinem musikalischen Charakter verträgt – von Grund auf kann ich sie nicht ändern.

Glauben Sie nicht jenen, die versucht haben, Sie zu überzeugen, daß das Musikschaffen eine kalte und vernunftsmäßige Beschäftigung sei. Nur jene Musik kann rühren, erschüttern, reizen, welche der Tiefe einer durch Inspiration bewegten Künstlerseele entströmt. Es besteht kein Zweifel, daß auch die größten, musikalischen Genies zuweilen ohne Erwärmung der Inspiration gearbeitet haben. Die Inspiration ist eben ein Gast, der nicht immer auf den ersten Ruf erscheint. Aber arbeiten muß man trotzdem immer, und ein wahrhaft ehrlicher Künstler kann nicht sitzen, die Hände in den Schoß gelegt, unter dem Vorwand, zum Arbeiten nicht aufgelegt zu sein. Wenn man auf die ›Stimmung‹ wartet und es nicht versucht, ihr entgegenzugehen, so verfällt man leicht in Apathie und simple Faulheit. Man muß Geduld haben und Glauben, und die Inspiration kommt unweigerlich zu dem, der es verstanden hat, das Nichtaufgelegtsein niederzukämpfen.

Im Schaffensmoment ist die absolute innere Ruhe für den Künstler eine Notwendigkeit. In diesem Sinne ist das künstlerische Schaffen, sogar das musikalische, immer objektiv. Jene, die glauben, daß ein Schaffender imstande wäre, in den Momenten des Affektes unter Zuhilfenahme der ihm zu Gebote stehenden technischen Mittel das auszudrücken, was er empfindet, die irren sich. Sowohl freudige als auch traurige Empfindungen und Erlebnisse finden ihren Ausdruck sozusagen retrospektiv. Ohne besondere Gründe zur Freude zu haben, bin ich imstande, mich von einer freudigen Schaffensstimmung durchdringen zu lassen und, umgekehrt, inmitten einer glücklichen Atmosphäre ein Werk hervorzubringen, das durchsetzt ist von düsteren und hoffnungslosen Empfindungen. Kurz, ein Künstler lebt ein Doppelleben: ein menschliches und ein künstlerisches, wobei diese beiden Leben nicht immer gleichzeitig gemeinsam verlaufen.

Ich hoffe, Sie werden mich des Selbstlobes nicht verdächtigen, wenn ich Ihnen sage, daß meine Anrufung der Inspiration fast niemals vergeblich bleibt. Ich kann sagen, daß jene Kraft, die ich einen launenhaften Gast nannte, sich mit mir schon lange so weit befreundet hat, daß wir unzertrennlich zusammenleben. Sie entflieht mir nur dann, wenn infolge der Umstände, die in dieser oder jener Weise mein allgemeinmenschliches Leben bedrücken, sie sich überflüssig fühlt. Aber kaum zerstreut sich die Wolke, ist sie schon wieder da. In dieser Weise, mich in normalem Zustand befindend, kann ich sagen, ich komponiere immer, zu jeder Minute des Tages und unter allen möglichen Umständen. Manchmal beobachte ich mit Neugierde diese ununterbrochene Arbeit, die ganz von selbst, unabhängig vom Gegenstand des Gespräches, das ich gerade führe, von Menschen, bei welchen ich mich gerade befinde, in jenen Partien meines Gehirnes vor sich geht, welche der Musik zugeteilt sind. Manchmal ist es eine irgendwie vorbereitende Arbeit, das heißt, es werden die Details der Stimmführung irgendeines vorher geplanten Abschnittes ausgearbeitet, ein andermal erscheint ein ganz neuer selbständiger Gedanke, und du bemühst dich, ihn festzuhalten. Woher dieser Gedanke kommt – ist ein undurchdringliches Geheimnis.

Engelbert Humperdinck

1854–1921

»Nach einem mit Freunden und Freundinnen munter durchzechten Abend schlief ich ein und träumte süß von dem Streben und Ringen eines Künstlers nach einem unerreichbaren Ideale, und da ich die Tage vorher mit dem Gedanken einer Ouvertüre viel beschäftigt war, so entstand durch Ideenassociation im Traume ein mir prachtvoll dünkendes Orchesterwerk von ähnlichem Inhalte wie der erste Satz der Symphonie phantastique ›Episoden aus dem Leben eines Künstlers‹ von Berlioz.«

Ein paar Tage später heißt es nach einer durchzechten Nacht im Tagebuch: »Diese höchst merkwürdige Suite wurde gestern Nachmittag durch ein schönes von einem Quartett oder eigentlich Doppelduett für zwei Soprane (Anna und Sophie) und zwei Bässe (Eberle und Humperdinck) ausgeführten Finale gekrönt, welches acht Stunden dauerte. Die aufgeregten Sinne zauberten mich Träumenden in eine herrliche Waldgegend, deren Schönheit eigentümlicherweise jedoch weniger vom Auge als vom Ohre empfunden zu werden schien. Gemäß meinem merkwürdigen Hange zur Verquickung von Musik und Landschaftsmalerei glaubte ich den Wald wie ein großes Orchester klingen zu hören. Herrliche Streichquartettharmonien winkten mir Buchen und Tannen zu, untermischt mit dem flöten- und fagottartigen Gemurmel der Waldbäche, den langgezogenen Posaunenklängen eines nahen Wasserfalles und den sanften Trompeten- und Hornstößen der durchs Laub fallenden Sonnenstrahlen. Daß die mit mir anwesenden Genossen nichts von dem herrlichen Klanggewirre der umgebenden Tonwelt hören wollten, ärgerte mich nicht wenig.«

Richard Strauss schreibt über »Hänsel und Gretel«

Mein lieber Freund! Soeben habe ich die Partitur Deines Hänsel und Gretel durchgelesen und setze mich gleich hin, um zu versuchen Dir zu schildern, in welch hohem Grade mich Dein Werk entzückt hat. Wahrlich es ist ein Meisterwerk erster Güte, zu dessen glücklicher Vollendung ich Dir meinen innigsten Glückwunsch und meine vollste Bewunderung zu Füßen lege; das ist wieder seit langer Zeit etwas, was mir imponiert hat.

Welch herzerfrischender Humor, welch köstlich naive Melodik, welch Kunst und Freiheit in der Behandlung des Orchesters, welche Vollendung in der Gestaltung des Ganzen, welch' blühende Erfindung, welch prachtvolle Polyphonie – und alles originell, neu und so echt deutsch!

Mein lieber Freund, Du bist ein großer Meister, der den lieben Deutschen ein Werk beschert, daß sie kaum verdienen, trotzdem aber *hoffentlich* recht bald in seiner ganzen Bedeutung zu würdigen wissen werden.

Na und wenn nicht, so hab' einstweilen von einem treuen Freund und Gesinnungsgenossen innigsten Dank für die Freude, die Du ihm bereitet hast.

Ich denke, Hänsel und Gretel soll hier an Weihnachten herauskommen, ich bitt mir aber dringend aus, daß Du darauf bestehst, daß ich es dirigiere – der alte Simpel Lassen soll da nicht dran!

Es ist verteufelt schwer – das Hänselchen!

Nochmals herzlichen Glückwunsch und tausend Grüße Deines treuen Freundes und Bewunderers Richard Strauss.«

Humperdinck ist nur durch seine Märchenoper »Hänsel und Gretel« bekanntgeworden, es scheint, daß es ihm in seiner Arbeit an Ausdauer gefehlt hat. Viele Teile von »Hänsel und Gretel« gehören aber zu den tiefsten Inspirationen der abendländischen Musik, besonders der langanhaltende Ton der Kuckucksszene im 2. Bild. Mit diesem Werk ist Humperdinck seinem Meister Richard Wagner wahrhaftig »auf die Schulter gestiegen«: Seine Märchenoper atmet kindliche Reinheit von der ersten bis zur letzten Note, vielleicht ist Inspiration da besonders tief, wo die Welt des Kindes hereinspielt. Die Textstelle hier zeigt, wo die Quelle von Humperdincks Inspiration war.

Richard Strauss
1864–1949

Nach meiner eigenen Erfahrung bei schöpferischer Tätigkeit zu urteilen, fällt mir ein Motiv oder eine zwei- bis viertaktige melodische Phrase unmittelbar ein. Ich bringe sie zu Papier und erweitere sie gleich zur acht- bis sechzen- oder zweiunddreißigtaktigen Phrase, die selbstverständlich nicht unverändert bleibt, sondern nach kürzerem oder längerem ›Abliegen‹ allmählich zu der endgültigen Gestalt ausgearbeitet wird, die auch der strengsten, blasiertesten Selbstkritik standhält. Diese Arbeit geht nun in der Weise vor sich, daß es darauf ankommt, den Zeitpunkt abzuwarten, in welchem die Phantasie fähig und bereit ist, mir weiter zu dienen. Aber die Bereitschaft wird doch bei größerer Muße, nach längerem Nachdenken, auch … durch seelische Erregungen hervorgerufen und gefördert. Diese geistigen Prozesse gehören nicht allein in das Gebiet angeborener Begabung, sondern der Selbstkritik und Selbsterziehung. Genie ist Fleiß, soll Goethe gesagt haben. Aber auch Fleiß und die Lust zur Arbeit sind angeboren, nicht nur anerzogen. – Nur wo der Inhalt und die Form in höchster Vollendung sich decken, wie bei unseren ganz Großen, ist vollkommene Kunst erreicht.

*

Nie hatte ich bei ihm einen solchen rapid auffassenden Kunstverstand, eine so erstaunliche dramaturgische Kenntnis vermutet. Noch während man ihm einen Stoff erzählte, formte er ihn schon dramatisch aus und paßte ihn sofort – was noch erstaunlicher war – den Grenzen seines eigenen Könnens an, die er mit einer fast unheimlichen Klarheit übersah. In seltenen Sekunden aber, wo sein Auge auffunkelt, spürt man, daß etwas Dämonisches in diesem merkwürdigen Menschen tief verborgen liegt… Es sind vielleicht die wachsten Augen, die ich je bei einem Musiker gesehen, nicht dämonische, aber irgendwie hellsichtige, die Augen eines Mannes, der seine Aufgabe bis zum letzten Grund erkannt hat.

(Stefan Zweig)

Ferruccio Busoni
1866–1924

Aus den Briefen an seine Frau

Und sehr gut sagt Whistler, daß der Künstler zu *wählen* hat: daß die *Natur Alles* enthält, und nur die *Wahl* des Künstlers ein *Bild* daraus machen kann; sowie die Klaviatur alle Töne enthält, und nur ihre Zusammenstellung Musik bedeutet.

Ich habe die Partitur von R. Strauss' »Sinfonia domestica« mit an Bord. Strauss ist ein entschiedenes Talent und hat reiche Gaben in sich. Vielstimmigkeit und Bewegung sind ihm ein notwendiges Element. In diesem Stück versagt die Deutlichkeit musikalischer Illustration (ich habe es nur gelesen) – nur das Kindergeschrei ist (wenn man den Titel vorausweiß) nicht mißzuverstehen.

Das lange Werk besteht aus kleinen Sätzen. Die Sätze aus kleinen Motiven. Vieles kehrt wieder aus *früheren* Werken. Wie ein Familienbild, ein sehr unerfreuliches, irritiertes, aufgeregtes, ruheloses. In der Partitur sieht es aus wie in den Straßen New Yorks. *Oboe d'amore*, das alte Instrument, die tiefere Oboe, wirkt nur durch ihren *Namen*; wer aber hört den Namen, wenn es gespielt wird? Eine vollständige Klarinetten-Familie muß, durch ihre oft kammermusikalische Verwendung, ein hübsches Colorit geben. (Also eine Familie in der Familie).

Eine meisterhafte Fuge.

Ein Scherzo – ein Wiegenlied, beide nach Rezept, ohne Überraschungen.

Ein paar bekannte Steigerungen, immer wieder Tristan-Reste.

Oftmaliges Abbrechen und Wieder-anfangen. Trivialität im Lyrischen und im Volksmäßigen (letzteres immer durch Polkarhythmus, wie früher im Till Eulenspiegel, in Don Quixote, in Feuersnot). Eine bewundernswürdige Leichtigkeit zu compliciren und Kleines auszubreiten. Strauss muß die beiden Hauptstimmen, dann die Hauptmittelstimme ausschreiben und hinterher alles was noch dazwischen Platz hat hineinstopfen. Man kann das ja immer weiter, aber er hört nicht rechtzeitig auf. Er kennt nicht die *Meisterschaft des Unvollendeten*.

Im Ganzen ein Werk von dem man die größte Achtung, viel Amüsement, mehrere Zitate (besonders technisch) erhält. – Soweit der erste Eindruck.

Gestern Abend blätterte ich wieder in R. Strauss' Partitur: sie gewinnt *nicht* bei wiederholter Bekanntschaft. Sein Orchester ist – trotz der ungewöhnlichen Virtuosität – nicht »klingend«, weil sein Componiren gegen seinen Orchestersatz ist. Es ist zu verzweigt. Ich glaube, er hat sich wieder in einigen Proportionen geirrt. »Beim Wagner, da klingt alles – und ich bring's oft nöt fertig« hat er selbst gesagt. Das ist, weil Wagner alles auf die Hauptidee concentrierte. Bei Strauss gibt es eigentlich 12 Nebenideen durcheinander: die Hauptidee liegt mehr in der Stimmung als im Motiv, wird aber leicht verwischt durch Überhäufung. –

Doch ich muß das Werk *hören*. Musik ist da, um gehört zu werden. –

Ich setzte mich gestern ins Orchester und hörte den »Don Quixote« von Richard Strauss. Es ist ein Werk von großen Qualitäten; gewöhnlich in den lyrischen Stellen, ungemein anregend in den grotesken Partien, bäurisch naiv und überkultiviert wiederum; die Form schlecht zusammengehalten, überlegen in dem Durcheinanderwerfen der Klänge. Im Ganzen jedoch eines der interessantesten und erfindungsreichsten Sachen unserer Zeit und vielleicht das beste von diesem Komponisten. Ich hörte mit größter Aufmerksamkeit und stellenweise mit stärkstem Vergnügen zu. Ich möchte es aber von Strauss selbst dirigiert hören: an Turandot konnte ich sehen, wie F. vieles verdirbt. – Keine *Illustration* des Don Quixote hat mich jemals ganz befriedigt, auch nicht die Strauss'sche; aber sie gehört zu den besseren und geistreicheren und weniger »buchstäblichen«.

Ich gebe gern zu, daß sich die Turandot – und verstümmelt! – neben diesem Werke weniger glänzend ausnahm, und glücklicherweise bin ich selbst darüber hinausgewachsen und im Stande es zu erkennen. Ich sehe in Strauss immer eine Art »Tiepolo« und fühle deutlich die Reaktion der Cornelius-Schule nahe; wenn auch ohne die Steifheit und Ungeschicklichkeit der »Nazarener«. Eher würde die Erscheinung Palestrina's gegen die früheren Niederländer eine Parallele geben für den Wechsel, der zu erwarten steht.

Ich freue mich unendlich auf meine Tätigkeit im Sommer und im Herbst. Das Gefühl der Ungeduld und des fortwährend zu überwindenden Zwanges, hier, hat meine Koncentration aufgesaugt. Ich bin wie Einer, der mit einem gebrochenen Bein liegen muß; dem aber sonst nichts fehlt und der wartet, bis er wieder gehen und sich bewegen darf. Ich sage noch einmal: ich darf meine guten Jahre nicht wegwerfen.

Meine Entwicklung als Komponist stünde schon ganz wo anders, wenn nicht die langen Unterbrechungen und mühevollen Wieder-Anknüpfungen wären. Ich habe nur 4 Monate des Jahres, mich in die Höhe zu bringen, und dann geht es wieder einen kleinen Schritt zurück.

Ich jammere nicht, ich will nur klar werden und – bleiben. –

Das Reich der Musik

Ein Nachwort zur neuen Ästhetik

Kommt, folgt mir in das Reich der Musik. Hier ist das Gitter, das Irdisches vom Ewigen trennt.

Habt Ihr die Fesseln gelöst und abgeworfen? Nun kommt. – Es ist nicht so, als wenn wir früher in ein fremdes Land traten; bald lernten wir dort alles kennen, und nichts überraschte uns mehr. Hier wird des Staunens kein Ende, und wir fühlen uns doch von Anfang an heimisch.

Noch hört Ihr nichts, weil *Alles tönt*. Nun beginnt Ihr schon zu unterscheiden. Lauscht, jeder Stern hat seinen Rhythmus und jede Welt ihren Takt. Und auf jedem der Sterne und jeder der Welten, schlägt das Herz jedes einzelnen Lebendigen anders, und nach seinem eigenen Müssen. Und alle Schläge stimmen überein und sind ein Einziges und ein Ganzes.

Euer inneres Ohr wird schärfer. Hört Ihr die Tiefen und die Höhen? Sie sind unmeßbar wie der Raum und unendlich wie die Zahl. Wie Bänder ziehen sich ungeahnte Skalen von einer Welt zur anderen, *feststehend und ewig bewegt*. Jeder Laut ist ein Zentrum unermeßlicher Kreise.

Und jetzt offenbart sich Euch der *Klang*! Ungezählt sind seine Stimmen, ihnen verglichen ist das Säuseln der Harfe ein Gepolter, das Schmettern von tausend Posaunen ein Gezirp.

Alle, alle Melodien, vorher gehörte und ungehörte, erklingen vollzählig und zugleich, tragen Euch, überhängen Euch, streifen Euch – der Liebe und der Leidenschaft, des Frühlings und des Winters, der Schwermut und der Ausgelassenheit –, sind selbst die Gemüter von Millionen von Wesen in Millionen von Epochen. – Faßt Ihr Eine davon näher ins Auge, so merkt Ihr, wie sie mit allen übrigen zusammenhängt, mit allen Rhythmen kombiniert, von allen Klangarten gefärbt ist, von allen Harmonien begleitet, bis in den Grund der Gründe und die Wölbung aller Wölbungen in den Höhen.

Nun begreift Ihr, wie Planeten und Herzen eins sind miteinander und nirgends ein Ende, nirgends ein Hemmnis sein kann; daß das Grenzenlose in dem Geiste der Wesen vollständig und ungeteilt lebt; daß ein Jedes unendlich groß und unendlich klein ist zugleich: das Ausgedehnteste gleich einem Punkte; und daß Licht, Klang, Bewegung, Kraft identisch und jedes für sich und alle vereint das Leben sind.

(Dayton,) 3. März 1910

Diese Worte Ferruccio Busonis sind eine wichtige und schöne Aussage über die Musik der zukünftigen Zeit: Vision, Dichtung und Musik zugleich. Es ist interessant, sie mit dem zu vergleichen, was Rudolf Steiner über die Musik der Zukunft sagt:

»Und so meine ich, daß auch zu einer solchen Fortbildung der Musik – ganz ähnlich, wie wir in der Malerei versuchen, uns in die Farben hineinzuleben und aus der Farbe heraus zu schaffen – dieses Hineinleben in den Ton heute etwas bedeutet wie den Anfang eines Fortschritts. Und wenn das da oder dort auftritt und einem dieses Auftreten nicht sympathisch ist, so bin ich durchaus einverstanden. Darauf kommt es nicht an. Aber ich möchte wissen, wie man eigentlich solche musikalische Persönlichkeit wie Debussy verstehen kann, wenn man sie nicht als einen vielleicht sehr vagen Vorläufer von irgend etwas Künftigem versteht, was in dieser Richtung liegt. Da kommen wir, wenn wir so etwas zugeben können, darauf, daß dann eine bestimmte Möglichkeit allerdings vor uns steht, nämlich die Möglichkeit, daß in einer anderen Weise als jetzt komponiert wird, nämlich in der Weise, daß das Verhältnis von Komponisten und reproduzierendem Künstler ein viel freieres wird, daß der Spieler, der reproduzierende Künstler viel weniger determiniert ist, daß er viel produktiver werden kann, daß er einen viel größeren Spielraum hat. Das ist aber im Musikalischen erst möglich, wenn das Tonsystem erweitert wird, wenn man wirklich die Variationen haben kann, die da notwendig sind, wenn wirklich stark variiert werden kann. Und da könnte ich mir vorstellen, daß zum Beispiel dasjenige, was der Komponist liefert, in der Zukunft mehr andeutungsweise wäre, daß aber, weil es mehr andeutungsweise wäre, der reproduzierende Künstler viel mehr Varianten, viel mehr Töne braucht, um die Dinge auszudrücken. Man kann ja, wenn man sich in die Tiefen des Tones nun eben hineinfindet, ihn in der verschiedensten Weise verteilen, indem man ihn nun wieder heraussetzt in Nachbartönen. Auf diese Weise würde ein bewegliches musikalisches Leben herauskommen. Ich kann die Sache nur skizzieren.

So glaube ich, daß in dem ganzen Tonempfinden gegenwärtig ein Umschwung sich vollzieht, und daß eben, wie auch eine ganz bestimmte Tonkunst in den wirklich manchmal recht grotesken Formen des Experimentierens zum Vorschein kommt, daß sich darin auch etwas ankündigt von dem, was da heraus will. Denn ich muß zum Beispiel sagen: Entweder verstehe ich Debussy gar nicht, oder ich kann ihn nur so verstehen, daß er etwas von diesem Hineinleben in den Ton vorausahnte. Es ist doch eine ganz andere Art des musikalischen Empfindens durch Debussy als zum Beispiel selbst noch bei Wagner.«

Die Worte Busonis über Strauss werden abgedruckt, weil sie die Meinung eines Großen über einen anderen Großen sind. Richard Strauss war einer der größten Meister der europäischen Musik, die Oper »Arabella« ist gewebt aus Strukturen Beethovenscher Streichquartette, und diese Wunder setzen sich von Werk zu Werk fort. Das Leben von Richard Strauss fiel in eine Zeit schnellen Kulturniedergangs, die düstere Atmosphäre hat auch ihn beeinflußt und seine Kunst in ihrer unerhörten Meisterschaft ist vielleicht aus einigen Aspekten gesehen ein Versprechen geblieben.

Max Reger

1873–1916

Wenn der Flügel kommt, so wird feste komponiert; es ist Tatsache, daß ein gutes Instrument auf die Phantasie großen Einfluß hat; ich erfinde nie am Klavier; aber trotzdem arbeitet die Phantasie besser und schöner, wenn man auch gutes Material unter sich hat.

(Brief an F. Gottschalg)

Ich halte es für ausgeschlossen, daß jemand eine richtige Fuge vollständig improvisieren kann, wohl gelingen einige Durchführungen, aber nie eine ganze Fuge mit Engführungen, Umkehrungen usw. »Die Finger können da nicht mehr mit, selbst wenn der Kopf die Fuge improvisierte. Wer behauptet, solche Fugen improvisieren zu können, der schwindelt. Ich kann wirklich polyphon denken, aber *das* könnte ich nie.

(Gespräch mit Fritz Stein)

Es war eine der seltenen Gelegenheiten, wo es mir vergönnt war, Regers Orgelspiel zu erleben. In freier Improvisation entstanden unter seinen Händen die ergreifendsten, wunderbarsten Klänge. In meiner Erinnerung sind die Kühnheit, Größe und Gewalt der Gestaltungen als Eindrücke haftengeblieben. Diese ließen beim Zuhörer keine Überlegungen aufkommen; er stand völlig im Bann der ihn umflutenden Klänge.

(Sophie Maur)

Auf einem winzigen Zettel hatte er sich das Thema einer Passacaglia notiert. Er begann zunächst mit einer Introduktion. Gewaltige, prachtvolle Akkorde von ungeahnter Herrlichkeit wechselten mit glänzenden Manual- und Pedalpassagen ab. Melodien durchzogen den Raum, wie ich sie so ergreifend nie zuvor gehört habe. Und nun setzte im äußersten Pianissimo das Thema der Passacaglia ein. Wie Reger das Thema bearbeitete, steigerte, es auf immer neue Weise auslegte, um dann mit machtvollen Akkorden zu schließen – das alles war unbeschreiblich großartig und erschütternd.

Diesmal improvisierte er nach einem langen prachtvollen Präludium eine gewaltige Doppelfuge im schnellsten Tempo. Es war sehr interessant, den Meister beim Improvisieren zu beobachten, was sehr gut möglich war, da der Spieltisch frei steht. Reger sah nicht etwa auf die Klaviaturen, sondern sein Blick war geradeaus gerichtet, und man hatte das Gefühl, als ob er in eine andere Welt schaute. Dabei vollzog er den Manualwechsel auch bei den schwierigsten Stellen mit einer unheimlichen Schnelligkeit und mit unfehlbarer Sicherheit. Beim Spiel schneller Passagen saß er vollkommen ruhig. Dagegen geriet sein Körper etwas in Bewegung, wenn das Tempo langsam wurde. Von seinem Improvisieren hatte ich denselben Eindruck wie vor zwei Jahren. Ich habe nie etwas Erhebenderes erlebt und kann mir nicht denken, daß Bach oder Beethoven besser improvisieren konnten.

(Georg Sbach)

*

Wer Reger jemals das Fis-dur-Präludium und Fuge aus dem Wohltemperierten Klavier (1. Teil) hat spielen hören, in dem er nicht nur durch subtilste Dynamik, sondern auch durch eine ›Entspannung‹ des Tempos einen Eindruck von Grazie hervorbrachte, wie vielleicht kein Pianist bis jetzt, – der kann ermessen, wie eine einzige solche Viertelstunde dem Schüler Türen zu einem noch nicht gekannten Bach aufschließen konnte.

(Herrmann Keller)

Arnold Schönberg
1874–1951

Aus der Harmonielehre

Ich entscheide beim Komponieren nur durch das Gefühl, durch das Formgefühl. Dieses sagt mir, was ich schreiben muß, alles andere ist ausgeschlossen. Jeder Akkord, den ich hinsetze, entspricht einem Zwang; einem Zwang meines Ausdrucksbedürfnisses, vielleicht aber auch dem Zwang einer unerbittlichen, aber unbewußten Logik in der harmonischen Konstruktion. Ich habe die feste Überzeugung, daß sie auch hier vorhanden ist; mindestens in dem Ausmaß, wie in den früher bebauten Gebieten der Harmonie. Und ich kann als Beweis dafür anführen, daß Korrekturen des Einfalls aus äußerlich formalen Bedenken, zu denen das wache Bewußtsein nur zu oft geneigt ist, den Einfall meist verdorben haben. Das beweist für mich, daß der Einfall zwingend war, daß die Harmonien, die dort stehen, Bestandteile des Einfalls sind, an denen man nichts ändern darf. *

Das Neue und Ungewohnte eines neuen Zusammenklangs schreibt der wirkliche Tondichter nur aus solchen Ursachen: er muß Neues, Unerhörtes ausdrücken, das ihn bewegt. Für die Nachkommen, die daran weiterarbeiten, stellt es sich bloß als neuer Klang, als technisches Mittel dar;

---

* In den Schriften Rudolf Steiners finden wir zahlreiche erleuchtete Hinweise und Anregungen. Über Harmonie sagt Steiner:
»Dasjenige, was heute für die Musik im Mittelpunkt steht – ich meine für die gesamte Musik, nicht etwa für Gesang oder Instrumentalmusik – , das ist die Harmonie. Das Harmonische ergreift nun unmittelbar das menschliche Fühlen. Dasjenige, was sich im Harmonischen ausdrückt, wird durch das menschliche Gefühl erlebt. Nun ist das Fühlen eigentlich dasjenige, was im Mittelpunkt des menschlichen Gesamterlebnisses steht. Nach der einen Seite läuft das Fühlen aus in das Wollen, und nach der anderen Seite läuft das Fühlen aus in das Verstehen. So daß wir sagen können, wenn wir den Menschen betrachten: Wir haben in der Mitte das Fühlen; wir haben nach der einen Seite das Fühlen auslaufend in die Vorstellung, wir haben nach der anderen Seite das Fühlen auslaufend in das Wollen. An das Fühlen wendet sich unmittelbar die Harmonie. Harmonie wird im Fühlen erlebt. Aber die gesamte Gefühlsnatur des Menschen ist eigentlich eine zweifache. Wir haben ein Fühlen, das mehr dem Vorstellen zugeneigt ist – indem wir zum Beispiel unsere Gedanken fühlen, ist das Fühlen dem Vorstellen zugeneigt –, und wir haben ein Fühlen, das dem Wollen zugeneigt ist; wir fühlen bei einer Tat, die wir tun, ob sie uns gefällt oder mißfällt, gerade wie wir bei einer Vorstellung fühlen, ob sie uns gefällt oder mißfällt. Das Fühlen zerfällt eigentlich in zwei Gebiete in der Mitte.«

aber es ist weit mehr als das: ein neuer Klang ist ein unwillkürlich gefundenes Symbol, das den neuen Menschen ankündigt, der sich da ausspricht. Ein solcher neuer Klang, der später charakteristisch für das ganze Werk eines Künstlers wird, zeigt sich oft sehr früh. So kann man bei Wagner beispielsweise sehen, wie im Lohengrin und Tannhäuser schon jene Akkorde vorkommen, die dann später für seine Harmonik so bedeutungsvoll wurden. Aber in den Jugendwerken kommen sie nur vereinzelt, auf exponierte Posten hinausgestellt vor, an Stellen von oft fremdartig neuem Ausdruck. Daß sie *Alles*, das *Äußerste*, leisten, wird ihnen zugemutet; daß sie eine Welt darstellen, einer neuen Gefühlswelt Ausdruck geben; daß *sie neu sagen, was neu ist: einen neuen Menschen!* Bei Wagner, der uns noch nahe genug steht, um uns zu erinnern, was das Neue an ihm war, und schon fern genug, um ihn einigermaßen zu überblicken und seine Entwicklung und die des Neuen an ihm zu verstehen, läßt sich das leicht verfolgen. Durchaus ausgehend von dem, was zu seiner Zeit jedermann unter Musik versteht, folgt die seine zunächst nur dem einen Bedürfnis, sich überhaupt irgendwie auszudrücken, ohne nach Schön und Neu, nach Stil und Kunst im geringsten zu fragen. Aber ohne daß er es merkt, schleichen sich Züge ein, die auf die Entwicklung deuten. Das eine Mal ist es nur, daß er etwas nicht zusammenbringt, was jeder beliebige Kunsthandwerker tadellos gemacht hätte. Hier hat er Hemmungen, die seinem Strom ein neues Bett verschaffen sollen. Das andere Mal ist es etwas Positives: ein Einfall, irgendeine unmittelbare, unbewußte, oft brutale, manchmal fast kindliche Äußerung seines eigenen Wesens. Aber der junge Künstler kennt sich nicht, fühlt noch nicht, worin er verschieden ist von den andern, verschieden vor allem von der Literatur. Er folgt im ganzen noch dem, was ihm seine Erziehung gibt, ohne imstande zu sein, sie zugunsten seiner eigenen Neigungen überall zu durchbrechen. Er durchbricht nicht; wo es durchbricht, weiß er es nicht. Glaubt, daß sein Werk sich in nichts unterscheide von dem, was sonst an Kunst für gut befunden wird und erwacht mit einemmal jäh aus seinem Traum, wenn die harte Wirklichkeit der Kritik ihn aufmerksam macht, daß es irgendwie bei ihm doch nicht ganz so stimmt, wie es bei einem wahren Künstler nie stimmen darf: ihm fehlt die vollkommene Übereinstimmung mit jenen Durchschnittlichen, die durch die Kultur zu erziehen waren. Er beginnt zu bemerken, welches andere er liebt als diese, welches andere ihm verhaßt ist. *Der Künstler, der Mut hat, überläßt sich ganz seinen Neigungen. Und* nur *der sich seinen Neigungen überläßt, hat Mut*, und nur, *wer den Mut hat, ist Künstler.* Die Literatur wird fortgeworfen, die Resultate der Erziehung abgeschüttelt, die Neigungen treten hervor, die Hemmung schaffte dem Strom ein neues Bett, der eine Ton, der nur eine untergeordnete Farbe im früheren Gesamtbild war, breitet sich aus, eine Persönlichkeit steht da. Ein neuer Mensch! Das ist ein Beispiel für die Entwicklung des Künstlers, für die Entwicklung der Kunst.

*

Aber anzustreben hat der Schüler die Fähigkeit, diese harmoniefremden Töne *gleich mit der übrigen Harmonie mit zu erfinden.* Das ist gar nicht so schwer, als es ausschaut; eine Zwischenaufgabe also höchst überflüssig. Der Schüler muß ja nicht übermäßig viele Durchgangs- und Wechselnoten bringen, solange sie ihm noch nicht einfallen. Allerdings ist der pädagogische Zweck, dem die allgemein übliche Aufgabe dienen kann, gewiß nicht verwerflich: der Schüler wird durch sie gezwungen, stets an die grundlegenden Harmonien zu denken und sie über den harmoniefremden Tönen nicht zu vergessen. Aber dennoch könnte ich mich nicht entschließen sie zu stellen, denn sie ist zu mechanisch für den Schüler, der in diesem Stadium bereits ein ziemliches harmonisches Können besitzen muß, das wirkliche Verdienst selbst bei gelungenen Lösungen zu gering, desto störender aber die Verlogenheit, die darin steckt, einen geringfügigen Einfall äußerlich zu bereichern durch Verzierungen, die ihm nicht angemessen sind. Eher noch empfehle ich, am Papier oder am Klavier recht oft herumzuexperimentieren, Wendungen und Verbindungen zu suchen und das Gefundene dann in einem Sätzchen zu verarbeiten. Verarbeiten; das ist eine bessere Übung als Ausschmücken, denn dazu gehört die Fähigkeit: richtig einzuführen und richtig fortzusetzen.

Pablo Casals über Schönberg

»Getrieben von dem prophetischen Schwung seiner Rasse und von seiner tiefen Liebe zur Musik wollte er bisher unbekannte Gebiete erforschen, in der einzigen Absicht, festzustellen, was aus ihnen für die Kunst gewonnen werden könnte. Seine Haltung erforderte Opfer: er mußte in seinen Kompositionen auf alle herkömmlichen Verfahren – mit denen er leicht hätte glänzen können – verzichten und unbekannte Wege einschlagen.«

Arnold Schönberg
Zur Kompositionslehre

Nüchtern angesehen, kann man gewisse Dichtungsformen folgendermaßen erklären:

Eine Anzahl Ereignisse, Beobachtungen, Eindrücke und dergleichen
nebeneinandergestellt, ermöglicht sie zu vergleichen, sie als ähnlich zu
erkennen; dann in jedem einzelnen das, worin es allem andern gleicht, das
Gemeinsame hervorgehoben, unterstrichen, vorgetragen also: so springt
die Verwandtschaft mit der Kraft einer Sentenz in die Augen.

Das Couplet, mit dem sich wiederholenden Refrain: das Rondeau mit
der Strophe, die sich immer wieder in Erinnerung bringt; ja auch der
Reim, bei welchem sich zweifellos ursprünglich Wurzeln, Beziehungen,
gereimt (das ist wiederholt) haben, und vieles andere auf verwandten Gebieten (»Doch Brutus ist ein ehrenwerter Mann«) tut dasselbe zu ebendie-
sem Zweck: Erhellung der Beziehbarkeit auf die Grundtatsachen, und
versteht es dabei, genaue Wiederholung als künstlerische Form wirken zu
lassen.

Das musikalische Rondo ist angeblich (»offenkundig« sagt selbstverständlich Riemann) als Nachahmung der gleichnamigen Dichtungsform
entstanden. Das ist weder unmöglich noch unwahrscheinlich, obwohl die
Musik aus ihren eigenen Bedingungen heraus eine solche Form hätte erzeugen können. Spielt doch die Wiederholung, worin die angebliche
Nachahmung besteht, im Gestaltmodus, in der gesamten Formungstech-
nik der Musik eine so hervorragende Rolle, daß höchstens die Abweichungen von ihr einer besonderen Argumentation bedürfen. Die Musik
im Urzustand besteht aus primitivsten Wiederholungen; was in den höheren Formen, zu denen sie sich entwickelt hat, als vereinheitlichend
funktioniert, was die Beziehbarkeit aller Teile aufeinander verbürgt, das
Motiv, kann sein Vorhandensein nur durch Wiederholung manifestieren. Die kunstvollen Formen verschleiern allerdings diese Tatsache aufs
Mannigfaltigste; daß man aber selbst heute ohne Wiederholungen nicht
plastisch und leichtfaßlich formen kann – auch wenn kein Rondo daraus
werden soll –, daß also bis jetzt kein anderes grundlegendes Gestaltungs-
prinzip gefunden wurde, berechtigt zur Aufstellung der These: Wiederholung ist das Ausgangsstadium, Variation und Entwicklung die höhere
Entwicklungsstufe musikalischer Formtechnik.

Vergleichen ist nicht »Gleichsetzen«, sondern »Ähnlichsetzen«. Und: die beste Nachahmung ist schlechter als ein mittelmäßiges Original. Wenn man also die Wiederholung einzelner Teile in beiden Formen als Ähnlichkeit bezeichnete, wo müßte darum das musikalische Rondo nicht zu einer Nachahmung erniedrigt werden. Deren Minderwertigkeit erhellte ja schon auf der formalen Bedeutung der wiederholten Teile in den beiden Formen, die so verschieden ist, daß die musikalische sinnlos wäre, wenn man sie nicht nach ihren eigenen Gesetzen beurteilte.

Man kann sagen: Der Gedanke ist hier das Rondothema, dort der Refrain.

Dann sind wohl dem Refrain, der sich wiederholt, die Strophen, die sich aber nicht wiederholen, als Beispiele, die ihn durchführen, beigegeben; untergeordnet.

Immerhin wird nun auch im musikalischen Rondo der Gedanke, das Rondohauptthema, wiederholt. Aber aus einem *anderen Grunde*: es kann nur auf solche Art durchgeführt werden, während in der Dichtung der Gedanke durch die sich nicht wiederholenden Strophen durchgeführt wird. Denn *sie* bezeugen seine Richtigkeit und bringen das zum Ausdruck, was seinen Sinn ausmacht: daß *Verschiedenes gleich, ähnlich oder verwandt* sein kann. (Nebenbei: eine populäre, gemeinverständliche Darstellungsweise; denn in höheren Formen läßt sich das weniger anschaulich zwar und weniger gemeinverständlich so tun, daß diese Sentenz bloß einmal: am Anfang oder am Schluß oder auch sonstwo stünde.)

In der Musik aber zeigt die Wiederholung (insbesondere in Verbindung mit Variation), daß aus *Einem Verschiedenes* entstehen kann, indem es sich entwickelt, indem es musikalische Schicksale erlebt, indem es aus sich neue Gestalten erzeugt, wie dies allerdings erst in den höheren Kunstformen in überzeugender Weise der Fall ist.

Und noch mehr:

Während in der Dichtung die Strophen, das Nichtwiederholte, den Sinn des Refrains erprobten, ist die Bedeutung der nicht – oder selten – wiederholten Teile im musikalischen Rondo eine andere: es sind Seiten- und Nebengedanken, deren Sinn und Zweck ist: Abschweifung, Verbindung, Herbeiführung, Überleitung, Vorbereitung, Unterbrechung und dergleichen mehr und Gegensatz, der die Gefahr der Monotonie der vielen Wiederholungen bannt. Sie alle haben nur einen funktionellen Sinn zugunsten der Zwecke des Hauptthemas. Dieser Bedeutung entspricht – wie ihrer Entwicklung – die Notwendigkeit zur Wiederholung: lokalbegrenzt, erfüllt sich die Bedeutung am Orte. Und wie in unserem Körper zwar Blut überall vorhanden ist, Augen, Arme, Beine usw. jedoch nur je zweimal, so drückt sich auch hier die Untergeordnetheit der nur beihelfenden Organe durch minder zahlreiche Wiederholung aus.

Wenn also die musikalische Rondoform in Wahrheit der dichterischen nachgebildet sein sollte, dann wäre es nur sehr äußerlich, und man könnte, da sie wie jede gute Nachahmung eine schlechte ist, wirklich meinen, daß Riemann mit seinem »offenkundig« recht hätte: wenn man nämlich den Sinn dieser Formung nur ornamental auffaßt.

Aber solche Auffassung beleidigt den Geist großer Musiker. Schreibt ein solcher eine Frühlingssonate, so ist sie keine Nachahmung, vielleicht aber eine Vorahnung des Frühlings, und wer sie hört, muß an ihn denken; eine Fuge will nicht nachahmen, wie eine Stimme vor der andern flüchtet, als wäre sie weiß Gott wie schlecht; ein Echo will ein Echo nicht so kurz nachahmen, wie dieses ein Original; und ein musikalisches Rondo, selbst wenn es auf einen Rondotext komponiert ist, erfüllt diese Form nach seiner eigenen Wesensart, wenn auch es sich den gegebenen Umrissen anpaßt.

Das ist etwas anderes als Nachahmen, und etwas anderes ist es auch, bewährte Erfahrungen und Methoden zu benützen; zum Beispiel: ein musikalisches Anordnungsschema. Aber nicht nur ist es verdienstvoller, jedesmal zu errechnen, zu finden, zu erfinden, daß hundert mal hundert gleich zehntausend ist, sondern auch richtiger; wahrhaft richtiger; denn die Richtigkeit bloß angenommen, wie gesagt, stimmt es doch nur, weil es dann nicht geprüft wurde, wogegen es dort richtig gefunden war.

Auch musikalische Anordnungsschemata sollten, obwohl bequem vorher bestehend, doch erst nach der Benützung erfunden sein. Kompositionslehren aber so enigmatisch ausgedrückt wie erfunden.
Immerhin:

Wäre einmal ein Musiker gesonnen, ohne es zu müssen, nur weil er es soll, ein Stück zu schreiben, welches sich populär, gemeinverständlich, ausdrückt, so dürfte er folgendermaßen überlegen:
1. Man versteht nur, was man sich merkt.
2. Man merkt sich nur leicht, was
   a) deutlich (charakteristisch, plastisch, scharf konturiert und abgegrenzt) ist,
   b) öfters wiederholt wird,
   c) nicht zu lang ist.
3. Jede Abschweifung erschwert die Auffaßbarkeit.

4. Jede Abschweifung, die rasch und überzeugend ihre Zugehörigkeit zur Hauptsache dartut, erleichtert die Auffaßbarkeit.

5. Ungegliedertes ist schwerer auffaßbar als Gegliedertes; Gliederung ist charakteristisch.

6. Allzu reiche Gliederung verwirrt.

7. Verschiedene Glieder sollen verschieden aussehen; aber gleiche müssen auffallend gleich sein.

8. Weitgehende Entwicklung ist Abschweifung, die die Auffassung erschwert.

9. Tiefe der Durchführung darf die Oberfläche nicht zerstören.

10. Je rascher das Tempo der Töne und Rhythmen, desto langsamer muß das der Gestalten, der Motive und ihrer Entwicklung, also das der Darstellung des Gedankens sein.

11. Je größer die Unterschiede zwischen den einzelnen Gestalten, den Motivverwandlungen, Themen usw., je unverbundener solche nebeneinandergestellt sind, desto schwerfaßlicher ist die Ausdrucksweise.

12. Plastische Ausdrucksweise aber wird solche Nebensachen anführen, die der Hauptsache hervortreten helfen.

Es sind zahllose Rondos geschrieben worden, die einander nur in Umrissen ähneln, obwohl ihr Anordnungsschema das gleiche ist. Aber trotzdem dieses besser als die meisten anderen Formen mehr dieser Bedingungen erfüllt, so kann doch populär und gemeinverständlich nur derjenige schreiben, dessen angeborene Erfindungsgabe, Denkart und Darstellungsweise populär ist. Das sieht man am besten an Johann Strauß und Nestroy.

Aber: sich plastisch und deutlich auszudrücken, ist eine Kunst, die man sollte lehren können.

Maurice Ravel
1875–1937

Ich bin kein ›moderner Komponist‹ im eigentlichen Sinn des Begriffes, weil meine Musik, weit davon entfernt revolutionär zu sein, eher Entwicklung ist. Obwohl ich immer für neue Ideen zu haben war (eine meiner Violinsonaten enthält einen ›Blues‹ betitelten Satz), habe ich niemals versucht, die angenommenen Gesetze von Harmonie und Komposition umzuwerfen. Im Gegenteil, ich habe meine Inspiration immer großzügig von den alten Meistern abgeleitet (ich habe nie nachgelassen, Mozart zu studieren!), und meine Musik ist zum größten Teil auf den Traditionen der Vergangenheit gebaut und ist gleichsam aus ihr gewachsen. Ich bin kein ›moderner Komponist‹ mit dem Hang, radikale Harmonien und zerstückelten Kontrapunkt zu schreiben, weil ich niemals Sklave eines bestimmten Kompositionsstils war. Auch habe ich mich nie mit einer besonderen Schule verbunden. Ich habe immer gefühlt, daß ein Komponist schreiben sollte, was er fühlt und wie er es fühlt – ohne zu beachten, was für ein Kompositionsstil gerade gangbar ist. Große Musik, so habe ich immer gefühlt, muß immer vom Herzen kommen. Musik, die nur aus Technik und Überlegung erwächst, ist nicht das Papier wert, auf das sie geschrieben ist.

Das war immer mein Argument gegen die sogenannte moderne Musik der jungen rebellischen Komponisten. Ihre Musik ist ein Produkt ihres Verstandes und nicht ihrer Herzen. Zuerst stellen sie durchgearbeitete Theorien auf und dann komponieren sie Musik, die diesen Theorien genügt. Sie bauen wundervolle Gründe auf, warum die Musik unserer Zeit zerschlagen und ausgedörrt sein muß, warum sie mathematisch und verstandesmäßig ist (als Ausdruck des Maschinenzeitalters). Dann gingen sie weiter und komponierten diesen Typ von Musik, um ihre Theorien zu rechtfertigen. Das ist der Grund, warum ich die Werke experimentierender Komponisten nie allzu ernst genommen habe. Ich habe sie immer als eine intellektuelle Pose betrachtet. Und große Musik war nie das Ergebnis einer Pose.

Wie kann man Musik auf einen logischen Syllogismus oder auf eine mathematische Formel zurückführen? Wenn man es tut, verliert die Musik ihre edelste Eigenschaft als Ausdruck menschlicher Empfindungen.

Musik, so fühle ich, muß immer zunächst emotionell sein und erst in zweiter Linie verstandesmäßig. Das ist der Grund, warum ich beim Komponieren niemals durch den radikalen Stil der jungen und sehr interessanten Komponisten verführt wurde. Ich gebe zu, daß es eine Faszination in ihrer Musik gibt; ich gebe auch zu, daß sie Kraft und eine beträchtliche Menge Originalität enthält. Aber sie hat kein Herz und kein Gefühl. Wir reagieren intellektuell, nicht emotionell auf sie. Und so, obwohl als Experiment allerlei zur Verteidigung all dieser Musik gesagt werden könnte, ist sie meiner Meinung nach ein künstlerischer Fehlschlag.

Dann – ohne feierlich zu sein – ›moderne Musik‹ ist häßlich. Und Musik, darauf bestehe ich, muß vor allem schön sein. Ich verstehe nicht die Argumente der Komponisten, die mir weismachen wollen, die Musik unserer Zeit müsse häßlich sein, da sie der Ausdruck eines häßlichen Jahrhunderts wäre. Wozu braucht ein häßliches Zeitalter Ausdruck? Und was bleibt der Musik sonst noch, wenn sie aller Schönheit entblößt ist! Welche Mission hat sie dann, als Kunst? Nein. Theorien mögen sehr schön sein. Aber ein Künstler sollte seine Musik nicht nach Theorien schreiben. Er sollte musikalische Schönheit aus seinem Herzen her schaffen, und er sollte intensiv fühlen, was er schreibt.

(Interview mit David Ewen)

Pablo Casals
1876–1973

Die Komposition von El Pessebre

Ich hatte ein Zimmer in demselben Hotel wie Casals; später, als Frankreich von den Deutschen völlig überrannt worden war und wir mitten in der Nacht aus unserem Hotel hinausgeworfen worden waren, mieteten wir zusammen die berühmte »Villa Colette«, wo wir dann so viele Jahre verbrachten. Er widmete sich in erster Linie der Aufgabe, den Menschen in den Flüchtlingslagern zu helfen, indem er ihnen Hunderttausende von Franken schickte und ihnen Tausende von Briefen schrieb. An bestimmten Tagen schrieb er so viele Briefe, daß er physisch tatsächlich nicht mehr in der Lage war, auf dem Cello zu spielen. Anfang des Zweiten Weltkrieges übernahm er es, in allen großen Städten Frankreichs Benefizkonzerte zu geben. Ich begleitete ihn zu allen diesen Konzerten.

Die Deutschen hatten den nördlichen Teil Frankreichs besetzt, aber eines Tages okkupierten sie plötzlich das ganze Land. Wir waren in der Stadt gefangen und konnten nicht fliehen. Auch wollten wir das geliebte Land nicht im Zeitpunkt seines Unglücks verlassen. Der Maestro erhielt glänzende Angebote aus Amerika; doch er lehnte ab. Zusammengekauert unter Decken lauschten wir englischen Radiosendungen, während ein Freund aufmerksam den Gleichschritt der Nagelstiefel draußen auf der Straße verfolgte. Es war wie ein Sonnenstrahl, der durch eine dunkle Wolke bricht, als wir eines Tages im Radio die Ankündigung hörten, daß ein Festival katalanischer Sprache und Dichtung in Perpignan stattfinden sollte. Es war unsere Pflicht mitzuwirken. Ich dachte dabei an mein Gedicht. Geheim, und ohne dem Maestro, der sowieso nichts davon wußte, etwas davon zu sagen, schrieb ich es zu Ende und reichte es ein. Es erhielt den Ersten Preis. Der Maestro fand es vor mir heraus, – er las es in einer Zeitung –, und er hörte es zum ersten Mal, als ich es bei dem Dichterfestival, das wir gemeinsam besuchten, vortrug.

Dies war im Mai 1943. Und im Juni, am Feiertag meines Heiligen, d. h. am St.-Johannes-Tag, als Casals aus seinem Zimmer kam, um mich zu umarmen und mir ein langes Leben zu wünschen, präsentierte er mir das erste Stück der Musik zu meinem Gedicht. Man kann sich wohl kaum vorstellen, wie überrascht und gerührt ich war. Ich dachte, das sei nur etwas zum St.-Johannes-Tag; doch nachdem er mir von der dichterischen Schönheit und der Ernsthaftigkeit erzählt hatte, die er in meinem Werk gefunden hatte, sagte er mir mit der ihm eigenen, unbeirrbaren Ruhe, die von ihm ausging, wenn er Entscheidungen verkündete, daß die ausdrucksvolle Schlichtheit des Textes das Gedicht für eine Komposition außerordentlich geeignet erscheinen lasse und er das gesamte Gedicht in Musik umsetzen wolle.

Der nächste Tag war der Beginn eines der interessantesten Zeitabschnitte in meinem Leben. Über mehrere Jahre hinweg lauschte ich jeden Morgen zunächst einer Bach-Passage auf dem Klavier, womit der Maestro den Tag begann und anschließend dem Spiel des besten Cellisten der Welt, der stundenlang die schwierigsten Passagen aus einer außerordentlich großen Fülle von Werken spielte, wie z. B. Schumann, Laló, Bach, Elgar, Dvořák. Zu Hause und auch in den Hotels während seiner Benefizkonzertreisen arbeitete Pablo Casals immer weiter, hartnäckig, mit Hingabe, jeden Tag, trotz der widrigsten Umstände, an den Passagen, deren – wie er es so drastisch formulierte – »Knochen er entfernen wollte«, deren Spiel er also vereinfachen wollte.

»Aber, Maestro, haben Sie nicht solche Passagen schon vor mehr als dreißig Jahren beherrscht?« »Egal, es läßt sich immer noch verbessern.« Und wenn ihn jemand fragte, warum er soviel Zeit damit verbringe, in derartigen Verhältnissen der Einsamkeit und Abgeschlossenheit zu arbeiten, obwohl er wisse, wie unsicher die Zukunft einer vom Krieg zerrissenen Welt sei, pflegte er zu antworten: »Es ist meine Pflicht, jederzeit auf ein Konzert vorbereitet zu sein.«

Von dem Tag nach St.-Johannes an jedoch arbeitete er nach dem morgendlichen Bach-Klavierstück an der Komposition von »El Pessebre«. Und in der heiligen Stille jenes kleinen Hauses, das später von so vielen Persönlichkeiten besucht werden sollte, in dem wir jedoch damals in größter Einfachheit lebten, ohne jeden Komfort, abgeschlossen von der Welt, als ob uns jeder aufgegeben hätte, ausgesetzt der Gefahr, im nächsten Augenblick ohne vorherige Warnung verhaftet zu werden, und ohne die Möglichkeit, dagegen zu protestieren, arbeitete der Künstler weiter, der Mussolini-Italien und Hitler-Deutschland verlassen hatte, völlig vertieft in seine Welt der Musik, während draußen aufmerksame deutsche Soldaten patrouillierten.

Jeden Morgen entstieg dem kleinen Klavier in seinem Zimmer zaghaft ein einzelner Ton, verhielt unsicher in der Luft, vibrierte in der Stille des

Raumes; dieser Ton wurde dann nochmals angeschlagen, kräftiger, als riefe er andere, und ihm folgten langsam neue Kollegen, die – wie der ursprüngliche Ton – zögernd einen Raum voller Zauber durchmaßen. Es war wie eine helle, unstete, ätherische Unbestimmtheit: wie eine körperlose musikalische Blüte, die entstand, sich langsam im Raum öffnete und dann wieder schloß oder in die Stille enteilte, nur um dann erneut aufzutreten, jedesmal mit einem stärkeren Akzent.

Ein einmaliges Privileg für einen Schriftsteller: ich lebte genau dort, wo meinem Gedicht Flügel angepaßt wurden. Ich war bei dem Mysterium der schrittweisen Transformation von Dichtung in Musik zugegen, von Vers in Lied. Ich wußte immer genau, an welchem Vers der Maestro gerade arbeitete, und ich sah, wie das Werk unter den Händen des Komponisten Gestalt annahm und in immer deutlichere musikalische Figuren und Themen angeordnet wurde. Zu Hause herrschte immer absolute Ruhe, gekrönt von musikalischer Resonanz. Durch das Fenster konnte man, zwar in weiter Entfernung, doch den Horizont beherrschend, die bläuliche Masse des schneebedeckten Canigou sehen. Die Gestapo war hundert Meter entfernt.

Schritt für Schritt, über Jahre hinweg, die durch nichts unterbrochen waren, schritt die Arbeit voran. Jeden Tag zwischen Bach-Passage und Cello-Studium hörten wir in seinem Zimmer den Reiz von Tönen, die gesucht wurden, Töne, die schließlich harmonisch zu einer Melodie verknüpft wurden, die leise in der Stille erklang. Gelegentlich sang der Maestro, vertieft und gelöst, die Worte des Textes und schrieb schnell seine Entdeckungen mit Bleistift auf liniertes Papier. Wenn er ein Stück fertig geschrieben hatte, pflegte er uns in sein Zimmer zu rufen. Ich sehe immer noch vor mir das glückliche Strahlen seiner Augen. Dann sagte er gewöhnlich zu mir: »Das Schwierige an diesem und an allem ist es, Gefälligkeit und offensichtliche Effekthascherei zu umgehen und dafür die höchstpersönliche, authentische musikalische Stimmung einzufangen. Nicht wahr? Hör dir das mal an.« Dann legte er seine Pfeife auf einer Ecke des Klaviers ab, begann ein Thema mit einem derart sanften und zugleich sicheren Anschlag der Tasten zu spielen, ein Anschlag, der Pablo Casals zu einem der größten Pianisten der Welt gemacht hätte, und sang den Text dazu.

Als er die Lieder für verschiedene der Figuren fertig hatte, begannen wir sie zur Weihnachtszeit zu singen. Aber es gab da einen Augenblick, den wir alle kannten und den wir alle mit großer Gefühlsregung erwarteten; denn wir wußten, daß er es selbst beenden wollte, obwohl es ein

Chor war, den wir einstimmig sangen; es ging dabei um den »Chor der Kamele«.

Auf dem Klavier schlug er dann die gewichtigen langsamen Töne an, mit denen er den langsamen Gesang der Kamele bei ihrem Gang durch die Wüste begleitete, und gleichzeitig einen schnellen, lebhaften, genauen und beschwörenden Ton, der das Gefühl für Raum, Entfernung und Unendlichkeit vermittelte. Langsam erfüllte ein Chor von Männer- und Frauenstimmen gleichmäßig das ganze Haus mit feierlichem Klang. Doch plötzlich schüttelte der Maestro dann energisch den Kopf, und sofort trat Stille ein. Dann sang dieser Mann, allein, mit dunkler Stimme, einer von Emotion gebrochener Stimme, er, der uns alle vertrat, – und auf wie vornehme Weise er das konnte! – er, den wir alle verehrten, der berühmte Künstler, der freiwillig unser Unglück teilte, dieser Mann sang, blickte seine Freunde an, die um ihn herumstanden, seine Augen füllten sich mit Tränen, als er an die Stelle mit der Andeutung unseres langen Exils kam.

»Wann wird dieser lange Treck durch fremde Länder zu Ende gehen?« Und dann trat eine Pause ein, denn in diesem Augenblick konnten wir nicht weiter.

Ich kann jetzt auch nicht weiter, denn ich glaube, daß ich das Wesentliche von »El Pessebre« wiedergegeben habe. Hinzuzufügen bleibt nur das Zeugnis meines Glaubens an dieses Werk des Lichts, dasselbe Zeugnis, das ich in der Widmung meines Werkes während jener Jahre der Dunkelheit gab.

»Dem verehrten Maestro Pablo Casals, der mit dieser Komposition über dieses ›Gedicht von der Weihnachtskrippe‹ ein Werk geschaffen hat, mit dem er der Welt die katalanische Musik offenbart.«

Joan Alavedra

Prades, April 1947

Es ist weniger bekannt, daß Pablo Casals – drei Jahre nach Reger geboren – auch ein außerordentlich guter Komponist war. Seine Kompositionen – besonders seine Lieder, seine geistlichen Chorwerke, seine Sardanas und sein Hauptwerk, das Oratorium »El Pessebre« – ein katalanisches Hirtenspiel – sind überreich an melodischen und harmonischen Einfällen.

CANÇÓ A LA VERGE

Lletra de Josep Mª ROVIRA Pbre.

Música del Mtre. PAU CASALS

Poco andante

Vostre altâ o - lo - rós te clarors d'al - ba - da, Vos - tre esguard se -

rè nos - tra vi - da guar - da, nos - tra vi - da guar - da.

Meno lento

Ver - ge qu'ens te - niu pre - so - ners tot ho - ra la vos - tra pre -

Pieno

espressivo

Ediciones Armónico.
Rambla Cataluña 10. Barcelona. Spain.

3011

só es ple na de jo ia. Can ten vos tres cims

co ro nats de glo ri a, els ca mins del cel tro bem a prop

vos tre. Re cer a mo rós on la pau con vi da

pa ra dis su au de l'à ni ma mi a.

D. C.

3011

179

Igor Strawinsky

1882–1971

Aus der »Musikalischen Poetik«

Die Untersuchung des schöpferischen Vorgangs ist überaus schwierig. In der Tat ist es unmöglich, von außen her die innere Entwicklung dieses Vorgangs zu beobachten. Es ist ein müßiger Versuch, ihren verschiedenen Phasen in der Arbeitstätigkeit eines anderen Menschen nachzugehen. Es ist ebenfalls schwer, sich selbst zu beobachten. Dennoch habe ich dank meiner Selbstkontrolle einige Chancen, Sie in diese überaus schwankende Materie einführenzukönnen.

Die meisten Musikfreunde glauben, daß die schöpferische Erfindungskraft des Komponisten durch eine gewisse Gefühlserregung ausgelöst wird, die man gemeinhin mit dem Namen Inspiration bezeichnet.

Ich denke nicht daran, der Inspiration die *entscheidende* Rolle abzusprechen, die ihr bei den von uns untersuchten Vorgängen zukommt: ich behaupte nur, daß sie keineswegs eine *Voraussetzung* für den schöpferischen Akt ist, sondern daß sie in der *zeitlichen* Folge eine Äußerung von sekundärer Art ist.

Inspiration, Kunst, Künstler – das sind zumindesten recht verwirrende Worte. Sie hindern uns, klar zu sehen in einem Bereich, in dem alles Ausgleich und Berechnung ist und in dem der Atem des spekulativen Geistes weht. Danach, und wirklich erst danach, entsteht jene *Gefühlserregung*, die der Inspiration zugrunde liegt. Man spricht unzüchtig von dieser *Gefühlserregung*, wenn man ihr einen Sinn unterlegt, der hemmend auf uns wirkt und die Sache selbst kompromittiert. Ist es nicht klar, *daß diese Erregung nichts anderes ist als eine Reaktion des schöpferischen Menschen im Kampf mit jenem Unbekannten, das bis jetzt nur ein Objekt seiner Schöpfung ist und das ein Werk werden soll?*

An ihm ist es nun, das Werk zu entdecken, Glied um Glied, Masche um Masche. Diese Kette von Entdeckungen und jede Entdeckung für sich, ruft die Erregung hervor – eine Art von physiologischem Reflex, so wie der Appetit den Speichel hervorruft –, und diese Erregung folgt stets, und zwar genau, den Stufen des schöpferischen Vorgangs.

Am Ursprung jeder schöpferischen Tätigkeit steht eine Art von Appetit, der den Vorgeschmack des Entdeckens erweckt. Dieser Vorgeschmack des schöpferischen Aktes begleitet die Eingebung jenes Unbekannten, das man zwar schon in sich hat, aber noch nicht greifen kann und das erst klare Gestalt annimmt durch die Mitwirkung einer wachsamen Technik.

Der Aeropagitus behauptet, daß in der himmlischen Hierarchie die Würde der Engel um so größer ist, je weniger Worte ihnen zur Verfügung stehen; daher spricht der von allen am höchsten stehende nur eine Silbe aus. Ist dies das Beispiel einer Monotonie, die wir zu fürchten hätten?

In Wahrheit ist keine Verwechslung möglich zwischen der Monotonie, die aus dem Mangel an Mannigfaltigkeit entsteht und der *Einheit, die eine Harmonie von Mannigfaltigkeit ist* – ein Maß des Vielfältigen. »Die Musik ist das Einigende«, sagt der weise Chinese Seu-ma-Tsen in seinen Memoiren. Dieses einigende Band knüpft sich niemals ohne Suchen und Mühe. Aber die Notwendigkeit des Schaffens muß alle Widerstände besiegen. Ich denke da an die biblische Parabel von der Frau in den Geburtswehen, die bedrückt ist, weil ihre Stunde kam; aber wenn sie das Kind geboren hat, denkt sie nicht mehr an die Bedrückung, »in der Freude, daß ein Mensch auf die Welt gekommen ist«. Diese Freude, die wir empfinden, wenn wir ein Ding ans Licht treten sehen, das durch unser Wirken Gestalt gewann – wie sollten wir nicht dem unwiderstehlichen Drang nachgeben, sie mit unseresgleichen zu teilen?

Denn die Einheit des Werkes bewirkt seinen Widerhall. Sein Echo, das unsere Seele wahrnimmt, tönt immer weiter. Das fertiggestellte Werk verbreitet sich also, um sich mitzuteilen, und fließt endlich wieder in sein Urprinzip zurück. So schließt sich der Kreis. Und deshalb erscheint uns die Musik als ein Element, das eine Vereinigung mit unserem Nächsten schafft – und mit dem höchsten Wesen.

Lebenserinnerungen

Als ich neun Jahre alt war, nahmen meine Eltern eine Klavierlehrerin für mich. Ich lernte sehr schnell Noten zu lesen und betrieb das so ernsthaft, daß ich bald Lust bekam zu improvisieren. Dieser Tätigkeit widmete ich mich mit Hingabe, und für lange Zeit war sie meine Lieblingsbeschäftigung. Meine Improvisationen waren bestimmt nicht sehr interessant, denn man warf mir häufig vor, ich vertändele meine Zeit, statt regelmäßig zu üben. Ich allerdings war nicht dieser Ansicht, und sie verdroß mich sehr. Heute verstehe ich, daß man sich bei einem Bürschchen von neun

Jahren um die Disziplin kümmert, aber dennoch muß ich sagen, daß diese dauernde Arbeit des Improvisierens nicht ganz unfruchtbar war, denn sie verhalf mir zu einer besseren Beherrschung des Klavierspiels, und sie ließ meine musikalischen Ideen reifen. Dazu möchte ich eine Bemerkung zitieren, die Rimski-Korsakow mir gegenüber einmal machte. Ich fragte ihn – viel später, nachdem ich sein Schüler geworden war –, ob ich gut daran täte, immer am Klavier zu komponieren. »Die einen komponieren am Klavier«, antwortete er mir, »die anderen ohne Klavier. Und Sie, Sie werden eben am Klavier komponieren.« Tatsächlich komponiere ich am Klavier, und ich beklage das nicht. Im Gegenteil. Ich glaube, daß es tausendmal besser ist, im direkten Kontakt mit dem klingenden Instrument zu komponieren, als sich diesen Klang bei der Arbeit nur vorzustellen.

Gespräche mit Robert Craft

Frage: Sie betonen, daß sie viel mehr ein Schaffer als ein Denker sind und daß Komponieren für Sie nicht im Bereich des abstrakten Denkens liegt. Komponieren ist für Sie ein natürlicher Vorgang und nicht das Ergebnis eines Denkvorganges oder eines Willensaktes. Ein paar Arbeitsstunden an etwa einem Drittel Ihrer Arbeitstage haben in den letzten fünfzig Jahren ein Œuvre geschaffen, welches bestätigt, daß Komponieren tatsächlich ein natürlicher Vorgang für Sie ist. Aber wie ist dies zu erklären? Wie erreichen Sie eine solche Konzentration? Helfen Sie sich mit Übungen, bereiten Sie sich zunächst durch Klavierspielen vor? Spielen Sie alte Meister? Oder handelt es sich – wie Sie früher einmal behaupteten – um eine höhere Art Pawlowscher Reflexe, wobei der Klang Ihres Klaviers als Katalysator des zu bearbeitenden musikalischen Stoffes dient?

Der wichtigste Punkt Ihrer Frage ist, wie dieser Schaffensprozeß ausgelöst wird.

Wenn die Grundidee eines Werkes festliegt, weiß ich in groben Zügen, was für ein musikalisches Material erforderlich ist. Dann halte ich nach diesem Material Ausschau, indem ich (um mich in Gang zu bringen) alte Meister spiele oder unmittelbar damit beginne, rhythmische Einheiten über eine vorläufige Notenreihe (aus der eine endgültige werden kann) zu improvisieren. So forme ich mein Baumaterial.

Bei mir ebenso wie bei Webern geht dieses Prüfen der Möglichkeiten [musikalischer Einfälle] am Klavier vor sich.

Jede Note, die ich schreibe, wird auf ihm erprobt, und jede Beziehung von Tönen wird für sich genommen und wieder und wieder auf ihm gehört. (Der Vorgang ist vergleichbar einer langsamen Bewegung oder einer stark verlangsamten Wiedergabe von Vogelrufen.)

Frage: *Was »hören« Sie wirklich vertikal bei einer Musik wie den* Strophes *oder dem* Marteau sans Maître *von Boulez?*

»Hören« ist ein sehr kompliziertes Wort. Im rein akustischen Sinne höre ich alles, was gespielt wird oder tönt. Auch in anderem Sinne werde ich alles gewahr, was gespielt wird. In Wirklichkeit meinen Sie aber, was für tonale Beziehungen ich bewußt höre, was mein Ohr analysiert und ob es die Tonhöhen der einzelnen Töne filtert?

Ihre Frage besagt, daß Sie noch danach trachten, die Töne in eine tonale Verbindung zu bringen. Die Tatsache, daß Sie nach einer »Tonart« suchen, ermächtigt Sie zu dieser Handlungsweise (wie Hardys Jude, der sich einbildete, daß Griechisch nur eine verschiedene Aussprache des Englischen sei). Doch alles, was das Ohr in diesem Sinne gewahr werden kann, ist Dichte (niemand unter dreißig, und nur vereinzelte vorsintflutliche Menschen über dreißig, wie ich, benützen noch das Wort »Harmonie«; dafür sagt man »Dichte«). Und die Dichte ist zu einer streng seriellen Angelegenheit geworden, ein Element, das, wie jedes andere, variiert und permutiert werden kann. Entsprechend dem eigenen System kann man in vertikaler Anhäufung von zwei bis zwölf Tönen auffassen (ist das mathematisch? Natürlich ist es das, nur komponiert der Komponist die Mathematik).

Dies alles geht zurück auf Webern, der das ganze Problem der variablen Dichte verstand (eine so bemerkenswerte Tatsache, daß ich gerne wissen möchte, ob Webern selbst wußte, wer Webern war). Aber die Frage des harmonischen Hörens ist natürlich eine viel ältere. Jeder gewöhnliche Zuhörer (wenn es irgendein solch ungewöhnliches Geschöpf gibt) geriet beim harmonischen Hören der Musik der Wiener Schule, von etwa 1909 an – bei der »Erwartung« zum Beispiel –, in Verlegenheit. Er hört all die Töne akustisch, kann aber ihre harmonische Struktur nicht analysieren. Der Grund ist natürlich, daß diese Musik nicht in derselben Art harmonisch ist (was die Schallplattenaufnahme der »Erwartung« betrifft, so gibt es auch noch einen anderen Grund: Der Vokalpart ist die meiste Zeit falsch intoniert).

Höre ich die akkordliche Struktur dieser nichtharmonischen Baßakkorde? Es ist schwer, genau zu sagen, was ich höre. Erstens ist es eine Frage der Praxis (inzwischen ist es vielleicht nicht mehr ganz eine Frage der Praxis). Aber wie auch immer die Grenzen des Hörens und des Bewußtwerdens sein mögen, ich möchte sie lieber nicht definieren müssen. Wir hören bereits sehr viel mehr bei der Harmonie dieser im nichttonalen System geschriebenen, harmonischen Kompositionen. Zum Beispiel höre ich nun den ganzen ersten Satz von Weberns Symphonie tonal (und nicht nur die berühmte c-Moll-Stelle), und, vom melodischen Standpunkt aus gesehen, glaube ich, daß ihn heute jeder nahezu tonal hört. Auch sind junge Menschen, die mit dieser Musik geboren sind, fähig, mehr davon zu hören als wir.

Die Musik von Boulez? Teile des »Marteau sans Maître« sind ohne Schwierigkeiten aufzunehmen; z. B. der Satz »bourreaux de solitude«, der dem ersten Satz von Weberns Symphonie ähnlich ist. Bei einem Stück wie »après l'artisanat furieux« jedoch folgt man der Linie eines einzelnen Instruments und ist zufrieden, die anderen »gewahr zu werden«. Vielleicht wird man später mit der zweiten oder dritten Linie vertraut, doch soll man nicht versuchen, sie in tonal-harmonischem Sinne zu hören. Was ist »gewahr werden«? Die Instrumentalisten stellen oft die Frage: »Wenn wir dieses oder jenes Stückchen weglassen, wer merkt das schon?« Die Antwort lautet: Man merkt es schon.

Viele Leute sind heute oft zu schnell dabei, einen Komponisten zu verdammen, »daß er nicht in der Lage sei, zu hören, was er geschrieben hat«. In der Tat, ist es ein wirklicher Komponist, so hört er immer, wenigstens durch Kalkulation, alles, was er schreibt. Tallis errechnete die vierzig Teile seines »Spem in alium«, er hörte sie nicht; und selbst bei zwölfstimmiger Polyphonie wie bei Orlando hören wir vertikal nur vierstimmige Musik. Ich möchte auch gerne wissen, ob bei der komplizierten Polyphonie der Renaissance die Sänger wußten, wo sie in Beziehung zueinander standen – was wiederum zeigt, wie gut ihre rhythmische Ausbildung gewesen sein muß, um so unabhängig zu bleiben.

Frage: *Was betrachten Sie als die hauptsächlichsten Aufführungsprobleme Ihrer Musik?*

Der Kardinalpunkt ist das Tempo. Meine Werke können fast alles überstehen, nur kein falsches oder unsicheres Tempo (um Ihrer nächsten Frage zuvorzukommen: ja, ein Tempo kann zwar metronomisch falsch, im Geiste aber richtig sein, obwohl augenscheinlich dabei der metronomische Spielraum nicht sehr groß sein kann). Das gilt natürlich nicht nur für meine Musik. Was hilft es, wenn die Triller, die Ornamentik und die Instrumente selbst bei der Aufführung eines Bach-Konzerts korrekt sind, solange das Tempo sinnwidrig ist?

Ich habe oft gesagt, daß meine Werke »gelesen«, »ausgeführt«, aber nicht »interpretiert« werden sollen. Ich sage es noch immer, denn ich finde nichts in ihnen, was eine Interpretation erfordern würde (ich versuche, unbescheiden zu sprechen, nicht bescheiden). Aber Sie werden einwenden, daß stilistische Fragen in meiner Musik durch die Notation nicht endgültig angegeben sind; mein Stil erfordert Interpretation. Dies ist wahr, und es ist auch der Grund, warum ich meine Schallplattenaufnahmen als unerläßliche Ergänzungen zu den gedruckten Noten betrachte. Doch ist dies nicht die Art »Interpretation«, die meine Kritiker meinen. Was sie gerne wissen möchten, ist zum Beispiel, ob die repetierten Töne der Baßklarinette am Ende des ersten Satzes meiner Symphonie in drei Sätzen als »Gelächter« interpretiert werden können. Zufällig stimmt es, ich bin damit einverstanden, es ist als »Gelächter« gemeint; doch welchen Unterschied könnte dies für den Ausführenden machen? Noten sind immer unfaßbar, sie sind noch immer nicht Symbole für irgendetwas, sondern für Musik.

Das stilistische Aufführungsproblem in meiner Musik ist ein Problem der Artikulation und der rhythmischen Diktion. Die Nuance hängt von diesen ab. Artikulation ist hauptsächlich Trennung. Ich kann kein besseres Beispiel geben für das, was ich damit meine, als den Leser auf die Schallplattenaufnahme dreier Gedichte von W. B. Yeats hinzuweisen. Yeats pausiert am Ende jeder Zeile, er verweilt eine genaue Zeit auf und zwischen jedem Wort – man könnte seine Verse ebenso leicht in musikalischen Rhythmen notieren wie in dichterischen Metren skandieren.

Fünfzig Jahre lang habe ich mich bemüht, den Musikern beizubringen, für ♩ in gewissen stilistisch bedingten Fällen *sf* ♪ ♪ ♪ zu spielen. Auch habe ich sie mit viel Mühe gelehrt, die synkopierten Noten zu akzentuieren und dies durch vorheriges Phrasieren zu erreichen (die deutschen Orchester sind dazu genau so unfähig, wie die Japaner nicht in der Lage sind, ein »l« auszusprechen). Bei Aufführungen meiner Musik nehmen solch simple Fragen wie diese die Hälfte meiner Probenzeit weg: Wann werden die Musiker lernen, die hineingebundene Note aufzugeben, sich von ihr wegzuheben und nachher bei den Sechzehntel-Noten nicht zu eilen? Dies sind elementare Dinge, doch befindet sich das Solfeggio noch immer auf einer Anfangsstufe. Und warum sollte Solfeggio überhaupt gelehrt werden, wenn es als eine vom Stil getrennte Sache gelehrt wird? Werden nicht deswegen Mozart-Konzerte so gespielt, als wären sie Tschaikowsky-Konzerte?

Das Hauptproblem von Aufführungen zeitgenössischer Musik ist rhythmischer Art. Ein Werk wie Dallapiccolas »Cinque Canti« enthält keine Intervallprobleme und keine Probleme der instrumentalen Technik (seine Kreuzformen in der Art von George Herbert sind Probleme für die Augen, den Ohren jedoch bieten sie keine Schwierigkeiten; musikalisch geformte Kreuze hört man nicht). Die Schwierigkeiten sind ausschließlich rhythmischer Art, und der Durchschnittsmusiker muß ein solches Stück Takt für Takt lernen. Er ist noch nicht über »Le Sacre du Printemps« hinausgekommen, wenn er überhaupt soweit ist. Er kann nicht einmal einfache Triolen spielen, geschweige denn Unterteilungen davon. Schwierige zeitgenössische Musik müßte in den Schulen studiert werden, selbst wenn auch nur als Leseübungen.

Berichte von Zeitgenossen

Wurden ihm unsere Studien vorgelegt, dann ließ er seine persönliche Vorliebe völlig beiseite. Er befaßte sich dann ausschließlich mit der Wahl der Mittel, mit denen der Schüler-Komponist versucht hatte, das, was ihm vorschwebte, zustandezubringen. Der Himmel weiß, daß etliche unserer Stücke eine Qual für ihn sein mußten. Ich erinnere mich an eine blasse, süßliche Komposition einer angelsächsischen Dame und die verschiedenen, schwächlichen Anstrengungen eines anderen, eines Spaniers, aber Strawinsky machte sich mit ihnen ebensoviel Mühe wie mit den übrigen Arbeiten, zweifellos peinlich bemüht, niemanden in seinem Erfinderstolz zu verletzen. Ein Komponist schreibt – nach Strawinskys Auffassung – so, wie der Apfelbaum Äpfel hervorbringt, und er ist sich sehr bewußt, daß die meisten »Apfelbäume« auf die leiseste Kritik an den Äpfeln, die sie tragen, überaus empfindlich reagieren ... Wenn wiederum einer von uns, im Glauben, auf dem rechten Weg zu sein, ganze Serien greller, giftiger Akkordbündel auftürmte, offenkundig unter dem Einfluß des *Sacre*, dann schien es, als ob er solche direkte Anspielung gar nicht bemerkte, und er erklärte lakonisch: »Es ist gut, zu wissen, was bösartig ist (wenn's sein muß), aber man muß auch wissen, wie man liebenswürdig sein kann.« Unnötig, zu sagen, daß ihm nichts entging. Selbst dann, wenn ein junger Kompositeur dachte, er könne hie und da Schwächen unter dem Deckmantel eines vertrackten Klavierauszuges verschwinden lassen, zeigte Strawinsky unfehlbar mit dem Finger auf die ärgerlichen Einzelheiten. Manchmal saß er selbst am Klavier und suchte bestimmte Passagen zu verbessern. In solchen Augenblicken erstaunte er mich am meisten. Er sagte nicht etwa: »Nimm diesen oder jenen Akkord«, nein, er spielte einen Akkord, lauschte, änderte eine Note, lauschte wieder, änderte eine andere Note, ging auf den früheren Akkord zurück, änderte wiederum eine bestimmte Note usw., immer mit angestrengtester Aufmerksamkeit hinhorchend; es war aber nie eine bloße intellektuelle Erwägung, die da entschied, sondern einzig das Vergnügen oder die Befriedigung des Ohres, die er durch die Versuche und die Fehler am Klavier erzielte. Akkorde gehörten für ihn nicht zu vorbestimmten Kategorien, auch hatten sie für ihn keine vorbelasteten Funktionen. Und ich kann versichern, daß das Resultat dieses seines Erprobens am Klavier uns mit Entzücken erfüllte: der vierte oder fünfte Versuch erbrachte einen so wunderbaren, so überraschend schönen Klang, daß niemand von uns ihn hätte »erfinden« können (Strawinsky pflegte in solchen Fällen ausdrücklich von Erfindung, von »invention«, zu sprechen).

(Maurice Perrin)

Strawinskys Arbeitszimmer befand sich im obersten Stockwerk des Hauses. Was mir sofort auffiel, war die außerordentliche Sauberkeit dieses Raumes. Auf seinem Tisch lagen bequem erreichbar alle Arten von Gegenständen. Ich war besonders überrascht von der Tatsache, daß er kein Notenpapier für seine ersten Skizzen verwendete. Er benutzt ein Buch mit einfachen weißen Blättern. Auf diese blanken Flächen zieht er die fünf Notenlinien, deren er im Augenblick bedarf, mit einer winzigen Rolle, die eigens für ihn angefertigt wurde. Einige Linien sind länger, einige kürzer, manchmal nur eine Linie, manchmal verschiedene Linien, so daß es, wenn die Seite voll ist, aussieht wie eine seltsam absichtliche Zeichnung, und jede Seite sieht anders aus als die vorhergehende.

Wenn Strawinsky arbeitet, ist er immer überempfindlich. Alles, was sich ereignet, erscheint vergrößert. Zuerst war ich erstaunt, wie langsam er arbeitete. Er komponiert oft am Klavier, stark konzentriert, grunzend und sich abmühend, die Töne und Akkorde zu finden, die er zu hören scheint. Die Vorstellung, daß eine so verwickelte Partitur wie die des *Sacre du Printemps* auf diese Weise komponiert wurde, war höchst erstaunlich.

In den Arbeitspausen, nachmittags in seinem Arbeitszimmer beim Tee, pflegte Strawinsky über allgemeine und persönliche Erfahrungen zu sprechen. Diese Unterhaltungen bedeuteten schon von Anfang an sehr viel für mich. Als ich eines Tages von Antibes, wo ich wohnte, kam, um mit ihm zu arbeiten, fand ich ihn sehr aufgeregt. »Ich konnte nicht schlafen«, rief er aus. »Ich bin heute morgen schon in der Dämmerung von einem kleinen Vogel geweckt worden, der auf meinem Fensterbrett sang. Die ersten fünf Minuten war ich bezaubert. Aber der Vogel sang weiter. Nach zehn Minuten hätte ich den Vogel am liebsten umgebracht. Aber der Vogel sang weiter! Und wissen Sie, nach fünfzehn Minuten war ich wieder bezaubert.« An einem anderen Tag fand ich ihn ziemlich besorgt um sich selbst, und ich fragte ihn, was los wäre. Er sagte: »Oh, meine Därme, meine Därme!« »Tun sie weh?« fragte ich. »Nein, sie tun nicht weh«, antwortete er, »aber sie hören nicht auf zu sagen: ›Wir sind hier, wir sind hier‹.«

Wenn die Arbeit qualvoll langsam voranging, pflegte Strawinsky, der ein tief religiöser Mensch ist, zu mir über den Glauben zu sprechen. »Sie müssen Glauben haben«, sagte er dann wohl. »Als ich jünger war und die Einfälle ausblieben, fühlte ich mich verzweifelt und dachte, alles wäre zu Ende. Aber jetzt habe ich den Glauben und weiß, daß die Ideen kommen werden. Das angstvolle Warten ist ein Preis, den man bezahlen muß.« Einmal, als wir in seinem Garten spazieren gingen, sagte Strawinsky: »Die ersten Gedanken sind sehr wichtig; sie kommen von Gott. Und wenn ich nach Arbeit, Arbeit und nochmals Arbeit zu diesen Gedanken zurückkehre, dann weiß ich, sie sind gut.«

Strawinskys Erläuterung des Rhythmus hat mir seither bei Wertung des Rhythmus in jeder Musik geholfen. Ich hatte wahrgenommen, daß eine bestimmte, rhythmische Begleitung etwas einförmig ausgefallen war. Nachdem er sie immer wieder abgeändert hatte, blieb die Zahl der Schläge gleich, aber die Einförmigkeit war völlig geschwunden, und das Persönliche des rhythmischen Modells war neu. Ich fragte ihn, ob er den Rhythmus definieren könne. Er meinte, daß er vielleicht erklären könne, was er beim Vergleich von Rhythmus und Mathematik fühle: »Bei der Mathematik«, sagte er, »gibt es eine unbestimmte Zahl von Wegen, auf denen man zur Zahl Sieben kommt. Mit dem Rhythmus ist es ebenso. Da in der Mathematik die Summe das Wichtigste ist, macht es keinen Unterschied, ob Sie sagen fünf und zwei oder zwei und fünf, sechs und eins oder eins und sechs und so weiter. Beim Rhythmus ist jedoch die Tatsache, daß es sieben ergibt, von untergeordneter Bedeutung. Wichtig ist hier, daß es fünf und zwei oder zwei und fünf ist, weil fünf und zwei eine von zwei und fünf verschiedene Wesenheit bleibt.«

Meine Aufgabe war es, Strawinsky zu beraten, wie seine Ideen am besten den Erfordernissen der Geige als einem anspruchsvollen Konzertinstrument angepaßt werden konnten. In verschiedenen Zeitabschnitten pflegte er mir zu zeigen, was er gerade geschrieben hatte, manchmal eine Seite, manchmal nur wenige Zeilen, manchmal einen halben Satz. Dann sprachen wir alle Anregungen durch, die ich geben konnte. Sooft er einen meiner Vorschläge annahm, auch wenn es sich nur um eine einfache Veränderung wie die Erweiterung des Klangbereichs der Violine durch Ausdehnung der Phrase in die untere oder obere Oktave handelte, dann bestand Strawinsky in der Regel darauf, die gesamten Grundlagen entsprechend zu ändern. Er handelte dabei wie ein Architekt, der beim Fundament beginnen mußte, um die Proportionen seines ganzen Baues zu erhalten, wenn von ihm verlangt wurde, einen Raum im dritten Stock zu verändern.

Vor Sommersende 1931, als Strawinsky gerade den letzten Satz des Violin-Konzerts begann, zog er mit seiner Familie nach Voreppe um, einem kleine Ort in der Nähe von Grenoble. Als die Uraufführung zu Berlin im Oktober mit dem Berliner Rundfunkorchester stattfinden sollte, fing ich an, mir Sorge zu machen, ob ich es noch rechtzeitig einstudieren könne. Der letzte Satz ging jedoch sehr glatt voran, und ich konnte die drei ersten Sätze studieren, während er den letzten beendete.

Die Premiere fand in der Berliner Philharmonie vor zahlreichen Zuhörern statt. Sie wurde ein großer Erfolg. Es gab reichliche Diskussionen während der den Aufführungen folgenden Tage; wie immer nach einem neuen Werk Strawinskys. Die Presse war, wie stets, geteilt: einige Kritiker schrieben begeistert, einige wie gewöhnlich gehässig. Strawinsky war sehr zornig. »Warum sind Sie so aufgebracht?« fragte ich ihn. »Ist es nicht immer so gewesen! Sogar Voltaire sagte schon vor langer Zeit von den Kritikern: ›Le critique est pour l'artiste ce qu'est une mouche sur un cheval de course. Elle le pique mais elle ne l'arrête pas.‹« (»Der Kritiker ist für den Künstler, was die Fliege für ein Rennpferd ist. Sie sticht es, aber sie hält es nicht auf.«) Das tat ihm gut, aber da es ihn nicht ganz beruhigte, sagte ich: »Keiner kann jedem gefallen.« Und da ich wußte, daß er religiös war, wagte ich hinzuzufügen: »Sogar Gott gefällt nicht immer jedem.« Er sprang auf und schrie. »*Besonders* Gott!«

(Samuel Dushkin)

Nichtsdestoweniger und allen Schwierigkeiten zum Trotz fährt Strawinsky fort, fleißig und methodisch zu arbeiten, wie er es sein ganzes Leben lang gehalten hat. Er sitzt praktisch jeden Morgen um neun oder spätestens zehn Uhr am Klavier. (Strawinsky hat immer das Klavier als Hilfsmittel bei der Arbeit benutzt, im Gegensatz zu Komponisten wie z. B. Hindemith oder Milhaud.) Als ich ihn vor vielen Jahren einmal fragte, warum er das Klavier verwende, erhielt ich die charakteristische Antwort: »Weil ich den direkten Kontakt mit dem klingenden Ding, dem Instrument, brauche.« Das hilft ihm, sich vorzustellen, wie ein Klang verändert oder umgesetzt werden könnte. Strawinsky arbeitet den ganzen Vormittag, dann am Nachmittag wieder drei bis vier Stunden und oft bis tief in die Nacht hinein.

Ich glaube, es war irgendwann im Jahre 1929, als ich von der Firma Pleyel beauftragt wurde, ein Stück für Cembalo zu schreiben. Die Firma hatte ein modernisiertes Cembalo entwickelt und beschlossen, es dadurch bekanntzumachen, daß sie eine Reihe von Komponisten beauftragte, Stücke für Cembalo zu schreiben. Ich erhielt ein Studio im Hause der Firma, damit ich mich mit dem Instrument vertraut machen konnte. Zufällig befand sich mein Studio direkt neben dem Strawinskys. Da die Wände dünn waren und die Verbindungstür nicht allzu gut schloß, war ich einige Tage lang unfreiwillig Zeuge von Strawinskys Kompositionsarbeit. Natürlich konnte ich ihn nicht sehen, wohl aber hören.

Niemals »trommelte« er auf das Klavier, im Gegensatz zu so manchem anderen Komponisten. Er spielte immer mit erhobener Dämpfung und probierte die Akkorde oder polyphonen Linien oder das, woran er auch arbeiten mochte (ich glaube, es war die *Psalmensymphonie*), sehr vorsichtig, sehr behutsam, in sehr langsamem Tempo. Offensichtlich prüfte er mit großer Aufmerksamkeit die melodischen Entwicklungen oder den Intervallaufbau der Akkorde. Dann konnte ich ihn schnaufen hören … oder er begann, auf die Holzleiste des Klaviers zu klopfen und zu zählen: »RRAS … dwa, TRI … i .. tchetyrye …«, immer auf Russisch. Dann wieder Schnaufen und ein gemurmeltes »pas d'pitié« … Schweigen … und, dann hoben die gedämpften Klaviertöne von neuem an. Mir war recht unwohl dabei, denn hier war ich Zeuge eines Vorganges, noch intimer als der Liebesakt. Aus diesem Grunde atmete ich vor Erleichterung auf, als ich nach einigen Tagen des erfolglosen »Verkehrs« mit dem Cembalo und einer Pilgerreise zur Hohepriesterin dieses Instrumentes, Wanda Landowska, dem Leiter der Firma Pleyel, Robert Lyon, gegenüber zugeben mußte, daß ich die Idee, ein Konzert für Cembalo

190

zu schreiben, aufgegeben habe. Dann hielt ich meinen Auszug aus dem Studio.

Aber an einem meiner »Cembalo-Tage« ging ich nachmittags zu Strawinsky hinüber, nachdem er seine Siesta gehalten hatte, und im Laufe des Gespräches erzählte ich ihm, daß ich ihn komponieren gehört habe und machte ihm die Geräusche vor, die ich gehört hatte: sein Schnaufen und die Worte … Dann fragte ich ihn, was er mit »pas d'pitié« gemeint habe und an wen es gerichtet gewesen sei. Strawinsky erhob sich von seiner Couch, ging an den Tisch, ergriff einen Radiergummi und zeigte ihn mir: »Zu dem hier«, sagte er. »… Es ist ein genauso wichtiges Werkzeug wie der Bleistift.« Und einen Augenblick später: »Man darf sich selbst gegenüber nicht zu nachsichtig sein. Verstehen Sie? Was man schreibt, muß endgültig sein«, und er fügte hinzu: »Es muß so sein, daß es nicht anders sein kann.«

*

Inzwischen hatte Strawinsky meine Gegenwart völlig vergessen und sich in die Seiten seiner *Messe* vertieft. Immer und immer wieder spielte er die gleiche Stelle. Es schien, als überprüfe oder vielmehr als schätze er die Qualität dessen, was er geschrieben hatte, ab. Er maß nochmals die Intervallverhältnisse und berechnete wieder die rhythmischen Schemata. Kopf und Körper zitterten und bebten wie vorher, und er summte ganz deutlich die Worte der *Messe*.

Sobald sich Strawinsky anschickte zu spielen, geriet er in heftige Exaltiertheit – und die Aufführung ging nie ohne Stürme ab. Ich hatte die Aufgabe, die obere Partie oder den Gesangspart in Oktaven zu spielen, aber ich spielte immer zu schnell. Strawinsky sang die Vokalpartien eine, zwei oder manchmal gar drei Oktaven unter ihrer Notierung mit einer Stimme ohne Klang, tief und zittrig. Ebenso sang er rein instrumentale Partien oder seufzte vor Ungeduld, wenn er einsah, daß sich das Orchester auf dem Klavier nicht wiedergeben ließ.

(Nikolas Nabokoff)

Strawinsky komponiert immer noch am Klavier, jedoch nicht ausschließlich, zumindest nicht, solange er sich auf ein Werk vorbereitet. Notenpapier oder Schreibgeräte und unlinierten Papier hat er immer zur Hand auf allen seinen Wanderungen, und es scheint, daß das, was sich vielleicht nachher als Inspiration erweisen könnte, ihn häufig an Bord von Flugzeugen heimsucht. Vielleicht würde er die idealen Bedingungen fürs Komponieren auf einem Weltraumflug finden. Irgendein Papierfetzen – die Ecke eines Briefumschlags, die Rückseite eines Menüs, eine Serviette oder der Rand einer Zeitschriftenseite – dient zur Notierung von Einfällen. Daher schauen die Seiten der Notizbücher, auf die diese Skizzen geklebt sind, wie Collagen aus. Strawinsky datiert jede Skizze und markiert die gewählte Reihengestalt mit Farbstiften. Zur Begründung sagt er, es wäre sonst schwierig, Fehler zu entdecken; doch in Wirklichkeit ist es mehr als das, nämlich Manifestation eines mächtigen Zwangs zur Ordnung.

Die Art, wie Strawinsky ans Komponieren geht, scheint sich in den letzten Jahren nicht geändert zu haben. Er fängt fast immer mit einem melodischen Einfall an, den er in der ersten Aufzeichnung vielleicht bloß durch rhythmische Werte festhält. Diese eine Linie wird manchmal, wie es scheint, ganz isoliert, bis zu einem Punkt ausgedehnt, an dem größere Gestalten für ihn klar zu werden anfangen. Er begibt sich in diesem Stadium des Melodieschmiedens nicht ans Klavier, sondern erst dann, wenn sich harmonische und kontrapunktische Bezüge abzeichnen. Jetzt erst sagt Strawinsky, er habe etwas erfunden (d. h. entdeckt), das er nunmehr zu komponieren (d. h. entwickeln) gedenke. Das Erfinden geschieht hauptsächlich vormittags, am intensivsten gegen Mittag, das Komponieren in der Regel nachmittags. Zur Zeit verläßt Strawinsky sein Studio vor dem Lunch nur für einen Spaziergang, eine unerbittlich einsame Übung, die eher der Befreiung des Kopfes als, wie die Ärzte verlangen, der Lockerung der Glieder dienen soll. Die Instrumentierungsarbeit hat keine festgelegten Stunden. Sobald eine substantielle musikalische Einheit in Partiturskizze vollendet ist, macht er Überstunden, um die Orchesterpartitur zu beenden. Dies geschieht mit hoher Geschwindigkeit, jedenfalls so schnell, wie man auf Transparentpapier schreiben kann; denn er gebraucht weder Xerographie noch eine Notenschreibmaschine. Eine der Aufgaben seiner Tochter ist es (eine weitere, ihrem Vater die Haare zu trimmen), für die Reproduktion dieser Partituren und ihren Versand an den Verleger zu sorgen. Das geht manchmal Seite für Seite vor sich; denn Strawinsky schaut nie zurück, wohl aus Angst, seine Eurydike könnte verschwinden. Die Tochter hütet außerdem, wenn ihr Vater verreist ist, das Manuskript des entstehenden Werkes.

(Robert Craft)

Anton von Webern

1883–1945

Erinnerungen Cesar Bresgens

Endlich, tags darauf, traf ich wieder mit Webern zusammen. Wieder begegneten wir einander unweit Schloß Mittersill in einer Waldschneise. Die Sonne kämpfte mit ein paar tiefhängenden Wolken, die vom Paß Thurn herzogen. Der Regen blieb aber aus. Seit Wochen schon hatte es nicht geregnet. Wir ließen uns auf einer breiten Holzplanke nieder, und ich sah, daß es Webern schon viel besser ging. Ich erzählte ihm von Salzburg, erwähnte auch Grasmayr, der mich einerseits an meinen Vater, andererseits an Webern selbst erinnerte, wobei – so sagte ich ihm – beide eigentlich etwas Paracelsisches an sich hätten.

Das Stichwort Paracelsus löste Weberns Zunge. Ebensowenig wie mir Webern bisher ein Wort über seine Musik oder gar über eigene Pläne gesagt hatte, hatte er bis jetzt die geringste Ahnung von meinem Tun. Jetzt fragte er danach. Ich erwähnte, daß ich fast drei Jahre an einer Paracelsus-Oper gearbeitet hätte, die 1943 an der Dresdner Staatsoper unter Karl Elmendorff herauskommen sollte, dann aber wegen der Zerstörung des Opernhauses auf der Strecke geblieben war; die Partiturskizzen lägen noch am Högl in Bayern, verpackt in einer großen Schachtel.

»Mein lieber Freund«, sagte Webern, »es ist soviel zugrunde gegangen, aber der menschliche Geist hat immer wieder Neues hervorgebracht. Bleiben Sie auf Ihrem Weg, seien Sie Ihrem Wesen treu, schreiben Sie Neues.«

Spontan zitierte ich als Antwort den Leitspruch Paracelsus', den ich immer noch im Ohr hatte: »Alterius non sit, qui suus esse potest.« Webern hörte aufmerksam zu, sagte aber nichts. Vielleicht, überlegte ich, deutet der Satz doch zu sehr auf eine gewisse Selbstherrlichkeit hin, ja geradezu auf eine Verachtung des Mitmenschen. Oder er wurde im Zustand der Bedrängnis geschrieben, zur Verteidigung. Wie oft war Paracelsus nicht in solche Bedrängnis geraten!

Mit einemmal war die Sonne durch den Wolkenschleier gebrochen, so daß man hinaufsehen konnte zum Gipfelaufbau des Pihapper, der höchsten Bergspitze im unmittelbaren Umkreis von Mittersill. Jetzt konnte man auch die Schneefelder ausmachen, die den 2513 Meter hohen Hauptgipfel gleich einem Hermelin umsäumen. In ein paar Tagen wollte ich dort oben stehen. Ich erzählte Webern von meinem Vorhaben. Webern horchte auf. Ohne Übergang entschlüpfte mir der Satz, daß sich in mir beim Bergsteigen so gut wie keine Verbindung zur Musik einstelle, also weder Einfälle noch irgendeine Lust zum Komponieren.

Jetzt lächelte Webern nachsichtig wie bei der ersten Begegnung. Er liebte die Berge und ganz besonders die stille Hochregion auf seine eigene Art. Über die ergreifende Wirkung, die von der Zone der Baumgrenze ausgeht, in der das laute Wesen der dichtbesiedelten Täler verstummt, in der es nur noch die Stille gibt, die in uns zu tönen beginnt, waren wir auch ohne Worte einig. Webern hatte diese Einwirkung, wie ich später den Briefen an Hildegard Jone entnahm, schon in frühen Jahren erfahren. In diesem Augenblick begriff ich den Mann, der hier neben mir saß, besser als durch seine Musik, von der ich ja so gut wie nichts kannte! Es war, als ahnte ich, was ich freilich erst später aus der Lektüre eines Briefes erfuhr, den Webern am 12. Juli 1912 an Alban Berg aus Stettin geschrieben hatte. In diesem heißt es: »Sag, wie kommst Du zum Komponieren? Bei mir ist es so: ein Erlebnis geht so lange in mir um, bis Musik daraus wird, mit ganz bestimmter Beziehung auf dieses Erlebnis. Oft bis in Details. Und zwar wird es öfter zu Musik. Mit Ausnahme der Violinstücke und einiger meiner letzten Orchesterstücke beziehen sich alle meine Kompositionen von der ›Passacaglia‹ an auf den Tod meiner Mutter; vor sechs Jahren ist sie gestorben…«

In dieser Stunde aber erfuhr ich nur aus Andeutungen von Weberns Einstellung zum Komponieren. Es fiel das Wort vom »inneren Hören«. Leider kann ich, was das Folgende betrifft, Weberns Formulierung nicht mehr genau wiedergeben. Ich weiß nur, daß er davon sprach, man müsse das, was man gestalten wolle, voraushören, immer deutlicher, bis man es dann in langen Arbeitsgängen doch unter Kontrolle bringe, so daß es endlich als schriftliches Dokument vor Augen steht. »Das Voraushören ist sicher eine beglückende Sache«, wagte ich zu bemerken, »aber leider gelingt es mir nur in sehr wachen Augenblicken.« Ich gestand Webern, daß meine Hörschwierigkeiten noch nicht ganz aufgehört hätten, so daß ich mir mit der Vorstellung von Klängen und komplizierterem Musikgeschehen überhaupt schwer täte. Als Folge zweier Operationen sei es dazu gekommen, daß hohe Töne, penetrante Geräusche oder monotoner Lärm eine quälende Wirkung auf mich ausüben. Auch hatte ich die Erscheinungen, welche mich während der Operationen erschreckten, nicht vergessen.

»Welcher Art waren diese Erscheinungen?« fragte Webern.

»Es waren regelrechte Visionen«, antwortete ich, »unermeßlich klar, als wären sie an einem lichten Oktobermorgen aus einem glänzenden Steinbruch gemeißelt worden.« Und ich flocht den Faden weiter: »Wie konnten solche Visionen eigentlich entstehen? Und wieso hielten sie sich so zäh, daß ich in der Lage war, sie ständig wieder heraufzubeschwören?«

Ohne Scheu erzählte ich Webern nun, wie während der Operation Paracelsus zu mir gesprochen hatte. Dabei seien seine Bewegungen so natürlich und sicher gewesen, daß nicht der geringste Zweifel an seiner Identität in mir aufgekommen sei. Am aufregendsten aber hatte ich das Auftreten akustischer Ereignisse empfunden, die mit unseren gewohnten Tonvorstellungen nicht das geringste zu tun hatten.

Webern: »Können Sie die Visionen nicht noch genauer beschreiben?«

Ich holte tief Atem. »Es ist alles noch sehr nah, und ich habe eine gewisse Angst davor, mich allzu deutlich in die damalige Lage zurückzuversetzen. Ich will es aber versuchen … Während Primarius Dr. Sinzinger mit kleinen, wohlgezielten Schlägen seines Hämmerchens an der Nasenscheidewand operierte, sah ich den Salzburger Dom in prachtvoller Klarheit vor mir, aber er war rissig, und seine Kuppel drohte einzustürzen. Ich fühlte, wie ich zunehmend unter den Dom geriet: ungeheuer drückten die Mauern, ich konnte sie kaum noch ertragen. Auf dem Domplatz aber stand uralt und zeitlos Paracelsus, etwa wie auf dem bekannten Stich von Hirschvogel. Er mahnte mich durchzuhalten. Dabei erkannte ich, daß ich eigentlich aus Orgelpfeifen bestand. Bei jedem Schlag des Hämmerchens des Operateurs schrie ich laut auf: ›Lassen Sie meine Orgelpfeifen stehen!‹ Ich sehe und höre, wie eine Pfeife nach der anderen zerschlagen wird. (Dr. Sinzinger hat nach der Operation über diese ›Orgelrettungsschreie‹ mit mir gesprochen, denn Ähnliches war ihm noch nicht untergekommen.) Aber – so schien mir – Paracelsus half. Seine Anwesenheit verhütete das totale Zerbrechen der Orgel – das eigentliche ›Ich‹ blieb erhalten, es hatte noch die Kraft, den Dom zu tragen. Kurz nachher, so habe ich es in Erinnerung, trägt Paracelsus Dom, Festung und Altstadt fort, als wäre alles nur Plastilin. Ich aber wußte, *er* wird die Stadt bewahren vor dem Untergang, wenn demnächst die Russen oder Amerikaner erscheinen. Es wird nicht geschossen werden, denn Paracelsus wird das verhindern.«

Webern hatte aufmerksam zugehört und fragte: »Wann war das?«

»Mitte August«, antwortete ich. »Zwei Monate später wurde die Domkuppel tatsächlich getroffen. Zu diesem Zeitpunkt stand ich gerade auf dem Domplatz, eben im Begriff, in den Dom zu gehen, was ich mir während der Krankenhauswochen fest vorgenommen hatte. Ohne Vorwarnung kam da der Bombenhagel und hat – wie Sie vielleicht wissen – empfindliche Schäden in der Altstadt angerichtet. Der ungeheure Luftdruck, der dem unvorhergesehenen Einsturz der Kuppel folgte, schleuderte mich und ein paar neben mir Stehende hart zu Boden. Ich hörte eine Zeitlang gar nichts, sah nur Staub und wieder Staub und starrte in den Nebel. Sanitäter eilten herbei, da und dort hörte man Schreie im milchigen Dunst. Nach wenigen Minuten war der Spuk vorbei, und die Umrisse der Häuser quollen hervor wie aus einer Fata Morgana.«

Webern nach einer Pause: »Sie haben vorhin von seltsamen Klängen gesprochen, die Sie nicht näher beschreiben können. Wollen Sie das vielleicht nochmals genauer erzählen?«

»Es ist schwierig«, antwortete ich, »das war während der zweiten Operation, nach wochenlanger Mittelohrbehandlung.«

»Wahrscheinlich war an diesen Klangvisionen auch eine viel zu hohe Dosierung von Medikamenten schuld, die ich irrtümlich erhalten hatte, da während der Operation nämlich gerade ein Luftangriff auf Salzburg stattfand, und alles Personal, bis auf eine Helferin, in die Keller gerast war. Dr. Sinzinger aber operierte unbeirrt und mit höchster Konzentration weiter – das werde ich ihm nie vergessen! Ja, diese Klangzustände! Sie waren unerhört. Wie soll ich sie schildern? Es gab ein fast perfektes Chaos von oft schneidenden Tönen, ohne jede Tonordnung, dann wieder sanfte Klänge wie umherziehende Tonnebel von seltsamer Dunkelheit. Mitunter war es dann, als käme es zur Präsenz aller überhaupt nur möglichen Töne, die sich unaufhörlich in bald harmonischem, dann wieder gänzlich unharmonischem Miteinander bewegten. Mit der herkömmlichen Vorstellung von Musik hatte das nichts mehr zu tun, sicher war das eine pathologische Erscheinung.«

Webern: »Das würde ich so ohne weiteres nicht sagen. Wir wissen ja alle nicht, was auf uns noch zukommt. Wie viele Klänge gibt es noch, die wir noch nie gehört haben, die aber längst existieren. Es liegt nur an unseren ungeübten Ohren, daß wir sie nicht wahrnehmen. In fünfzig Jahren vielleicht wird man das alles ganz anders verstehen. Es bricht Neues an, es ist wie eine Morgenluft … Sie kennen meine Musik nicht. Es wird eine Zeit kommen, da werden schon Kinder sie natürlich finden.«

Weil mich der Satz so beeindruckte, schrieb ich ihn am gleichen Tag auf und bemerkte dazu, daß Webern an eine Zukunft der Musik glaube, als deren Wegbereiter er sich wahrscheinlich selbst fühlte. Wenn Webern von der Zukunft sprach, ging ein Leuchten über sein Gesicht, das habe ich mehrmals beobachtet. Das Leuchten trat aber jedesmal auch dann ein, wenn er den Namen Schönberg aussprach.

Dieser Absatz ist einem gut geschriebenen und interessanten Buch entnommen (Cesar Bresgen, Mittersill 1945 – ein Weg zu Anton von Webern). Webern liebte die Hochregionen des Gebirges, deren Atmosphäre in die Musik der kleinen Sekunden und der langen Pausen eingegangen ist. Die Frage ist, ob diese Musik (schon vorausgeahnt in Beethovens op. 111, 2. Satz, Takt 81) auf die sich viele berufen, hat Nachfolger finden können, jedenfalls ist ihr technischer Inhalt – von dem Webern nicht gerne gesprochen hat – kaum wichtig gegen ihre innere Haltung: Die Stille der großen Höhe.

Strawinsky über Webern

Eine Photographie mit Berg und Webern hängt bei mir an der Wand. Sie stammt ungefähr aus der Entstehungszeit der »Drei Orchesterstükke«. Berg ist groß, vollkommen gelöst, fast zu schön; sein Blick ist nach draußen gerichtet. Webern dagegen ist klein, starr, kurzsichtig zum Boden blickend. Berg offenbart sich selbst durch seine wallende Künstlerkrawatte; Webern trägt schmutzige Bauernschuhe – was mir etwas sehr Tiefgründiges enthüllt. Schaue ich auf die Photographie, so werde ich sofort daran erinnert, daß beide Menschen nur wenige Jahre nach dieser Aufnahme vorzeitig eines tragischen Todes sterben mußten, nach Jahren der Armut, musikalischer Vernachlässigung und schließlich der musikalischen Verbannung im eigenen Land. Ich sehe Webern mit ruhigem Blick zu den Bergen auf dem Friedhof von Mittersill stehen, den er, laut seiner Tochter, in den letzten Monaten häufig besuchte und auf dem er auch später begraben wurde; und ich sehe Berg, der in den letzten Monaten ahnte, daß seine Krankheit tödlich sein könnte. Ich vergleiche das Schicksal dieser Menschen, die nicht auf einen Anspruch der Welt achteten und die eine Musik schufen, durch die unser halbes Jahrhundert in Erinnerung bleiben wird, im Vergleich zu den »Karrieren« von Dirigenten, Pianisten und Geigern, alles nichtige Auswüchse! Dann richtet diese Photographie von zwei großen Musikern, von zwei echten Geistern, beides herrliche Menschen, mein auf dem tiefsten Punkt stehendes Gerechtigkeitsgefühl wieder auf.

Haben Sie seither Ihre Ansicht über Webern irgendwie geändert?
Nein. Webern ist der Entdecker eines neuen Abstands zwischen dem musikalischen Objekt und uns, und damit eines neuen Maßes der musikalischen Zeit – schon dadurch ist er für uns äußerst wichtig. Weberns Bedeutung wird heute sogar von den großen Pultvirtuosen erkannt. Ein berühmter Dirigent, der neulich eines der beiden einzigen Werke Weberns, die als einigermaßen verständlich gelten, aufführte, ließ sich in einem Interview zu der Bemerkung herab, »Webern hat einen Einfluß auf die Musik« – eine Feststellung, die sich in der Politik etwa mit Eisenhowers Entdeckung, daß es in China Kommunisten gibt, vergleichen läßt.

Wir können nun Webern auch als Persönlichkeit besser erkennen, seitdem seine Briefe an Berg, Humplik und Jone veröffentlicht sind. Der Webern dieser Briefe ist vor allem tief religiös, und zwar nicht nur im rituellen und institutionellen Sinn (es ist immerhin merkwürdig, daß er die sechs Sätze seiner zweiten Kantate mit einem Kyrie, einem Gloria, einem Credo, einem Benedictus, einem Sanctus und einem Agnus Dei vergleicht), sondern auch in der schlichten Frömmigkeit gegenüber allem Wesen, das ihm als Idee Gottes galt (eine Blume, ein Berg, »Schweigen«). Musik ist ihm ein Myterium, etwas Wunderbares, das keiner Erklärung bedarf. Dabei gibt es für ihn nichts Sinnvolles außerhalb der Musik. Er steht vor dem Parthenonfries und bewundert die »Konzeption« des Bildhauers, die er mit seiner eigenen »Kompositionsmethode« vergleicht: »… immer dasselbe in tausendfältiger Erscheinung« (in einem andern Brief: »… während ich diesen Sinn – und er bleibt ewig der gleiche – mit unseren Mitteln zu erfüllen trachte«). Darüber hinaus versucht er nie etwas zu erklären, und in einem Brief gesteht er sogar, wie sehr es ihn plage, wenn er etwas erklären sollte: »Unterrichten ist mir zeitweise eine Tortur.«

Er gleicht darin einem Dorfpfarrer, daß seine Welt nicht über sein Dorf hinausreicht – wahrhaftig eine Welt, die von der meinigen eine Million Meilen entfernt scheint. Auch seine Art, sich zu geben, war ganz »villageois« und … priesterlich. Der Fachjargon über technische Fragen ist seinem Vokabular fremd (an Berg: »Kunst muß einfach sein«), und er kümmert sich nicht um Ästhetik (»… habe ich nie verstanden, was ›klassisch‹, ›romantisch‹ und dergleichen ist«). Er ist grenzenlos geduldig; natürlich scheut er keinerlei Mühe, dabei ist das Komponieren für ihn das Natürlichste von der Welt. (Daß ihm seine Musik schreckliche Geburtswehen verursacht hat, steht für mich außer Zweifel. Die wenigen Notenbeispiele in seinen Briefen zeigen, wie intensiv ihn bei seinen späteren Werken die Beziehungen der Notenwerte zur musikalischen Substanz – und Tempo,

Metrum, Schlag – beschäftigt haben, und allein schon dieses Problem ihn dazu veranlaßte, dasselbe mehrfach umzuschreiben.)

Er hat nicht das Herz eines Revolutionärs – die Musiktradition, in die er hineingeboren ist, nimmt er kritiklos hin, und er betrachtet sich keineswegs als ein Neuerer. Er war das, was er war, ganz fern vom sogenannten Zeitgeist. Dieser Webern wird den »Webernisten« nicht passen. Sie werden erröten über die »Naivität« und den »Provinzialismus« ihres Meisters. Sie werden seine Blöße verdecken und ihren Blick abwenden. Und mit diesem Wegsehen wird eine Reaktion gegen seine Musik einsetzen (zugunsten von Berg; allenthalben heißt es jetzt, Weberns Reihen seien zu symmetrisch, in seiner Musik sei das Zwölftonprinzip zu auffällig, und man sagt: »la structure sérielle chez Berg est plus cachée«). Aber für mich ist Bergs Musik im Vergleich zu der von Webern wie eine alte Dame, von der man sagt: »Wie schön muß sie gewesen sein, als sie jung war.« Webern war zu original – d. h. zu rein nur er selbst. Natürlich mußte alle Welt ihn nachahmen, natürlich ist sie daran gescheitert, natürlich soll Webern an ihrem Mißerfolg schuld sein. Aber das spielt keine Rolle. Die verzweifelten Kunstgriffe der Musik, die heute vielfach seinem Namen aufgebürdet werden, können weder seine Kraft beeinträchtigen noch seine Vollendung überschatten. Er ist ein fortwährendes Pfingstfest für alle, die an Musik glauben.

Othmar Schoeck
1886–1957

Wenn vom Komponieren die Rede ist, kommt Schoeck immer wieder auf Mozarts Schaffensweise zurück. Was ihn besonders beeindruckt, ist die Überlieferung, nach der Mozart die Themen zuerst auf ihre Ergiebigkeit, auf ihre Variierungsmöglichkeit und Kontrapunktierung geprüft haben soll. »Das Primat der Melodie«, erklärte Schoeck, »zeigt sich bei Mozart auch in den Skizzen. Reinhart in Wintherthur besitzt den Entwurf zum Klarinettenkonzert, das ursprünglich für Bassetthorn gedacht war. Zeilenlang enthält das Autograph lediglich die Melodiestimme, zu der gelegentlich kontrapunktierende Figurationen notiert sind. Ich habe das Manuskript jeweils mit ins Bett nehmen dürfen und es dort gründlich studiert.«

Schoeck fuhr später fort: »Über das Wesen der Inspiration habe ich mich immer wieder mit Busoni gestritten. Meiner Meinung nach darf die Inspiration die Schwelle des Bewußtseins nie ganz überschreiten. Geschieht das nämlich, so habe ich stets den Eindruck des Gemachten.«

Als von Reger die Rede war, urteilte Schoeck: »Reger hat es an melodischen Einfällen gefehlt. Regers Einfälle sind oft nur ganz kurz, manchmal nur einen Takt lang. Dieser Takt wird dann weitergesponnen, und zwar auf eine Art, in der es fast beliebig lang weitergehen könnte. Es ist eben doch ein grundsätzlicher Unterschied, ob einer täglich komponiert oder nur dann, wenn ihm etwas einfällt. Reger einer- und Wolf andererseits sind Prototypen dieser verschiedenartigen Kompositionsweise. Wolf ist unvergleichlich inspirierter als Reger. Bei ihm hat man wirklich den Eindruck, etwas Höheres habe ihn regiert. Wenn Reger seine Kompositionen vortrug – er war ein ausgezeichneter Pianist –, so spielte er viele Nebenstimmen entweder nur en passant oder gar nicht. In späteren Jahren wurde sein Satz immer dünner, aber auch spröder. Regers Musik ist übrigens meist scheinpolyphon, beim näheren Zusehen erweist sie sich als akkordisch. Eine wesentliche Rolle spielt in seiner Harmonik bekanntlich der Proteus der Akkorde, der verminderte Septakkord ... Groß ist Reger dort, wo die Thematik gegeben ist: in den Variationswerken (Mozart-, Hiller-, Telemann-Variationen).« Schoeck erwähnte als harmonisches Detail das dorische a (g statt *gis*) in den Mozart-Variationen und sprach bewundernd von der Variation in cis-Moll. »Reger gestand mir einmal, die Quinten in Mozarts und Schumanns Werken liebe er nicht.«

Schoeck verriet auch heute wieder, er treibe Klavierstudien, und er wiederholte, es nehme ihn wunder, was daraus noch werde. Er sagte nicht, worin die Studien bestehen, ich wollte ihn auch nicht danach fragen. Er klagte über den kleinen Finger der rechten Hand, den er nicht mehr strekken kann. »Die Sehne ist verwachsen; man müßte sie operieren lassen. Ich weiß nicht recht, ob ich mich einer solchen Operation unterziehen soll. Das Gebrechen behindert mich eben. Wenn ich beispielsweise Dezime im Geist höre, will ich sie nachher auch auf dem Klavier wirklich vernehmen; greifen kann ich sie mit diesem Finger nicht.« Damit kam Schoeck auf die Bedeutung des Klaviers beim Komponieren zu sprechen. Er meinte: »Die ganze romantische Musik ist ohne das Klavier gar nicht denkbar. Schon von Mozart wird bezeugt, daß er immer, wo sich Gelegenheit bot, am Instrument gesessen, obwohl die Harmonik damals noch eine gegebene Größe war. Schubert hat während des Komponierens auf der Tischplatte ›blind‹ Klavier gespielt, um sich vorzustellen, wie das zu Erschaffende oder das bereits Geschaffene klingt. Schumann merkt man das Schaffen am Tasteninstrument gelegentlich deutlich an. Wagner hat bekanntlich seinen ›Tristan‹ am Klavier geschrieben. Bei Reger bin ich selber Zeuge gewesen. Es ist immer wieder vorgekommen, daß er mitten in der Stunde in die Tasten gegriffen, dann nach Notenpapier und Bleistift gesucht und etwas schriftlich fixiert hat. Die Harmonik ist seit Mozarts Zeiten so differenziert geworden, daß eine Nachkontrolle am Klavier nicht nur unvermeidlich, sondern auch wünschbar ist. Lineares, einen Kanon, eine Imitation oder ein Fugato schreibe ich allerdings lieber ohne Instrument … Es ist eigenartig: Wenn ich gut aufgelegt bin, fließt die Arbeit, und was mir dann einfällt, ist gerade richtig und sitzt. Dann folgen manchmal wieder Stunden, wo einfach nichts gelingen will. Da sollte man das Schreiben besser bleibenlassen.«

Im Radio hörte Schoeck einen Stardirigenten; er war der Ansicht, es sei stets entweder zu schnell oder zu langsam musiziert worden, nur nie natürlich und ergänzte frühere Bemerkungen über das Dirigieren. Wieder wandte er sich gegen die bloße Verwirklichung dessen, was auf dem Notenpapier steht. »Das Notenbild ist bereits ein Kompromiß. Es entspricht schon nicht mehr ganz der innern Vorstellung des Komponisten. Das Notenbild ist ein Gerüst und darf nicht als das endgültige, authentische Kunstwerk betrachtet werden.«

Dann erklärte er: »Der ideale Satz ist der dreistimmige, den im 18.

Jahrhundert schon J. H. Fux gelehrt hat. Das 19. Jahrhundert hat ja dann den vierstimmigen Satz zur Norm erhoben ... Richter! ... Der dreistimmige Satz kommt mir stets wie ein Sinnbild für die Elemente der Musik vor, für Melodie, Harmonie und Rhythmus. Ein dreistimmiger Satz enthält alles.« Schoeck griff nach seinen ›Ritornellen und Fughetten‹, setzte sich ans Instrument und sagte: »Hören Sie, wie vollkommen das tönt!« Er meinte mit ›vollkommen‹, es fehle nichts.

Wir sprachen zunächst von der Melodik. Schoeck fragte: »Woran liegt es, daß die eine Melodie edlen, die andere banalen Charakter hat? ... Etwas vom Trivialsten ist das bekannte ›Täm-täm-täm, te-räm-täm-täm‹ der zweiten Rhapsodie von Liszt. Das hat geradezu etwas ordinär Erotisches.« Schoeck summte drei alte Schlager, deren Titel mir entgangen sind, und fuhr fort: »Das Ordinäre liegt im Rhythmischen und oft auch im Zuviel der Sequenzen. Das Wesentliche einer guten Melodie zu erfassen, bewußt zu machen oder gar zu lehren, ist unmöglich. Ernst Toch hat es versucht; er hat eine Melodielehre geschrieben; es ist ihm aber auch nicht gelungen.« Es war in diesem Zusammenhang auch die Rede von Lehár. »Seine Melodik bedarf der Süße der Geigen. Rhythmisch ist seine Melodik gelegentlich lahm.« Schoeck erwähnte den Walzer aus der ›Lustigen Witwe‹. Er lallte ihn mit schwerer Zunge müde und einsilbig vor sich hin und erinnerte, um ein Gegenbeispiel zu nennen, an einen Walzer von Johann Strauß.

Am meisten regte sich Schoeck darüber auf, daß sich die Schöpfer athematischer Musik auf den Barock, speziell auf Bach berufen. Bachs Themen, namentlich die Themenköpfe, haben doch ein unverwechselbares Tongesicht. Schoeck zitierte die Themen der Violinkonzerte und des ›Italienischen Konzerts‹. Dann suchte er die ›Johannes-Passion‹ hervor und zeigte mir das scharf profilierte, weiträumige Thema der g-Moll-Arie.

»Die athematische Musik«, schimpfte er, »ist der Tummelplatz der Amateure und Dilettanten! Wenn einer als Musikfreund konsequent auf der Seite dieser Modernen steht, kann ich das noch begreifen. In Gottes Namen! Unverständlich ist mir aber, wie jemand traditionelle und atonale Musik *gleichzeitig* lieben, wie einer bald da, bald dort stehen kann!«

Über die Bedeutung des melodischen Einfalls: »Der Erfolg von Richard Strauss' Schaffen beruht schließlich doch in der Fülle melodischer Einfälle ... Lehár«, fuhr Schoeck nach einer Weile fort, »strebt ja bisweilen in höhere Kunstsphären. Er blickt manchmal zu Richard Strauss auf, während sich Strauss gelegentlich zu Lehár hinunterbeugt ... Die Einfälle sind es letzten Endes auch, die Wagners Größe ausmachen. Man muß dazu natürlich auch die großgeschaute Konzeption der Teile und der Musik-dramen zählen. Wagner hat ja bekanntlich am Klavier gearbeitet. Derart differenzierte, chromatische Musik kann ja nur mit Hilfe des Instruments geschaffen werden.« (Deshalb, muß man in Klammern beifügen, wird sie auch durch die Harmonik bestimmt. Und gerade dagegen haben sich die Komponisten nach dem Ersten Weltkrieg gewehrt!) »Vermutlich impro-visierte er zuerst aus der Vision des zu erschaffenden Werkes heraus.« Schoeck zitierte als Beispiel eines großartigen Einfalls die Einleitung des dritten Tristan-Aufzuges, die das Meer schildere … Schließlich wies Schoeck auf die äußerst scharf profilierten Einfälle Beethovens hin. Er markierte Themen und deren Aufspaltung aus der V., VI. und VIII. Sin-fonie. »Thematik«, stellte Schoeck verärgert fest, »ist zwar in der moder-nen Musik verpönt. Athematische Musik! Das ist das Schlagwort! Weil ihnen keine Themen einfallen, machen sie aus der Not eine Tugend! Aber ohne Einfälle kann man auch heute noch keine wahren Kunstwerke schaf-fen.« Dann wetterte und protestierte der Meister gegen die Behauptung zeitgenössischer Musiker, die Umkehrung eines Akkordes bringe klang-lich nichts Neues: »Ein Sextakkord ist doch etwas ganz anderes als der Dreiklang in der Grundlage! Und erst der Quartsextakkord!« rief Schoeck gestikulierend. »Man hat ihn allerdings auch fürchterlich mißbraucht und bis zum Überdruß verwendet!«

(Werner Vogel)

Daß Schoecks Schaffen ihm nicht Ringen und Qual, sondern höchstes Glück war, geht aus all dem Gesagten hervor. Selbstverständlich haben Erkenntnisdurstige ihn immer wieder bedrängt, um zu erfahren, wie er schaffe, wie ein Lied, ein Chorstück, eine Oper entstehe. Schoeck hat sich darüber ungefähr in folgendem Sinne geäußert: Er habe gewissermaßen »einen Geruch der Atmosphäre« (des »Klangduftes« hat Wagner sich ausgedrückt), der Grundstimmung des Gedichtes, woraus der Einfall, sei er mehr melodischer oder klangatmosphärischer Art, unmittelbar ent-springe. Aus diesem Einfall, der die melodischen, harmonischen und rhythmischen Elemente von allem Anfang an festlege, ergebe sich alles weitere in zeitlicher Entwicklung »von selbst«, es wachse aus dem Einfall heraus wie eine Blume aus dem Kelche. Vorstellungen optischer, archi-tektonischer Art, einer bestimmten Form, eines Schemas fehlten. So habe er, als ihn Goethes Worte zur Komposition der »Dithyrambe« anregten, nicht gewußt, was daraus werde, am wenigsten, daß er im Begriffe sei, ein Stück für Doppelchor und Orchester zu schaffen.

Nicht anders bei Werken des absoluten Stiles. »Zuerst ist immer der Einfall da. Der Einfall ergibt die Form, nicht umgekehrt.« – »Wie oft hat mich eine Melodie, ein Thema beschäftigt, als ich noch keine Ahnung hatte, ob daraus ein Sonatensatz, ein Quartett oder ein Konzertsatz werde«, äußerte er sich zu einem Freunde, »bis der Einfall plötzlich eindeutige Gestalt angenommen hat.« Natürlich wollten die guten Leute nun wissen, wie es zugehe, wenn der Einfall »komme«. Er pflegte zu antworten, daß er es selber nicht wisse und nichts darüber sagen könne, als daß es schön und ein großes Glück sei. Das einzig Schwere an der Sache sei, daß man dann nicht den Hut nehme und fortlaufe, um die Qual der Beseligung auszukosten, sondern bei der Stange bleibe, den Einfall aufschreibe und sich daranmache, ihn auszuarbeiten. Als ich einmal in ähnlicher Weise in ihn drang, antwortete er: »Wie geht es denn zu, wenn du einen Liebesbrief schreibst? Da fließen dir die Gedanken zu, daß die Feder kaum zu folgen vermag – aber woher sie kommen und wie sie sich bilden, wer vermöchte das zu sagen?«

Den Willen erachtete er als tödlichen Reif für die Kunst. »Die Blume der Kunst blüht auf, wo sie Licht und Sonne hat und blüht von selbst; wo sie das nicht hat, geht sie zugrunde. Das ›Ich will blühen‹ ist des Teufels!« Er stellte darum Mozart, bei dem der Wille ausgeschaltet sei, über Beethoven: »Beethoven ängstigt mich zuweilen durch die dämonische Betonung des Willensmäßigen, ähnlich wie in der Malerei Michelangelo«, äußerte er sich zu einem Befrager. Komponisten, die »sich vornahmen«, eine Sinfonie zu schreiben, die von einer »Vision des Ganzen« ausgingen, von einem Schema, das sie dann mit »Material« aufzufüllen versuchten, schienen ihm auf Holzwegen zu sein. Seines Erachtens hatte der Musiker nicht vorgefundene Formen aufzufüllen, sondern neue zu schaffen.

Wenn ihm aber die schöpferische Arbeit höchstes Glück bedeutet, so weiß er auch, daß mit ihr ein endloses Ringen verbunden ist, daß sie eine restlose Hingabe erfordert, das Opfer aller Kräfte und aller Zeit. Auf die Richtung hinweisend, welche die Theorie des »rein horizontalen Hörens« verkündete, sagte er: »Ich bin manchmal tagelang unglücklich, weil ich eine Harmonie, die mir vorschwebt, nicht finden kann – und für diese Leute existiert das Problem überhaupt nicht, mag ihr Produkt klingen wie es will!« Auch gestand er gelegentlich, daß er sich bei der Instrumentierung eines Werkes oft wegen eines einzigen Taktes stundenlang das Gehirn zermartere.

In jungen Jahren hat Schoeck ganz con amore gearbeitet und die begnadete Stunde abgewartet; mit fortschreitendem Alter arbeitete er systematisch und geizte mit der Zeit. Er hatte die Erfahrung gemacht daß bei intensiver Arbeit sich die Einfälle von selber einstellten, wenn auch oft erst nach stundenlanger Bemühung. »In einer halben Stunde vor dem Nachtessen ist dann alles gemacht.« So antwortete er auf die Frage, welches die grundlegenden Bedingungen der schöpferischen Arbeit seien: »Begabung, Einfalt des Herzens und – Zeit haben!«

(Hans Corrodi)

Olivier Messiaen

1908–

Frage: *In jedem Kunstwerk gibt es ein Element der Arbeit und ein Element der Kunst. Die technische Seite und die Seite des Ausdrucks. Es gibt eine musikalische Architektur, deren Architekt Sie sind, und es gibt eine musikalische Magie, der Sie unterworfen sind, wenn Sie gestalten. Wie stimmen in Ihrer Musik diese beiden Elemente überein?*

»Diese Frage ist die schwierigste. Es handelt sich um die Inspiration. Die Inspiration ist wie der Tod: Sie erwartet uns überall. In einer Gebirgskette, in einem Kirchenfenster, in einem Buch über Medizin, über Astronomie, über Mikrophysik. Die einen suchen sie, indem sie zu Gott beten, die anderen, indem sie einen Frauenkörper umarmen. Der Musiker findet Musik auf allen Seiten. Für einen Liebhaber haben alle Gegenstände die Farbe des gleichen Gesichts. Und welche Schwingungen, welche geheimnisvollen Symphonien sind in einer Wolke, in einem Stern, im Blick eines Kindes verborgen. Ich glaube an die musikalische Inspiration. Aber nicht als brüskes Auftreten einer pythischen Verzückung. Sie ist mehr eine langsame, unmerkliche Arbeit, die ohne unseren Willen geschieht. Sie quält uns, besitzt uns wie eine fixe Idee, wie die Liebe. Die Inspiration ist wie die Liebe. Manchmal spottet sie über uns; man beabsichtigt, eine Bühnenmusik zu schreiben, und es werden zwanzig Klavierstücke daraus. Man meint, Melodien zu schreiben, und es entsteht eine sinfonische Dichtung oder ein Opernakt. Aber warum soll man das Licht und sein geheimnisvolles Lächeln erforschen. Das Einzige, was ich behaupten kann, ist, daß ich nichts schreiben kann, was ich nicht gelebt hätte.«

Aphorismen und kurze Texte

Die Kaste Noae war 300 Ellen lang, 50 breit und 30 hoch. Wenn man diese auf das Monochordum appliciret, so befindet man Triadem harmonicam Cge. Also waren die Lade des Bundes der Gnadenstuhl, der Tisch, die Hütte des Stiffts der Tempel Salomonis und alle Gebäude harmonisch nach den Musicalischen Proportionibus aus Gottes Befehl gebauet.

Andrea Werckmeister (1645–1706)

Daß die Musica oder Harmonia, Ihren Uhrsprung von Gott habe, und denen Menschen als ein herrliches Geschencke von dem Schöpfer sey gegeben worden, solches wißen und verstehen nicht allein viel Gottselige und Gelehrte Theologi, sondern es haben auch die klugen Heyden aus dem Lichte der Natur erkennen können.

Andrea Werckmeister

Und stammt der Mensch und die Music aus einem Principio, und Ursprunge nehmlich von Gott selber und muß dannenhero etwas Göttliches in der Music enthalten seyn.

Andrea Werckmeister

Also ist Gott immediatè, und mediatè der Uhrheber der Music, so wir allhier in dieser Zeitlichkeit haben. Und der Mensch ist nicht eigentlich der Inventor, sondern nur das Werckzeug, so Gott dazu bebrauchet.

Andrea Werckmeister

Ein bloßer Schall würde nimmermehr die Kraft haben, ganze Mauren, wie zu Jericho geschehen, umzuwerfen, daß also hierinnen allemahl die Göttliche verborgene Kraft, welche Gott der Music zugeeigenet, mit obhanden gewesen.

Andrea Werckmeister

Ich habe fleißig sein müssen; wer ebenso fleißig ist, der wird es ebenso weit bringen.

J. S. Bach

Wenn Mozart auch nichts anderes geschrieben hätte als seine Violinkonzerte und das Requiem, würde er allein dadurch schon unsterblich geworden sein.

Joseph Haydn

Möchten wir uns doch immer erinnern, wie viel von dem, was wir sind, wir unseren Vorgängern verdanken, ohne die wir nie das geworden wären; wir kämen viel weniger in Gefahr, uns selbst zu überschätzen.

Joseph Haydn

Der Dichter soll seine Umrisse auf ein weitläufig gewobenes Zeug aufreißen, damit der Musikus vollkommen Raum habe, seine Stickerei mit großer Freiheit und mit starken oder feineren Fäden, wie es ihm gut dünkt, auszuführen.
Der Operntext soll ein Karton sein, kein fertiges Bild.

J. W. v. Goethe

Die Würde der Kunst erscheint bei der Musik vielleicht am eminentesten, weil sie keinen Stoff hat, der abgerechnet werden müßte. Sie ist ganz Form und Gehalt und erhöht und veredelt alles, was sie ausdrückt.

J. W. v. Goethe

Zwar sind Empfindungen ihrem Inhalte nach, keiner Darstellung fähig; aber ihrer Form nach sind sie es allerdings, und es existiert wirklich eine allgemeine beliebte und wirksame Kunst, die kein anderes Objekt hat, als eben diese Form der Empfindungen. Diese Kunst ist die Musik.

Friedrich Schiller

Unter Festklammern verstehe ich, daß man sich bemühe, jeden Takt eben so bestimmt zu halten und keinem einzigen matten, unbestimmten, Einlaß in das Bild gestatte. Auch in dieser Beziehung gehen viele Komponisten nicht sorgfältig genug zu Werke, sie beachten das Einzelne zu wenig. Was ist ein Takt für sich betrachtet in ihren Augen! Aber er ist sehr viel! Er kann durch ungeeignetes Betragen die Harmonie einer ganzen Melodie stören. Versuchen Sie in Mozarts ›Reich mir die Hand, mein Leben‹ oder in irgendeinem Gedanken seiner Opern nur einen Takt anders zu machen, und Sie werden sogleich erkennen, wie das Ganze dadurch gestört wird und wie jeder Takt eben darum ein der Natur dieser Melodie wesentlicher Zug sein muß.

C. M. v. Weber

O Mozart, unsterblicher Mozart, wie viele, o wie unendlich viele wohltätige Abdrücke eines lichten besseren Lebens hast du in unsere Seelen geprägt.

Franz Schubert

Daß Sie Sebastian Bachs Werke herausgeben sollen, ist etwas, das meinem Herzen, das ganz für die hohe große Kunst dieses Urvaters der Harmonie schlägt, recht wohl tut.

Ludwig van Beethoven

Höheres gibt es nicht, als der Gottheit sich mehr als andern Menschen zu nähern und von hier aus die Strahlen der Gottheit unter das Menschengeschlecht zu verbreiten.

Ludwig van Beethoven

Der wahre Künstler hat keinen Stolz; leider sieht er, daß die Kunst keine Grenzen hat, er fühlt dunkel, wie weit er vom Ziel entfernt ist, und indes er vielleicht von anderen bewundert wird, trauert er, noch nicht dahin gekommen zu sein, wohin ihm der bessere Genius nur wie eine ferne Sonne vorleuchtet.

Ludwig van Beethoven

Welch' himmlischer Beruf die Kunst ist! Wenn alles andere (was einen abziehen soll) so widerwärtig und schal erscheint, so ergreift einen schon die kleinste, wirkliche Tätigkeit der Kunst gleich so im Innern, führt so weit, weit von der Stadt, vom Lande, von der Erde weg, daß es ein wahrer Gottessegen ist.

Felix Mendelssohn-Bartholdy

Ich nehme es mir der Musik gern sehr ernsthaft, und halte es für unerlaubt, etwas zu komponieren, das ich eben nicht ganz durch und durch fühle. Es ist, als sollte ich eine Lüge sagen, denn die Noten haben doch einen ebenso bestimmten Sinn, wie die Worte, – vielleicht einen noch bestimmteren.

Felix Mendelssohn-Bartholdy

Mendelssohn ist ein Herrlicher, – ein Diamant direkt vom Himmel; wir haben uns gern, glaub' ich.

Robert Schumann

Keiner weiß klaviergemäßer zu instrumentieren, d. h. so recht vom Grund, aus der Tiefe des Klaviers heraus, denn Schubert, während wir z. B. bei Beethoven zur Farbe des Tones erst vom Horn, der Hoboe usw. borgen müssen.

Robert Schumann

Schumann erscheint uns gut und liebevoll wie jede höhere Persönlichkeit, geistreich und voll Laune wie ein wirklicher Künstler, mit einer Vorliebe für Abschweifendes und Überraschendes, die den Dichter bezeichnet, vor allem und über alles aber als rechtschaffener Mensch in seinen Überzeugungen und der Art, wie er sie vertritt. Seine Kritik liefert ein schönes Beispiel eines prinzipiell strengen, faktisch wohlwollenden Geistes, der anspruchsvoll für die Kunst, nachsichtig für die Künstler ist, der gern aus seiner Heimat in den Wolkenschichten als freundlicher Gast in bescheidenen Niederungen einkehrt.

Franz Liszt

Alles ist vergänglich, nur Gottes Wort verbleibt ewiglich – und Gottes Wort offenbart sich in den Schöpfungen des Genius.

Franz Liszt

Jeder Mangel der Form ist wie ein den hellen Kristall des Gefäßes trübender Dunst, welcher durch ein Umnebeln und Verhüllen seiner Durchsichtigkeit das Leuchten und Strahlen der Idee hindert.

Franz Liszt

Der Grundbaß ist uns in der Harmonie, was in der Welt die unorganische Natur, die roheste Masse, auf der alles ruht und aus der sich alles erhebt und entwickelt.

Arthur Schopenhauer

Ich glaube an die Inspiration, ich will den Enthusiasmus wecken, ich will die Kunst, in welcher Form sie auch immer erscheine, niemals aber Unterhaltung, Artistik und theoretische Spekulation.

Giuseppe Verdi

Nur aus der Ruhe, aus der Ausgewogenheit, ergeben sich erst vollendete Kunstwerke.

Giuseppe Verdi

Warum so wenig ganz Vollendetes in der Welt zustande gekommen ist, erklärt sich zum Teil gewiß auch daraus, daß ein wahres Genie sich nicht nur in der umfassenden Schnelligkeit der Konzeption eines großen Planes, sondern namentlich auch in der – gewiß! – leidenschaftlichen, ja peinlichen Ausdauer bewährt, welche die volle Verwirklichung seines Planes erfordert. Hier ist mit flüchtigen Andeutungen nichts getan.

Richard Wagner

Ich dachte nur Musik. Ich bin verliebt in Musik, ich liebe die Musik. Ich denke nichts als sie und an anderes nur, wenn es mir Musik schöner macht.

Johannes Brahms

›Gefühl ist alles‹. Sehr gut und schön bei einem Religionsexamen – einem jungen Mädchen gesagt! Uns geht aber den Augenblick mehr an, was Goethe sonst, auch Kunst angehend, mit Wort und Tat eindringlich predigt!

Johannes Brahms

Ohne Zusammenhang, ohne die innigste Verbindung aller und jeder Teile, ist die Musik ein eitler Sandhaufen, der keines dauernden Eindruckes fähig ist; nur der Zusammenhang macht sie zu einem Marmor, an dem sich die Hand des Künstlers verewigen kann.

G. E. Lessing (zitiert von Brahms)

Einen schönen Gedanken zu haben ist nichts Besonderes. Der Gedanke kommt von selbst, und ist er schön und groß, so ist dies nicht des Menschen Verdienst. – Aber den Gedanken gut auszuführen und etwas Großes aus ihm zu schaffen, das ist das Schwerste, da ist *Kunst!* – wie oft ist der Gedanke auf den ersten Blick einfach; aber in der Ausführung stößt man auf solche Hindernisse – ich nenne sie »Knoten« –, die nicht zu überwinden sind, und wenn man sich auf den Kopf stellte.

Antonín Dvořák

– – Und dann geht die neuere Musik den Wiederholungen zu sehr aus dem Wege, wo sie Bedürfnis, ja architektonische Forderung ist – ist denn das linke Auge eine entbehrliche Wiederholung des rechten?

Moritz Hauptmann

Der Gesang der Vögel, das Summen der Käfer, munteres Wellengemurmel, das leise Getön lauter Frühlingslüfte, all das geheimnisvolle Regen und Weben der neugeschmückten Erde – welche himmlische Musik! Das aufmerksame Ohr hört da die wundervollsten Symphonien, Hymnen, Lieder und Chöre, wie sie kein Mensch noch nachgedichtet.

Hugo Wolf

Musik ist ein Teil des schwingenden Weltalls.

Ferruccio Busoni

Form in der Musik kann oft architektonischer Form gleichen. So ist die dreiteilige Form dem griechischen Tempel analog. Es gibt andere griechische Gebäude, die nicht wie die Tempel ihre Idee in die Mitte stellen, sondern ihre Verzierungen und Motive rund um das Haus ziehen, oft in Form eines Frieses in Basrelief mit Abbildungen historischer oder mythologischer Szenen, jede anders als die andere, alle aber vereinigt auf der gleichen Ebene. Dieser Form gleicht die Schumann-Novellette.

Ferruccio Busoni

Bei Brahms durchflicht eine gänzlich unabhängige rhythmische Teilung durchdacht und planvoll die metrische und erreicht fast gleiche Berechtigung, so daß neben und in dem metrischen ein rhythmischer Takt klar sich ausprägt.

Adolph Carpé

Die Entwicklung der Musik hängt ab von den Einfällen des nächsten genialen Musikers.

Darius Milhaud

Gut komponierte Bilder wirken vollendet harmonisch. Ein Trugschluß aber, wenn der Laie nun glaubt, zur Erzielung solcher Gesamtharmonie nun Stück für Stück harmonisch gestalten zu müssen. Dies kann nur eine schwächliche Wirkung haben. Denn ein erster Teil erfordert, nachdem er zu einem zweiten Teil in Harmonie gebracht ist, überhaupt keinen dritten

Teil mehr. Nur wenn eins und zwei hart zueinander stehen, so ist drei an der notwendigen Reihe, hinzutretend diese Härte in Harmonie zu verwandeln. Diese neue dreiteilige Harmonie überzeugt dann viel kräftiger. Die Form steht im Vordergrund des Interesses. Um sie müht man sich. Sie gehört zum Metier in erster Linie. Es wäre aber falsch, daraus zu schließen, daß die miteinbezogenen Inhalte nebensächlich seien.

Die kompositionelle Harmonie gewinnt an Charakter durch Dissonanzwerte (Härten, Mängel), welche durch Gegengewichte wieder ins Gleichgewicht gebracht werden.

Für meine Kompositionsweise ist es wesentlich, daß Disharmonien (profane Imponderabilien-Mängel oder Härten) der Werte durch Gegengewichte ins Gleichgewicht gebracht werden und daß dadurch die wieder gewonnene Harmonie nicht schwächlich schön, sondern kräftig wird.

Paul Klee

Die Kunst ist die irdische Schwester der Religion. Wenn wir ein Herz haben, sie zu vernehmen, dann werden wir erhoben und beseligt.

Adalbert Stifter

Euer Hakuin ist Beethoven

Dankei Soseki

Das Geheimnis der Form: Ein Apfelbaum trägt keine Birnen.

Japanisch

Der Komponist mag sein lautestes »Nein« ertönen lassen, die Musik wird ein leises »Ja« mitsingen. Darum singt Sarastro tiefere, bedeutendere Musik als die Königin der Nacht. Das Genie Mozarts hat, wie wohl niemand vor oder nach ihm, diesen besonderen Laut der Musik mit »Geisterohren« so stark vernommen, ihn zum innigen, untrennbaren Bestandteil seiner Musik gemacht. Gibt es nicht Augenblicke, in denen man fast glauben möchte, ein höheres Wesen habe seine Feder geführt?

Bruno Walter

Der Weg der Kunst

William Shakespeare

Wie süß das Mondlicht auf dem Hügel schläft!
Hier sitzen wir und lassen die Musik
Zum Ohre schlüpfen; Nacht und sanfte Stille,
Sie werden Tasten süßer Harmonie.
Komm, Jessika! Sieh, wie die Himmelsflur
Ist eingelegt mit Scheiben lichten Goldes!
Auch nicht der kleinste Kreis, den du da siehst,
Der nicht im Schwunge wie ein Engel singt
Und einstimmt in den Chor der Cherubim.
So voller Harmonie sind ew'ge Geister:
Nur wir, dieweil dies Kotkleid Sterblichkeit
uns grob umschließt, wir können sie nicht hören.

(Übersetzung von August Wilhelm Schlegel)

Satprem

Mantrische Dichtkunst

Die Bewußtseinsebenen unterscheiden sich nicht nur durch Lichtschwingungen von verschiedener Stärke, sondern auch durch verschiedene Tonschwingungen oder Rhythmen, die man hören kann, wenn man über jenes »Ohr aller Ohren« verfügt, von dem der Veda spricht. Töne oder Bilder, Lichter oder Kräfte oder auch Wesen sind verschiedene Aspekte des einen gleichen Seins, das sich auf verschiedene Weise und je nach der Ebene in verschiedenen Stärkegraden kundtut. Je tiefer man auf der Leiter des Bewußtseins herabsteigt, desto mehr werden die Tonschwingungen wie auch die Lichter und die Wesen und Kräfte aufgespalten. Auf der vitalen Ebene zum Beispiel kann man die von Unordnung gekennzeichneten Schwingungen des großen Lebens hören mit ihren aufeinanderklatschenden Klängen und Synkopen, wie es bei gewissen Arten von Musik der Fall ist, die aus dieser Ebene stammen, oder wie eine gewisse Art vitaler Malerei und vitaler Dichtung, die jedesmal diesen abgehackten Rhythmus mit seiner lauten Färbung wiedergeben. Je höher man steigt, desto größer der Zusammenklang und die Einheit der Schwingungen, die sich sozusagen wie Fäden ausspinnen, gewissen Meisterklängen in den Streichquartetten Beethovens vergleichbar, die, atemraubend und schwindelerregend, uns zu strahlenden Höhen reinen Lichts emporzuheben scheinen. Die Macht läßt sich hier nicht mehr dem Umfang oder der Leuchtkraft des Farbenspiels zuschreiben, sondern einem hohen Grad der inneren Spannung. Die große Geschwindigkeit der Schwingungen wandelt den Regenbogen in reines Weiß, eine hohe Note von solch schneller Bewegung, daß sie sich verhält, als wäre sie reglos, von Ewigkeit durchsetzt, eine einzige Dreiheit von Ton-Licht-Kraft, die vielleicht der heiligen Silbe OM der Inder entspricht – *das Ur-Wort, das im oberen Feuer verborgen.* »Im Anfang war das Wort«, lautet die Heilige Schrift.

In Indien gibt es ein geheimes Wissen, das auf Tönen beruht und auf den verschiedenen Schwingungsarten, die den Bewußtseinsebenen entsprechen. Wenn man zum Beispiel den Laut OM ausspricht, fühlt man deutlich, daß die Zentren im Kopf davon erfaßt werden, während der Laut RAM an das Nabelzentrum rührt; und da ein jedes unserer Bewußtseinszentren unmittelbar mit einer bestimmten Ebene in Verbindung steht, kann man folglich durch die Wiederholung (*japa*) gewisser Laute mit der entsprechenden Bewußtseinsebene in Verbindung treten.[*] Auf dieser Tatsache beruht in ihrer Gesamtheit jene spirituelle Disziplin, die als »tantrisch« bezeichnet wird, weil sie sich aus gewissen, heiligen Texten ableitet, die *Tantra* heißen. Die Grundtöne oder Kernlaute, denen die Macht innewohnt, die Verbindung herzustellen, werden *Mantra* genannt. Die Mantren, die stets geheimgehalten und dem Schüler vom »Guru« gegeben werden[**], sind von jeglicher Art (jede Bewußtseinsebene hat eine Vielzahl von Abstufungen), und sie können den verschiedensten, einander völlig entgegengesetzten Zwecken dienen. Durch Verbindung gewisser Laute kann man auf geringeren Höhen des Bewußtseins, im allgemeinen auf der Höhe des Vitalen, mit den entsprechenden Kräften in Berührung kommen und zu sehr eigenartigen Fähigkeiten gelangen: Es gibt Mantren, die töten (innerhalb von fünf Minuten das furchtbarste Erbrechen), Mantren, die mit großer Genauigkeit einen bestimmten Körperteil, ein bestimmtes Organ angreifen, Mantren, die heilen, Mantren, die Feuer entfachen, beschützen, mit einem Bann belegen. Diese Art Magie oder Schwingungschemie entsteht einfach aus der bewußten Manipulation niederer Schwingungen. Es gibt aber auch eine höhere Magie, die ebenfalls aus der Handhabung von Schwingungen entsteht, aber auf höher gelegenen Bewußtseinsebenen; dazu gehören die Dichtung, die Musik, die spirituellen Mantren der Upanischaden und Veden, oder die Mantren, die der Guru dem Schüler gibt, um ihm zu helfen, mit dieser oder jener Bewußtseinsebene, dieser oder jener Kraft, diesem oder jenem göttlichen Wesen bewußt in unmittelbare Verbindung zu treten. Hier trägt der Laut die Macht der Erfahrung und Verwirklichung in sich – es ist ein Laut, der die Schau bewirkt.

Somit begreift man, daß Dichtung und Musik, bei denen es sich um eine unbewußte Handhabung geheimer Schwingungen handelt, ein machtvolles Hilfsmittel sein können, um das Bewußtsein zu öffnen. Wenn es uns gelingen würde, eine bewußte Dichtung oder Musik zu schaffen, die das Erzeugnis bewußter Handhabung höherer Schwingun-

[*] Schenkt man der Abbildung mit den Bewußtseinszentren seine Aufmerksamkeit, so wird man sehen, daß sich in der Mitte jedes Zentrums ein Sanskritbuchstabe befindet: *Lam, Vam Ram, Yam, Ham, Om,* in aufsteigender Reihenfolge. Diese Kernlaute stellen die besondere Schwingung dar, welche die Kräfte auf jeder der betreffenden Ebenen beherrscht. (s. A. Avalon *Die Schlangenkraft*)
[**] Man kann Mantren einem Buch entnehmen und wiederholen, sooft man will, aber sie werden keine Macht oder »aktive Kraft« haben, wenn sie nicht vom Meister oder Guru gegeben worden sind.

gen ist, würden wir große Werke hervorbringen, denen eine Macht der Einweihung innewohnt. An Stelle einer Dichtung, die der Phantasie des Intellekts entspringt und ein *Animiermädchen des Geistes* ist, wie Sri Aurobindo sagt, werden wir in der Lage sein, eine mantrische Dichtung oder Musik zu schaffen, mit der wir *die Götter in unser Leben herabholen*. Denn die wahre Dichtung ist ein Vollzug, sie schlägt Öffnungen in das Bewußtsein – wir sind in Mauern eingesperrt, verbarrikadiert! – durch die das Wirkliche eintreten kann: sie ist ein *Mantra des Wirklichen*, eine Einweihung. So sind die Rischis der Veden und die Seher der Upanischaden in ihren Mantren vorgegangen, die die Macht haben, auf jemanden, der dafür bereit ist, eine Erleuchtung zu übertragen[*]; das hat Sri Aurobindo in seiner *Dichtung der Zukunft* erklärt und in *Savitri* durchgeführt.

Das Mantra oder die hohe Dichtkunst, die hohe Musik, das geheiligte Wort, sie alle sind dem Obergeist entsprungen. Er ist die Quelle aller schöpferischen oder spirituellen Tätigkeit (ohne daß eine Unterscheidung möglich wäre: Die kategorischen Einteilungen des Intellekts verflüchtigen sich auf jenen Höhen, wo alles, sogar das Profane, geheiligt ist). Wir können also versuchen, einen Begriff davon zu geben, worin die besondere Schwingung und der besondere Rhythmus des Obergeistes bestehen. Und vor allem ist es für einen jeden Menschen, der die Fähigkeit hat, mehr oder weniger bewußt mit den höheren Ebenen in Berührung zu treten, – ob Dichter, Schriftsteller oder Künstler – völlig offensichtlich und deutlich erkennbar, daß es nach der Überschreitung einer gewissen Bewußtseinshöhe keine Ideen mehr sind, die man sieht oder zu übertragen versucht. Man hört. Es sind buchstäblich Schwingungen oder Wellen, Rhythmen, die sich des Suchers bemächtigen, in ihn eindringen, und sich *erst später*, während ihres Herabsteigens, in Worte oder Ideen, in Musik oder Farben kleiden. Wort und Idee, Musik und Farbe sind jedoch das Ergebnis und stehen erst an zweiter Stelle; sie geben jener ersten Schwingung, die sich mit ungeheurer Macht einstellt, nur eine Gestalt. Und wenn der Dichter, der echte Dichter, immer wieder Änderungen an seiner Arbeit vornimmt, geschieht dies nicht, um ihr eine bessere Form zu geben, wie man zu behaupten pflegt, oder um sich besser auszudrücken, sondern um jenes schwingungsgeladene Etwas einzufangen – und wenn die wahre Schwingung ausbleibt, geht ihm alle Zauberkraft verloren, weil

---

[*] Leider erreichen uns diese Texte in Übersetzung; der ganze Zauber des Tons hat sich verflüchtigt. Das Eigenartige ist jedoch, daß man, wenn man jemanden, der um die Dinge weiß, den Sanskrittext psalmodieren hört, eine Erleuchtung empfangen kann, ohne irgend etwas von dem zu verstehen, was da gesagt wurde.

im Fall jenes Veda-Priesters, der das Opfer-Mantra nicht richtig sprach. Wenn das Bewußtsein durchlässig ist, wird der Ton deutlich hörbar, und es ist gleichsam ein sehender Ton, ein Ton-Bild oder eine Ton-Farbe oder eine Ton-Idee, die unaufhörlich das Erlauschte mit dem Geschauten und Gedachten in einem selben lichtdurchdrungenen Körper verbindet. Alles ruht in einer Fülle und ist in einer einzigen Schwingung geborgen. Auf den Zwischenebenen (höherer Geist, erleuchteter oder intuitiver Geist) sind diese Schwingungen im allgemeinen zerstückelt – sie kommen als Einstrahlungen oder stoßweise, sie flammen auf und klingen ab – doch im Obergeist haben sie Weite und Bestand und erstrahlen in eigenem Licht wie die Meisterklänge Beethovens. Sie haben weder Anfang noch Ende, sie scheinen *dem Unendlichen zu entspringen und wieder in das Unendliche einzugehen*. Sie haben nirgends einen »Anfang«, sie treten in das Bewußtsein ein, von einer Art Strahlenkrone der Ewigkeit umwoben, die ihre Schwingungen schon vorher aussandte und noch lange nachher aussenden wird, der Kielspur einer *anderen* Reise gleich, die im Hintergrund der hiesigen Reise steht:

Sunt lacrimae rerum et mentem mortalia tangunt

Dieser Vers von Vergil, den Sri Aurobindo unter den Eingebungen, die ihren Ursprung im Obergeist haben, an erster Stelle zitiert hat[*], verdankt seine obergeistigen Eigenschaften nicht der Bedeutung der Worte, sondern jenem Rhythmus, der dem Vers vorangeht und hinter ihm nachklingt, als wäre er auf einem Hintergrund der Ewigkeit oder vielmehr von der Ewigkeit selbst getragen. Ebenso diese Zeile von Leopardi, die ihre Größe nicht dem Sinn der Worte verdankt, sondern jedem Etwas, das so viel mehr ist als nur der Sinn und im Hintergrund erbebt:

Insano indegno mistero delle cose

Oder dieser Vers von Wordsworth

Voyaging through strange seas of thought, alone

---

[*] Leider stehen uns nur fremdsprachige Beispiele zur Verfügung. Kursive Sätze im Text sind Zitate aus den Werken Sri Aurobindos.

Und Sri Aurobindo zitiert Rimbauds Vers von der Million goldener Vögel

Million d'oiseaux d'or, ô future Vigueur!

Die Dichtung wird ihrer wahren Rolle wieder zugeführt, die nicht darin besteht, Gefallen zu erwecken, sondern die Welt in größerer Wirklichkeit erstehen zu lassen, indem man mehr vom Wirklichen in sie hineinbringt. Vielleicht werden wir, sofern wir religiös veranlagt sind, doch noch die Götter erblicken, die diese Welt bevölkern. Wesen oder Kräfte, Töne, Lichter, Rhythmen sind alles wahre Seiten einer selben unbestimmbaren, aber nicht unerkennbaren Sache, die man Gott nennt – wir sprechen von Gott, errichten Tempel, stellen Gesetze auf, machen Gedichte, mit denen wir versuchen, eine einzige aufwallende Schwingung zurückzubehalten, die uns mit Sonnenlicht erfüllt, aber frei ist wie der mächtige Wind, der über schaumbedeckte Küsten streicht. Vielleicht werden wir auch in die Welt der Musik eindringen, die sich nicht wirklich von den anderen Welten unterscheidet, sondern gleichsam eine besondere Übertragung jener selben großen, unaussprechlichen Schwingung ist. Und wenn wir nur ein einziges Mal, sei es auch nur während weniger Minuten unseres Lebens, jener Musik lauschen können, jener Freude, die dort in den Höhen jubelt, dann werden wir wissen, was Beethoven und Bach gehört haben; dann werden wir wissen, was Gott ist, denn wir werden Gott gehört haben. Und wir werden nicht einmal mehr erhabene Worte dafür verwenden; wir werden einfach wissen: *es ist*, und alles Leid der Welt wird wieder gutgemacht sein.

Im äußersten Grenzbereich des Obergeistes bleiben nichts als *mächtige Wogen von farbigem Licht*, sagt die Mutter, das Spiel der spirituellen Kräfte, die später – manchmal sehr viel später – ihre Übertragung finden werden in Form von neuen Ideen, Änderungen auf sozialem Gebiet, weltbewegenden Ereignissen, nachdem sie nacheinander alle Schichten des Bewußtseins durchquert und unterwegs in erheblichem Grad ihr Licht eingebüßt haben oder entstellt worden sind. Es gibt Weise hier unten – es sind deren wenige, und sie schweigen – die es verstehen, mit diesen Kräften umzugehen, sie aufeinander abzustimmen und sie auf die Erde herabzuziehen, wie andere die Töne aufeinander abstimmen, um ein Gedicht zu machen. Vielleicht sind sie die wahren Dichter. Ihr Dasein ist ein lebendiges Mantra, das das Wirkliche zur Erde herniederfahren läßt.

Damit sind wir am Ende der Stufenfolge angelangt, über die jener Aufstieg führt, den Sri Aurobindo allein in seiner Zelle zu Alipore vollzog.

Doch was wir hier gebracht haben, ist ein geringes Maß an menschlichem Abglanz dieser Höhen; wir haben nichts vom innersten Kern gesagt, nichts von diesen Welten, wie sie in ihrer Herrlichkeit bestehen, unabhängig von allen unseren armseligen Übertragungen. Man muß selber hören, man muß *sehen*!

Die Himmel des unvergänglichen Lichts, von Ruhe erfüllt,
Die Kontinente erleuchtet, von lilafarbenem Frieden,
Die lachenden Ozeane und Flüsse der Heiterkeit Gottes
Und sorglose Länder unter purpurstrahlenden Sonnen.

(Übersetzung von Carlo Schüller)

Satprem, ein Franzose, war ein Schüler Sri Aurobindos und der »Mutter«. In seinem Werk »Sri Aurobindo und das Abenteuer des Bewußtseins«, aus dem dieser Auszug entnommen wurde, beschreibt er den Aufstieg des menschlichen Bewußtseins am Beispiel Sri Aurobindos. Wegen seines Inhalts und seiner Sprache, hervorragend übersetzt von Carlo Schüller, gehört dieses Buch zu den wesentlichen Werken über Yoga.

Rudolf Steiner

Vom Wesen des Musikalischen

Erster Vortrag

Köln, 3. Dezember 1906

Das Musikalische hat für die, welche darüber nachgedacht haben, immer etwas Rätselvolles gehabt in bezug auf die ästhetische Anschauungsweise. Die Musik ist auf der einen Seite das Verständlichste für die Seele, für das unmittelbar empfindende Menschengemüt, auf der anderen Seite etwas Schwieriges für die, welche ihre Wirkung begreifen wollen. Wenn wir die Musik vergleichen wollen mit den anderen Künsten, so müssen wir sagen: Eigentlich haben die anderen Künste alle in der physischen Welt ein Vorbild. Wenn zum Beispiel der Bildhauer die Statue eines Apoll oder Zeus schafft, dann arbeitet er nach der idealisierten Wirklichkeit der menschlichen Welt. Ebenso ist es in der Malerei. Heute will man sogar in der Malerei nur das gelten lassen, was unmittelbar den Eindruck der Wirklichkeit gibt. Ebenso bemüht sich die Poesie, ein Abbild der Wirklichkeit zu schaffen. Wer diese Theorie auf die Musik anwenden wollte, würde wohl kaum zu irgendeinem Resultat kommen können. Der Mensch muß sich fragen: Woher kommt denn eigentlich der künstlerisch geformte Ton, worauf in der Welt hat er Bezug?

Ein Geist des 19. Jahrhunderts, der in bezug auf die Kunst klare und treffende Vorstellungen gebracht hat, ist *Schopenhauer*. Er weist der Musik eine ganz besondere Stellung zu unter den Künsten und der Kunst als solcher einen ganz besondern Wert im Leben des Menschen. Er hat im Grunde genommen als Leitmotiv seiner Philosophie den Satz: Das Leben ist eine mißliche Sache und ich suche es erträglich zu machen dadurch, daß ich darüber nachdenke. – In der ganzen Welt herrscht nach seiner Darstellung ein unbewußter, blinder Wille. Er bildet den Stein und dann aus dem Stein die Pflanze und so weiter, weil er immer unbefriedigt ist. So lebt in allem die Sehnsucht nach dem Höheren.

Der Mensch selbst spürt dies, doch bestehen da große Unterschiede: Der im dumpfen Bewußtsein dahinlebende Wilde fühlt viel weniger das Unbefriedigtsein des Willens als der höherstehende Mensch, der viel klarer den Schmerz des Dasein empfinden kann. Da sagt Schopenhauer: Es gibt noch ein zweites, das der Mensch kennt außer dem Willen, das ist die Vorstellung. Sie ist wie eine Fata Morgana, wie ein Nebelgebilde oder ein Gekräusel der Wellen, in dem die Gebilde des Willens, des dunklen Dranges sich spiegeln. Im Menschen erhebt sich der Wille zu diesem Scheingebilde. Wenn er dadurch den Willen sieht, wird er noch unbefriedigter. Es gibt aber Mittel, durch die der Mensch zu einer Art Erlösung von dem blinden Drang des Willens kommen kann. Eines diese Mittel ist die Kunst. Durch sie vermag der Mensch sich hinwegzuversetzen über das Unbefriedigtsein des Willens.

Wenn der Mensch ein Kunstwerk schafft, schafft er aus seiner Vorstellung heraus. Während aber andere Vorstellungen bloß Bilder sind, ist es bei der Kunst etwas anderes. Zum Beispiel der Zeus des Phidias ist nicht durch die Abbildung eines wirklichen Menschen zustande gekommen. Da hat der Künstler viele Eindrücke kombiniert, alle Vorzüge im Gedächtnis behalten und alle Mängel weggelassen. Aus vielen Menschen hat er sich ein Urbild geformt, das nirgends in der Natur verwirklicht ist, aber doch auf viele einzelne Individualitäten verteilt ist. Schopenhauer sagte, daß der wahre Künstler die Urbilder wiedergibt, nicht die Vorstellungen, die sonst der Mensch hat, nicht die Abbilder, sondern die Urbilder. Dadurch, daß der Mensch sich so gleichsam in der schaffenden Natur zu ihren Tiefen begibt, schafft er sich eine Erlösung.

So ist es mit allen Künsten, außer der Musik. Die anderen Künste müssen durch die Vorstellung hindurchgehen, also Bilder des Willens geben. Aber der Ton ist ein unmittelbarer Ausdruck des Willens selbst, ohne Einschiebung der Vorstellung. Wenn der Mensch im Ton künstlerisch tätig ist, ist er gleichsam mit seinem Ohr am Herzen der Natur selbst liegend; er vernimmt den Willen der Natur und gibt ihn in der Folge der Töne wieder. So – sagt Schopenhauer – steht der Mensch in einem vertrauten Verhältnis zu den Dingen an sich, so dringt er ein in das innerste Wesen der Dinge. Weil sich der Mensch dem Wesen nahe fühlt in der Musik, deshalb fühlt er in der Musik jene tiefe Befriedigung.

So hat Schopenhauer aus einer instinktiven Erkenntnis heraus der Musik die Rolle zugewiesen, das Wesen des Kosmos unmittelbar darzustellen. Er hatte eine Art instinktive Ahnung von dem wirklichen Sachverhalt. Warum das Musikalische zu allen sprechen kann, warum das Musikalische von der frühesten Kindheit an auf den Menschen wirkt, das wird uns erklärlich werden auf dem Gebiet des Daseins, wo die Musik ihre wirklichen Vorbilder hat.

Wenn der Musiker komponiert, kann er nichts nachahmen. Er muß aus seiner Seele herausholen die Motive des musikalischen Schaffens. Woher er sie holt, das wird sich uns ergeben, wenn wir hinweisen auf die Welten, die für die Sinne nicht wahrnehmbar sind. Wir müssen da nachsehen, wie die höheren Welten eigentlich beschaffen sind. Der Mensch ist in der Lage, sich höhere, in der Seele liegende Fähigkeiten zu erschließen, die sonst schlummern. Wie dem Blindgeborenen durch Operation die physische Welt sichtbar wird, so können auch dem Menschen die inneren Organe erschlossen werden, um höhere geistige Welten zu erkennen.

Wenn der Mensch solche Fähigkeiten entwickelt, die sonst in ihm schlummern, wenn er anfängt, durch Meditation und Konzentration und so weiter seine Seele zu entwickeln, da geht es stufenweise mit ihm aufwärts. Das erste, was er dann erlebt, ist eine besondere Umgestaltung seiner Traumwelt. Wenn der Mensch vermag, bei der Meditation alle Erinnerungen an die äußere Sinneswelt und an sonstige Erlebnisse auszuschalten, und wenn er dann doch noch einen Seeleninhalt hat, dann fängt seine Traumwelt an, eine große Regelmäßigkeit zu bekommen. Es ist dann, wenn er erwacht, als ob er sich aus einem flutenden Weltenmeer erhöbe. Er weiß, er hat jetzt etwas Neues erlebt, er ist wie herausgekommen aus einem solchen Meer von Licht und Farben, wie er es noch nicht gekannt hat in der physischen Welt. Immer mehr gewinnen seine Traumerlebnisse an Deutlichkeit. Er erinnert sich, daß in dieser Licht- und Farbenwelt Dinge und Wesenheiten waren, die sich dadurch von den anderen Gegenständen unterscheiden, daß man durch sie hindurchgehen kann, daß sie keinen Widerstand entgegensetzen. Er lernt eine Summe von Wesenheiten kennen, deren Element, deren Körper die Farben sind. Es sind Wesenheiten, die in der Farbe sich offenbaren, sich verkörpern. Allmählich dehnt der Mensch sein Bewußtsein über diese Welt aus und erinnert sich beim Erwachen, daß er darin handelnd aufgetreten ist. Der nächste Schritt ist dann, daß er diese Welt mit hinübernimmt in die Tageswelt. Dann lernt der Mensch allmählich das zu sehen, was man den Astralleib des Menschen nennt. Er erlebt eine Welt, die viel realer ist als die gewöhnliche physische Welt. Die physische Welt ist eine Art Verdichtung, herauskristallisiert aus der Astralwelt. Auf diese Weise hat der Mensch dann zwei Stufen des Bewußtseins: das alltägliche Wachbewußtsein und das Traumbewußtsein.

Eine noch höhere Stufe erreicht der Mensch, wenn er den völlig bewußtlosen Zustand umzuwandeln vermag in eine bewußten Zustand. Der Chela oder Schüler lernt die Kontinuität des Bewußtseins für einen

Teil der Nacht zu erlangen, für die Teile der Nacht, die nicht dem Traumleben angehören, sondern die noch ganz bewußtlos sind. Er lernt dann, bewußt zu werden in einer Welt, von der er sonst nichts weiß. Diese neue Welt ist nicht eine Licht- und Farbenwelt, sondern kündet sich zuerst an als eine Tonwelt. In diesem Bewußtseinszustand erlangt der Mensch die Fähigkeit geistig zu hören, Tonkombinationen, Tonmannigfaltigkeiten zu vernehmen, die dem physischen Ohre unhörbar sind. Diese Welt nennt man die Devachanwelt.

Nun darf man nicht glauben, daß, wenn der Mensch die geistige, tönende Welt aufsteigen hört, er nicht auch behält die Licht- und Farbenwelt. Auch die Tonwelt ist durchsetzt von Licht und Farbe, die aber der astralen Welt angehören. Aber das ureigenste Element der Devachanwelt ist das flutende Meer der Töne. Auch aus dieser Welt der Bewußtseinskontinuität kann der Mensch das Tönende herüberbringen und dadurch auch das Tönende in der physischen Welt hören. Allem in der physischen Welt liegt ein Ton zugrunde. Ein jedes Gesicht repräsentiert bestimmte devachanische Töne. Alle Gegenstände haben auf dem Grunde ihres Wesens einen geistigen Ton, und der Mensch selbst ist in seiner tiefsten Wesenheit ein solch geistiger Ton. Aus diesem Grunde hat *Paracelsus* gesagt: Die Reiche der Natur sind die Buchstaben, und der Mensch ist das Wort, welches sich aus diesen Buchstaben zusammensetzt. – Jedesmal, wenn der Mensch einschläft, bewußtlos wird, tritt sein Astralleib heraus aus dem physischen Leib. Dann ist der Mensch zwar unbewußt, aber doch lebend in der geistigen Welt. Auf seine Seele machen die geistigen Klänge einen Eindruck. Jeden Morgen wacht der Mensch auf aus einer Welt der Sphärenmusik, und aus einem Gebiet des Wohllauts zieht er ein in die physische Welt. Wenn es wahr ist, daß die Seele des Menschen zwischen zwei Verkörperungen ein Devachan hat, so dürfen wir auch sagen, daß die Seele während der Nacht schwelgt und lebt in dem flutenden Ton, als dem Element, aus dem sie eigentlich gewoben ist, das eigentlich ihre Heimat ist.

Der schaffende Tonkünstler nun setzt den Rhythmus, die Harmonien und Melodien, die sich während der Nacht seinem Ätherkörper einprägen, um in einen physischen Ton. Unbewußt hat der Musiker das Vorbild der geistigen Welt, das er umsetzt in die physischen Klänge. Das ist der geheimnisvolle Zusammenhang zwischen der Musik, die hier im Physischen erklingt, und dem Hören der geistigen Musik in der Nacht.

Wenn ein Mensch beleuchtet ist vom Lichte, dann bildet sich von ihm ein Schatten an der Wand. Das ist nicht der wirkliche Mensch. So ist die

Musik, die im Physischen erzeugt wird, ein Schatten, ein wirklicher Schatten von einer viel höheren Musik des Devachans. Das Urbild, die Vorlage der Musik ist im Devachan, die physische Musik ist nur ein Abbild der geistigen Wirklichkeit.

Nachdem wir uns dies klargemacht haben, wollen wir die Wirkung der Musik auf den Menschen zu begreifen suchen. Die Einteilung des Menschen, die der okkulten Untersuchung zugrunde liegt, ist diese: Physischer Leib, Ätherleib und Ich. Der Ätherleib ist ein ätherisches Urbild des physischen Leibes. Ein noch feinerer Leib, der dem Ätherleib verwandt ist und zu dem Astralen hinneigt, ist der Empfindungsleib. Innerhalb dieser drei Stufen des Leibes sehen wir die Seele. Die hängt zunächst mit dem Empfindungsleib zusammen. Dem Empfindungsleib ist wie eingegliedert die Empfindungsseele. Die steckt im Empfindungsleib darinnen. Wie ein Schwert mit der Scheide, in der es steckt, ein Ganzes bildet, so sind auch der Empfindungsleib und die Empfindungsseele ein Ganzes. Außerdem hat der Mensch noch die Gemüts- oder Verstandesseele und als noch höheres Glied die Bewußtseinsseele, und diese ist verknüpft mit dem Geistselbst oder Manas. Wenn der Mensch schläft, liegt im Bett mit dem physischen und Ätherleib der Empfindungsleib; die höheren Glieder, also auch die Empfindungsseele, sind in der Welt des Devachans. Im physischen Raum fühlen wir alle anderen Wesen außer uns. Im Devachan fühlen wir uns nicht außerhalb der Wesen, sondern da durchdringen sie uns, da sind wir in den Wesen darinnen. Darum hat man in allen okkulten Schulen die Sphäre des Devachans und auch des Astralen die Welt der Durchlässigkeit genannt.

Indem der Mensch so lebt und webt in der Welt der flutenden Töne, wird er selbst durchflutet von diesen Tönen. Wenn er nun aus dieser devachanischen Welt zurückkehrt, dann sind seine eigene Bewußtseinsseele, Verstandes- und Empfindungsseele von den Schwingungen der devachanischen Welt durchsetzt; er hat sie selbst in sich. Mit ihnen dringt er in die physische Welt ein. Wenn er diese Schwingungen aufgenommen hat, dann sind die Schwingungen so, daß er aus der Empfindungsseele heraus zurückwirken kann auf den Empfindungsleib und den Ätherleib. Dadurch, daß er die Schwingungen mitbringt aus dem Devachan, kann er die Schwingungen auf seinen Ätherleib übertragen. Dann schwingt der eigene Ätherleib mit. Das Wesen des Äther- und Empfindungsleibes beruht im Grunde genommen auf denselben Elementen, auf dem geistigen Ton und auf geistigen Schwingungen. Der Ätherleib ist niedriger als der Astralleib, aber die Tätigkeit, die im Ätherleib ausgeübt wird, steht höher als die Tätigkeit des Astralleibes. Die Entwicklung des Menschen besteht darin, daß er das, was er hat, vom Ich aus umformt, zuerst den Astralleib in Manas, dann den Ätherleib in Buddhi, dann den physischen Leib in Atma. Weil der Astralleib der dünnste ist, braucht man die wenigste Kraft, um in ihn hineinzuarbeiten. Die Kraft, die man braucht, um in den Ätherleib hineinzuarbeiten, die braucht man aus der Devachanwelt, die Kraft der Umwandlung des physischen Leibes braucht man aus der höheren Devachanwelt. Auf den Astralleib kann man wirken mit den Kräften der astralen Welt selbst, auf den Ätherleib aber nur mit den Kräften der Devachanwelt. Auf den physischen Leib kann man nur wirken mit den Kräften der oberen Devachanwelt.

Während der Nacht holt sich der Mensch die Kraft aus der Welt der flutenden Töne, die Kraft, dies auf den Empfindungsleib und Ätherleib zu übertragen. Wenn der Mensch musikalisch schafft oder wahrnimmt, so liegt das daran, daß er diese Klänge in dem Empfindungsleib schon hat. Während der Mensch beim Aufwachen des morgens sich nicht bewußt wird, daß er nachts Töne aufgenommen hat, spürt er doch, wenn er Musik anhört, daß diese Abdrücke der geistigen Welt in ihm sind. Wenn er Musik hört, kann der Hellseher sehen, wie die Töne fluten, die festere Materie des Ätherleibes ergreifen und diesen mitschwingen lassen, daher hat der Mensch dann das Wohlgefühl. Das kommt daher, daß der Mensch sich dann als Sieger fühlt über den Ätherleib durch seinen Astralleib. Dies ist am stärksten, wenn der Mensch es erreicht, das zu überwinden, was im Ätherleib schon ist. Immer tönt der Ätherleib herauf in den Astralleib. Wenn er Musik hört, ist der Eindruck zuerst im Astralleib. Dann schickt er die Töne bewußt in den Ätherleib und überwindet die Töne, die im Ätherleib schon sind. Das ist das Wohlgefühl des musikalischen Zuhörens und auch des musikalischen Schaffens. Bei gewissen musikalischen Klängen geht aus dem Astralleib etwas hinein in den Ätherleib. Der hat nun neue Töne erhalten. Es entsteht eine Art Kampf zwischen dem Empfindungsleib und dem Ätherleib. Sind diese Töne so stark, daß sie die eigenen Töne des Ätherleibes überwinden, dann entsteht heitere Musik, in der Dur-Tonart. Wenn ein Musikalisches in der Dur-Tonart wirkt, dann kann man verfolgen, wie der Empfindungsleib Sieger ist über den Ätherleib. Bei der Moll-Tonart ist der Ätherleib Sieger über den Empfindungsleib. Der Ätherleib widersetzt sich den Schwingungen des Empfindungsleibes.

Wenn der Mensch im Musikalischen lebt, so lebt er in einem Abbild seiner geistigen Heimat. In dem Schattenbild des Geistigen findet die Seele die höchste Erhebung, die instimste Beziehung zum Urelement des Menschen. Daher ist es, daß die Musik so tief auch auf die schlichteste Seele wirkt. Die schlichteste Seele fühlt in der Musik den Nachklang dessen, was sie im Devachan erlebt hat. Sie fühlt sich da in ihrer Heimat. Jedesmal fühlt der Mensch dann: Ja, du bist aus einer anderen Welt!

Aus dieser intuitiven Erkenntnis heraus hat Schopenhauer der Musik jene zentrale Stellung unter den Künsten angewiesen und gesagt, daß der Mensch in der Musik den Herzschlag des Willens der Welt wahrnimmt.

Der Mensch fühlt in der Musik die Nachklänge dessen, was im Innersten der Dinge webt und lebt, was mit ihm so verwandt ist. Weil die Gefühle das innerste Elemente der Seele sind, verwandt mit der geistigen Welt, und weil die Seele im Ton ihr Element hat, in dem sie sich eigentlich bewegt, so lebt sie da in einer Welt, wo die körperlichen Vermittler der Gefühle nicht mehr vorhanden sind, wo aber die Gefühle noch leben. Das Urbild der Musik ist im Geistigen, während die Urbilder für die übrigen Künste in der physischen Welt selbst liegen. Wenn der Mensch Musik hört, fühlt er sich wohl, weil diese Töne übereinstimmen mit dem, was er in der Welt seiner geistigen Heimat erlebt hat.

Zweiter Vortrag

Berlin, 12. November 1906

Wir sehen, wie uns die Welt, die ganze Natur um uns herum, durch die geisteswissenschaftliche Betrachtungsweise verständlich wird, und es wird uns mehr und mehr klar, wie äußere Tatsachen unserer Umgebung eine mehr oder weniger tiefgehende Bedeutung für die innere Wesenheit des Menschen haben können. Wir werden heute einiges entwickeln über das Thema: Warum wirkt die Musik in einer ganz bestimmten, eigenartigen Weise auf die menschliche Seele? – Dabei wollen wir tief hineinleuchten in die Gründe der Seele.

An den Ausgangspunkt stellen wir die Frage, wie es sich denn erklären läßt, daß eine so merkwürdige Vererbung stattfinden kann, wie wir sie zum Beispiel in der Familie Bach sehen, in der innerhalb eines Zeitraumes von zweihundertfünfzig Jahren eine Anzahl von beinahe dreißig Mitgliedern eminente musikalische Begabung zeigten. Oder eine andere Tatsache: daß in der Familie Bernoulli die mathematische Begabung in ähnlicher Weise sich vererbte und acht ihrer Mitglieder mehr oder weniger große Mathematiker waren. Das sind zwei Erscheinungen, die sich unter Vererbung begreifen lassen; doch sind sie total verschiedene Dinge.

Die Musik erschien von jeher den Geistern, die versuchten, etwas tiefer in das Wesen der Dinge einzudringen, als etwas ganz Besonderes. Stets nahm die Musik eine besondere Stellung innerhalb der Kunst ein. Stellen wir uns einmal auf den Standpunkt *Schopenhauers*. In seinem Werk »Die Welt als Wille und Vorstellung« spricht er von den Künsten als von einer Art Erkenntnis, die unmittelbarer ins Göttliche führe, als es der Verstandeserkenntnis möglich sein könne. Diese Ansicht Schopenhauers hängt damit zusammen, daß er über die Welt die Anschauung hatte, alles, was uns umgibt, sie nur ein Spiegelbild menschlicher Vorstellung. Dieses Spiegelbild kommt nur dadurch zustande, daß äußere Dinge in den menschlichen Sinnen Vorstellungen hervorrufen und daß der Mensch dadurch zu ihnen in Beziehung tritt. Von dem, was keinen Eindruck machen kann auf die Sinne, kann der Mensch nichts wissen. Physiologisch spricht er von spezifischen Sinnesempfindungen. Das Auge kann nur Lichtempfindungen in sich aufnehmen, allen anderen Eindrücken gegenüber verhält es sich unempfindlich; nur das, was Licht ist, kann es empfinden, und gleichermaßen das Gehör nur Tonempfindungen und so weiter. Alles was der Mensch so als seine Welt ringsums betrachtet, spiegelt sich, nach der Anschauung Schopenhauers, als eine Art Fata Morgana in ihm wieder, ist eine Art Spiegelung, hervorgerufen durch die menschliche Seele selbst.

Nun sagt Schopenhauer, es gibt noch eine Möglichkeit, hinter die Vorstellung zu kommen. Ein Ding gibt es, zu dessen Wahrnehmung der Mensch keiner äußeren Einwirkung bedarf, und das ist der Mensch selber. Alles Äußere ist ihm eine ewig wechselnde, ewig sich verschiebende Fata Morgana. Nur eines spüren wir unabänderlich und immer in derselben Weise in uns, das sind wir selber. Unser Wille ist es, in dem wir uns spüren, und es ist kein Umweg von außen nötig, um seine Einwirkungen auf uns wahrzunehmen. Wenn wir irgendeine Wirkung auf die Außenwelt vollziehen, dann spüren wir den Willen, wir sind selbst dieser Wille, daher wissen wir, was der Wille ist. Wir wissen es aus eigener, innerer Erfahrung, und aus der Analogie können wir schließen, daß dieser in uns wirkende Wille auch außer uns vorhanden und tätig sein muß, daß Kräfte außer uns vorhanden sein müssen, gleich wie die Kraft, die innerhalb unser als Wille tätig ist. Und diese Kräfte nennt er den Weltwillen.

Stellen wir uns nun die Frage: Wie entsteht Kunst? – Die Antwort auf diese Frage, immer noch im Sinne Schopenhauers, lautet: Durch ein

Kombinieren der Fata Morgana außer uns und in uns, durch ein Zusammenfassen beider. Wenn der Künstler, zum Beispiel, als Bildhauer, eine Idealgestalt, sagen wir, von Zeus schaffen will, und er sich nach einem Urbilde umschaut, dann sieht er sich nicht einen einzelnen Menschen an, um in ihm das Urbild zu finden, sondern hält Umschau unter vielen Menschen. Er nimmt von dem einen Menschen ein wenig, von dem anderen wieder ein wenig und so weiter. Er prägt sich alles ein, was Stärke, was edel, was hervorragend ist, und daraus formt er sich ein typisches Bild von Zeus, so wie er den Zeusgedanken in sich trägt. Das ist die Idee im Menschen, die nur dadurch zu gewinnen ist, daß man das, was die Welt uns bietet, was in Einzelheiten an uns herantritt, in sich kombiniert.

Stellen wir diesen Gedanken Schopenhauers mit dem Goetheschen Gedanken zusammen, der seinen Ausdruck findet in den Worten: In der Natur sind mehr die Absichten bedeutsam. – Da finden wir, daß Schopenhauer und *Goethe* vollkommen miteinander einverstanden sind. Beide nehmen an, daß es Absichten in der Natur gibt, die sie in ihren Werken nicht ganz erreicht, nicht ganz zum Ausdruck bringen kann, wenigstens im einzelnen nicht voll erreicht. Der schaffende Künstler nun versucht, diese Absichten der Natur zu erkennen, sie zusammenzufassen und im Bilde darzustellen. So versteht man, daß Goethe sagt, die Kunst sei Offenbarung geheimer Naturabsichten, daß der schaffende Künstler die Fortsetzung der Natur offenbare. Der Künstler nimmt die Natur in sich auf; er läßt sie wieder in sich erstehen und aus sich herausgehen. Es ist, als ob die Natur nicht fertig würde und in den Menschen die Möglichkeit hineingießen würde, ihr Werk zu Ende zu führen. Die Natur findet in ihm ihre Vollendung, ihre Krönung, sie jauchzt gewissermaßen auf in ihm und in seinem Werke.

Im menschlichen Herzen liegt so die Befähigung, zu Ende zu denken, und das, was die Absicht der Natur war, hinauszugießen. Goethe sieht in der Natur die große, schaffende Künstlerin, die nur ihre Absichten nicht voll erreichen kann, die uns gewissermaßen vor ein Rätsel stellt. Der Künstler jedoch löst diese Rätsel; er ist der große Rätsellöser, indem er die Absichten der Natur zu Ende denkt und aus sich heraussetzt in seinen Werken.

Das trifft bei allen Künsten zu, sagt Schopenhauer, nur nicht bei der Musik. Sie steht auf einer höheren Stufe als alle anderen Künste. Warum? – Schopenhauer findet die Antwort, indem er sagt: Alle anderen schaffenden Künste, die Bildhauerei, die Malerei, sie müssen die Vorstellungen zusammenfassen, ehe sie die geheimen Absichten der Natur erraten; die Musik dagegen, die Melodien, die Harmonien der Töne, sie sind die unmittelbare Äußerung der Natur selber. Der Musiker hört unmittelbar den Pulsschlag göttlichen Willens durch die Welt fluten, er vernimmt es, wie sich dieser Wille ausdrückt in Tönen. So steht er näher dem Herzen der Welt als alle anderen Künstler; in ihm lebt die Fähigkeit, den Willen, den Weltenwillen darzustellen. Die Musik ist der Ausdruck des Willens der Natur, während alle anderen Künste der Ausdruck der Idee der Natur sind. Darum, weil die Musik näher dem Herzen der Welt flutet, weil sie so unmittelbar der Ausdruck seines Wogens und Wallens ist, darum wirkt sie auch unmittelbarer auf die menschliche Seele. Sie strömt ein in die Seele als das Göttliche in seinen verschiedenen Gestaltungen. Und so ist es erklärbar, daß die Musik so unmittelbar, so gewaltig, so elementar in ihren Wirkungen auf die menschliche Seele ist.

Wenden wir uns nun von diesem Standpunkt, den bedeutende Geister, wie Schopenhauer und Goethe, der erhabenen Kunst der Musik gegenüber einnehmen, zu dem Standpunkte, von dem aus der Okkultismus diese Frage beleuchtet, so finden wir merkwürdigerweise, daß aus dem, was der Mensch ist, uns verständlich und begreiflich wird, weshalb die Töne, die Harmonien und Melodien so auf ihn einwirken. Wir gehen da wieder zurück auf die bekannten drei Bewußtseinszustände, die dem Menschen möglich sind, und auf sein Verhältnis zu den drei Welten, zu denen er während dieser drei Bewußtseinszustände gehört.

Drei Bewußtseinszustände gibt es, doch nur einer von diesen ist dem gewöhnlichen Menschen voll bekannt, da er während der anderen beiden nichts von sich weiß, die durchlebt, ohne eine Erinnerung, eine bewußte Einwirkung davon in den einen, ihm bekannten Bewußtseinszustand durchzubringen. Dieser letztere ist der Bewußtseinszustand, den wir als das gewöhnliche, wache Tagesbewußtsein bezeichnen. Der zweite Bewußtseinszustand ist dem gewöhnlichen Menschen teilweise bekannt; es ist der traumerfüllte Schlaf, dieser Symboliker, der dem Menschen in Symbolen oft einfache Alltagserlebnisse vorführt. Der dritte Bewußtseinszustand ist der traumlose Schlaf, der für den gewöhnlichen Menschen den Zustand einer gewissen Leere bedeutet.

Nun gibt aber die Initiation eine Verwandlung der drei Bewußtseinszustände. Zunächst verändert sich sein Traumleben. Es ist nicht mehr chaotisch, nicht mehr eine Reproduktion der Alltagserlebnisse in oft wirren Symbolen; sondern eine neue Welt tut sich dem Menschen auf im Traumschlaf, eine Welt voll flutender Farben, voll schimmernder Lichtwesen umgibt ihn da, die astrale Welt. Das ist keine neu erschaffene Welt, sie ist nur neu für den Menschen, der bisher über den niederen Bewußtseinszustand, den des Alltagsbewußtseins, nicht hinausgekommen ist. Diese Welt ist vielmehr immer da, sie umgibt fortwährend den Menschen. Sie ist eine wirkliche Welt, ebenso wirklich, wie die uns umgebende Welt, die uns als Wirklichkeit erscheint. Sobald der Mensch eingeweiht ist, die Initiation empfangen hat, lernt er diese wunderbare Welt kennen. Er lernt bewußt in ihr sein, mit einem ebenso klaren, nein klareren Bewußtsein, als es sein Tagesbewußtsein ist. Er lernt auch seinen eigenen Astralleib kennen und lernt bewußt in ihm zu leben. Was er nun in dieser neuen Welt, die sich vor ihm auftut, erlebt, ist ein Leben und Weben in einer Farben- und Lichtwelt im wesentlichen. Der Mensch beginnt nach der Einweihung, aus dem gewöhnlichen Traumschlaf heraus zu erwachen; es ist, als ob er sich erhoben fühlte aus einem wogenden Meer von flutendem Licht und Farben. Und lebendige Wesenheiten sind diese flutenden Farben, dieses schimmernde Licht. Dies Erleben im bewußten Traumschlaf überträgt sich dann auf das ganze Leben im Tages-Wachbewußtsein; diese Wesenheiten lernt er auch im Alltagsleben sehen.

Den dritten Bewußtseinszustand erreicht der Mensch dann, wenn er den traumlosen Schlaf in einen bewußten Zustand zu verwandeln vermag. Auch die Welt, in die der Mensch dadurch eintreten lernt, zeigt sich ihm zunächst nur teilweise, dann immer mehr und mehr. Immer länger und länger lebt er in ihr, ist bewußt in ihr und erlebt in ihr ein sehr Bedeutsames.

Nun kann der Mensch zur Wahrnehmung der zweiten, der astralen Welt nur kommen, wenn er durch die sogenannte »Große Stille« hindurchgeht. Er muß still, ganz still in sich werden. Die große Ruhe muß vorausgehen dem Aufwachen in der astralen Welt. Und diese tiefste Stille wird immer größer und größer, wenn er anfängt, sich dem dritten Bewußtseinszustand zu nähern, dem Zustand, wo er im traumlosen Schlaf empfindet. Die Farben der Astralwelt werden immer durchsichtiger, das Licht immer klarer, gleichsam durchgeistiger. Der Mensch hat dann die Empfindung, als ob er selbst in dieser Farbe, in diesem Lichte lebe, als ob nicht sie ihn umgebe, sondern er selbst Farbe und Licht sei. Er fühlt sich selbst als astralisch innerhalb dieser astralischen Welt, wie schwimmend in großer, tiefer Ruhe. Dann beginnt diese tiefe Stille nach und nach aufzutönen, es fängt an, leise und immer lauter geistig zu klingen; wie durchzogen wird die Welt des Lichtes und der Farben von klingenden Tönen. Dieser dritte Bewußtseinszustand, in den der Mensch nun nach und und nach eintritt, besteht darin, daß die farbige Welt, in der er im Astralen lebte, durchklungen wird. Und das ist Devachan, das ist die sogenannte mentale Welt, die sich nun vor ihm auftut. Und hinein tritt er in diese wunderbare Welt durch das Tor der Großen Stille; aus der Großen Stille klingt der Ton von der anderen Welt zu ihm herüber. So verhält es sich wirklich mit der devachanischen Welt.

Manche theosophischen Bücher bringen andere Beschreibungen von ihr; doch beruhen diese nicht auf eigener Erfahrung der Wirklichkeit dieser Welt. *Leadbeater* zum Beispiel bringt eine zutreffende Beschreibung des Astralplanes und des Erlebens auf diesem, doch seine Beschreibung des Devachanplans ist nicht zutreffend. Sie ist lediglich eine Konstruktion, zusammengestellt nach dem Muster des astralen Planes, sie ist nicht von ihm selbst erlebt. Alle Beschreibungen, die Ihnen nicht schildern, wie von der anderen Seite der Ton herüberklingt, die sind nicht richtig, sind nicht aus der Anschauung heraus. Dem Devachanischen ist besonders eigen, daß es eine tönende Welt ist, wenigstens im wesentlichen. Man darf sich selbstverständlich nicht denken, daß die Devachanwelt nicht auch eine in Farben erstrahlende sei. Sie ist selbstverständlich auch durchleuchtet von der astralen Welt, denn sie ist ja nicht getrennt von ihr, das Astralische durchdringt auch das Devachanische. Doch das eigentlich Devachanische liegt im Tönen. Das, was das Licht in der Großen Stille war, fängt jetzt an zu tönen.

Auf einem solchen noch höheren Plan des Devachans wird aus dem Ton etwas Wortähnliches. Von da kommt alle wirkliche Inspiration, und in diesem Gebiete bewegen sich die Autoren, die inspiriert waren. Sie erleben dort ein wirkliches Einklingen der Wahrheiten der höheren Welten. Dieses Phänomen ist durchaus möglich.

Nun müssen wir uns vorstellen, daß nicht nur der Eingeweihte in diesen Welten lebt. Der Unterschied ist nur, daß der Eingeweihte in Bewußtheit diese verschiedenen modifizierten Zustände durchlebt. In ihm ist nur ins Bewußte umgeändert, was der gewöhnliche Mensch wieder und wieder unbewußt durchmacht. Denn auch der gewöhnliche Mensch geht tatsächlich durch diese drei Welten immer wieder hindurch, nur weiß er davon nichts, weil er sich selbst und seiner Erlebnisse dort nicht bewußt wird. Doch bringt er sich trotzdem von den Wirkungen, die dieses Erleben in ihm hervorruft, etwas mit. Wenn er morgens aus dem Schlafe erwacht, bringt er mit sich nicht nur die körperliche Erquickung durch den Schlaf, sondern er bringt mit sich aus jenen Welten auch die Kunst. Denn nichts anderes ist es, als ein, wenn auch unbewußtes Sich-Erinnern an die Erlebnisse der astralen Welt, wenn zum Beispiel der Maler in seinen Farbentönen, Farbenharmonien, die er auf seine Leinwand hinsetzt, weit über die Wirklichkeit der Farben der physischen Welt hinausgeht. Wo hat er diese Töne, diese schimmernden Farben gesehen, wo sie erlebt? Das sind die Nachwirkungen der astralen Erlebnisse seiner Nächte. Nur dieses flutende Meer von Licht und Farben, von einer Schönheit, einer strahlenden, schimmernden Tiefe, in dem er während seines Schlafes gelebt, gibt ihm die Möglichkeit, jene Farben, in denen er gelebt, so wieder zu verwerten, wenn er auch in den schweren, erdigen Farben unserer physischen Welt nicht annähernd das Ideal, das in ihm lebt, das erlebt worden ist, wiedergeben kann.

So sehen wir in der Malerei ein Schattenbild, einen Niederschlag der astralischen Welt auf die physische Welt, und wir sehen ihre Wirkungen sich so großartig, so wunderbar im Menschen ausleben.

In der großen Kunst gibt es wunderbare Dinge, die für den Okkultisten ganz anders verständlich sind, weil er ihren Ursprung durchschaut. Ich denke da zum Beispiel an zwei Bilder von *Leonardo da Vinci*, die im Louvre in Paris hängen. Das eine stellt den Bacchus, das andere den Johannes dar. Beide Bilder zeigen dasselbe Gesicht; es ist also für beide dasselbe Modell benutzt worden. Sie sind mithin nicht durch ihre äußere novellistische Wirkung so total voneinander verschieden; die malerischen Lichtmysterien, die sie enthalten, beruhen vielmehr lediglich auf ihrer Farben- und Lichtwirkung. Das Bacchusbild zeigt ein eigentümliches, ins Rötliche schimmernde Licht, das über die Körperfläche ausgegossen ist. Es ist, als ob der Körper dies Licht in sich eingesogen habe, er spricht von einer unter der Haut verborgenen Üppigkeit und kennzeichnet so die Bacchusnatur. Es ist, als ob er das Licht aufsauge, und es mit dem Eigenen, eben jener Üppigkeit durchsetzt, wieder von sich gebe. Das Johannes-Bild dagegen zeigt eine keusche, gelbliche Tönung. Es scheint, als ob die Farbe den Körper nur umspiele, ab ob derselbe das Licht nicht aufnehme, nur seine Formen von dem Licht umgeben lasse, aber nichts von außen in sich hineinnehmen wolle. Es ist eine völlig selbstlose Körperlichkeit, völlig rein, völlig keusch, die in diesem Bilde zum Beschauer spricht.

Alles das versteht der Okkultist. Nur muß man nicht glauben, daß sich ein Künstler immer verstandesmäßig klar ist über das, was in seine Werke hineingeheimnist ist. Die Niederschläge seiner astralen Visionen brauchen nicht bis in das physische Bewußtsein zu dringen, um in seinen Werken zu leben. Leonardo da Vinci hat die okkulten Gesetze, nach denen er seine Bilder geschaffen, vielleicht nicht gekannt – darauf kommt es nicht an –, aber aus seinem instinktiven Empfinden heraus hat er sie befolgt.

So sehen wir in der Malerei den Schatten, den Niederschlag der astralischen Welt auf unsere physische Welt. Der Musiker hingegen zaubert eine noch höhere Welt, er zaubert die devachanische Welt in die physische hinein. Tatsächlich sind die Melodien, die Harmonien, die zu uns aus den Werken unserer großen Meister sprechen, richtige Abbilder der devachanischen Welt. Wenn irgendwo wir einen Schatten, einen Vorgeschmack der devachanischen Welt zu empfangen vermögen, so ist es in den Melodien und Harmonien der Musik, in ihren Wirkungen auf die menschliche Seele.

Wir kehren noch einmal zur Wesenheit des Menschen zurück. Wir finden da zunächst den physischen Leib, dann den Ätherleib, dann den Astralleib, dann das Ich, das zuerst dem Menschen bewußt ward am Ende der atlantischen Zeit.

Wenn der Mensch schläft, löst sich der Astralleib und die Empfindungsseele von der niederen Wesenheit des Menschen los. Im Bette liegt der physische Mensch, verbunden mit seinem Ätherleib. Alle seine anderen Teile lösen sich los und leben in der astralischen und der devachanischen Welt. Und in diesen Welten, und zwar in der Devachanwelt, nimmt die Seele in sich auf die Welt der Töne. Der Mensch ist tatsächlich beim Erwachen jeden Morgen durchgegangen durch ein Musikalisches, durch ein Meer von Tönen. Und der Mensch, der seine physische Natur so gegliedert hat, daß sie diesen Eindrücken folgt – er brauchte es nicht zu wissen –, der ist eine musikalische Natur. Das musikalische Wohlgefühl beruht in nichts anderem als in dem richtigen Zusammenstimmen der Harmonien, die er von drüben gebracht, mit den Tönen und Melodien von hier. Entsprechen die Töne von außen diesen Tönen des Inneren, so haben wir das musikalische Wohlgefühl.

Für das Musikalische ist das Zusammenwirken von Empfindungsseele und Empfindungsleib von besonderer Bedeutung. Man muß wissen, daß das ganze Bewußtsein entsteht aus einer Art Überwindung der äußeren Welt. Was dem Menschen als Lust, als Freude zum Bewußtsein kommt, bedeutet den Sieg des Geistigen über das bloß Körperlich-Lebendige, der Empfindungsseele über den Empfindungsleib. Für den aus dem Schlafe mit den inneren Schwingungen zurückkehrenden Menschen gibt es eine Möglichkeit, die Töne stärker zu stimmen und den Sieg der Empfindungsseele über den Empfindungsleib wahrnehmen zu können, so daß die Seele imstande ist, sich stärker zu fühlen als der Leib. Der Mensch kann immer bei der Wirkung von Moll wahrnehmen, wie die Schwingungen des Empfindungsleibes stärker sind, während bei der Dur-Tonart die Empfindungsseele stärker schwingt und den Empfindungsleib überwältigt. Sobald die kleine Terz eintritt, fühlt man den Schmerz der Seele, das Überwiegen des Empfindungsleibes; erklingt aber die große Terz, so verkündet sie den Sieg der Seele.

Wir können jetzt auch begreifen, worauf die tiefe Bedeutung der Musik beruht, warum ihr von allen, die den Zusammenhang der inneren Dinge kennen, von jeher die höchste Stelle unter den Künsten eingeräumt wurde, warum ihr auch von Nichtwissenden eine besondere Stellung zugewiesen wurde, und warum sie in unserer Seele die tiefsten Saiten anrührt und erklingen läßt.

Wenn der Mensch im Wechsel zwischen Schlaf und Wachen fortwährend einen Übergang von der physischen zur astralischen und von dieser zur devachanischen Welt vollführt, sehen wir darin ein Abbild seiner Inkarnationen. Wenn er im Tode seinen physischen Leib verläßt, steigt er durch die astrale Welt hinauf zur devachanischen. Dort findet er seine eigentliche Heimat; dort ist seine Ruhestätte. Der feierlichen Ruhezeit dort folgt sein Wiederhinabsteigen in die physische Welt, und er vollführt so einen fortwährenden Übergang von einer Welt zu anderen.

Aber als sein Ureigenstes, weil Heimatlichstes, empfindet der Mensch das, was der devachanischen Welt angehört. Die Vibrationen, die diese durchfluten, werden durch sein tiefinnerstes Wesen gefühlt. Das Astrale und Physische empfindet er gewissermaßen nur als Hülle. Im Devachanischen ist sein Urheimat, und die Nachklänge aus dieser Heimatwelt, der geistigen Welt, ertönen ihm in den Harmonien und Melodien der physischen Welt. Sie durchziehen diese niedere Welt mit den Ahnungen eines herrlichen, wunderbaren Daseins; sie durchwühlen sein tiefinnerstes Wesen und durchzittern es mit Schwingungen von reinster Freude, erhabenster Geistigkeit, die ihm diese Welt nicht geben kann. Die Malerei spricht zur astralen Leiblichkeit, doch die Tonwelt spricht zum Innersten des Menschen. Und solange der Mensch noch kein Eingeweihter ist, ist ihm zunächst die Devachanwelt, seine Heimatwelt, im Musikalischen gegeben. Daher die hohe Schätzung der Musik von allen, die solchen Zusammenhang ahnen. Auch Schopenhauer ahnt ihn in einer Art instinktiver Intuition, die er in seinen philosophischen Formeln ausspricht.

So wird uns die Welt, so werden uns vor allem die Künste begreiflich, vermöge des Okkultismus. Es ist oben alles wie unten und unten alles so wie oben. Wer im höheren Sinne diesen Anspruch versteht, der lernt in den Dingen der Welt Wertvolles und wieder Wertvolleres zu erkennen, und nach und nach in dem von ihm als wertvoll Erkannten den Abdruck immer höherer und höherer Welten zu empfinden; der empfindet auch im Musikalischen das Bild einer höheren Welt.

Das Werk des Architekten, aus Stein gefügt, der den Jahrhunderten widersteht, es ist aus ihm herausgesetzt, in Materie umgesetzt, und so auch die Werke der Bildhauerei und Malerei. Sie sind äußerlich da, sie haben Form angenommen.

Doch die Werke der Musik müssen sich immer wieder von neuem erzeugen. Sie fluten dahin im Wogen und Wallen ihrer Harmonien und Melodien, ein Abbild der Seele, die in ihren Inkarnationen sich auch immer wieder von neuem erleben muß im Dahinfluten der Zeiten. Wie die menschliche Seele ein Werdendes ist, so ist ihr Abbild hier auf Erden ein Fließendes. Die tiefe Wirkung der Musik beruht auf dieser Verwandtschaft. Die menschliche Seele flutet abwärts aus ihrer Heimat, dem Devachan; sie flutet hinauf zu ihm, und ebenso ihre Schatten, die Töne, die Harmonien. Daher die intime Wirkung von Musik auf die Seele. Aus ihr spricht zur Seele die ureigenste Verwandtschaft, aus ihr klingen in sie hinein Heimatklänge im tiefinnersten Sinne. Aus ihrer Urheimat, aus der geistigen Welt, aus der Heimatwelt, da tönen zu uns herüber die Klänge der Musik und sprechen tröstend und erhebend zu uns in den wogenden Melodien und Harmonien.

Auf Rudolf Steiner wird heute überall verwiesen, weil sich herausstellt, wie richtig ein großer Teil seiner Erkenntnisse war. Sein Wissen beruht auf bedeutsamen Überlieferungen westlicher und östlicher Kultur und auf seinen eigenen hellseherischen Fähigkeiten. Er war mit seinen Aussagen sehr vorsichtig und hat nur von dem gesprochen, was ihm sicheres Wissen war. In seinem Werk finden sich zahlreiche weitere sehr interessante Äußerungen über Musik und Musiker.

Johannes Ludwig Schmitt

Künstlertum

Der Atem schuf in Mozart, dem zarten, kleinen unscheinbaren Menschen, der im Alltag aussah wie ein biederes Bürgerlein mittlerer Herzlichkeit, der Atem schuf aus ihm, wenn der Künstler am Flügel saß, einen lebendigen, leuchtenden Spieler, dessen Finger tanzten, dessen Augen im Einklang lächelten, dessen Brust sich spielend schelmisch bewegte.

Der Atem goß Beethoven zu jener Einheit, die dem Titanen-Dämon erlaubte, solchermaßen in seiner Brust zu wogen und zu wirren und zu weiten, daß der scheinbar steife und störrische Mensch in buschigem Haar urplötzlich lebendig wurde und aus seinen tiefdunklen, schweren Augen Wildheit und Weh schimmerte und himmelstürmendes Jauchzenwollen und urgewaltige Not aus seinem Wesen brach, dem Gewittersturm vergleichbar, der plötzlich in den Bergen hervorbricht. Der Atem hatte Beethoven in der ruhmbekannten, einzigen Art seiner feierlich gewölbten Brust und seiner wuchtigen Stimme geformt zum Genius der Größe, zu einem Gott der sieghaften Lichtkraft im Nachtgewand der schöpfungsschwangeren, in Schaudern geborenen Freude.

Der Atem wob aus tausendfältigen Fäden jenes Bild, das einen Goethe wiedergab in Werk, Wort und Wesen; der Atem gab ihm den Rhythmus, in dem er seine Lieder sang, die Tiefe, mit der er Werthers Leiden erlitt, die Geistklarheit, mit der er die Natur sah und ihr nachsann, die Sammlung, mit der er gestaltete, die Unerschüttertheit, mit der vergleichbar einem sicheren Stern unter Millionen von Sternhaufen selbstverständlich seine Bahn zog; der Atem gab ihm die Macht, mit der er wortlos in einem Augenblick mehr war als er in hundert Erdenleben hätte dichten können, gab ihm sein Wesen als König des Menschentums. Er, der täglich eine Stunde Psalmen sang und summte und seinen Milton laut vor sich hinsprach, um im Rhythmus zu leben, er, den des Atems Ton und Art so sehr fesselte, daß er darinnen versank wie das trunkene Kind im Meer der Klänge und Töne, er, der die Worte schrieb, die zu Beginn des Buches leuchten von der geheimnisvollen Doppelgestalt der Gottesgnade im Atem:

Er war Charakter und Künstler und König zugleich.

Die da den Drang nach Gestaltung und Rhythmus in sich tragen und dabei an ihrer Seele Art, am Charakter leiden, an Schwäche und Unwahrheit ihrerseits, sind allesamt verlustig gegangen des Gottes in sich, des ihnen eigenen und eigengehörigen Atems. Künstler, die am Leben krankten und an Zweifeln starben, hatten zuvor ihren Atem getötet. Künstler, die in der Fülle der Wechsel, die sie in der Welt der Erscheinungen hervorzubringen vermögen, die Inneneinheit verloren und im Strudel ihrer an Art königlichen, an Maß uneinheitlichen Fülle untergingen, waren schwach geworden, weil der Odem des Lebens nimmer in ihnen schaffen konnte nach der Ewigkeiten Wunsch. —

Künstler, zeitloser Gestaltungsart und wandellosen Wesens waren stets und sind heute noch *Charaktere,* sind *Könige.*
Sind Herren ihres Atems.

Leben in ihm, gestalten mit ihm, wachsen durch ihn.

Atem ist des Künstlers Art in Rede, Form und Ton.

Ein Spieler kann nicht volle Wirkung entfalten auf der Bühne der Bretter, oder auf der Bühne dieser Welt, wenn er etwa den Atem heftig stößt zu Zeiten, da er Andacht bekunden sollte, oder vielleicht mählich einzieht, da er wuchtig kämpfen müßte. Hohn statt Ehre wäre sein Lohn.

Nicht kann gestalten der Former das Werk, so ihm die leuchtende lautlos-ruhige Linie entschwindet in Erschütterung und Erregung, wo die innere Idee doch ruhevoll den Körper entlang fließen sollte, wie eines breiten Stromes treue, innerlich-verhaltene, in langsamer Bewegung lebendige Art.

Nicht kann zittern dem Meister der Töne sein Herz und Hirn und seine Hand beim leisen Brausen des Frühlingswindes oder dem Kräuseln des Wassers und dem Blinken der Bäume im milden Morgenrot, und nicht kann die sanfte Melodie des Alls in ihm wiederklingen, wenn der Atem nicht mählich stille hält und in lindem, leisem Erzittern die Brust spannt; nicht erstünde der Strom seiner Akkorde, wie das Orgeldröhnen des Gewitters im Hochwald, wenn nicht das Herz, dem stolzen, stark-federnden Schiffskoloß in dauerndem Meergetöse vergleichbar, in trutzig tapferer Majestät durch die Flut des Erlebens stampfte.

Atem ist der Puls des Erlebens und der Puls der Werke.

Kunst ist Tochter des Atems.

Wesen, Bewegung, Ton, All und Schwingung

Europas Armut an dem, wovon es so viel spricht, erweist sich daran, daß es kein eigenes Wort für solche Art kennt und der Alten Prägung fälschlich übersetzt: Rhythmus (σρυδμος, von ρεῖυ, fließen, strömen, rinnen) ist der Alten Benennung für eine bestimmte, wohltuende und wirkungsvolle Spielart einer Aufeinanderfolge von Schwingungen – »Takt« übersetzt es der Europäer.

Wesen

Rhythmus ist aber nicht Takt. Bei den Griechen galt als Takt: Wesen βασις (von βαινειν mit dem Schritt messen). Rhythmus ist sogar schärfster Gegensatz von Takt. Takt ist Wille, ist Genauigkeit, ist Gleichheit, ist Menschenmaß und Menschenmache um Ordnung zu haben und zu halten, um zu herrschen.

Rhythmus aber ist Fluß, ist Guß, ist Form und Formlosigkeit zugleich, ist sich ähnlich, nie sich gleich, wandert, wellt, windet sich, findet sich, gibt sich, schiebt sich, ist Melodie und Musik, ist schwingende Tiefe, schwingende Höhe, schwingende Weite, ist Einheit und Lebendigkeit, beherrscht nicht, wird nicht beherrscht, ist ständig und immer wieder anders.

Takt ist eine Tat und zerteilt.

Rhythmus ist ein Seiendes und eint alles.

Was Europa seinen Rhythmus nennt, den Ablauf der Maschinen wie den Pulsschlag seiner Städte, die vielverschlungene Wechselseitigkeit seiner Einfälle und die Vereinheitlichung seiner Heere bis zum Gamaschenknopf und Schuhriemen, ist Takt. Aber nicht Rhythmus. Das Stoßen seiner Werkräder, das Stampfen seiner Schiffe, das Stauen seiner Wehre – ist Takt. Ist nicht Rhythmus. *Takt aber ist Tod,* ist Einschnitt. *Rhythmus ist Leben*, ist Übergang. Europa kennt keinen Übergang. Europa kennt nur Einschnitte. Ob es Geschichte lehrt und neue Systeme der Ionen oder der Zonen einteilt – stets arbeitet Europa in und um den augenblicklichen oder kommenden Takt.

Denn Europas Leistung ist Geist. *Geist aber ist Takt*, ist Schnitt, ist Tod.

Rhythmus aber ist Fließendes, ist Welle, ist Quelle und Bächlein und Strom und Meer zugleich: Rhythmus ist der Ablauf und Umlauf und Verlauf der Schwingungen in Welt und Mensch, ist das Strömende, das Einfließende, das Sich-Ausgießende, ist das Wirren des Sturmes und das Wehen des Windes, ist das Schluchzen des sterbenden Herbstes in Gründen und Gruft, wie das Jauchzen des Frühjahrs in Wald und Feld und in den Lüften. Rhythmus ist Welle, ist Ton, ist Atem.

Wie das Wesen der Melodie nicht erlaubt, daß der Hörer den Takt spüre, sondern verlangt, daß Ton um Ton quelle und die Luft erfülle, als sei er eben erst und nur einmal und nur jetzt geboren und nie zuvor und nie hernach, so verlangt das Wesen des Rhythmus, daß er fließe und sich ergieße im Menschsein und Menschentum, als wäre er eben erst und nur das einemal und nur für jetzt geboren und nie zuvor und nie hernach. Während Takt Vergangenes mißt und an Künftiges denkt und Gegenwärtiges zerteilt und damit tötet, ist Rhythmus die Gegenwart schlechthin und erlebt und gibt den Augenblick als Unendlichkeit.

Bewegung

Die also Rhythmus lehren wollen in Bewegung und Gang und Gebärde und Nerv und Muskel, tun Danaidenarbeit: sie schöpfen in ein Faß ohne Boden. Aber nicht nur dies: sie sprechen die Vermischung und Verwechslung von Takt und Rhythmus feierlich heilig und nehmen damit dem Rhythmus, der des Lebens Ausdruck und Erscheinung allerorten ist, die Möglichkeit, zu weben und zu walten und zu wirken, und töten damit das Leben selber. Was übrig bleibt, ist lebensarmer Geist.

Was je gelehrt werden kann und muß, ist Takt. Wo aber Takt den Rhythmus übertönt, ist Elend das Ende. Takt mehr zu lehren als Lebensfülle vorhanden ist bedeutet Einschnitte, die nimmer Merkzeichen sind, sondern durchgreifen bis zum Grund.

Bedeutet Zerfall.

So kommt es, daß die klügsten Köpfe Europas erkannten, nur mehr Takt lehren zu sollen, um die Ordnung nicht zu stören, Rhythmus aber dem Zufall zu überlassen oder der Unbewußtheit oder der Kindlichkeit des einzelnen. Die heute noch versuchen, bewußt Rhythmus zu erzeugen, sind selber Kinder an Größe, nicht an Art, d. i. klein an Leben und Lebendigkeit.

Das Wissen um den Ablauf der Muskeln ist nicht Rhythmus, bedingt nicht Rhythmus und bringt keinen Rhythmus. Was Rhythmus schaffen kann, ist das Sinken des Gelernten in die Tiefen des Unterbewußtseins, ist die Versenkung, die lebendige Schwingung im Gewußten und Erfaßten.

Ist der Atem.

Wie der Schüler in sich das Wissen um Anatomie und Physiologie schaut und baut und betraut – also ist sein Rhythmus.

In dieser Art. Nicht etwa Größe. Denn Größe des Rhythmus gibt es nicht. Rhythmus ist Art.

Und wie der Schüler *vor* der Tat schwang und wie sein Körper erklang und wie es in ihm sang, also die Art seiner Handlung.

Und auch dies bestimmt seines Leibes Jetzt- und Dauerart in Spiel und Stille, wie er in dem Muß des Augenblickes strafft und stößt und stark ist, wie sein Leib der Forderung des Gegebenen antwortet – wie er atmet. Rhythmus ist Atem.

So ist nicht mehr vonnöten, den Rhythmus dem Zufall zu überlassen oder völlig unbewußter Kindlichkeit – wie arm müßten wir alsdann erst an Geist werden und groß an Einfalt und wie unmöglich (und auch unwahr, weil gewollt) wäre das.

Doch über den Atem, durch den Atem, im Atem, findet sich von selber das Geheimnis unserer eigensten Art, unserer aus dem Innersten fließenden Bewegung, unseres bis ins Innerste in *einem* Ineinanderspiel fließenden und damit elementaren Widerstandes, unserer aus Einem, aus *dem* Einen, aus diesem Einen, aus dem Leben fließenden und zurückflutenden Vielgestaltung eines selbst gegensätzlichen und gegensätzlichsten Zusammen und Nebeneinander von Muskelgruppe, Muskel und Müskelchen. Im Atem finden sich alle Verschiedenheiten zu eins, aus ihm fließen lose und leicht und locker alle Formen; von ihm aus spielen alle Glieder; um ihn formt sich der ganze Leib.

Atem ist Rhythmus.

Ton

Und nicht minder flutet das Leben im Klang, im Gesang, im Ton.

Wenn der Ton als sichtbare Erscheinung des Atems aus ihm ersteht wie ein Phönix aus der Asche, wie der Schmetterling aus der Puppenhülle, dann spielt Rhythmus durch das ganze Lied. Die Folge des Erlebten fließt durch die Melodie und bindet das Ende mit dem Anfang und findet in der Stille die ruhevolle Mitte, wie im brausenden Bruch der verzweifelten

Not vor dem tragischen Schluß die stolze Stätte, auf der sie schwingt und klingt und widerklingt. Ob als Lied oder als Rede oder Erzählung oder Schmerzensschrei: in ihm tönt das Leben, das da brauset im Wasserfall und heulet im Sturmwind und das da lachet in finsterer Nacht über dem windumtosten Abgrund, und das friedlich spielt im Frühsonnenschein in den Blättern der erwachenden Bäume. Da ist Rhythmus in Ton und Tönen, wo Atem in ihm fließt, erwachender, lebengezeugter, lebenzeugender Atem.

All

Und da erscheint nicht mehr unfaßbar fremd der Alten Art, die den Rhythmus als den Jünger des Atems *und* seinen Meister, als seinen Vater *und* als seinen Bruder *und* als sein Kind betrachteten, und die den Atem nicht nur im engsten Sinn Europas deuteten als abgerissenes, abgestükkeltes Fetzchen Leib- und Lungengeschehen, sondern als die einzige, die einigende, die *eine* Macht, die da fließt und im Fließen Leben gibt und Licht und Liebe, überall wohin sie kommt und wo sie empfangen wird. Die Weite ihrer Weltanschauung entsprang dem Wissen und dem Wirken in der Weite des Atems, und die Weite ihres Atems wiederum fand Nahrung und Not-wende in der Weite ihrer Welt.

Und wie der Alten Weite wechselseitig nährte und wieder zehrte und wieder zunahm und wieder gab ihrer Seele, ihrem Sinn, so wurde ihr Tun und ihr Tragen, ihr Tag- und Jugendwerk: groß, weit, tapfer und – frei. Wenn sie ihres Weges gingen, kündete ihr Schritt das Spiel ihrer Glieder, und ihre schönen Leiber waren voller Freude der Seele. Und sie verstanden und fanden allerorts die rechte Art zu richten und zu schlichten, und sie waren eins in der Arbeit und in der Schlachten Not mit der Pflicht, das ist der Pflege des Seienden, und eins am Abend mit des Weltalls friedlicher Ruhe.

Schwingung

Und wenn Europa – wie sie – atmet und aus dem Atem weiß und wirkt, werden die Bilder nicht mehr wie heute so selten sein, daß eines Menschen Gang im freien Feld bei friedlicher Dämmerung von selbst leiser, langsamer wird, und versunken in des Alls göttliches Geheimnis seine

Brust in Welle und Wohleinheit spielt wie der Abendwind, und sein Schritt auch nicht ein Tausendstel Sekunde schneller wandert, denn dem Atem ringsumher angemessen – und nicht mehr so selten wie heute wird sein, daß die Menschen im Unendlichen leben, sind und atmen, und aus ihm in Leid und Lust fließen und überreich aus ihm der Menschheit stolze Macht und starkes Recht künden, nicht mehr so selten wie heute wird sein, daß Künstler sich mühen müssen im Poch- und Pulsschlag der Rä- der- und Geäder-Werke, um auch nur *ein* freies, frohes Menschenkind zu finden, sondern Europa wird wieder Meister werden seiner eigenen Mächte und Maschinen, und auf seiner Stirn wird stolz vor den Men- schen, demütig-still vor Gott das Siegeszeichen des Menschentums leuchten:

Freiheit

Frei im Fluten des All, frei im Fließen des Einen, frei in Ton und Tat, frei von Vielerlei des Wissenwollens und frei von der Einzelnot des Trieb-Sol- lens, frei von Geistes Tyrannei und Tretmühltreiben, frei im unsichtbaren Geistwalten des Ganzen, des Gewaltigen, des Göttlichen, das auch in uns wohnt und wirkt und Künstler schafft und aus der Seele Kräfte ruft, annoch uns fern und nur in Sang und Sagen heimlich angeklungen:

Lebendig-frei –
Im Atem der Könige.

Der berühmte Arzt und Atemtherapeut Dr. Johannes Ludwig Schmitt (1896–1963) war ein Pionier des Yoga in Deutschland, er war ein ent- schiedener Gegner des Nationalsozialismus wie auch später der Atombe- waffnung.

Er sollte 1935 ermordet werden, überlebte aber wegen einer Namens- verwechslung. Für ihn starb der Musikkritiker Willi Schmid. Der Zufall brachte beide Namen in diesem Buch zusammen: Ein Aufsatz Willi Schmids ist im letzten Kapitel abgedruckt.

Günther Braunger

Der verlorene Klang

Astrologische Betrachtungen zur Musik

Zu den erschütterndsten Bekundungen Depressiver gehört das Einge-
ständnis der völligen inneren Leere, jener Tonlosigkeit, die im Herzen
nicht mehr den Widerhall des Lachens oder des Weinens verspürt. Die
Bewegtheit des Herzens aber hat die ihr gemäßen Ausdrucksformen im
Lachen, im Jauchzen und im Schluchzen, im Tanzen und Singen und in
den verschiedensten Formen der Musik. Wollen wir jenen Menschen helfen und den vielen anderen, die unter der Last des Alltags und der eigenen
Hektik ihren eigenen Rhythmus zu verlieren drohen, so sollten wir sie
anleiten, den ihnen gemäßen Ton und Klang zu finden und auf vielerlei
Art modulierend zu gestalten. In dem wiedergefundenen Akkord wird
dann inwendig spürbar jene Harmonie der Sphären, von der Johannes
Kepler in seinen Werken sprach. Er hat am Anfang der Neuzeit noch jenen metaphysischen Hintergrund der Sternenkräfte gekannt (und nebenbei gesagt auch wie Kopernikus selbst die Astrologie ausgeübt).

Für die praktische Arbeit mit Patienten und Schülern kann die Astrologie sowohl für die Wahl des Musikinstruments wie auch für die Art der
Musik wertvolle Hinweise geben. Gleichwohl lege ich in meiner Praxis
vor allem Wert darauf, daß der Patient zunächst mit dem ihm gemäßen
Instrument den eigenen Grundton findet und um diesen herum in vielerlei Variationen frei improvisierend spielt und darin die eigene Situation
widerspiegelt, um daraus den Ausweg aus dem Labyrinth zu finden.
Schwierigkeit macht dieses Verfahren nur bei jenen Menschen, die zuviel
von Musik wissen und vom Verstand her allzuleicht die Spontaneität des
Ausdrucks verhindern. Hier rate ich dann, sich intensiv mit entsprechenden Komponisten auseinanderzusetzen.

Nun zeigt ja die Berechnung der astrologischen Geburtssituation nur
eine Vielzahl von Gestaltungsmöglichkeiten an. Welche davon angesprochen werden sollen, bestimmt sich nach der Einschätzung der Problema-
tik und der Möglichkeiten des Patienten. Dabei gilt grundsätzlich die Re-

gel, daß gerade für kritische Aspekte eine ihnen gemäße Form gefunden werden soll, damit sie bewußt gestaltet werden und nicht in der Unbewußtheit emotionaler Ausbrüche Schaden stiften.

Im folgenden seien einige Hinweise auf Planeten und ihre Entsprechungen in der Musik gegeben.

Pluto

Dieser Planet verweist uns auf den eigenen atavistischen Urgrund. Von daher kommen viele Bilder des Unbewußten und Ängste. In der afrikanischen Musik, vor allem in den grandiosen Trommelbeschwörungen, wird seine Urgewalt spürbar. Ähnlich in der karibischen Musik und zu einem guten Teil im Jazz. Sein ihm gemäßes Instrument ist die Trommel in ihren vielen Formen.

Neptun

Sein Prinzip ist die Verschränkung verschiedener Bewußtseinsebenen. Er ermöglicht den Übersprung von einer Ebene auf die andere. Doch wehe dem, der unwissend die Ebenen wechselt und dies nicht erkennt. Wir finden hier die kühnsten Klangexperimente, aber auch die Grenze des Wahnsinns wird überschritten (Schumann); manchmal aber auch nur die Grenze des guten Geschmacks (Schnulzen). Typisch ist die romantische Musik und ihre Folgen, manches klingt schon in der Spätklassik an. Das herausragende Instrument jener Musik ist der Flügel, der in den rauschhaften Akkorden und Läufen scheinbar einen ganzen Kosmos entstehen läßt.

Isis-Transpluto

Sie bringt mit ihren Schwingungen ähnlich Venus und Saturn den ganzen Herzraum zum Klingen. Anders als Pluto bezieht ihr Aspekt sich in der Wachheit des Erkennens auf den Urgrund menschlicher Existenz und ruft das Erbe von Atlantis wach. Am vernehmlichsten in den Werken von Mozart und Vivaldi.

Musikinstrumente sind Orgel, Harfe und die daraus abgeleiteten Instrumente wie Gitarre, Laute u. ä., außerdem alle Streichinstrumente und die Klarinette.

Venus

In vieler Hinsicht der jüngere Aspekt von Isis-Transpluto. Ihr Bezug ist weniger auf den Urgrund als auf die Gestalt gerichtet. Die Freude an der Polarität der Geschlechter. Zu finden in den Liebesliedern und Tänzen der Volksmusik; weniger in der Kunstmusik, die dabei zu leicht ins Neptunische überwechselt. Typisch sind Blasinstrumente mit hellem Klang wie die verschiedenen Blockflötenarten und die Panflöte, Trompete, Horn und Fanfare. (Im Saxophon kommt viel Neptunisches herein und in den Blasinstrumenten wie Oboe und Fagott auch Plutonisches.)

Saturn

Man möchte seiner Strenge eigentlich nicht die bewegliche Leichte der Musik zutrauen. Doch wird in der Klarheit der Form ähnlich einem Bergkristall ein ganz anderes Prinzip der Musik sichtbar, entgegegesetzt dem neptunischen Klangrausch romantischer Musik. Es ist die Klarheit in den Werken Johann Sebastian Bachs. In der h-Moll-Messe tauchen aus dem Urgrund Klangchiffren auf, die ähnlich in den Anrufungen armenischer Liturgie des frühen Christentums zu finden sind. Es ist die Epiphania des Göttlichen wie es auch im Pfingstwunder beschrieben wird.

Der verschollene Planet

Zwischen Mars und Jupiter zog einst ein Planet, von dem noch Trümmer im Planetoidengürtel kreisen. In der menschlichen Natur spiegelt er sich wider in der Ekstase, die so leicht in Vernichtung endet (Orpheus und die Mänaden). Sein ihm gemäßer Ausdruck ist die Ausgelassenheit des Tanzes (Rock'n'Roll).

Bei den anderen Planeten konnte ich bisher keine deutlichen Bezüge zu spezifischen Formen und Instrumenten feststellen, wenngleich auch der kosmische Rhythmus der Mondknoten und das Gezeitenspiel des Mondes, die Polarisierung des Mars und das in der Sinusschwingung verbindende Prinzip des Jupiter wie auch die kontraktile Kraft des Uranus sicher in jeder Form der Musik nachzuweisen wären.

Spontaner als jede andere Art der Selbstfindung läßt die Musik den Menschen in der Bewegtheit des Herzens seines Ursprungs gewahr werden und ermöglicht ihm so im verbindenden Spiel der Gegensätze zum einklingenden Akkord zu finden.

Günther Braunger, geb. 8. 5. 33. Heilpraktiker und Atemtherapeut, Schüler von Dr. Ludwig Schmitt. Veröffentlichungen:
Rhythmische Strukturen in der Entwicklung des Bewußtseins, München 1979
Gesund bleiben, München 1980
Lehrbuch der Astromedizin, München 1980 und 1984.

Im Geleitwort zum »Lehrbuch der Astromedizin« schreibt Günther Braunger: »Im Altertum galt das staunende Fragen als der Ansatz zur Philosophie und war die geistige Grundlage jeglicher Naturwissenschaften und der Heilkunst. Je mehr sich aber die Entwicklung der Gegenwart näherte, desto mehr verlor sich der Mut zur offenen Begegnung mit dem Unbekannten. So verschanzt sich heute noch ein großer Teil der Medizin hinter dem Denkansatz chemischer Betrachtungsweise, die ihren Ursprung im vorigen Jahrhundert und noch weiter zurück hat. Schlimmer noch, daß zunehmend auch die Vielfalt chemischer Strukturierungen nicht mehr gesehen und statt dessen gemeint wird, nicht mehr den Kranken, sondern eine eindeutig definierte Krankheit mit ebenso eindeutig definierten chemischen Substanzen heilen zu können. Daß dieser heute vorwiegend finanzpolitisch motivierte Kahlschlag einer dem Menschen zugewandten Heilkunst kaum mehr dem ursprünglichen naturwissenschaftlichen Denkansatz gerecht wird, merkt man wohl erst, wenn es zu spät ist.«

Johannes Brahms und die Inspiration

Eines der bedeutenden Bücher über Musik ist das Buch »Gespräche mit berühmten Komponisten« von Arthur M. Abell. Dieser wagemutige Journalist hat gegen Ende des vorigen Jahrhunderts alle damals noch lebenden, berühmten Komponisten über die geistigen Vorgänge beim Komponieren befragt. In diesem Buch liegen bedeutende Zeugnisse vor von

Richard Strauss
Johannes Brahms
Giacomo Puccini
Engelbert Humperdinck
Richard Wagner und
Edvard Grieg.

Alle diese Komponisten haben Gott als die wahre Quelle der Inspiration bezeichnet. Die Lektüre dieses Buches ist unerläßlich für jeden, der am Vorgang wirklicher Inspiration interessiert ist.

Das wichtigste Gespräch ist das zwischen Brahms, Joachim und A.M. Abell, aus dem wir zwei kurze Abschnitte abdrucken:

Brahms spricht über das Geheimnis seines Schaffens

Eines Abends saßen Johannes Brahms, Joseph Joachim und ich im Arbeitszimmer des Wiener Heims des berühmten Komponisten und sprachen über die Inspirationsquelle großer schöpferischer Geister. Es war im Spätherbst 1896, und die Begegnung war von dem berühmten Violinisten Joseph Joachim als eine besondere Gunstbezeugung für mich vereinbart worden, da er so großes Interesse an meinem Plan zeigte, ein Buch über Genius und Inspiration zu schreiben.

Verzaubert saß ich da und hörte zu, denn das Thema hatte mich schon immer fasziniert, und der Rahmen war so ideal, da die Unterhaltung im gleichen Zimmer vor sich ging, das die Geburt vieler unsterblicher Werke von Brahms erlebt hatte. Ohne Joachims tätige Mitarbeit wäre es mir nie gelungen, Brahms zu überreden, das Geheimnis preiszugeben, wie er beim Komponieren zu Werke ging, bewegt von den Seelenkräften in ihm und vom Geist des Allmächtigen selbst erleuchtet.

Bei wiederholten, aber fruchtlosen Bemühungen, ihn darüber auszufragen, hatte ich herausgefunden, daß ihm dies ein heiliges Thema war, worüber er nur mit größtem Widerstreben sprechen wollte. Tatsächlich sagte Brahms gleich zu Beginn der Unterhaltung an jenem Abend, zu Joachim gewandt:

»Joseph, ich erinnere mich gut, daß du und Klara Schumann mich oft das gleiche fragten, womit Mr. Abell mich schon seit vielen Jahren belästigt, und daß ich mich immer weigerte, euch meine inneren Erlebnisse beim Komponieren zu enthüllen. Ich war immer äußerst abgeneigt über dieses Thema zu sprechen, aber seit Klaras Tod im vergangenen Mai beginne ich, die Dinge in einem neuen Licht zu sehen. Außerdem spüre ich, daß das Ende meines irdischen Lebens rasch näher kommt. Schließlich mag es für die Nachwelt interessant sein, etwas darüber zu erfahren, wie der Geist spricht, wenn mich der schöpferische Drang überkommt. Ich werde euch deshalb jetzt meine gedanklichen, psychischen und geistigen Vorgänge während des Komponierens bekanntgeben. Beethoven erklärte, seine Ideen kämen von Gott, und ich kann das gleiche behaupten. Was hältst du von einem Buch, wie es Mr. Abell zu schreiben beabsichtigt, Joseph?«

»Nun, Johannes, der Wert eines solchen Buches steht außer Frage. Auf der Grundlage deiner eigenen Erlebnisse geschrieben, wäre es von ungeheurer kultureller Bedeutung nicht nur für die musikalische Welt, sondern auch für jeden, der sich für höhere ästhetische Werke interessiert. Die Inspiration betrifft alle schöpferischen Geister – Dichter, Maler, Bildhauer, Dramatiker und Komponisten. Würdest du nicht gerne detaillierte Berichte über die geistigen Vorgänge bei Mozart, Bach und Beethoven lesen, wenn diese uns etwas darüber aufgezeichnet hätten?«

»Aber sicher, Joseph; wie schade, daß die seltenen Einblicke, die sie uns gegeben haben, so knapp sind. Du meinst also wirklich, meine eigenen seelischen Vorgänge wären es wert, in einem Buch aufgezeichnet zu werden?«

»Dies ist eine sonderbare Frage, Johannes. Vor 43 Jahren, als du erst 20 warst und gerade am Beginn deiner Laufbahn standest, erklärte Robert Schumann dich zum neuen musikalischen Messias, und 35 Jahre später, im Jahre 1888, verglich dich kein Geringerer als Hans von Bülow mit Bach und Beethoven. Durch dein geistiges Ich schwingen himmlische Harmonien; du hinterläßt der Menschheit ein sehr wertvolles Erbe, Johannes, und die musikalische Welt wird unermeßlich bereichert, wenn du Aufzeichnungen darüber hinterläßt, wie der Geist dich leitete, während du deine Meisterwerke schufst.«

»Es sei denn. Ich werde jetzt dir und unserem jungen Freund hier darüber berichten, wie ich mit dem Unendlichen in Verbindung trete, denn alle wirklich inspirierten Ideen stammen von Gott. Beethoven, mein Vorbild, war sich dessen wohl bewußt.«

Wie Brahms mit Gott in Verbindung trat

»Dr. Brahms«, fragte ich, »wie treten Sie mit der Allmacht in Verbindung? Die meisten Menschen finden Ihn sehr fern.«

»Das ist die große Frage«, antwortete Brahms. »Es geschieht nicht durch die Willenskraft über das bewußte Denken, das ein Entwicklungsprodukt des physischen Bereiches ist und mit dem Körper stirbt. Es kann nur durch die inneren Seelenkräfte geschehen – durch das wirkliche Ich, das den Tod körperlich überlebt. Diese Kräfte ruhen für das bewußte Denken, wenn sie nicht vom Geist erleuchtet werden. Jesus lehrt uns, daß Gott Geist ist, und er sagte: ›Ich und der Vater sind eins‹ (Joh. 10, 30).

Wie Beethoven zu erkennen, daß wir eins sind mit dem Schöpfer, ist ein wunderbares, ehrfurchtgebietendes Erlebnis. Sehr wenige Menschen gelangen zu dieser Erkenntnis, weshalb es so wenige große Komponisten oder schöpferische Geister auf allen Gebieten menschlichen Bemühens gibt. Über dies alles denke ich immer nach, bevor ich zu komponieren anfange. Dies ist der erste Schritt. Wenn ich den Drang in mir spüre, wende ich mich zunächst direkt an meinen Schöpfer und stelle ihm die drei in unserem Leben auf dieser Welt wichtigsten Fragen – woher, warum, wohin?

Ich spüre unmittelbar danach Schwingungen, die mich ganz durchdringen. Sie sind der Geist, der die inneren Seelenkräfte erleuchtet, und in diesem Zustand der Verzückung sehe ich klar, was bei meiner üblichen Gemütslage dunkel ist; dann fühle ich mich fähig, mich wie Beethoven von oben inspirieren zu lassen. Vor allem wird mir in solchen Augenblicken die ungeheure Bedeutung der höchsten Offenbarung Jesu bewußt: ›Ich und der Vater sind eins.‹ Diese Schwingungen nehmen die Form bestimmter geistiger Bilder an, nachdem ich meinen Wunsch und Entschluß bezüglich dessen, was ich möchte, formuliert habe, nämlich inspiriert zu werden, um etwas zu komponieren, was die Menschheit aufrichtet und fördert – etwas von dauerhaftem Wert.

Sofort strömen die Ideen auf mich ein, direkt von Gott; ich sehe nicht nur bestimmte Themen vor meinem geistigen Auge, sondern auch die richtige Form, in die sie gekleidet sind, die Harmonien und die Orchestrierung. Takt für Takt wird mir das fertige Werk offenbart, wenn ich mich in dieser seltenen, inspirierten Gefühlslage befinde, wie es auch bei Tartini der Fall war, als er sein größtes Werk komponierte – *Die Teufelstriller-Sonate*. Ich muß mich im Zustand der Halbtrance befinden, um solche Ergebnisse zu erzielen – ein Zustand, in welchem das bewußte Denken vorübergehend herrenlos ist, und das Unterbewußtsein herrscht, denn durch dieses, als einem Teil der Allmacht, geschieht die Inspiration. Ich muß jedoch darauf achten, daß ich das Bewußtsein nicht verliere, sonst entschwinden die Ideen.«

Nach diesen Worten Brahms bleibt die Frage offen, warum Brahms fähig war, solche Schwingungen zu empfangen, andere Komponisten aber nicht. Joachim stellt die Frage auch so ähnlich – er war ein weniger erfolgreicher Komponist –, aber Brahms weicht aus. Möglicherweise war seine Fähigkeit instinktiv, jedenfalls hat er über den Weg, den er gegangen sein muß, nicht gesprochen. Ganz erstaunliche, weiterführende Hinweise finden sich in den Aussagen einer jetzt lebenden Erleuchteten, Gabriele Wittek. In ihren Niederschriften spricht sie über Urbilder der Kunst (Das Heiligtum, der Sitz Gott-Vaters), und es werden in ihren Texten auch genaue Anweisungen gegeben, wie der Weg beschritten werden kann. Dieser Weg ist der christlich-mystische Weg zu Gott. Folgende Auszüge aus Texten, in denen Gabriele Wittek Fragen beantwortete:

Frage: *Wie kommt ein Mensch, der noch nicht den Inneren Weg beschreitet, Gott näher?*
Liebe Freunde, viele stehen an der Schwelle zum geistigen Erwachen und Erleben. Lassen wir das Leben, die Kraft in allem Sein, in uns wirksam werden, z. B. beim Betrachten einer lieblichen Landschaft. Sie erinnert uns oftmals unbewußt an das, wonach wir uns in unserem Inneren sehnen, an unsere ewige Heimat.
Wer an der Schwelle angelangt ist, liebt das Leben in allen Seinsformen: Das Firmament, Sonne, Mond und Sterne, die Wolken am Himmel und den Regen. Die friedlichen Auen und bewaldeten Hügel. Die stillen Seen, die einen Hauch überirdischen Seins tragen. Die Tiere und insbesondere alle Wesen und Menschen.
Aus allen Lebensformen spricht Gott, das Schöne und Reine. Er läßt uns die Schönheit der Heimat bereits im Diesseits erkennen. Wird die innere Substanz dieser Formen in uns lebendig, dann erleben wir eine Of-

fenbarung des Schöpfergeistes. Lauschen wir den Klängen so mancher begnadeter Musiker, und lassen wir die Harmonien unser Herz beseelen, dann erfüllt uns ein Ahnen des höheren Seins.

All diese Empfindungen und Eindrücke sollten wir nicht von uns weisen, sondern sie in uns nachschwingen lassen. Dadurch erhebt sich gleichsam unsere Seele, um Weiteres, Höheres und Göttlicheres zu erleben.

Wer sich für die rechte Muße Zeit nimmt, der hat einen wahren und echten Gewinn. In sein Bewußtsein fallen sodann tief die heiligen Worte Christi, die er sodann dem Sinn nach zu erfassen vermag: Ich Bin das Leben. (Aus dem Leben der Prophetin Gottes)

In einem weiteren Buch »Die christliche Mysterienschule« wird gesagt, daß im Verlaufe der Schulungen die Schichten des Unterbewußtseins gelüftet werden müssen und daß Charaktereigenschaften, Erbanlagen, Erinnerungen und materielle Eigenschaften, die im Unterbewußtsein gespeichert sind, von der inneren Kraft absorbiert werden müssen, damit die Seele sich entfaltet, die inneren Bilder schauen und die Sprache der Farben, Formen und Harmonien erleben kann, die beim Erleuchteten im Inneren Wort Gottes gipfelt. Weitere Auszüge:

Beim Inneren Wort, beim Gotteswort hingegen, strömt die sich offenbarende Kraft aus dem unbelasteten Wesenskern der Seele. Sie kann dem Menschen nur über die durchlichteten Bewußtseinszentren zuströmen. Die Bewußtseinszentren bilden im Menschen die Seelenhüllen. Je lichter, das heißt gereinigter diese Seelenhüllen sind, um so mehr Geistkraft fließt in den physischen Leib. Je gereinigter die Seelenhüllen sind, desto gereinigter und auf den Wesenskern ausgerichteter sind die Gehirnzellen des Menschen.

Das Innere Wort, das Wort des Ich Bin, das Wort des Heiligen Geistes, strömt also nur durch weitgehend gereinigte Kanäle, durch weitgehend gereinigte Seelenhüllen in den physischen Leib ein. Es strömt über die geistigen Bewußtseinskanäle zum Gehirn und berührt dort die gereinigten Gehirnzellen. Damit dieser innere Vorgang, dieser Ablauf sich so vollziehen kann, wie es dem Auftrag der betreffenden Seele und des Menschen entspricht, ist ein Kontrollgeist vorhanden, auch geistiger Lehrer genannt. Er beobachtet die heiligen Ströme, schützt sie vor allen Nebeneinflüssen und richtet so das Instrument, den Menschen, immer mehr auf diese ewige, heilige Kraft aus. Seine Tätigkeit gewährleistet das reine Offenbarungsgut. (Aus dem Leben der Prophetin Gottes)

Frage: *Das heißt also, es könnten zu Ihnen z. B. Naturwissenschaftler, Ärzte oder auch Theologen kommen, die die Wahrheit suchen, und der*

Herr könnte diesen Suchenden dann über Sie, durch das Innere Wort, antworten?

Soviel ich weiß, wäre das möglich. Aber der Geist Gottes verbleibt in Seinem Gesetz. Deshalb würden die Antworten sicherlich nicht immer so ausfallen, wie es sich die heutigen Naturwissenschaftler, Psychologen oder Ärzte wünschten, die z. B. von der Existenz des 2. Körpers eines Menschen, des Ätherkörpers, und dessen Funktionen nichts wissen, denen auch das Karmagesetz und die heilenden Wirkungen des inneren Weges zu Gott unbekannt sind. Auch die dogmatisch gebundenen Theologen hätten sicher mit den Offenbarungen Gottes ihre Schwierigkeiten. Außerdem wüßte Gott, welche Antworten Er den Wissenschaftlern geben müßte, auf daß diese damit kein Unheil anrichten oder sich durch das geistige Wissen bereichern, indem sie einiges als Anstoß nehmen, aber weiterhin ihrem Egoismus frönen. Gott unterstützt nicht das »Ich« des Menschen. Er gibt, was Er für richtig hält. So würden sicherlich manche Seiner Worte diesen Menschen nicht zusagen, weil ihnen die Verbindung zum Gesetz Gottes fehlt, und sie nicht wissen, daß ihnen der Geist nur ihrem Bewußtsein entsprechend gibt und mehr nicht. Der Herr gibt aufbauende Belehrungen, die vor allem der Seele helfen und für das irdische Leben nur, sofern die Antwort gesetzmäßig zulässig ist und dem Wohle des einzelnen oder, über den einzelnen, der Menschheit dient. Aber weit besser wäre es für die Menschheit der Zukunft bestellt, wenn alle Menschen, auch unsere Wissenschaftler und Theologen, wieder demütig würden und *selbst* diesen inneren Pfad der Entsagung zur Läuterung und Reinigung der eigenen Seele und des eigenen Gehirnes auf sich nehmen würden. Schon weit vor dem Erreichen dieses Zieles, nämlich bereits dann, wenn die ersten vier seelischen Bewußtseinszentren weitgehend aktiv sind, ist der Mensch in der Lage, selbst, im eigenen Inneren, den Herrn zu vernehmen und von Ihm, in der Zwiesprache, Aufklärung und Führung zu erhalten. Diese innere, göttliche Führung des Menschen auf seinem gesamten Lebensweg sei, so wurden wir belehrt, das Natürlichste und Normalste für den Menschen, weil ebenso auch die reinen Geistwesen und, in ähnlicher Weise, auch das gesamte Mineral-, Natur- und Tierreich geführt seien. Voraussetzung dafür ist nur, daß der Mensch sein Denken und Tun wieder ganz auf Gott und das göttliche Gesetz ausrichtet. Bereits durch diese absolute Hinwendung zum Guten und Gesetzmäßigen kommt die Geistkraft im Menschen in erhöhte Tätigkeit und damit die Seele in eine immer höhere Schwingung, die zur Aufnahme des Inneren Wortes notwendig ist. Es wäre gut, wenn jeder einzelne diesen inneren Reinigungspfad zu Gott *jetzt* beschreiten würde, denn einmal, früher oder später, *muß* jeder Mensch diesen Weg zurück in die reine Schöpfung, die er durch sein ichbezogenes Denken verließ, wieder antreten.

Frage: *Sie sprachen eben vom Mineral-, Pflanzen- und Tierreich. Man weiß aus der Vergangenheit – von Trägern des Inneren Wortes –, daß sie auch mit Tieren sprechen konnten und sogar auch mit Pflanzen und Gestirnen. Ist Ihnen das auch möglich?*

Es ist so schwer, auf diese Frage eine Antwort zu geben. Ich möchte nicht den Anschein erwecken, als sei ich etwas Besonderes. Jeder Mensch trägt in sich die Seele. Sie ist der Mikrokosmos im Makrokosmos. In ihr liegen sämtliche Weisheiten der Schöpfung, die sich freudig dem schönsten Geschöpf, dem Kind Gottes, offenbaren, sofern sich der Mensch Gott zuwendet.

Ja, ich kann mich mit den Tieren, mit der Natur, den Mineralien verbinden und auch mit den Naturwesen, die noch potenziertere Seelenkräfte tragen, weil sie schon das Mineral-, Natur- und Tierreich durchlaufen haben. Auch diese Geistkräfte nehme ich in mir wahr und gebe sie im Wort weiter. Meistens senden Mineralien, Bäume, Blumen und Tiere Lichtimpulse in Reimform. In wunderbaren Reimen geben sie immer wieder Zeugnis von dem großen Licht, das sie durchstrahlt und das sie am Leben erhält. Damit ist nicht, wie man glauben möchte, das Sonnenlicht gemeint, sondern das Urlicht, der Wesenskern alles Guten, die Gottheit.

Es gibt im Reiche Gottes keine Ausnahmen. Jeder Mensch kann diese Seiensformen des Schöpfers vernehmen, vor allem aber auch, und das ist das Schönste, Gott, das Licht im Menschen, in der Seele. Wir alle sind Kinder eines Vaters, und Gott, unser Vater, möchte zu *jedem* einzelnen von uns sprechen und uns lenken, leiten und führen. Hierfür bedarf es allerdings der absoluten Hinwendung zu Gott und der Abkehr vom *Gebundensein* an die äußere Welt. Natürlich erfordert dies sehr viel Opfer, die man bringen muß, und anfänglich ist es ein bitterer Leidensweg, bis man eine Teilstrecke auf dem Pfad der seelischen und menschlichen Läuterung hinter sich gelassen hat. Hat man jedoch diesen ersten Wegteil zurückgelegt, dann möchte man diesen Pfad der Selbstzucht und Reinigung um nichts mehr auf dieser Welt aufgeben, so überwältigend ist das Wissen über die Gesetze und Vorgänge, die hinter der sichtbaren Materie wirken. Man erkennt die Einheit und das göttliche Walten in der gesamten

Schöpfung, über das der unwissende Mensch, der nicht den seelischen Läuterungsweg ging, nur spekulieren kann – und sich dadurch immer weiter von der Realität, der Einheit allen Lebens, entfernt.

Frage: *Ich möchte Ihr Stichwort »Einheit allen Lebens« aufgreifen. Immer wieder kann man von Menschen lesen, die das Bewußtsein der Einheit von Natur und Mensch erleben. Haben Sie dieses Einheitsbewußtsein auch?*

Wenn man den Schwingungen dieser Welt ausgesetzt ist, dann ist es oftmals schwer, in dieses Einheitsbewußtsein zu gelangen und vor allem in diesem Einheitsbewußtsein zu verbleiben. Ja, teilweise hatte ich dieses und erlebe es immer wieder. Wenn dieses Einheitsbewußtsein mit der ganzen Schöpfung in den Menschen einbricht, strömt zuerst unsagbare Liebe ein, eine unendliche Ruhe erfüllt die Seele und den Menschen. Der Mensch glaubt, daß er nicht mehr Mensch ist, sondern sich in nichts auflöse, obwohl er, wie ich es erlebte, z. B. am Fenster stand und in die Natur hinausblickte. Ich war nicht mehr ich, ich war nicht mehr Mensch; ich hatte keine irdische Empfindung mehr. Ich war nur noch Geist, leicht beschwingt; und eine unendliche Liebe entfaltete sich zu allem Sein. Im selben Augenblick veränderte sich die Natur. Die ganze Umgebung nahm eine sanfte Farbe an. Die Tiere, die ich sah, waren nicht außerhalb von mir, sondern in mir. Auch die Menschen, die ich sah, waren nicht Menschen außerhalb von mir, sondern in mir, in meinem großen Körper, der doch kein Körper mehr war. Es war nur noch Äther, der alles einhüllte und liebte. In diesen Augenblicken strömt es aus mir, als würden Trillionen Sonnen aus dem Körper strahlen, und Trillionen Sonnen strahlen auch wieder in den Körper ein. Es war ein Wogen mit der Einheit. Und während es so wogte und unendliche Stille den Raum erfüllt, hörte man den Gottesgeist, nicht nur von innen her, sondern eine Stimme drang aus allen Himmelsrichtungen, aus den Bäumen, aus den Sträuchern, aus den Planeten, aus den Tieren. Trotzdem ist es eine Stimme, die in allem ist. Es ist so schwer, dieses Einheitsgefühl zu beschreiben. Es ist alles Licht, wogendes Licht, selige Freude und himmlische Harmonie. Und die Gottesstimme, die von allen Seiten zu hören ist, weil man ja selbst keinen Körper mehr wahrnimmt – man ist im Zeit- und Raumlosen –, es ist eine himmlische Melodie, die aus allen Bereichen einströmt, nicht in den Körper, sondern in etwas, das frei, rein und eins mit der Ganzheit ist. Man hört kein Geräusch mehr, und wenn es einströmt, dann nimmt man es nicht mehr wahr; es ist außerhalb dieses schöpferischen Einheitsbewußtseins. Dieses Gefühl der Einheit aller Teile des Lebens geht sodann langsam wieder zurück. Man glaubt, es schrumpfe ein Körper zusammen. Plötzlich fühlt man wieder die Materie. Man merkt es nun: man ist noch Mensch. Aber das, was man so kurz erlebte, schwingt in der Seele nach, und die innere Stille verbleibt noch lange Zeit. (Ein ehemals geistig unwissender Mensch auf dem Pfad zu Gott)

Jesus, Sohn des Joseph

Manichäische Evangelien des Leucies

(Johannes-Akten)

Bevor er nun von den gesetzwidrigen Juden ergriffen wurde, die von der gesetzlosen Schlange regiert werden, versammelte er uns alle und sprach: »Ehe ich jenen überantwortet werde, wollen wir dem Vater lobsingen und dann zur Erfüllung dessen, was uns bevorsteht, hinausgehen.« Er befahl uns nun, einen Kreis zu bilden und sagte, während wir uns einander an den Händen faßten, selbst in der Mitte stehend: »Antwortet mir mit Amen!« So begann er einen Hymnus zu singen und zu sprechen:

Ehre sei dir, Vater!
  Und wir bewegten uns im Kreise und antworteten ihm mit »Amen«.
  Ehre sei dir, Logos! Ehre sei dir, Gnade! Amen.
  Ehre sei dir, Geist! Ehre sei dir, Heiliger! Ehre sei deiner Ehre! Amen.
  Wir loben dich Vater! Wir danken dir, Licht, in dem keine Finsternis
  wohnt! Amen.
Wir danken dir aber für dieses:
  Gerettet will ich werden und will retten. Amen.
  Gelöst will ich werden und will lösen. Amen.
  Verwundet will ich werden und will verwunden. Amen.
  Gezeugt will ich werden und will zeugen. Amen.
  Essen will ich und will gegessen werden. Amen.
  Hören will ich und will gehört werden. Amen.
  Gedacht will ich werden, der ich ganz Gedanke bin. Amen.
  Gereinigt will ich werden und reinigen will ich. Amen.
  Die Gnade führt den Reigentanz.
  Flöten will ich, auf daß ihr tanzet. Amen.
  Klagen will ich, wehklagt mit mir. Amen.
  Die heilige Achtzahl lobsingt mit uns. Amen.
  Die Zwölfzahl führt oben den Reigen an. Amen.
  Dem Kosmos zu gehört der Tanzende. Amen.
  Wer nicht tanzt begreift nicht, was geschieht. Amen.
  Fliehen will ich, und ich will bleiben. Amen.
  Schmücken will ich und will geschmückt werden. Amen.

Geeinigt will ich werden und will einigen. Amen.
Ein Haus habe ich nicht und habe Häuser. Amen.
Einen Ort habe ich nicht und habe Orte. Amen.
Einen Tempel habe ich nicht und habe Tempel. Amen.
Eine Leuchte bin ich bei dir, der du mich siehst. Amen.
Ein Spiegel bin ich bei dir, der du mich anschaust. Amen.
Eine Tür bin ich bei dir, der du an mir klopfest. Amen.
Ein Weg bin ich bei dir, dem Pilgernden. Amen.

Schließe dich meinem Reigenchore an und schaue dich in mir, dem Redenden; und hast du gesehen, was ich vollziehe, so verschweige meine Mysterien.

Wenn du tanzest, so merke auf das, was ich tue. Denn es ist dein Leid, das Menschenleid, das ich leiden will! Nicht einzusehen vermagst du, was du leidest, wenn der Vater mich nicht dir als Logos gesandt hätte. Da du es sahst, verharrtest du nicht unbewegt, sondern gerietest ganz in Bewegung. Nach Einsicht verlangt es dich, nun stütze dich auf mich. Ruhe dich aus bei mir. Wer ich bin, wirst du erkennen, wenn ich von dir gegangen sein werde. Denn als was ich jetzt erscheine, das bin ich nicht. Was aber bin, wirst du erkennen, wenn du zu mir gekommen bist. Verständest du das Leiden – das Nichtleiden wäre dein. Was du jetzt noch nicht erkennst, das werde ich dich danach lehren. Dein Gott bin ich, nicht des Verräters Gott. In völligem Einklang will ich vereint werden mit den heiligen Seelen. Erkenne in mir das Wort der Weisheit. Willst du aber mein Wesen erkennen, willst du wissen, was ich war: Durch das Wort habe ich alle getäuscht und bin niemals getäuscht worden. Ich frohlockte, du aber umfange im Geiste das Ganze und wenn du es durchdrungen hast, so sprich: Ehre sei dir, Vater! Amen. Ehre sei dir, Logos. Ehre sei dir, Geist. Amen.

Nach diesem Reigen ging der Herr mit uns hinaus (seiner Passion entgegen). Und wir flohen hierhin und dorthin, wie Menschen, die sich verlaufen haben oder in Schlaf gefallen sind.

Sri Aurobindo

Briefe an seine Schüler über Kunst

Sri Aurobindo (1872–1952) ist eine hochgeschätzte Persönlichkeit des politischen und religiösen Indien. Er ist bekannt geworden durch seinen Yoga, als Politiker, Philosoph und überragender Dichter. Wenn bei ihm und seiner Weggefährtin, »Der Mutter«, von Yoga die Rede ist, ist damit immer der Yoga der vollständigen Hingabe des ganzen Wesens an das Göttliche gemeint. Sri Aurobindo sagt:
»Lege Dich mit Deinem ganzen Herzen und all Deiner Kraft in Gottes Hände. Mache keine Bedingungen, bitte um nichts, nicht einmal um Vollkommenheit im Yoga, um überhaupt gar nichts, außer um das eine, daß in Dir und durch Dich sein Wille direkt getan werden möge. Denen, die etwas von ihm wollen, gibt Gott, was sie wollen, denen aber, die sich selbst geben und nichts verlangen, gibt er alles, worum sie sonst vielleicht gebeten oder was sie gebraucht hätten, und sich selbst und die spontanen Gaben seiner Liebe gibt er noch dazu.«
Sri Aurobindos Schriften sind in ihrer Klarheit und Sprachschönheit Gipfelpunkte der englischsprachigen Literatur, er hat ein Versepos »Savitri« geschrieben, das den Weg der Menschheit aus den Tiefen der Materie in das Bewußtsein der Zukunft darstellt und an die Seite der großen Epen der Weltliteratur gestellt wird.
Sri Aurobindo hatte viele Yogaschüler, die auch Dichter oder Künstler waren – oder durch Yoga geworden sind –, er hat ihnen bei ihren künstlerischen Problemen mit Geduld und Umsicht geholfen. Dazu ein Bericht von Dilip Kumar Roy, in dem auch Tagore, der Dichter, zu Wort kommt:

Sri Aurobindo kam zu mir

Ich kann behaupten, daß ich schon früh einen Geschmack an Dichtung und Musik entwickelt habe. Für Musik hatte ich seit meiner Kindheit eine angeborene Begabung. Aber meine Vorliebe für Dichtung bildete sich später heraus, bis sie sich in meiner späteren Jugendzeit in eine beherrschende Leidenschaft verwandelte. Aber ich wußte nur sehr wenig über die Dichtkunst. Bevor ich in den Ashram kam, hatte ich zwar schon eine

Reihe von Gedichten geschrieben und veröffentlicht, aber ich kann nicht behaupten, daß ich sehr stolz auf sie wäre. Mein Stil und Rhythmus waren holprig, und zwar bis zu einem Grad, daß Tagore, der sich sehr löblich über meine musikalische Begabung äußerte (und mir später in einem Brief bescheinigte, daß ich einer der führenden Komponisten sei), nie ein ermunterndes Wort über meine poetischen Äußerungen fallenließ. Darum verlor ich natürlich nach meinen ersten Versuchen den Glauben in meine dichterischen Fähigkeiten. Das war für mich wirklich eine große Enttäuschung, da ich von Natur aus eitel und empfindlich war; aber immerhin hatte ich meine Musik, auf die ich zurückgreifen konnte und mit der ich, noch bevor ich zwanzig wurde, gute Ergebnisse erzielt hatte.

Als ich in den Ashram kam, sagten mir Gurudev (Sri Aurobindo) und die Mutter, daß Yoga ganz gewiß viele Wunder bewirken könne, wie zum Beispiel, praktisch über Nacht die Entwicklung eines vollkommenen Sinnes für Rhythmus. Ich war entzückt und betete anhaltend zu ihnen, daß ich ein Dichter werden möge. Dann komponierte ich einige Lieder, die in der Tat besser waren als mein früheres Geplapper, aber immer noch weit davon entfernt, überzeugend zu sein. Danach begann ich Gurudevs Gedichte zu übersetzen, und das »Wunder« geschah (ich kann es einfach nicht anders nennen – nicht einmal, um den Skeptiker in mir oder den kritischen Leser zu versöhnen!). Da ich außerdem von Natur aus der Aufrichtigkeit und Selbstsicherheit ziemlich geneigt bin, kann ich mich nur schlecht zu der konventionellen Bescheidenheit verstehen, die, wie ich oft zu meinem Ärger feststellte, einen Preis dafür aussetzt, Lügen zu erzählen, nur um makellos *comme il faut* zu sein. Kurzum, es war mir schon immer wichtiger, aufrichtig zu sein als einer sogenannten Demut zu frönen, die absichtlich sagt, was sie nicht meint. Mit diesem Maß an Entschuldigung im vorhinein will ich nun über das berichten, was ich nur als Wunder bezeichnen kann – nämlich das Unglaubliche, das dennoch auf eine Weise geschah, die man aus den äußeren Gegebenheiten nicht erklären kann.

Was ich mit diesen Worten andeuten will, ist eine Wahrnehmung, die ziemlich unvermittelt in mir sproß, die Wahrnehmung eines Kontaktes mit meinem Daimonion, den ich als zutiefst verbunden mit Sri Aurobindo empfand. Dieses Gefühl nahm dann rapide an Intensität zu, bis mir Sri Aurobindo, als er mich als »einzigartigen Übersetzer« lobte, tatsächlich schrieb: »Als du meine Gedichte übersetztest, geschah es, weil du innerlich in mein Licht eingetreten bist, daß du die Sache angerührt hattest und die Kraft in dir erwachte.«

Dessen wurde ich später gewiß, aber zu jenem Zeitpunkt dachte ich, daß die Kunde zu schön sei, um wahr zu sein, da ich immer schon krankhaft selbstkritisch war. Darum schickte ich ein Bündel meiner Gedichte an Tagore und bat ihn, mir offen zu sagen, was er von ihnen halte. »Auch bitte ich Sie darum, mir noch einmal für meine dichterische Bestrebung Hinweise zu geben«, fügte ich hinzu, »und, falls vorhanden, auf Irrtümer in meinem *chhanda* (Rhythmus und Versmaß) aufmerksam zu machen. Ich lege auch Sri Aurobindos Bewertung bei.«

Seine Beurteilung war in zwei Briefen enthalten. Im ersten schrieb er: »Du hast wieder ein schönes Gedicht geschrieben, aber es ist nicht besser als das andere. Aber warum errichtest du mentale Theorien und paßt deine Gedichte diesen an, mögen sie auch von deinem Vater oder Tagore stammen? Ich würde vorschlagen, daß du dich durch keinen der beiden einschränken läßt, sondern vielmehr schreibst, wie es am besten deiner eigenen Inspiration und deinem poetischen Genie entspricht. Jeder von ihnen schrieb auf die Weise, die seiner eigenen Inspiration und Substanz entsprach; aber es ist die Gewohnheit des menschlichen Geistes, eine bestimmte Art zur Regel für alles zu machen. Du hast eine ganz dir eigene dichterische Ausdrucksweise entwickelt, die ganz anders ist als die deines Vaters und absolut keine Widerspiegelung jener von Tagore darstellt. Außerdem findet sich, als ein Ergebnis deiner *sadhana*, eine neue Qualität in deiner Arbeit, *eine Befähigung, mit großer Glückseligkeit eine subtile psychische Feinheit und Tiefe des Denkens und des Fühlens ausdrücken zu können, die ich nirgendwo sonst in moderner bengalischer Dichtung ausmachen konnte.* Wenn du darauf bestehst, als mentale Regel engstirnig, simpel und direkt zu sein, kann es sein, daß du etwas von der Feinheit des Ausdrucks verdirbst, selbst wenn die Zartheit der Substanz erhalten bliebe. Obskurität, Künstlichkeit, Rhetorik müssen alle vermieden werden, aber was den Rest angeht, folge der inneren Bewegung.« (Die Hervorhebungen stammen von mir.)

In dem anderen Brief schrieb er:

»Dichtung kann ihren Ursprung auf jeder Bewußtseinsebene haben, obgleich sie, wie jede Kunst – oder man könnte sagen, jede Schöpfung – durch das Vitale hindurch muß, wenn sie lebendig sein will. Und da immer eine Freude in der Schöpfung enthalten ist, muß diese Freude zusammen mit einem gewissen *enthousiasmos* – nicht Enthusiasmus, wenn ich bitten darf, sondern *anandamaya avesh* – immer vorhanden sein, gleichgültig, wo der Ausgangspunkt lag. Aber deine Dichtung unterscheidet sich von dem, was du zitierst. Nishikanto schreibt aufgrund einer rein vitalen Inspiration; G–dito, obgleich er ein vitales Gefühl in der Form eines leidenschaftlichen Gedankens kleidet; B geht – in den Zeilen, die du anführst – von einem ziemlich losen und oberflächlichen Vital aus. Deine Inspiration hingegen entspringt der Verknüpfung des vitalen kreativen Instruments mit einer tieferen psychischen Erfahrung: dies ist die Ursache für die Originalität und besondere individuelle Kraft und subtile und zarte Vollkommenheit deiner Gedichte. Tatsächlich erwachte diese echte dichterische Fähigkeit plötzlich in dir, weil diese Verknüpfung stattfand; denn vorher war sie, zumindest an der Oberfläche, nicht vorhanden. Die Freude, die du empfindest, war darum zweifellos zum Teil die einfache schöpferische Freude, aber zu ihr hinzu kommt auch die Ausdrucksfreude des psychischen Wesens, das seit deinem Knabenalter nach einem Ausdruckskanal gesucht hat. Dies ist es, was dein Schreiben von Gedichten als Teil deiner *sadhana* rechtfertigt.«

Freundlich wie immer, beantwortete mir Tagore meine gezielten Fragen, eine nach der anderen, bis er schließlich am Ende meiner Bengaligedichte wie folgt kommentierte:

»Laß mich jetzt von deiner Dichtung sprechen. Die Quantität, die du mir auf einen Schlag geschickt hast, brachte mir wahrlich das Fürchten bei! Ich habe früher schon manches Geschriebene von dir gesehen, von dem man sagte, es gehöre der Kategorie der Verse an. Aber diese Erzeugnisse vermittelten mir den Eindruck, daß du den Zugang zur innersten Melodie unserer bengalischen Sprache verfehlt hast und daß du ein Rhythmuskrüppel seiest …

Aber was sehe ich hier? Du scheinst dem Rhythmus über Nacht anheimgefallen zu sein! Du gibst mir keine Chance, kräftig zu korrigieren. Wie hast du es nur angestellt, deine Ohren zum Hören zu bringen? Jetzt hast du wirklich keinen Grund mehr, schüchtern zu sein. Aber wie sich ein Krüppel eines schönen Morgens plötzlich seiner Krücken entledigen und loslaufen kann, scheint mir ein unergründliches Geheimnis. Bisweilen frage ich mich gar, ob das Ganze nicht jemand anderes für dich geschrieben hat? Aber jetzt, wo die Göttin *Saraswati* deine innere Zunge mit Ihrem Zauberstab berührt hat, sollst du alles, was du zu sagen hast, in deiner neugeborenen Sprache und mit deinem ureigensten Akzent mitteilen. Und dann wird das, was du zu sagen hast, schnell tief hineindringen in deine Mitte.«

Ich habe Tagores Brief zitiert, weil ich fürchte, daß sich meine Leser sonst nicht richtig vergegenwärtigen können, von welcher Beschaffenheit und Durchschlagskraft das Wunder war, das Gurudev nicht nur in mir, sondern in einer ganzen Anzahl anderer, einschließlich Chadwick, vollbrachte. Aber ich will jetzt darauf zu sprechen kommen, wie er mich in die englische Dichtung einführte, wo er mir ganz natürlich noch mehr mit seiner yogischen Kraft beistehen konnte.

Nachdem ich die bengalischen Versmaße gemeistert hatte, für die ich fortan als eine Autorität angesehen wurde (ich schrieb auch ein Buch über Verslehre, worauf mich viele mit Fragen über die Feinheiten des bengalischen Rhythmus bedrängten), bat ich Gurudev, mich anzunehmen und mir englische Verslehre, einschließlich den quantitativen Metren, beizubringen. Es würde den Rahmen meiner Erinnerungen sprengen, wenn ich anfangen wollte zu erzählen, wie er mich Schritt für Schritt unterrichtete und mit welch peinlicher Genauigkeit. Aber ich bin sicher, daß ein paar Beispiele seiner Gedichte, die er für meine Ausbildung schrieb, nicht nur von allgemeinem Interesse sind, sondern auch viele Liebhaber englischer Dichtkunst erfreuen werden, ganz zu schweigen von jungen Aspiranten der Dichtkunst.

(Dilip Kumar Roy, Übersetzung von Michel Klostermann)

Aus Briefen Sri Aurobindos an seine Schüler

Die schöpferische Kraft, Eingebung und das menschliche Instrument

Ein Gedicht mag im Zeitlosen präexistent sein, so wie alle Schöpfung dort präexistent ist, oder auf einer bestimmten Ebene, wo die Vergangenheit, die Gegenwart und die Zukunft gemeinsam existieren. Aber es ist nicht nötig, etwas derartiges vorauszusetzen, um das Phänomen der Eingebung zu erklären. Alles ist hier eine Frage des Heranbildens oder des Erschaffens. Durch die Verbindung mit der Quelle der Eingebung gelangen die schöpferische Kraft auf der einen oder anderen Ebene und das menschliche Instrument, der Empfänger oder Übermittler, miteinander in Verbindung. Das ist der wesentliche Punkt, alles andere hängt vom Einzelfall ab. Wenn die Substanz, der Rhythmus, die Form und die Worte als Ganzes fertig gestaltet aus der Ebene dichterischer Schöpfung herabkommen, dann ist dies die vollkommene Art der Eingebung; sie mag ihr eigenes, spontanes Geschenk geben oder etwas, das der Vorstellung oder der Aspiration des Dichters entspricht, aber in beiden Fällen ist der Mensch nur ein Kanal oder Empfänger, obgleich er die schöpferische Freude und die Freude des *aveśa, enthousiasmos,* des Überschwanges, des Einströmens und des Durchgangs fühlt. Andererseits kann es sein, daß der schöpferische Ursprung die Substanz oder den Stoff herabsendet, die Kraft und die Idee, daß jedoch die Sprache, der Rhythmus usw., irgendwo im Instrument vorgefunden werden; der Dichter muß die menschliche Übersetzung für etwas finden, das in göttlicherer Wesenhaftigkeit in der Höhe bereits vorhanden ist; dann geschieht eine Erleuchtung oder Erregung, ein bewußtes Ausarbeiten oder Erschaffen, das schnell oder langsam, zögernd oder frei strömend voranschreiten mag. Ein Teil der Sprache kann durch den Geist oder das Vitale bereitgestellt werden, ein anderer Teil kann aus einem Bereich irgendwo jenseits des Schleiers durchbrechen; wo auch immer der Ursprung liegt: was kommt, verbindet sich in der befreienden oder anspornenden Erregung oder der Anhebung des Bewußtseins mit dem übersetzenden Geist. Oder eine Zeile oder Zeilen dringen aus irgendeiner Ebene durch, und der schöpferisch angeregte Dichter baut sie aus und konstruiert um sie seine Aussage oder erhält sie aus der jeweiligen Quelle, die zu erschließen ihm möglich ist. Es gibt viele derartige Möglichkeiten. Es besteht auch die Möglichkeit einer Eingebung, die nicht von oben, sondern aus irgendeinem inneren Bereich auf den gewöhnlichen Ebenen kommt, aus einem inneren Mental, Gefühlswesen, Vital etc., die der in dichterischer Technik geübte Geist entsprechend seiner gewohnten Fähigkeit ausarbeitet. Auch hier können, auf eine andere Art, gleiche Erscheinungen, gleiche Variationen auftauchen.

Was die Sprache angeht – in welcher Sprache das Gedicht oder vollständige Zeilen aus der Höhe kommen, gibt es hier keine wirkliche Schwierigkeit. Alles hängt von der Verbindung zwischen der Schöpferischen Kraft und dem Instrument oder Kanal ab, wobei die Kraft ganz natürlich die Muttersprache des Instruments oder Übermittlers wählen wird, jene Sprache, die er kennt und deshalb problemlos hören und aufnehmen kann. Die Kraft selbst ist nicht begrenzt und kann jede Sprache aufgreifen; aber obgleich es möglich ist, daß Dinge in einer unbekannten oder wenig bekannten Sprache übermittelt werden – wofür ich selbst Beispiele kenne –, ist dies nicht der Normalfall, da die *samskaras* des Geistes, seine gewohnten Verhaltensweisen und Vorstellungen, fast immer eine derartige unvorbereitete Empfänglichkeit behindern würden; nur eine kraftvoll mediale Begabung mag von dieser Schwierigkeit nicht berührt werden. Aber diese Vorkommnisse sind offensichtlich außergewöhnliche, abnorme oder übernatürliche Erscheinungen.

Wenn die Teile eines Gedichtes von verschiedenen Ebenen stammen, liegt dies daran, daß man auf irgendeiner hohen Ebene beginnt, daß jedoch das verbindende Bewußtsein nicht ununterbrochen aus diesem Bereich empfangen kann und, sobald es flackert oder schwankt, auf eine niedrigere Ebene herabsteigt, vielleicht sogar ohne es zu bemerken; oder es geschieht, daß die niedrigere Ebene eindringt, um die Fortsetzung des Stromes zu ermöglichen, oder daß umgekehrt das Bewußtsein von einer untergeordneten Ebene ausgeht und in der *avesa* (schöpferischen Freude) vielleicht gelegentlich, vielleicht beständiger, für einige Zeit in die Höhe gehoben wird, oder daß sonst die höhere Kraft, die durch den schöpferischen Willen angezogen wird, durchbricht oder die weniger leuchtende Eingebung berührt oder zu sich und in sich zieht. Ich meine hier besonders die Überhaupt-Ebenen (*Overhead Planes*: Wahrnehmungsebenen, die sich aus dem feinstofflichen Bereich über dem Kopf des Menschen in immer feingeistigere Substanz ausdehnen. Anm. d. Übers.), wo dies ganz natürlich ist; denn der Übergeist (*Overmind*: die höchste geistige Ebene in Sri Aurobindos Terminologie, die sich unterhalb der Grenzlinie zu den Ausdehnungen des Supramentalen befindet. Anm. d. Übers.) beispielsweise ist die höchste Quelle der Intuition, der Erleuchtung oder der gesteigerten Kraft der Ebenen, die sich unmittelbar unter ihm befinden. Er kann sie in seine eigene größere Intensität anheben oder ihnen von seiner Intensität abgeben oder ihre Kräfte berühren oder sie mit etwas aus seiner eigenen größeren Kraft vermengen – oder sie können etwas von seiner Kraft empfangen oder etwas von ihr oder von den Kräften untereinander herbeiziehen. Auf den unteren Ebenen, beginnend vom Mentalen abwärts, kann es ebenfalls solche Variationen geben, aber die Wirkensweise ist nicht die gleiche, denn die verschiedenen Kräfte verhalten sich hier mehr gleichberechtigt zueinander, gleichgültig, ob sie für sich stehen, jede gemäß dem eigenen Recht wirkend, oder zusammenarbeiten.

Drei Voraussetzungen für das Verfassen von Dichtung

Ich habe deine Gedichte durchgesehen. Drei Dinge sind nötig für die Dichtkunst. Als erstes müssen emotionale Ehrlichkeit und dichterisches Empfinden vorhanden sein, die du, wie deine Gedichte beweisen, besitzt. Als nächstes kommen eine sprachliche Meisterschaft und ein rhythmisches Vermögen hinzu, die durch ein Wissen über die Technik dichterischen und rhythmischen Ausdrucks vervollkommnet sind; bei deinen

Gedichten ist die Technik unvollkommen, echtes Können ist da, aber noch ungeschliffen, und es hat sich noch kein ursprünglicher und eigener Stil gebildet. Als letztes muß die Macht der Eingebung da sein, die schöpferische Energie, und sie macht den ganzen Unterschied zwischen dem Dichter und dem guten Verseschmied aus.

Der dichterische Fluß

Es sind genau jene Menschen, die sorgfältig, selbstkritisch und ängstlich nach Vollkommenheit suchen, die von der Muse nur unregelmäßig geküßt werden. Die anderen, die sich nicht darum kümmern, was sie schreiben und sich auf ihr eigenes Genie, ihre Schaffenskraft und ihren Sprachfluß für die Bewerkstelligung von allem verlassen, sind gewöhnlich die überströmenden Schriftsteller. Es gibt natürlich Ausnahmen. »Der dichterische Teil, gefangen in bloßem Verstand« ist eine bewundernswerte Erklärung des Phänomens der Unregelmäßigkeit. Unbehindert schreibende Dichter sind jene, denen es entweder gleich ist, wenn sie nicht immer das Beste vom Besten hervorbringen, oder deren Geist ausreichend dichterisch ist, so daß selbst das »nicht Beste vom Besten« der Prüfung standhält oder einen einigermaßen guten Eindruck macht. Manchmal schreibst du Dinge, die gut sind, aber nicht dein Bestes, aber sowohl dein als auch mein Drängen – denn ich halte es für wesentlich, daß du immer nur das Beste, zumindest aber das »jeweils Beste« schreibst –, mögen dafür verantwortlich sein, daß der dichterische Fluß recht dünn geworden ist.

Die Überprüfung und Einschränkung, die deiner Prosa auferlegt worden ist, fand ihren Ausgleich durch eine wesentlich höhere und reifere Qualität, die sie später erlangte. Ebenso, nehme ich an, würde es mit der Dichtung sein; ist einmal eine neue Bewußtseinsebene erreicht, kann es gut sein, daß ein neues Strömen kommt. Deshalb gibt es nicht viel Rechtfertigung für die Angst.

Eingebung und Bemühung

Eingebung ist immer eine sehr ungewisse Sache; sie kommt wann sie will, versiegt plötzlich, bevor sie ihre Arbeit vollendet hat, weigert sich herabzukommen, wenn sie gerufen wird. Das ist eine gut bekannte Behinderung, die vielleicht alle Künstler, gewiß aber die Dichter trifft. Es gibt einige, die sie willentlich lenken können; jene, so denke ich, die mehr erfüllt sind von überströmender dichterischer Energie und weniger sorgfältig auf Vollkommenheit achten; andere nötigen sie zu kommen, wenn immer sie den Füller auf das Papier setzen, aber bei diesen Menschen ist die Eingebung entweder nicht von hohem Rang oder ziemlich unausgewogen in ihren Ebenen. Auch gibt es solche, die versuchen, die Eingebung daran zu gewöhnen zu kommen, indem sie immer zu einer bestimmten Zeit schreiben; Virgil mit seinen neun Zeilen, die er zuerst schrieb, und dann jeden Morgen vervollkommnete, Milton mit seinen fünfzig epischen Zeilen pro Tag, sollen, wie es heißt, erfolgreich ihre Eingebung zur Regelmäßigkeit erzogen haben. Es ist, wie ich vermute, das gleiche Prinzip, das die Gurus in Indien dazu veranlaßt, ihren Schülern eine Meditation zu verschreiben, die jeden Tag zur gleichen Stunde gehalten wird. Das ist natürlich teilweise erfolgreich, für einige ganz und gar, aber nicht für jeden. Wenn bei mir selbst die Eingebung nicht in einer Flut oder einem Strom kam – denn dann gibt es keine Schwierigkeit – hatte ich nur eine Lösung, nämlich eine gewisse Art des Ausbrütens zuzulassen, bei der ein großer Umriß der Sache, die getan werden sollte, den Geist überschattete, um dann auf die weiße Hitze zu warten, in der die vollständige Übertragung mit großer Geschwindigkeit stattfinden konnte. Aber ich glaube, daß jeder Dichter seine eigene Arbeitsweise hat und seine eigene Lösung für die Ungewißheit der Eingebung findet.

*

Wenige Dichter können für eine sehr lange Zeit eine gleichbleibende Ebene der höchsten Eingebung beibehalten. Die beste Dichtung kommt für gewöhnlich nicht in Strömen, außer bei Dichtern erhabenster Größe, obgleich es bei anderen als den Größten lang anhaltende Ausflüge in beachtliche Höhen geben kann. Das Beste vom Besten kommt in unregelmäßigen Tropfen, obgleich es manchmal drei oder vier leuchtende Tropfen gleichzeitig sein können. Selbst bei den größten Dichtern, selbst bei jenen mit dem überströmenden Fluß der Reichtümer, wie bei Shakespeare, ist das Beste vom Besten vergleichsweise selten.

Alle Aussagen unterliegen der Überprüfung. Was Lawrence sagt*, ist im Prinzip richtig, aber in der Praxis müssen die meisten Dichter die Ein-

---

* »Man kann nur kreativ schreiben, wenn die Sache kommt – sonst ist sie nicht besonders gut.«

gebung durch Fleiß aufrechterhalten. Milton pflegte im Alter jeden Tag fünfzig Zeilen zu schreiben; Virgil neun, die er immer wieder korrigierte, bis sie halbwegs dem entsprachen, was er wollte. Anders gesagt, er pflegte unter allen Umständen zu schreiben und seine Eingebung herbeizuziehen, bis sie kam. Üblicherweise kommen die besten Zeilen, Abschnitte usw., auf diese Art.

Gnadenvoller Himmel, was für ein Gespritze und Gezapple! Wenn dir ein Vers oder ein Gedicht fehlt, ist es besser, in völliger Ruhe zu verharren (nur in stiller Erwartung), bis die wirkliche Eingebung kommt, und nicht vergeblich die innere Luft nach möglichen Varianten durchzuprügeln – auf diese Weise kommt die wahre Form viel eher, ebenso wie manche Leute ein Problem überschlafen und die Lösung haben, wenn sie aufwachen. Ansonsten steht dir höchstwahrscheinlich nur eine Reihe von Fehlschlägen bevor, die Halbgötter des semi-poetischen Mentalen, die sich ständig mit ihrem falschen Enthusiasmus und in die Irre führenden Stimmen einmischen.

Dein solar plexus hat offensichtlich eine Störung, die ihn daran hindert, begeistert zu sein, es sei denn, er erhält einen kräftigen Anstoß von seiten der Dichtung – einen ornamentalen, romantischen oder pathetischen Stoß. Aber es gibt auch eine Dichtung, welche die Dinge mit einer absoluten Wahrheit ausdrückt, jedoch ohne Mühen, einfach und leicht, ohne ein Wort zuviel oder irgendeine Ausmalung, nur mit dem was nötig ist. Diese Art Verwirklichung wird zum Größten gezählt, was Dichtung vollbringen kann.

Eine Redewendung, ein Wort oder eine Zeile können ganz simpel und gewöhnlich sein und werden dennoch in Verbindung mit einer anderen Redewendung, Zeile oder einem anderen Wort genau zur richtigen Sache.

Eine Zeile wie »Life that is deep and wonder-vast« (Leben, das tief und wunder-weit ist) besitzt, was ich die unausweichliche Qualität genannt habe; mit einer vollkommenen Einfachheit und Direktheit drückt sie etwas auf eindeutige und vollkommene Weise aus, die unübertrefflich ist; das gleiche vermag »lost in a breath of sound« (verloren in einem Atemzug von Klang) mit weniger Einfachheit, aber mit der gleichen Unumgänglichkeit. Ich möchte nicht sagen, daß hochgradig farbenprächtige Dichtung nicht absolut unvermeidlich sein kann, sie kann – wie beispielsweise Shakespeares »In cradle of the rude imperious surge« (Im Wiegen der rüde anmaßenden Woge) und viele andere Beispiele. Aber meistens lenkt hochgradig farbenprächtige Dichtung zu viel Aufmerksamkeit auf die Farben und ihre Leuchtkraft, so daß das Eigentliche weniger empfunden wird als die Großartigkeit der Umhüllung. Alle Arten sind bei der Dichtung zulässig; Dichtung kann groß und vollkommen sein, selbst wenn sie simple oder gewöhnliche Ausdrucksweisen wählt, wie wenn beispielsweise Dante einfach sagt »In Seinem Willen ist unser Frieden«, und indem er dies auf italienisch schreibt, eine der größten Zeilen aller dichterischen Literatur hervorbringt.

Dichterischer Ausdruck und persönliche Empfindung des Dichters

Was die Dichter fühlen, wenn sie schreiben (jene, die wirklich inspiriert sind), ist das große Ananda, die Wonne der Schöpfung, das Ergriffensein von einer großen Kraft, die ihrem gewöhnlichen Mentalen überlegen ist und einer bestimmten Gefühlsregung oder Schau der Dinge eine Form der Schönheit gibt. Sie empfinden das Gefühl der Sache, die sie ausdrükken, aber nicht immer als eine persönliche Empfindung, sondern als etwas, das von ihnen Besitz ergreift, um Selbstausdruck zu finden. Aber die persönliche Empfindung kann ebenfalls eine Grundlage des Schaffens bilden.

Beziehung zwischen dem persönlichen Charakter der Lebenserfahrung und der Arbeit eines Künstlers

Ein Dichter oder Künstler kann einfach nur ein Medium für eine schöpferische Kraft sein, die ihn als Übermittler benützt und nur mit dem künstlerischen Ausdruck und nicht mit der Persönlichkeit des Betreffenden oder seinem inneren oder äußeren Leben beschäftigt ist. Oder der Dichter oder Künstler in ihm ist, da der Mensch eine Vielfachpersönlichkeit ist, eine Ansammlung von Persönlichkeiten, die an der Oberfläche miteinander verknüpft, aber im Innern voneinander getrennt sind, vielleicht nur eine dieser vielen Persönlichkeiten und nur beschäftigt mit ihrer inneren und schöpferischen Funktion; hat sie ihr Werk vollbracht kann es sein, daß sie sich zurückzieht und den Menschen den anderen Persönlichkeitsaspekten überläßt. Sie kann oder kann auch nicht die Erfahrungen der anderen als Material für ihre Arbeit verwenden; sie kann sich auch mit der Aktivität der anderen vermischen und versuchen, ihre Wesenszüge und Wirkensweise entsprechend ihrer eigenen Art und Weise und ihrer eigenen Ideale zurechtzurücken. In Wirklichkeit ist es eine Mischung aus beidem, die den Dichter hervorbringt.

Er ist ein Medium für die schöpferische Kraft, die durch ihn wirkt; sie verwendet oder greift alles auf, was in seinem Geist aus seinem inneren Leben oder aus seinen Erinnerungen oder Eindrücken des äußeren Lebens und äußerer Dinge gespeichert ist; sie kann sich aller Dinge bedienen oder bedienen wollen, und diese formt sie und verwendet sie entsprechend dem, was getan werden soll. Aber dennoch ist es durch die Dichterpersönlichkeit in ihm, daß sie wirkt, und diese Dichterpersönlichkeit kann entweder eine bloße Rohrflöte sein, durch die der Spirit bläst, die jedoch beiseite gelegt wird, wenn die Melodie gespielt ist, oder sie kann eine aktive Kraft sein, die selbst in der mentalen Oberflächenzusammensetzung und bei den vitalen und physischen Aktivitäten der Gesamtzusammensetzung des Wesens etwas zu sagen hat. Diese allgemeine Möglichkeit läßt Raum für hundert Abstufungen und Variationen, so daß keine Regel aufgestellt werden kann, die für alle Fälle gültig ist.

Wesenszug vitaler Dichtung

Was ich mit vitaler Dichtung meine, ist Dichtung, in der die Anregung der Sinne oder Sinneswahrnehmungen, das vitale Entzücken, so vorherrschend sind, daß der mentale Inhalt der Dichtung ziemlich zweitrangig ist. Entweder haben das Wort und der Klang die Neigung, den Sinn zu überdecken, oder es werden andererseits die Nerven und das Blut in Wallung versetzt (z. B. bei Kriegsdichtung), aber der Geist und die Seele finden keine entsprechende Befriedigung. Das soll nicht heißen, daß es in der Dichtung kein vitales Element geben soll – ohne das Vitale kann nichts Lebendiges zustande gebracht werden.

Die Welt der Wort-Musik

N. scheint sich in Verbindung mit einer unerschöpflichen Quelle strömender Worte und Rhythmen gesetzt zu haben – in Verbindung mit der Welt der Wort-Musik, die ein Bereich der Welt der Schönheit ist. Sie ist zweifellos Teil der vitalen Welt, und die Freude, die aus der Verbindung mit dieser Schönheit erwächst, ist vital, aber sie ist subtil vital und somit nicht einfach nur sinnlich. Sie ist eine der Kräfte, durch die die Bewußtseinssubstanz verfeinert und für Empfangsbereitschaft gegenüber einer noch höheren Schönheit und Wonne vorbereitet werden kann. Sie kann auch zum Träger für den Ausdruck der höchsten Dinge gemacht werden. Die Veden, die Upanishaden, das Mantra verdanken überall die Hälfte ihrer Kraft dem rhythmischen Klang, der ihre innerlichen Sinngebungen einkörpert.

Quellen dichterischer Eingebung und Schau

Ich weiß nicht, weshalb dich die Wahnvorstellung ergriffen hat, in den Fußstapfen anderer nachzufolgen. Es wird kaum gute Arbeit aus solch zweitrangigem Motiv entspringen. Laß mich hinzufügen, daß dieses Gedicht von Coleridge ein Meisterwerk ist, und zwar nicht, weil es der Inbegriff romantischer Dichtung, sondern weil es Ausdruck einer echten supraphysischen Erfahrung ist, die in einer kostbaren Stunde der Erhabenheit mit einer absoluten Genauigkeit der Schau und Echtheit des Rhythmus aufgezeichnet wurde. Weiter wäre zu sagen, daß es sein mag, daß die romantische Dichtung im frühen neunzehnten Jahrhundert unverfälscht ist, aber im Jahr 1931 zu versuchen, dorthin zurückzukehren, wird kaum erfolgreich sein, das Ergebnis kann nur eine künstliche literarische Übung sein. Du hast einen echten Zug dichterischer Eingebung irgendwo oberhalb deines Intellekts, der manchmal durchdringt, wenn besagter Intellekt dazu gebracht werden kann, ruhig zu sein und sich das niedrige Vitale nicht einmischt. Wäre ich du, würde ich versuchen, diese Eingebung immer zu finden und den Zugang zu ihr freizulegen und die Übertragung von oben rein zu halten (denn dann wird dein Schreiben wunderbar gut) Das wäre ein wahrhaftigerer Weg des Fortschritts als diese Übungen.

Reim und Eingebung

Die einen reimen mühelos, den anderen fällt es schwer. Das Auftauchen des Reims ist ein Teil der Eingebung, ebenso wie das Entstehen der Sprachkraft. Der Reim kommt oft aus eigenen Stücken und bringt die Sprache und die Verbindung der Ideen mit sich. Denn alle diese Dinge stehen irgendwo im Hintergrund schon längst bereit, so daß es nur eine Frage des Empfangens und der Übermittlung ist. Der physische Geist und das Gehirn stellen die Schwierigkeit dar.

Eingebung und Studium von Techniken

Du brauchst deine Eingebung ganz und gar nicht beeinträchtigen, indem du metrische Techniken studierst – du verfügst in dir über all die Technik, die du brauchst. Ich selbst habe nie Prosodie studiert – zumindest nicht in Englisch; was ich weiß, das weiß ich durch Leben und Schreiben, und indem ich meinem Ohr folge und meine Intelligenz einsetze. Sollte sich jemand für das technische Studium der Prosodie erwärmen, ist dies eine ganz andere Sache – aber sie ist ganz und gar nicht unerläßlich.

Rhythmische Ober- und Untertöne

Ich sprach von rhythmischen Obertönen und Untertönen. Anders gesagt, gibt es einen metrischen Rhythmus, der Teil der gekonnten Anwendung des Versmaßes ist – jeder gute Dichter kann ihn meistern; daneben jedoch gibt es eine Musik, die in jene des Rhythmus aufsteigt, oder eine Musik, die ihm zugrunde liegt, ihn insgesamt trägt, so wie das Wasser die Bewegung eines Bootes trägt. Sie können beide gemeinsam in der gleichen Zeile vorhanden sein, aber es ist mehr eine Frage des inneren als des äußeren Hörens, und ich fürchte, daß ich nicht genauer erklären kann. Das Thema auszuschöpfen würde heißen, eine lange Abhandlung zu schreiben. Hier jedoch einige Beispiele:

> Journeys end in lovers meeting,
> Every wise man's son does know.
> *Reisen enden in liebender Einung,*
> *wie dem Sohn eines jeden Weisen bekannt.*

ist ausgezeichneter metrischer Rhythmus, aber ohne Ober- und Untertöne.

274

Golden lads and girls all must,
    As chimney-sweepers, come to dust
Goldene Burschen und Mädchen, alle werden
    wie Schornsteinfeger zu staubiger Erden
gibt es erste Anzeichen des Untertones, aber keinen Oberton, während
»Take, O take those lips away« (das ganze lyrische Gedicht) ganz aus
Obertönen besteht. Weiterhin besitzt
    Friends, Romans, countrymen, lend me your ears;
        I come to bury Caesar, not to praise him
    Freunde, Römer, Landsleute, leiht mir euer Ohr;
        ich komme Caesar zu begraben, nicht ihn zu preisen.
bewundernswerten Rhythmus, aber es gibt keine Ober- oder Untertöne.
Aber
        In maiden meditation, fancy-free
        In jungfräulich reinem Meditieren, frei von Wahn
weist wunderschön perlende Untertöne auf, wogegen
        In the dark backward and abysm of time
        In dem dunklen Vergangenen und Abgrund der Zeit
ganz aus Obertönen besteht, und
        Absend thee from felicity awhile,
        And in this harsh world draw thy breath in pain
        Entwöhn' dich der Glückseligkeit für eine Zeit,
            und atme Pein in dieser rauhen Welt.
besteht vollständig aus der Verbindung von Ober- und Untertönen. Ich
nehme an, daß dich dies nicht viel weiser machen wird, aber es ist alles,
was ich im Augenblick für dich tun kann.

Unterschied zwischen einem Lied und einem Gedicht

Nein, ein Lied ist nicht eine Art Gedicht – oder muß es zumindest nicht
sein. Es gibt eine Reihe sehr guter Lieder, die ganz und gar keine Gedichte
sind. In Europa werden Liedtexter, insgesamt oder die Verfasser der Li-
brettos der großen Opern, nicht als Dichter eingestuft. In Asien war der
Versuch, Liedqualität mit poetischem Wert zu verbinden, mehr verbreitet; im alten Griechenland wurde lyrische Dichtung ebenfalls oft bereits
im Hinblick auf eine spätere Vertonung geschrieben. Aber dennoch sind,
obgleich sie miteinander verbunden werden können, Dichtung und das
Verfassen von Liedern zwei sehr verschiedene Künste, weil Ziel und Prinzip ihrer Machart nicht gleich sind.

Der Unterschied besteht nicht darin, daß man Dichtung verstehen und Musik oder Gesang fühlen muß (*anubhuti*); daß die eine Form die Seele durch den präzise niedergeschriebenen Sinn und die andere durch den Klangeindruck und dessen Anziehungskraft auf eine gewisse innerliche Klangstimmung erreichen muß, die in uns wohnt. Wenn du lediglich den intellektuellen Gehalt eines Gedichtes begreifst, dessen Worte und Vorstellungen, hast du dem Gedicht überhaupt nicht wirklich Genüge getan, und ein Gedicht, das nur daraus besteht und nichts anderes enthält, stellt keine wahre Dichtung dar. Ein wahres Gedicht enthält etwas mehr, das man fühlen muß, ebenso wie man Musik fühlt, und dies ist sein wesentlicherer und eigentlicher Teil. Dichtung hat ebenso wie Musik einen Rhythmus, obgleich von anderer Art, und es ist der Rhythmus, der diesem gewissen Etwas hilft, sich durch das Medium der Worte zu zeigen. Die Worte an sich tragen es nicht, oder können ihm nicht gänzlich Ausdruck verleihen, was anhand der Tatsache klar wird, daß dich die gleichen Worte, in anderer Reihenfolge und ohne Rhythmus oder ohne angemessenen Rhythmus niedergeschrieben, überhaupt nicht auf die gleiche Weise bewegen oder beeindrucken würden. Dieses gewisse Etwas ist ein innerer Gehalt oder Anklang, eine Seelenempfindung oder Seelenerfahrung, ein Lebensgefühl oder Lebenserfahrung, eine mentale Emotion, Schauung oder Erfahrung (nicht einfach nur eine Idee), und nur wenn du dies erhaschen und eine bestimmte Schwingung der Erfahrung in dir wiedergeben kannst – wenn nicht gar die Erfahrung selbst –, hast du erlangt, was dir das Gedicht geben kann, sonst nicht.

Der wirkliche Unterschied zwischen einem Gedicht und einem Lied ist, daß ein Lied im Hinblick auf die Verbindung mit einem musikalischen Rhythmus geschrieben wird, und ein Gedicht verfaßt wird, während das Ohr auf den benötigten dichterischen Rhythmus oder die Wort-Musik lauscht. Diese zwei Rhythmen sind ziemlich verschieden. Deshalb kann man ein Gedicht nicht vertonen, es sei denn, daß es in Hinsicht auf beide Rhythmusarten verfaßt wurde oder sonst (ohne daß es beabsichtigt gewesen wäre) eine Bewegung aufweist, welche die Vertonung einfach gestaltet oder zumindest möglich macht. Dies geschieht oft bei lyrischer, weniger oft bei anderen Arten der Dichtung. Außerdem ist noch dies übliche Merkmal eines Liedes zu beachten, daß es damit zufrieden ist, inhaltlich sehr einfach zu bleiben, nur den Anstoß zu einer Idee oder Empfindung zu geben und es der Musik überläßt, seine unausgesprochenen Werte herauszuarbeiten. Dennoch wird diese Zurückhaltung nicht immer eingehalten; bisweilen beansprucht das Wort eine größere Bedeutung für sich.

Tanz

Tanz kann allein mit Rhythmus und Sinngebung etwas aus dem Okkulten oder etwas vom Göttlichen ausdrücken, ebenso wie es die Schriftstellerei oder Dichtung oder die bildenden Künste vermögen – warum sollte er es nicht können und weshalb sollte daran irgend etwas Verdammenswertes sein?

An einen jungen Künstler

Das ist ein großer Irrtum des Vitalen – Komplimente als Selbstzweck anzustreben und niedergeschlagen zu sein, wenn sie nicht kommen und sich vorzustellen, daß ihr Fehlen Unfähigkeit beweise. In dieser Welt beginnt man bei allem, was man tut, mit Unwissenheit und Unvollkommenheit – man muß seine Fehler erkennen und lernen, man muß Irrtümer begehen und, indem man sie korrigiert, die richtige Weise des Tuns herausfinden. Niemand in der Welt ist jemals diesem Gesetz entronnen. Was man deshalb von anderen erwarten sollte, sind nicht dauernde Komplimente, sondern Lob für das richtig Vollbrachte und Kritik der Irrtümer und Fehler. Je mehr man Kritik verträgt und die eigenen Fehler erkennen kann, desto wahrscheinlicher ist es, daß man die Vollständigkeit der eigenen Fähigkeiten erreicht. Besonders wenn man sehr jung ist – vor der Volljährigkeit –, kann man nicht ohne weiteres vollkommene Arbeit verrichten. Was man das Jugendwerk der Dichter und Maler nennt – Werke, die sie in den frühen Jahren ihres Lebens vollbrachten – ist immer unvollkommen, es ist ein Versprechen und weist Qualitäten auf, aber die wirkliche Vollkommenheit, und der vollständige Einsatz ihrer Schaffenskräfte kommt später. Sie selbst wissen das sehr genau, aber sie schreiben oder malen trotzdem weiter, weil sie auch wissen, daß sie dadurch ihre schöpferischen Fähigkeiten entfalten.

Was den Vergleich mit anderen angeht, sollte man dies unterlassen. Jeder hat seine eigene Lektion zu lernen, seine eigene Arbeit zu tun und muß sich damit beschäftigen, nicht mit der an ihm gemessenen Über- oder Unterlegenheit anderer. Wenn er heute hintenansteht, so kann er morgen volle Fähigkeit erreicht haben, und um diese zukünftige Vollkommenheit seiner Schaffenskräfte muß er sich bemühen. Du bist jung und mußt alles noch lernen – deine Fähigkeiten sind erst Knospen, du mußt abwarten und an ihnen arbeiten, damit sie zur vollen Blüte gelangen – und du darfst dich nicht daran stören, wenn es Monate und Jahre dauert, bis man überhaupt etwas Zufriedenstellendes und Vollkommenes erlangt. Es wird zu seiner eigenen Zeit kommen, und die Arbeit, die du jetzt vollbringst, ist immer ein Schritt drauf zu.

Aber lerne, Kritik und den Hinweis auf Unvollkommenheiten bereitwillig aufzunehmen – je mehr du dies tust, desto schneller wirst du voranschreiten.

Stille und schöpferisches Tun

Es wäre ein Fehler, das dichterische Strömen grundsätzlich abzuschalten; die Gewohnheit schöpferisch zu sein, ist eine Anregung für das Vitale und hält es in guter Verfassung, und die Ausübung der Sadhana (der yogischen Disziplin, Anm. d. Übers.) bedarf eines starken und sich ausweitenden Vitalen als Stütze. Es gibt keine wirkliche Unvereinbarkeit zwischen der schöpferischen Kraft und der Stille; denn die echte Stille ist etwas Innerliches und verschwindet nicht oder braucht zumindest nicht zu verschwinden, wenn sich ein starker Schaffens- oder Ausdrucksdrang an die Oberfläche erhebt.

Schöpfung durch das Wort

Das Wort ist Klangausdruck einer Idee. Im überstofflichen Bereich kann man, wenn eine Idee verwirklicht werden soll, Schwingungen erzeugen, indem man den Wortausdruck dieser Idee wiederholt, die den Geist für deren Verwirklichung vorbereiten. Das ist das Prinzip des Mantra (des heiligen Lautes oder Wortes, Anm. d. Übers.) und des Japa (Wiederholung heiliger Laute oder Worte, Anm. d. Übers.). Man wiederholt den Namen des Göttlichen und die Schwingungen, die im Bewußtsein geschaffen werden, bereiten die Verwirklichung des Göttlichen vor. Die gleiche Idee findet Ausdruck in der Bibel: »Gott sagte, es werde Licht, und es ward Licht.« Es ist Schöpfung durch das Wort.

Einordnung der größten Dichter der Welt

Ich vermute, daß alle Namen, die du erwähnst, ihren Platz unter denen der Welt erhabenster Wortschöpfer finden; oder du kannst sie, wenn du willst, alle in drei Reihen anordnen – zum Beispiel:

Erste Reihe – Homer, Shakespeare, Valmiki.

Zweite Reihe – Dante, Kalidasa, Äschylus, Virgil, Milton.

Dritte Reihe – Goethe.

Und siehe da! Um weniger schnippisch zu reden, hat die erste Reihe sowohl höchste Ursprünglichkeit der Vorstellungskraft, höchste dichterische Begabung, größte Tragweite und höchstes schöpferisches Genie. Jeder ist ein Art dichterischer Halbgott, der seine eigene Welt erschaffen hat. Dantes dreifache Jenseitswelt ist mehr durch den dichterisch sehenden Geist aufgebaut worden als durch diese Art urwüchsiger Halbgottkraft – ansonsten würde er an ihrer Seite stehen; ebenso verhält es sich mit Kalidasa. Äschylus ist ein Seher und Schöpfer, aber in viel kleinerem Ausmaß. Virgil und Milton verfügen über einen weniger spontanen Zug schöpferischen Genies; ein oder zwei Urbildformen ausgenommen, leben sie vielmehr durch das, was sie gesagt haben als durch das, was sie geschaffen haben.

Ich bin nicht in der Lage, alle Dichter im Universum einzuordnen – du hast nach dem Vordersitz oder den Vordersitzen gefragt. Mit »anderen« meinte ich Dichter wie Lucretius, Euripides, Calderon, Corneille, Hugo. Euripides ist mit *Medea, Bachae* und anderen Stücken ein größerer Dichter als Racine, den du ins vorderste Glied stellen möchtest. Wenn du nur die allergrößten möchtest, kann keiner von diesen hinzukommen – nur Vyasa und Sophokles. Vyasa könnte mit gutem Recht einen Platz neben Valmiki beanspruchen und Sophokles neben Äschylus. Die übrigen kannst du, wenn du willst, in die dritte Reihe schicken, aber es ist eine Art der Beförderung, die Zweifel verursachen kann. Auch Spencer, wenn du willst; es ist schwierig, eine Grenzlinie zu ziehen.

Shelly, Keats und Wordsworth sind nicht miteinbezogen worden, obgleich deren beste Arbeiten ebenso feine Dichtung ist wie irgendeine andere, die je geschrieben wurde, aber sie haben nichts in größerem Ausmaß verfaßt, das sie unter den größten Schöpfern einordnen würde. Hätte Keats *Hyperion* beendet (ohne es zu verderben), hätte Shelley gelebt oder wäre Wordsworth nicht abgestorben gleich einem Auto ohne Benzin, sähe es vielleicht anders aus, aber wir müssen die Dinge nehmen wie sie sind. So wie es ist, haben sie alle großartig begonnen, aber keiner von ihnen hat vollendet, und die Arbeit, die sie vollbracht haben ist, mit Ausnahme einiger lyrischer Gedichte, Sonette, Kurzgeschichten und Erzählungen, oft fehlerhaft und ungleichmäßig. Würde man sie zulassen, wie stünde es dann mit wenigstens fünfzig anderen in Europa und Asien?

Goethe und Shakespeare; Homer, Vyasa und Valmiki

Ja, Goethe dringt viel tiefer als Shakespeare; er hatte einen unvergleichbar größeren Intellekt als der englische Dichter und ergründete Lebensfragen und Gedanken, in deren bloße Nähe zu kommen Shakespeare keine Möglichkeit hatte. Aber er war gewiß kein größerer Dichter; ich bin nicht einmal ohne weiteres bereit einzuräumen, daß er Shakespeare ebenbürtig sei. Er schrieb aus einer hohen, dichterischen Intelligenz heraus, aber sein Stil und seine Bewegung kamen nirgendwo in die Nähe der dichterischen Kraft, des Zaubers, des überlegenen Ausdrucks und des tiefgründigen oder subtilen Rhythmus von Shakespeare. Shakespeare war ein erhabener Dichter, und man könnte beinahe sagen, sonst nichts; Goethe war der weitaus größere Mensch und das größere Gehirn, aber er war ein Dichter aus Wahl, es war vielmehr die Wahl, die sein Geist unter seinen vielen hohen und strahlenden Möglichkeiten getroffen hat, als die zwingende Notwendigkeit seines Wesens. Er verfaßte seine Dichtung, ebenso wie alles andere was er tat, mit großem Können und einer inspirierten Feinheit der Sprache und wirksamem Genie, aber es war nur ein Teil seines Genies und nicht das Ganze. Auch gibt es bei ihm einen Zug, der meist fehlte – der Wesenszug einer absoluten, einer intensiv inspirierten oder enthüllenden Unumgänglichkeit; nur wenige ziemlich große Dichter verfügen darüber in Fülle, bei anderen kommt sie als gelegentliche Strahlen oder Blitze.

Als ich sagte, daß es keine größeren Dichter als Homer und Shakespeare gegeben habe, dachte ich an ihre zentrale Kraft und Schönheit – nicht an den Umfang ihres Werkes als Ganzes; denn es gibt Dichter mit größerem Schaffenskreis. Die Mahabharata ist von diesem Gesichtspunkt gesehen eine viel größere Schöpfung als die Iliade, die Ramayana als die Odyssee, und wenn man die Stärke und die Verwirklichung von einer der beiden oder von beiden zusammen über einen weiteren Bereich ausbreiten würde, wären sie auch eine größere Schöpfung als die gesamte Dramenwelt von Shakespeare; beide wurden auf einer beinahe kosmischen Weite des Grundrisses errichtet und umfassen das ganze menschliche Leben (die Mahabharata außerdem alles menschliche Denken) und rühren auch Dinge an, von denen die griechischen und elisabethanischen Dichter nicht einmal träumen konnten. Aber als Dichter – als Meister des Rhythmus und der Sprache und des Ausdrucks dichterischer Schönheit – sind Vyasa und Valmiki, wenngleich nicht geringer, so doch nicht größer als der englische oder der griechische Dichter. Wir lassen für den Augenblick die

Frage beiseite, ob die Mahabharata nicht vielmehr die Schöpfung des Geistes eines Volkes war als die eines einzelnen Dichters, denn die Frage hat sich auch bezüglich Homer gestellt.

Beethovens Musik

Zweifellos kam Beethovens Musik oft aus einer anderen Welt; deshalb ist es gut möglich, daß sie den Schlüssel einem innerlich sensitiven Zuhörer oder einem gibt, der sucht oder bereitet ist, daß die Verbindung hergestellt werden kann. Aber ich denke, daß es sehr wenige sind, die weiter gehen, als durch eine Empfindung größerer Dinge ästhetisch bewegt zu werden; den Schlüssel zu ergreifen und ihn zu benützen, das kommt selten vor.

(Übersetzung von Michel Klostermann)

Obwohl diese Textstellen sich nicht alle auf Musik beziehen, werden sie hier abgedruckt, weil sie außerordentlich klare Einblicke in schöpferische Arbeit geben. Dichtung, die Kunst der Komposition von Sprachrhythmen, ist der Komposition von Musik sehr nahe verwandt und Beethoven hat die Verslehre in seinem Unterricht verwendet.

*

Vor dem großen Bild Eycks hat Goethe lange schweigend gesessen, den ganzen Tag nichts darüber geredet, aber nachmittags beim Spaziergang gesagt: Da habe ich nun in meinem Leben viele Verse gemacht, darunter sind ein paar gute und viele mittelmäßige. Da macht der Eyck ein solches Bild, das mehr wert ist als alles, was ich gemacht habe.

(W. Grimm)

Sri Aurobindo

Drei Sonette aus »Last Poems«

The Other Earths

An irised multitude of hills and seas,
    And glint of brooks in the green wilderness,
And trackless stars, and miracled symphonies
    Of hues that float in ethers shadowless,

A dance of fire-flies in the fretted gloom,
    In a pale midnight the moon's silver flare,
Fire-importunities of scarlet bloom
    And bright suddennes of wings in a golden air,

Strange bird and animal forms like memories cast
    On the rapt silence of unearthly woods,
Calm faces of the gods on backgrounds vast
    Bringing the marvel of the infinitudes,

Through glimmering veils of wonder and delight
World after world bursts on the awakened sight.

Die anderen Erden

Schillernde Mannigfalt von Bergen und von Ozeanen,
    Und von den Bächen ein Geglitzer in der Wildnis Grün,
Schwebend in hohen Äthern, unter Sternen ohne Bahnen,
    Ein Wunderwerk von schattenlosen Farbensymphonien,

Im Düstern voller Unruh leuchtender Insekten Tanz,
    Feuriger Ansturm einer scharlachroten Blütenpracht,
In einer goldnen Luft ein Flügelschlag von jähem Glanz,
    Des Mondes Silberfackel in der fahlen Mitternacht,

Seltsame Tier- und Vogelformen wie Erinnerungen,
  Die im entrückten Schweigen nicht ird'scher Wälder hingen,
Göttergesichter, die auf weiten Hintergründen ruhen
  Und der Unendlichkeiten herrliches Mirakel bringen:

Durch lichte Schleier der Verzückung und des Staunens bricht
Welt über Welt herein in die zur Schau erweckte Sicht.

The Divine Hearing

All sounds, all voices have become Thy voice,
  Music and thunder and the cry of birds,
Life babbling of her sorrows and her joys,
  Cadence of human speech and murmured words,

The laughter of the sea's enormous mirth,
  The winged plane purring through the silent air,
The auto's trumpet-song of speed to earth,
  The machine's reluctant drone, the siren's blare

Blowing upon the windy horn of Space
  A call of distance and of mystery,
Memories of sunlit lands and ocean ways,
  All now are wonder-tones and themes of Thee.

A secret harmony smites through the blind heart
And all grows beautiful because Thou art.

Das göttliche Hören

Zu Deiner Stimme sind geworden alle Töne, alle Stimmen,
  Der Vögel Zwitschern, die Musik, und wenn der Donner hallt,
Das Wortgemurmel und der Menschen sprachmelodisch' Singen,
  Das Leben, wenn von seiner Freude und vom Leid es lallt,

Des Ozeans Gelächter, seines mächt'gen Frohsinns Schwall,
  Durch stille Luft schwingt sich der Flugmotoren brummend' Dröhnen,

Des Autos Erdgesang, Trompeten, Raserei und Schall,
  Der ratternde Maschinenlärm, das Heulen der Sirenen,

Und auf dem Windeshorn des Raumes dieses Lockruf blasen
  Der lichten Fernen, des Mysteriums, Erinnerungsschemen
Von Meereswegen, von besonnten Ländern und Oasen, –
  Das alles sind jetzt Deine Wundertöne, Deine Themen.

Geheimnisvolle Harmonie das blinde Herz durchschießt,
Schön wachsen all die Dinge, weil Du bist.

Because Thou Art

Because Thou art All-beauty and All-bliss,
  My soul blind and enamoured yearns for Thee;
It bears Thy mystic touch in all that is
  And thrills with the burden of that ecstasy.

Behind all eyes I meet Thy secret gaze
  And in each voice I hear Thy magic tune:
Thy sweetness hunts my heart through Nature's ways:
  Nowhere it beats now from Thy snare immune.

It loves Thy body in all living things;
  Thy joy is there in every leaf and stone:
The moments bring Thee on their fiery wings;
  Sight's endless artistry is Thou alone.

Time voyages with Thee upon its prow –
And all the future's passionate hope is Thou.

Weil Du bist

Weil Du das Inbild aller Seligkeit und Schönheit bist,
  Sehnt meine Seele sich nach Dir, blind und von Liebe angefaßt;
Sie harrt auf Deinen mystischen Kontakt in dem, was ist,
  Und trägt, vor Wonne bebend, der Ekstase sanfte Last.

Ich seh', wie insgeheim aus jedem Aug Dein Auge blickt,
   In jeder Stimme hör ich Deine Zaubermelodie sich regen:
Mein Herz, das schlägt nun überall von Deinem Netz umstrickt;
   Dein süßes Sein jagt durch Natur nach ihm auf allen Wegen.

Hier ist's Dein Leib, den liebt es in lebendgen Dingen,
   Und Deine Freude lockt in jedem Blatt und Stein:
Die Augenblicke bringen Dich auf ihren Feuerschwingen;
   Der Welt des Schauens endlos' Künstlertum bist Du allein.

Du stehst am Buge, wenn das Schiff der Zeit den Anker lichtet,
Und aller Zukunft Leidenschaft auf Dich die Hoffnung richtet.

(Übersetzungen von Carlo Schüller)

»Die Mutter«

Gespräche über Musik und Kunst

Ist es einem Yogi möglich, ein Künstler zu werden? Wie verhalten sich Kunst und Yoga zueinander?

Die beiden sind nicht so gegensätzlich, wie du zu glauben scheinst. Nichts hindert einen Yogi* daran, ein Künstler zu sein und nichts einen Künstler, ein Yogi zu werden. Doch wenn man im Yoga steht, findet eine große Umwertung statt, in der Kunst wie in allem übrigen. Sie ist nicht mehr so überraschend groß und wichtig, wie sie dem Künstler vorkommt. Sie bleibt nicht Selbstzweck, sondern wird zum Mittel. Der Künstler hört auf zu meinen, die ganze Welt drehe sich um das, was er tut oder seine Arbeit sei das Bedeutendste, was es je gegeben hat. Seine im allgemeinen so anspruchsvolle Persönlichkeit zählt nicht mehr; er ist ein Vermittler, ein Kanal. Seine Kunst dient ihm dazu, seine Beziehung zum Göttlichen auszudrücken; er macht von ihr diesen Gebrauch, wie er ihn auch von jedem anderen Vermögen seiner Natur hätte machen können.

Wenn aber ein Künstler den Yoga übt, hat er dann noch den Drang zu schaffen?

Warum nicht? Er kann seine Beziehung zum Göttlichen mit seiner Kunst genauso gut ausdrücken wie mit jedem anderen Mittel. Wollt ihr, daß eure Kunst die höchste und wahrste sei, so muß sie eine ins Stoffliche herabgebrachte göttliche Welt ausdrücken. Alle echten Künstler haben ein Gefühl dieser Art: den Eindruck, Mittler zu sein zwischen einer höheren Welt und dem physischen Dasein.

In diesem Licht betrachtet sind Kunst und Yoga nicht sehr verschieden. Gewiß, der Künstler hat meist nur ein unbestimmtes Gefühl und nicht das Wissen. Dennoch habe ich welche genannt, die es hatten; sie arbeiteten bewußt an ihrer Kunst, sie wußten, was sie taten. Bei ihrem Werk stellten sie nicht ihre Persönlichkeit als wichtigsten Faktor in den Vorder-

---

* Auch hier ist mit Yoga immer Hingabe an das Göttliche gemeint (Anm. d. Herausgebers)

286

grund; sie betrachteten ihre Arbeit als Darbringung an das Göttliche; sie versuchten, darin ihre Beziehung zum Göttlichen auszudrücken.

Dies war der anerkannte Zweck der Kunst im Mittelalter. Die frühen Maler und die Kathedralenbauer im mittelalterlichen Europa hatten keinen anderen Kunstbegriff. In Indien kam die ganze Architektur, Skulptur und Malerei aus dieser Quelle und wurde von diesem Ideal inspiriert. Die Lieder der Mirabai und die Musik von Tjagaradsch, die Poesie der Gottbegeisterten, der Heiligen und Rischis, gehören zu den größten Kunstschätzen der Welt.

Wird die Arbeit eines Künstlers besser, wenn er Yoga macht?

Die Disziplin der Kunst hat als Kern das gleiche Prinzip wie die Disziplin des Yoga. Das Ziel ist in beiden, immer bewußter zu werden; in beiden muß man lernen, etwas zu sehen und zu fühlen, was jenseits der gewöhnlichen Schau und Empfindung liegt, sich in sein Inneres zu versenken, um von dort tiefere Dinge heraufzubringen. Um das Bewußtsein ihrer Augen zu steigern, müssen Maler eine Disziplin üben, die selbst schon fast ein Yoga ist. Wirkliche Künstler suchen hinter den Anschein zu blicken, um mit ihrer Kunst eine innere Welt auszudrücken, und durch diese Konzentration entwickeln sie ein Bewußtsein, das dem durch Yoga erlangten gleicht. Warum sollte also das yogische Bewußtsein für das künstlerische Schaffen keine Hilfe sein?

Ich habe Leute gekannt, die wenig Ausbildung und Geschick hatten und die dennoch durch Yoga ein bemerkenswertes Vermögen zum Schreiben und Malen erwarben. Ich kann euch zwei Beispiele geben. Zunächst das von einer jungen Frau, die völlig ungebildet war; sie war Tänzerin von Beruf und tanzte gut. Als sie mit Yoga angefangen hatte, tanzte sie nur noch für Freunde; und ihr Tanz erreichte eine Tiefe des Ausdrucks und der Schönheit wie nie zuvor. Dazu begann sie trotz ihrer mangelnden Bildung ausgezeichnet zu schreiben; sie hatte Visionen und drückte sie in sehr schöner Sprache aus. Doch ging es mit ihrem Yoga auf und ab, was sich bei ihr auf verblüffende Weise zeigte; war sie in guter Verfassung, so schrieb sie wirklich interessante Sachen; fiel sie aber in ihre gewöhnliches Bewußtsein zurück, so wurde ihr sich selbst überlassener Geist wieder dumpf und dumm und völlig unschöpferisch.

Der andere Fall ist der eines jungen Mannes, der zwar Kunst studiert hatte, aber nur sehr oberflächlich. Als Sohn eines Diplomaten war er auf die diplomatische Laufbahn vorbereitet worden; er lebte aber im Luxus, und seine Studien gingen nicht weit. Doch als er Yoga übte, begann er inspirierte Zeichnungen symbolischer Art zu machen und brachte darin ein inneres Wissen zum Ausdruck. Schließlich wurde er ein großer Künstler.

Warum haben Künstler im allgemeinen einen unbeständigen Lebenswandel und einen losen Charakter?

Die so sind, befinden sich fast dauernd im vitalen Bewußtsein. Der äußerst empfindsame vitale Teil in ihnen ist durch die Kraft jener Ebene sehr leicht zu beeinflussen und empfängt von dorther alle möglichen Eindrücke und Impulse, über die sie gar keine Kontrolle haben. Oft auch sind sie geistig sehr frei und glauben nicht an die engen, gesellschaftlichen Konventionen und die Moral, die das Leben der gewöhnlichen Leute regieren. Sie fühlen sich nicht an die üblichen Verhaltensregeln gebunden und haben in ihrem eigenen Inneren das höhere Gesetz noch nicht gefunden, das jene ersetzen muß. Und da sie nichts haben, womit sie die Begierden im Zaum halten können, führen sie oft ein ausschweifendes Leben.

Doch ist es nicht immer so. Ich habe zehn Jahre unter Künstlern gelebt und viele getroffen, die bürgerlich waren bis ins Mark; sie waren verheiratet und etabliert, gute Väter und Gatten, durchaus in Übereinstimmung mit den striktesten moralischen Vorstellungen, was zu tun und zu lassen sei.

In einem ganz bestimmten Fall kann Yoga den schöpferischen Drang eines Künstlers aufhalten. Liegt der Ursprung seines Schaffens in der vitalen Welt, so verliert er seine Eingebung, wenn er ein Yogi wird, oder besser gesagt, die Quelle seiner Eingebung inspiriert ihn nicht mehr; denn die vitale Welt erscheint ihm dann in ihrem wahren Licht, nimmt ihren wirklichen Wert an, und dieser Wert ist sehr bedingt. Die meisten, die sich Künstler nennen, schöpfen ihre Eingebung aus der vitalen Welt, und diese Eingebung bringt nichts Hohes oder Großes mit sich.

Wenn aber ein echter Künstler, einer der seine Eingebung in einer höheren Welt sucht, sich dem Yoga zuwendet, so wird er feststellen, daß seine Eingebung unmittelbarer und machtvoller, ihr Ausdruck klarer und tiefer wird. Bei denen, die einen wirklichen Wert haben, steigert das Vermögen des Yoga ihren Wert; bei jenen aber, die nur über einen falschen Anschein von Kunst verfügen, verschwindet dieser Anschein oder verliert jedenfalls die Anziehung für sie.

Die erste schlichte Wahrheit, die dem aufgeht, der ernstlich Yoga übt, ist die Bedingtheit seines Tuns im Verhältnis zur Alloffenbarung, während ein Künstler im allgemeinen eitel ist und sich für höchst bedeutend hält, eine Art Halbgott in der Menschenwelt. Viele Künstler sagen, wenn sie nicht von der Wichtigkeit ihres Schaffens überzeugt wären, könnten sie gar nichts machen. Dennoch habe ich welche gekannt, deren Eingebung aus einer höheren Welt stammte und die trotzdem nicht meinten, daß, was sie machten, von so gewaltiger Bedeutung sei. Diese Haltung steht dem echten Geist der Kunst näher. Wird ein Mensch wahrhaft dazu geführt, sich durch eine Kunst auszudrücken, so hat das Göttliche dieses Mittel gewählt, um sich auszudrücken, und in diesem Fall verbessert Yoga seine Kunst und tut ihr keinen Abbruch.

Die Frage ist eben die: ist der Künstler vom Göttlichen berufen oder selbsternannt?

Aber kann einer, der Yoga übt, sich dichterisch auf solche Höhen erheben wie Shakespeare und Shelley? Dafür gibt es wohl kein Beispiel.

Warum nicht? Das Mahabharata und das Ramajana sind bestimmt nicht weniger hoch, als was Shakespeare oder irgendein anderer Dichter geschaffen hat. Nach der Überlieferung sind es die Werke von Menschen, die Rischis waren und sich einer yogischen Tapasja unterzogen hatten. Die Gita, die wie die Upanischaden zu den größten literarischen und spirituellen Werken gehört, wurde nicht von jemand ohne yogische Erfahrung verfaßt. Und worin sind die berühmten in Indien und Persien von Mystikern und Sufis geschriebenen Gedichte denen eures Milton und Shelley unterlegen? Also von Menschen geschrieben, die für ihre Heiligkeit und Frömmigkeit bekannt waren?

Und kennst du denn alle Yogis und all ihre Werke? Kannst du sagen, wer unter den Dichtern und Schöpfern in bewußter Fühlung mit dem Göttlichen stand und wer nicht? Es gibt Menschen, die nicht offiziell Yogis sind, keine Gurus, und die keine Jünger haben; die Welt weiß nicht, was sie machen; sie rennen weder dem Ruhm nach, noch ziehen sie die Aufmerksamkeit der Leute auf sich; sie haben aber ein sehr hohes Bewußtsein, sind in Fühlung mit einer göttlichen Macht, und wenn sie schaffen, so tun sie es von dorther. Die besten indischen Malereien und viele der besten Skulpturen und Architekturen sind von buddhistischen Mönchen geschaffen, die ihr Leben in Kontemplation und spiritueller Übung verbrachten; sie taten eine höchst künstlerische Arbeit, kümmerten sich aber nicht darum, der Nachwelt ihren Namen zu hinterlassen. Der Hauptgrund, warum Yogis im allgemeinen nicht für ihre Kunst bekannt sind, ist die Tatsache, daß sie ihren künstlerischen Ausdruck nicht für den wichtigsten Teil ihres Lebens halten und ihm nicht so viel Zeit und Energie widmen wie einer, der einfach Künstler ist. Zudem gelangt, was sie tun, nicht immer an die Öffentlichkeit. Wie viele gibt es, die große Dinge geschaffen haben, ohne sie der Welt bekannt zu machen!

Haben Yogis schönere Theaterstücke gemacht als Shakespeare?

Das Theater ist sicher nicht die höchste Kunst. Allerdings hat mir ein Schriftsteller einmal gesagt, das Theater sei die größte der Künste, und die Kunst sei größer als das Leben. Aber das ist eine Meinung, die sich bestreiten läßt ...

Die meisten Künstler sind in dem Irrtum befangen, das Kunstschaffen trage seinen Zweck in sich selbst, bestehe allein für sich, unabhängig von der übrigen Welt. Kunst, wie diese Künstler sie verstehen, ist wie eine Art Schimmelpilz auf dem weiten Gelände des Lebens, etwas Zufälliges und Äußerliches, mit dem Leben nicht fest Verbundenes; es gehört nicht wesenhaft und unabdingbar zum Dasein. Es stimmt zwar, daß es die Sendung der Kunst ist Schönheit auszudrücken, jedoch in enger Beziehung mit der Allbewegung. Die größten Nationen und die kultiviertesten Rassen haben die Kunst stets als Teil des Lebens betrachtet und sie in seinen Dienst gestellt. So war es mit der Kunst Japans auf ihren Höhepunkten, und so war es überall, auf allen Höhepunkten in der Geschichte der Kunst. Aber die meisten Künstler sind eine Art Schmarotzer am Rand des Lebens; sie scheinen nicht zu wissen, daß Kunst Ausdruck des Göttlichen im Leben und durch das Leben sein soll. In allem, überall, in allen Beziehungen muß die Wahrheit in ihrem mannigfachen Rhythmus offenbart werden, und jede Regung des Lebens muß ein Ausdruck von Schönheit und Harmonie sein. Geschicklichkeit ist nicht Kunst, Begabung ist nicht Kunst. Kunst ist lebendige Harmonie und Schönheit, die es in allen Bewegungen des Daseins zu enthüllen gilt. Diese Offenbarung wahrhafter Kunst ist Teil der göttlichen Verwirklichung, vielleicht sogar ihr größter Teil.

Denn vom Übergeist aus betrachtet sind Schönheit und Harmonie ebenso wichtig wie jeder andere Ausdruck des Göttlichen. Doch dürfen sie nicht isoliert für sich allein genommen, aus dem ganzen ausgesondert werden; sie müssen sich zusammentun, um das Leben in seiner Gesamtheit auszudrücken.

Die Leute pflegen auszurufen: »Oh, das ist ein Künstler!« Als wäre ein

Künstler nicht ein Mensch unter anderen, sondern ein hervorragendes Wesen, das zu einer Klasse für sich gehört, und als wäre auch seine Kunst etwas Außerordentliches und Besonderes, das nicht mit den andern Dingen der Welt zu vermischen sei. Das Schlagwort *l'art pour l'art*, die Kunst um der Kunst willen, sucht in seiner Zuspitzung diesen Fehler in der Bewertung für eine Wahrheit auszugeben. Ein ähnlicher Irrtum ist es, wenn Leute mitten in ihrem Salon ein gerahmtes Bild aufhängen, das nichts mit den Möbeln und den umgebenden Wänden zu tun hat, aber ein »Kunstgegenstand« ist.

Echte Kunst ist ein Ganzes und eine Gesamtheit, aus einem Guß mit dem Leben. Etwas von dieser innigen und harmonischen Ganzheit könnt ihr im alten Griechenland und Ägypten feststellen; denn dort hatten Bilder, Statuen und Kunstgegenstände ihren Platz und ihren Sinn in der Architektur eines Bauwerks; jede Einzelheit war da Teil des Ganzen und trug zur Harmonie des Gesamten bei. So ist es auch in Japan; jedenfalls war es noch bis vor kurzem so, bis zum Eindringen einer auf das Nützliche und Praktische ausgerichteten Moderne. Ein rein japanisches Haus ist ein wundervoll künstlerisches Ganzes; alles ist genau an seinem Platz, nichts ist zu viel, aber auch nichts zu wenig. Man hat den Eindruck – so sehr stimmt das Ganze –, daß jedes Ding gerade das ist, was es sein soll, und das Haus selbst fügt sich herrlich in die es umgebende Landschaft ein. Ebenso waren in Indien Malerei, Bildhauerei und Baukunst in umfassender Schönheit vereint, in einer Verehrung des Göttlichen aufeinander abgestimmt.

So gesehen, ist in der Welt vor einiger Zeit ein starker Verfall eingetreten. Seit der viktorianischen Epoche und in Frankreich seit dem zweiten Kaiserreich ist der künstlerische Geschmack beträchtlich degeneriert. Man begann in den Zimmern Bilder aufzuhängen, die keine Beziehung zu den übrigen Dingen hatten; jedes beliebige Bild und ganz gleich welcher Kunstgegenstand konnte irgendwo angebracht werden; es kam alles ziemlich auf dasselbe hinaus. Kunst war nur noch Zurschaustellung von Können, Geschicklichkeit und Talent; sie hatte sich weit von ihrem wirklichen Sinn entfernt, hatte vergessen, geordneter und ganzheitlicher Ausdruck von Schönheit und Harmonie im Heim des Menschen zu sein.

Aber vor kurzem hat sich eine Auflehnung gegen diese Verbürgerlichung des Geschmacks eingestellt. Die Reaktion war so heftig, daß sie völliger Verwirrung glich, es sah aus, als würde die Kunst im Unsinn versinken. Doch langsam ist aus diesem Chaos etwas Sinnvolleres, Zusammenhängenderes aufgetaucht, dem man wieder den Namen Kunst geben kann, eine verjüngte und, wie wir hoffen wollen, erneuerte Kunst.

In ihrer Grundwahrheit ist die Kunst nichts Geringeres als der Aspekt der Schönheit in der göttlichen Offenbarung. So betrachtet lassen sich vielleicht nur ganz wenige wahre Künstler finden; es gibt aber welche, und man kann sie sehr wohl als Yogis bezeichnen. Denn wie ein Yogi tritt auch ein Künstler, der diesen Namen verdient, in tiefe Kontemplation, um seine Eingebung zu erreichen und aufzunehmen. Um etwas wirklich Schönes zu schaffen, muß er es vorher mit dem inneren Auge sehen, es tief im Bewußtsein als etwas Gesamtes erfassen. Erst wenn er es so in sich selbst gefunden, geschaut und ergriffen hat, kann er es auch außen vollbringen; seine Schöpfung ist das gegenständliche Erblühen seiner innerlich empfangenen Schau.

Auch das ist eine Art yogische Disziplin, denn der Künstler tritt so in Verbindung mit den inneren Welten. Ein Mensch wie Leonardo da Vinci war nichts anderes als ein Yogi. Er war einer der größten Maler, wenn nicht der größte, obwohl sein Schaffen sich nicht auf die Malerei beschränkte.

Auch die Musik ist ihrem Wesen nach eine spirituelle Kunst und ist immer mit dem religiösen Gefühl und dem inneren Leben verbunden gewesen. Aber auch sie wurde von ihrer eigentlichen Bestimmung abgebracht; sie ist selbständig geworden, selbstgenügsam, wie zum Beispiel die Opernmusik. Der größte Teil aller Musikerzeugnisse ist von dieser Art und höchstens vom technischen Standpunkt aus interessant.

Ich will damit nicht sagen, daß nicht auch die Opernmusik einer höheren Kunst als Ausdrucksmittel dienen könne; denn welches die Form auch sei, sie kann zu einem tieferen Zweck verwendet werden. Alles hängt von der Sache selbst ab, was dahinter steckt und welchen Gebrauch man davon macht; es gibt nichts, was nicht in den Dienst göttlicher Ziele gestellt werden könnte. Wie andererseits alles Beliebige vorgeben kann, vom Göttlichen zu kommen, obgleich es zur Sorte »Schimmelpilz« gehört.

Unter den großen modernen Musikern gibt es einige, deren Bewußtsein während ihres Schaffens mit dem höheren Bewußtsein in Beziehung stand. César Franck war ein Inspirierter, wenn er die Orgel spielte; etwas in ihm öffnete sich dem psychischen Leben; er war sich dessen bewußt, und er drückte es weitgehend aus. Als Beethoven die Neunte Sinfonie komponierte, hatte er die Schau einer Öffnung auf eine höhere Welt und der Herabkunft jener Welt auf die irdische Ebene. Wagner hat machtvolle und hellsichtige Einblicke in okkulte Welten gegeben; er hatte die Neigung und das Gespür für das Übersinnliche und empfing dadurch seine größten Eingebungen. Aber er arbeitete vor allem auf der vitalen Ebene, und zudem trat sein Geist beständig dazwischen und mechanisierte die Eingebung. Der Großteil seines Werks ist sehr vermischt, allzu häufig dunkel und schwer, wenn auch machtvoll. Doch jedesmal, wenn er die vitalen und mentalen Ebenen zu durchqueren und eine höhere Welt zu erreichen vermochte, waren die empfangenen Einblicke von außerordentlicher Schönheit, wie im Parsifal und in mehreren Teilen von Tristan und Isolde, vor allem am Schluß des letzten Aktes.

Oder seht, was die Modernen aus dem Tanz gemacht haben. Vergleicht es mit dem, was Tanz im Altertum war. Tanz war einst eine der höchsten Ausdrucksformen des inneren Lebens; er war mit der Religion verbunden und hatte einen wichtigen Platz in den heiligen Zeremonien, beim Feiern von Festen und bei der Anbetung des Göttlichen. In einigen Ländern erreichte er einen sehr hohen Grad der Schönheit und ungewöhnliche Vollkommenheit. In Japan ist die Tradition aufrechterhalten worden, daß der Tanz zum religiösen Leben gehört, und weil den Japanern ein natürlicher und genauer Sinn für Schönheit und Kunst eignet, haben sie den Tanz nicht entarten und seine ursprüngliche Bedeutung und Bestimmung verlieren lassen. Auch Indien hat die religiösen Tänze gekannt und gepflegt.

Zwar hat man in unseren Tagen versucht, die antiken Tänze aufzuerwecken, doch fehlt diesen Wiederbelebungsversuchen jeder religiöse Sinn, und sie gleichen eher rhythmischer Gymnastik als wirklichem Tanz.

Heute sind die russischen Tänze berühmt, aber sie drücken die vitale Welt aus, und auch davon eine ihrer erschreckendsten Seiten. Wie alles, was aus jenem Gebiet zu uns kommt, können diese Tänze sehr anziehend oder sehr abstoßend sein; jedenfalls bestehen sie immer nur für sich selbst und nicht für die Offenbarung eines höheren Lebens. Sogar die Mystik der Russen ist von vitaler Art. Als Techniker des Tanzes sind sie hervorragend, aber Technik ist nur ein Instrument. Wenn ein Instrument gut ist, um so besser; ist es aber nicht dem Göttlichen hingegeben, so fehlt ihm, wie bedeutend es auch sei, das Höhere, und es kann nicht den göttlichen Zwecken dienen. Die Schwierigkeit kommt, wie gesagt, daher, daß die meisten werdenden Künstler meinen, sie könnten auf eigenen Füßen stehen und hätten es nicht nötig, sich dem Göttlichen zuzuwenden. Das ist sehr bedauerlich, denn in der göttlichen Offenbarung ist Begabung ein ebenso wichtiges Element wie alles andere. Begabung ist Teil des göttlichen Gefüges, nur muß sie sich dem unterzuordnen wissen, was größer ist als sie.

Weiter oberhalb des denkenden Geistes befindet sich ein Bereich, den wir die Welt der Harmonie nennen können. Wenn ihr dorthin gelangen könnt, entdeckt ihr die Wurzel aller Harmonie, die sich auf Erden, in welcher Form auch immer, offenbart hat. Es gibt beispielsweise ein bestimmtes musikalisches Thema, bestehend aus einigen erhabensten Noten, hinter je einem Werk von zwei Komponisten, die nacheinander gelebt haben; das eine ist ein Konzert von Bach, das andere ein Konzert von Beethoven. Die beiden sehen auf dem Papier nicht gleich aus und unterscheiden sich für das äußere Ohr, aber ihr Ursprung ist derselbe. Ein und dieselbe Bewußtseinsschwingung, eine Welle ausdrucksvoller Harmonie, hat die beiden Künstler berührt. Beethoven hat einen größeren Teil erfaßt, aber bei ihm ist sie mehr mit den Erfindungen und Einmischungen seines Geistes vermengt. Bach hat weniger empfangen, aber was er vermittelt hat, ist reiner. Die Schwingung war jene des siegreichen Erwachens des Bewußtseins, in triumphaler Geburt aus dem Schoß des Unbewußten tauchend. Diese Schwingung stammte aus jener Welt der Harmonie, von der ich gesprochen habe.

Yoga kann euch die Fähigkeit geben, an den Quell jeder Kunst zu gelangen; dann seid ihr, wenn ihr wollt, Meister aller Künste. Sehr oft mögen es jene, die dorthin gegangen sind, angenehmer und bequemer gefunden haben, in den Genüssen dieser Schönheit und Glückseligkeit zu bleiben, ohne sie auf Erden zu offenbaren und ihnen einen Leib zu geben. Aber diese Enthaltsamkeit ist nicht die letzte Wahrheit des Yoga; es ist vielmehr eine Entstellung, eine Minderung der dynamischen Freiheit des Yoga, Ergebnis des negativen asketischen Geistes. Der Wille des Göttlichen ist es, sich zu offenbaren, nicht sich in völlige Untätigkeit, in absolutes Schweigen zurückzuziehen. Wäre das göttliche Bewußtsein wirklich bloß unoffenbarte Untätigkeit und Seligkeit, so hätte es nie eine Schöpfung gegeben.

Kann der Ausdruck nicht besser als die Inspiration sein?

Es gibt Musikstücke, die keine Inspiration haben; sie sind wie mechanische Werke. Es gibt Musiker, die große Virtuosität besitzen, das heißt, die die Technik gründlich beherrschen und die beispielsweise die schnellsten und schwierigsten Stücke spielen können, ohne einen Fehler zu machen. Sie können Musik spielen, aber es drückt nichts aus: es ist wie eine Maschine. Es bedeutet nichts, außer, daß sie große Fertigkeit besitzen. Denn was am wichtigsten in allem ist, was man tut, ist die Inspiration. Natürlich muß sich die Ausführung auf dem gleichen Niveau befinden wie die Inspiration: um wirklich gut die höchsten Dinge auszudrücken, muß man über eine sehr gute Technik verfügen. Ich sage nicht, daß Technik nicht notwendig sei; sie ist sogar unerläßlich, aber sie ist nicht das einzig Unerläßliche, sie ist weniger als die Inspiration.

Die wesentliche Qualität einer Musik hängt davon ab, woher die Musik kommt, von ihrem Ursprung.

Aus welcher Ebene kommt Musik im allgemeinen?

Es gibt verschiedene Stufen. Es gibt eine ganze Kategorie von Musik, die aus dem höheren Vitalen kommt und die sehr leicht faßbar ist, ein wenig (nicht exakt ausgedrückt) vulgär; sie ist etwas, das eure Nerven verdreht. Diese Musik ist nicht unbedingt unangenehm, aber im allgemeinen ergreift sie euch dort im Nervenzentrum. So gibt es einen Typus von Musik, der einen vitalen Ursprung besitzt. Es gibt Musik, die psychischen Ursprungs ist – sie ist völlig anders. Und dann gibt es Musik, die einen spirituellen Ursprung hat: sie ist sehr strahlend, und sie trägt euch fort, nimmt euch völlig gefangen. Wenn ihr jedoch diese Musik korrekt ausführen wollt, müßt ihr dazu fähig sein, sie durch den vitalen Durchgang kommen zu lassen. Eure von oben kommende Musik mag äußerlich ganz flach werden, wenn ihr nicht jene Intensität vitaler Vibration besitzt, die ihr ihre Herrlichkeit und Stärke verleiht. Ich kannte Personen, die wirklich eine sehr hohe Inspiration besaßen; und sie wurde recht flach, weil das Vitale sich nicht regte. Ich muß zugeben, daß sie durch ihre spirituellen Praktiken ihr Vitales gänzlich in Schlaf versetzt hatten, – es befand sich buchstäblich im Schlafzustand, es handelte überhaupt nicht, – und die Musik kam geradewegs ins Physische, und wenn man sich in Verbindung mit dem Ursprung jener Musik befand, konnte man sehen, daß sie etwas Wundervolles war, äußerlich besaß sie jedoch keine Kraft; es war eine kleine Melodie, sehr armselig, sehr dünn; nichts war von der Stärke der Harmonie da. Wenn ihr das Vitale mit ins Spiel bringen könnt, dann ist die ganze Stärke der Vibration vorhanden. Wenn ihr einen höheren Ursprung in es hineinzieht, wird es die Musik eines Genies.

Bei Musik ist es etwas ganz Besonderes; es ist schwierig; es bedarf eines Vermittlers. Und so ist es mit allen anderen Dingen, auch mit der Literatur, mit Dichtung, mit Malerei, mit allem, was man tut. Der wahre Wert der eigenen Schöpfung ist abhängig vom Ursprung der eigenen Inspiration, von der Ebene, der Höhe, auf der man sie findet. Der Wert der Ausführung jedoch hängt von der vitalen Stärke ab, die sie ausdrückt. Um das Genie zu vervollständigen, müssen beide da sein. Das ist sehr selten. Im allgemeinen ist es entweder das eine oder das andere, öfter das Vitale. Und dann gibt es jene anderen Arten von Musik, die wir haben – die Kaffeehaus-Musik, die Kino-Musik – sie ist außerordentlich geschickt gemacht; sie ergreift euch im Solar Plexus (Sonnengeflecht), und an diese Musik erinnert ihr euch auch; sie packt euch sofort und hält euch fest, und es ist sehr schwer, sich von ihr zu befreien, denn es ist gut gemachte Musik, sehr gut gemachte Musik. Sie ist vital gemacht, mit vitalen Vibrationen; was sich aber dahinter befindet, ist furchterregend.

Stellt euch jedoch diese gleiche vitale Ausdruckskraft vor zusammen mit der Inspiration, die von hoch oben kommt – mit der höchstmöglichen Inspiration, wenn sich alle Himmel vor uns auftun – dann wird das wundervoll. Es gibt gewisse Passagen bei César Franck, gewisse Passagen bei Beethoven, gewisse Passagen bei Bach, es gibt auch Stücke von anderen, die diese Inspiration und Macht besitzen. Aber es ist nur ein Augenblick, es hält nicht an. Ihr könnt nicht das gesamte Werk eines Künstlers als auf jener Stufe befindlich annehmen. Inspiration kommt wie ein Blitz; manchmal hält sie lange genug an, wenn die Arbeit nicht unterbrochen wird; und wenn das so ist, wird die *gleiche Wirkung* hervorgerufen, das heißt, wenn ihr aufmerksam und konzentriert seid, hebt euch das plötzlich empor, hebt all eure Energien empor; es ist, als ob jemand euren Kopf öffnete und ihr in die Luft geschleudert würdet, in riesige Höhen und herrliche Lichter. Es ruft in wenigen Sekunden Ergebnisse hervor, die unter so vielen Schwierigkeiten durch so viele Jahre des Yoga erreicht werden. Nur kann man im allgemeinen hinterher hinunterfallen, weil das Bewußtsein nicht als Grundlage vorhanden ist; man macht die Erfahrung und weiß hinterher nicht einmal, was geschehen ist. Wenn ihr jedoch vorbereitet seid, wenn ihr tatsächlich euer Bewußtsein durch Yoga vorbereitet habt und die Sache dann geschieht, ist sie fast endgültig.

Indische Musik hat, wenn es gute Musiker sind, fast immer einen psychischen Ursprung; die ragas beispielsweise sind psychischen Ursprungs, sie kommen aus der Psyche. Die Inspiration kommt nicht oft von oben. Indische Musik wird jedoch sehr selten durch ein starkes Vital verkörpert. Sie hat eher einen inneren und intimen Ursprung. Ich habe eine ganze Menge indischer Musik gehört, eine ganze Menge; ich habe selten indische Musik mit vitaler Stärke gehört, sehr selten, vielleicht nicht mehr als vier- oder fünfmal. Aber sehr oft habe ich indische Musik gehört, die einen psychischen Ursprung hatte; sie übersetzt sich nahezu direkt ins

Physische. Und dann muß man sich wahrlich konzentrieren, und da sie – wie soll man es ausdrücken – sehr fein, sehr subtil ist, da es keine jener intensiven, vitalen Vibrationen gibt, kann man leicht in sie hineingleiten und zum psychischen Ursprung der Musik zurücksteigen. Sie übt jene Wirkung auf euch aus, es ist eine Art ekstatischer Trance, wie von einer Vergiftung. Sie läßt euch ein wenig in Trance eingehen. Wenn ihr dann gut zuhört und loslaßt, bewegt ihr euch weiter und gleitet, gleitet in ein psychisches Bewußtsein hinein. Wenn ihr jedoch nur im äußerlichen Bewußtsein verharrt, ist die Musik so zart und fein, daß das Vitale nicht reagiert; sie macht keinen Endruck auf euch. Manchmal war eine vitale Kraft vorhanden, dann wurde es recht gut ... Ich selbst mag diese Musik sehr gern, diese Art von Thema, das sich zu einem Stück entwickelt. Das Thema ist im wesentlichen sehr musikalisch: und dann wird es mit Variationen entwickelt, mit unzähligen Variationen, und es ist immer das gleiche Thema, das auf die eine oder andere Art entwickelt wird. In Europa gab es Musiker, die wirklich Musiker waren und die das auch besaßen: Bach besaß es; er pflegte das gleiche zu tun. Mozart besaß es; seine Musik war rein musikalisch; er hatte nicht die Absicht, irgend etwas anderes auszudrücken; es war Musik um der Musik willen. Aber diese Art, eine bestimmte Anzahl von Noten in einer gewissen Beziehung aufzunehmen (sie sind wie nahezu unendliche Variationen), finde ich persönlich wunderbar, um zur Ruhe zu kommen, und ihr dringt tief in euch selbst ein. Und wenn ihr dann bereit seid, gibt sie euch das psychische Bewußtsein: etwas, das euch vom äußerlichen Bewußtsein zurücktreten und anderswo eingehen, innerlich eintreten läßt.

In welcher Form kommt die Musik zu großen Komponisten? Das heißt: kommt nur die Melodie oder das, was wir hören?

Aber das hängt vom Musiker ab. Das ist genau, was ich gesagt habe. Hier in Indien zum Beispiel gibt es kaum Harmonielehre, und so wird die Sache durch die Melodie übersetzt. Sobald das Vitale eingreift, kommt eine Art harmonischer Komplexität in die Musik hinein. Das verleiht ihr einen Reichtum, eine Fülle, die sie nicht besaß.

Kommt denn aber die Melodie?

Nein, sondern die Musik, und Musik ist nicht unbedingt Melodie. Es ist eine Beziehung von Klängen, die nicht unbedingt melodisch ist. Melodie ist ein Teil dieser Klangbeziehungen ...

Warum kann man nicht zur göttlichen Verwirklichung und zur Transfor-
mation gelangen, indem man dem Weg der Musik, der Kunst oder ir-
gendeiner anderen Sache folgt?

Wer hat dir das erzählt? Kennst du alles, was in dir vorgeht? Glaubst du
nicht, daß es viele Leute gibt, die das Göttliche verwirklicht haben, die
niemals darüber gesprochen haben, nichts davon wissen? Es gibt Leute,
die darüber gesprochen haben – Philosophen, deren eigentlicher Beruf es
notwendigerweise ist, das auszudrücken, was mit ihnen geschah. Aber es
gibt Leute, die Erfahrungen hatten, jedoch niemals etwas sagten. Und ich
weiß, daß es Künstler gibt, die rein durch ihre Kunst die göttliche Verwirklichung erlangten.

Wie kommt es, daß es bei Leuten, die sich mit wissenschaftlicher For-
schung befassen, an künstlerischem Vorstellungsvermögen mangelt?
Sind diese beiden Dinge einander entgegengesetzt?

Nicht unbedingt.

Im allgemeinen?

Sie gehören nicht demselben Bereich an. Es ist genauso, als ob ihr das hät-
tet, was man ein Fackellicht nennt, ein kleines Leuchtturmlicht in eurem
Kopf an der Stelle der Beobachtung. Wissenschaftler, die eine gewisse Arbeit verrichten wollen, wenden den Leuchtturm in eine bestimmte Richtung, sie drehen ihn immer dorthin, und der Leuchtturm bleibt so: sie
drehen ihn zur Materie hin, zu den Einzelheiten der Materie. Leute mit
Vorstellungskraft wenden ihn jedoch nach oben, weil sich oben nämlich
alles befindet, alle Inspiration zu künstlerischen und literarischen Dingen: dies kommt aus einem anderen Bereich. Es kommt aus einem viel
subtileren, viel weniger materiellen Bereich. So wenden diese sich aufwärts und wollen das Licht von oben empfangen. Es ist jedoch das gleiche
Instrument. Die anderen wenden sich abwärts, und es ist nur ein Mangel
an gymnastischer Geschicklichkeit. Es ist das gleiche Instrument. Es ist
die gleiche Macht eines lichtvollen Strahls auf etwas hin. Aber da man es
sich zu einer Gewohnheit gemacht hat, es in einer gewissen Richtung zu
konzentrieren, ist man nicht länger subtil; man verliert die Gewohnheit,
Dinge anders zu tun.
Ihr könnt jedoch jederzeit beides tun. Wenn ihr Wissenschaft betreibt,

wendet ihr es in eine Richtung, und wenn ihr Literatur oder Kunst betreibt, wendet ihr es in die andere Richtung; aber es ist ein und dasselbe Instrument: alles hängt von der Orientierung ab. Wenn ihr Konzentration besitzt, könnt ihr dieses Konzentrationsvermögen von einem Ort zum anderen bewegen, und es wird in jeder Weise wirkungsvoll sein. Wenn ihr mit Wissenschaft beschäftigt seid, benutzt ihr es auf wissenschaftliche Art, und wenn ihr künstlerisch tätig sein wollt, benutzt ihr es auf künstlerische Art. Aber es ist dasselbe Instrument, und es ist dasselbe Konzentrationsvermögen. Einfach, weil die Leute das nicht wissen, begrenzen sie sich. So werden die Scharniere rostig; sie drehen sich nicht mehr. Wenn man andererseits die Gewohnheit aufrechterhält, sie zu drehen, dann drehen sie sich weiterhin. Darüber hinaus ist es auch vom normalen Gesichtspunkt aus nicht selten, einen Wissenschaftler zu finden, der als Hobby irgendeine künstlerische Betätigung hat – und umgekehrt ebenso. Und das deshalb, weil sie herausgefunden haben, daß das eine dem anderen nicht schadete, und daß es dieselbe Fähigkeit war, die in beiden Fällen benutzt werden konnte.

Im wesentlichen, vom allgemeinen Standpunkt aus, besonders vom intellektuellen Standpunkt aus, ist das Wichtigste, die Fähigkeit zur Aufmerksamkeit und Konzentration; an dieser muß man arbeiten und sie entwickeln. Vom Standpunkt der Tat aus (der physischen Tat), ist es der Wille: ihr müßt arbeiten und einen unerschütterlichen Willen aufbauen. Vom intellektuellen Standpunkt aus müßt ihr arbeiten und eine Konzentrationsvermögen aufbauen, das durch nichts erschüttert werden kann. Und wenn ihre beides besitzt, Konzentration und Willen, werdet ihr ein Genie sein, und nichts wird euch widerstehen.

Ich habe viele Leute getroffen – »viele«, nun, eine ganze Anzahl, die demonstrieren wollten, daß spirituelle Mächte eine bedeutende Fähigkeit zur äußeren Verwirklichung verliehen und die in gewissen außergewöhnlichen spirituellen Zuständen versuchten zu malen, Musik zu komponieren oder Dichtung zu schreiben; nun, alles, was sie produzierten, war durchaus zweitrangig und ließ sich nicht mit den Werken der großen Genies vergleichen, die die materielle Natur gemeistert hatten – und dies gab den Materialisten natürlich eine gute Gelegenheit: »Seht ihr, eure sogenannte Macht ist überhaupt nichts.« Das war aber deshalb so, weil sie in ihrem äußerlichen Leben gewöhnliche Menschen waren, denn die größte spirituelle Macht wird, wenn sie in Material eingeht, das nicht ausgebildet ist, zwar ein Ergebnis hervorbringen, das dem weit überlegen ist, was das Individuum in seinem normalen Zustand hätte erreichen können, das jedoch weit unter dem liegt, was ein Genie hervorbringen kann, das die Materie gemeistert hat. Es reicht nicht aus, daß »der Spirit weht«, das Instrument muß auch dazu fähig sein, ihn zu manifestieren.

Wie können wir ›jenes Eine Göttliche‹ ausdrücken?

Das hängt vom Thema ab, das man ausdrücken möchte: Götter, Menschen oder Dinge. Wenn man ein Bild malt, Musik komponiert oder Dichtung schreibt, hat jedermann seine eigene Ausdrucksweise. Jeder Maler, jeder Musiker, jeder Dichter, jeder Bildhauer hat oder sollte einen einzigartigen, persönlichen Kontakt zum Göttlichen haben; und durch die Arbeit, die seine Spezialität ist, durch die Kunst, die er gemeistert hat, muß er diesen Kontakt auf seine eigene Weise ausdrücken, mit seinen eigenen Worten, seinen eigenen Farben. Anstatt die äußeren Formen der Natur zu kopieren, betrachtet er diese Formen für sich als Hülle von etwas anderem, gerade eben seiner Beziehung zu den Wirklichkeiten, die dahinterstehen, die tiefer sind, und er versucht sie das ausdrücken zu lassen. Anstatt nur das zu imitieren, was er sieht, versucht er sie von dem, was sich hinter ihnen befindet, sprechen zu lassen, und dies macht den ganzen Unterschied zwischen einer lebendigen Kunst und einer eben nur flachen Kopie der Natur aus.

Ihr führt eine Arbeit aus, die ganz materiell ist, wie den Fußboden reinigen oder einen Raum abstauben; nun, mir scheint, daß euch diese Arbeit zu einem sehr tiefen Bewußtsein hinführen kann, wenn sie mit einem gewissen Gefühl für Vollkommenheit und Fortschritt getan wird; während andere Arbeit, die als höherstehend betrachtet wird, wie zum Beispiel Studien oder literarische und künstlerische Arbeit, euch nicht beim Fortschritt helfen wird, wenn sie mit dem Gedanken, Ruhm zu suchen, zur Befriedigung der eigenen Eitelkeit oder um eines materiellen Gewinnes willen getan wird.

Über den Krieg

Aber wißt ihr, die Kinder, die jetzt geboren werden, werden nicht einmal wissen, ob dies wahr war, all diese Schrecken, von denen man ihnen berichtet. Was in den eroberten Ländern geschah, in der Tschechoslowakei, in Polen, in Frankreich, die schrecklichen, unglaublichen, undenkbaren

300

Dinge, die sich abspielten – man kann es nicht glauben, wenn man nicht sehr nahe dabei war und es gesehen hat.

Ich sagte neulich, daß die vitale Welt eine Welt der Schrecken ist; nun, alle Schrecken der vitalen Welt waren auf die Erde herabgestiegen, und auf Erden sind sie noch viel entsetzlicher als in der vitalen Welt, weil ihr in der vitalen Welt auf sie einwirkt, wenn ihr über das Wissen verfügt, wenn ihr Stärke besitzt, – ihr handelt, ihr könnt sie unterwerfen, ihr könnt euch als stärker erweisen. Aber euer ganzes Wissen, eure ganze Macht, eure ganze Stärke sind nichts auf dieser materiellen Welt, wenn ihr den Greueln eines Krieges unterworfen seid. Und das wirkt derart in der irdischen Atmosphäre, daß es sehr, sehr schwierig auszutilgen ist.

Natürlich sind die Menschen immer sehr darauf bedacht zu vergessen. Schon gibt es jene, die zu sagen angefangen haben: »Seid ihr ganz sicher, daß es so war?« Aber diejenigen, die das durchgemacht haben, wollen nicht, daß es vergessen wird; also wurden die Orte der Qual, des Massakers – gräßliche Orte, die das Schlimmste übertreffen, das die menschliche Vorstellungskraft ersinnen kann –, bewahrt. Ihr könnt hingehen und die Folterkammern besichtigen, welche die Deutschen in Paris errichteten, und ich hoffe, daß sie niemals zerstört werden, damit man jene, die kommen und sagen: »Oh, wißt ihr, diese Dinge sind übertrieben worden!« (denn man möchte nicht gerne erfahren, daß solch schreckliche Dinge geschehen sind), bei der Hand nehmen und ihnen sagen könnte: »Kommt und schaut, wenn ihr keine Angst habt.«

Dies formt den Charakter. Wenn man es richtig aufnimmt, (und ich glaube, daß es Leute gibt, die es richtig aufgenommen haben), dann kann euch das geradewegs zum Yoga führen, geradewegs. Das heißt, man fühlt solch eine tiefe Loslösung von allen weltlichen Dingen, solch ein großes Bedürfnis, etwas anderes zu finden, das wahrhaft schön, frisch und gut ist…, dann führt euch das ganz natürlich zu einer spirituellen Aspiration. Und diese Schrecken haben die Menschheit gleichsam geteilt: es gab eine Minderheit, die bereit war und sehr hoch emporstieg, und es gab eine Mehrheit, die nicht bereit war und sehr tief hinabsank. Jene wälzen sich gegenwärtig im Schlamm, und deshalb kommt man auch momentan nicht heraus; und wenn sich das fortsetzt, werden wir uns einem neuen Krieg nähern, und diesmal wird es wahrscheinlich das Ende dieser Zivilisation sein, – ich sage nicht, das Ende der Welt, weil nichts das Ende der Welt sein kann, jedoch das Ende dieser Zivilisation, das heißt, daß eine neue aufgebaut werden muß. Ihr werdet vielleicht erwidern, daß das sehr gut wäre, denn diese Zivilisation sei im Zerfall begriffen, sie sei auf dem

Wege zum Untergang; aber dennoch gibt es sehr schöne Dinge darin, die es wert sind, bewahrt zu werden, und es wäre ein großes Unglück, wenn all das verschwände. Aber ich kann euch sagen, wenn es wieder einen Krieg gibt, wird dies alles verschwinden. Denn die Menschen sind sehr intelligente Geschöpfe, und sie haben die Mittel herausgefunden, alles zu zerstören, und sie werden davon Gebrauch machen; denn was nützt es, Billionen auszugeben, um gewisse Bomben zu erfinden, wenn nicht, um sie anzuwenden? Was nützt es zu entdecken, daß man eine Stadt innerhalb von wenigen Minuten zerstören kann, wenn nicht mit der Absicht, sie zu zerstören? Man möchte die Früchte seiner Bemühungen sehen! Wenn es Krieg gibt, dann wird dies geschehen.

Da habt ihr's, ich erzähle euch Dinge, die nicht sehr heiter sind, aber manchmal ist es gut, den Kopf ein wenig zu belasten, um zum Denken anzuregen.

Musik hören

Ich weiß nicht, ob jemand von euch Musik so gern hat, daß er weiß, wie man sie hört. Aber wenn ihr einer Musik zuhören wollt, müßt ihr in eurem Kopf ein absolutes Schweigen herstellen; ihr dürft keinem einzigen Gedanken folgen oder ihn akzeptieren und müßt gänzlich konzentriert sein, wie eine Art Leinwand, die ohne Regung oder Geräusch die Vibrationen der Musik empfängt. Das ist die einzige Art – es gibt keine andere – die einzige Art, Musik zu hören und sie zu verstehen. Wenn ihr nur im mindesten die Regungen und Launen eures Denkens zulaßt, entgeht euch der ganze Wert der Musik.

(Übersetzungen von Peter Steiger und Angelika König-Knorr)

Die Weggefährtin Sri Aurobindos, die seinen Yoga weiterführte und den Ashram in Pondicherry leitete, wurde von den Ashrammitgliedern »Die Mutter« genannt. Die wiedergegebenen Gespräche aus den Jahren 1929 und 1956 wurden mit Kindern und jungen Menschen geführt. Sie sind entnommen aus einem sehr interessanten Heft »Die Mutter über Kunst«.

Rosemary Brown

Toveys Zehn Gebote für Musiker

Eine der längsten Botschaften, die mir Sir Donald Tovey übermittelte, bestand aus einer Zusammenfassung von Essays mit dem Titel »Die Zehn Gebote für Musiker«.

Ich meine, daß diese Essays sowohl für Musiker als auch für musikalische Laien lesenswert sind und zitiere sie hier in einer abgekürzten Fassung. Ich bin der Überzeugung, daß man diese Gebote sehr ernst nehmen sollte, auch wenn im Text hier und da Toveys Humor durchschimmert.

Erstes Gebot

Erstes Gebot bei der Musik ist, daß man sich ihr, wenn überhaupt, mit ganzem Herzen widmet. Das bedeutet nicht, daß man keine anderen Interessen haben dürfte. Ruhepausen sollten abwechseln mit Perioden der Konzentration. Es ist empfehlenswert, seinen Geist auch auf anderen Gebieten weiterzubilden. Man bekommt dadurch ein reiferes Urteil, Musik zu begreifen, ihre Werte zu verstehen und die Schönheit, den Klang einer Komposition zu schätzen.

Wenn Sie ein Vollblutmusiker werden wollen, müssen Sie Ihr ganzes Ich der Musik schenken. Sie müssen die Musik lieben mit der gleichen Glut, mit der ein junger Mann sein erstes Mädchen liebt. Sie müssen Musik mit der Hingabe untersuchen, die ein Biologe seinen Präparaten zuteil werden läßt. Sie müssen der Musik huldigen wie einem Gottesdienst. Öffnen Sie Ihre Seele den Klängen, dem Ausdruck des Höchsten. Wenn Sie Musik vernehmen, hören Sie Engelszungen, himmlischen Chorgesang, die wahre und wirkliche Stimme des Allmächtigen.

Meine Liebe zur Musik gründet tief. Ich höre Musik nicht nur mit den Ohren, sondern mit dem Herzen, mit dem Geist und Seele. In der Musik finde ich alles, was ich brauche. Sie beglückt den Musikliebhaber in mir, aber auch den Wissenschaftler, den Träumer und den Wahrheitssucher. Musik bedeutet Befriedigung für jede Facette meines Wesens. Nirgendwo sonst finde ich alles so harmonisch vereint. Musik ist eine Einheit und doch so vielfältig, sie ist ganz und teilbar zugleich. Musik spricht nur eine

Sprache, aber sie enthält viele Dialekte. Wie es in einem alten Lied heißt, kann Musik Balsam für eine verletzte Seele bedeuten. Sie kann den Traurigen trösten, Angst und Furcht zerstreuen, den Verzweifelten aufrichten, dem Trägen und Gleichgültigen neuen Lebensmut einflößen. Musik kann den Gewalttätigen besänftigen, den Kranken heilen und uns jenem Großen Wesen nahebringen, das wir Gott nennen.

Etwas, das so viel inneren Reichtum und so viel Wundersames birgt wie Musik, verdient unser ganzes Interesse. Der Lohn ist immerwährende Freude, das glückhafte Erlebnis neuer Klänge, das immer neue Wundern über die Struktur der Musik.

Was ich hier preise, ist die wirkliche Musik, nicht jenes neumodische Mischmasch von Geräuschen, das sich irreführend als Musik ausgibt. Das bringt mich zum Zweiten Gebot:

Zweites Gebot

Du sollst dir kein falsches Bildnis von Musik machen. Du sollst keine falschen musikalischen Götzen anbeten, weder die Urheber noch die Musik.

Viele Menschen lassen sich heute dazu verleiten, neumodische Mißtöne als Musik zu akzeptieren. Ich frage euch: Wo ist eure Urteilskraft, eure Unterscheidungsfähigkeit, o Generation von Betrügern und Betrogenen? Wie viele Schwindler gibt es, die sich voller Eitelkeit als Komponisten bezeichnen. Aber was haben sie denn komponiert? Wir alle können irgendwelche Töne verursachen. Ein Kleinkind kann eine Blechtrommel zum Tönen bringen, ein etwas älteres Kind kann die Gitarre zupfen. Erwachsene oder vollreife Schnulzensänger können mit zerbrochener Stimme irgendwelche Schmachtfetzen von sich geben. All das sind Töne, Kompositionen wenn man so will. Aber ein Wirrwarr von Tönen ist noch keine Musik, ebensowenig wie eine Vogelschar, die auf den Telegrafendrähten sitzt, ein sinnvolles Notenbild ergibt. Brächten wir ein solches Notenbild zum Klingen, so vernähmen wir Töne, die unserem Ohr weh tun. Jemand kann komponieren, ohne Musik zu erschaffen. Musik entsteht nur, wenn der Komponist bei der Schöpfung der Töne außer dem Gehirn jenen geheimnisvollen Teil seines Geistes einsetzt, der in Verbindung zum Höchsten steht. Alle wahren Musiker werden verstehen, was ich meine. Wahre Musik kommt nicht aus ihrer Welt, sondern aus dem Jenseits, aus himmlischen Sphären. Nur deshalb kann Musik den göttlichen Funken in der Brust des Menschen entzünden.

Drittes Gebot

Um dieses Gebot zu erklären, möchte ich die Bibel zitieren, die uns davor warnt, »Perlen vor die Säue zu werfen«. Wenn eine musikalische Veranstaltung von Erfolg gekrönt sein soll, so wird man darauf achten müssen, daß das Programm auf das Publikum abgestellt ist, das dem Ereignis beiwohnt. Die Musik muß der Aufnahmefähigkeit und dem Verständnis der Hörer entsprechen. Maßen Sie sich nicht die Rolle des Messias an, der Heiden zu dem bekehren will, was er für gute Musik hält. Denken wir daran: Was dem einen gefällt, ist dem anderen vielleicht ein Greuel. Der Geschmack ist unterschiedlich – ganz besonders bei der Musik.

Versuchen Sie deshalb, den Publikumsgeschmack richtig einzuschätzen. Berücksichtigen Sie die Vorlieben und Neigungen Ihrer Zuhörer und deren Fähigkeit, unterschiedliche Arten von Musik zu verdauen. Bieten Sie ihnen Musik, an der sie sich von Herzen freuen können, ein musikalischen Festessen, das nicht so reichhaltig sein sollte, daß es den Gästen im Halse steckenbleibt, aber auch nicht so frugal, daß sie mit hungrigem Magen vom Tisch aufstehen. Zuviel ist ebenso schlecht wie zuwenig, das gilt auch für die Musik.

Es ist wirklich so: Sie mißbrauchen den Namen der Musik, wenn Sie sich auf ein Programm kaprizieren, das in den Augen Ihrer Zuhörer völlig unattraktiv ist. Meist haben diese Leute Eintritt bezahlt, um Ihnen zuzuhören; sie haben das Recht, für ihr Geld einen Gegenwert zu bekommen. Wenn Sie in musikalischer Hinsicht anderen Wertvorstellungen anhängen als das Publikum, so dürfen Sie den Leuten trotzdem nicht Ihren Geschmack aufzwingen, so sicher Sie sich in Ihrem Urteil sein mögen.

Wenn Sie Musik spielen, deren Aufnahme beim Publikum schwer abzuschätzen ist, sollten Sie mit großer Vorsicht und Zurückhaltung zu Werke gehen und nur kleine Stücke auswählen. Sie bewahren auf diese Weise die Musik, an der Ihnen gelegen ist, für die wahren Kenner. Nur wenn Sie ganz bewußt das Risiko in Kauf nehmen wollen, daß die dargebotene Musik mißverstanden oder ausgebuht wird, können Sie Experimente wagen.

Viertes Gebot

Es ist meine feste Überzeugung, daß alle Menschen, die mit Musik zu tun haben, – seien es Komponisten oder Zuhörer – von Zeit zu Zeit musikalische Abstinenz üben sollten. In diesen Intervallen sollte man keinerlei Musik ausüben oder hören. Mißachtet man die Notwendigkeit solcher Pausen, so kommt es zu einer Abstumpfung der Sinne. Ich weiß, daß viele Menschen mir in diesem Punkt widersprechen werden mit dem Argument, daß sie von guter Musik gar nicht genug bekommen können. Wie schon Beethoven sagte, besteht Musik jedoch nicht nur aus Noten, sondern auch aus der Stille, die zwischen diesen Noten liegt. Wir kennen das sanfte Schweigen zwischen einzelnen Tönen sowie die spannungserfüllten Pausen zwischen den Sätzen. Bedenken wir, daß Kontraste die Dinge besser sichtbar machen. Man kann Art und Umrisse eines Lichtes besser erkennen, wenn es rundumher dunkel ist. Das Essen schmeckt uns, weil zwischen den einzelnen Mahlzeiten Pausen liegen, in denen wir neuen Appetit entwickeln. Wir genießen die Freude als Höhepunkt, nachdem wir das tiefe Tal der Sorge durchschritten haben.

Gönnen wir uns also von Zeit zu Zeit eine konsequente Pause von jeder Art von Musik. Die Folge ist, daß unser musikalischer Appetit wieder angeregt wird. Unsere Ohren ruhen sich aus, unser Geist entwickelt Vorfreude auf den neuen Kontakt mit Musik. Machen wir Ferien von der Musik, legen wir einen Sabbat ein, einen Ruhetag, damit unser Geist wieder aufnahmefähig wird. Ein Musiker, der pausenlos übt, wird keine Perfektion erreichen. Im Gegenteil, er verbraucht sich und führt auf diese Weise selbst den Mißerfolg herbei, den er vermeiden will. In ähnlicher Weise kann zu häufiges Hören von Musik den Appetit verderben. Die Freude am musikalischen Erlebnis bleibt dabei auf der Strecke.

Fünftes Gebot

Das fünfte Gebot der Bibel gemahnt uns, Vater und Mutter zu ehren. Wer ist, im musikalischen Vergleich, Vater und Mutter? Zu jedem Musikwerk gehören zwei Bestandteile:
– Die Leistung des Komponisten. Er ist gleichsam die Mutter, die das Kind empfängt und unter dem Herzen trägt.
– Der ausführende Künstler, der die Musik hörbar macht. Er ist der aktive Teil, der Vater.

Bis ein Musikstück aufgeführt und gespielt wird, liegt es sozusagen im Schoß der Mutter, es schläft. Es gibt einige wenige, wie zum Beispiel mich, die der hörbaren Darbietung von Musik nicht bedürfen. Mir genügt es, wenn ich die Noten lese. Es entstehen Töne, die zwar unhörbar, trotzdem aber reale Wirklichkeit sind. Das ist jedoch eine Ausnahme, die meisten Menschen sind auf die hörbare Form angewiesen.

Es ist wichtig, daß wir nicht nur dem Komponisten eines Musikstücks Ehre zukommen lassen, sondern auch dem ausführenden Künstler. Zweifellos gebührt dem Komponisten mehr Anerkennung als jenem, der das Stück vorträgt, denn ohne den schöpferischen Akt gäbe es diese Musik gar nicht. Trotzdem ist das Verdienst des Künstlers anzuerkennen, besonders, wenn er um eine getreue Wiedergabe der Musik gemäß den Vorstellungen des Komponisten bemüht ist.

Komponist und ausführender Künstler sind also die Eltern der Musik. Je mehr sich die beiden miteinander identifizieren, um so sicherer kommt es zu einer geglückten ästhetischen Verbindung, zu einer wundervollen und makellosen Schöpfung, zu einer unverfälschten Wiedergabe der musikalischen Idee des Komponisten.

Sechstes Gebot

»Du sollst nicht töten«, lautet das sechste Gebot in der Bibel. Nun, man kann auch eine Komposition töten, indem man sie in mangelhafter Qualität aufführt. Zu solchen Katastrophen kommt es, wenn sich der Künstler über die ursprünglichen Absichten des Komponisten hinwegsetzt, oder wenn er sich ungenügend auf die Aufführung vorbereitet. Es liegt in der Hand des aufführenden Künstlers, ob ein Stück vor dem Publikum in Schönheit ersteht oder bis zur Unkenntlichkeit verstümmelt wird. Ich spreche hier von Künstlern, die über die nötige musikalische Technik verfügen, um ein Stück zum Leben kommen zu lassen.

Insgesamt gesehen befindet sich die musikalische Ausbildung der ausführenden Künstler derzeit auf einem hohen Qualitätsniveau. Der Grund dafür ist zum einen die große Konkurrenz in der Welt der Musik, zum anderen die Tatsache, daß Musik heute weiter und intensiver verbreitet ist als je zuvor.

Nach wie vor kommt es zur Vergeudung von Talenten, es gibt viele fähige Virtuosen und Komponisten, die nicht die nötige Förderung erhalten. Musikalische Begabungen werden zur Seite gedrängt von Kollegen, die mehr Beziehungen oder mehr Geld haben. Viele talentierte Musiker resignieren schon zu Beginn des Weges vor der Notwendigkeit, sich einen verläßlichen Lebensunterhalt zu sichern.

Musik, das möchte ich bekräftigen, ist eine Notwendigkeit, kein Luxus, ich werde dazu in einem der folgenden Gebote noch Näheres ausführen. Weder in der Musik noch in anderen Bereichen des Lebens können wir es uns leisten, ein Talent verkümmern zu lassen. Achten wir in gleicher Weise darauf, daß wir keinem Musikstück Gewalt antun.

Siebtes Gebot

Das siebte Gebot fordert Treue in der ehelichen Verbindung. Auch einem Musikwerk gegenüber kann man die Treue brechen. Man kann das Werk durch mangelhafte Aufführung verfälschen, die Schönheit zugrunde richten, die der Komponist diesem Tonwerk mitgegeben hat. Man kann die Vision verdunkeln, die der Schöpfer der Musik hatte. Das Ziel muß eine Aufführung in bestmöglicher Qualität sein, damit die wahre Integrität der Musik gewahrt bleibt.

Es gibt noch eine Form der Untreue gegenüber der Musik, eine verschleierte Form des Ehebruchs. Wir finden sie bei Musikstudenten, Komponisten oder ausübenden Künstlern, die der Musik wegen anderen Interessen untreu werden. Ich sagte bereits, daß gegen eine geistige Bereicherung durch andere Interessensgebiete nichts einzuwenden ist. Wer sich ernsthaft der Musik verschreibt, sollte ihr jedoch den ersten Platz in seinem Leben einräumen. Tut er das nicht, so muß er sich ins Lager der Versager gesellen. Etwas anderes ist es, wenn jemand Musik nur als Hobby ausübt.

Prostituiert ein Interpret die Musik zu bloßer Technik, so kommt dies einem Treuebruch gleich. Zwischen Technik und musikalischer Interpretation sollte ein ausgewogenes Gleichgewicht herrschen, wie in einer glücklichen Ehe, wo beide Teile einander Freude bereiten und die Rechte des anderen respektieren. Vermählt man eine hervorragende Technik mit einfühlsamer Interpretation, so entsteht etwas unglaublich Schönes. Das Kind, das der Komponist gezeugt hat, erblickt das Licht der Welt.

Achtes Gebot

Es lautet: Du sollst nicht stehlen. Diebstahl ist möglicherweise das schlimmste Verbrechen überhaupt. Wenn wir jemanden ermorden oder fahrlässig zu Tode bringen, brechen wir das sechste Gebot, zugleich aber auch das achte, denn wir stehlen ihm das Leben. Man kann jemanden seines Eigentums berauben, ebenso seiner Rechte oder seiner Gesundheit. Diebstahl ist es auch, wenn wir jemandem den Seelenfrieden rauben oder sein Glück zunichte machen.

Komponisten haben sich zu allen Zeiten mehr oder weniger offen bestohlen. Wo die genaue Trennlinie zwischen Nachahmung und unverhohlenem Diebstahl zu ziehen ist, läßt sich schwer bestimmen. Man wird im Einzelfall berücksichtigen müssen, welche Motive der Handlung zugrunde lagen und wie mit dem entliehenen Gut verfahren wurde.

Liszt hat nicht wenige seiner Kompositionen auf den Werken anderer aufgebaut. Ich muß ihm zugestehen, daß er den ursprünglichen Komponisten in den meisten Fällen übertraf, und ich gebe zu, daß ich dieses Zugeständnis nicht ohne Neid mache. Oft trug Liszt durch seine »Nachdichtungen« dazu bei, den Komponisten berühmt zu machen. Liszts Motive für dieses Vorgehen waren mannigfaltig. Wie er selbst sagte, war es oft die Lust an der Zurschaustellung seiner überragenden Meisterschaft am Klavier, die ihn bei solchen Nachdichtungen beflügelte. In den meisten Fällen jedoch machte er aus seiner Bewunderung für den ursprünglichen Komponisten und aus dessen Urheberschaft keinen Hehl.

Es muß hier klar gesagt werden, daß jeder, der die geistigen Leistungen eines anderen als seine eigenen ausgibt, als Dieb und Betrüger zu betrachten ist. Glücklicherweise sind solche Gesetzesbrecher nicht sehr häufig. Es besteht für sie auch wenig Aussicht, ihre Gaunerstücke mit Erfolg zu Ende zu führen. Ganz etwas anderes ist es, wenn jemand das geistige Werk eines anderen überarbeitet und in veränderter Form als Tribut an den Urheber veröffentlicht.

Ich möchte in diesem Zusammenhang auf die ungewöhnliche Arbeit von Rosemary Brown zu sprechen kommen. Es ist dies kein Versuch, alte Musikstücke als neuen Aufguß zu servieren oder im Stil alter Meister zu komponieren. Diese Frau ist nicht in der Lage, Nachahmungen von Stücken alter Meister zu komponieren. Ihr fehlt dazu sowohl die Übung als auch das musikalische Wissen und die Persönlichkeit. Sie borgt sich für ihre Arbeit also nicht die Musik früherer Komponisten aus, sondern sie überträgt das geistige Werk der Komponisten, die mit ihr zusammenarbeiten, in die Welt der Materie. Mit Stolz und Freude vermerken wir, daß es Musikexperten gibt, die den Tonwerken aus Rosemary Browns Feder Echtheit zubilligen; es gehört Sachverstand und Mut zu einem solchen Urteil. Wie wir festgestellt haben, ist die Übertragung der Werke an Rosemary Brown nicht immer fehlerfrei. Es gibt einige Ungeradheiten, die sich musikalisch bemerkbar machen. Aber je länger die Zusammenarbeit dauert, um so seltener werden solche Fehler. Wir sind erstaunt über die Ergebnisse, die Rosemary Brown unter unserer Führung erzielt hat. Darauf gründet sich unser begeisterter Entschluß, das Begonnene auf höherer Ebene fortzuführen, indem wir ihr kompliziertere Tonwerke übermitteln.

Neuntes Gebot

Du sollst nicht falsch Zeugnis reden wider deinen Nächsten. Diese Mahnung richtet sich nicht zuletzt an die Musikkritiker. Wir haben volles Verständnis dafür, daß die Kritiker für diesen Personenkreis zum Alltag gehören. Diese Menschen verdienen sich ihren Lebensunterhalt mit Kritik, die musikalische Bewertung der Werke anderer ist ihr Brotberuf, ihr Job. Es gibt jedoch in dieser Gruppe einige Herren, die recht mißbräuchlich mit der Macht umgehen, die ihnen anvertraut ist. Oft wird das Publikum bewußt irregeführt. Die Kritiker mögen mir entgegenhalten, daß sie sich bei ihrem Urteil an den Kriterien orientieren, die in der Musikwelt nun einmal gültig sind. Wenn sie einen Komponisten oder einen Interpreten in Grund und Boden verdammen, dann tun sie – wie sie sagen - nur ihre Pflicht. Sie können dabei, wie es weiter heißt, keine Rücksichten auf die Person des kritisierten Künstlers nehmen.

So weist denn der Kritiker jede moralische Verantwortung zurück, wenn ein Künstler infolge der schlechten Kritiken seine Engagements verliert und mitsamt seiner Familie in wirtschaftliche Schwierigkeiten gerät. Er vergißt dabei, daß sich seine Kritik einzig und allein auf die eigene, fehlbare Meinung gründet. Ob sein Urteil im Einzelfall gerecht ist, muß dahingestellt bleiben. Man braucht nur die vernichtenden Kritiken über Komponisten und Interpreten zu betrachten, die in der Folge zu Ruhm und Ansehen aufgestiegen sind, um eine Kostprobe zu erhalten, wie sehr Kritiker sich irren können. Beruhen solche falschen Kritiken auf einer irrigen Einschätzung, so wird man folgern müssen, daß der Kritiker nicht über die Voraussetzungen für eine gewissenhafte Ausübung seines Berufs verfügt. War das Urteil des Kritikers jedoch von persönlichen Vorurteilen getrübt, so verstößt er gegen ein wichtiges moralisches Prinzip. Mit der Abgabe eines willkürlichen Urteils hat er seine Integrität verspielt.

Zur Anerkennung der Kritiker ist zu sagen, daß die meisten von ihnen ihren Beruf mit Stolz ausüben, die schwarzen Schafe sind in der Minderzahl. Ein Kritiker mag versucht sein, Gott zu spielen. Bei vielen Menschen gilt sein Urteil als unanfechtbar, er kann den Stab über einem Menschen brechen oder ihm zum Erfolg verhelfen. Eben deshalb kommt dem Kritiker eine große Verantwortung zu, nicht nur gegenüber den Komponisten und Interpreten, sondern auch gegenüber dem Publikum. Um ein wahrhaftiger Kritiker zu sein, muß er allen drei Gruppen gerecht werden.

Zehntes Gebot

Dieses Gebot richtet sich gegen Habgier und Begehrlichkeit. Es ist das letzte Gebot der Bibel. Ich könnte für Musiker unschwer noch einige weitere Gebote aufstellen, gegen die sträflich verstoßen wird. Da ich jedoch weiß, daß meine strengen Anforderungen von Musikstudenten und Musikexperten als übertrieben empfunden werden, möchte ich es bei der Zahl belassen, die im Alten Testament vorgegeben ist.

Musik ist, wie ich bereits früher gesagt habe, kein Luxus, sondern eine Notwendigkeit. Musik ist das Mittel, mit dem wir in einer lärmenden und zerstrittenen Welt der Harmonie und Schönheit zum Sieg verhelfen können. Man beginnt gegenwärtig zu erkennen, daß Musik körperliche Krankheiten heilen kann, besonders aber Krankheiten der Seele und des Herzens. Ich spreche hier vom Herzen nicht als körperlichem Organ, sondern als Sitz der Gefühle und Empfindungen. Geeignete Musik kann den Schmerz in der zerbrochenen Psyche der Menschen lindern oder den Bruch, der ihrer Krankheit zugrunde liegt, ganz heilen.

Sie mögen mich fragen, was dies alles mit dem Verbot von Habgier und Begehrlichkeit zu tun hat. Wenn wir uns in der Welt von heute umsehen, werden wir feststellen, daß viel Leiden durch die Begehrlichkeit mancher Menschen verursacht wird. Man begehrt des anderen Gut, seine Stellung in der Gesellschaft, sein Einkommen, seinen Beruf und so fort. Begehrlichkeit und Neid verursachen Unglück nicht nur für den anderen, sondern auch für jene, die das Gebot übertreten. Wer Neid empfindet, kann nicht glücklich sein. Vor allem aber kommen durch Begehrlichkeit die Menschen zu Schaden, auf die sich dieses Gefühl richtet. Neid führt zu Spannungen, Streit und Gewalt.

Die überkommene Weisheit, nach der alle – und insbesondere die Armen – ohne Murren ihr Päckchen tragen sollen, das ihnen vom Schicksal auferlegt ist, findet nicht meine Billigung. Ich glaube, jeder hat das Recht, sein Los zu verbessern, wenn er dabei nicht anderen Schaden zufügt. Es gab einmal eine Zeit, da war Musik ein Vorrecht der Reichen. Nur ein reicher Mann konnte es sich leisten, sich von Musikern aufspielen zu lassen. Ich finde, es ist eine glückliche Fügung, daß die breite Masse heute Zugang zur Musik hat, nachdem es den Rundfunk und andere Methoden der Speicherungen und Übertragung von Musik gibt. Auch jene, die wegen Krankheit an ihr Haus gefesselt sind oder ihr Heim aus anderen Gründen nicht verlassen können, kommen so in den Genuß von Musik.

Musik kann von Millionen von Menschen gehört werden, und die Liebe zur Musik verbindet alle diese Menschen in einer einzigen großen Idee. Niemand braucht zu fürchten, daß sein Nebenmann mehr zu hören bekommt als er. Die Schallwellen schwingen frei zwischen den Zuhörern, niemand ist bevorzugt oder benachteiligt. Musik ist unparteiisch, demokratisch im ursprünglichen Sinne des Wortes. Ob man adelig ist oder ein einfacher Arbeiter, Musik klingt für alle gleich. Musik verstellt sich nicht, wie es Schmeichler und Snobs tun. Musik kennt keine Diskriminierungen, keine Sprachgrenzen, keine Nationalitäten, Klassen, Glaubensbekenntnisse, keinen gesellschaftlichen Rang, keine Altersgruppen und keine Unterscheidung nach dem Geschlecht. Indem sie sich allen hingibt, die hören wollen und hören können, ist sie der Inbegriff der Brüderlichkeit. Musik spricht eine Sprache, die alle Menschen verstehen. Beethoven muß das gewußt haben, als er seinem größten Werk die Worte unterlegte: *Seid umschlungen, Millionen!*

Lassen Sie mich meinen Tribut an die Musik mit einem Dank an den Schöpfer beenden, ohne den es keine einzige Note gäbe.

(Übersetzung von Rolf Jurkeit)

Gopi Krishna

Kosmisches Bewußtsein und Inspiration

Das erleuchtete Bewußtsein manifestiert sich in einem Gehirntypus höherer Art, der im Verlauf von Evolutionsprozessen entstanden ist, die auch weiterhin stattfinden. Alle erleuchteten und genialen Menschen sind aus dieser Evolution hervorgegangen. Die gegenwärtige, aufgrund bloßer Mutmaßungen über das Gehirn entstandene Ansicht, die organische Entwicklung sei zum Stillstand gekommen, ist die Ursache unserer Unkenntnis jener Faktoren, die für die Entstehung des Genies verantwortlich sind, und für den Widerstreit der Meinungen zum Phänomen der Außersinnlichen Wahrnehmung sowie anderer Phänomene. Auch heute wissen wir nur sehr wenig über die Arbeitsweise des Gehirns, und wir haben keine Vorstellung von der Energie, die in ihm wirksam wird. Der Mensch bewegt sich fast unmerklich auf ein höher entwickeltes Denkorgan zu, das geniale Begabung, psychische Kräfte und kosmisches Bewußtsein umfaßt. Dieser Gipfel ist das Ziel aller Yoga-Praxis.

Es gibt einen Aspekt in meinen mehr als vierzigjährigen Erfahrungen, den ich nicht deutlich genug hervorheben kann. Das ist die Krux dieser Dinge, die *eine* unerläßliche Vorbedingung aller erleuchtenden, psychischen oder okkulten Phänomene. Das eine Geheimnis, das alle rätselhaften Überlieferungen aus alter Zeit umgibt, das bislang noch niemand zu lösen vermochte. Der eine Faden, der durch das verschlungene Gewirr von Magie, Hexerei, Zauberkunst hindurchführt – mit anderen Worten – alles, was bisher als geheiligt, erhaben, magisch oder okkult gegolten hat.

Innerhalb der nächsten zwanzig Jahre wird die Wissenschaft dieses Geheimnis, in dem sich der Ursprung des Lebendigen verbirgt, lösen. Schon mehren sich die Beweise, die diese Meinung rechtfertigen, bestünde da nicht das weitverbreitete Vorurteil gegen alles, was mit dem Paranormalen oder dem Göttlichen zu tun hat. Selbst das umfangreiche, von der Society for Psychical Research und den Departments of Parapsychology zusammengetragene Beweismaterial genügte nicht, um dieses Vorurteil zu überwinden. Der Mensch ist häufig der Gefangene geltender Denkrichtungen, und die Gebildeten sind keineswegs von dieser Regel ausgenommen.

Das Geheimnis hinter dem Yoga, hinter psychischen Fähigkeiten, Genie und Erleuchtung, verbirgt sich in der Lebensenergie, die alles Lebendige bewegt, und die zu erfassen wir bislang kein Mittel gefunden haben. Die erstaunlichen Leistungen medial begabter Menschen verwirren uns, wir sind auch nicht in der Lage gewesen, das Geheimnis zu lüften, das die Erleuchtung umgibt, denn die Welt weiß nichts von dem wunderbaren Baustein der Schöpfung, der sich als Leben und Geist offenbart. Diese Energie ist der Baumeister aller organischen Reiche des Universums. Die Folge ist, daß sich alle unsere intellektuellen Fähigkeiten auf die Erforschung eines einzigen Elements unserer Existenz richteten, der Materie nämlich, während das andere, der Geist oder die Lebensenergie, völlig außer acht gelassen wurde. Diese törichte Unterscheidung ist begründet in der Unfähigkeit unserer Sinne, den Lebensstoff zu erfassen.

Der gesamte Entwurf der biologischen Evolution der Erde ist die unmittelbare Folge des Wirkens jenes überintelligenten Mediums, das man in Indien als Prana bezeichnet. Die erheblichen Mängel heutiger Evolutionstheorien sind deren Verfechtern nicht bewußt, da sie die okkulten und paranormalen Phänomene überhaupt nicht in Betracht ziehen. Noch vor wenigen Jahrzehnten hatten die Physiker keine Ahnung von den erstaunlichen Welten subatomarer Partikel, deren Vorhandensein man nicht einmal vermutete. Damals bildeten Elektronen, Protonen und Neutronen die Grundlage der Spekulationen über den Ursprung und die Natur des Universums. Mittlerweile hat sich der Forschung jedoch eine neue Welt aufgetan. Gegenwärtig fehlt uns jede Vorstellung der unglaublichen Folgerungen, zu denen diese neuen Entdeckungen am Ende führen werden.

Wären da nicht die aus einem tiefverwurzelten Denkschema herrührenden Vorurteile, würde kein denkendes menschliches Wesen jemals glauben, ein so unendlich vielschichtiges Organ wie das menschliche Gehirn könnte seine Entstehung einer Kette von Zufällen verdanken, und Intelligenz könnte aus einer zufälligen Verbindung empfindungsloser Materiepartikel erwachsen. Die Zeit wird zeigen, wie sich die kenntnisreicheren Denker der Zukunft über die mechanistischen Deuter des Lebens unserer Tage äußern werden. Ich halte diese mechanistische Deutung für einen der größten Denkfehler, den der Mensch je begangen hat.

Erleuchtung, psychische Fähigkeiten, okkulte Kräfte und Genie sind die Folge einer Verschiebung im Spektrum des Lebenselements oder des Prana. Diese Verschiebung ist mit dem An- und Abschwellen der Kraft eines elektrischen Stroms vergleichbar. Wird der Strom schwächer, wirft die Lampe ein schwächeres Licht, wird er stärker, gibt die Lampe ein helleres Licht. Fließt nun eine stärkere Prana-Strahlung zum Gehirn, erfährt die Wahrnehmung eine ähnliche Zunahme und Vertiefung. Die Erforschung mystischer Erfahrungen und auch gewisser Geisteskrankheiten könnte im Lauf der Zeit das Vorhandensein von Lebensenergie bestätigen. Damit wäre auch der Beweis für die Weiterentwicklung des Mediums Prana erbracht, das eine höhere menschliche Bewußtseinsform herbeiführt.

Das Unvermögen, den Prana zu erfassen und das unzureichende Wissen über die fortschreitende Evolution des menschlichen Gehirns, hatten verhängnisvolle Folgen. Ungezügeltes Streben nach Macht und Reichtum, hemmungslose Erotik, Korruption in allen Lebensbereichen, Zunahme von Drogensucht und Alkoholismus, Anwachsen von Kriminalität, Gewaltanwendung und Tötungsdelikten, moralische Anarchie, politische Unberechenbarkeit und dazu die Drohung einer nuklearen Vernichtung sind unmittelbare Folgen der Tatsache, daß der moderne Mensch keine erstrebenswerten höheren Ideale mehr besitzt. Die Tatsache, daß er sich im Zustand der geistigen Evolution befindet, hat nie Eingang in das Denken des Durchschnittsmenschen gefunden. Die meisten wissen folglich nichts von ihrer hohen Bestimmung. Der Widerstreit der Meinungen unter den Gelehrten, Theologen, Philosophen und den Naturwissenschaftlern hat eine Anarchie des Denkens heraufbeschworen, die es dem einzelnen außerordentlich schwer, wenn nicht überhaupt unmöglich macht, zu einem ausgewogenen Urteil zu gelangen oder Antworten zu finden auf die Fragen über sich selbst oder den Sinn seines Daseins.

Die überquellenden Bibliotheken dieser Welt geben keine Antwort auf die Fragen, die der Geist des glühenden Wahrheitssuchers stellt. Daher kam es in den letzten Jahren in verschiedenen Ländern zu einer Rückbesinnung der religiös Orientierten auf die fundamentalen Aspekte des Glaubens. Das erklärt auch das weltweite Wuchern neuer Glaubensbekenntnisse und Kultformen. Deshalb stehen viele der heutigen religiösen Glaubensformen und -normen im Widerspruch zu der Fülle neuer Erkenntnisse, die uns die Wissenschaft erschlossen hat. Weil das rein verstandesmäßige Denken aber keine Antwort auf die Grundprobleme des Lebens zu geben vermag, war diese Reaktion unabwendbar. Vor unseren Augen stehen noch die grauenhaften Episoden, zu denen hemmungsloser religiöser Fanatismus und totale Hingabe an einen Kult führen können. Die Schuld an vielen Auswüchsen unserer Zeit trägt zweifellos der chaotische Zustand des modernen Denkens und die Anarchie, die den modern denkenden Verstand beherrscht.

Der Körper des Menschen gleicht einer mit Prana geladenen Batterie, dessen Ströme das gesamte Nervensystem durchfließen. Nicht die Materie des Gehirns mit ihrer weißen und grauen Substanz reguliert die Funktionen des Körpers und der Organe, sondern der Prana, der das Gehirn benutzt wie einen organischen Rechner von unvorstellbarer Komplexität. Der Prana liefert den Brennstoff für unser Denken, unsere Vorstellungskraft und unser Gefühl. Dieser Prana gehört einer anderen Schöpfungsebene an und wird daher mit dem Verstand niemals zu erfassen sein. Der organische Prana ist eine Abwandlung der Shakti, der schöpferischen Kraft des Universums. Shakti ist die Grundsubstanz aus der sowohl der Geist als auch die Materie hervorgegangen sind.

»Oh, Göttin«, singt Panchastavi, »du bist die Shakti (Kraft) Shivas (des Schöpfers), der den Mond auf seiner Stirn trägt. Du bist sein Körper, die Sinne, der Geist, der erkennende Verstand, die Tatkraft und der Vollbringer. Du bist seine Zuflucht und zugleich der Schleier, der die Wirklichkeit verbirgt. Was hätte nicht seinen Ursprung in dir?«

Das erste erfolgreiche Experiment mit dem Prana wird die Welt in Staunen versetzen über das Ausmaß der Entdeckung. Erst dann wird die ungeheuere, mehrdimensionale Natur der Schöpfung erfaßbar werden. Eine Ahnung der überwältigenden Gefühle mystischer Ekstasen wird in dieser Untersuchung spürbar werden. Der Mensch wird nicht geboren, um sein Leben mit der Anhäufung von Gold oder dem Streben nach Machtpositionen zu vergeuden, was den Geist ablenkt, noch um sein Gehirn mit enzyklopädischem Wissen zu überladen. Er ist auf die Welt gekommen, um ein neues, herrliches Wahrnehmungsorgan zu entwickeln, das die tieferen Geheimnisse der Schöpfung enthüllt. Für denjenigen, dem sich das himmlische Auge aufgetan hat, gewinnt das Universum einen sublimen Aspekt, der sich jeder Beschreibung entzieht. Durch dieses Auge erscheinen alle materiellen Gegenstände im Bewußtsein aufgereiht, so wie die Perlen des Rosenkranzes auf dem Faden aufgereiht sind, der sie zusammenhält. In diesem Zustand erhöhter Bewußtheit findet sich der Mensch zum ersten Mal in einem Universum, dem er wirklich angehört, ein Universum des ewigen Lebens und Friedens, das zahllose Schöpfungsebenen umfaßt, Schicht um Schicht, Welt innerhalb der Welt, und er würde seine ganze Verstandeskraft und alle seine Fähigkeiten brauchen, um es in den kommenden Zeitaltern zu erforschen.

Mystische Erfahrung ist die Schwelle, über die der Mensch zu jenseits des Physischen liegenden Ebenen vordringt, wo er zum ersten Mal die ekstatische Vision des Göttlichen Funkens erfahren wird. Aus diesem

Grund haben indische Gelehrte diese Erfahrung als »Sat-Chit-Ananda« bezeichnet. Dann erblickt die verkörperte Seele die ewige, von tiefer Seligkeit erfüllte und alles durchdringende Natur ihres eigenen Seins, losgelöst vom Schatten sinnlicher Bilder, die wir als Welt bezeichnen.

Ich habe hier einiges zum Prana ausgeführt, um die Metamorphose, die ich nach meiner Erweckung erlebt habe, anderen verständlich zu machen. Die Persönlichkeit eines Menschen ist nicht das Produkt des Körpers oder des Geistes, sie ist vielmehr abhängig von einem spezifischen Muster oder Spektrum einer überaus feinen Substanz, die eine universelle und eine individuelle Form aufweist. In ihrer individuellen Form sammelt diese ungreifbare Substanz oder Prana die den organischen Rahmen bildenden Elemente um sich, und zwar in ihren kleinsten Elementarteilchen, die so fein sind, daß sie auf dieser Stufe nicht identifiziert werden können.

Prana ist in jeder Zelle und in jeder Faser unseres Körpers vorhanden, in steter Wechselwirkung mit den materiellen Elementen, aus denen wir bestehen. Unsere Persönlichkeit ist das Ergebnis dieser äußerst komplexen Wechselwirkung und ist daher tief in unserem Organismus verwurzelt. Abgesehen von gewissen labilen Erscheinungsformen weist die menschliche Persönlichkeit lebenslang die gleichen Verhaltensmuster auf. Die instabilen Erscheinungsformen sind solche mit doppelter oder dreifacher Persönlichkeit. Der Wandlungsprozeß von der Kindheit zum Greisenalter verändert die Grundzüge der Persönlichkeit nicht. Die Übereinstimmung dieses Mosaiks von vielfältigen Denkweisen, Gewohnheiten und Attributen, die jedem Individuum eigen sind, wird von der Stabilität des Prana-Spektrums bestimmt. Gewiß haben wir alle einen Leib und eine Reihe von Sinnesorganen, dennoch gehören wir nicht der Welt der Materie an. Ein Strahl der lichten Welt des Prana hüllt sich in ein irdisches Gewand. Prana als Aspekt der Shakti ist die Energie des Absoluten, jenseits von Benennung und Form. Anders ausgedrückt, der Herr selbst manifestiert sich durch seine unbegrenzte Kraft als das Universum und alle darin lebenden Wesen.

In meiner Autobiographie habe ich meine schwankende Geistesverfassung bereits beschrieben. Hervorgerufen wurden diese Schwankungen durch Veränderungen meines Prana-Spektrums. Diese langsame Umwandlung des Elements, das meine Persönlichkeit bildet, war es, die schließlich einen Zustand des Leuchtens in meinem Inneren herbeiführte, den ich bis dahin nicht gekannt hatte. Dieser Prozeß der Transmutation zog sich über Jahre hin, bis ich schließlich eine ziemlich stabile Geistesverfassung erlangte, die jedoch nicht den Endzustand darstellte.

Der Prozeß der Erweiterung setzte sich nahezu unbemerkt fort, ohne irgendwelche Beschwerden oder Ängste zu verursachen, abgesehen von einigen wenigen Krankheitsperioden. Schließlich erreichte meine geistige Entwicklung einen Punkt, an dem ich – gleichgültig ob ich mich in meinem Zimmer befand oder mich im Freien bewegte – in dem Augenblick, in dem ich meine Aufmerksamkeit auf meine Person richtete, die gleiche ozeanische Ausdehnung spürte, die gleiche Erregung, das gleiche Erstaunen und die gleiche Strahlung wie an dem Tag, als Kundalini mein Gehirn erleuchtete und mich zum ersten Mal zu den lichten Höhen ewigen Seins emportrug.

Damit bin ich bei einem der erstaunlichsten Aspekte meiner Erfahrung angelangt, der Entstehung von Versen nämlich, für die die Verssammlung »*Die Gestalt der kommenden Ereignisse*« ein Beispiel ist. Bei der Schilderung dieser Erfahrung muß indes von Anfang an Klarheit darüber bestehen, daß mein Verstand nicht mehr in der Weise arbeitet wie vor 1937, oder so, wie überall auf der Welt normale Gehirne arbeiten. Mein Inneres hat sich völlig verwandelt, mein beobachtendes Selbst oder »Ich« ist stets von einem Lichtkranz umgeben. Dieser Lichtkranz dehnt sich in eine unermeßliche Weite aus, oder, mit anderen Worten, soweit meine Vorstellung zu reichen vermag.

Alle bildlichen Vorstellungen, die ich evoziere, heben ihre glänzende Gestalt vor dem Hintergrund sanften Lichts ab. Ein unglaublicher Seinszustand, in dem ich meinen ganzen Körper von diesem Glanz durchdrungen sehe, ein lebendiges Strahlen, das den gesamten Raum in mir und außerhalb meiner Person erfüllt. Mir fehlen die Worte, um dieses Gefühl der Erhebung zu beschreiben, das mich beim Anblick einer schönen Landschaft oder des azurblauen Himmels erfaßt, der im Sonnenlicht erglüht. In manchen Augenblicken erkenne ich mit einem mein innerstes Wesen erfassenden Schauer, daß es sich nicht um eine irdische Ansicht handelt, sondern daß es die Gottheit ist, die sich in das faszinierende Schauspiel verwandelt hat, das ich beobachte.

Der erstaunliche Vorgang meines Schreibens erinnert an das, was große Dichter, Philosophen und selbst Wissenschaftler als Inspiration oder Eingebung bezeichnet haben. Sie sahen ganze Passagen, Stanzen, Gedichte, Buchkapitel, Handlungsabläufe, Problemlösungen, Kompositionen, fertige Kunstgegenstände usw. blitzartig vor ihrem geistigen Auge erscheinen, oder, wie Nietzsche sagte, buchstäblich in ihren Schoß fallen. Sie halten lediglich den Stoff schriftlich fest, der aus den Tiefen ihres Geistes aufsteigt. Ein interessantes Forschungsgebiet, denn viele der großen

Dichter, Komponisten, Künstler und Schriftsteller haben diese wunderbare Gabe bestätigt, durch die einige ihrer berühmtesten Meisterwerke entstanden sind.

In meinem Falle liegen die Dinge jedoch etwas anders, was wohl auf die Besonderheit meiner geistigen Verfassung zurückzuführen sein dürfte. Der Umfang meines geistigen Horizonts hat sich so sehr erweitert, daß ich – ganz gleichgültig, ob ich meine Aufmerksamkeit nach innen oder nach außen richte – mich stets in einen ungeheueren Ozean des Bewußtseins getaucht finde, in dem das beobachtende Selbst oder »Ich« in mir wie ein Tropfen erscheint. Die Wirkung ist überwältigend. Die Gedanken, die ich denke, die Bilder, die ich herbeirufe, und zwar wie jeder normale Mensch völlig nach meinem Willen und Belieben, scheinen nicht aus den Tiefen meines eigenen Gehirns aufzusteigen, sie kommen vielmehr auf eine mir unbegreifliche Weise aus dem mich umgebenden Ozean der Erkenntnis.

Wie bei allen schöpferischen Menschen wechseln sich auch meine kreativen Stimmungen mit unfruchtbaren Perioden von unterschiedlicher Dauer ab, die überwiegend von meinem Gesundheitszustand abhängen. Aufgrund ausgedehnter Studien meines eigenen, erstaunlichen Zustands kann ich bestätigen, daß während der schöpferischen Phasen die Strahlung des in mein Gehirn einströmenden Prana reiner, oder zumindest mehr in Übereinstimmung mit der kreativen Arbeit ist, die vor mir liegt. Unfruchtbare Perioden stellen sich dann ein, wenn die Ausstrahlung des Prana aus irgendeinem Grund unter der zu diesem Zweck erforderlichen Reinheits- oder Kreativitätsnorm liegt. Die unterschiedliche Qualität der Prana-Strahlung entspricht vermutlich dem periodischen oder zyklischen Wechsel der Reinheit des Blutes und des Nervengewebes im Körper und im Gehirn. In wie weit feinste organische oder hormonale Bestandteile an diesen Veränderungen beteiligt sind, können nur intensive Studien zeigen. Veränderungen der Prana-Strahlung sind Ursache der sich wandelnden produktiven Stimmungslagen und der Ekstasezustände der Mystiker und Seher.

Während der schöpferischen Phase erkenne ich deutlich, daß die Ideen, die mir plötzlich in den Sinn kommen, und die Worte mit denen ich ihnen Ausdruck verleihe, aus der Leere ringsum kommen. An der Formulierung der Ideen ist das Ego niemals unbeteiligt. Ich weiß: die Idee ist meine eigene, und ich bin der Autor. Aber nun sind beide, das »Ich« und die »Idee«, nicht in die engen Grenzen meines individuellen Geistes eingeschlossen, sie scheinen vielmehr Teile eines ungeheueren Gedankenreservoirs zu sein, das mich umgibt. Die Ideen und die Sprache, in der sie Ausdruck finden, kommen aus diesem Reservoir und, je nach Stimmungslage, gehen sie bald wieder darin unter.

Diese Erfahrung läßt sich nur schwer beschreiben. Wir müssen davon ausgehen, daß uns eine Gedankenwelt umgibt, ebenso wie eine Welt der Materie. Die Sinne verschaffen uns Zugang zur physischen Welt, Zugang zur Gedankenwelt gibt uns der Geist selbst. Die Gedankenwelt ist nicht minder real als das materielle Universum, das sie offensichtlich an Ausdehnung und Tiefe bei weitem übertrifft.

Die Gedanken besitzen einen eigenen Stoff. Dieser Stoff gleicht keiner Substanz, die wir mit unseren Sinnen wahrnehmen oder mit dem Verstand erfassen können. In unseren Gedanken, Vorstellungen, Phantasien oder Träumen machen wir uns diesen unglaublichen Stoff der Gedankenwelt zunutze. Jeder Mensch nutzt diesen ätherischen Stoff von der Geburt bis zum Tod, doch er weiß nicht, woher er kommt. Materie läßt sich leichter zerstören als Gedanken. Nur die unseren Sinnen auferlegte Beschränkung hindert uns daran, diesen Stoff zu erfassen oder seine wahre Natur zu begreifen.

Im Normalzustand nehmen wir die Gedankenwelt, aus der wir die Ideen oder geistigen Bilder beziehen, die wir nach Belieben hervorrufen, niemals wahr. Im Zustand des Über-Bewußtseins jedoch, in dem wir Zugang zur Gedankenwelt erlangen, nehmen wir keine fühllose Welt wahr, sondern einen Ozeanischen Geist, eine wunderbare Welt des Denkens, ein Universum des Lebens, eine titanische Intelligenz, die sich überall hin ausdehnt und in der auch unser Dasein begründet ist.

Mir fehlen die Worte, um diese überwältigende Erfahrung zu beschreiben. Versuchen wir uns ein Sammelbecken des Geistes vorzustellen, das jederzeit Nahrung für die Gedanken, Phantasien, Gemütsbewegungen, Überlegungen und geistigen Aktivitäten von vier Milliarden Menschen auf der Erde spendet. Stellen wir uns weitere Milliarden unbewohnte Planeten mit zahllosen anderen Formen intelligenten Lebens im Weltall vor, dann können wir uns ein blasses Bild der Welt machen, der unsere Seele angehört und aus der jeder Atemzug und jeder Gedanke unseres Lebens herrühren.

Ich bin der festen Überzeugung, daß diese Zusammenhänge übermenschlichen Ursprungs sind. Von dem Tag an, als ich vor fast dreißig Jahren Verse zu schreiben begann, wiesen mich ohne Unterlaß Fingerzeige und Visionen auf die schrecklichen kommenden Ereignisse hin. Ich wünsche aus ganzem Herzen und ganzer Seele, daß der Menschheit die

Schrecken eines Atomkrieges oder die furchtbaren Szenen einer Naturkatastrophe erspart bleiben mögen, doch die Botschaft, die ich empfangen habe, weist unmißverständlich auf ein bevorstehendes Unheil hin. Die Bedingungen auf dieser Welt haben sich in den letzten dreißig Jahren in einer Weise verschlechtert, für die es keine Erklärung gibt. Offensichtlich hat der Wettlauf nach Überlegenheit der Waffen nicht nur unter den Supermächten, sondern auch bei anderen Völkern Ausmaße angenommen, die vermuten lassen, daß eine Art inneren Zwangs die Menschheit in eine unheilvolle Richtung treibt. Die während dieser langen Periode eingetretenen Ereignisse bestätigen die Warnungen der Botschaft. Sollten sich die übrigen Vorhersagen gleichfalls bewahrheiten, dann denke ich mit Grauen an die Zukunft.

Die Botschaft ist keine Prophezeiung im üblichen Sinne, vielmehr analysiert sie aus der Sicht der Evolution die gegenwärtige kritische Lage, die eingetreten ist, weil wir uns über die Gesetze des Geistes hinweggesetzt haben. Sie stellt gleichzeitig eine Prognose dar für die ungesunden geistigen Voraussetzungen, die die Evolution der Rasse ernstlich behindern und die verursacht sind durch die in der Gesellschaft wuchernden Übel. Folgende Alternativen bieten sich an: Entweder werden diese Hindernisse aus dem Weg geräumt oder die Rasse stagniert und degeneriert, ohne je die Herrlichkeit zu erlangen, die ihr bestimmt war. Die Vorhersagen von Sonnen- oder Mondfinsternissen umgibt nichts Geheimnisvolles oder Wunderbares, ebensowenig wie die Krankheitsprognosen der Ärzte. Die Bestimmung von Eklipsen oder Krankheitsprognosen sind möglich, weil uns gewisse, grundlegende Tatsachen bekannt sind. Primitiven und unwissenden Gemütern mag das mitunter seltsam und übernatürlich erscheinen. Der Entwicklungsprozeß, den die Menschheit augenblicklich durchläuft, zielt auf eine Art höheren Bewußtseins ab, in dem solche Prognosen möglich sein werden. Alle großen Religionsgründer waren auch darin groß, daß sie durch Reformen einige der Mißstände ihrer Zeit überwanden.

Ich behaupte nicht, daß die Schlußfolgerungen dieser Arbeit für alle Zeiten gültig sind, niemand in meiner Lage könnte das sagen. Laufende Untersuchungen, künftige Ereignisse und das Urteil der Nachwelt werden über ihre Richtigkeit entscheiden. Ich gebe weiter, was mir in einem paranormalen Zustand der Bewußtheit offenbart wurde. Man kann, so glaube ich, in einem solchen transzendentalen Zustand die Zukunft ziemlich genau erkennen. In diesem Zustand, und in ihm allein, ist Offenbarung möglich, daher war sie im Lauf der Geschichte das Merkmal gewisser Geister, die über besondere Gaben verfügten. Seit altersher sind sie bekannt als Propheten, Weise und Seher.

Auch unsere Zeit braucht solche besonders begabten Individuen. Ja, wir brauchen sie heute dringender als je zuvor, damit sie die Menschheit in kritischer Zeit retten. Die Richtung kann nicht aus dem Intellekt allein kommen. Die menschliche Natur ist so vielschichtig, die Gedanken, Handlungen und Fähigkeiten der Menschen so verschieden und die Wechselwirkung zwischen den natürlichen Kräften so wenig berechenbar, daß selbst die vereinten Bemühungen aller führenden Geister der Welt den Gang der Ereignisse nicht einmal für ein Jahrzehnt vorhersagen können. In einem mit besonderen Gaben ausgestatteten Geist jedoch kann ein einziger Augenblick voraussehenden Erkennens künftige Ereignisse enthüllen, selbst wenn sie erst in hundert Jahren eintreten.

Einstein konnte sich mit der Unbestimmtheitsrelation Heisenbergs nicht anfreunden oder sie mit seinen eigenen Theorien in Einklang bringen. Für ihn galt: »Gott würfelt nicht«. Doch die von der Quantentheorie ausgehende Unbestimmtheitsrelation ist Bestandteil des physikalischen Denkens unserer Zeit geworden. Diesem Prinzip zufolge leben wir am Ursprung der Schöpfung, in einem Universum hoher Wahrscheinlichkeiten, nicht aber absoluter Gewißheit.

Der allmächtige, denkende Schöpfer des Universums kann keine Maschine sein, ebensowenig sind denkende Menschen Maschinen. Sie verfügen in jedem Augenblick ihres Lebens über individuellen Willen und individuelle Entscheidungsfreiheit. Woher aber kommt dieser Wille, die Freiheit der Entscheidung und alles menschliche Denken? Nicht aus der Hirnsubstanz, die nur Empfänger einer jenseits unseres Denkvermögens liegenden Botschaft ist. Dieser Wille, diese Entscheidungsfreiheit und dieses Denken gehen aus der kosmischen Geistquelle hervor. Da der Geist ebenso wie die Materie Schöpfungselemente sind, ergibt sich daraus, daß jeder Gedanke, den wir denken, eine eigene Existenz hat, so wie jedes Partikel der Materie seine Existenz hat. Doch der Stoff, aus dem die Gedanken gemacht sind, hat einen anderen Aufbau, der uns unverständlich ist. Aber es ist richtig zu sagen, Gedanken sind Dinge.

Aus dieser Welt des Denkens kommen neben unserem Denken und Fühlen auch unsere Vorstellungen von Wahrheit, Güte, Mitleid, Nächstenliebe, Barmherzigkeit, Gesetz, Gerechtigkeit, Geduld und Vergebung. Die schöpferische Intelligenz muß daher alle diese Eigenschaften in unendlichem Maß besitzen und sie in kosmischem Umfang wirksam werden lassen. »Was hier ist, ist auch dort«, heißt es in den Upanischaden.

Die Möglichkeit, daß göttliches Mitleid und göttliche Gnade einschreiten, um eine durch die Maßlosigkeit des Menschen herbeigeführte Katastrophe abzuwenden oder ihre Folgen zu mindern, entspricht daher durchaus der Vorstellung von einem denkenden Schöpfer.

Der Bereich der Gnade liegt ausschließlich in der Hand des Herrn, Sein Geheimnis ist unerforschlich. Vieles deutet darauf hin, daß unerwartete Ereignisse, Zwischenfälle und unvorhersehbare Unruhen zusammenwirken werden, um die selbstzerstörerischen Absichten der einander heftig befehdenden Mächte zu vereiteln und um der Auflehnung eines blindlings wütenden, rebellischen Intellekts entgegenzutreten und dabei der Menschheit so wenig Schaden wie möglich zuzufügen. Selbst dann wird der angerichtete Schaden beträchtlich sein. Eine angeschlagene Rasse wird sich zögernd der Mühe des Wiederaufbaus unterziehen und eine neue Ordnung auf der Welt einsetzen.

Das gewaltige Kräfteaufgebot, das sich in allen Erdteilen gegenübersteht, hat etwas Unheilvolles. In der Vergangenheit konnte sich kein denkender Mensch vorstellen, daß es jemals dahin kommen könnte. Auf der Höhe ihrer geistigen Leistungen rüstet sich die Menschheit zu einem selbstmörderischen Kampf – diese Vorstellung ist so monströs und widernatürlich, daß sie sich mit dem Normalverhalten einer verstandesbegabten Gattung nicht vereinbaren läßt. Offensichtlich werden die führenden Nationen durch einen verborgenen psychologischen Impuls, von dem wir zu diesem Zeitpunkt nichts wissen, in diese völlig irrationale Richtung getrieben.

Wir begreifen noch immer nicht die Unermeßlichkeit der hinter der Schöpfung stehenden, allmächtigen Intelligenz. Diejenigen, die dieses Bewußtsein für die Grundsubstanz halten, aus der das Universum hervorgegangen ist, sind selbst nur selten in der Lage sich vorzustellen, was das bedeutet. Auch die gläubigen Anhänger der Religionen haben meist nur eine unzulängliche Vorstellung des Göttlichen. Meist zeichnet man das Bild einer vergrößerten, menschlichen Persönlichkeit. Unsere Verstandeskraft kann sich keine richtige Vorstellung einer allmächtigen Intelligenz machen, die die unermeßliche Schöpfung in einer Hand zu halten vermag. Jeder Versuch des Menschen, sich gegen die allmächtigen Gesetze dieser unvorstellbaren Macht aufzulehnen, gleicht dem Versuch einer Ente, sich gegen die Flutwelle des Ozeans zu stemmen. Uns bleibt nur eins: Auf unsere Knie zu fallen und mit reuevollem Herzen und Tränen in den Augen um Vergebung dafür zu bitten, daß wir es versäumt haben, der Gnade die Türe zu öffnen.

Der lebende Inder Gopi Krishna hat besondere Erfahrungen gemacht im Kundaliniyoga, dem Weg der aufsteigenden Schlangenkraft, der auch in der europäischen Mystik nicht unbekannt ist. Von dem bedeutenden europäischen Philosophen Oscar Marcel Hinze wird ihm – neben Sri Aurobindo, der »Mutter« und Teilhard de Chardin – eine besondere Rolle in dem Prozeß der Umwandlung der Materie zugebilligt, dem Thema unserer Epoche.

(Übersetzung von Carola Dietlmeier)

John Diamond

Musiktherapie

Ton und Akupunktur-System

Eine unserer interessantesten Entdeckungen am Institute for the Enhancement of Life Energy and Creativity bei der Auswirkung von Tönen auf den Körper besteht darin, daß wir offenbar zwei völlig getrennte Systeme haben, um einen Ton aufzunehmen. Das eine bilden bekanntlich die Ohren. Das andere ist das Akupunktur-System.

Es gibt Hunderte von Akupunktur-Punkten am ganzen Körper. Viele von ihnen, darunter vor allem die sogenannten ersten Anregungspunkte jedes Meridians, sind offensichtlich auch Rezeptoren für Töne, wenigstens bis etwa 1000 hz. Weshalb dieses zweite System überhaupt vorhanden ist, weiß ich nicht genau. Das Akupunktur-System steht in enger Verbindung mit dem autonomen Nervensystem, und daher können wir uns vielleicht aufgrund der Töne, die wir über das Akupunktur-System aufnehmen, besser auf unsere Umgebung einstimmen. So können sich unsere physiologischen Prozesse sanft anpassen.

Dieses doppelte System läßt sich zum Beispiel mit Rock-Musik leicht demonstrieren. Wie ich bereits früher gezeigt habe, wird sich eine Testperson bei gewisser Rock-Musik im Test schwach erweisen. Angenommen, man verschließt ihr nun die Ohren mit entsprechenden Kopfhörern. Die Rock-Musik hat immer noch eine negative Wirkung, obwohl die Testperson feststellt, daß sie überhaupt nichts hört. Wird nun aber der erste Anregungspunkt des von der Rock-Musik am stärksten betroffenen Meridians mit einem Pölsterchen aus schallundurchlässigem Material bedeckt, ist die Person im Test stark. Die Rock-Musik hat keine Wirkung mehr. Läßt man nun den Anregungspunkt bedeckt, entfernt aber die Kopfhörer, ist die Testperson erneut schwach. Es existieren also zwei verschiedene Systeme zur Aufnahme von Tönen – die Ohren und das Akupunktur-System.

Ich habe dies bereits vor vielen Jahren vermutet, als ich die Beobachtung machte, daß man aus der Musik offensichtlich desto mehr Energie aufnehmen kann, je weniger Kleider man trägt. In einem Konzert, wo man normalerweise alles andere als leicht bekleidet ist und sehr eng beieinander sitzt, kann das Akupunktur-System die Musik nicht aufnehmen, und die Wirkung ist dementsprechend geringer.

Wie steht es mit dem Lärm? Der Unterschied zwischen Lärm und Musik besteht, wie ich bereits früher festgehalten habe, darin, daß Lärm im Gegensatz zu Musik von einer gewissen Lautstärke an (etwa 85 db) schwächend wirkt. Dies läßt sich mit einem Test beweisen. In der Musik führt steigende Lautstärke an keinem Punkt zu Schwächung. (Diese Feststellung muß nun leicht abgeändert werden, um auch die Resultate von neueren Untersuchungen einzubeziehen, welche besagen, daß die Meridiane bereits bei viel geringerer Lautstärke eine leichte Schwächung erfahren. Dabei erscheint der Muskel nicht eindeutig schwach; hingegen stellt sich bei der Überprüfung der einzelnen Meridiane heraus, daß ein bestimmter Meridian geschwächt wurde. Die Wirkung ist geringer – aber deutlich erkennbar.)

Interessanterweise scheint der meiste Lärm, wenn auch durchaus nicht aller, den Magenmeridian zu beeinträchtigen. Dies gilt zum Beispiel für das Summen elektrischer Motoren, quietschenden Autopneus und den Ton von Rasenmähern usw. Die Wirkung tritt auch bei geringer Lautstärke auf und betrifft beide Systeme der Ton-Rezeption. Wenn man sich also die Ohren verstopft, hat beispielsweise ein Kühlschrankmotor weiterhin eine negative Wirkung auf den Magenmeridian; diese wird aber aufgehoben, wenn man gleichzeitig auch schallundurchlässige Pölsterchen auf die Hautrezeptoren des Magenmeridians (M 41) legt. Diese Punkte finden sich auf dem Fußrist. Als praktische Maßnahme zur Reduktion der Lärmempfindlichkeit kann man sich in der Zunge seiner Schuhe schallundurchlässigen Filz befestigen. Dies vermindert die Schallaufnahme durch die Anregungspunkte des Magenmeridians.

Auch spezielle Maßnahmen in der Ernährung können den Magenmeridian aktivieren und damit die Lärmempfindlichkeit erheblich reduzieren.

Aus unseren Untersuchungen ergeben sich zwei wichtige Schlußfolgerungen, die einer weiteren Forschungstätigkeit die Türe öffnen. Als erstes wissen wir nun, daß auch sehr leiser Lärm noch eine Wirkung auf uns hat – vermutlich gibt es für die Lautstärke von Lärm gar keine untere Grenze, wo er nicht schadet. Als zweites müssen wir die beiden Systeme der Ton-Rezeption deutlicher auseinanderhalten und vor allem diese spezielle Art, welche mit dem Akupunktur-System in Verbindung steht, weiter erforschen und auch verwenden. Dies ist in der therapeutischen Anwendung von Musik wichtig und muß natürlich bei jeder Erfahrung mit Musik eine Rolle spielen.

Zusammenstellung einiger Resultate
in bezug auf Musik und Ton

1. Alle Töne haben eine eindeutige und nachweisbare Wirkung auf unsere Lebensenergie.

2. Alle streßfreien, natürlichen Klänge stärken die Lebensenergie. Dazu gehören Laute von Tieren, der Klang von Musikinstrumenten und die natürlichen Töne des Körpers, vor allem die Atemgeräusche und die Herztöne. Hingegen können die Laute eines Tieres in Not oder eines kranken Menschen die Lebensenergie schwächen.

3. Jeder Lärm hat ungeachtet seiner Lautstärke eine negative Auswirkung auf die Lebensenergie. Auch alle vollkommen regelmäßigen Geräusche wirken sich negativ aus – wie zum Beispiel das Ticken einer Uhr oder eines Metronoms. Was wir in der Natur hören können, ist nie ganz regelmäßig. Deshalb nehmen wir künstlich regelmäßige Geräusche als Streß wahr und reagieren dementsprechend.

4. Jede Art von Musik (mit Ausnahme gewisser Rock-Musik) stärkt die Lebensenergie und reduziert den Streß. Das Ausmaß an Stärkung hängt von der Lebensenergie des Komponisten und des Interpreten ab. Die therapeutischen Eigenschaften gehen zum Teil direkt vom Komponisten aus und finden sich deshalb unabhängig vom Interpreten in der Musik, zu einem andern Teil sind sie vom Interpreten abhängig.

5. Elektronisch erzeugte Klänge, wie zum Beispiel Musik aus dem Synthesizer, sind neutral und beeinflussen die Energie weder in positivem noch in negativem Sinne.

6. Wir »hören« über zwei verschiedene Systeme: mit dem Gehör und mit dem Akupunktur-System, das aber nur bei niederen Frequenzen (bis ca. 1000 hz) wirksam ist. Zudem reagiert der Körper auch auf Frequenzen, die weit über der Hörschwelle liegen.

7. Jeder Meridian des Akupunktur-Systems reagiert auf bestimmte Frequenzen und bestimmte Tempi des Metronoms. Jeder Meridian steht auch zu einer bestimmten Gebärde in Beziehung und somit auch zu Bewegungen beim Instrumentalspiel oder Tanzen. Jeder Meridian reagiert auch auf einen bestimmten Konsonanten (während die Vokale mit der Thymusdrüse in Verbindung stehen, die das gesamte Meridiansystem kontrolliert). Was aber am wichtigsten ist: jeder Meridian steht auch mit einer bestimmten Gefühlslage in Verbindung. Deshalb haben gewisse Klänge und Bewegungen eine ganz spezifische Wirkung auf unsere Gefühle, nicht nur aufgrund dessen, was wir über das Ohr aufnehmen, son-

dern auch weil der betreffende Meridian und mit ihm die zugehörige Gefühlslage aktiviert werden.

8. Musik ist primär eine Fähigkeit der rechten Gehirnhemisphäre. Sobald man jedoch unter Streß steht, geraten die beiden Hemisphären aus dem Gleichgewicht und eine Hemisphäre übernimmt die Führung. Bei einem solchen Ungleichgewicht vermindert sich die Kreativität. Bei einer linksseitigen Dominanz kann der Ausgleich wieder geschaffen werden, indem man an Musik denkt – daher sollte der Musik gerade in unserer heutigen Gesellschaft, die so stark von der linken Hemisphäre dominiert wird, besonders große Bedeutung zukommen.

Musik wirkt korrigierend auf dieses Übergewicht der linken Hemisphäre, das vom Streß des Alltagso verursacht wird, und gleicht die Tätigkeit der beiden Hemisphären wieder aus. Sie entspannt uns, befreit uns von Streß und macht uns ausdrucksfähiger.

9. Die Sprache ist eine Funktion beider Hemisphären. Die linke Hemisphäre befaßt sich vor allem mit der Wortbedeutung, die rechte mit Syntax, Rhythmus, Reim und Gebärde. Bei den meisten Menschen sind die beiden Hemisphären nicht im Gleichgewicht, so daß sie mit ihrer inneren Sprache (ihren Gedanken) ihre eigene Lebensenergie schwächen können.

10. Jede zwischenmenschliche Kommunikation hat letztlich zum Ziel, die Lebensenergie des Partners zu stärken. Die menschliche Kommunikation weist eine ganze Reihe verschiedener Energiestufen auf, die von »eindeutig untherapeutisch« bis zu »transzendent« reichen.

11. Man kann die Energiestufen eines jeden Musikers und Komponisten über sein ganzes Leben hinweg verfolgen und anhand von Tests aufzeichnen. Zudem ist es möglich, daß sowohl Musiker als auch Komponisten ihre Lebensenergie auf ganz bestimmte Weise stärken können, so daß ihre Kommunikation streßfrei und energiestark wird und sich somit auf den Zuhörer positiv auswirkt.

12. Eine Untersuchung der Gruppendynamik kann die gegenseitige Beeinflussung von Dirigent und Orchestermusiker oder von Kammermusikern untereinander aufdecken.

13. Fast alle Berufsmusiker empfinden für ihre Instrumente und ihre Musik keine Liebe mehr. Die Musik ist für sie zum Streß geworden. Diese negativen Auswirkungen sind heilbar.

*

Alle Kommunikation geht auf die erste Beziehung des Kindes zu seiner Mutter zurück, vor allem zu ihrer Stimme, und diese Stimme singt. Die

Musik beginnt beim Wiegenlied und bei den wunderschönen, melodiösen Lauten, welche eine Mutter für ihr Kind hat. Sie ist Ausdruck der Liebe, die allem Streß und Unbehagen begegnen kann. Wer einmal zugehört hat, wie eine Mutter mit ihrer liebevollen, wiegenden und melodiösen Musik ihr weinendes Kind tröstet, wird unweigerlich verstehen, daß hier der Ursprung aller Kommunikation sein muß. Diese Musik ist Liebe und Trost, sie vermindert den Streß und stärkt die Lebensenergie.

Wir gelangen zwangsläufig zur Einsicht, daß mit unserer Einstellung zur Musik etwas nicht mehr stimmt. Kein Kritiker bespricht ein Konzert in Begriffen wie »Erbauung« oder »persönlicher Gewinn«. Statt dessen lassen wir uns von Technik und anderen oberflächlichen Kriterien beeindrucken, welche mit dem wirklichen Sinn der Musik wenig gemeinsam haben. Eine Mutter, die falsch singt, tut mehr für ihr Kind als ein Koloratursopran ohne Herz.

Seit über 25 Jahren befasse ich mich in meiner Praxis mit der Frage, worin diese lebensstärkende Kraft der Musik besteht und wie man sie am besten für die Therapie nutzen kann. So habe ich zum Beispiel die Entdeckung gemacht, daß Musik als Analgetikum zur Schmerzlinderung und bei gewissen chirurgischen Eingriffen sogar als Anästhetikum dienen kann – wie ein altes griechisches Sprichwort sagt: »Die Menschen haben den Gesang als Arzt gegen den Schmerz.« Ich verwende Musik bei emotionalen Störungen, Angstzuständen, Phobien, bei Depression und sogar bei akuter Psychose. Natürlich hilft sie auch gegen Schlaflosigkeit – das war übrigens auch der Grund, weshalb Bach die Goldberg-Variationen komponierte. Ich setze Musik in Programmen zur Drogenentziehung ein, und ganz allgemein immer dann, wenn ich in einem Patienten den Willen zur Gesundheit und die Lebensenergie aktivieren will. Die Verwendungsmöglichkeiten sind unendlich – jedenfalls ist sie ein fester Bestandteil meines Praxisalltags. Je häufiger ich jedoch mit Musik arbeite, desto klarer wird mir, wie wenig ich noch immer davon weiß, was sie wirklich zu tun vermag. Es scheint keinen Fall zu geben, bei dem die richtige Musik nicht von erheblichem Nutzen ist.

Applaus?

Das Konzert war vielleicht sehr therapeutisch, der Musiker konnte den Puls sehr intensiv übertragen, die Lebensenergie der Zuhörer wurde vielleicht beträchtlich gestärkt – all dies geht auf der Stelle verloren durch den Applaus. Immer wieder habe ich das bei Konzerten getestet, und es ist jedesmal so. Sie können es bei einer Aufnahme, die mit Applaus endet, selbst testen: Nach der Musik ist Ihr Testpartner im Test stark, aber der Applaus hebt dieses Ergebnis wieder auf. Der Applaus ist etwas Unangenehmes. Er ist schroff, laut und hart. Er tötet die eigentliche Seele der Musik.

In der Literatur findet sich nur wenig über Applaus. Ursprünglich war er auf Theateraufführungen und die Oper beschränkt, und erst viel später kam er auch bei musikalischen Darbietungen auf. Heute ist er im Westen außerhalb der Kirche allgemein üblich.

Natürlich klatschen wir gewiß nicht alle mit der Absicht, den Zauberbann der Musik zu brechen. Die meisten von uns klatschen, weil wir gelernt haben, daß Applaus ein Zeichen des Dankes an den Musiker bedeutet. Dabei sind wir uns nicht bewußt, daß wir mit dieser Art Dank gleichzeitig auch das, wofür wir ihm danken, zerstören.

Es mag in manchen Fällen auch naiv sein, im Klatschen nichts anderes als die Dankbarkeit der Zuhörer zu sehen. Ein großer Teil ist gieriges Verlangen nach mehr – »Zugabe!« Etwas davon entspringt auch dem Bedürfnis der Zuhörer, sich zu beteiligen, Lärm zu machen, was ihnen während des Konzertes, da sie stillsitzen müssen, versagt ist – als ob sie sagen wollten: »Jetzt bin ich dran!« Manchmal rufen sie auch einfach tosend »Bravo« um die Wette.

Wenn ich meiner Frau für eine liebevolle Aufmerksamkeit danken möchte, mache ich das nicht durch Klatschen. Ich sage vielleicht leise: »Danke«. Aber ich könnte ihr auch ohne Worte danken, mit einem Lächeln und dem, was ich in meinem Herzen für sie empfinde, und einen solchen Dank nimmt sie gerne an.

Einige Musiker haben folgende Anregung aufgenommen: Zu Beginn des Konzerts sagen sie den Zuhörern, daß sie ihnen ein Erlebnis der inneren Spannung vermitteln möchten und daß dies durch den Applaus verhindert werde. Sie sagen dann etwa: »Sie brauchen mir nicht zu klatschen. Wenn Sie mir trotzdem danken möchten, könnten wir nachher alle miteinander eine Weile ruhig sitzen bleiben, um zu hören, wie selbst die Wände des Saales noch von den Klängen der Musik vibrieren. Wenn wir anschließend in aller Stille weggehen, können wir den Puls der Musik im Herzen bewahren. So wird der eigentliche Sinn der Musik viel länger in uns wirksam bleiben.«

Diese Musiker berichten, daß sie ganz anders und viel schöner spielen und daß das Publikum auch anders zuhört. Und nachher herrscht eine stille Ehrfurcht. Es wird zu einer heiligen Erfahrung.

Über Beethoven

Die letzte und höchste Energiestufe (K) haben die Große Fuge op. 131 und op. 135, auch die Transkription der Großen Fuge für vier Hände op. 134 und das neue Finale von op. 130, komponiert im Oktober-November 1826.

Mit diesen letzten Werken hat Beethoven eine sehr hohe Energiestufe erreicht. Bei keinem unserer Tests haben wir einen Komponisten gefunden, der eine höhere Energiestufe erreicht hätte, und es mag wohl sein, daß dies auch nie vorkommen wird – vielleicht ist das überhaupt die höchste Stufe, die ein Komponist je erreichen kann. Vielleicht äußern sich noch höhere Stufen nicht mehr durch Musik, sondern nur noch durch die Stille.

Über Furtwängler

Ein Ballett-Tänzer mit großer Erfahrung gestand mir einst, daß er zu Beethoven einfach nicht tanzen könne. Er legte eine Schallplatte mit dem langsamen Satz von Beethovens Neunter Symphonie auf und sagte dann kopfschüttelnd: »Jedesmal, wenn ich dazu tanzen möchte, bleibe ich stecken. Es fließt nicht. Es geht einfach nicht.«

Ich besorgte eine andere Aufnahme desselben Werks, eine von Furtwängler. Ich legte sie auf. Er begann zu tanzen, und sein Gesicht strahlte vor Freude, als er ausrief: »Ich kann ja dazu tanzen!« Und dann improvisierte er einen Tanz zum ganzen langsamen Satz – es war der wunderbarste Ausdruck visueller Poesie, den ich je gesehen hatte.

Was war der Unterschied? Der erste Dirigent übertrug den Puls nicht, im Gegensatz zu Furtwängler, der ihn natürlich überträgt. Wird der Puls nicht übertragen, erfährt die Atmung, wie wir beim Atemlänge-Test gesehen haben, eine Störung; wir sprechen davon, daß der Atem stockt. Ein sensibler Tänzer nimmt dies auf, und dadurch wird sein künstlerischer Ausdruck stark beeinträchtigt. Wer Musik als Teil seiner Tätigkeit verwendet, muß die wichtige Bedeutung des Pulses unbedingt kennen. Ohne diesen Puls stockt der Atem. Ist der Puls jedoch vorhanden, kann der Atem und mit ihm auch die Ausdrucksfähigkeit frei fließen.

Ich bat einst einen weltbekannten Pianisten, in Gedanken ein bestimmtes Klavierkonzert unter Furtwängler zu spielen. Er war im Test stark. Nun bat ich ihn, sich vorzustellen, er spiele dasselbe Konzert unter einem anderen, sehr bekannten Dirigenten, und das Testergebnis war schwach. Wie Sie wahrscheinlich bereits erraten haben, zeigt unser Test, daß der zweite Dirigent wenig Energie hat. Der Test brachte ans Licht, was der Künstler vor dreißig Jahren seinem Unterbewußtsein eingeprägt hatte – Furtwängler war energiestark und der andere Dirigent nicht.

*

Bevor ich den Test beschreibe, möchte ich Ihnen folgendes berichten: Seit Jahren lasse ich meine Schüler ein Musikstück hören und zwar mehrmals mit verschiedenen Interpreten. Ein gutes Beispiel ist der Anfang des dritten Satzes aus Beethovens Neunter Symphonie. Bei einer Aufnahme mit Furtwängler kann man die Beobachtung machen, daß die ganze Gruppe fast innerhalb von Sekunden synchron atmet, alle scheinen ihre Brust einstimmig zu heben und zu senken. Macht man sie darauf aufmerksam, bestätigen sie das Phänomen. Spiele ich dann eine Aufnahme von derselben Stelle mit wenig Energie, tritt dieses einstimmige Pulsieren der Atmung in der Gruppe nicht auf. Statt dessen scheint jeder flach und in einem anderen Rhythmus zu atmen. Häufig beobachten die Teilnehmer der Gruppe auch an sich selbst, daß ihre Atmung flach und unregelmäßig geworden ist, und daß sie nicht alle zusammen atmen. Bei der Furtwängler-Aufnahme atmen sie alle zum spontanen Pulsieren der Atmungsenergie, die Furtwängler in reiner Form überträgt. Bei der energieschwachen Aufnahme ist dieses spontane Pulsieren gebrochen und verzerrt, weil der Dirigent unter Streß steht und sich deswegen nicht mit dem Puls identifizieren kann.

In einem Konzert kann man dasselbe erleben. Mit einem energiestarken Dirigenten atmen die meisten Zuhörer einstimmig. Der ganze Saal scheint mitsamt dem Dirigenten mit dem Komponisten zusammen zu pulsieren. In diesem Puls liegt die heilende Kraft der Musik, und deshalb haben solche Konzerte eine heilende Wirkung. Die Zuhörer nehmen es vielleicht nicht einmal wahr, aber ihre Energie verstärkt sich, und ihr Streß baut sich ab.

Steht andererseits der Dirigent unter Streß, tritt diese einstimmige Atmung nicht auf, und das Heilungspotential der Musik kann nicht voll wirksam werden.

... Dasselbe empfinden wir, wenn wir einen sehr energiestarken Musiker, wie zum Beispiel Furtwängler, hören. Man erhält nicht den Eindruck, daß er von einem Nahziel zum andern lebt, sondern viel eher, daß er ein allumfassendes Ziel hat, nämlich den Puls des Komponisten möglichst rein zu übertragen, das Ganze möglichst deutlich darzustellen. Er befaßt sich mit dem Gesamten, nicht mit besonders aufregenden einzelnen Stellen, deretwegen wir gekommen sind. Und doch finden wir gleichzeitig eine unendliche Aufmerksamkeit für jedes Detail in jedem Moment. Eigenartigerweise gehören diese beiden Widersprüche zusammen – im Moment leben, jeden Augenblick den Puls voll zu übernehmen und das übergeordnete Ziel: das Herz des Komponisten.

(Übersetzung von Ursula Wernli-Maag)

Dr. John Diamond lebt in New York, wo er eine Praxis für Präventivmedizin und Psychiatrie führt. Sein Hauptinteresse gilt der Beziehung zwischen Musik und Gesundheit, die er seit 25 Jahren erforscht. Interessant ist für uns, daß er Furtwängler erwähnt, obwohl er ihn nie in einem Konzert gehört hat. Seine Forschungen haben erwiesen, was sich heute kein Konzertbesucher vorstellen kann: den musikalischen Glanz, der von einem Furtwängler-Konzert ausging.

David Villaseñor

Mandalas im Sand

Tatsächlich ist Schweigen die Sprache des Geistes unter den Indianern, die spüren, daß es nur der Weiße Mann ist, der nach dem Drehen der »Windmühlen-Maschinerie« verlangt, wie ich sie die langatmigen Gespräche ihrer hellhäutigen Freunde bezeichnen hörte. Stellen wir uns nur einmal die Verlegenheit oder sogar Verwirrung vor, die auftritt, wenn in einem nichtindianischen Kulturkreis zwei oder mehr Personen zusammengekommen sind und sich Schweigen ausbreitet. Irgendeine Art verbalen Austauschs wird immer erwartet, auch wenn er völlig wertlos sein mag. Die Indianer der alten Zeiten jedoch, die in Verbindung zu den wesentlichen Elementen der Schöpfung standen, konnten im Schweigen vollkommen zwanglos zusammensein und benutzten dabei nur Gedankenwellen, um zueinander Kontakt aufzunehmen.

Der zivilisierte Mensch verspürt im Dschungel seines Bewußtseins eine Einsamkeit und sogar eine außergewöhnliche Schwermut, was Schweigen zu einer erschreckenden Erfahrung machen kann; er kann diese Sperren jedoch durchbrechen, wenn er lernt, sie zu verstehen. Er würde dann entdecken, so wie der Indianer lange vor ihm, daß bei Sonnenaufgang oder Sonnenuntergang einsam auf einem Berggipfel zu stehen oder in einer versteckten Schlucht von überirdischer Schönheit an einem Wasserfall und diese Herrlichkeit in tiefem Frieden und Ehrfurcht in sich aufzunehmen, worin sich die Seele mit der Schöpfung verbindet und das Ich vergessen wird – daß dies bedeutet, eins zu werden mit einer Freude und Glückseligkeit, die so gewaltig ist, daß kein rein weltliches Vergnügen damit verglichen werden kann.

Der Indianer fühlt, daß, wenn ein Redner einen wahrhaft begeisternden Vortrag hält, nickende Köpfe ihm während der Ansprache zu verstehen geben, daß er seine Zuhörerschaft tief berührt; der größte Tribut aber, der ihm gezollt werden kann, ist ein absolutes nachfolgendes Schweigen, denn in ihrem Herzen folgen ihm die Zuhörer nun ergeben weiter auf dem Pfad nach, den er sie geführt hat. Heftiger Applaus ist eine zerstörende Kraft, die den zeitlosen Bann zerbricht.

Genau in der Mitte des Raumes befand sich ein abgegrenztes Viereck, das von einer Gruppe von Zuschauern umgeben war. Dort saß ein verehrungswürdiger Medizinmann der Navajos, der auf den seidig glänzenden Sand die uralten, überlieferten Symbole des Lebendigen Geistes lose »malte«. Die allseits verwunderten Blicke bewiesen jedoch zur Genüge, daß da nur wenige erkannten, daß die Sandmalerei eine sehr alte indianische Kunst ist, und daß sie eine ganz besondere, eine heilige Bedeutung hat.

*

Viele Stunden lang saß der alte Navajo schweigend im Lotussitz im Sand und gestaltete eine Zeichnung von unglaublicher Genauigkeit und Schönheit. Den ganzen Tag über hoffte ich auf eine Gelegenheit, mit ihm sprechen zu können. Aber der Indianer weiß, daß die Sprache des Geistes das Schweigen ist. Nur schweigend führt er das Sandbild aus, da es selbst ein visuelles Gebet ist, und niemand ein Gebet durch Worte unterbrechen sollte.

Schließlich kam nach sechseinhalb Stunden der langerwartete Augenblick. Langsam erhob er sich und verließ den Schauplatz für seine einzige »Pause« an diesem Tag. Wie auf Befehl zerstreute sich augenblicklich die Menge, die ihn umgeben hatte. Als er zurückkehrte, blieb er einen Augenblick lang an der Abgrenzung stehen. Blitzschnell stand ich hinter ihm. Ich sprach kurz von der Schönheit des Sandbildes und was es für mich bedeutete und bat ihn, mein eigenes »dauerhaftes« Beispiel anzusehen. Aufrecht stand der alte Medizinmann da und lauschte. Ohne das geringste Zeichen von Veränderung zu zeigen, nickte er nur zustimmend. Und immer noch ohne Bewegung nahm er das Bild in seine Hände und sah es lange schweigend an. Was für mich folgte, war ein magischer Augenblick. Die wieder herandrängende Menge schien ins Nichts zurückzuweichen, eine die gewohnte Erfahrung übersteigende Erwartung schwebte in der Luft. Für einen kurzen Augenblick lang waren die friedlichen Gesichtszüge dieses bronzefarbenen alten Indianers die Verkörperung eines gesamten stolzen Volkes, einer herrlichen Rasse, die den Sinn des Schweigens begriffen hatte und durch seine unschätzbaren Geheimnisse belohnt worden war.

Ein schlanker, dunkler, feinfühliger Finger begann sich zu bewegen. Bedächtig berührte er einen leicht erhobenen Fleck auf der Oberfläche. Die anderen Finger schlossen sich an und formten ganz dicht über dem Bild einen Kreis um das Ganze herum – im Uhrzeigersinn, langsam, schweigend, zurück zum Mittelpunkt.

Erst jetzt wandte sich der alte Mann mir zu. In seinem Lächeln lag das Strahlen der Sonne, die hinter einer Wolke hervorbricht, und aus seinen ruhigen, dunklen Augen schien Wissen und Weisheit hervor ... Mein Herz sang vor Freude, denn in diesem Augenblick, in dem ich voll und ganz akzeptiert worden war, hatte ich den Pulsschlag der Unendlichkeit verspürt. Durch den alten Medizinmann, der sich bewußt auf die Sprache des Geistes im Schweigen eingestimmt hatte, war aus dem Schweigen heraus beredter als mit Worten gesprochen worden.

(Übersetzung von Sylvia Luetjohann)

Peter Tompkins und Christopher Bird

Pflanzen und Musik

Durch diese Erfolge zu weiteren Experimenten ermutigt, ließ Singh einen Lehrer der Annamalai-Musikschule, Gouri Kumari, einigen Balsampflanzen eine *Raga* vorspielen, die als *Kara-hara-priya* bekannt ist. Kumari, ein virtuoser Musiker, spielte jeden Tag fünfundzwanzig Minuten auf einem lautenähnlichen, meist siebensaitigen Instrument, der *Veena*. Im Laufe der fünften Woche überholten die Versuchspflanzen allmählich ihre »Artgenossen«, denen nicht vorgespielt wurde. Ende Dezember hatten sie durchschnittlich zweiundsiebzig Prozent mehr Blätter entwickelt und waren zwanzig Prozent höher gewachsen als die Kontrollpflanzen.

Singh berichtete auch, daß das Wachstum von Astern, Dotterblumen und Petunien außerordentlich beschleunigt wurde, wenn Mädchen ohne jede Musikbegleitung, auch ohne »klingenden« Schmuck an den Fußgelenken, den *Bharatnatyam* tanzten, Indiens ältesten Tanz. Die Versuchspflanzen blühten vierzehn Tage früher als die Kontrollpflanzen, vermutlich angeregt von dem durch die Erde übertragenen Rhythmus der Tanzschritte.

Daraufhin erklärte Singh, er könne in seinen Labors demonstrieren, daß die Stoffwechselprozesse der Pflanze, wie Verdunstung und Kohlenstoffassimilation, unter dem Reiz von Musikklängen oder rhythmischen Erschütterungen beschleunigt werden und – verglichen mit den Kontrollpflanzen – um mehr als zweihundert Prozent zunehmen. »Die stimulierten Pflanzen«, schrieb Singh, »können eine größere Menge Nährstoffe während einer bestimmten Zeitspanne synthetisieren, was natürlich zu höheren Ernteerträgen führt.«

Anscheinend waren die Inder – in der Antike wie in der Neuzeit – die ersten, die mit Hilfe von Musik oder Tönen nachweisbare Reaktionen bei Pflanzen hervorgerufen haben, sie waren jedoch keineswegs die einzigen.

George E. Smith, ein Botaniker und Landwirtschaftsforscher aus Normal, Illinois, hörte 1960 von Singhs Versuchen, als er sich mit dem für Landwirtschaft zuständigen Redakteur der Lokalzeitung unterhielt. Im darauffolgenden Frühjahr steckte Smith – etwas skeptisch – Mais und Sojabohnen in Saatschalen und verteilte sie paritätisch auf zwei Gewächshäuser mit gleicher Temperatur und Feuchtigkeit. In einem der Treibhäuser installierte er ein kleines Bandgerät, richtete dessen Lautsprecher auf die Versuchspflanzen und spielte ihnen vierundzwanzig Stunden am Tag Gershwins *Rhapsody in Blue* vor. Dem Bericht über sein Experiment, den Smith an seine Firma, die Samengroßhandlung Mangelsdorf and Bros. in St. Louis, Missouri, schickte, ist zu entnehmen, daß die Gershwin-berieselten Sämlinge früher austrieben als die normal behandelten und daß ihre Stiele dicker, kräftiger und grüner waren.

Smith nahm an, daß die Schallenergie die Molekularaktivität im Getreide anregt, und er stellte fest, daß von mehreren Thermometern, die er in die Erde gesteckt hatte, jene direkt vor dem Lautsprecher unerklärlicherweise eine zwei Grad höhere Temperatur anzeigten als die übrigen. Sehr erstaunt war er, daß die Blätter der Pflanzen, die in der wärmeren Erde wuchsen, an den Rändern etwas angesengt schienen, dachte aber, dies könne davon kommen, daß sie zu sehr den musikalischen Schwingungen ausgesetzt waren. Es gäbe da noch viele ungelöste Rätsel, meinte Smith, als ihm einer seiner Freunde aus Kansas erzählte, daß man gegen Insektenbefall von eingelagertem Weizen erfolgreich Hochfrequenzwellen verwendet habe und daß die so behandelten Weizenkörner, als man sie dann aussäte, schneller austrieben als unbehandelte.

Anders als beim elektromagnetischen Spektrum geht es beim sogenannten Schallspektrum um verschiedene Schwingungsgeschwindigkeiten von Materie. Das Medium, in dem sich die Schallwellen fortpflanzen, wird abwechselnd zusammengedrückt und ausgedehnt, verdichtet und verdünnt. So können sich Schallwellen in Luft, Wasser und anderen Flüssigkeiten sowie in einem Eisenstab, einem Menschen oder einer Pflanze fortsetzen. Die Frequenzen, die das menschliche Ohr wahrnehmen kann – von etwa sechzehn bis zwanzigtausend Schwingungen pro Sekunde – nennt man hörbare oder Schall-Frequenzen. Darunter gibt es den unhörbaren »Infraschall«, der so langsame Frequenzen umfaßt, daß sie nach Sekunden pro Schwingung, anstatt nach Schwingung pro Sekunde, gemessen werden. Und darüber liegen die Ultraschallfrequenzen, die zwar ebenfalls unhörbar sind, den Menschen aber auf verschiedene, noch nicht völlig geklärte Weisen beeinflussen. Außerordentlich hohe Frequenzen dieses Spektrums von hundert bis mehr als tausend Millionen von Schwingungen pro Sekunde werden auf der Haut oft als Wärme empfunden, und man nennt sie deshalb auch thermische oder Wärme-Schwingungen, obwohl man sie natürlich ebensogut als Ultraschall betrachten könnte.

Die eindeutigen Experimente riefen im biologischen Institut einige Aufregung hervor. Sowohl Studenten als auch Professoren taten entweder die ganze Sache als Schwindel ab oder waren von den unerklärlichen Ergebnissen fasziniert. Zwei Studenten folgten dem Beispiel Mrs. Retallacks und führten ein achtwöchiges Experiment mit Sommerkürbissen durch. Von zwei Radiosendern aus Denver ließen sie in die eine Versuchskammer stark rhythmische Rockmusik, in die andere klassische Musik übertragen.

Die Kürbisse zeigten sich keineswegs gleichgültig: Die Pflanzen, die Haydn, Beethoven, Brahms, Schubert und anderen Kompositionen aus dem Europa des 18. und 19. Jahrhunderts ausgesetzt waren, wuchsen dem Transistorradio *entgegen*, ja, eine Pflanze schlang sich gar liebevoll um den Apparat. Die »Rock-Kürbispflanzen« dagegen *mieden* den Lautsprecher geradezu und versuchten sogar, sich an den glatten Wänden ihres Glaskäfigs emporzuranken.

Dieser Erfolg veranlaßte Mrs. Retallack, Anfang 1969 noch eine ähnliche Versuchsreihe durchzuführen – mit praktisch den gleichen Ergebnissen. Sie konnte feststellen, daß die mit Rockmusik stimulierten Pflanzen sehr viel mehr Wasser verbrauchten, obwohl ihr Wachstum sowohl über als auch unter dem Boden schwächer war als bei der »klassischen Gruppe«. Kritiker ihrer Versuche wandten ein, daß bei Radioprogrammen noch andere Faktoren – Rauschen, Ansagen der Sprecher und ähnliches – eine Rolle spielen können. Aber auch Versuche mit auf Band aufgenommener Rockmusik zeigten die gleiche deutliche »Ab-Lehnung« der Pflanzen.

Mrs. Retallack vermutete, daß es hauptsächlich das Schlagzeug war, das ihren Pflanzen so auf die Nerven ging. Um das zu überprüfen, veranstaltete sie im Herbst ein neues Experiment. Sie wählte die bekannte Melodie *La Paloma* und spielte eine Blechtrommel-Version der einen Pflanzengruppe und eine Geigen-Version der anderen vor. Die getrommelte Melodie bewirkte eine *Ab*-Neigung der Pflanzen von der Senkrechten um durchschnittlich zehn Grad, die gegeigte eine *Zu*-Neigung von durchschnittlich fünfzehn Grad in Richtung Musikquelle. Ein Kontrollversuch bestätigte die Resultate.

Mrs. Retallack fragte sich nun, welchen Effekt wohl die – wie sie es nannte – »intellektuell mathematisch ausgeklügelte Musik aus Ost und West« auf Pflanzen haben mochte. Sie wählte Choralvorspiele aus Johann Sebastian Bachs *Orgelbüchlein* und die klassischen Klänge des *Sitar*, einer weniger komplizierten iranischen Ausgabe der südindischen *Veena*, gespielt von Ravi Shankar.

Die Pflanzen zeigten deutlich, daß sie Bach mochten, indem sie sich um bisher noch nie dagewesene fünfunddreißig Grad den Präludien *entgegen*neigten. Aber selbst diese starke Zu-neigung wurde noch bei weitem von der Reaktion auf Ravi Shankar übertroffen: Die Pflanzen legten sich in ihrem Bestreben, die Quelle der klassischen indischen Musik zu erreichen, schon halb in die Horizontale – mit extremen Winkeln von bis zu sechzig Grad –, und wieder umarmte die dem Lautsprecher am nächsten stehende Pflanze beinahe den Apparat.

Mrs. Retallack experimentierte auch mit verschiedenen anderen Musikteilen. Bei Folk- und Country-Music verhielten sich die Pflanzen wie in der stillen Kontrollkammer. Bei Jazz von Duke Ellington und Louis Armstrong neigte sich mehr als die Hälfte der Pflanzen fünfzehn bis zwanzig Grad dem Lautsprecher *zu*, und ihr Wachstum war üppiger als das der Kontrollpflanzen. Auch die Verdunstungsmenge von destilliertem Wasser in den Kammern differierte je nach Musikstil. Aus vollen Gläsern verdunsteten in einem bestimmten Zeitraum in der stillen Kammer vierzehn bis siebzehn Milliliter, zwanzig bis fünfundzwanzig unter dem Einfluß von Bach, Shankar und Jazz, bei Rock jedoch betrug der Verlust fünfundfünfzig bis neunundfünfzig Milliliter. Bei modernen Klassikern der Zwölftonmusik andererseits, wie Schönberg, Webern und Berg, zeigten sich kaum Abweichungen vom Verhalten der Kontrollpflanzen. Schließlich wurden auch verschiedene Zeitungen auf diese erstaunlichen Versuche aufmerksam. »Bach oder Rock: Fragen Sie Ihre Blumen«, »Mutter strickt Ohrenschützer für unsere Petunien« waren eher humoristische Schlagzeilen, es gab aber auch andere: »Musik, die Pflanzen tötet« und »Das sollte unseren Teenagern nicht passieren.«

Wie die hörbaren Töne nur einen kleinen Bereich des ganzen Schallspektrums ausmachen, so sind Schallwellen nur eine der vielen möglichen Wellenformen. Und die Pflanzen sind nicht nur den Wirkungen des Schallspektrums, sondern auch ständig den Einflüssen des elektromagnetischen Spektrums unterworfen. Elektromagnetische Wellen gehen nicht nur von den zahlreichen Einrichtungen der Menschen aus, sondern auch von Sonne, Mond, Planeten, ja, dem gesamten Weltraum.*

(Übersetzung Eva und Matthias Güldenstein)

---

* Deshalb ist auch größere Vorsicht mit elektrischen Geräten aller Art und reflektierenden Flächen geboten, die für viele Krankheiten verantwortlich sind, ebenso wie die Metallgitter moderner Bauten. Diese Strahlungen sind teilweise gefährlicher als die von Wasseradern die noch vor zweihundert Jahren beim Bau von Häusern sorgfältig beachtet wurden (Anm. des Herausgebers).

Dorothy Maclean

Du kannst mit Engeln sprechen

In G.A. Gaskells »*Lexikon alter Schriften und Mythen*« werden Devas als »*Leuchtende*«, als »*erhabene Intelligenzen von Wahrheit, Weisheit und Liebe in höheren Welten definiert. Sie wirken von der buddhischen (Weisheitsprinzip) und mentalen Ebene, um den Entwicklungsprozeß voranzutreiben. Sie wirken auf die höheren Empfindungen und werden durch von ›unten‹ kommende Aspirationen angezogen ...*«. Diese höheren Empfindungen oder Eigenschaften werden unmittelbar einsichtig, sobald man irgendeine Ebene der Engelwelt berührt und offenbaren sich sofort als Freude, Liebe, Reinheit, Licht oder Frieden (die Früchte des Geistes, wie Paulus sagt). Man fühlt sich vollkommen neu und erfrischt und gleichzeitig zutiefst in seinem Selbst geborgen. Diese Eigenschaften, diese gefühlsmäßige Tiefe fließt in alle Aspekte der Engelwelt ein und macht ihre Arbeit zum Spiel, zu einer tänzerischen Ekstase, zu einer vollendeten Kunst, zu reinem Entzücken, zu über alles Verstehen hinausgehendem Frieden. In den Botschaften versuchte ich etwas von der vielfältigen, feinsinnigen Schönheit und Freude in der Engelwelt zu vermitteln, aber kein Wort reicht dafür aus.

Die Devas sind die Baumeister unserer Welt. Als Verkörperungen schöpferischer Intelligenz handhaben oder verwandeln sie das, was wir Energie nennen (vibrierende Wellen oder Teilchenmuster), in zunehmend dichtere Strukturen (einschließlich emotionaler und mentaler Bereiche) und schließlich in das, was wir Materie nennen (was gleichbedeutend mit Muster im Raum ist). Sie bilden auf allen Ebenen Ausdrucksträger für das Leben: Mineral, Pflanze, Tier, Mensch und ›Übermensch‹. Als Baumeister des Lebens haben sie offensichtlich lange auf unserem Planeten gewohnt. Sie haben tatsächlich das planetarische Leben geformt und sind als solche Herren der Involution und Evolution und erbauen zunehmend schönere, geordnetere und empfindsamere Ausdrucksträger für das Bewußtsein. Das Deva-Leben ist beständigem Dienen geweiht, und mancher Dienst wird dem Menschen erwiesen. Große Feuerwesen gießen von der Sonne hochenergetische Strahlungen aus, um die Erde zu erheben; sie tun es aber unendlich langsam, um uns nicht zu schaden. Gleichzeitig verrichten sie andere Dinge, denn sie sind Teil allen Lebens, dem sie in multidimensionaler Weise begegnen. Devas schreiten mit dem Leben weiter. Sie arbeiten an der Schaffung einer Form für das entwickelte Bewußtsein, um so der Menschheit immer weitere Bereiche und höhere Ebenen der Schöpfung zu enthüllen. Es gibt Heilungsengel, Schutzengel, Engel der Kunst, Sonnen-Engel, Liebes-Engel.

Etwa vier Wochen nach meiner ersten Begegnung mit dem Erbsendeva übernahm aus irgendeinem Grunde der Landschafts-Engel die Aufgabe, mein Bewußtsein zu erweitern. Plötzlich stellte er mich ganz förmlich, wie es einem britischen Landschaftsengel geziemt, einem Engel der Klänge vor. Ich versuche wieder das Mitgeteilte in Worte zu kleiden:

»*Meine Klänge sind überall. Du denkst vielleicht, der Wind, der durch die Blätter streicht, verursache das Geräusch, er ist aber nur das Mittel, das für meine Wirkung gebraucht wird. Ebenso ist es mit euren Stimmen; die Klangbilder meiner Reiche helfen jedem Menschen, seinen eigenen Klang zu finden. Es gibt kein isoliertes Leben. Alles ist Schwingung, alles ist Leben. Jede Manifestation wird von lebendigen Wesen begleitet. Ich lenke nur eure Aufmerksamkeit darauf, um euren Blick zu erweitern. Wenn ihr jetzt eine Lerche hört, könnt ihr nicht mehr nur an den schönen Klang denken, der von dem Vogel und seinem und unserem Schöpfer ausgeht, sondern ihr müßt auch an die Engel und Klangwesen denken, die zu dem Klang dieses schönen Liedes beigetragen haben. All diese Aspekte des Lebens werden für euch immer wirklicher werden, und so äußere ich diese Dinge, um zum Ganzen beizutragen. Ich komme wieder.*«

Sie erklärten weiterhin die individuellen Klänge der Pflanze, wie auch die des einzelnen Menschen, die alle sehr starke Wirkungen haben. In der Pflanze ziehen sie durch Naturgeister die Lebenssubstanz an. Beim Menschen, der alle Teile seines Wesens in Harmonie gebracht hat, ist der Grundton ungeheuer mächtig. In einer Art sind Klang und Liebe dasselbe. Licht und Leben scheinen durch jedes Wesen, das seine eigene Note erklingen läßt; wobei der Klang zuerst kommt. Als ich nicht erkennen konnte, was die Engel bei diesem Prozeß zu tun hätten, erklärten sie mir, daß die individuellen Noten wie Stimmgabeln in den einzelnen Pflanzen oder Wesen widerhallen und sich die Note mit dem Wachstum ändert. Später verstand ich den Vorgang, der mir zu jener Zeit noch nicht klar war.

In der nächsten Botschaft erwähnte der Klang-Engel ihre Gruppenarbeit, da der Klang so umfassend sei, und empfahl, auch die Menschen sollten der größeren Vervollständigung wegen in Gruppen arbeiten. Später (noch im Jahre 1963) sagte mir der Klang-Engel, wie mein erdgebundener

Geist dazu neigte, aus ihnen eine gesonderte Rasse zu machen und dabei vergäße, daß Engel nicht an eine Form gebunden seien. So versuchten sie, mein Verstehen zu erweitern, und als sie sahen, daß ich noch immer nicht begriff, ergänzten sie:

»Ja, du wirst feststellen, daß das, was wir unter Klang verstehen, stark abweicht von dem, was du unter Klang verstehst. Unsere Auffassung ist umfangreicher, das liegt natürlich daran, daß ihr auf das beschränkt seid, was ihr mit den Ohren hört, obwohl ihr theoretisch wißt, daß alles Klang, und Leben Klang erzeugende Bewegung ist. Für uns ist das nicht nur Theorie, sondern das Leben selbst.«

Dann gaben sie mir den sehr hilfreichen Rat, nicht zu verzweifeln, wenn ich nicht gleich alles verstehen sollte. Wenn es Engel des Klanges gibt, gibt es dann auch Engel der Stille? Als ich das fragte, diente mir der Landschaftsengel als Mittler, denn ich konnte noch nicht genügend tief in die Stille gelangen. Er sagte, der Deva der Stille glitte unaufdringlich durch das Universum und bekäme erst eine reale Bedeutung für uns, wenn sich unser Bewußtsein der »Quelle« näherte. Die Stille ist eine lebendige Heilkraft für alle suchenden Menschen und offensichtlich auch für die Pflanzen, denn die größten Engel der Stille gehen tief in die Wurzeln jeder Pflanze, um ihr klarzumachen, daß alles gut sei, welche Mißhandlung sie auch empfinge.

Was den Deva-Bereich angeht, erlebte ich nichts Einmaliges, andere hatten ähnliche Erfahrungen. Als wir die originale *Findhorn-Garten-Geschichte* veröffentlichten, erhielten wir aus aller Welt Briefe von Lesern, die über ihre eigenen Deva-Einsichten und Abenteuer berichteten. Fast alle schrieben, sie hätten es nicht gewagt, solche Episoden vorher zu erwähnen, aus Angst für verrückt erklärt zu werden. Sie fügten hinzu, welche enorme Erleichterung es sei, von ähnlichen Begebenheiten zu lesen. In zunehmendem Maße wurde ich zahlloser Berührungspunkte mit dieser anderen Lebensordnung gewahr. Die Devas kennen zum Beispiel unsere Absichten, unsere Motive und unsere Gefühle – seit Ur-Zeiten. Wie das ganze Leben, so antworten auch die Engel auf Liebe, und wenn ein Mensch ein Stück »Materielles« liebt, so erwidert der Deva die Liebe in seiner eigenen Weise. Überall im Leben erhält menschliche Liebe und Hingabe ihre eigene Belohnung, häufig durch Engelsboten. Sicherlich arbeiteten die Klang-Engel oder Musen mit dem vollständig tauben Beethoven zusammen.

Schöpferische Künstler haben immer in Kontakt mit dem Deva-Bewußtsein gestanden, obwohl sie in einer Gesellschaft aufwuchsen, die auf dem zentrierten Bewußtsein basiert. Künstler haben eine große Fähigkeit, die Ganzheit ihrer Persönlichkeit auszudrücken, weshalb ihr Beitrag für die Menschheit von großer Bedeutung war. William Blake hatte das erkannt und legte enormen Nachdruck auf die Kunst. Er glaubte, daß die Imagination eine hochrangige Kraft sei, die andere Kräfte zu überwältigen vermochte, und die Kunst die Sprache der Vorstellung sei. Ich glaube, Menschen aller Lebensrichtungen werden auftauchen, um die Ganzheit ihrer Persönlichkeit auf ihrem eigenen speziellen Gebiet auszudrücken zu beginnen.

Einmal fühlte sich Brian, ein Mitglied unserer Gruppe, inspiriert, diese Wesen zu zeichnen und schuf eine Version vom Landschaftsengel. Obwohl mir die Zeichnung gefiel, versetzte sie mich doch in größte Aufregung. Nicht nur, weil er scharf umrissen war, sondern weil er offensichtlich männlich war, und für mich der Landschaftsengel sowohl männlich als auch weiblich ist. Als ich jedoch den Engel daraufhin ansprach, äußerte er, entzückt über Brians Bemühungen zu sein; seine Auffassung müßte von meiner abweichen, da sich ein anderes Bewußtsein auf andere Aspekte einstimmt. Um diesen Punkt zu bestätigen, enthüllte mir der Landschaftsengel daraufhin einen seiner Aspekte, dem ich niemals vorher begegnet war; sehr ruhig, mächtig, mit fast kalten Zügen. Brian und ich wußten, daß seine Gestalt mehr oder weniger zufällig war, da sie sich dauernd veränderte; somit war das Zu-Papier-Bringen, mit ziemlich dünnen Strichen, eine Möglichkeit, die Devawelt für die Menschheit wahrnehmbar zu machen und gleichzeitig die Zusammenarbeit zu fördern. Da diese wesentlich ist, waren die Devas höchst zufrieden mit der Entwicklung der Bilder.

(Übersetzung von Dr. Dorothea und Dietrich S.)

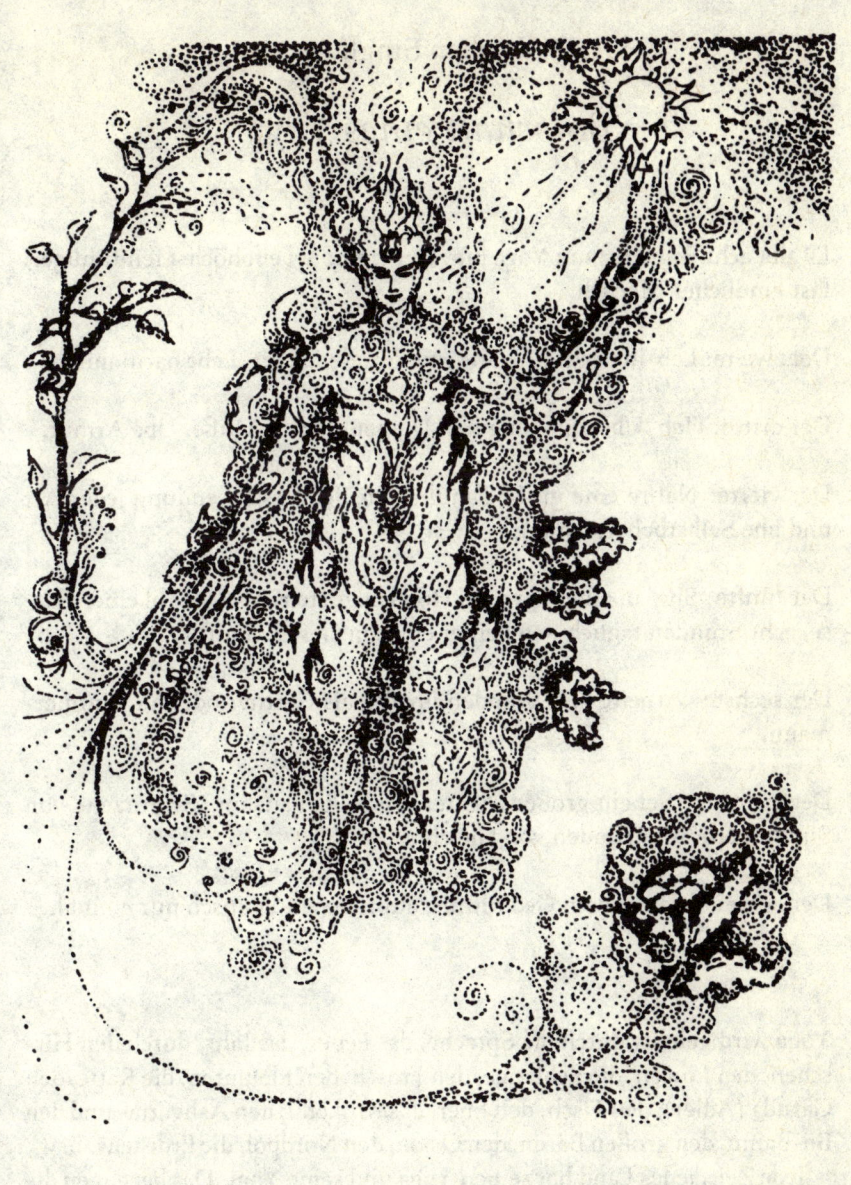

Landschaftsengel (*Zeichnung von Brian Nobbs*)

Mohan Singh

Botschaft eines Yogi

Es gibt acht Schritte zum Yoga hin. Der erste: Sei ein höchst feinfühliger, fast kindlicher Mensch.

Der zweite: Leb' in nächster Nähe einer großen Stadt. Lebe harmonisch.

Der dritte: Hab' Überfluß an guten Dingen und an Muße. Übe Armut.

Der vierte: Nähre eine große Familie; meide Verschwendung jeder Art und übe Selbstbeherrschung.

Der fünfte: Sitz' in einem großen Hotel oder steh' im Gewühl einer Gasse, acht Stunden täglich – in deiner eigenen Gesellschaft.

Der sechste: Arbeite drei Stunden im Tag als Gärtner oder als Zimmermann.

Der siebente: Sei ein großer Dichter; bilde dich aus im »Schnitzen« von Sinnbildern, im Erfinden von Gleichnissen.

Der achte: Verliere dein Gedächtnis, äußre einen Wunsch nur *ein*mal.

*

Yoga wird gelehrt durch die Sprache, das Feuer, das Jahr, durch den Hirschen, den Löwen, die Schlange, den Frosch, den Elefanten, die Ratte, den Garuda (Adler), den Fisch, den Eber, das Krokodil, den Ashvatta- und den Bo-Baum, den großen Bären, den Orion, den Nordpol, die Erde usw. usw.

Jede Zeit, jedes Land hat seinen Yoga und seine Yogi. Das bezeugen die Symbole, die Totems, die Bekenntnisformeln, die Riten und Zeremonien, die Volkstänze, die Tempelbauten, die Zaubersprüche, die Embleme, die Volksmärchen, die Sagen, die heiligen Chroniken usw.

Mohan Singh ist der Lehrer von Julius Schwabe, dem Verfasser des berühmten Buches »Archetyp und Tierkreis«. *Das Buch* »Botschaft eines Yogi« *ist ein sehr interessantes und bedeutsames Werk über Yoga.*

Von Drüben

Botschaften, Informationen, praktische Ratschläge
übermittelt von Eva Hermann

Und Musik steht für uns niemals auf dem Papier, obwohl für einen Musiker in eurer Welt sich gedruckte Musik fast unmittelbar in innerlich gehörte verwandelt. Übrigens kommen alle wahrhaft großen Kompositionen aus unserer Welt, nie aus eurer. Ein minder begabter Komponist stützt sich zuweilen stärker auf das Werk anderer Kollegen oder gewinnt seine Inspiration aus der musikalischen Folklore, aber selbst er kommt nicht ohne seine Muse aus, einen musikalischen Geist, der ihm die Schwingungen verstärkt, was der Komponist als »Inspiration« empfindet. Aber wie schon bemerkt, kommen alle bedeutenden Werke aus unserer Sphäre, wobei der Stil des Komponisten nichts anderes ist als dessen persönliche unverwechselbare Art, das zu übertragen, was er manchmal als Ganzes, öfter in Etappen empfängt. Von uns aus gesehen ist eine Komposition entweder die Schöpfung einer Gruppe oder einer einzelnen Wesenheit, *nun im Vollbesitz* ihrer Gabe, die, verglichen mit dem Ausmaß ihrer jetzigen Schaffenskraft, *im Leben eingeschränkt war.* Dieser Einschränkung unterliegen alle inkarnierten Seelen, die in Grenzen gehalten werden, deren Überschreitung ihr geistiges Gleichgewicht gefährden würde. Das eigentliche Geschenk – ihr würdet es Einfall oder Inspiration nennen – kann je nach individueller Veranlagung entweder direkt, d. h. als bewußt empfangener Segen erteilt werden oder aber auf dem Umweg über das Unbewußte.

Was wir über die Musik gesagt haben, gilt auch für Erfindungen. Sie liegen hier bei uns bereit und werden hervorgeholt, wenn man ihrer bedarf, der allgemeine Wissensstand es erlaubt und sich ein Individuum findet, das sich durch eine Reihe von einem bestimmten Arbeitsgebiet gewidmeten Lebensläufen gründlich vorbereitet hat. Mit anderen Worten: ein Erfinder ist ein Mensch, der euch etwas schenkt, das – ohne daß er sich dessen bewußt wäre – potentiell da ist oder sogar in Wirklichkeit schon existiert hat.

Wir müssen aber ein Argument erwähnen, mit dem man von jeher gemeint hat, den Glauben an die physische Übertragung geistiger Eigenschaften stützen zu können: große Begabungen manifestieren sich mehrere Generationen hindurch, wie die Musikalität in der berühmten Familie Bach oder das sehr häufige Phänomen, daß Kinder Talente und Neigungen ihrer Eltern »erben«. Wir müssen es noch einmal wiederholen: niemals werden geistige Eigenschaften physisch übermittelt. Die beiden Bereiche mischen sich nur während ihrer begrenzten Interdependenz für die Dauer der Inkarnation, wenn Astralleib und Körper eins sind. Während dieser Zeitspanne ist die gegenseitige psychosomatische Abhängigkeit derart, daß auftretende Symptome nur schwer dem einen oder anderen von beiden zuzuordnen sind. Unsere Erklärung dafür beschränkt sich auf einen anderen Aspekt des bereits (im Zusammenhang mit den Ähnlichkeiten in den Horoskopen von Eltern und deren Kindern) Erwähnten. Wo wir uns ehedem aber auf die *Mittel* bezogen, durch die solche Ähnlichkeiten zustandekommen, wenden wir uns jetzt einer früheren Phase in dieser Kette zu und somit dem Grund, der die Seele zu ihrer Wahl bestimmt. Philipp Emanuel Bach mag uns dabei als gutes Beipiel dienen: er will Komponist werden. Er hat sich durch mehrere Inkarnationen hindurch vorbereitet und ist reif für eine weitere Inkarnation. Er mag Johann Sebastian Bach in einer früheren Existenz gekannt haben oder nicht; er möchte gern einer seiner Söhne sein. Wenn die Zeit heranrückt, zieht er sich in sein eigenstes Wesen zurück und läßt alles Wissen um die Vergangenheit hinter sich. Er fühlt sich, noch vor dem Moment der Empfängnis, zu seinen künftigen Eltern hingezogen. In diesem Moment der Empfängnis aber, hat das, was einmal der Sohn von Johann Sebastian Bach sein wird und jetzt nur eine schlafumsponnene Seele ist, an einem doppelten Ereignis teil: an der Vereinigung zweier Zellen und am tatsächlichen Neubeginn eines Lebens durch das Einschießen des Geistes, eines unverwechselbaren Geistes, den die Welt als Philipp Emanuel Bach kennen wird.

*

Niemand verfiele wohl auf die Idee, Musik ausschließlich nach wissenschaftlichen Gesichtspunkten zu beurteilen; bei psychischen Phänomenen besteht ihr aber darauf! Sir William Crookes hingegen hatte bereits um die Jahrhundertwende die richtige Einstellung: er bediente sich aller ihm damals zur Verfügung stehenden Messungsmethoden und wandte sie immer an der richtigen Stelle an. Und das war nicht alles: er überschritt die Grenzen der reinen Wissenschaft und wagte sich an metaphysische Beobachtungen und Spekulationen, die sich auf Phänomene stützten, die zwar wissenschaftlich nicht determinierbar, wohl aber logisch und überzeugend waren. In der Metaphysik haben elektronische, photographische und andere Meßvorrichtungen eine ebenso begrenzte Funktion wie bei der Erklärung von Musik, deren wahres Verständnis keineswegs dank verschiedenster Messungen vertieft wird, da schließlich nur Musikalität verbunden mit einer angemessenen Ausbildung notwendig ist. In der Metaphysik wäre ein sechster Sinn das Entsprechende. Eure Wissenschaftler – auch die sich selbst so nennenden »Parapsychologen« – müssen sich noch darüber klar werden, daß es nicht ihr Metier ist, in eine solche *terra incognita* einzudringen, die mit purer Wissenschaft ebenso viel zu tun hat wie die Kunst des Heiku oder die Musik Joh. Seb. Bachs, sondern daß es vielmehr ihre Aufgabe ist, aufzuzeichnen und auszuarbeiten, was die »Musikalischen« entdeckt haben.

*

Für die fortschrittsfreudigen Geister unter uns – nicht nur für die wißbegierigen (denn Wissen läßt sich auch ohne seelische Vervollkommnung erwerben) – gibt es Inseln im Weltraum, wo gleichgesinnte Seelen zusammenkommen. Dort sind sie der Erdatmosphäre entzogen, die ihr Interesse und ihre Anteilnahme beanspruchen würde. Diese Zusammenkünfte versteht man am ehesten als eine Art Seminar, das unter der Leitung hervorragender Lehrer in einem Kloster stattfindet. Es herrscht strikte Disziplin, nicht nur weil Disziplin an sich entscheidend zur Charakterbildung beiträgt, sondern weil dank der Intensität der Unterweisung eine außerordentlich große Menge an Lehrstoff in denkbar kürzester Zeit vermittelt werden kann. Diese Inseln sind wahrhaft geweihte Stätten. Ihre Atmosphäre ist von der Transparenz großer Höhen, und Musik erfüllt die Luft. Es ist die legendäre und doch existente Musik der Sphären, mehr Harmonie als Melodie, unaufdringlich und doch der Seele unendlich wohltuend. Es fehlen jedwede Formen, was die Insel gleichsam zum noch leeren Bildschirm macht. Die Unterweisung besteht nicht aus gesprochenen, von instruktiven Bildern begleiteten Worten, vielmehr verwandelt sich der »noch leere Bildschirm« in eine Bühne, auf welcher das Thema vorgespielt und vom Publikum in einer alle Sinne in Anspruch nehmenden Weise aufgenommen wird, so daß schließlich Spiel und Zuschauer eins werden. Auf diese Weise durchdringt neues Wissen den Geist der Adepten, die geübt sind, alle herandrängenden Gedanken von sich wegzuhalten. So intensiv ist der Lernprozeß, daß die teilnehmenden Geister schlafähnliche Ruhepausen einlegen müssen, was sonst in unserer Welt nicht notwendig ist, ebensowenig wie Nahrung, da wir uns mit aus verschiedenen Quellen fließender Energie erfrischen, unbewußt und mühelos, etwa wie ihr atmet. Aber hier, auf diesen Inseln des intensiven Fortschreitens, wo die Seelen übermäßig aufnahmefreudig sind, werden Maßnahmen getroffen, um die große geistige Anstrengung während der Unterweisung auszugleichen. Schließlich wirkt schon das bloße Dasein der schönen Seelen, die diese Seminare leiten, als starker Anreiz ihnen nachzueifern. Und so verlassen die Schüler, die während eines oder mehrerer Jahre der Erdatmosphäre entrückt waren, jene Rauminsel wieder, nachdem sie ein gewaltiges Stück vorangekommen sind.

Gayle High Pine

Der nicht-progressive Große Geist

Menschen, die keinen Respekt vor den Worten haben, lassen die Worte
Welten für sie erschaffen, und dann ziehen sie für immer in diese Welten.
So können die meisten nichteingeborenen Amerikaner es fertigbringen,
vorzugeben, daß ihre Spezies *die Welt ist* und daß alles andere untergeordnet und unwichtig ist. Ein Wort enthält nicht die Existenz dessen,
worauf es sich bezieht. Es deutet auf etwas hin, und du blickst hindurch,
um zu sehen, auf was ich hinweise.

Aber der Umfang der Worte ist begrenzt, darum wurde uns das Lied gegeben, geboren wie eine Welle, die durch uns hindurchfließt, im Individuum oder gemeinschaftlich in einem unschätzbaren Augenblick vereinten Bewußtseins. Durch das Lied schwingen wir mit dem Pulsschlag der
Erde. Das Lied ist für immer nichts als eine flache Oberfläche – darum
wurde uns die Zeremonie gegeben, gegeben aus der Heiligkeit, die uns
umgibt, die sich ewig nach allen Seiten ausbreitet. Die Zeremonie gibt der
Heiligkeit Form. Aber die Zeremonie besteht nicht ewig in der Zeit – dafür wurde uns unser individuelles Bewußtsein gegeben, durch das wir erfahren, fühlen und wissen – und als Individuen bestehen wir aus der ganzen Erde und aus aller Zeit.

Gleichgültig wieviele Jahrtausende eine Nation alt ist, sie ist neu, sie
wird erschaffen, sie wächst. Sprache, Mythen, Legenden, Lieder, Zeremonien, Kunst sind sofort Manifestationen des Stammesbewußtseins
und Mittel zu dessen Erschaffung. In unseren Mythen und Legenden
wird kein Unterschied zwischen physischer (materieller) und spiritueller
(geistiger) Geschichte gemacht, weil er ohne Belang ist. Wenn wir Mythen und Traditionen schaffen, die, sagen wir, das Leben einem Fluß zuschreiben, und wir handeln und fühlen dementsprechend, bewegen wir
uns nicht zur Realität entgegengesetzt. Es ist dasselbe wie die Form eines
Rehs aus einem Stück Holz zu schnitzen nicht bedeutet, daß man dem
Holz eine fremde Form aufzwingt – das Zusammenwirken des Schnitzen-
den mit den besonderen Eigenheiten des Holzes bringt Leben hervor, das
im Geist existiert – und das tatsächlich wirklich ist. Gleichgültig wie »realistisch« etwas betrachtet wird, das Bild existiert nur im Betrachter – was
es nicht weniger real und wirklich macht! (Westliche Menschen mühen

sich ab, die Dinge »realistisch« zu sehen, und dann werfen sie ihre Wahrnehmung mit der Realität durcheinander. Weil sie darum so wenig sehen und noch weniger verstehen, konnten sie das lächerliche Konzept vom »Übernatürlichen« schaffen – buchstäblich über der Natur – und sie besaßen dann die Tollkühnheit, diesen Begriff auf die Religion von Stammesvölkern anzuwenden, die wissen, daß die Natur alles in sich einschließt.)

Carlos Castaneda

Sacateca

Don Juan sagte mir einmal, daß ein Wissender Vorlieben habe. Ich bat ihn, mir diese Bemerkung zu erklären.

»Meine Vorliebe ist das *Sehen*«, sagte er.

»Was meinst du damit?«

»Ich möchte *sehen*«, sagte er, »weil ein Wissender nur durch das *Sehen* etwas wissen kann.«

»Und was *siehst* du?«

»Alles mögliche.«

»Aber auch ich sehe alles mögliche und bin dennoch kein Wissender.«

»Nein, du *siehst* nicht.«

»Ich glaube wohl.«

»Ich sage dir, du *siehst* nicht.«

»Was veranlaßt dich, das zu behaupten, Don Juan?«

»Du siehst nur die Oberfläche der Dinge.«

»Willst du sagen, daß jeder Wissende durch alles, was er anschaut, hindurchsieht?«

»Nein. So meine ich das nicht. Ich sagte, daß ein Wissender seine besonderen Vorlieben hat; meine besteht einfach darin, zu *sehen* und zu wissen; andere tun etwas anderes.«

»Was zum Beispiel?«

»Nimm Sacateca, er ist ein Wissender, und seine Vorliebe ist das Tanzen. Also tanzt er und weiß.«

»Ist die Vorliebe eines Wissenden also das, was er tut, um zu wissen?«

»Ja, das ist richtig.«

»Aber wie kann das Tanzen Sacateca zum Wissen verhelfen?«

»Man könnte sagen, Sacateca tanzt mit allem, was er hat.«

»Tanzt er so, wie ich tanze? Ich meine, wie man eben so tanzt?«

»Sagen wir lieber, er tanzt so, wie ich *sehe*, aber nicht so, wie du vielleicht tanzt.«

»Aber *sieht* er auch so, wie du *siehst*?«

»Ja, aber außerdem tanzt er.«

»Wie tanzt Sacateca?«

»Das ist schwer zu erklären. Er hat eine besondere Art zu tanzen, wenn er wissen will. Aber ich kann darüber nicht mehr sagen, als daß es unmöglich ist, über das Tanzen oder das *Sehen* zu sprechen, bevor du nicht verstanden hast, in welcher Art ein Wissender weiß.«

»Hast du ihn *gesehen*, als er tanzte?«

»Ja, aber nicht jeder, der ihm beim Tanzen zuschaut, kann *sehen*, daß dies seine besondere Art zu wissen ist.«

Gegen sechs Uhr kehrte ich zum Haus zurück. Ich fuhr vor das Tor und rief Sacatecas Namen. Diesmal kam er selbst aus dem Haus. Ich schaltete mein Tonbandgerät ein, das in seiner braunen Lederhülle wie ein über die Schulter gehängter Fotoapparat aussah. Anscheinend erkannte er mich.

»Ach, du bist's«, sagte er lächelnd. »Wie geht's Don Juan?«

»Gut. Und wie geht es dir, Don Elias?«

Er antwortete nicht. Er schien nervös zu sein. Nach außen hin war er sehr gelassen, aber ich spürte seine Unruhe.

»Hat Juan dich mit einem Auftrag hergeschickt?«

»Nein, ich bin von selbst gekommen.«

»Wozu in aller Welt?«

Ich hatte alles andere als eine solche Frage erwartet.

»Ich wollte mich einfach gern mal mit dir unterhalten«, sagte ich und hoffte, meiner Stimme einen möglichst beiläufigen Klang zu geben. »Don Juan hat mir phantastische Dinge über dich erzählt, und so bin ich neugierig geworden und möchte dir gern ein paar Fragen stellen.«

Sacateca stand vor mir. Sein Körper war mager und drahtig. Er trug Khakihosen und ein Hemd aus dem gleichen Stoff. Seine Augen waren halb geschlossen. Offenbar war er müde oder vielleicht betrunken. Sein Mund stand etwas offen, und seine Unterlippe hing herab. Ich bemerkte, daß er tief atmete und beinah zu schnarchen schien. Bestimmt war Sacateca sinnlos betrunken, dachte ich. Und doch erschien dieser Gedanke mir wenig überzeugend, denn erst vor wenigen Augenblicken, als er aus dem Haus getreten war, hatte er einen sehr munteren Eindruck gemacht und meine Anwesenheit klar wahrgenommen. »Worüber möchtest du sprechen?« fragte er schließlich.

Seine Stimme klang müde; seine Worte kamen schleppend, eins nach dem anderen. Ich fühlte mich sehr unwohl. Es war, als sei seine Müdigkeit ansteckend und griffe auf mich über.

»Nichts Besonderes«, antwortete ich. »Ich bin einfach gekommen, um mit dir freundlich zu plaudern. Du hast mich doch eingeladen, dich zu besuchen.«

»Ja, aber das ist jetzt etwas anderes.«

»Warum ist es etwas anderes?«

»Sprichst du nicht mit Juan?«

»Ja, doch.«

»Und was willst du dann von mir?«

»Ich dachte, ich könnte dir ein paar Fragen stellen.«

»Frag doch Juan. Ist er nicht dein Lehrer?«

»Das schon. Aber trotzdem möchte ich dir gern ein paar Fragen stellen über die Dinge, die er mich lehrt, und deine Meinung hören. Vielleicht weiß ich dann besser, was ich tun soll.«

»Warum willst du das? Hast du kein Vertrauen zu Juan?«

»Doch, das habe ich.«

»Warum läßt du dir dann nicht von ihm sagen, was du wissen willst?«

»Das tu ich ja, und er sagt mir auch alles. Aber wenn du mir zusätzlich etwas darüber erzählen könntest, was Don Juan mich lehrt, dann würde ich es vielleicht besser verstehen.«

»Juan kann dir alles sagen. Nur er allein kann das. Verstehst du das nicht?«

»Doch, aber außerdem würde ich gern mit Leuten wie dir sprechen, Don Elias. Man trifft nicht jeden Tag einen Wissenden.«

»Juan ist ein Wissender.«

»Ich weiß.«

»Warum also willst du dich dann mit mir unterhalten?«

»Ich sagte doch, ich wollte dich nur so als Freund besuchen.«

»Nein, das stimmt nicht ganz. Du hast irgend etwas.«

Ich versuchte mich besser auszudrücken, aber ich brachte nur ein zusammenhangloses Gemurmel hervor. Sacateca sagte kein Wort. Er schien aufmerksam zuzuhören. Seine Augen waren wieder halb geschlossen, aber ich hatte das Gefühl, als starre er mich an. Er nickte fast unmerklich, dann öffneten sich seine Lider, und ich sah seine Augen. Es war, als schaute er an mir vorbei. Wie nebenbei klopfte er mit der rechten Fußspitze, genau hinter seiner linken Ferse, auf den Boden. Seine Beine waren leicht angewinkelt; seine Arme hingen schlaff herab. Dann hob er den rechten Arm. Seine Hand war geöffnet, wobei die Handfläche senkrecht gegen den Boden gerichtet war. Seine Finger waren gespreizt und deuteten in meine Richtung. Er schlenkerte ein paarmal die Hand, bevor er sie vor mein Gesicht brachte. Einen Augenblick hielt er sie in dieser Stellung, und dann sprach er einige Worte zu mir. Seine Stimme war sehr klar, obwohl seine Worte schleppend kamen.

Dann ließ er die Hand zur Seite herabfallen und blieb regungslos in einer seltsamen Haltung stehen, wobei er sich auf den Ballen seines linken Fußes stützte. Sein rechter Fuß war hinter der linken Ferse verschränkt, und mit der rechten Fußspitze klopfte er rhythmisch und sanft gegen den Boden. Ohne jeden Anlaß befiel mich eine gewisse Furcht, eine Art Unruhe. Meine Gedanken schienen sich zu verselbständigen. Mir gingen zusammenhanglose, unsinnige Gedanken durch den Kopf, die nicht mit dem zu tun hatten, was hier vor sich ging. Mein Unbehagen wurde mir bewußt, und ich versuchte, meine Gedanken wieder auf die gegenwärtige Situation zu lenken, aber trotz großer Anstrengung gelang es mir nicht. Es war, als hielte mich irgendeine Macht davon ab, mich zu konzentrieren oder einen vernünftigen Gedanken zu fassen.

Sacateca hatte kein Wort gesagt, und ich wußte nicht, was ich noch sagen oder tun sollte. Ganz automatisch drehte ich mich um und entfernte mich.

Später konnte ich der Versuchung nicht widerstehen, Don Juan von meiner Begegnung mit Sacateca zu erzählen. Don Juan schüttelte sich vor Lachen.

»Was ging dort wirklich vor?« fragte ich.

»Sacateca tanzte!« antwortete don Juan. »Er *sah* dich, und dann tanzte er.«

»Was hat er mit mir gemacht? Mir war ganz kalt und schwindlig.«

»Offenbar mochte er dich nicht, und wehrte dich ab, indem er einen Zauber gegen dich einsetzte.«

»Wie konnte er das?« rief ich skeptisch.

»Sehr einfach, er wehrte dich mit seinem Willen ab.«

»Was sagst du da?«

»Er wehrte dich mit seinem Willen ab.«
Diese Erklärung genügte mir nicht. Was er sagte, war für mich ungereimtes Zeug. Ich versuchte noch weiter in ihn zu dringen, aber er konnte den Vorfall nicht zu meiner Zufriedenheit erklären.

(Übersetzung von Nils Lindquist)

Aus Gurdjieffs Gesprächen

Die alte Kunst hat einen bestimmten, inneren Gehalt. In der Vergangenheit hatte Kunst den gleichen Zweck wie die Bücher in unserer Zeit, nämlich: Kenntnisse zu bewahren und zu übermitteln. In alten Zeiten schrieb man keine Bücher, sondern fügte das Wissen in Kunstwerke ein. Wir würden viele Ideen in den bis zu uns gelangten Werken der alten Kunst finden, wenn wir sie nur zu lesen verstünden. Das gilt übrigens für alle Künste, einschließlich der Musik. Das Altertum betrachtet die Kunst in dieser Weise.

Sie haben unsere Bewegungen und Tänze gesehen. Doch alles, was Sie sahen, war nur äußere Form, Schönheit, Technik. Mir gefällt die äußere Seite nicht, die Sie sehen. Für mich ist die Kunst ein Mittel zu harmonischer Entwicklung. Bei allem, was wir hier ausführen, folgen wir dem Grundsatz, nichts zu tun, was sich automatisch und gedankenlos verrichten läßt.

Gewöhnliche Gymnastik und Tänze sind mechanisch. Wenn unser Ziel die harmonische Entwicklung des Menschen ist, dann stellen Tänze und Bewegungen für uns ein Mittel dar, um Denken und Gefühl mit den Körperbewegungen zu einer gemeinsamen Äußerung zu vereinigen. In allen Handlungen bemühen wir uns, etwas zu entwickeln, was sich nicht direkt oder mechanisch entwickeln läßt — etwas, das den gesamten Menschen: Denken, Körper und Gefühl wiedergibt.

Der andere Zweck der Tänze ist das Studium. Einige Bewegungen tragen in sich einen Beweis, ein bestimmtes Wissen, religiöse oder philosophische Vorstellungen. Aus einigen kann man sogar Kochrezepte herauslesen.

In vielen Ländern des Orients ist der innere Gehalt der einzelnen Tänze heute nahezu vergessen, gleichwohl halten die Menschen einfach aus alter Gewohnheit an ihnen fest.

Die Bewegung haben also zwei Ziele: Studium und Entwicklung.

Heißt dies, daß nichts in der gesamten westlichen Kunst eine Bedeutung hat?

Die westliche Kunst studierte ich, nachdem ich die alte Kunst des Orients erforscht hatte. Um Ihnen die Wahrheit zu sagen, ich habe im Westen nichts gefunden, was mit orientalischer Kunst vergleichbar wäre. Westliche Kunst hat viel Äußerliches, enthält mitunter eine Menge Philosophie; dagegen ist die östliche Kunst genau, mathematisch, frei von Manipulationen. Es ist eine Form der Schrift.

Haben Sie nicht etwas Ähnliches in der alten westlichen Kunst gefunden?

Beim Studium der Geschichte sehen wir, wie sich alles nach und nach verändert. Das gilt auch für die religiösen Zeremonien. Anfangs hatten sie eine Bedeutung, und wer die Zeremonien vollzog, verstand diese Bedeutung. Doch mit der Zeit wurde sie vergessen, und man hielt die Zeremonie nur noch mechanisch ab.

Um ein englisch geschriebenes Buch zu verstehen, muß man Englisch können. So ist es auch in der Kunst. Ich spreche hier nicht von Phantasiekunst, sondern von mathematischer, nichtsubjektiver Kunst. Ein moderner Maler mag an seine Kunst glauben und sie fühlen, doch seine Werke sieht man subjektiv: dem einen gefallen sie, dem anderen gefallen sie nicht. Es ist eine Frage des persönlichen Gefühls, des Mögens oder Mißfallens.

Die alte Kunst hingegen war nicht für den Geschmack bestimmt. Jeder, der sie las, verstand sie. Heute ist dieser Zweck der Kunst völlig vergessen.

Nehmen wir etwa die Architektur; unter den Bauwerken, die ich in Persien und der Türkei sah, erinnere ich mich an ein Gebäude mit zwei Zimmern. Wer immer diese Zimmer betrat, ob jung oder alt, ob Engländer oder Perser, dem kamen die Tränen. Gleichviel welches seine Umwelt oder seine Erziehung war. Wir setzten dieses Experiment zwei oder drei Wochen lang fort und beobachteten die Reaktionen eines jeden. Wir wählten vor allem fröhliche Menschen. Das Ergebnis war allemal das gleiche. Aufgrund der architektonischen Zusammenstellungen konnten die mathematisch berechneten Schwingungen in diesem Gebäude keine andere Wirkung hervorrufen. In uns walten bestimmte Gesetze, und daher können wir äußeren Einflüssen nicht widerstehen. Weil der Architekt des Gebäudes echtes Wissen besaß und demgemäß mathematisch baute, deshalb war das Ergebnis immer das gleiche.

In einem anderen Experiment stimmten wir unsere Musikinstrumente und kombinierten die Töne auf solche Weise, daß wir bei jedem beliebigen

Menschen, sogar bei zufälligen Passanten von der Straße, das gewünschte Ergebnis erzielten. Der einzige Unterschied bestand darin, daß der eine sich als feinfühliger erwies als der andere.

Sie betreten ein Kloster. Vielleicht sind Sie kein religiöser Mensch, aber was dort gespielt und gesungen wird, erweckt in Ihnen den Wunsch zu beten. Später werden Sie darüber erstaunt sein. Und so geht es jedem.

Die objektive Kunst beruht auf Gesetzen; die moderne Musik dagegen ist ganz und gar subjektiv. Es läßt sich feststellen, woher alles stammt, was diese subjektive Kunst ausmacht.

Ist die Mathematik die Grundlage der gesamten Kunst?

Der gesamten alten Kunst des Orients.

Könnte dann jeder, der die Formel kennt, eine vollkommene Form wie etwa eine Kathedrale bauen, die das gleiche Gefühl hervorriefe?

Ja, und die gleichen Reaktionen erzielen.

Braucht man nicht, um Musik zu schreiben, sowohl eine Idee als auch Wissen?

Das mathematische Gesetz ist für jedermann das gleiche. Jede mathematisch aufgebaute Musik ist das Ergebnis von Bewegungen. Mir kam einmal der Gedanke, Tänze aufmerksam zu betrachten; und das tat ich dann auch, auf Reisen und während ich Material zur Kunst sammelte, in der Weise, daß ich nur die Bewegungen beobachtete. Nach Hause zurückgekehrt, spielte ich eine den beobachteten Bewegungen gemäße Musik: sie erwies sich als identisch mit der ursprünglichen Musik, denn der Komponist hatte sie mathematisch abgefaßt. Und gleichwohl hatte ich bei der Beobachtung der Bewegungen nicht auf die Musik gehört, dazu hatte ich gar keine Zeit gehabt.

(Jemand stellt eine Frage zur temperierten Tonleiter)

Im Orient hat man dieselbe Oktave wie wir – von *c* bis *c*. Nur teilen wir hier die Oktaven in 7 Töne auf, während man dort unterschiedliche Einteilungen hat: 48, 7, 4, 23, 30. Doch das Gesetz ist überall das gleiche: von *c* bis *c*, die Oktave. Jeder Ton enthält wiederum sieben. Je feiner das Ohr, desto größer ist die Zahl der Einteilungen. Im Institut verwenden wir Vierteltöne, weil die westlichen Instrumente keine kleineren Unterteilungen haben. Beim Klavier ist man gezwungen, gewisse Kompromisse zu machen, die Saiteninstrumente jedoch erlauben die Verwendung der Vierteltöne. Im Orient bedient man sich nicht nur der Vierteltöne, sondern auch der Siebentel.

Den Ausländern erscheint die orientalische Musik monoton, sie wundern sich über deren Schlichtheit und musikalische Armut. Doch was sie als einen einzigen Ton wahrnehmen, ist für die Einheimischen eine ganze Melodie – die in einem einzigen Ton enthalten ist. Diese Art von Melodie ist ungleich schwieriger als die unsere. Macht ein orientalischer Musiker einen Fehler in der Melodie, so führt das in den Ohren seiner Zuhörer zu einem Mißklang. Für uns Europäer bleibt all das freilich nur eine rhythmische Monotonie. Nur wer dort aufgewachsen ist, vermag gute von schlechter Musik zu unterscheiden.

Könnte sich ein Mensch bei entsprechenden mathetischen Kenntissen in der einen oder anderen Kunstform ausdücken?

Weder den Junge noch den Alten ist für die Entwicklung eine Grenze gesetzt.

In welcher Richtung?

In allen Richtungen.

Müssen wir es uns wünschen?

Es handelt sich nicht nur darum, daß man es sich wünscht. Zunächst möchte ich Ihnen erklären, was Entwicklung ist. Es gibt das Evolutions- und Involutionsgesetz. Alles ist in Bewegung, das organische Leben ebenso wie das anorganische, entweder nach oben oder nach unten. Doch die Evolution, die Entwicklung, hat ihre Grenzen und die Involution, die rückläufige Entwicklung, ebenfalls. Nehmen wir als Beispiel die Tonleiter mit sieben Tönen. Zwischen dem einen *c* und dem anderen gibt es an einer bestimmten Stelle einen Halt. Wenn Sie die Tastatur anschlagen, beginnen Sie mit einem *c*, dessen Schwingung einen gewissen Impuls aufweist. Durch diese Schwingung kann das *c* eine gewisse Strecke zurücklegen, bis es einen zweiten Ton, nämlich das *d*, zum Schwingen bringt, darauf das *e*.

Bis zu diesem Punkt haben die Töne die Möglichkeit zur Fortsetzung in sich, hier jedoch steigt, sofern kein äußerer Anstoß hinzukommt, die Oktave wieder ab. Erhält sie hingegen diese äußere Hilfe, so kann sie sich von selbst weiterentwickeln. Auch der Mensch ist gemäß diesem Gesetz angelegt.

Der Mensch dient im Ablauf dieses Gesetzes als ein Apparat. Ich esse, doch die Natur hat mich für einen bestimmten Zweck geschaffen: Ich muß mich entwickeln. Ich esse nicht um meiner selbst willen, sondern für einen äußeren Zweck. Ich esse, weil die Nahrung, die ich zu mir nehme, sich nicht allein, ohne meine Hilfe entwickeln kann. Ich esse Brot, und ebenso nehme ich Luft und Eindrücke zu mir, die von außen in mich eindringen und dann gesetzmäßig wirken. Es ist das Oktavgesetz. Wenn wir irgendeinen Ton nehmen, dann kann er als c gelten. Das c enthält zugleich Möglichkeit und Schwungkraft; es kann ohne Hilfe zum d und e aufsteigen. Das Brot kann sich entwickeln, doch wenn es nicht mit Luft vermischt wird, vermag es nicht zum f zu werden: die Energie der Luft hilft ihm, eine schwierige Stelle zu überwinden. Danach braucht es bis zum h keine Hilfe mehr, aber von selbst ist es nicht in der Lage, darüber hinauszugehen. Es ist unser Ziel, der Oktave zur Vollendung zu verhelfen. Für das gewöhnliche tierische Leben ist das h der höchste Punkt, und es ist der Stoff, woraus ein neuer Körper gebildet werden kann.

(Übersetzung von Hans-Henning Mey)

Georg Gurdjieff war ein Lehrer, Hypnotiseur, Geschäftsmann und Tanzlehrer armenischer Herkunft, der über zwanzig Jahre den Mittleren Osten bereist hat und tiefe Einblicke genommen hat in aus ältester Zeit überlieferte Geheimlehren des Orients.

Aphorismen und kurze Texte

Ihr sagt: »Warum singen? Mit Singen kann ich meine Angelegenheiten nicht ordnen oder meine Gesundheit fördern.« Ganz im Gegenteil, gerade jetzt habt ihr es nötig zu singen, damit Freude und Harmonie sich in euch niederlassen.

Singt und spielt, um euren Seelenzustand umzuwandeln und die Gaben und Talente in euch zu entfalten.

Dankt Gott für den Schatz, den er euch geschenkt hat: eure Stimme.

Beinsa Duno

Musik ist die Kunst der Propheten, die einzige Kunst, welche den Aufruhr in der Seele besänftigen kann; sie gehört zu den herrlichsten und kostbarsten Gaben, die uns Gott geschenkt hat.

Martin Luther

Es gibt einen Bewußtseinszustand in der Vereinigung mit dem Göttlichen, in dem ihr euch an allem, was ihr lest, erfreuen könnt, ebenso wie an allem, was ihr beobachtet, sogar an den mittelmäßigen Büchern oder an den uninteressanten Dingen. Ihr könnt erbärmliche Musik hören, sogar Musik, vor der man davonlaufen möchte, und dennoch könnt ihr euch daran erfreuen, nicht um ihres äußerlichen Selbstes willen, sondern wegen dem, was dahintersteht. Ihr vergeßt nicht den Unterschied zwischen guter und schlechter Musik, aber ihr dringt durch beide hindurch in das vor, was sie ausdrücken. Denn es gibt nichts auf der Welt, das nicht seine letzte Wahrheit und Stütze im Göttlichen besäße.

»Die Mutter«

Ich kannte einmal ein Indianerkind, das die »stummen« Hundepfeifen hören konnte und das behauptete, es könne Ameisen, Eidechsen, Käfer, Insekten und all jene sogenannten »schweigsamen« Lebewesen miteinander reden und sich gegenseitig antworten hören, und es wüßte auch, was sie sagten. Dem Rattenfänger oder dem Heiligen Franz von Assisi vergleichbar, war immer eine Herde wilder und zahmer Tiere um das Kind herum, die offensichtlich alle eine lebendige Doppel-Unterhaltung genossen und häufig ihre Späße mit dem Trillen eines kindlichen Lachens trieben. Natürlich war das Hörvermögen dieses Kindes eine Seltenheit, nicht aber seine Beziehung zu den kleinen Brüdern der Tierwelt. Unter Indianern war es nicht ungewöhnlich, einen hohen Grad von Zuneigung und Kommunikation mit Tieren zu haben, wenn diese es auch so wollten.

David Villaseñor

Schließlich war es auch die Sonne, die die Menschen in die Kunst eingeweiht hat, weil sie das Leben bringt. Sobald ein Wesen lebendig ist, will es sich bewegen, will handeln, sich äußern und schon entstehen Tanz, Gesang, Malerei, Bildhauerei. Die Kunst beginnt mit dem Leben. Schaut Euch die Kinder an: sie laufen herum, kreischen, kritzeln … Ihr Geschrei ist der Anfang der Musik, ihre Kritzelei ist der Anfang der Malerei, ihre kleinen Sandkuchen sind der Usprung der Bildhauerei, ihre kleinen Höhlen sind die ersten Versuche der Architektur, und aus ihrem Gelaufe wird später der Tanz. Ja, die Kunst beginnt mit dem Leben, und das Leben kommt von der Sonne.

Wie könnte ein Künstler etwas schaffen, wenn die Welt in Dunkelheit gehüllt wäre? Woran könnte er Modell nehmen? Wer würde ihm die Bewegungen, Formen und Farben eingeben? Ich sage den Malern: »Ihr schafft Gemälde, aber wer hat Euch die Farben gegeben? Habt Ihr sie selbst hergestellt? Nein. Durch die Mineral- oder Pflanzenextrakte hat die Sonne Euch die Farben geschenkt. Habt Ihr schon einmal darüber nachgedacht?« Die Maler danken der Sonne nie für die Farbenpracht, und man findet auch nur sehr selten eine Sonnenabbildung in ihren Werken.

Die Sonne bringt Licht, Wärme und Leben, deshalb ist sie die Begründerin der Wissenschaft, Religion und Kunst. Trotzdem wird sie aber von den Menschen als letzte geliebt und respektiert. Nun denn, ich bin der Anwalt der Sonne und verlange ihre alten Rechte!

Omraam Mikhaël Aïvanhov

Die Schönheit geht der Liebe voraus; sie bereitet die Menschheit darauf vor, sie zu empfangen. Seit der Zeit der Renaissance wurden große Genies zur Erde gesandt auf dem Gebiet der Form, der Farbe, der Töne, der Zeichnung, der Baukunst, der Dichtung, um die Menschen auf das Zeitalter der Liebe vorzubereiten. In dieser Hinsicht hat die Kunst einen göttlichen Auftrag.

Beinsa Duno

Ein Leben voll Schönheit und Harmonie ist eine Freude zu sehen; es strahlt Gesetzmäßigkeit
und Ordnung aus,
vollkommenen Rhythmus
und Harmonie.
Ein echtes Kunstwerk,
was immer es ist,
muß ausgewogen sein,
anmutig
harmonisch
und vollkommen.
    Eine schöne Seele spiegelt diese Eigenschaften für alle sichtbar wider.
Habe ich Dir nicht oft genug gesagt, daß alles, was innen ist, nach außen strahlt?
Wenn innen Chaos und Verwirrung herrschen,
spiegeln sie sich außen in einem chaotischen und wirren Leben wider und können nicht verborgen bleiben.
Wenn aber in Dir Frieden,
Harmonie,
Schönheit
und Liebe wohnen
werden Dein Leben und Deine Erscheinung sie außen widerspiegeln.

Eileen Caddy

Wir haben keinerlei andere Bücher, aus denen wir die Kunst lernen können, als die Natur.

Benvenuto Cellini

Daß zwei Dinge sich auf eine schöne Art vereinigen ohne ein drittes, ist unmöglich. Denn es muß ein Band zwischen ihnen entstehen, das sie vereinigt. Das kann die Proportion am besten vollbringen. Denn wenn von irgend drei Zahlen die mittlere sich zu der kleinsten verhält, wie die größte zu der mittleren selbst und umgekehrt, die kleinste zu der mittleren wie die mittlere zur größten, dann wird das Letzte und Erste das Mittlere und das Mittlere Erstes und Letztes, alles wird also mit Notwendigkeit dasselbe, und da es dasselbe wird, bildet es ein Einziges.

Platon

Und die Blumen haben die Kathedralen geschaffen … Die Kathedrale ist im Ebenbild der lebenden Körper erbaut. Ihre Proportion, ihre Gleichgewichtsbeziehungen entsprechen genau der Ordnung in der Natur.

August Rodin

Aber das Leben in der Natur gibt zu erkennen die Wahrheit dieser Ding. Darum sich (sieh) sie fleißig an, richt dich darnach und geh nit von der Natur in dein Gutgedunken, daß du wöllst meinen das Besser von dir selbs zu finden; dann du wirdest verführt. Dann wahrhafftig steckt die Kunst in der Natur, wer sie heraus kann reißen, der hat sie. Überkommst du sie, so wirdet sie dir viel Fehls nehmen in deinem Werk. Und durch die Geometria magst du deins Werks viel beweisen. Darum nimm die nimmermehr für, daß du Etwas besser mügst oder wollest machen, dann es Gott seiner erschaffnen Natur zu würken Kraft geben hat. Dann dein Vermügen ist kraftlos gegen Gottes Geschöff.

Albrecht Dürer

Nun, wenn Sie das Hauptaugenmerk auf den Rhythmus lenken, so ist das rhythmische Element, weil es mit der Willensnatur verwandt ist und der Mensch doch innerlich den Willen in Tätigkeit versetzen muß, wenn er musikalisch erleben will, das eigentlich die Musik Auslösende. Das rhythmische Element löst die Musik aus. Nun beruht aller Rhythmus, gleichgültig in welchem Verhältnis der Mensch zum Rhythmus steht, auf dem geheimnisvollen Zusammenhang zwischen Puls und Atem, auf jenem Verhältnis, das besteht zwischen dem Atem – achtzehn Atemzüge in der Minute – und dem Puls – durchschnittlich zweiundsiebzig Pulsschläge in der Minute –, auf diesem Verhältnis von eins zu vier, das natürlich in der mannigfaltigsten Weise erstens modifiziert werden kann, zweitens auch individualisiert werden kann. Daher hat jeder Mensch seine eigene

Empfindung beim Rhythmus; weil sie aber annähernd gleich ist, verstehen sich die Menschen in bezug auf den Rhythmus. Also alles Rhythmuserleben beruht auf dem geheimnisvollen Zusammenhang des Atmens mit der Herzbewegung, mit der Blutzirkulation. Und so kann man sagen: Während durch die Strömung des Atems, also in äußerlicher Verlangsamung und innerlichem Qualitätserzeugen, die Melodie vom Herzen nach dem Kopf getragen wird, wird der Rhythmus auf den Wellen der Blutzirkulation vom Herzen in die Gliedmaßen getrieben, und in den Gliedmaßen fängt er sich als Wollen. – Dadurch sehen Sie auch, wie das Musikalische eigentlich den ganzen Menschen ausfüllt.

Rudolf Steiner

Die Geometrie ist vor der Erschaffung der Dinge gleich ewig wie der Geist Gottes. Sie ist Gott selbst und hat ihm die Urbilder geliefert für die Erschaffung der Welt. In den Menschen aber, Gottes Ebenbild, ist die Geometrie übergegangen, nicht erst durch die Augen wird sie aufgenommen.

Johannes Kepler

Diejenigen, welche an der Praxis ohne Wissenschaft Gefallen finden, sind wie Schiffer, die ohne Steuer und Kompaß fahren, sie sind nie sicher, wohin die Fahrt geht. Die Praxis muß immer auf guter Theorie beruhen.

Leonardo da Vinci

Eine ordnende Urkraft wallet von Anbeginn.
Allen Werdens Ursache ist sie
Ohne Wandel, ohne Unterlaß, ohne Trug der Sinne
Selbst sich Urgrund, ewig gleich ist sie,
Allgültigen Werdegangs Urtrieb,
Urform des Lebens.   *Lao Tse*

Ich möchte, daß ihr euch unverzüglich das Kritisieren abgewöhnt. Viele Leute lieben es zu kritisieren. Alle Tage bekomme ich zu hören, wie sie über ihren Mann, über ihre Frau, ihren Vater, ihre Mutter klagen. Professoren beschweren sich über ihre Schüler, Dienstherren über ihre Angestellten und umgekehrt. Aber das alles ist unwesentlich; wesentlich ist nur, sich selbst zu bessern und Liebe auszustrahlen.

Beinsa Duno

Lernen und Lehren

Pindar

» Güldene Laute!
Droben im Himmel spielt dich Apollon,
und der vielchenlockigen Musen
Tanz und Sang regierst du.
Unten auf Erden lauschen der Chöre Meister
auf deine Klänge,
und die Sänger folgen der Weisung,
wenn du angeschlagen zum Vorspiel
Takt und Ton dem Liede zeigst.
Nur die widrigen Wesen, auf welche Zeus
nicht mit Wohlgefallen blickt,
scheuen schaudernd die Macht der Musik,
all das wilde Getier in Wäldern und Wüsten,
Schlünden und Schlüften des endlosen Meeres,
und drunten in Tartaros Tiefen
Typhon, der alte
hundertarmige Götterfeind. «

Pablo Casals

Du bist ein Wunder

Wer weiß, was geschehen wäre, wenn Präsident Kennedy noch lebte. Natürlich kann kein einzelner das Geschick aller Nationen lenken, und doch fühlte man während der kurzen Zeit seiner Präsidentschaft, daß seine Hand sich anschickte, die Wunden und Konflikte dieser Welt zu heilen. Und welch üble Streitfälle haben wir erlebt seit seinem Tode. Wenn er nicht gestorben wäre, wie viele von jenen könnten auch noch am Leben sein, die in den Städten und Dschungeln von Vietnam umgekommen sind!

Manchmal schaue ich mich um und habe das Gefühl einer tiefen Bestürzung. In all der Verwirrung, die in der heutigen Welt ausgebrochen ist, sehe ich mangelnde Ehrfurcht vor den wahren Werten des Lebens. Überall um uns ist Schönheit, aber wie viele sind blind für sie. Sie sehen die Wunder dieser Erde und scheinen nichts zu erblicken. Die Menschen sind in hektischer Bewegung, aber wohin die Reise führt, bedenken sie kaum. Sie suchen Erregung um jeden Preis, als ob sie hoffnungslos verloren wären. Die natürlichen, ruhigen und einfachen Dinge dieses Lebens machen ihnen wenig Freude.

Jede Sekunde, die wir in diesem Universum verbringen, ist neu und einzigartig. Dieser Augenblick war zuvor nicht und wird nie wiederkehren. Und was bringen wir unseren Kindern in der Schule bei? Daß zwei mal zwei vier ist und Paris die Hauptstadt Frankreichs. Wann wird man sie lehren, was sie selbst sind? Jedem dieser Kinder sollte man sagen: »Weißt du auch, was du bist? Du bist ein Wunder! Du bist einmalig! Auf der ganzen Welt gibt es kein zweites Kind, das genauso ist wie du. Und Millionen von Jahren sind vergangen, ohne daß es je ein Kind gegeben hätte wie dich. Schau deinen Körper an, welch ein Wunder! Deine Beine, deine Arme, deine geschickten Finger, deinen Gang. Aus dir kann ein Shakespeare werden, ein Michelangelo, ein Beethoven. Es gibt nichts, was du nicht werden könntest. Jawohl, du bist ein Wunder. Und wenn du erwachsen sein wirst, kannst du dann einem anderen weh tun, der, wie du selbst, auch ein Wunder ist? Nein, ihr müßt euch lieben. Ihr müßt arbeiten – alle müssen wir arbeiten –, damit diese Welt ihrer Kinder würdig wird.«

Welch außerordentlicher Umschwünge und Fortschritte bin ich in meinem langen Leben Zeuge geworden! Großartige Fortschritte in Naturwissenschaft, Industrie, Raumfahrt. Und doch peinigen Hunger, Rassenunterdrückung und Tyrannei nach wie vor die Welt. Weiterhin benehmen wir uns wie Barbaren. Wie die Wilden fürchten wir uns vor unseren Nachbarn auf dieser Erde, bewaffnen uns gegen sie, und sie bewaffnen sich gegen uns. Ich beklage es, daß ich in einer Zeit leben mußte, da es Gesetz war, seinen Nächsten zu töten. Wann endlich werden wir uns an die Tatsache gewöhnen, daß wir menschliche Wesen sind?

Heimatliebe ist natürlich. Aber warum läßt man die Liebe an der Grenze aufhören? Wir sind eine einzige Familie – jeder von uns hat Pflichten seinen Brüdern gegenüber. Wir sind alle Blätter eines Baumes, und dieser Baum ist die Menschheit.

Ich weiß, es gibt Leute, die Tiere nicht mögen, aber ich glaube, das rührt daher, daß sie sie nicht verstehen, oder weil sie keine Augen im Kopfe haben. Unter den vielen Wundern der Natur nehmen für mich die Tiere – große und kleine – in ihrer erstaunlichen Vielfalt und mit ihren schönen Formen und faszinierenden Verhaltensweisen eine Sonderstellung ein. Ihr Seelenleben fesselt mich. Ich sehe, wie es sie drängt, sich mitzuteilen, und glaube, daß sie echter Liebe fähig sind. Wenn sie Menschen manchmal nicht Zutrauen, sondern Furcht entgegenbringen, so nur, weil die Menschen sie durch Überheblichkeit und Fühllosigkeit dazu gebracht haben.

(Übersetzung von Peter Baumann)

Wir nehmen die Worte von Casals zum Anlaß für einige Bemerkungen über die Tiere, die dem Menschsein entgegenwachsenden Brüder. Die gesamte Naturwelt hat einen Auftrag, der ihr durch die Schöpfung gegeben wurde und ohne den sie nicht existieren und wirken könnte. Der Mensch arbeitet seit etwa fünfzig Jahren gegen diesen Auftrag und drangsaliert und mißhandelt mit den Möglichkeiten seines Verstandes und seiner Technik die Naturwelt in einer noch nie dagewesenen Weise. Das geht eine Weile gut, weil die Natur geduldig ist, schließlich wird aber die Natur ihrem ursprünglichen Auftrag nachkommen und es wird ein Rückschlag erfolgen, denn die Schöpferkraft, die alles geschaffen hat, ist stärker als der Mensch, der ebenfalls durch diese Kraft belebt wird. Darüber noch einige Sätze aus dem Buch »Und ich sah einen neuen Himmel«, Heinrich Hugendubel Verlag:

Ebenso wie sich der heutige Mensch nicht wirklich über das Leben in seiner Gesamtheit bewußt ist, so fehlt ihm auch die Bewußtheit über die Natur und im besonderen über die Rolle, welche das Tierreich innerhalb seiner alltäglichen Existenz einnimmt. Ist dies nur der Fall, weil er einfach nicht nachdenkt, oder weil er nicht nachdenken will? Hört er jedesmal, wenn er Fleisch ißt, damit auf, sich die Herkunft dieses Fleisches vor Augen zu führen? Denkt er an den damit verbundenen Schmerz, das Leiden und Opfer? Ist er sich der Grausamkeit bewußt, welche die modernen, fabrikmäßigen Zuchtmethoden mit sich bringen? Viele Frauen besitzen Pelzmäntel – oder würden sie gern besitzen –, doch haben sie jemals an das Leiden gedacht, welches diese Erfüllung ihrer persönlichen Befriedigung einschließt? Ist aller Schmerz, ist alles Abschlachten wirklich notwendig? Ist es wirklich ein Kennzeichen der Zivilisation, mit den Häuten von toten Tieren behangen herumzulaufen? Ist der Mensch in spiritueller Hinsichtlich wirklich weitergekommen, seitdem er in früheren Zeiten in Höhlen gelebt hat?

In seinen Versuchslaboren verwendet der Mensch Tiere für die allerschrecklichsten Experimente, mit denen er seine wissenschaftlichen Zwecke und Ziele erreichen will. Ich möchte euch sagen, daß es allen Ergebnissen aus diesen Versuchen an jeglichem spirituellen Wert für den Menschen fehlt und daß kein dauerhafter Nutzen jemals daraus hervorgehen wird. Alle medizinische und wissenschaftliche Forschung, welche die Verwendung von Tieren einschließt, bewirkt eine große karmische Schuld für den Menschen, die zurückgezahlt werden muß.

Denkt daran, daß das Tierreich das Menschenreich nachahmt und daß es sich in dem Maße verändern wird, wie sich der Mensch verändert. Ihr solltet deshalb nicht auf das Tierreich blicken und erklären, daß ihr dort Grausamkeit, Krankheit und Tod seht, sondern vielmehr feststellen, daß jenes, was ihr dort wahrnehmt, ein Spiegelbild von euch selbst ist. Der Mensch muß sich selbst verändern, und damit wird er in der Tat dann auch seinen Brüdern im Tierreich helfen können.

Diejenigen von euch, die bewußt sind, sollten sehr ernsthaft darüber nachzudenken beginnen, wie sie sich gegenüber dem Tierreich zu verhalten haben. Behandelt die Tiere mit der Achtung und Rücksicht, die weniger entwickelten Wesen zukommt. Denkt an ihre Bedürfnisse, bevor ihr an eure eigenen denkt. Hemmt oder behindert in keiner Weise ihre Evolution. Vergeßt nicht, daß sie innerhalb des Schöpfungsplanes eine wichtigen Platz einnehmen. Der heutige Mensch kann die Rolle des Tierreiches noch nicht richtig einschätzen, denn diese Rolle besteht nicht darin, ihm als Nahrung zu dienen. Vergegenwärtigt euch, daß die vier Reiche der Materie – auch wenn dies im Augenblick nicht so ist – in vollkommener Ausgewogenheit miteinander leben sollten. Das Symbol für diese Erde, das wahre Kreuz, ist kein wahrhaftes Kreuz mehr, und das Pflanzenreich ist ebensosehr aus dem Gleichgewicht geraten wie der Mensch und auch wie das Tierreich. Bald werden sich Geschehnisse ereignen, welche dieses fehlende Gleichgewicht wiederherstellen, doch bedenkt, genauso wie ihr die Sklaverei des Menschen nicht einen Tag länger als notwendig andauern lassen wolltet, ob ihr die Versklavung der Tiere einen Tag länger als notwendig fortsetzen möchtet. Die Entscheidung liegt bei euch. Die Menschheit hat verantwortungsvoll gehandelt und die Ausbeutung ihrer Mitmenschen als Sklaven weitgehend abgeschafft – möge sie jetzt genauso gegenüber dem Tierreich handeln.

›Das Evangelium des vollkommenen Lebens‹. Ein ursprüngliches und vollständiges Evangelium, aus dem aramäischen Urtext übersetzt, aufbewahrt in einem tibetischen Kloster. Humata Verlag Harold S. Blume, Bern:

12. Und Jesus zog gen Jerusalem und begegnete einem schwer mit Holz beladenen Kamel. Das Kamel konnte die schwere Last nicht den Berg hinaufschleppen, und der Treiber schlug und mißhandelte es, aber er konnte das Tier nicht von der Stelle bringen. 13. Und als Jesus es sah, sprach er zu ihm: »Warum schlägst du deinen Bruder?« Und der Mann erwiderte: »Ich wußte nicht, daß es mein Bruder ist. Ist es nicht ein Lasttier und dazu gemacht, mir zu dienen?« 14. Und Jesus sprach: »Hat nicht derselbe Gott aus dem gleichen Stoffe dieses Tier und die Kinder gemacht, die dir dienen und habet ihr nicht denselben Atem beide von Gott empfangen?« 15. Und der Mann staunte sehr über diese Rede. Er hörte auf, das Kamel zu schlagen und befreite es von einem Teil seiner Last. So ging das Kamel den Berg hinan, und Jesus ging vor ihm, und es blieb nicht mehr stehen bis an das Ende seiner Reise. 16. Und das Kamel erkannte Jesus; denn es hatte die Liebe Gottes in ihm gefühlt... (31. Kapitel)
1. Und es geschah eines Tages...daß ein junger Mann ihm lebende Kaninchen und Tauben brachte, damit er sie mit seinen Jüngern verzehre. 2. Und Jesus blickte den jungen Mann liebevoll an und sprach zu ihm: »Du hast ein gutes Herz, und Gott wird dich erleuchten; doch weißt du nicht, daß Gott am Anfange den Menschen die Früchte der Erde zur Nahrung gab und ihn nicht geringer machte als den Affen oder den Ochsen oder das Pferd oder das Schaf, daß er seine Mitgeschöpfe töten und ihr Fleisch und

Blut verzehren solle? 5....Lasset daher die Geschöpfe frei, daß sie sich in Gott freuen und den Menschen keine Schuld auferlegen.« (28. Kapitel)

9. Und einige aus dem Volk sprachen: »Dieser Mann sorget für alle Tiere. Sind sie seine Brüder und Schwestern, daß er sie so liebt?« Und er sprach zu ihnen: »Wahrlich, diese sind eure Mitbrüder aus dem großen Haushalte Gottes, eure Brüder und Schwestern, welche denselben Atem des Lebens von dem Ewigen haben. 10. Und wer immer für die kleinsten von ihnen sorgt und ihnen Speise und Trank gibt als sie nötig haben, der tuet dieses mir...« (34. Kapitel)

Rudolf von Tobel

Casals als Lehrer

Von diesem Meister der Meister zu lernen, war und ist begreiflicherweise der Wunschtraum manchen Kunstjüngers. Casals selber verspürte stets großes Interesse und lebhafte Neigung zum *Unterrichten*. Seine vielen Reisen und seine ständige eigene Arbeit haben jedoch der Verwirklichung dieser Wünsche von der Jahrhundertwende an, seit Casals' Debüt mit Lamoureux, Grenzen gesetzt.

Pablo Casals hegt die Überzeugung, daß in jedem Menschen mehr der guten Anlagen und im besonderen mehr musikalische Fähigkeiten schlummern, als gemeinhin angenommen wird. Mit seiner Ehrfurcht vor allem Lebendigen hat er es immer als vornehmste Aufgabe betrachtet, solche Fähigkeiten zu wecken, ihrem Träger beizustehen, sein Bestes an das Licht zu heben, wie er solches auch mit den Werken anstrebt und durch seine Interpretationen erreicht. Wenn er im Charakter eines jungen Menschen als Voraussetzung für gute Leistungen Begeisterungsfähigkeit und Ausdauer zu erkennen glaubt, so schenkt er ihm Achtung und Vertrauen, lange bevor sichtbare Beweise seiner Begabung vorliegen; könnte der Jünger diese schon erbringen, bedürfte er ja des Glaubens nicht mehr: dieser kann sich nur am intuitiv Erahnten, Unsichtbar-Zukünftigen beweisen und bewähren. So wirkt des Meisters Art trotz all seines ehrfurchtgebietenden Ruhmes einzigartig befreiend und befruchtend. Diesem beispielhaften, menschlichen Verhalten entspricht sein unvergleichlicher Takt und sein *pädagogisches Genie*: er erkennt stets, wie einem Schüler zu helfen ist, wo und wieviel er ihn weiterbringen kann. So kehrt dieser vom Zusammensein mit dem väterlichen Freunde wie von einem erhebenden Fest in seine Arbeitsklause zurück, denn ihm wurden die Augen geöffnet; er sieht neue Möglichkeiten, sieht klar den Weg vor sich, der ihn aufwärts führt. Niemals geht der gütige Meister darauf aus, seinem Schüler zu imponieren oder ihn gar zu entmutigen. Im Gegenteil: er habe auch alle Entwicklungsstufen zurücklegen müssen und habe selber keine Leichtigkeit – dies sei nicht wesentlich. »Ihre Schwierigkeiten habe ich auch, oder ich habe sie gehabt«; »ich weiß, daß alles schwer ist«. Darum bewundert der große Meister jeden, der es auf seinem Instrument zu etwas bringt, und jede ehrliche Bemühung findet seine Teilnahme, die er durch Geduld und förderndes Verständnis bezeugt. Wenn man Vollkommenheit suche und etwas sorgfältig ausarbeiten wolle, zeige sich erst die Länge und Mühsal des Weges. Es brauche ungeheure Anstrengungen, und zwar müsse man diese heiter, wohlgemut und geduldig bestehen.

Zur Überwindung seiner Schwierigkeiten habe er seine ganze Intelligenz aufbieten müssen und selber ein Leben gebraucht. »Man sagt mir oft: wenn ich spiele, sei es etwas anderes und besonderes. Das ist doch ganz natürlich! Denn mein Leben lang habe ich über die Werke und über mein schwer zu meisterndes Instrument nachgedacht – ich könnte Bände schreiben, ja ein Jahrhundert lang dozieren; drei richtig hingesetzte Töne erfordern allein schon Einsichten, die niedergeschrieben ein ganzes Buch füllen könnten. Ich habe gearbeitet, gesucht, geändert, gearbeitet und nochmals gearbeitet.« Nach all der fruchtbaren Meditation und Forscherarbeit kann Meister Casals seinen Jüngern alles erklären, begründen und nahebringen – bis zu den ihm selber bewußten Grenzen. Wer bei ihm zu lernen das Glück hat, der sieht sich gleichsam einem Professor der »violoncellistischen Wissenschaften« gegenüber. Aber kaum daß er einen seiner weit ausholenden, mit Erlebnissen, Erfahrungen und Erkenntnissen reich illustrierten und doch den Leitfaden nie zerreißenden Vorträge beendet hat, ergeht er sich mit seinem ganzen Charme und Temperament in prächtigen Improvisationen – wie gerne möchte man auch diese festhalten können! – und legt damit dar, daß das Akademische bei ihm lebendigen Kräften, aber keineswegs dem Hirn allein entspringt, und daß sein noch so reiches Wissen dem Leben dienend unterstellt bleibt.

Da die professoralen Tugenden bei Meister Casals weder das Primäre noch Selbstzweck darstellen, beansprucht er für seine Folgerungen auch nie unumstößliche Autorität. Er bleibt ja selber bei keinem Ergebnis stehen und läßt häufig mehrere Möglichkeiten nebeneinander gelten; denn es geht nicht um Fingersätze und Bogenstriche, sondern um die sie fordernde Idee, und auch diese ist wandelbar. Es ist schon viel, wenn sich Casals zu einer Festlegung für Tagesfrist herbeiläßt. So verlangt und wünscht er auch vom Schüler niemals Nachahmung und unbesehene Übernahme: das wäre unnatürlich und unschöpferich. Dieser solle prüfen und wählen, was ihm dienen könne. Vielleicht trage er überhaupt eine andere Auffassung in sich, die man achten müsse, wenigstens wenn sie sich in entsprechender Form äußere. Es sei selbstverständlich, daß ein jeder anders spiele. So geben Einzelheiten mitunter Anlaß zu stundenlanger Diskussion – und zu noch bedeutend längerer Verarbeitung; in der nächsten, in der fünften oder zehnten Stunde kommt dann bestimmt noch neues hinzu! Beim Unterrichten schaut Casals natürlich nie auf die Uhr; eine »Stunde« kann unter Umständen drei Stunden dauern, besonders wenn Gespräche anderer Art mit dem stets teilnahmsvollen Meister die Zeit vergessen machen.

Dieser kurze Auszug ist entnommen aus dem hervorragenden, sehr gut geschriebenen Buch von Rudolf von Tobel, der langjähriger Schüler und treuer Helfer von Casals war. Leider ist dieses schöne Buch seit langem vergriffen.

*

Ich wurde mit einer Begabung geboren, mit Musik in mir, das ist alles. Mir selbst fällt kein besonderes Verdienst zu. Die einzige Anerkennung, auf die wir Anspruch erheben, ist die für den Gewinn, den wir aus dem uns verliehenen Talent ziehen. Deshalb predige ich jungen Musikern: Seid nicht eitel, weil ihr zufällig Talent habt. Dazu habt ihr nichts getan. Nur das, was ihr aus diesem Talent macht, zählt. Ihr müßt dieses Geschenk hegen und pflegen. Entwürdigt und verschwendet nicht, was euch geschenkt wurde. Arbeitet – arbeitet ständig, um diese Gabe zu fördern.

Pablo Casals

Pablo Casals

Ein Brief und ein Aufruf zugleich

An meine jüngeren Freunde in aller Welt!

Inmitten der Vorbereitungen des Festivals 1955 von Prades erreicht mich das drängende Mahnen, ich solle, müsse euch schreiben. Nun wohl, so geschehe es!

Von meinem Leben ist wenig zu sagen; denn es ist ganz durchströmt, bestimmt von den Rhythmen, den Geheimnissen und den Offenbarungen der Musik, die nachschaffend immer neu, immer vollkommener zu gestalten meine Berufung ist. In solchem Ineinanderspiel von Erleben und Schaffen, Verstehen, Nachschaffen und Liebe vollzieht sich meines ganzen Daseins Zeit.

Aber auch von der Musik kann ich schreibend nicht berichten, denn hierzu bedürfte es des besonderen Instrumentes, das mein Cello ist.

Immer aber, wenn ich spiele, ziehen die Töne hinaus in alle Welt – getragen von Strahlen und über die Wellen der kosmischen Weite – zu euch. Und ob ihr es wißt oder vielleicht noch nicht einmal ahnt, so reicht doch mein Spiel, reichen die Töne meines Cellos weit hinaus und rühren an die tiefsten Quellen eures Wesens, eurer Seele Mut und Kraft entbindend.

Nur solcherart ziehe ich noch jetzt hinaus in die Welt und zu den Menschen. Früher freilich machte ich mich auf den Weg von Land zu Land, von Stadt zu Stadt, rund um die Erde. Heute nun kommen die Menschen, die meines Cellos Spiel mit Ohr und Auge und ihrem ganzen Wesen gegenwärtig erleben wollen, zu mir nach Prades.

Über eines jedoch, das ich auf meines Lebens Weg erfahren, erkannt habe, das ich gewann als Mensch unter Menschen, darüber will ich eindringlich mit euch reden.

Ich bin Emigrant… Ich glaube, daß in den Beziehungen zwischen den Regierenden und den Regierten und ebenso in den internationalen Relationen das treue Festhalten an moralischen und ethischen Prinzipien über alle anderen Erwägungen, besonders aber über den Opportunismus gestellt werden sollte. Dem entgegen aber hat mir die Welt der Politik schon immer den Eindruck einer Vereinigung von Spielern gemacht, in der die Verteidigung der so laut proklamierten Prinzipien auf den zweiten, um nicht zu sagen, auf den letzten Platz abgestellt wird.

Diese Scheinheiligkeit, die in rein persönlichen Beziehungen jeden Menschen ohne Ausnahme disqualifizieren müßte, wird bei der Mehrzahl der Politiker zur Norm ihres Verhaltens. Seien wir also nicht erstaunt über die Ergebnisse der Politik!

Die großen Prinzipien unserer Kultur – besonders aber das Prinzip der Achtung der individuellen Freiheit – sind in Gefahr, bedeutungslose, leere Worte zu werden, Worte, die man in Versammlungen, in parlamentarischen Sitzungen, in den internationalen Zusammenkünften jeweils nach den Bedürfnissen der Stunde in Bewegung setzt.

Die Flamme aber, die aus Prinzipien ein historisch denkwürdiges, ein schöpferisches Werk und für die Menschen guten Willens in der ganzen Welt einen bedeutungsvollen Punkt der Verbundenheit und des Zusammenschlusses werden ließ, verlöscht mehr und mehr. Und ich fürchte, wenn man an dieser verhängnisvollen Linie festhält, daß sich dann der Skeptizismus in der neuen Generation verallgemeinert.

Laßt dies nicht zu, meine jüngeren Freunde, seid wach, eurer großen Verantwortung bewußt und handelt; denn es geht um eure und der Menschheit Zukunft!

Die sogenannte realistische und in unseren Tagen so sehr gepriesene Politik flößt mir ein Gefühl des Abscheus und des Grauens ein, weil ich hierin das Zugeständnis der restlosen Aufgabe aller geistigen, aller ethischen und moralischen Prinzipien sehe.

Es ist hohe Zeit, alles dies zu ändern! Und wenn man sich dann an gewandelte Menschen wendet, dann bediene man sich – was immer für Opfer es auch koste – der Sprache der Wahrheit.

In einer kritischen Epoche wie der unseren bezahlt sich die Heuchelei, die Lüge nur für Politiker von kurzer Sicht. Auf die Dauer indessen müssen ihre Folgen verhängnisvoll werden.

Darum handelt, meine jüngeren Freunde, wachen Gewissens und laßt die kostbare Zeit nicht ungenutzt verstreichen! –

Prades, im Februar 1955.

Busoni als Lehrer

Übungsregeln für Klavierspieler

1. Übe die Passage mit dem schwierigsten Fingersatz; hast du ihn beherrschen gelernt, dann spiele mit dem leichtesten.
2. Bereitet dir die technische Art einer Passage besondere Schwierigkeiten, so nimm alle ähnlichen Figuren, deren du dich entsinnst, aus anderen Stücken durch: – so wirst du in die betreffende Spielart System bringen.
3. Verbinde stets das technische Üben mit dem Studium des Vortrags: die Schwierigkeit liegt oft nicht in den Noten, sondern in der vorgeschriebenen dynamischen Schattierung.
4. Vergeude nie die Kraft, indem du dich vom Temperament hinreißen läßt; es kommen Schmutzflecke in die Stelle hinein, die man nie wieder auswäscht.
5. Versteife dich nicht darauf, Stücke, die du früher schlecht eingeübt und die deswegen nicht gelingen, überwinden zu wollen; es ist meist vergebliche Arbeit. Hast du aber deine Spielweise inzwischen ganz geändert, so beginne das Studium des alten Stückes von vorne, als ob du es nicht kenntest.
6. Studiere alles und jedes, als ob es das Schwerste wäre, versuche die Jugend-Etüden vom Standpunkte des Virtuosen aufzufassen. Du wirst staunen, wie schwer ein Czerny, ein Cramer oder gar ein Clementi zu spielen ist.
7. Bach ist der Grund des Klavierspiels, Liszt die Spitze; die beiden werden dir Beethoven ermöglichen.
8. Nimm von vornherein an, daß auf dem Klavier alles möglich ist, selbst wo es dir unmöglich scheint oder wirklich ist.
9. Pflege deinen technischen Apparat, so daß du für jeden beliebigen Fall bereit und gewappnet bist, so kannst du beim Üben eines neuen Stückes deine ganze Kraft auf seinen geistigen Gehalt richten; die technischen Probleme werden dich nicht aufhalten.

10. Spiele nie unsorgfältig, selbst wenn dir niemand zuhört oder die Gelegenheit dir zu klein erscheint.
11. Gehe nie über eine mißlungene Stelle hinweg, ohne sie zu wiederholen; kannst du es in Gegenwart anderer nicht tun, so tue es nachträglich.
12. Lasse womöglich keinen Tag vergehen, ohne dein Klavier angerührt zu haben.

*

»Zweimal in der Woche fanden wir uns im Tempelherrenhaus zusammen. Wer etwas fertig studiert hatte, durfte vorspielen. Die anderen saßen auf den einfachen, mit Kattun überzogenen Sofas, die ringsherum an den Wänden entlang standen, und hörten zu. Sie lernten dabei ebensoviel wie der Vorspielende. Hatte ein Schüler sein Stück beendigt, so gab es erst eine allgemeine Unterhaltung darüber, oder man trat auf die Rasenseite, die einen herrlichen Blick in den Park gewährt, vor das Haus und rauchte eine Zigarette. Jeder aber war tief erfüllt von der unbeschreiblichen Anregung, die Busonis Ausführungen erweckten. Es war, wie wenn der Heilige Geist über alle gekommen war. Da gab es keinen, der sich nicht von seiner zukünftigen Mission in der Musik erfüllt fühlte. Selten wurden übrigens technische Dinge besprochen. Das Technische verstand sich gewissermaßen von selbst. Fast immer stand das Kunstwerk als Ganzes und seine Gliederung zur Diskussion. Und doch merkte jeder einzelne, wenn Busoni sich hinsetzte und vorspielte, was fast jede Woche einmal vorkam, wieviel Technisches er noch zu lernen hatte, um die volle Deutung, frei von Zufälligkeiten der Finger, geben zu können. Dafür bildeten dann technische Probleme außerhalb der Unterrichtsstunden im Schülerkreis ein um so eifriger behandeltes Thema, zu dem Busoni von selbst oder auf Befragung gern und ausführlich seine Ansichten äußerte.«

(Hermann Wilhelm Draber)

Wir kamen zweimal wöchentlich zu den offiziellen Vorspielstunden ins Tempelherrenhaus – manchmal war auch der Großherzog zugegen –, aber fast täglich gab es andere Anlässe, uns um Busoni zu versammeln … Ich spielte vor Busoni und all den Schülern und vielen Gästen die Chaconne von Bach-Busoni. Über jedes Spiel wurde allgemein diskutiert, und diese Form des Unterrichts – weit entfernt von kleinlicher Korrektur tech-

nischer Einzelheiten – war es, die Busonis Persönlichkeit am meisten entsprach. Das Kunstwerk wurde hauptsächlich vom Geistigen her analysiert, und jeder Spieler hatte die Empfindung, daß die Bemerkungen, die
Busoni machte, gerade auf ihn gemünzt waren.

(Leo Kestenberg)

Busoni, so berichtet die Cottlow, nannte sich selbst nicht einen Pädago-
gen. Er verzichtete darauf, technische Einzelheiten mit seinen Schülern
auszuarbeiten, verlangte vielmehr von ihnen, daß sie auf Grund einiger
Prinzipien ihre technischen Probleme selbst lösten. »Aber«, schreibt sie,
»er gab beständig so erleuchtende Deutungen und Beispiele der künstlerischen Seite der Technik, und seine Ansprüche an Klarheit, Ebenmaß und
Freiheit im technischen Mechanismus sowohl als auch an Tonschönheit
waren so zwingend, daß der zu beschreitende Weg deutlich wurde. Auch
war es klar, daß keine Einzelheit dieses harten Aufstieges übersehen werden durfte. Vollendung, nichts Geringeres, war das Ziel.« Phrasierung,
Klangfarbe und Tonqualität seien Busonis beständige Sorge gewesen. Er
verlangte auch im Akkordspiel den singenden, musikalischen, angeneh-
men Ton, gleichgültig, was ausgedrückt werden sollte. Die Pedalbehand-
lung nahm einen wichtigen Raum in seinem Spiel und seinem Unterricht
ein. Den Rhythmus betrachtete er als den Herzschlag einer Komposition,
untrennbar von ihrem Charakter und ihrer Botschaft.

Sie rühmt an Busoni seinen tiefen Respekt für alles, was echt und aufrichtig im menschlichen Bereich war, sowie für echtes Gefühl. Doch habe
er unbarmherzig zurückgewiesen, was an Sentimentalität oder billige
Empfindsamkeit grenzte. Darin sei er ein Anhänger Bernard Shaws gewesen. Verdienste in der Arbeit seiner Kollegen habe er stets als erster an-
erkannt, wie er auch immer bereit war, jungen, strebenden Künstlern zu
helfen.

(H. H. Stuckenschmidt)

Charles Cooke

Die Freuden des Klavierspiels

Die schwächsten Stellen werden zu den stärksten

Chirurgen erzählen uns, daß der Punkt, wo ein Glied einmal gebrochen war, nach richtiger Behandlung zum stärksten des ganzen Gliedes werden kann. Ich möchte eine Parallele zu unserer Aufgabe ziehen und damit einen wichtigen Faktor in unserer Arbeit herausstreichen.

An schwierigen Stellen besonders hart zu arbeiten, ist kein neuer Grundsatz. Aber wie ich davon spreche, mag neu sein. Denn ich führe ihn nicht nur mit besonderer Betonung, mit Beharrlichkeit an, nein, mit Fanatismus, als Manie!

Ich schaue Ihnen nun stracks in die Augen und spreche langsam, eindringlich und ziemlich laut:

Wir müssen die Stellen, die uns besonders schwierig vorkommen, anstreichen und sie dann geduldig, konzentriert, klug, unermüdlich bearbeiten, bis wir jedes gegnerische Element völlig daraus verbannt, sie so ganz und durchwegs behandelt haben, daß sie zu unserem stärksten Punkt im Stücke werden.

So, mein wichtigster Satz ist gesprochen. Sie haben die Basis erkannt, worauf allein sie Ihr Klavierspiel zu Dimensionen ausbauen können, die Ihnen bisher utopisch erschienen sind. Klavierlehrer messen im allgemeinen dieser melodramatischen Tatsache so wenig Bedeutung bei, wie sie die Schüler ein Stück vollständig erarbeiten oder auswendig lernen lassen. Und doch enthält diese einfache Wahrheit so viele, unvergleichliche Vorzüge, daß ich kaum weiß, womit aufzählen beginnen.

Erstens: während die schwächsten Stellen des Stückes zu den stärksten werden, vermindert sich sogleich dessen Gesamtschwierigkeit. Auf einmal haben Sie nicht mehr ein Stück der letzten, sondern nur noch eines der mittleren Stufe, oder wie Sie die Schwierigkeitsgrade benennen wollen, vor sich.

Zweitens: jede Stelle, die Sie fanatisch geübt haben, bietet für die letzte Arbeitsstufe, das Auswendiglernen, keine Schwierigkeiten mehr.

Drittens: an jeder dieser Stellen machen Sie einen technischen Fortschritt. Sie arbeiteten besonders daran, weil Sie sie schwierig fanden. Sie hielten sich dabei das Ziel, die Beherrschung des Stückes vor Augen; aber unumgänglich lösen Sie zugleich technische Probleme. Und während Sie Ihr Repertoire vergrößern, festigen Sie Ihr technisches Können.

Viertens: wenn Sie nie zuvor ein Stück auswendig lernten, wird dieses System eine Einleitung dazu sein, und es wird Sie fesseln. Sie werden eine schwierige Stelle nie beherrschen, wenn Sie diese nicht schon bald am Anfang auswendig lernen. Diese Stellen sind nie so lang wie ein Stück, sie umschließen Takte, nicht Seiten. Sie werden sie also mit ziemlich wenig Gedächtnisaufwand auswendig lernen.

Falls Sie Stellen anstreichen müßten, die sich über Seiten und nicht Takte hinziehen, ist das Stück wahrscheinlich noch zu schwierig für Sie, und Sie sollten es beiseite legen und später wieder aufnehmen.

Fünftens: jede Stelle, die Sie erobern, wird Ihnen ein Gefühl zurücklassen, das zu beschreiben ich mich nicht vergreife. Sie werden auch eine Selbstsicherheit erlangen, die das Bewußtsein, durch selbstgeplante, sorgfältig durchgeführte Arbeit einen Gipfel von Schwierigkeiten erklommen zu haben, noch um vieles hebt.

Sechstens und letztens: die nächste Stufe unserer Arbeit, das Auswendiglernen des ganzen Stückes, ist nun um so viel leichter, daß sie zum restlosen Genuß wird.

Sie sehen, wir greifen unsere Arbeit von der schwierigsten Seite an, um nachher besser fortschreiten zu können – wie ich Ihnen schon sagte. Doch denken Sie daran: die schwersten Stellen zu erobern, ist nicht so verzweifelt hart, wie es uns zu Beginn scheinen mag. Natürlich müssen wir ein technisch schwieriges Problem lösen, aber dessen Kürze erleichtert es uns.

Poldi Mildner hat mir dieses System beigebracht. Kurz nach ihrem sensationellen Début im Jahre 1939 in der Town Hall habe ich diese junge Österreicherin gefragt, wie sie übe und besonders, wie sie Balakirevs unüberwindlich kompliziertes »Islamey« gelernt habe, welches sie wie eine Beethoven-Bagatelle aus dem Ärmel schüttelte. Ihre Antwort war kurz, aber einleuchtend: »Ich lerne zuerst die schwierigen Stellen, ja.« Wir Amateure werden Balakirevs »Fingerbrecher« als *eine* schwierige Stelle betrachten, ja. Doch dies soll uns nicht hindern, bei den uns zugänglichen Stücken Fräulein Mildners Grundsatz zu befolgen. Wenn Sie tatsächlich getreu nach meinen Anweisungen arbeiten, wenn Sie Poldis Rat noch mehr zu Herzen nehmen, als sie selbst (wie ich später von ihr erfuhr) es tat.

Ich schlage Ihnen folgendes vor: stellen Sie die Partitur, die Sie vollkommen zu lernen beschlossen haben, vor sich auf.

Spielen Sie das Stück ganz durch, so gut es geht. Sie werden es nun ungefähr einschätzen können und werden wissen, wo sich seine »Frakturen« befinden. Überall, wo Sie anhalten mußten oder strauchelten, befindet sich eine solche Stelle, eine doppelte oder auch eine einfache »Fraktur«.

Nun spielen Sie das Stück nochmals durch. Vor jeder »Fraktur« machen Sie halt und streichen Sie mit Bleistift an.

Tun Sie das so: schließen Sie in diese Stellen einige vorangehende und einige nachfolgende Takte ein. Um mit der figürlichen Sprache Amok zu laufen, sind diese Takte die »Dübel«, mit denen das Ganze einer sauberen Schreinerarbeit gleichsieht. Besonders für ein assoziatives Gedächtnis ist es wichtig, daß diese »Dübel« fest sitzen. Markieren Sie die Stelle, mit irgendwelchem Zeichen unter der Sonne, mit einem Kreuz, einem Kreis, einem Pfeil, einem weisenden Finger. Ich persönlich zeichne den Anfang folgendermaßen an: $\ulcorner$; ich setze dieses Zeichen über die Notenlinien der rechten und zum Schluß dieses $\urcorner$ unter die der linken Hand. Diese Zeichen sollen deutlich genug sein, um gut gesehen zu werden, und doch leicht genug, um ausradiert zu werden, wenn der große Moment gekommen ist, da Sie sich ehrlich sagen können: was einst eine »Bruchstelle« war, ist nun mein stärkster Punkt im ganzen Stück.

Jetzt ist als die schwache Stelle erst angezeichnet, nun beginnt die Arbeit:

Spielen Sie die Stelle verschiedene Male langsam durch, immer mit den »Dübeln«; überprüfen Sie, ob jede Note stimmt, ob Sie jede Pause im Verhältnis zu dem langsamen Tempo richtig einhalten, ob Sie alle dynamischen Hinweise (p, f, sf, crescendos usw.) und die des Anschlags (staccato und legato) berücksichtigen.

Gebrauchen Sie den Fingersatz, der Ihnen am besten paßt. In guten Ausgaben ist er im allgemeinen zweckmäßig; aber wenn es ein Problem gibt beim Klavierspielen, das Sie nach eigenem Gutdünken lösen müssen, so ist es das des Fingersatzes. Die besten Lehrer werden Ihnen dies versichern. Wenn Sie den zu Ihrer Hand passendsten Fingersatz gefunden haben, notieren Sie ihn; dann bleiben Sie dabei, außer der eine oder andere erwiese sich beim wiederholten Üben als unbequem; in diesem Falle korrigieren Sie ihn, rahmen Sie den neugewählten ein, damit Sie nicht immer wieder auf den ersteren zurückgreifen!

Sobald Sie sich in all diesen Punkten sicher fühlen, wiederholen Sie die Stelle so lange, bis Sie sie fehlerlos spielen.

Tobias Matthay warnte seine Schüler immer vor träger, automatischer, gedanken- und sinnloser Wiederholung, die zu keinem Ergebnis führen kann. Er nannte diese Art des Übens einen Versuch, dem Klavier die Stelle beizubringen, statt uns selber!

Matthays Warnung müssen wir sehr ernst nehmen. Jede Wiederholung soll uns voll und ganz beanspruchen. So wird uns auch die Arbeit nie undankbar vorkommen, und sie wird lebendig bleiben.

Wichtig ist, daß wir langsam spielen. »Langsames Üben ist der einzige Weg zu geläufigem Spiel« (Josef Hofmann). »Ich empfehle langsames Üben bei genauester Beachtung jeder Einzelheit« (Teresa Carreño). »Langsames Üben garantiert nicht für Konzentration, aber Konzentration – besonders wo sich Probleme stellen – bedingt langsames Üben« (Egon Petri). »Nichts ist verheerender als zu schnelles Üben; es führt ausnahmslos zu schlechten Resultaten und ist reiner Zeitverlust« (Ernest Schelling).

Auch das Prestissimo besteht aus einer Anzahl selbständiger Bewegungen, die ineinanderfließen. Bei langsamem Üben können wir jede dieser Bewegungen erfassen und zuerst bewußt ausführen.

Arbeiten Sie, nur solange es Ihnen nötig erscheint, nach Noten. Sie werden eine Stelle auswendig spielen, bevor Sie dies bewußt versuchen. Hier spreche ich noch nicht von den verschiedenen Gedächtnisstützen, die ich im nächsten Abschnitt anführen werde. Falls Sie wirksame Hilfsmittel zum Auswendiglernen eines Stückes schon kennen, werden Sie sie natürlich auch auf das Üben der »Bruchstellen« anwenden. Jedoch wird das häufige Wiederholen an sich schon dafür sorgen. Wenn Sie eine Stelle erstmals auswendig spielen, behalten Sie die Noten noch vor Augen, damit Sie sich im Notfall mit einem kurzen Blick zurechthelfen können, dann erst legen Sie die Noten weg und schauen nur noch auf die Klaviatur. »Eine Stelle soll nie zweimal gespielt werden« (Leschetizky). Diese Aussage erscheint uns hier seltsam – dazu noch aus so untadeliger Quelle. Ich will die Worte des großen Meisters aufklären: »Spielen Sie eine Stelle durch, dann warten Sie einen Augenblick und horchen Ihrem Spiel nach, dann erst spielen Sie wieder.« Und da wir Amateure nicht über das technische Können von Leschetizkys Schülern verfügen, werden wir mehr als jene an den technischen Schwierigkeiten arbeiten müssen. Deshalb schlage ich eine kleine Abänderung vor: »Spielen Sie eine Stelle fünfmal durch; dann hören Sie Ihrem Spiel, indem Sie es in Gedanken wiederholen, nach; dann spielen Sie die Stelle fünf weitere Male.«

Fügen Sie dazwischen mehrere Wiederholungen ein – mit geschlossenen Augen. Katherine Ruth Heymann beharrt auf diesem Punkt als regelmäßige Übungsroutine. Sie selber befolgt diesen Grundsatz, wenn sie ein Konzert vorbereitet. »Die innere Sicht hat einen weit schärferen Brennpunkt als die äußere«, sagt sie. Sie werden selbst erkennen, wie wahr diese Behauptung ist. Unzweifelhaft ist die Konzentration, wenn Sie mit geschlossenen Augen spielen, am größten.

Befolgen Sie einen weiteren Ratschlag Miss Heymanns: »Falls die Stimme der linken Hand schwieriger ist als die der rechten, nehmen Sie immer wieder eine Repetition vor, wobei die untere Stimme ›führt‹. Das heißt, spielen Sie kräftig mit der linken Hand und konzentrieren Sie sich auf deren Stimme, während die rechte in einem nebensächlichen Pianissimo nachkommt. Dies ist nicht leicht, es verlangt Übung; und es wirkt Wunder. Ebenso lassen Sie jeweils auch die rechte Hand ›führen‹, obwohl diese Methode öfters auf die linke, schwächere Hand anzuwenden ist. «

Dann fügen Sie Wiederholungen für die genaue dynamische Nuancierung ein: pianissimo; mezzo-forte; beiläufig, wenn Sie sicher sind, der Nachbar sei ausgegangen, fortissimo. Shura Cherkassky begann gewöhnlich sein Wiederholungsüben mit einem geisterhaft zarten, kaum vernehmbaren Pianissimo.

Üben Sie immer wieder einhändig. Oft vermag nur eine Hand allein ein Problem zu lösen; dieses Einzelspiel enthüllt auf alle Fälle die Schwächen.

Es gibt zwei Schulen über die Tempi des Übens. Die eine sagt, schwierige Stellen müßten zuerst unzählige Male sehr langsam, dann einmal in normalem Tempo, dann wieder langsam usw. gespielt werden. Diese befolgte ich und empfehle sie auch Ihnen. Ich habe immer wieder feststellen können, wie langsames Üben Wunder wirkt. Aber vielleicht finden Sie die zweite wirkungsvoller, welche empfiehlt, langsam zu beginnen, das Tempo allmählich zu steigern, bis wir bei der richtigen Geschwindigkeit angelangt sind. Falls Sie glauben, diese Methode bringe Sie rascher zum Ziel, machen Sie sich diese zu eigen. Vielleicht verlangt eine Stelle diese, eine andere jene Methode. Prüfen Sie selbst.

Unabhängig von der Methode, die Sie anwenden, nenne ich Ihnen einen Trick für besonders schwierige Stellen. Gewöhnen Sie sich häufige Wiederholungen weit über dem vorgeschriebenen Tempo an. Wenn Sie eine Stelle »über dem Tempo« beherrschen, ist es ein Leichtes, sie gebührend ins gesamte Stück einzuordnen. Dabei wächst Ihre Sicherheit außerordentlich an.

Zum Schluß spielen Sie mit beiden Händen zusammen. Daß Paderewski dies nicht tat, soll Sie nicht abhalten. Paderewski hin oder her, es ist eine schlechte Gewohnheit, dies nicht zu tun. Sie mögen das Gefühl haben. Sie spielten beide Hände genau zusammen. Lassen Sie trotzdem einen Freund zeitweise darüber urteilen, oder besser, nehmen Sie hin und wieder ein Stück auf eine Platte auf. Sie werden erstaunt sein, wenn Sie sich selber hören; Sie werden erkennen, daß Ihre Hände weit weniger aufeinander abgestimmt sind, als Sie glaubten. Die Abhilfe? *Denken* Sie sich beide Hände zusammen, und Sie werden zusammen spielen. Gewöhnen Sie sich daran, sorgfältiger als bisher auf diesen Punkt zu achten.

Vielleicht ist Ihnen aufgefallen, daß ich nichts über die Anzahl der Wiederholungen einer schwierigen Stelle sagte. Es war Absicht. Darüber können Sie am besten selbst entscheiden; es wird von einer zur anderen Stelle verschieden sein. Fünfundzwanzig Wiederholungen einer schwierigen Stelle sind mein durchschnittliches Tagesprogramm; wollte ich mehr tun, müßte ich meine Übungsstunde zu sehr ausdehnen. Allgemein kann nur gesagt werden, daß die Festigung einer schwachen Stelle viele tägliche Wiederholungen (ob zehn, fünfundzwanzig oder fünfzig) während längerer Zeit (während Tagen, Wochen oder in besonders hartnäckigen Fällen Monaten) erfordert. Da unsere Arbeit ja unser Hobby ist und sich über Jahre und Jahrzehnte ausdehnt, besteht kein Grund, weshalb wir versuchen sollten, eine schwierige Stelle – oder sie sei kaum noch schwierig zu nennen – in einem Tag zu erlernen. Wir arbeiten einfach daran, solange es nötig ist.

Das Thema der täglichen Wiederholungen bringt uns zu der Frage zurück, ob wir einen Zähler benützen sollen. Ich bin dafür; zählen Sie täglich Ihre Wiederholungen und versuchen Sie nicht, ohne Zähler zu üben, doch auch dieser Entscheid sei Ihnen freigestellt. Es gibt Leute, die einverstanden sind, täglich zu üben, aber einwenden, ihr Ziel sei, eine bestimmte Stelle zu beherrschen, und nicht, eine gewisse Anzahl Wiederholungen vorzunehmen. Nun, mein Ziel ist dasselbe: eine Stelle zu üben, bis ich sie einwandfrei spiele; aber ich finde, ein Zähler spornt mich zu längerer, ausgiebigerer und besserer Arbeit an. Diese Idee mag etwa der Tatsache gleichkommen, daß Hunde besser rennen, wenn sie ein mechanischer Hase anspornt. Falls Sie sich zu einem Zähler entschließen, können Sie dazu verwenden, was Sie gerade unter der Hand haben: Zündhölzer, Papierstreifen, Spielfiguren … Ich benütze eine teuflisch geschickte Einrichtung: einen Kinderzählrahmen mit zwanzig Kügelchen. Nach jeder Wiederholung stoße ich ein Kügelchen nach der anderen Seite. Dieses Zählsystem kostet mich sozusagen nichts und ist die Einfachheit selber. Ich habe diesen Zähler in einem Warenhaus gekauft und den Teil, den ich nicht brauche, abgesägt.

Beginnen Sie Ihre täglichen zwanzig oder dreißig Minuten Repertoire mit den Wiederholungen der schwachen Stellen. Ich arbeite immer an zwei oder drei Stellen auf einmal. Jeden Tag werden sie stärker, und sobald eine Stelle zum Einsetzen ins Stück bereit ist, tritt eine neue aus meiner »Stellenliste« (die sich über Kilometer erstreckt) an deren Platz. Nichts beglückt mein Herz mehr, als eine erstarkte »Stelle« ins Stück einsetzen zu können.

Hier gebe ich Ihnen einige Beispiele typisch »schwacher Stellen« (die kleinen Noten sind die »Dübel«). In jedem Falle sind diese Stellen zwei bis mehrere »Grade« schwieriger als der Rest des Stückes. Prüfen Sie sie genau und zeichnen Sie danach Ihre eigenen »Stellen« an. Ich habe den Fingersatz mit aller Sorgfalt eingetragen; aber ändern Sie ihn beliebig nach Ihrem Gutdünken ab. Falls Sie diese Stücke nicht in Ihr Repertoire aufnehmen wollen, verlieren Sie nicht zu viel Zeit mit den hier aufgezeichneten Beispielen. Wenn Sie diese Stücke interessieren, spielen Sie die daraus angeführten Stellen. Wenn Ihnen dies gelingt, können Sie sich ohne weiteres an das jeweilige Stück heranmachen. Wenn nicht, versuchen Sie es mit dem ersten Schritt, indem Sie eine Stelle, gemäß der vorangegangenen Methode, wiederholen. Urteilen Sie dann, ob Sie die Stelle bei andauernder konzentrierter Arbeit zu erlernen vermögen. Wenn ja, können Sie das Stück ebenfalls in Angriff nehmen.

Aus Bachs Gavotte und Musette in C-moll

Dieses Beispiel und das darauffolgende sind kaum schwieriger als das Stück, dem sie angehören. Beim ersten liegt das Problem im leichten rhythmischen Staccato der rechten Hand, das die führende Melodie der linken begleitet. Die Noten müssen präzis zusammen angeschlagen werden; doch Klangfarbe und Ausdruck der beiden Stimmen sind verschieden. Die größte Schwierigkeit liegt im zweiten Taktschlag des dritten Taktes. Machen Sie diesen Takt zu einer »Fraktur« in der »Fraktur« und wiederholen Sie ihn bei jeder Repetition der ganzen »Fraktur« zweimal. Diesen dritten Takt ganz zu spielen, bedeutet exakte »Dübelarbeit« an der »Bruchstelle«. Was den Fingersatz anbetrifft, mag der rechte vierte Finger auf dem einleitenden F auf den ersten Blick seltsam erscheinen; aber denken Sie daran, daß dies ein Auszug ist, und daß der vierte Finger durch das Vorangehende bedingt ist. Beachten Sie, daß in der rechten Hand der vierte Finger jede Gruppe von vier Achteln, außer einer, beginnt. Der Triller, welcher der abschließende »Dübel« der »Bruchstelle« ist, setzt auf der Hilfsnote B ein.

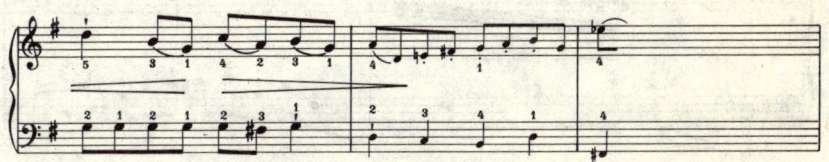

Aus Bachs Gavotte und Musette in g-moll

In der vorangehenden Passage wird in der linken Hand dieselbe Note immer wiederholt. Bülow empfiehlt für die linke Hand im zweiten und dritten Takt den Fingersatz 1 14321432121. James Friskin setzt 1 21212121231, was ich als leichter und besser artikuliert empfinde. Welcher Fingersatz paßt Ihrer Hand am besten? Machen Sie ausgiebige Versuche, bevor Sie sich entscheiden.

Nun kommen wir zu einem bemerkenswerten Paar von »Frakturen«. Wenn wir diese in Ordnung bringen, können wir unsere Sammlung um ein bezauberndes Chopin Nocturne, welches außer diesen beiden Stellen keine besonderen Schwierigkeiten aufweist, bereichern. Diese »Frakturen« unterscheiden sich von denen der Bach-Gavotte dadurch: ihr Schwierigkeitsgrad befindet sich turmhoch über dem des übrigen Stükkes.

Halten Sie die rechte Hand gut ausgebreitet: wenn Sie zu der Dis-Vorschlagsnote gelangen, befindet sich der fünfte Finger schon näher dem Fis, und Sie werden dieses eher präzis anschlagen können. Beachten Sie im gleichen Takt den rechten Daumen auf dem letzten E vor dem Dis-H-Akkord mit dem Fingersatz 5/2. Diese Art bequemen Überganges von einer Note zu einem Akkord werden Sie selbst schon ausfindig gemacht haben.

Aus Chopins Nocturne in E-moll Op. 72, No. 1 (Andante)

In der zweiten »Fraktur« liegt die Schwierigkeit (abgesehen von den beiden Läufen in der rechten Hand) im gehaltenen H (das auf das Ais übergeht) unter dem Cis-Triller. Erproben Sie Ihren Fingersatz. Hier ist Joseffys angegeben.

In diesen beiden »Frakturen« haben wir vier Läufe in der rechten Hand; die letzten drei sind polyrhythmisch. Der erste Lauf, sechs Noten gegen drei, ist einfach. Dann folgen acht auf drei, zehn auf drei und elf auf drei Noten. Üben Sie jede Hand allein; dann bringen Sie die beiden Stimmen überein, indem Sie die gemeinsamen Anschläge fest im Auge behalten. In diesem Beispiel ist die »Landungsnote«, wo beide Hände »landen«, immer H, einfach oder im Akkord.

Dies wäre ein Weg, die polyrhythmische Schwierigkeit zu lösen, ein anderer ist die Methode, die Ruth Heymann anwandte; siehe Anhang B.

Hier kann die wichtige Regel, »Frakturen« zu behandeln, benützt werden: die Hand, welche die leichtere Aufgabe hat, beginnt. Lernen Sie deren Partitur rasch auswendig, üben Sie, bis sie spielend läuft. Dann können Sie sie sozusagen vergessen, während Sie sich mit voller Konzentration den größeren Schwierigkeiten der anderen Hand zuwenden. In den angeführten Stellen hat die linke Hand keine Probleme zu lösen; die Schwerarbeit fällt der rechten zu.

Aus Debussys »Clair de Lune«
(Andante très expressif)

Dieser Ausschnitt aus Debussys lieblichem »Clair de lune« enthält im ersten Ganztakt den dynamischen Höhepunkt des Stückes. Schon dies bedingt, daß wir die Stelle als »Fraktur« betrachten; denn Versagen auf dem Höhepunkt ist unzulässig!

In den beiden Takten dieses Ausschnittes spielen die Hände in entgegengesetzter Richtung, um dann parallel zu enden.

Beide Hände bewegen sich in striktem Legato. In der linken Hand ist dies recht schwierig, da sich die Noten nicht griffleicht folgen; deshalb muß dem Fingersatz besondere Beachtung geschenkt werden. Sie haben hier meinen Fingersatz, wie er sich nach fünfjähriger Arbeit am Stück ergeben hat. Das erste Fis, eine punktierte halbe Note, wird nur so lange wie die übrigen Sechzehntel gehalten; daraus eine punktierte Halbe zu machen und sie zur punktierten Viertelnote hinüberzubinden, ist Debussys Art anzudeuten, das Pedal müsse diese durch den ganzen Takt hindurch nachziehen, woraus das für ihn charakteristische Verwischte, Nebelhafte entsteht. Beachten Sie, daß das abschließende Fis in der zweiten Sechsnotengruppe der linken Hand mit dem vierten Finger gespielt wird, aber mit dem fünften in der folgenden Gruppe. Der vierte im ersten Fall gestaltet den Übergang weicher; im zweiten Fall erlaubt der Ausdruck den mehr pianistischen Fingersatz. Der fünfte Finger auf diesem Fis und gleich wieder auf dem nächsten, eine Oktave höher, ermöglicht den korrekten Fingersatz im angefangenen Lauf.

Wenn Ihnen mein Fingersatz zusagt, greifen Sie voll in die Noten, wie es die Bögen gebieten. Spielen Sie jede Hand zehnmal, langsam, ziemlich laut. Dann spielen Sie die linke Hand in derselben, nicht debussyschen Weise. Fügen Sie die rechte Hand bei. In beiden Takten bleibt sie sich gleich, außer einer neuen Stimme auf dem siebenten Achtelschlag im zweiten Takt. Doch diese neue Stimme läßt den Punkt zum einzigen gefährlichen der rechten Hand werden. Das Pedal kann das E-Gis halten, bis das A dazukommt; aber erst der Fingerwechsel 3/1 zu 5/3 vermag ein perfektes Legato hervorzubringen. Dieser Wechsel wurde mir erst nach langem Üben vertraut. Gehen Sie mit Ausdauer daran, und lassen Sie nicht locker, bis Ihnen der Fingerwechsel leicht von der Hand läuft.

Zum Schluß muß natürlich das Ganze sehr zart und in dem typisch »geklebten« Legato, das so vieler Musik Debussys eigen ist, gespielt werden.

Und gerade hier will ich noch eine Übungsmethode anführen, welche in kürzester Zeit Wunder schafft und dauerhafte Ergebnisse hervorbringt. Katherine Ruth Heymann ist deren Urheberin, und sie nannte sie den

»Triple Stroke« (den dreifachen Anschlag). Hier sind zur Illustration die ersten sechs Noten der linken Hand aus der Debussy-Passage in Form einer Übung des dreifachen Anschlages wiedergegeben:

Führen Sie dies weiter (die letzten fünf Noten verlangen keine so intensive Behandlung), beginnen Sie langsam mit einem sauberen, mozartschen Anschlag. Nach vielen langsamen Wiederholungen erst erhöhen Sie das Tempo, während Sie die Finger etwas weniger hoch von den Tasten heben. Zuerst haben Sie die normalgroße Note besonders betont; schlagen Sie diese bei zunehmender Geschwindigkeit zarter an. Nach jeder zehnten Repetition spielen Sie einmal gemäß dem Originalnotenbild. Sie werden in erstaunlich kurzer Zeit ein erstaunliches Resultat feststellen. Diese Methode verankert die Noten gleichsam dreifach in Ihre Fingerspitzen. Wenn Ihnen die Läufe der rechten Hand im vorangehenden Chopin-Ausschnitt Mühe machen, nehmen Sie sie einzeln vor und üben Sie daran nach der Methode des dreifachen Anschlages.

Wenden Sie die Methode des dreifachen Anschlages auf alle Läufe beider Hände an, wenn immer sie Ihnen Schwierigkeiten machen.

Aus Debussys »La Fille aux cheveux de lin«
(très calme et doucement expressif)

Auch diese »Fraktur« verlangt einen sorgfältigen Fingersatz. Debussy hat keinen angegeben; erproben Sie ihn selbst, und Debussy wird Ihnen aus dem Jenseits zulächeln. Er machte sich viel daraus, seine Kompositionen ohne Fingersatz herauszugeben; er schrieb in diesem Zusammenhang: »Es ist klar, daß *ein* Fingersatz nicht verschieden geformten Händen passen kann. Das Erproben des eigenen Fingersatzes ist eine gute Übung … und entspricht dem alten Wort: ›Keiner dient uns besser als wir selbst‹.«

Ein einziger Takt aus Palmgrens »May Night« ist unser letztes »Fraktur«-Beispiel. In diesem Stücke ist es die einzige schwierige Stelle und der Mühe wert, erobert zu werden. Üben Sie sie, lernen Sie sie auswendig, und bald werden sie ein köstliches neues Stück in Ihr Repertoire aufnehmen können. Einen längeren Ausschnitt aus »May Night«, der diese Fraktur einschließt, finden Sie im nächsten Kapitel, welches sich mit dem Problem der Gedächtnisstützen befaßt. Wenn Sie einen Blick auf S. 82* werfen wollen, finden Sie nützlichen Beistand zum Analysieren dieser »Fraktur«.

Aus Palmgrens »May Night«
(Poco andante e placido)

Das nächste Beispiel ist nicht eigentlich eine Fraktur. Dieser Anfangstakt aus Chopins Etüde in A-dur, Op. 25, Nr. 1, gibt uns ein Bild des ganzen Stückes, da das ganze Stück, diesem Takt entsprechend, regelmäßig aufgebaut ist. Erobern Sie diesen einzelnen Takt, und Sie werden bald Chopins große Etüde, »Äolsharfe«, Ihr Eigen nennen. Diesen Takt zu erobern, ist nicht leicht: es heißt, die Es der rechten Hand in wunderschön singende Klänge zu verwandeln; es heißt, die As der linken entschlossen, aber nicht zu laut zu spielen; es heißt, alle Zwischennoten weich mur-

* Des Originalbuches, in diesem Auszug leider nicht enthalten.

melnd wiederzugeben. Wenn Sie dies alles erreicht haben, ist der Rest der Komposition – falls Sie völlig locker anfangen und weiterfahren – nicht mehr schwierig, auch wenn die Figuren im Laufe des Stückes etwas mehr ausgebaut sind. Die Schwierigkeit dieser Komposition liegt also in dem einen Takt, oder in jedem beliebigen Takt außer der Schlußarpeggien. Es gibt viele solche Stücke in der Klavierliteratur.

Aus Chopins Etüde in As, Op. 25, No. 1
(Allegro sostenuto)

Ich nehme an, ich habe Ihnen meinen Standpunkt klargemacht, daß das »Fraktur«-Üben bei weitem nicht der Repetitionen wegen langweilig, sondern abwechslungsreich und die denkbar interessanteste Arbeit ist. Das geistige wie das manuelle Erfassen einer Stelle wechselt mit dem Üben stets, gemäß dem immer wachsenden Fortschritt. Zuerst kommt uns die Stelle fremd vor, dann bekannt, dann vollkommen vertraut. Dann erwächst eine innige Verbindung mit ihr, und das letzte Stadium des Verhältnisses kann ich wohl am besten mit »tiefer Innigkeit« kennzeichnen. Die Partitur ist Ihnen nun so vertraut wie Ihr eigener Name. Mich dünkt, der Weg zu diesem letzten Verhältnis sei verschieden von einer »Fraktur« zur anderen. Manchmal ist er langsam gleichmäßig ansteigend, manchmal ist man plötzlich, unerwartet am Ziel. Doch jede Repetition – ich betone, *jede!* – bringt uns dem Ziel näher, wovon Egon Petri sagte, man spiele die Stelle »mit unbewußter, mechanischer Sicherheit«.

Aber auch dieses Stadium ist vergänglich. Nur weitere Repetitionen werden darauf zurückführen. Doch mit jedem Verblassen und jedem Wiedergewinnen wird uns die Stelle noch vertrauter. Sie werden nun selbst beurteilen können, wann eine »Fraktur« so völlig hergestellt und nicht mehr einer der schwächsten Punkte, sondern der stärkste im Stück ist.

Wenn Sie einmal eine »Fraktur« behandelt haben und Sie die Stelle beherrschen, werden Sie sie nochmals mit dem Rest des Stückes üben; so bleibt sie Ihren Fingern geläufig. Wenn Sie das Stück beiseite legen und nach einiger Zeit wieder aufnehmen, werden Sie die »Fraktur«-Stelle rascher zurückgewinnen als den übrigen Teil des Stückes.

Machen wir aus dem »Fraktur«-Üben eine Lebensgewohnheit in unserem Klavierstudium. Nichts kann den Weg zu der nächsten Phase unserer Arbeit besser ebnen.

(Übersetzung von Thymiane Kaiser)

Charles Cooke war ein Klavierspieler, ein leidenschaftlicher Musikliebhaber und Journalist, der in der Zeit vor dem 2. Weltkrieg alle damals bekannten Pianisten über Klavierspiel befragt hat. Sein Buch »Freuden des Klavierspiels« ist in Amerika sehr bekannt geworden und wurde von berühmten Pianisten als eine der bedeutendsten Veröffentlichungen über Klavierspiel begrüßt. Das Kapitel »Die schwächsten Stellen werden zu den stärksten« zeigt in eindrucksvoller Weise, wie man üben sollte, lehrreich für jeden Instrumentalisten. Das ganze Buch ist sehr lesenswert und soll wieder erscheinen.

Dinu Lipatti
(1917–1950)

Arbeitspläne, die Lipatti einige Monate vor seinem Tod aufstellte

Sommer 1950

J. Brahms	Konzert B-dur
I. Strawinsky	Capriccio

Sommer 1951

Programm 7

J. S. Bach	Präludium und Fuge in a-moll
J. Haydn	Sonate in c-moll
L. v. Beethoven	Sonate in B-dur, op. 106
F. Chopin	Sonate in b-moll, op. 35

Sommer 1952

L. v. Beethoven	Konzert Nr. 4 in G-dur
C. Franck	Symphonische Variationen

Sommer 1953

Programm 8

J. S. Bach	Chromatische Fantasie und Fuge
Bela Bartok	Suite op. 14
L. v. Beethoven	Sonate in d-moll, op. 31,2
J. Brahms	Variationen über ein Thema von Händel

Sommer 1954

P. Tschaikowsky	Konzert b-moll
P. Hindemith	Konzert

Programm 9

J. S. Bach	Italienisches Konzert
I. Strawinsky	Sonate
F. Liszt	Sonate
C. Debussy	12 Preludes

Sommer 1956

F. Chopin	Konzert f-moll
D. Lipatti	Concerto

Sommer 1957

Programm 10

J. S. Bach	Drei Präludien und Fugen aus dem Wohltemperierten Klavier
F. Chopin	12 Etüden op. 10
J. S. Bach	Drei weitere Präludien und Fugen
F. Chopin	12 Etüden op. 25

Ein Arbeitstag Lipatti's

9.30–12.30	Klavier (Programm 6 und Wiederholung Programm 5)
13.00	Mittagessen
14.00	Post
15.00–17.00	Mittagsruhe
17.00	Spaziergang
17.30–18.30	Komposition
18.30–19.00	Spaziergang
19.30	Abendessen
20.30–22.30	Klavier, jeden Abend 2 Konzerte
	1. Bach/Beethoven
	2. Haydn/Chopin
	3. Mozart Es-dur/Liszt Es-dur
	4. Mozart C-dur/Grieg
	5. Mozart d-moll/Ravel
	6. Schumann/Bartok
	7. Eines der letzten Programme

Unterricht bei Brahms

Berichte von Schülern

Eugenie Schumann

Im Frühling 1872 sagte mir meine Mutter, sie wolle Brahms bitten, mich den Sommer über zu unterrichten, es werde mich eine Anregung von andrer Seite vielleicht zu eifrigerem Studium ermuntern. Ich war sehr betrübt. Mama war also mit meinen Fortschritten nicht zufrieden, und ich meinte doch, mein Bestes getan zu haben; arbeitete ich doch für niemanden lieber als für sie. Und nun kam Brahms wirklich zweimal die Woche, und auf die Minute trat er ins Zimmer, war immer freundlich, immer geduldig und paßte den Unterricht wunderbar dem Grade meiner Begabung und meines Könnens an. Auch gab er sich viel Mühe mit der Ausbildung meiner Finger. Er hatte darüber, wie über Technik im allgemeinen, mehr nachgedacht als meine Mutter, die alle technischen Schwierigkeiten in einem Alter überwunden hatte, in welchem man sich noch nicht Rechenschaft gibt. Er ließ mich viele technische Übungen spielen; Tonleitern und Arpeggien verstanden sich von selbst. Besondere Aufmerksamkeit widmete er der Ausbildung des Daumens, welchem er, wie sich noch mancher erinnern wird, in seinem eigenen Spiele eine wichtige Rolle zuteilte. Hatte der Daumen einzusetzen, so warf er ihn schlenkernd, die andern Finger ballend, auf die Taste, und dadurch, daß er dabei das Handgelenk lockerte, blieb der Anschlag auch im stärksten Forte weich und voll.

Ich mußte die Taste, auf die der Daumen kam, wie im Fluge nehmen und die erste von je vier Noten scharf akzentuieren. Dann übte ich dasselbe in Triolen mit scharfen Akzenten auf der ersten Note jeder Triole. Sobald ich die Übungen in den Tonarten ohne Obertaste gut konnte, spielte ich sie, immer mit dem Daumen anfangend, in Cis und Fis, in As, Es und Des-dur.

Danach kam der Dreiklang und die Versetzungen durch drei und vier Oktaven ebenfalls in Quartolen und Triolen mit dem Akzent zuerst auf der ersten, hatte ich das etwa zehnmal gespielt, mit dem Akzent auf der zweiten, dann auf der dritten Note jeder Figur, damit die Finger möglichst gleichmäßig gekräftigt würden. Auch übte ich diese Arpeggien abwechselnd in Triolen und Sextolen, wobei ich den Unterschied zwischen den zweimal drei Noten, und den dreimal zwei Noten scharf betonen mußte.

Triller ließ mich Brahms ebenfalls in Triolen üben. In allen Übungen mußte ich die nicht akzentuierten Noten sehr leicht spielen. Die chromatische Tonleiter übte ich mit erstem und drittem, erstem und viertem und erstem und fünftem Finger und wiederholte dabei zur Übung des Untersetzens öfters zwei nebeneinanderliegende Töne.

Man sieht, es waren sehr einfache Übungen, doch fand ich sie bei genauer Ausübung erst in langsamem, dann in schnellem und schnellstem Tempo für die Kräftigung, Lockerung und Beherrschung der Finger äußerst nützlich. Ich spielte auch von den schweren Übungen, die sich unter den »einundfünfzig Übungen für das Pianoforte von Brahms« befinden, während er die einfachen, musikalisch unbedeutenden darin nicht aufgenommen hat.

Was Etüden anbelange, so solle man leichte spielen, meinte Brahms, diese aber so schnell wie möglich. Er hielt sehr viel auf den Gradus ad Parnassum von Clementi, und daraus spielte ich eine große Anzahl.

In Bachschen Sachen legte Brahms das größte Gewicht auf den Rhythmus und gab mir in bezug darauf Lehren, die in mir lebendig wurden und meine Empfindung für die Feinheiten rhythmischer Bewegung steigerten. Die stete Wiederkehr der gleichen Akzente bei den gleichen Figuren machte Brahms mir zur Hauptregel, und die Akzente mußte ich weniger durch stärkeres Anschlagen als durch schwereren Druck der zu akzentuierenden und durch leichteres Spielen der unakzentuierten Noten hervorbringen.

Die melodischen Noten der Figuren ließ er mich streng gebunden (legatissimo), harmonische, also die Noten zerlegter Akkorde, jedoch ganz leicht spielen. Rhythmische Akzente, als in dem Wesen der Figur liegend, schrieb er, im Gegensatz zu beabsichtigten, zufälligen, nie über die Note, wohingegen er mir die Phrasierung durch Bogen anschaulich zu machen suchte. Ich durfte jedoch solche durch Bogen zusammengefaßte Teile einer Phrase nie durch Aufheben und Wiederaufsetzen der Hand, sondern nur durch rhythmischen Druck und Schattierung bezeichnen.

Sehr eingehend behandelte Brahms Synkopen. Sie mußten genau nach ihrem Werte durchklingen, und entstanden im Zusammenklang mit den Noten der andern Stimme Dissonanzen, so ließ mich Brahms hinhorchen, wie die synkopierte Note mit jeder einzelnen dissonierenden klang. Ebenso interessant machte er mir das Wesen der Vorhalte, die ich ihm nie schwer genug spielen konnte. – Von allen Stücken, die ich bei Brahms spielte, wurden mir die französischen Suiten die liebsten; es war geradezu ein Genuß, sie auf diese Art zu studieren, und ich lernte darin Dinge sehen, an denen ich bisher achtlos vorübergegangen war und die mir nie wieder verlorengingen.

Brahms erlaubte mir in Bachschen Stücken gelegentlich ein schweres Abheben der Noten (Portamento), nie aber ein Stakkato. »Sie müssen Bach nicht stakkato spielen«, sagte er mir. »Aber Mama bedient sich doch manchmal des Stakkato in Bach«, erwiderte ich. Und da meinte er: »Die Kindheit Ihrer Mutter fällt noch in die Zeit, wo es Mode war, Bach stakkato zu spielen, und da hat sie es an einzelnen Stellen beibehalten.«

Über den Vortrag der Suiten sagte mir Brahms nicht viel, ließ es bei rhythmischen Erläuterungen und den einfachsten Regeln der Schattierung bewenden. »Spielen Sie schlank, recht schlank«, rief er oft bei den bewegten Sätzen. Ich studierte im Laufe des Sommers drei französische Suiten, mehrere Präludien und Fugen aus dem zweiten Heft des Wohltemperierten Klaviers, einige Stücke von Scarlatti, eine ganz unbekannte Sonate von Mozart in F-dur, Variationen, jede in einer andern Tonart, über ein Thema in F-dur von Beethoven, dessen zweiunddreißig Variationen in c-moll; Variationen in B-dur (Impromptu) von Schubert, Lieder ohne Worte von Mendelssohn, ein oder zwei Notturnos von Chopin, und, wenn ich mich recht erinnere, nichts von meinem Vater.

Brahms seine eigenen Sachen spielen zu hören, war, wenn auch nicht immer befriedigend, so doch stets im höchsten Grade interessant. »Eine geistreiche Skizze« nannte einmal Marie treffend sein Spiel des B-dur-Konzerts. Die Themen spielte er sehr eindringlich mit eigentümlich verschobenem Rhythmus; alles Begleitende warf er nur so hin, so daß merkwürdige Licht- und Schattenwirkungen entstanden. Spielte er leidenschaftliche Stücke, so war es, als führe ein Sturmwind durch Wolken, mit kühner Unbekümmertheit herrliche Verheerung anrichtend. Bei solcher Gelegenheit empfand man, wie wenig ihm das Instrument genügte. Vom klavierkünstlerischen Standpunkt aus konnte sein Spiel nie befriedigen, ja, ich habe ihn einmal das Es-dur-Quartett meines Vaters völlig ungenießbar spielen hören. Aber das war ein Ausnahmefall; im allgemeinen beschränkte er sich in späteren Jahren auf das Spiel seiner eigenen Sachen, und dabei kam es ihm nicht auf technische Vollendung an. Einmal spielte er bei uns seine d-Moll-Sonate für Klavier und Violine. Da ist am Ende des dritten Satzes ein »Tranquillo«, und unsre Mutter sagte immer, da gehe man am Schlusse wie auf Eiern. Marie und ich waren nun sehr gespannt, wie Brahms über die Stelle hinwegkommen würde, ohne sich zu verheddern. Aber siehe da, es ging ganz leidlich, denn er nahm das »Tranquillo« so unglaublich langsam, daß ihm nichts passieren konnte. vergnügt lächelten wir uns zu: Der geht auch auf Eiern, dachten wir.

In die ersten Oktobertage des Jahres 1895 fiel Brahms' letzter Besuch bei uns. Er kam mittags von Meiningen und blieb nur vierundzwanzig Stunden. Er war in glücklicher Stimmung; denn er hatte schöne Tage der Anerkennung erlebt, und der Abend, zu dem sich der liebe alte Freund, Herr Kufferath aus Brüssel, seine Kinder Eduard und Antonie Speyer und einige andre bei uns zusammenfanden, gestaltete sich zu einem sehr schönen, harmonischen.

Nach dem Essen baten wir Antonie, etwas zu singen. Sie zu hören war uns immer eine große Freude – ihr Gesang hatte etwas unendlich Weiches und Seelenvolles, und angeborene musikalische Begabung gab ihr eine Sicherheit, die selbst den höchsten Anforderungen genügen mußte. Sie sang uns mehrere Volkslieder – Brahms saß am Flügel. Zum Schluß erbaten wir uns noch unser aller Liebling: »In stiller Nacht«; dieser leisen, erschütternden Klage, todwundem Herzen entsprungen, hat Brahms in einer herrlichen Begleitung durch eigentümliche Verschiebung des Rhythmus – die Begleitung eilt stellenweise der Singstimme um ein Achtel voraus – zu denkbar höchstem Ausdruck verholfen, zugleich aber damit dem Spieler sowohl als auch dem Singenden eine heikle Aufgabe zugemutet.

»Können Sie das denn im Takt singen?« fragt Brahms die Sängerin.

»O ja«, erwidert sie mit schelmischem Lächeln, »wenn *Sie* es nur im Takt spielen können.«

Am andern Morgen hörte ich Mama spielen: Präludium und Fuge sowie Pastorale (beides für die Orgel) von Bach, dann: Romanze in F-dur und Intermezzo e-Moll Opus 118 von Brahms. Eine Weile nachdem sie aufgehört hatte, ging ich in das Musikzimmer. Mama saß seitwärts an ihrem Schreibtisch; ihre Wangen waren sanft gerötet, und das Auge strahlte wie von innerem Licht. Brahms saß ihr gegenüber und sah weich und ergriffen aus. »Ihre Mutter hat mir ganz herrlich vorgespielt«, sagte er. Ich setzte mich zu ihnen. Nach einer Weile bat mich Brahms, ich möchte ihm doch den dritten Band der Beethovenschen Sonaten geben, er wolle etwas nachsehen. Ich ging an Mamas Notengestell und brachte ihm das Verlangte. Er schlug eine bestimmte Seite auf, dann rief er: »Nein, es ist doch zu wunderbar, was für ein inneres Ohr Ihre Mutter hat. Sehen Sie, diese Note steht in allen Ausgaben der Beethovenschen Sonaten; ich habe sie immer für falsch gehalten. Da hatte ich kürzlich Gelegenheit, das

Manuskript der Sonate zu sehen, und da fand ich, daß ich recht mit meiner Ansicht gehabt hatte. Und jetzt sehe ich hier, daß Ihre Mutter die Note schon korrigiert hat. Ihr Ohr ist untrüglich wie das keines andern Musikers.« Da war ich wieder einmal recht stolz auf unser Mütterchen.

Wenige Stunden nachher schied Brahms. Die Freunde umarmten und küßten sich, wie sie es seit Jahren bei jedem Abschied, jedem Wiedersehen getan hatten, aber diesmal war ihnen kein Wiedersehen beschieden. Kurze Zeit nachher erkrankte unsre Mutter, und im Mai des darauffolgenden Jahres wurde sie uns genommen. An ihrem Grabe sah ich Brahms zum letztenmal.

Richard Heuberger

Er griff gleich aus einem Lied eine metrisch sehr komplizierte Stelle heraus und zeigte mir, daß die Musik den Rhythmus des Gedichtes in ihrem Material nicht richtig nachbilde. Er ging um so bestimmter auf die Konstruktion ein, als er anfangs mit ein paar freundlichen Worten erwähnt hatte, daß die Stimmung nicht übel getroffen sei. Eine taktmetrisch sehr schiefe Fügung nahm er besonders vor und bemerkte: »Solche Unregelmäßigkeiten kann man ja machen, aber sie müssen doch in der Sache begründet sein und sicher dastehen. Machen Sie einen Drei- oder Fünftakter, so müssen Sie sehen, wie Sie dann wiederum an richtiger Stelle in den geraden Rhythmus kommen! Auch muß sich eine derartige Konstruktion immer durch den Baß völlig erklären. Der Baß muß eine Art Spiegelbild der Oberstimme sein.« Dann nahm er ein leeres Blatt Notenpapier und begann den von mir komponierten Text in die nur durch die Vertikalstriche bezeichneten, leeren Takte derart hineinzuschreiben, daß jedes Wort rhythmisch richtig dastand. Er meinte, das sei für den Anfänger ein ganz gutes System. Man gebe sich da immer genaue Rechenschaft über die Koinzidenz von Wort- und Musikrhythmus. Dann improvisierte er – zuweilen ganz herrlich – das ganze Lied. Daß dies alles nur technische Dinge seien, die mit dem eigentlichen Dichterischen des musikalischen Schaffens nichts gemein haben, betonte er wiederholt nebenher. Nochmal auf die Lieder zurückkommend, ging er dem Aufbau meiner Melodie aufs Genaueste nach, schliff und feilte daran herum, bis sie ein anderes, wesentlich besseres Gesicht und eine merklich gesündere, harmonische Unterlage bekamen. Als ich äußerte, das sei mir so eingefallen, meinte er: »Das darf einem nicht so einfallen! ... Glauben Sie, eines von meinen ›paar ordentlichen‹ Liedern ist mir fix und fertig eingefallen? Da hab' ich mich kuriös geplagt! ... Wissen Sie, ein Lied muß man – das ist ja nicht wörtlich zu nehmen – pfeifen können ... dann ist es gut!«

Auch an den Begleitfiguren hatte Brahms manches zu bemängeln. Ich hatte an einer rhythmisch unpassenden Stelle die Figuren gewechselt. Da hielt er an und zeigte mir, wie ich, ohne dem Charakteristischen zu schaden, ja dasselbe sogar noch unterstützend, den Wechsel der Begleitfiguren an einen rhythmisch wichtigen Platz hätte verlegen können.

Ich schalte hier ein, daß ich meine Orchestervariationen über ein Schubertsches Thema, nachdem sie bereits in einem Wiener Philharmonischen Konzert aufgeführt worden waren, auf Brahms' Veranlassung einer gründlichen Umarbeitung unterzog, die sich keineswegs auf die Instrumentation – die Brahms gelobt hatte –, sondern auf die richtigere Einführungsart neuer Motive bezog. Er hatte mir von Variation zu Variation Winke über die Art und Weise gegeben, in der ich ändern, bessern sollte.

An den Liedern weiterkorrigierend blieb Brahms nicht bei dem Künstlerischen stehen, sondern hielt sogar das Mechanische des Schreibens einer Besprechung wert. Er fand, daß ich nicht Viertel unter Viertel geschrieben und dadurch die Leichtleserlichkeit geschädigt habe, er empfahl mir, darauf zu achten, die Bogen über Notengruppen ganz genau zu machen, Noten über der Mittellinie eines System hinab und die darunter befindlichen hinaufzustreichen, die Schlüssel ♯ und ♭ genau auf die dafür bestimmten Linien oder Zwischenräume zu setzen – kurz, dem anscheinend rein Äußerlichen der Musiknotenschrift mehr Sorgfalt zuzuwenden. »Da sehen Sie her«, sagte er, brachte aus dem Nebenzimmer die von Wagner selbst autographierte Partitur vom »Tannhäuser« und schlug den langen H-dur-Satz im zweiten Akt auf: »Wagner hat da auf jeder Linie, auf jeder Seite jedes der fünf ♯ peinlich genau an seine Stelle gesetzt, und das ist trotz aller Präzision flott und flüssig geschrieben! Wenn *so* jemand so nett schreiben kann, müssen Sie's auch lernen!« Er blätterte den ganzen Satz durch und deutete schier vorwurfsvoll fast auf jedes Kreuz ganz besonders hin. Ich wurde – je mehr sich Brahms in eine Art didaktischen Zornes hineinredete – immer kleinlauter. Ganz verstummte ich aber, als Brahms nach meiner Bemerkung »für allerlei Konfusion, die in den Köpfen von uns jungen Leuten herrsche, sei in erster Linie Wagner verantwortlich zu machen«... auffuhr, als hätte ihn etwas gestochen ... »Unsinn, – der mißverstandene Wagner hat es euch angetan, vom wirklichen Wagner verstehen die nichts, die durch ihn irre werden. Wagner ist einer der klarsten Köpfe, die je auf der Welt waren!«

Im Lauf der gewiß gegen zwei Stunden dauernden Unterhaltung war ich, da schließlich an meinen armen Liedern kaum ein gutes Haar blieb, endlich in eine korrekte Delinquentenstimmung geraten. Brahms schien das endlich auch zu bemerken und sprach ein paar nach seiner Art ermunternde Worte. Vor allem riet er mir, viel zu schreiben, flüssig zu schreiben und nicht nach geistreichen Wunderlichkeiten zu suchen. Die von ihm zerzausten Lieder habe ich nie drucken lassen. Eine Umarbeitung hätte nach Brahms Ansicht keine Aussicht auf Erfolg gehabt. Ich sah bald ein, daß er recht hatte.

Im Herbst 1880 sagte mir Brahms einmal, er habe bei einer Sängerin, einer ausgezeichneten Dilettantin in Wien, eine Anzahl hübscher Manuskriptlieder von mir gesehen und die Dame begleitet. »Sie verzeihen mir wohl nachträglich, daß ich während des Spielens etliches geändert habe…« Er meinte, mit ein paar Strichen ließe sich da allerlei schärfen, prägnanter, witziger gestalten. Nach ein paar Tagen rückte ich mit dem Liederheft in der Karlsgasse an. (Das Heft ist später als op. 13 bei Kistner in Leipzig erschienen.) Brahms nahm zuerst das Lied »Bitt ihn, o Mutter« vor. Er fand es im Ton ganz vortrefflich, beanstandete aber die Stelle: »Ich sah zwei Augen am letzten Sonntag«. Diese Gruppe war damals etwa noch einmal so lang gedehnt als jetzt. »Müssen das aber Augen gewesen sein!« – sagte Brahms schmunzelnd, »aber für alle anderen Leute sind sie vielleicht doch nicht interessant genug.« Er improvisierte die Stelle dann in knapperer Form, fast genau so, wie sie jetzt in der gedruckten Ausgabe vorliegt. Ich schrieb sie mir aus dem Gedächtnis zu Hause nach und behielt sie bei. In dem Liede »Sagt, seit ihr es, feiner Herr« bestand er darauf, daß einige pikante Intervalle in der Singstimme das Launige der sprechenden Person schärfer hervorhöben. – Auf die Ballade »Die Wolke« übergehend, fand Brahms den Schluß durchaus verfehlt. Ich hatte das Stück damals schier rabiat abgeschlossen. Brahms war für einen bei den Worten »da schlug der Donner« beginnenden, mild versöhnlichen Schluß, den er sofort improvisierte, und den ich – mit ganz geringer Abweichung – beibehielt. Für manches herbe Wort – für das ich übrigens Brahms noch heute unendlich dankbar bin – hat er mich bei anderen Anlässen reichlich entschädigt.

Es konnte kaum jemand schärfer tadeln, aber auch kaum jemand wärmer loben als er. Das eine entsprang seinem gewaltigen Ernst, das andere seiner gleich großen Güte. Die meisten Menschen haben mehr Ernst als Güte an ihm wahrgenommen. Er war eine schamhafte Natur, die gerade jede weichere Regung fast ängstlich vor der Welt verbarg. Diejenigen, die ihn aber von seiner milden Seite kannten, mußten ihn um so inniger lieben.

Es war einmal, um die Jahreswende 1882/83, als Brahms plötzlich, fast heftig in mein Zimmer trat. Er war eben aus Leipzig heimgekommen, wo er meine erste, bereits erwähnte Oper »Die Abenteuer einer Neujahrsnacht« gehört hatte. Max Stägemann, der Direktor des Leipziger Stadttheaters, war mit Brahms befreundet und hatte ihn aufgefordert, die Oper anzuhören. Als Brahms bei mir erschien, kam er darauf sofort zu sprechen: »Es ist viel Schönes in der Oper und was mich namentlich erfreute, ist der Fluß, in dem die Musik fortschreitet. Viel besser als andere Sachen von Ihnen!« Er lobte dann ausdrücklich das Kräftig-Dramatische der Musik. Dann kam er zu Vorbehalten. »Ich hörte so manches kontrapunktlich Unvollkommenes, Sie sollten sich nochmals ernstlich darüber hermachen und Kontrapunkt arbeiten.« Er nannte mir zwei Werke, deren Studium er mir empfahl. Zuerst Bellermanns »Kontrapunkt«, zweitens Nottebohms bei Rieter-Biedermann erschienene »Studien Beethovens bei Haydn, Albrechtsberger und Salieri«. Er sagte: »In diesen beiden Werken haben Sie alles zusammen, was Sie brauchen.« Ich ließ mir's nicht zweimal sagen, warf mich ernsthaft auf das Studium unter Zuhilfenahme dieser beiden Bücher und habe daraus sehr viel profitiert. Ich war Brahms innig dankbar für sein lebhaftes Interesse, das er in diesem und so manchem anderen Gespräch an meiner Weiterbildung nahm.

Er ging mit mir die »Suite« (ihm gewidmet) durch, die er meist nicht gut instrumentiert fand. Er sagte immer: »Ja, da kann keiner behaglich spielen und blasen; Sie geben den Leuten immer einzelne, kleine Phrasen, einzelne Noten, wie dem Stift auf der Walze einer Spieluhr; aber der Musiker ist kein Stift, der ist ein Mensch; er muß immer etwas zu sagen haben. Wer die dissonierende Note hat, muß auch die Auflösung haben, sonst weiß keiner, wie er dran ist.« Er sagte viel Gutes auch, war überhaupt sehr lieb. Er sagte noch: »Schauen Sie Partituren von Wagner, Strauß oder von wem Sie wollen, an: alle pinseln nicht so wie Sie; alles ist zu pinselig. Sie müssen ›ordinärer‹ arbeiten; nicht lauter Ausnahmen in Anwendung bringen. Es wird alles so wunderlich, stachlig; verliert die Grazie. Harmonische Wendungen sind zuweilen überstürzt, um ein paar Takte verlängert ist es deutlich, so ist's unklar.« Das Andante (F-dur) lobte er durchaus. –

Als wir über den Brahmsschen Klaviersatz sprachen und ich bemerkte, daß viele Leute merkwürdigerweise behaupteten, er sei nicht klaviermäßig, meinte Brahms: »Nun, da weiß ich Bescheid! Das ist klaviermäßig!

Und zwar bilde ich mir gerade darauf etwas ein, daß namentlich in den neueren Sachen alles genau so ausführbar ist, wie ich es schrieb. Das allein ist schon ein kleines Verdienst, wenn schon sonst keines dabei ist.« Er wiederholte dies einige Male und fügte noch hinzu: »Bei Schumann sind oft die schönsten Sachen kaum so ausführbar, wie sie geschrieben stehen. Das ist mehr phantastisch!

Ich sehe sogar bei Richard Wagner immer gewisse, ausgeprägte Stücke, und alle anderen komponieren *ohne* solche Stücke! Das, was bei Wagner *zwischen* diesen Stücken auftritt, ist alles so originell, so empfunden, daß man immer hinhorchen muß und interessiert wird. Für das Theaterstück wäre es aber wohl auch da besser und diese Zwischenpartien weniger umständlich. Bei den ›modernen, nachwagnerischen‹ Opern zottelt die Musik immer so fort, ohne Anhalt, als wenn man sich etwas am Klavier vorphantasierte. Hier und da müßte sich's aber ›aufsteifen‹ und müßte zu was kommen! Man will doch dazwischen einen Bissen.«

In diesen Tagen wies mich Brahms auch auf seine Studien über deutsche Volkslieder hin. Ganz großartig! Er schreibt so für sich seitenlange Rezensionen über Neues, so zum Beispiel über die neue Erk-Böhme-Sammlung von Volksliedern und sagte mir dazu wörtlich: »Ich schreibe jetzt auch Rezensionen.« Anschließend zeigte er mir herrliche Sammlungen deutscher Volkslieder von Kretzschmer-Zuccalmaglio und verurteilte scharf die lediglich nach – gleichviel ob guten oder schlechten – Antiquitäten jagende philologische Art der Erk-Böhmeschen Sammlung. Der Meister hob hervor, daß die Herren gerade das beste links liegenlassen, so die schönen rheinischen Lieder. Er spielte und sang mir eine ganze Menge vor und war ganz begeistert davon. Da manche Texte, die solchen rheinischen Liedern zugrunde liegen, auch von Brahms komponiert sind, meinte er: »Ja, die Leute kennen die viel besseren, alten Melodien nicht. Da kann ich noch immerhin mit den meinigen herausrücken.« Er wies auf den schönen Bug der alten Melodien und sagte weiter: »Sie sind doch auch ein passabler Musiker und wissen, woran es liegt, daß diese Melodie schön ist – sehen Sie nur, wie das alles flott und frei gemacht ist.« Dann wies er auf Böhme und zeigte mir gräßliche »Dummheiten, Melodien, die nach dem Rezept gemacht sind, wie man aus einem Motiv eine Melodie zusammenflickt«.

Gustav Jenner

Es war drei Uhr vorüber, als wir in jener Nacht (1. Januar 1888) im Hotel Hauffe (Leipzig) ankamen. Wie erfreut, zugleich aber auch erstaunt war ich, als Brahms mir zu dieser Stunde bei dem Gutenachtgruß eröffnete, er werde mich um sieben Uhr in der Frühe auf seinem Zimmer erwarten, um mit mir über meine Kompositionen zu sprechen.

Pünktlich stellte ich mich zur angegebenen Zeit ein und fand ihn frisch und rosig, die Behaglichkeit selbst, beim Frühstück. Die unruhigen Tage, die außer den Konzerten auch in gesellschaftlicher Beziehung ungewöhnliche Anforderungen an ihn gestellt hatten, schienen ihm offenbar nicht das geringste angehabt zu haben. – Aus einem sehr großen Etui nahm er entsprechend große Zigarren und zündete sich eine an. Jeder Zug verriet den genießenden Kenner. Solcher Kraft gegenüber wollte ich eine Schwäche nicht eingestehen, und so zündete ich ebenfalls die angebotene Zigarre mutig an, obwohl es mir etwas peinlich war, so früh nach durchwachter Nacht, noch dazu eine »echte« zu rauchen. Auch konnte ich nicht verhindern, daß mir hin und wieder die Zigarre ausging, die mir Brahms dann unermüdlich wieder anzünden half. Währenddessen nahm er meine Arbeiten vor.

Ich hatte ihm ein Trio für Klavier, Violine und Violoncello, einen Chor mit Orchesterbegleitung, Frauenchöre a cappella und Lieder mitgebracht und fand ihn bis ins kleinste hinein genau orientiert, wie er denn auch später ohne Ausnahme niemals Arbeiten mit mir durchnahm, die er sich nicht vorher gründlich angesehen hatte.

Nach einigen einleitenden Bemerkungen, in denen er aussprach, daß er im allgemeinen einen günstigen Eindruck von meinen Kompositionen bekommen habe, gab er mir zunächst den Chor mit Orchesterbegleitung, der etwas lang geraten war, zurück mit den Worten: »Schade um das schöne kleine Gedicht!« (Es war von Klaus Groth: »Wenn ein müder Leib begraben«.) – Dasselbe Schicksal erfuhren die Frauenchöre; ich bekam sie zurück mit der ebensowenig tröstlichen Versicherung: »So etwas ist sehr schwer zu machen!«

Um so eingehender nahm er dann aber das Trio und die Lieder mit mir durch.

Bei dem ersten Satz des Trios wurde viel hin- und hergeblättert. Mit vernichtender Schärfe wies Brahms mir das Unlogische des Aufbaus nach; es war, als wenn alles unter seinen Händen zerbröckelte und das

410

Ganze in seine Teile auseinanderfiel. Mit wachsendem Schrecken sah ich, wie schwach und lose diese zusammenhingen; ich erkannte, daß das Band, das sie zusammenhalten sollte, weniger ein innerliches als ein äußerliches war: es war nichts weiter als das Schema der Sonatenform. – Das Wesen der Form begann sich mir zu enthüllen, und ich begriff mit einem Male, daß es nicht genügend sei, hier und da einen guten Einfall zu haben; daß man nicht eine Sonate geschrieben hat, wenn man einige solcher Einfälle äußerlich durch die Form der Sonate zusammenhält, sondern daß umgekehrt die Sonatenform mit Notwendigkeit aus dem Gedanken hervorgehen muß.

Schon jetzt machte ich die Erfahrung, daß gerade diejenigen Stellen, von denen ich mir am meisten versprochen hatte, Brahms gar nicht zu interessieren schienen. Bei solchen schwärmerischen Stellen, wo mein Herz höher klopfte und mein Auge gespannt und angstvoll an dem seinen hing, tadelte er mit ruhiger Kälte »schläfrige und faule« Bässe, zeigte mir schwache Harmonien, indem er mit einigen Noten andere andeutete, die sowohl logischer waren als auch den Gedanken erst klar und kräftig heraustreten ließen, der bei meinen Harmonien sozusagen steckengeblieben und entwicklungsunfähig geworden war. So war es mir eine schmerzliche Enttäuschung, einzusehen, daß oft, wo ich meinte, das Beste geleistet zu haben, gerade da meine Erfindungskraft gestockt hatte.

Dem Ganzen aber fehlte jene breite und volle Unterströmung der Empfindung, welche die Einheitlichkeit der Wirkung eines Kunstwerkes hervorruft, indem sie in allen Teilen gleich lebendig sich äußert und allen noch so mannigfaltigen und noch so entfernten Einzelheiten ihr bestimmtes Gepräge gibt. Sätze wie: »Das hätte auch ebensogut ganz anders heißen können!« gaben mir schon damals viel zu denken. – Nach wenigen Minuten hatte ich die niederschlagende Überzeugung, daß meine ganze Komponiererei ein schwächliches Nachgeben jeder sich vordrängenden Empfindung verrate, sich in einer kindischen Freude an »schönen« Einzelheiten ergehe, mithin ein zielloses Hin- und Hertappen – Dilettantismus – sei. Brahms zeigte mir, wie mein Blick mit wahrhaft rührender Zärtlichkeit an unwesentlichen Dingen gehangen hatte, während das Wesentliche, worauf es ankam, unbeachtet geblieben war.

Naturgemäß traten diese Mängel im langsamen Satz besonders stark hervor; doch ist es leicht verständlich, wenn ich bekennen muß, daß gerade dieser Satz voll jugendlicher Schwärmerei mein Stolz war; und so fiel denn die ganze Pracht dieses geliebten Adagios als eine bittere Enttäuschung vor meinen sehenden Augen in ein leeres Nichts zusammen. Für meinen Schmerz aber, den Brahms wohl mitempfinden mochte, hatte er nur den zweifelhaften Trost: »Ein so langes Adagio ist das Schwerste!«

Im Scherzo hatte ich mich »originell« gebärdet. Meine Kieler Freunde und, wenn ich mich recht erinnere, sogar die Zeitungen, hatten nach einer öffentlichen Aufführung die Originalität dieses Stückes laut gerühmt. Leider hielt auch sie nicht stand: die Originalität verwandelte sich allgemach in einfachen Unsinn. Wir kamen merkwürdig schnell über diesen Satz hinüber, und wohlmeinend sagte Brahms: »Nicht wahr, Sie versprechen mir, so etwas nie wieder zu schreiben!«

Das Finale hatte Rondoform. Hier ging es mir verhältnismäßig gut. Erstaunt war ich, als Brahms bei einer Stelle, die mir gar keiner besonderen Beachtung wert zu sein schien, mit den Worten anhielt: »Sehen Sie, das ist ein gutes Zeichen!« – Ich erinnerte mich deutlich, daß diese Stelle mir während der Arbeit ohne besondere Mühe von der Hand gegangen war; da aber eine weitere Erklärung nicht erfolgte, so blieb mir durchaus unverständlich, was von Erfreulichem diese Stelle denn eigentlich enthalte. Nur eines schien mir unzweifelhaft zu sein: daß es beim musikalischen Schaffen noch Dinge geben müsse, von denen ich absolut nichts wisse.

So lenkte Brahms meinen Blick von der Oberfläche einer traumseligen Empfindung hinunter in Tiefen, wo ich nur ahnen konnte, daß neben der Empfindung noch ein anderer Faktor tätig sein müsse, der aus Mangel an Können und Wissen bei mir nur sehr unvollkommen mitarbeitete: der Verstand. – Ich sah nicht allein, daß ich zu lernen hatte, sondern vor allem auch, *wo* ich zu lernen hatte. Mir fehlte zunächst eine solide Grundlage des *Wissens*.

Ich fing an zu begreifen, warum Brahms, als ich ihm auf seine Frage, was ich denn jetzt eigentlich treibe, geantwortet hatte, ich lerne instrumentieren, laut auflachte und geringschätzig meinte: »Habe ich doch nicht gewußt, daß man das auch lernen muß, wenn man seine fünf Sinne beieinander hat«; und das Gefühl, ich sei auf dem Holzweg, wurde in mir immer bestimmter...

Mit den Liedern ging es mir ein wenig glimpflicher. Freilich wurden auch hier zu meinem großen Schmerze einige gleich unbeachtet zur Seite gelegt: Es waren dies die großen, ausdrucksgewaltigen, von denen ich so viel hoffte. Dafür wurden aber einige kleinere unter die Lupe genommen. Nun fielen auch einige Worte der Anerkennung, wie: »Das vergißt man nicht, wenn man es gesehen hat!« oder: »Das hätte ein gutes Lied werden können!«

Mir war nach allem zu Mute wie jemandem, der nach langer Wanderung auf einem Irrwege sich dem Ziel nahe glaubt, plötzlich sich aber seines Irrtums bewußt wird und nun in weiter Ferne, seinen Kräften unerreichbar, das Ziel entschwinden sieht. – Das so freundliche und vertrauliche Benehmen, das Brahms in den vorhergehenden Tagen gegen mich an den Tag legte, hatte mir eine gewisse Sicherheit, ein gewisses Selbstvertrauen gegeben, das nun allerdings bedenklich ins Wanken kam.

Allein trotz der unbarmherzig harten Beurteilung, die meine Arbeiten von ihm erfuhren, fiel nicht ein ironisches oder gar ein böses Wort, stets schien alles durch ein vertrauenerweckendes Wohlwollen gemildert zu werden: Er zeigte mir eben unnachsichtig und unwidersprechlich, daß ich nichts könne. – Auch der hohe Gesichtspunkt, von dem aus er urteilte, den ich nur ahnen, nicht begreifen konnte, flößte mir eher Mut ein. Ich sah den rechten Weg in das Land wahrer Kunst klar greifbar vor mir, wenn dieses selbst sich auch noch im Nebel verlor...

Im März 1888 begann in Wien mein eigentlicher Unterricht bei Brahms. Die erste Stunde wird mir unvergeßlich bleiben: sie war bitter. Am selben Tage, an dem er mich ermutigt hatte, meine Arbeiten (als Bewerbung um ein Stipendium) abzuschicken, bat er mich, ich möchte ihm doch noch einmal die Lieder bringen, die ich ihm in Leipzig gezeigt hatte, damit er sie eingehender mit mir besprechen könne ... Da er die Lieder in Leipzig verhältnismäßig milde beurteilt hatte, so hoffte ich Gutes zu hören. – Aber nun änderte er die Tonart mit einem Male. Er nahm ein Lied nach dem anderen vor, zeigte mir unbarmherzig, mit harten Ausdrücken, aber stets nur an meinen Verstand appellierend, wie schlecht diese Lieder waren und kritisierte meine armen verhätschelten Lieblinge so in Grund und Boden, daß auch nicht ein guter Takt an ihnen blieb und mir die Tränen in die Augen traten.

Und doch war es nur die Einleitung; ich sollte seine pädagogische Zuchtrute noch peinlicher fühlen. – Er stand auf und holte einige lose, vergilbte Blätter. Es war das Manuskript jener Lieder von Robert Schumann, die Brahms selbst etwas später im Supplementband der Schumannschen Werke herausgegeben hat. – Dann setzte er sich wieder ans Klavier, spielte und sang sie mir, besonders jenes rührende Lied »An Anna«, dessen Melodie Schumann in der fis-Moll-Sonate verwendet hat, mit einer so schwärmerischen Hingabe, daß er sich selbst der Tränen der Begeisterung, die ihm leicht kamen, nicht erwehren konnte.

»Ja«, sagte er im Aufstehen, »das schrieb Schumann, als er achtzehn Jahre alt war. Talent muß man haben, alles andere hilft doch zu nichts!« – Dann, als sei das Maß der Demütigungen noch nicht voll, gab er mir den so arg zerzausten und so schnell welk gewordenen Strauß meiner Lieder, der mir eben noch so anmutig erschienen war und dessen berauschenden Duft ich so oft begierig eingesogen hatte, zurück und entließ mich mit den ironischen Worten: »Also, junger Mann, amüsieren Sie sich so weiter!« – eine von Brahms sehr geliebte Wendung, die ich noch oft von ihm habe hinunterschlucken müssen.

Ich war wie aus den Wolken gefallen. Herber, erschütternder konnte mir der Ernst der Situation nicht klargemacht werden. – Kurz vorher noch hatte er ja meine Arbeiten talentvoll genannt und alles getan, um mein Selbstbewußtsein zu erhöhen. Warum hatte er mich denn zu sich nach Wien gerufen, doch nicht, um mir zu sagen, daß ich ohne Talent sei? – Es war in der nächsten Zeit nötig, daß ich mir dieses stets deutlich vor Augen hielt, wenn ich nicht völlig verzweifeln wollte.

Denn ich will hier gleich anfügen, ich habe von dieser ersten Stunde an niemals wieder von Brahms ein aufmunterndes Wort, geschweige denn ein Lob über meine Arbeiten gehört. – Hinzu kam, daß er von jenem Tag an auch sein äußeres Wesen gegen mich veränderte. Freilich, wenn wir allein waren, blieb er nach wie vor der alte, liebe, väterliche Freund gegen mich, jedoch in größerem Kreis lernte ich bald völlig schweigen, da ich sicher sein konnte, daß er mir auf ein noch so harmlos geäußertes Wort sofort mit einem unendlich geringschätzigen: »Sie sind wohl noch sehr jung!« oder: »Das ist ja nicht so wichtig!« oder ähnlichem derb über den Mund fuhr.

Ich will nicht leugnen, daß sich bei mir Zeiten vollständiger Mutlosigkeit, ja der Verzweiflung eingestellt haben, in denen ich oft unterliegen zu müssen glaubte. Von nicht geringer Einwirkung war auch, daß mir die kontrapunktischen Studien bei Mandyczewski sehr schwer von der Hand gingen. Das Ergebnis langer Stunden mühseligster Arbeit waren hier oft nur wenige Takte, und den günstigen Einfluß auf meine freien Arbeiten konnte ich selbst sehr lange nicht spüren, so daß ich an meiner Begabung zweifeln mußte, so tapfer ich mich auch wehren mochte; die Ruhe drohte mir bei der Arbeit verlorenzugehen und einer unsteten, nervösen Hast Platz zu machen, durch die ich bedeutendere Resultate schnell erzwingen wollte. – So dauerte es längere Zeit, bis ich erst wirklich arbeiten lernte.

Erst ein volles Jahr später sagte mir Brahms einmal gelegentlich: »Sie werden nie ein lobendes Wort von mir hören; wenn Sie das nicht vertragen können, so ist das, was in Ihnen steckt, nur wert, daß es zugrunde geht!« – Dieses Wort war für mich eine Erlösung.

Warum Brahms diese strenge und herbe Art der Erziehung mir gegenüber anwandte, ob er etwas Leichtsinniges, Unbescheidenes oder gar etwas Hochmütiges in meinem Wesen gefunden hatte, ich weiß es nicht. – Sicher ist, daß er nach seinem unzählige Male geäußerten Grundsatz verfuhr: »Man muß die jungen Leute nicht verwöhnen!« – Auch mochte er wohl an seine eigene Jugend denken, wie manchen schweren Kampf er hier zu seinem Heil siegreich durchgekämpft hatte: »So schwer, wie ich, hat es nicht leicht jemand gehabt«, sagte er mir einmal, als ich an seinem Geburtstag abends allein mit ihm im »Roten Igel« saß. – Und dann erzählte er mir traurige Dinge. – »Wenn mein Vater heute noch lebte«, sagte Brahms, »und ich säße etwa im Orchester am ersten Pult der zweiten Geige, so könnte ich immerhin zu ihm sagen, ich sei etwas geworden.« – Er durfte in berechtigtem Stolz so sprechen: denn alles, was er war, war er durch sich selbst.

Doch zuweilen zog er auch mildere Saiten auf. – So äußerte er mir späterhin wohl seine Zufriedenheit, indem er mir nach dem Unterricht die schönsten Schätze seiner Sammlung zeigte, mir unbekannte Stücke von C. Ph. E. Bach, Scarlatti und anderen spielte; oder er las mir närrische Briefe vor, die eben gekommen waren, so zum Beispiel von einem Unbekannten aus Kapstadt, der noch ein Klavier wünschte, da er mit dem gelieferten sehr zufrieden war, was sich nachher als der ungeschickte Kniff eines Autographenjägers entpuppte, gegen den Brahms nicht gerade zuvorkommend war; oder er zeigte mir Geschenke von ebenso unbekannten Verehrern und bat mich, sie gleich zu behalten … Auch merkte ich bald, daß, wenn Stellen stillschweigend übergangen wurden oder Arbeiten ganz unbesprochen blieben, gegen diese am wenigsten einzuwenden war. – Freilich erfuhr ich nichts über ihren Wert, und es blieb daher keineswegs ausgeschlossen, daß sie herzlich unbedeutend seien. Denn nur auf Umwegen hörte ich zuweilen, ob der Inhalt meiner Arbeiten ihn interessiert hatte. Mir gegenüber kam es ihm einzig und allein auf das Maß der Vollendung an.

Arnold Schönberg

Schulung des Ohrs durch Komponieren

I

Angenommen, jemand besuchte die antiken Gebäude Roms oder die berühmten Bilder im Louvre in Paris oder läse ein Goethe-Gedicht oder eine verwickelte Detektivgeschichte von Poe. Wie würde er reagieren?

In Rom träumte er vielleicht von dem mächtigen, römischen Imperium, von den Sklaven, die seine Monumente bauten, von den Bürgern, die die öffentlichen Spiele besuchten. Im Louvre würde er sich vielleicht wiederum seiner Phantasie überlassen. Ein religiöses Bild würde ihn an biblische Geschichten gemahnen, bei mythologischen Skulpturen würden seine Gedanken sich dem Heidentum zuwenden. Wenn er ein Gedicht von Goethe läse, würde er es mit dem Leben dieses großen Mannes in Verbindung bringen. Bei der Erinnerung an *Die Leiden des jungen Werthers* würde ihm sodann die Oper *Werther* von Massenet einfallen – der auch *Manon* schrieb, die ihm besser gefällt.

Ein schöner Traum!

Und er täte ganz recht daran, der Versuchung der Phantasie nicht zu widerstehen. Aber wäre dasselbe Verhalten ratsam, während er eine Detektivgeschichte läse? Könnte er, wenn er von mehr oder weniger zusammenhängenden Dingen träumte, so interessant und schön sie auch sein mögen, könnte er die Einzelheiten aufnehmen und erinnern, die den Mörder zugleich verbergen und verraten?

Es ist nicht allzu schlimm, die Lösung eines solchen Verbrechens *nicht* zu entdecken. Aber wenn die ersten Beispiele nicht gezeigt haben, worauf ich hinaus will, dann muß der Fall der Detektivgeschichte es deutlich gemacht haben: man kann einem Kunstwerk nicht gerecht werden, solange man seiner Phantasie gestattet, zu anderen Themen abzuschweifen, ob sie darauf Bezug haben oder nicht. Vor einem Kunstwerk darf man nicht träumen, sondern man muß sich anstrengen seine Bedeutung zu erfassen.

II

[Das Fach] »Music Appreciation« [Musikverständnis] vermittelt dem Studenten oftmals nicht mehr als den Duft eines Werkes, jene narkotische Ausdünstung der Musik, die die Sinne gefangennimmt, ohne den Verstand miteinzubeziehen. Niemand, der Unterhaltungsmusik hört, würde sich mit einem derartigen Eindruck zufriedengeben. Es gibt keinen Zweifel über den Augenblick, in dem ein Mann beginnt, an einem Schlager oder einem Tanz Gefallen zu finden. Das passiert dann, wenn er anfängt, ihn zu singen oder zu pfeifen – mit anderen Worten, wenn er sich an ihn zu erinnern vermag. Wendet man dieses Kriterium auf die ernste Musik an, wird klar, daß man nur an ihrem Duft Gefallen findet, es sei denn, man könne sie sich merken.

Erinnern ist der erste Schritt zum Verstehen. Das Verständnis eines so einfachen Satzes wie »der Tisch ist rund« erfordert, daß man den Tisch im Gedächtnis behält. Sobald man den Tisch vergißt, bleibt nur der Duft des Satzes. Historische Fakten, Biographien von Autoren und Ausführenden, ergreifende, humorvolle, interessante oder lehrreiche Anekdoten aus ihrem Leben mögen einen gewissen Wert für Leute haben, die den Wirkungen der Musik gegenüber taub sind. Aber all das kann niemandem dazu verhelfen, den Inhalt aufzunehmen und zu erinnern.

Natürlich ist der beste Weg, das musikalische Gehör zu schulen, es soviel ernster Musik wie möglich auszusetzen. Die musikalische Bildung würde schneller um sich greifen, wenn die Leute mehr Musik läsen, spielten und hörten, als es heute geschieht. Weitgehende Vertrautheit mit ernster Musik ist die erste Bedingung für musikalische Bildung. Aber selbst das ist nicht genug ohne gründliche Gehörbildung.

Gehörbildung im engeren Sinne wird an Hochschulen und Colleges mit ausgezeichnetem Ergebnis praktiziert. Gute Methoden sind entwickelt worden, aber sie sind, wie die Unterrichtstechnik in anderen Musikfächern auch, zu abstrakt geworden und haben bis zu einem gewissen Grad den Kontakt mit dem ursprünglichen Zweck verloren. Ein geschultes Ohr ist viel wert, indessen nicht so viel, wenn das Ohr eher das Tor zum Gehörsinn als zum musikalischen Sinn ist. Wie Harmonielehre, Kontrapunkt und andere theoretische Studienfächer ist Gehörbildung kein Selbstzweck, sondern nur ein Schritt zum Musikertum.

Man hört oft die Frage: »Warum soll man Leute in Komposition unterrichten, die sich nach ihrem Studium darin nie wieder versuchen werden, Leute, die weder schöpferische Fähigkeiten noch einen schöpferischen

Impuls haben, für die es ein Alptraum ist, etwas in einem ihnen völlig fremden Idiom ausdrücken zu müssen?«

Die Antwort ist: genauso wie man fast jeden im Zeichnen, Malen, Aufsatzschreiben und Vortraghalten schulen kann, muß es auch möglich sein, Leute mit sogar unterdurchschnittlicher Begabung die Mittel der musikalischen Komposition in sinnvoller Weise anwenden zu lassen. Die Aussicht, ihren musikalischen Produkten zuhören zu müssen, macht eine solche Möglichkeit nicht gerade wünschenswert, und es ist gewiß nicht die Absicht des Theorieunterrichts, einen Überschuß an unerwünschten Kompositionen zu produzieren. Dennoch sollte sich jeder gute Musiker einer solchen Schulung unterziehen. Wie kann man ein Spiel genießen, wenn man seine Finessen nicht kennt, wenn man nicht weiß, wann ein Ball geschnitten ist oder einen Drall hat, wenn man die Strategie und die Taktik nicht durchschaut? Und doch gibt es Ausführende, die einfach nicht einmal den nackten Aufbau, geschweige denn die Feinheiten eines Musikstücks kennen.

Das Verstehen der Finessen – das heißt das Verstehen des Spiels überhaupt – erfordert eine gründliche Vorbereitung. Harmonik, Kontrapunkt und Form brauchen nicht als Teilgebiete der Ästhetik oder Geschichte gelehrt zu werden. Einige Erläuterungen werden zeigen, wie diese Ausbildung sinnvoller angewandt werden kann.

Wenn ein Student der Harmonielehre seine Beispiele nicht nur schreibt, sondern sie nachher auch spielt, wird sein Ohr mit einer Anzahl von Fakten Bekanntschaft machen. Er wird merken, daß Akkorde in der Grundlage und in Umkehrungen vorkommen, und daß es zwischen ihnen einen Unterschied im strukturellen Gewicht gibt. Und wenn er eine klassische Fermate auf einem Quart-Sext-Akkord hört, wird er nicht applaudieren, weil er weiß, daß dies nicht das Ende des Stückes sein kann. Selbst jemand mit absolutem Gehör könnte das Ende des ersten Abschnitts einer Symphonie für das Ende des Satzes halten, wenn er nichts von den strukturellen Funktionen der Tonart wüßte. Manchmal wird ein Trugschluß in ähnlicher Weise mißverstanden.

Die Kenntnis der Harmonielehre allein wird nicht genügen, um solche Irrtümer zu beseitigen. Weitere Studien sind notwendig, um dieses Wissen zu vertiefen und fest im Instinkt zu verankern. Selbst Leute ohne absolutes Gehör können lernen, modulatorische Abschnitte zu erkennen. Warum sollte ein Komponist solche Abschnitte überhaupt schreiben, wenn sie keine Wirkung auf den Laien haben? Ein gut geschulter Student der Harmonielehre wird auch wenigstens etwas über die Wirkungen zentrifugaler Harmonien gelernt haben.

Das Kontrapunktstudium entwickelt die Fähigkeit, auf mehr als eine Stimme zu hören. Ein Hörer, der in einer Fuge nur die Themenwiederholungen hört, mag sich wohl über die Eintönigkeit beklagen. Aber wenn er auch die Begleitstimmen wahrnimmt, die oft zweite und dritte Themen sind, wird er dem Verständnis der wahren Natur kontrapunktischer Kompositionen näherkommen. Sogar in homophonen Kompositionen gibt es Fälle, wo man mehr als die Hauptstimme hören muß. Viele Erweiterungen in der Musik von Mozart und Brahms werden durch eine der Melodie entgegengesetzte harmonische Bewegung hervorgebracht, eine Wirkung, die jedem, der nur auf die Melodie hört, entgeht. Jeder Ton, den ein Meister geschrieben hat, sollte wahrgenommen werden. Wieviel Vergnügen bereitet es dem Kenner, die zweite Violine in einem Mozart-Quartett zu verfolgen, wie sie sich der ersten anpaßt, ihr hilft oder widerspricht und Sympathie oder Antipathie durch charakteristische Einwürfe ausdrückt!

III

Diese Beispiele mögen schon Anhaltspunkte dafür gegeben haben, wieviel mehr noch durch das Studium der Form und der Orchestrierung erreicht werden könnte.

Es ist ein großer Fehler zu glauben, daß der Gegenstand der Form die Schönheit sei. Es gibt keine Schönheit in acht Takten, weil es acht sind, keinen Mangel an Schönheit in zehn. Mozarts Asymmetrie ist nicht weniger schön als Beethovens Symmetrie. Die Hauptaufgabe der Form ist, unser Verständnis zu fördern. Musik sollte genossen werden. Unleugbar bietet Verstehen dem Menschen eine seiner genußreichsten Freuden. Und obwohl Schönheit nicht Gegenstand der Form ist, bringt die Form doch Schönheit hervor, indem sie für Faßlichkeit sorgt. Ein Apfelbaum existiert nicht, um uns Äpfel zu schenken, aber er bringt sie trotzdem hervor.

Formen sind in erster Linie Organisationen, um Gedanken in faßlicher Weise auszudrücken. Der Versuch, sich selber auszudrücken, ist ein nützlicher Schritt zum Verständnis der Methoden großer Komponisten. Ein Student weiß aus Erfahrung, daß die Wiederholung eines Abschnitts bei der einen Gelegenheit gut, nützlich oder unvermeidbar, bei der anderen schlecht, unnötig oder eintönig sein kann, und er wird den Sinn der Wiederholung in den Werken anderer erkennen. Ist die Wiederholung nicht monoton, hilft sie einen Gedanken mitzuteilen. Jeder, der gelernt hat, das Grundmotiv seiner eigenen Komposition zu variieren, wird vermutlich einer komplizierten Melodie folgen können, ohne unwillkürlich von belanglosen Bildern zu träumen.

Gerade die Organisation eines Stückes hilft dem Hörer, den Gedanken zu behalten, seiner Entwicklung, seinem Wachsen, seiner Ausarbeitung, seinem Schicksal zu folgen. Wenn man gelernt hat, seine Themen zu begrenzen, Haupt- und Nebengedanken zu unterscheiden, Flüssigkeit mit Durchsichtigkeit zu verbinden, deutlich in Teile zu trennen, was man sich nicht ungeteilt vorstellen kann, wird man wissen, wie man diese Merkmale in Meisterwerken als Zeichen zur Erinnerung benutzen kann. Das Thema des fünften Satzes aus Beethovens *Streichquartett in a-Moll op. 132* besteht erstaunlicherweise aus zehn Takten und erreicht, was noch erstaunlicher ist, im zehnten Takt einen vorläufigen Abschluß auf der siebten Stufe von a-Moll: G-Dur. Kaum ein Musiker würde die Einzigartigkeit eines solchen Verfahrens erkennen, wenn er nicht gelernt hätte, daß Themen wie dieses nur aus acht Takten bestehen und auf der ersten, dritten oder fünften Stufe enden sollten. Aber jeder, der dies weiß, wird das Thema leicht wiedererkennen, wann immer es in der Durchführung auftaucht.

Wie könnten wir, ohne uns zu erinnern, Variationen verstehen? Wenn ein Komponist sein Stück *Variationen über X* nennt, will er offensichtlich, daß wir jede Variation als eine Ableitung seines gewählten Themas begreifen. Das Thema der *Haydn-Variationen* von Brahms hat einen »A«-Teil, der aus einer zehntaktigen Periode besteht, die nach dem ersten Takt charakteristisch unterteilt ist. Es ist kaum möglich, das in den Variationen nicht wiederzuerkennen. Darüber hinaus ist der dritte Abschnitt ungewöhnlich insofern, als er durch Erweiterung verlängert ist. Niemand kann beim ersten Hören alle Feinheiten von Brahms' Variationstechnik verstehen, die harmonischen und kontrapunktischen Kombinationen, die vielen Arten, auf die er die Unregelmäßigkeit seiner Fünftakt-Abschnitte behandelt. Vielleicht ist dies alles nicht unbedingt notwendig für eine angemessene Reaktion auf die Musik. Aber es ist gewiß ein guter Zugang zu dem, was der Komponist uns sagen will.

Komponieren übt das Ohr im Erkennen dessen, was man im Gedächtnis behalten sollte, und verhilft auf diese Weise zum Verständnis musikalischer Gedanken. Charakteristische Abweichungen von der Norm, Unregelmäßigkeiten, werden Führer ins Niemandsland großer Gedanken sein.

Nun zur Orchestrierung. Mein Begriff von Farbe ist nicht der übliche. Farbe drückt, wie Licht und Schatten in der physikalischen Welt, die Gestalt und Größe von Gegenständen aus und begrenzt sie. Manchmal dienen diese Elemente zur Tarnung. Ebenso könnte ein Musiker gelegentlich etwas verbergen sollen. Zum Beispiel würde er vielleicht wie ein guter Schneider gern die Nähte, an denen die Abschnitte zusammengefügt sind, verstecken wollen. Im allgemeinen jedoch ist Durchsichtigkeit der oberste Zweck der Farbe in der Musik, das Ziel der Orchestrierung eines jeden wahren Künstlers. Ich möchte kein Spaßverderber sein, aber ich muß bekennen, daß ich die Freude an der Farbe etwas übertrieben finde. Vielleicht ist die Kunst der Instrumentation zu populär geworden, und interessant klingende Stücke werden oft aus keinem anderen Grund produziert als dem, der auch die Herstellung von Schreibmaschinen und Füllfederhaltern in verschiedenen Farben diktiert.

IV

Es ist offensichtlich, daß nicht einmal ein geringer Prozentsatz der Musikstudenten Komponisten werden. Sie können und sollten es nicht. Es ist ebenso offensichtlich, daß viele Möchte-gern-Komponisten und -Musiker, die sich durch einige Studien oberflächliche Musikkenntnisse angeeignet haben, sich anmaßen dürfen, über die Tätigkeit guter Künstler und wirklicher Schöpfer zu urteilen. Hier gewinnt die richtige Haltung des Lehrers höchste Bedeutung. Er muß seine Studenten davon überzeugen, daß das Kompositionsstudium sie nicht zu Experten oder anerkannten Richtern macht, sondern daß es lediglich bezweckt, ihnen zum besseren Musikverständnis zu verhelfen, um zu dem Vergnügen zu gelangen, das der Kunst innewohnt. Der Besitz eines durch Komposition geschulten Gehörs sollte einen Menschen nicht dazu berechtigen, seine unwissenden und weniger glücklichen Nachbarn zu demütigen. Es sollte ihm nur Vergnügen bereiten: das Vergnügen am Gleichgewicht zwischen der Freude, die er von der Musik erwartet, und der Freude, die er tatsächlich empfängt.

Aphorismen und kurze Texte

Man darf nur die rechten Tasten zur rechten Zeit treffen, so spielt das Instrument von selber.

Joh. Seb. Bach

Allerdings rechtfertigt keine Regel diese Zusammenstellung von Tönen (in Glucks Iphigenia); wenn dies aber ein Fehler ist, so kann nur ein Mann von seltenem Genie ihn begangen haben.

Durante

Es gibt keine Regel, welche ich nach Gutdünken dem Effekt zu opfern Anstand nehme.

Ch. W. Gluck

Wer verbietet diese Harmonie? – Fux, Albrechtsberger und zwanzig andere Theoretiker. – Wohlan, ich erlaube sie.

L. van Beethoven

Jeder kann nur, was er gelernt hat, diese Binsenwahrheit gewinnt für mich, je älter ich werde, desto mehr Bedeutung. Manches braucht fünfzig Jahre an Beobachtung, Schule, Übung, bis man es kann, bis es recht gelingt. Je länger man lebt, desto mehr schätzt man Leute, die etwas Tüchtiges können, weil sie es gelernt haben.

Robert Schumann

Wie lang studiere ich an einer Beethovenschen Sonate? 25 bis 30 Jahre.

Hans v. Bülow

Für jeden Anfänger, ganz gleich, was er lernt, gibt es keine andere Lösung: er muß sich zunächst einer fremden Lehre unterwerfen, allerdings nur, um später aus ihr seine eigene Sprache mit Sicherheit entwickeln zu können.

Igor Strawinsky

Parallele und Synthese sind Arbeitsfeld und Ziel des aufrichtigen, wohlmeinenden Forschers und Schülers.

John Brown

Die Technik habe ich immer als Mittel betrachtet, nicht als Selbstzweck. Natürlich muß man die Technik beherrschen, aber man darf nicht gleichzeitig ihr Sklave sein. Man muß verstehen, daß man mittels der Technik den tiefen Sinn, die Botschaft der Musik vermitteln kann.

*

Entweder man glaubt an das, was man macht, oder nicht. Der Musik muß man sich völlig hingeben, man kann sie nicht auf- und zudrehen wie einen Wasserhahn.

Pablo Casals

Eberhard Fiebig

Die Herrschaft der Phantasielosen

Vom Elend der Kunsthochschulen, ein zorniger Erfahrungsbericht

Dieser Artikel, aus einer Tageszeitung, der FAZ, entnommen, wird deshalb abgedruckt, weil sein Anliegen auch das Anliegen dieses Buches ist. Der Autor ist seit sieben Jahren Professor im Fachbereich Kunst der Kasseler Gesamthochschule und Leiter einer Werkstatt für Metallplastik.

Die Frage nach dem Bildungsniveau an den deutschen Kunsthochschulen und Kunstakademien kann ich mit dem einfachen Satz beantworten: Die deutschen Kunsthochschulen und -akademien sind keine Sinn produzierenden Lehranstalten mehr. Der Zerfall der Allgemeinbildung, die Auflösung des verbindlichen Fächerkanons, die Relativierung der ästhetischen Maßstäbe und die unbegrenzte Ausweitung des Kunstbegriffes haben an diesen Bildungsinstituten ein Niveau entstehen lassen, das selbst durch weitere Subreformen, unverbindliche Empfehlungen und kümmerliche Willenserklärungen nicht mehr zu verschlechtern ist.

Das Bildungsangebot unserer Kunstakademien reicht gerade noch aus, eine bestimmte Gruppe sonst arbeitsloser Menschen oberflächlich und inhaltslos zu beschäftigen. Zynische Kritiker sprechen von den Akademien nur noch als einer Form beschützender Werkstätten für BAföG-Frührentner.

Es ist üblich geworden, die Schuld für den Substanzverlust unserer Hochschulen im wesentlichen den Studenten zu geben. Von der Schule für das Studium schlecht vorbereitet, kommen sie an die Akademie, in der Hoffnung, hier einen »Freiraum«, einen Ausweg aus der faden Dressur zu finden, die sie bisher gängelte. Es fehlt diesen Studenten jede Allgemeinbildung. Es mangelt ihnen an Tatkraft, an Ausdauer, Zielstrebigkeit, Motivation, Interesse. Allesamt scheinen sie auf Mittelmäßigkeit eingeschworen, glauben sich frei, wenn sie auf Konventionen herumtrampeln, sind spracharm und nicht bereit, wirklich zu sehen oder zu hören. Sie haben über alles eine Meinung, aber für nichts Verständnis. Sie wollen durch Kunst die Welt verändern, aber kennen die grundlegenden Probleme der Malerei, der Skulptur, der Zeichenkunst nicht. Sie wollen sich verwirklichen, aber mit phrasenhaften Gedanken und kraftlosen Händen. Vergafft in alle Dernier cris, stellen sie sich die Kunst nur noch als eine Art edler Restverwertung vor.

Lassen wir uns von jenen Hochschullehrern nicht blenden, die es noch immer verstehen, aus den trivialsten Ideen und Gegenständen Wirkung und Erfolg zu machen, um uns im tollsten Reklamelärm künstlerische Lebendigkeit und geistigen Anspannung vorzutäuschen, so erkennen wir, daß der Niedergang der deutschen Akademien im wesentlichen von den Hochschullehrern betrieben wird.

Wagen wir zwei kurze Blicke hinter die schlecht getünchte, kunstakademische, potemkinsche Fassade. Das Wort – Kunst – gehört zu den Worten, von denen jeder zu wissen glaubt, was sie meinen. Vernünftig erklären kann es aber keiner. Also führen die meisten bei dem Versuch, das Wort – Kunst – zu definieren, schon nach kurzem tautologische Affentänze auf. Dennoch muß uns verwundern, wenn ein Hochschullehrer in einer Vorlesung erklärt: »Kunst ist das, was Künstler tun.« Basta! Auf die ebenso kategorische Frage: »Tag und Nacht?« weiß dieser Herold der Wissensvermittlung, der sich ganz offensichtlich die Aufgabe gestellt hat, zu lehren, daß nichts mehr durchdacht wird, schon keine Antwort mehr.

Der zweite Blick gilt dem parzellierten Ödland – Vorlesungsverzeichnis der Gesamthochschule Kassel, Sommersemester 1981. Da steht auf Seite 350 unter 035 als Themenangabe und ohne jede weitere Erläuterung zu lesen das Wort – Überleben –, unter 036 ebenso lapidar das Wort – Weltmeister. Was regen wir uns also auf, daß die Studenten unter vielen anderen auch ihre Muttersprache nicht mehr beherrschen? Wie sollen sie das, wo ihnen die Hochschullehrer das Stammeln vorexerzieren?

Angesichts dieser Situation kann mich keiner mehr glauben machen, die Akademien könnten noch aus sich heraus zum Besseren sich verändern. Hierzu fehlt es vielen Kunstprofessoren nicht nur an Fachkompetenzen, sondern auch am notwendigen Problembewußtsein. Verfügten sie über beides, gäbe es unter anderem längst eine von sinnvollen Forderungen getragene Studienverordnung, einen qualifizierten Studienabgang und ein definiertes Aufnahmeverfahren.

Statt dessen wird in den Aufnahmeverfahren, in denen die Kandidaten einem Ausschuß niedliche, unnütze Dinge, die sie für Kunst halten, präsentieren, weiterhin unter falschen Maßstäben nach Begabung, jenem changierenden Kennzeichen für die Befähigung eines Menschen, katastermäßig und mit vorgetäuschter, schrankenloser Unbefangenheit gefahndet.

Dabei können die Studienplatzbewerber in der Regel nicht einmal angeben, warum sie das Fach »freie Kunst« studieren wollen. Sie verfügen weder über handwerkliche noch theoretische Kenntnisse. Was sie lernen wollen, sind technische Tricks. Die Standards ihrer Bekenntnisse lauten: »Ich will mich ausdrücken lernen«, »Ich will mich verwirklichen«, »Ich suche einen Freiraum«. Kenntnisse über die Kunst der letzten hundert Jahre sind nicht vorhanden. Begriffe wie Surrealismus, Expressionismus, Dadaismus, Kubismus sagen ihnen nichts. Bekannte Künstlernamen, z. B., Mondrian, Morandi, Rothko, Gauguin, Giacometti, Gris, sie lösen nicht einmal Reflexe bei ihnen aus.

Niemand von ihnen glaubt daran, daß auch in der Kunst eine breite, fundierte Bildung die beste Arbeitsbasis ist. Diese deprimierende Erfahrung wird nur noch von dem verworrenen Denken der beisitzenden Hochschullehrer überboten. Weil sie den eigenen Erfahrungsbereich nicht beherrschen und häufig der Gegenstand, über den sie entscheiden sollen, nie Sache einer eigenen Praxis gewesen ist, da viele von ihnen nie ein Bild gemalt, nie modelliert, nie gezeichnet haben und sie nicht einmal die Folgerichtigkeit von Fragen beherrschen, überwiegen bei ihnen der Aufwand an Gesinnung, ideologische Rechtschaffenheit und soziales Erbarmen. So kommen jährlich Hunderte von Studenten an unsere Akademien, deren Begabung auf ganz anderen Gebieten als dem der Kunst liegt.

Noch wahnwitziger geht es aber zu, wenn die Forderung nach Einführung einer Studienordnung und einem Diplomabschluß gestellt wird. Dann geben vor allem die, die von der Sache am wenigsten wissen, die nie etwas durchdacht haben, die schillerndsten Erklärungen ab, die sich alle auf das geistlose Geplapper reimen: »Wir protestieren gegen die Einschränkung der Freiheit der Kunst und die Reglementierung der kreativen Kräfte.«

Dieselben Auguren werden andererseits nicht müde, immer neue Nischen auf dem Arbeitsmarkt aufzuspüren, wo sie den Künstler als Teilzeitkulturandroiden zwischen Reisebüro, Pharmazie und Sport als »Animator« einbinden möchten. Folgen wir dem neudeutschen Sprachgebrauch dieser Kulturingenieure, dann sollen sich die Künstler von nun an als Initiatoren, Berater, Anreger oder Animateure, mit Konzepten und Drehbüchern im Rahmen von Feldforschungsexkursionen als interdisziplinärer Operationsmöglichkeit mit anschließenden Nachbereitungskursen in Schulen, Kneipen, Betrieben und anderen Aktionsräumen, Vermittlungsebenen und Aktivierungszentren mit angemessener Teilnehmeransprache bei den jeweiligen Adressatengruppen, um den Horizont von Praxisfeldern zu erweitern, auf der Basis von Austauschverträgen, spontan einbringen, kollektiv prüfbar. In diesem Kommissardeutsch, in dem in anderem Zusammenhang jede Pfütze zum Biotop wird, kommen so einfache Worte wie Mensch, Arbeit, Bild, Skulptur, Zeichnung schon längst nicht mehr vor. Dafür quellen ihre Verlau(t)barungen über von dem Indefinitpronomen »man«, dem sie sich selbstentfremdend unterwerfen.

Vergessen wir nicht, daß diesen beklagenswerten Menschen, die das Kunststudium am liebsten nach Maßgabe eines Normfragebogens regulieren möchten, nie gestattet war, Herz oder Verstand zu zeigen. (Nicht, weil sie Hölderlins »Guter Rath« – Hast du Verstand und ein Herz, so zeige nur eines von beiden, beides verdammen sie dir, zeigest du beides zugleich –, ernst nähmen.) Vergessen wir nicht, daß Menschen, deren Leben mit Schund angefüllt ist, nie verstehen werden, daß andere ihr Dasein unter eine große Maxime stellen wollen, um sich zu verschwenden. Dafür gaukeln sie sich in Fachbereichssitzungen, über denen die Aura des Sitzfleisches schwebt, in endlosen Debatten, in denen nichts mehr einem Gespräch gleicht, Bedeutungen vor und haben doch nur vor, systematisch die Anforderungen zu senken, die Ressourcen zu verschleudern und die gewerkschaftlichen Bildungsideale durchzusetzen. Das ist der andere Teil der deprimierenden Akademiewirklichkeit. Die demokratische Herrschaft der Phantasielosen, für die es sogar einen Sinn machen würde, auf Idiot studieren zu lassen, gäbe es hierfür nur ein Curriculum.

Kein Impuls geht mehr von diesen Hochschulen aus. Weder treten sie mit Manifesten hervor, noch hat ihre Produktion Bedeutung. In keiner Weise nehmen sie Einfluß auf die Theoriebildung. (Der Fachbereich Kunst der Gesamthochschule Kassel brachte nicht einmal aus Anlaß des 200jährigen Bestehens der Kasseler Akademie eine Ausstellung von Arbeiten der Hochschullehrer und Studenten zustande.) Gesagt werden muß auch, daß viele, vielleicht sogar die meisten Studenten, schon nach kurzem ihr Studium enttäuscht abbrechen. Die anderen, die sich zehn Semester durchhangeln, sind vielleicht sogar die meisten Studenten dran. Fünf Jahre älter und so miserabel ausgebildet, daß sie keiner Branche wirklich von Nutzen sind, von jedem angesonnenen Ziel weiter entfernt als je zuvor, tauchen sie schließlich als Jobber-Existenzen unter. Einige werkeln dann vielleicht noch nebenbei in der Manier hantierender Affen herum, immer in Hoffnung auf die Künstlersozialversicherung.

Was ist auch als Ergebnis anderes zu erwarten von einem Studium, das so sehr unter dem Einfluß von Hochschullehrern steht, von denen die meisten weder faszinieren noch begeistern können. Wie soll aber einer, der nie etwas zuwege gebracht hat, der selbst das Material oder den Gegenstand seiner Arbeit nicht liebt, seine Schüler mitreißen können? Dann die anderen, die Hochschullehrer, die auf eine dichte, prägnante, abwechslungsreiche Produktion sich stützen können. Für sie ist die Arbeit an der Hochschule, diesem geistigen Vakuum, der Riß in ihrer eigenen Entwicklung. Angeödet von den bürokratischen Querelen, beschränken sie sich schließlich auf das von ihnen erwartete Minimum an Engagement und Präsenz; denn längst hat jener Geist die Hochschulen verlassen, der das Experiment, den kühnen Gedanken, die sinnliche Herausforderung ohne Rücksicht auf die Gesetze des Marktes und der Rentabilität vorantrieb.

Jeder von den Hochschullehrern weiß, daß der wirkliche Erfolg nur durch eine von Kontinuität, Beharrlichkeit und wachem Interesse getragene Arbeit zu erreichen ist, daß wer an diesen Hochschulen etwas ändern will, die Unerschrockenheit haben muß, mit allen bekannten Verlegenheitsmodellen endgültig zu brechen. Aber für diesen notwendigen Mut gibt es weder eine Grundlage in den Hochschulen selbst noch einen Rückhalt bei den »höheren Instanzen«.

Ich spreche nicht gern von Kunst, schon gar nicht im Zusammenhang mit Akademien. Ich spreche lieber von Malerei, von Skulptur, sage Zeichnen und Fotografieren; denn über diese Tätigkeiten können wir wirklich sprechen, Aussagen machen, Probleme benennen, Lösungen anstreben, Fragen entwickeln. Ich denke darum auch, daß es nicht Aufgabe der Akademien ist, Künstler zu züchten, sondern Probleme der Malerei, der Skulptur, der Zeichnung zu erörtern, Problemlösungen zu untersuchen, in dem für diese Fächer einmaligen Zusammenhang von Üben und Produzieren. Doch es gibt keine Gewähr, daß sich hierbei Maler, Bildhauer, Zeichner, Fotografen entwickeln.

Mit diesem bescheidenen Anspruch als Basis und einem Hochschullehrerensemble, das vor allem diesen Anspruch ernst nimmt, das für hohe Qualität der Eingangsbedingungen sorgt, ein gut abgestimmtes Lehrangebot garantiert, in dem Praxis und Theorie nicht nur richtig zueinander proportioniert sind, sondern auch in klar erkennbarer Beziehung zueinander stehen, ein Ensemble, das weiß, daß es Dinge gibt, die man erklären kann, andere, die vorexerziert werden müssen, zu deren Beherrschung das Einüben von Reflexen gehört, daß bei allem doch die Kunst gemeint ist – nur die Kunst, die strenge Übung, wie Valéry sie nannte – mit Lehrern, die wissen, daß es in der Kunst nicht um Innovationen geht, sondern darum, alte Probleme an einem neuen Temperament zu brechen, und daß sie Ausdruck der Kraft des menschlichen Willens ist, ließe sich vielleicht wirklich etwas verändern.

Kunst war immer teuer. Einen begabten Menschen zu fördern kostet wesentlich mehr, als einen Quantenmechaniker zu pflanzen. Wir erwarten auch mehr von ihm, etwa, daß er Vollendung anstrebt und in seinen Werken die Zeit aufhebt. Für den Studenten, der sich darauf einließe, müßte klar sein: aus Kunst erwächst keine Sinekure. Es ist auch nicht die Heerstraße, die zur Kunst führt.

Scheich Abdul Muhi

Kreativität

»Sie denken in diesem Moment, daß Sie denken, aber Sie benutzen nicht
einmal ein Fünftel Ihres wirklichen Denkpotentials. Um von Ihren Gedanken profitieren zu können, müssen Sie wissen wie man denkt und was
man denkt und sich nicht selbst täuschen, daß Ihre intellektuellen Übungen wirkliche Gedanken wären. Sie sind in Wirklichkeit eine abscheuliche
Karikatur wirklichen Denkens, das vergiftet und verführt und nichts, außer der Schwächung wirklicher Denkfähigkeit, bewirkt. Jedesmal, so Sie
einen dieser ›Schattengedanken‹ akzeptieren, ermutigen Sie Ihr Bewußtsein, diese als wirklich anzusehen und untergraben so allmählich den
Wert wirklichen Denkens.«

»Kann man«, so fragte ich, »*noch kreativ und frei denken, trotz dieses
Denkens in ›neuen Mustern‹?*«

»Ihre Begriffsstutzigkeit überrascht mich«, gab der Scheich zurück. »Sie
verlangen nach etwas, was Sie kreatives Denken nennen, aber es ist gerade diese ›kreative Freiheit‹, die Sie all diese Jahre im Stich gelassen hat.
Kreatives Denken, kreative Kunst oder kreative Poesie sind alles Ent-
schuldigungen, um die Welt den Verwirrungen auszusetzen, die in den
trüben Köpfen der sogenannten intellektuellen Elite des Westens entstanden sind. Der wirklich kreative Künstler schreit seine Kreativität nicht in
alle Welt. Der wirkliche Intellektuelle beansprucht niemals, einer zu sein.
Es sind die Unerfüllten, die nicht Erfolgreichen, die Faulen und Törichten,
die alte Fahrräder zusammenschweißen und verkünden, sie seien kreativ.
Sie sind umringt von der gleichen Sorte, die den Mist mit Lob überschüt-
ten, damit sie wiederum gelobt werden.«

»Gemessen an den akzeptierten Maßstäben der Kunst – Farbe, Form,
Wahrnehmung und Tiefe – haben sie nichts. Sie schreien ›Diskrimi-
rung‹ und werfen der großen Mehrheit der menschlichen Rasse ›altmodi-
sche Konzepte‹ und Eifersucht vor, weil sie kein Verständnis für ihre
Kunstschöpfungen zeigen. Sie behaupten, eine neue Welle im Denken,
eine Revolte gegen die stagnierende Vergangenheit zu sein. Ausgezeichnet! Niemand kann erwarten, daß man das preist, was nach allgemeinem
Verständnis veraltet ist. Aber eine wertvolle Sache ist selten veraltet.
Wenn ein Gedanke oder eine Idee im Grunde gesund ist, wird sie sich ent-

wickeln. Die sogenannten unmodernen Konventionen, welche die jugendlichen ›Besserwisser‹ im Westen umstoßen möchten, haben sich im Laufe der Jahrhunderte zu dem entwickelt, was sie sind. Ihrem Wesen nach schränken sie nicht ein, da Konventionen etwas von Wert nicht unterdrücken können. Wenn die Konventionen gewisse Fertigkeiten in der Kunst oder Literatur und ein gewisses Talent auf diesen Gebieten fordern, dann liegt es an Ihnen, die Eigenschaften derjenigen zu beurteilen, die diese Konventionen abschaffen möchten!«

(Übersetzung von Christine Spieth)

Eugen Herrigel

Zen in der Kunst des Bogenschießens

Zu dieser bedingungslosen Beherrschung der Formen erzieht in der Tat der japanische Unterricht. Einüben, Wiederholen und Wiederholung des Wiederholten sind in fortschreitender Steigerung auf weite Strecken hinaus seine Kennzeichen. Für alle traditionsgebundenen Künste wenigstens trifft dies zu. Vorführen, Vorbilden; Sicheinfühlen, Nachahmen – das ist die fundamentale Relation des Unterweisens, obgleich in den letzten Menschenaltern mit der Einführung neuer Unterrichtsfächer auch europäische Unterrichtsmethoden Fuß gefaßt haben und mit unleugbarem Verständnis gehandhabt werden. Woher kommt es, daß trotz aller anfänglichen Begeisterung für das Neue die japanischen Künste von diesen Unterrichtsformen im wesentlichen unbehelligt geblieben sind?

Eine Antwort auf diese Frage ist nicht leicht zu geben. Dennoch soll sie, wenn auch nur in groben Umrissen, in der Absicht versucht werden, den Stil der Unterweisung und damit den Sinn des Nachahmens noch schärfer zu beleuchten.

Der japanische Schüler bringt dreierlei mit: gute Erziehung, leidenschaftliche Liebe zu der von ihm gewählten Kunst und kritiklose Verehrung des Lehrers. Das Lehrer-Schüler-Verhältnis gehört seit altersher zu den grundlegenden Bindungen des Lebens und schließt daher hohe Verantwortung des Lehrers in sich ein, weit über den Rahmen seines Unterrichtsfaches hinaus.

Zunächst wird vom Schüler nichts anderes verlangt, als daß er gewissenhaft nachmacht, was der Lehrer vorführt. Langatmigen Belehrungen und Begründungen abhold, beschränkt dieser sich auf knappe Anweisungen und rechnet nicht damit, daß der Schüler Fragen stellt. Er sieht gelassen den tastenden Bemühungen zu, ohne Selbständigkeit und Unternehmungslust zu erhoffen, und hat die Geduld, das Wachsen und Reifen abzuwarten. Beide haben Zeit, der Lehrer drängt nicht, und der Schüler greift nicht hastig aus.

Weit davon entfernt, in dem Schüler vorzeitig den Künstler wecken zu wollen, hält es der Lehrer für seine erste Aufgabe, aus ihm einen Könner zu machen, der das Handwerkliche souverän beherrscht. Dieser Absicht kommt der Schüler durch unermüdlichen Fleiß entgegen. Als stelle er keine höheren Ansprüche, läßt er sich wie in stumpfer Ergebenheit beladen, um erst im Laufe der Jahre die Erfahrung zu machen, daß Formen, die er vollkommen beherrscht, nicht mehr bedrücken, sondern befreien. Er wird von Tag zu Tag fähiger, allen Eingebungen technisch mühelos folgen zu können, aber auch, sich aus gewissenhaftester Beobachtung Eingebungen zufließen zu lassen. Die Hand etwa, die den Pinsel führt, hat in demselben Augenblick, in dem der Geist zu formen beginnt, schon getroffen und vollbracht, was ihm vorschwebt, und am Ende weiß der Schüler nicht mehr, wer von beiden, ob der Geist oder die Hand, das Werk verantwortet.

Aber damit es dahin komme, daß Können also »geistig« werde, ist, wie in der Kunst des Bogenschießens, eine Konzentration aller körperlichen und seelischen Kräfte erforderlich, auf die, um es an neuen Beispielen zu zeigen, unter keinen Umständen verzichtet werden kann.

Ein Tuschemaler nimmt vor seinen Schülern Platz. Er prüft die Pinsel und legt sie bedächtig bereit, reibt sorgsam Tusche, rückt die lange, schmale Papierbahn, die vor ihm auf der Matte liegt, zurecht, um dann endlich, nach längerem Verweilen in tiefer Konzentration, in der er wie unberührbar erscheint, aus raschen, unbedingt treffsicheren Strichen ein Bild entstehen zu lassen, das keiner Korrektur mehr fähig und bedürftig, den Schülern als Vorlage dient.

Ein Blumenmeister beginnt den Unterricht damit, daß er den Bast, der Blumen und Blütenzweige bündelt, behutsam löst und sorgfältig aufgerollt beiseite legt. Er mustert sodann die einzelnen Zweige, wählt in wiederholter Prüfung die besten aus, gibt ihnen durch achtsames Zurechtbiegen die Form, der sie je nach ihrer Rolle entsprechen müssen, und stellt sie endlich in einer ausgesuchten Vase zusammen. Das vollendete Gebilde sieht so aus, als hätte der Meister erraten, was die Natur in dunklen Träumen ahnt.

In diesen beiden Fällen, auf die ich mich beschränken möchte, verhalten sich die Meister so, als seien sie allein. Sie gönnen den Schülern kaum einen Blick, noch weniger ein Wort. Die vorbereitenden Hantierungen führen sie versonnen und geruhsam aus, in den Vorgang des Bildens und Gestaltens verlieren sie sich selbstvergessen, und beiden erscheint er, von den ersten einleitenden Verrichtungen ab bis zum vollendeten Werk, als ein in sich geschlossenes Geschehen. Es besitzt auch in der Tat so hohe Ausdruckskraft, daß es wie ein Bild auf den Beschauer wirkt.

Weshalb aber läßt der Lehrer die nun einmal unvermeidlichen, aber doch durchaus untergeordneten Vorarbeiten nicht etwa durch einen erfahrenen Schüler erledigen? Beflügelt es denn seine künstlerische Schau- und Gestaltungskraft, wenn er die Tusche selbst reibt, wenn er den Bast, anstatt ihn hastig aufzuschneiden und achtlos wegzuwerfen, so umständlich löst? Und was bewegt ihn dazu, in jeder Unterrichtsstunde mit derselben, unerbittlichen Eindringlichkeit diesen Vorgang ohne jeden Abstrich geradezu pedantisch zu wiederholen und von den Schülern nachahmen zu lassen? Er hält deshalb an dem überlieferten Brauch fest, weil die Vorbereitungen zum Werk zugleich, wie er aus Erfahrung weiß, die Bedeutung haben, ihn auf sein künstlerisches Schaffen einzustellen. Er verdankt der besinnlichen Ruhe, in der er sie ausführt, jene entscheidende Lockerung und Ausgewogenheit aller seiner Kräfte, jene Sammlung und Geistesgegenwart, ohne welche kein rechtes Werk gelingt. Absichtslos in sein Tun versunken, wird er dem Ausdruck entgegengeführt, in dem sich das Werk, das ihm in ideellen Linien vorschwebt, wie von selbst vollbringt. Wie beim Bogenschießen die Schritte und Stellungen, haben hier in abgewandelter Form andere Vorspiele denselben Sinn. Und nur da, wo dies nicht angeht, beim kultischen Tänzer etwa und dem Schauspieler, wird die Sammlung und Versenkung auf die Zeit vor ihrem Auftreten verlegt.

Auch bei diesen Beispielen also handelt es sich wie beim Bogenschießen, unverkennbar um Zeremonien. Deutlicher, als es der Lehrer mit Worten zu sagen vermöchte, entnimmt der Schüler aus ihnen, daß die rechte geistige Verfassung des Künstlers dann erreicht ist, wenn die Vorbereitung und das Schaffen, das Handwerkliche und das Künstlerische, das Materielle und das Geistige, das Zuständliche und das Gegenständliche fugenlos ineinander übergehen. Und damit hat er ein neues Thema der Nachahmung gefunden. Die Weisen der Konzentration, der selbstvergessenen Versunkenheit vollendet zu beherrschen, wird nunmehr von ihm verlangt. Die Nachahmung, nicht mehr auf objektive Gehalte bezogen, deren Abbildung noch jeder bei gutem Willen irgendwie gewachsen ist, wird jetzt gelöster, beweglicher, geistiger. Der Schüler sieht sich neuen Möglichkeiten gegenübergestellt, erfährt aber auch zugleich, daß ihre Verwirklichung nicht im mindesten mehr von seinem guten Willen abhängt.

Unter der Voraussetzung, daß seine Begabung die Steigerung besteht, erwartet den Schüler auf seinem Wege zur Künstlerschaft eine kaum zu umgehende Gefahr. Nicht die Gefahr, in eitlem Selbstgenuß sich zu verzehren – denn zu diesem Kult des eigenen Ich bringt der Ostasiate keinerlei Anlagen mit – als vielmehr die Gefahr, bei dem, was er kann und ist, was der Erfolg bestätigt und der Ruhm feiert, stehen zu bleiben. Sich also so zu verhalten, als ob die künstlerische Existenz eine eigene, aus sich geprägte und beglaubigte Form des Lebens wäre.

Der Lehrer sieht dies voraus. Behutsam und mit feinster Kunst der Seelenführung versucht er, rechtzeitig vorzubeugen und den Schüler von sich selbst loszulösen. Er erreicht es dadurch, daß er, unauffällig und als ob es nur nebenbei erwähnenswert sei, an die Erfahrung, die der Schüler schon gemacht haben muß, anknüpfend darauf hinweist, daß alles rechte Schaffen nur im Zustand echter Selbstlosigkeit gelingt, in dem der Schaffende somit gar nicht mehr als »er selbst« gegenwärtig sein kann. Nur der Geist ist gegenwärtig, eine Art von Wachheit, welche gerade nicht die Tönung des »Ich selbst« aufweist und daher um so schrankenloser alle Weiten und Tiefen »mit Augen, die hören, und mit Ohren, die sehen«, durchdringt.

So läßt der Lehrer den Schüler durch sich selbst hindurchgehen. Der Schüler aber wird mehr und mehr dafür empfänglich, sich durch den Lehrer etwas in Sicht bringen zu lassen, wovon er freilich schon oft gehört hat, dessen Realität aber erst jetzt auf dem Grunde eigener Erfahrungen für ihn greifbar zu werden beginnt. Es ist unwichtig, welche Namen der Lehrer dem, was er meint, beilegt, ja, ob er es überhaupt benennt. Der Schüler versteht ihn auch dann, wenn er sich darüber ausschweigt.

Aber damit wird eine entscheidende, innere Bewegung eingeleitet. Der Lehrer verfolgt sie, und ohne ihren Verlauf durch fernere Belehrung, die nur stören würde, zu beeinflussen, hilft er dem Schüler auf die geheimste und innerlichste Weise, über die er verfügt: durch unmittelbarste Übertragung des Geistes, wie man sich in buddhistischen Kreisen ausdrückt. »Wie man mit einer brennenden Kerze andere anzündet«, so überträgt der Lehrer den Geist der rechten Kunst von Herz zu Herzen, damit sie licht werden. Wenn es dem Schüler beschieden sein sollte, er-innert er sich, daß wichtiger als alle noch so bestechenden äußeren Werke das innere Werk ist, welches er vollbringen muß, wenn er seine Bestimmung gerade als Künstler erfüllen soll.

Das innere Werk aber besteht darin, daß er als der Mensch, der er ist, als das Selbst, als das er sich fühlt und immer wieder findet, zum Stoff einer Bildung und Formung wird, an deren Ende die Meisterschaft steht. In ihr treffen sich Künstlerschaft und Menschsein im umfänglichsten Sinne des Wortes als in einem Höheren. Denn Meisterschaft ist als Lebensform dadurch beglaubigt, daß sie aus der grenzenlosen Wahrheit lebt und, von ihr getragen, die Kunst des Ursprungs ist. Der Meister sucht nicht mehr, sondern findet. Er ist als Künstler ein priesterlicher Mensch, als Mensch ein Künstler, dem in all seinem Tun und Lassen, Schaffen und Schweigen, Sein und Nichtsein Buddha ins Herz sieht. Der Mensch, der Künstler, das Werk – das ist alles Eins. Die Kunst des inneren Werkes, das nicht wie das äußere vom Künstler abfällt, das er nicht machen, sondern immer nur sein kann, entspringt aus Tiefen, von denen der Tag nichts weiß.

Der Weg der Meisterschaft ist steil. Oft hält den Schüler nichts anderes mehr in Bewegung als der Glaube an den Lehrer, aus dem ihn jetzt erst die Meisterschaft anblickt: er lebt ihm das innere Werk vor und überzeugt durch nichts anderes als durch sein bloßes Dasein.

In diesem Stadium gewinnt die Nachahmung des Schülers ihren letzten und reifsten Sinn: sie führt zum Teilhaben am Geist der Meisterschaft durch Nachfolge.

Wie weit der Schüler kommen wird, entzieht sich der Sorge des Lehrers und Meisters. Er muß den Schüler, kaum hat er ihm den rechten Weg gewiesen, allein weitergehen lassen. Nur eines hat er noch zu tun, damit der Schüler die Einsamkeit bestehe: er löst ihn von sich selbst, vom Meister, los, indem er ihn herzlich ermahnt, weiter zu kommen als er selbst und »auf des Lehrers Schultern zu steigen«.

Der Schüler, wohin ihn auch der Weg führen möge, kann seinen Lehrer wohl aus den Augen verlieren, aber nicht vergessen. In einer zu jedem Opfer bereiten Dankbarkeit, in die sich die kritiklose Verehrung des Anfängers, der rettende Glaube des Künstlers gewandelt hat, steht er für ihn ein. An unzähligen Beispielen bis in die jüngste Vergangenheit ließe sich darlegen, daß diese Dankbarkeit das Maß dessen, was sonst unter Menschen üblich ist, weit hinter sich läßt.

Eugen Herrigel war ein deutscher Philosoph, der in der ersten Hälfte dieses Jahrhunderts in Japan in einen Unterricht bei einem Bogenmeister geriet und der über seine Erfahrungen ein Buch schrieb, das zu den wichtigsten Büchern über Kunst und Zen gehört. Aus diesem Buch können wir erfahren, daß es in Japan sehr viele Künste und Kunsttätigkeiten gibt, die aus den einfachen Verrichtungen des täglichen Lebens abgeleitet sind und die von sehr vielen ausgeübt werden können. Sie werden als Vorstufe angesehen für den Weg der Zenmeditation, und diese Künste, z. B. Teezeremonie, Blumenstecken und Kalligraphie, werden gelehrt als ein nach bestimmten Regeln verlaufender Weg der allmählichen Bewußtseinserweiterung; wie liebevoll und weise die Lehrer vorgehen, erzählt Herrigel. Diese Kunstwege stammen aus dem Bereich der Zenklöster und wurden geschaffen, um Menschen, denen die Zenmeditation nicht möglich war, anhand der einfachen Bewegungen des täglichen Lebens weiterzuhelfen. Das hatte einen großen Einfluß auf das tägliche Leben und die Umwelt der Japaner.

In unseren Künsten, die hochspezialisiert sind, fehlen solche Wege und Möglichkeiten, deshalb hat sich eine große Kluft zwischen Kunst und Leben aufgetan, die es in Japan auch heute noch nicht gibt. Die Tatsache, daß bei uns auch das wirkliche Kunsthandwerk fast verschwunden ist, läßt die Frage auftauchen, woher denn – sogar in erblicher Hinsicht – Fähigkeiten kommen sollen und wo sie sich entwickeln können. Die Literaturepoche der Goethezeit konnte entstehen, weil so viele Briefe mit der Hand geschrieben wurden.

Die »Improvisation« der Musiker, die früher allgemein üblich war, hätte schon den Rang japanischer Künste erreichen und halten können, sie diente dazu, in absichtslosem Tun neue Ideen und Formationen herabzubringen, die dann später für ein Werk zur Verfügung standen (Mozarts nächtliche Improvisationen). Über die therapeutische Bedeutung der Musikimprovisation wird im Beitrag von Günther Braunger gesprochen.

Miyamoto Musashi

Schwertkunst

Vom richtigen Rhythmus in der Schwertkunst

Bei allem, was man tut, kommt es auf den richtigen Zeitpunkt und den richtigen Rhythmus an. Besonders in der Schwertkunst ist das wichtig, und man kann es nicht lernen ohne lange Übung.

Am klarsten wird die Bedeutung des Rhythmus beim Tanz und in der Musik, denn nur dadurch, daß man sich ganz im Rhythmus befindet, kommt es dort zur Harmonie. Ebenso haben in den Kampftechniken auch das Bogen- und Gewehrschießen oder das Reiten ihren Rhythmus. Nirgends darf man in der Ausübung der verschiedenen Fertigkeiten aus dem Rhythmus geraten. Selbst das Nichtgreifbare besitzt Rhythmus.

Das ganze Leben des Samurai hat eine Art Rhythmus. Ob er aufsteigt oder fällt, ob er nach seinem Willen lebt oder bedrängt wird – in allem ist Rhythmus. Mit dem Weg des Kaufmanns steht es nicht anders. Daß er ein Kapital bald gewinnt, bald verliert, ist eine Sache des Rhythmus. Wie oft muß man erleben, daß auf eine Zeit des Erblühens eine Zeit des Welkens folgt!

Rhythmus in der Schwertkunst gibt es in verschiedenster Art. Da muß man zunächst unterscheiden, ob man mit einem Rhythmus übereinstimmt oder nicht; muß sodann unter den kurzen und langen, den schnellen und langsamen Arten des Rhythmus den passenden, den noch eben angängigen und den entgegengesetzten Rhythmus herauskennen. Darauf vor allem kommt es in der Schwertkunst an. Zumal wenn man den entgegengesetzten Rhythmus nicht erkennt, kann die eigene Taktik nicht wirklich zuverlässig sein.

In der Schlacht wählt man, nachdem man den Rhythmus des Gegners erkannt hat, selber einen eigenen Rhythmus, den dieser nicht erwartet, und indem man mit List den eigenen Rhythmus unsichtbar hält, erlangt man den Sieg.

In allen fünf Büchern beschäftige ich mich immer wieder mit solchen Fragen des Rhythmus. Was da geschrieben steht, sollte man gründlich lesen und dann tüchtig üben.

Die bis hierher dargelegte Schwertkunst der Niten-Methode wird dadurch, daß man sie, ohne darin nachzulassen, von früh bis spät anwendet, die eigene Begabung auf die natürlichste Weise erweitern helfen und damit in der Welt verbreitet werden als eine Kampfkunst sowohl für die Schlacht wie für den Einzelkampf. In den fünf Büchern der Erde, des Wassers, des Feuers, des Windes und der Leere wird dies zum ersten Mal niedergeschrieben.

Epilog zum Buch der Erde

Für diejenigen, die meine Schwertkunst erlernen wollen, gelten die folgenden Regeln:
1. Habe nie arglistige Gedanken.
2. Übe dich unablässig darin, dem Weg zu folgen.
3. Mache dich vertraut mit allen Techniken und Künsten.
4. Studiere die Wege vieler Tätigkeiten und Berufe.
5. Lerne an allen Dingen Gewinn und Verlust zu unterscheiden.
6. Entwickle deine Fähigkeit, die Dinge auf den ersten Blick zu durchschauen.
7. Bemühe dich, das Wesen auch dessen zu erkennen, was unsichtbar bleibt.
8. Vernachlässige nie deine Aufmerksamkeit auch gegenüber den kleinsten Dingen.
9. Halte dich nicht mit nutzlosen Beschäftigungen auf.

Diese Regeln sollte man unbedingt beherzigen und sich so in der Schwertkunst üben. Ein Meister der Kampfkunst wird nur, wer unter strengster Befolgung dieser Regeln die jeweilige Situation insgesamt betrachtet. Hat einer die Regeln gelernt und hält sich an sie, wird er keinem, auch nicht zwanzig oder dreißig Feinden, unterliegen. Wenn er mit ganzem Herzen dabei ist und ernsthaft an sich arbeitet, wird er sowohl mit der Hand als auch mit dem Auge dem anderen überlegen sein; stete Übung wird ihn befähigen, seinen Körper so zu beherrschen, daß er den Gegner körperlich besiegt, und hat er darüber hinaus seinen Geist gestählt, so wird er den Gegner auch geistig besiegen. Wer dahin gelangt – ist er nicht einfach unbesiegbar?

Schließlich wird er sich in der Kampfkunst im weiteren Sinn mit hervorragenden Männern zusammentun, wird er die Schar seiner Untergebenen geschickt einsetzen, wird er sich selber aufrecht verhalten, das Gebiet seines Fürsten mit Umsicht verwalten, für das Volk sorgen und dem Reich die Ordnung bewahren. Wenn es einen Weg gibt, der zu unbesiegbarem Selbstvertrauen führt, dem einzelnen alle Schwierigkeiten überwinden hilft und ihm Ruhm und Ehre einträgt, so ist es der Weg des Kriegers.

Ein Vergleich zwischen dem Weg des Zimmermanns und dem Weg des Kriegers

Man kann die Schwertkunst am Weg des Zimmermanns verdeutlichen. Das erscheint weit hergeholt, doch haben beide mit Häusern zu tun. Da sind die Häuser des Hofadels, die Häuser der Krieger, die vier Häuser*; Häuser vergehen oder gedeihen; es gibt Häuser verschiedenster Stile und mancherlei Rufs. Andererseits hat das Wort »Haus« die Bedeutung von Gebäude. Hieran wird der Weg des Zimmermanns deutlich.

Nach dem Schriftzeichen ist der Zimmermann ein Mensch, der »im großen plant«; da nun der Weg des Kriegers ebenfalls ein »Planen im großen« ist, ergibt sich daraus, daß man beide miteinander vergleichen kann.

Wer die Kunst des Kämpfens erlernen will, höre genau zu. Mit dem Lehrer als Nadel und dem Schüler als Faden ist ständige Übung vonnöten.

Der General ist wie der Zimmermeister. Er weiß mit dem Zollstock des Reiches, mit dem Zollstock des Volkes und dem Zollstock seiner Familie umzugehen. Es ist das der Weg des Anführers. Der Zimmermeister muß Tempel und Paläste entwerfen und Arbeiter anstellen, um sie zu errichten. Der Zimmermeister steht den Zimmerleuten vor wie der General den Kriegerhäusern. **

Beim Bau eines Hauses wird das Holz sorgsam ausgesucht. Geradegewachsenes, astreines Holz von schöner Maserung wird für die sichtbaren und geradegewachsenes Holz mit kleinen Fehlern für die nicht sichtbaren Pfeiler verwendet. Die schönsten Hölzer, auch wenn sie etwas schwächer sind, werden als Ober- und Unterschwellen, in Türen und Schiebetüren*** verbaut. Gutes, kräftiges Holz, auch wenn es verzogen und voller Äste ist,

---

* *Vier Häuser:* Anspielung auf die vier Linien des Fujiwara-Clans, die Japan in der Heian-Zeit beherrschten oder auf die vier Teeschulen.
** *Kriegerhäuser:* japanisch »Buke«; seit dem Mittelalter Bezeichnung für die Familien, die in Erbfolge die Militärs stellten (im Gegensatz zu den »Kuge«, den Hofadelsfamilien).

kann an versteckten Stellen verwendet werden. Schwaches oder ästiges Holz dient als Gerüst und später als Brennholz.

Der Zimmermeister wird seine Arbeiter nach ihren Fähigkeiten einsetzen, die tüchtigsten für die sichtbaren Fußböden, für die Schiebetüren, die Schwellen und für die Decke. Die weniger geschickten verlegen die Unterdielen, und wer noch unfähiger ist, spaltet und sägt und verrichtet andere Hilfsarbeiten. Wenn der Zimmermeister seine Leute kennt und richtig einteilt, wird er gute Arbeit liefern.

Der Zimmermeister muß nicht nur die Fähigkeiten und die Grenzen seiner Leute kennen, er muß auch darauf achten, daß sie nichts nur halb erledigen, und nicht mehr von ihnen verlangen, als sie zu leisten vermögen. Ihre Anlagen und ihre Ausdauer muß er kennen, und er muß ihnen Mut machen, wenn es nötig ist. Genau dies aber sind auch in der Schwertkunst die selbstverständlichen Grundsätze.

Wie der einfache Samurai schärft und wetzt der Zimmermann sein Werkzeug selbst. Er trägt sie in seinem Werkzeugkasten bei sich und arbeitet unter der Anleitung seines Meisters. Er baut Pfeiler und Balken mit der Axt, glättet Dielenbretter mit dem Hobel, schneidet Verzierungen und Schnitzereien sauber und akkurat und wird die Oberflächen so gut lackieren und polieren, wie er kann. Das ist die Gewohnheit des Zimmermanns. Und ist er durch stete Übung zur Beherrschung seiner Arbeit gelangt, fähig auch, mit dem Zollstock umzugehen, so ist es möglich, daß er Meister wird.

Der Zimmermann muß Werkzeuge haben, die gut schneiden und jede Pause darauf verwenden, sie zu schärfen. Denn sie sollen ihm dazu dienen, von Möbeln wie kleinen Schreinen, Bücherborden und Tischen bis hin zu Traglaternen, Hackbrettern und Topfdeckeln alles sauber auszuführen.

Das sind die Aufgaben des Zimmermanns, aber ganz ähnlich verhält es sich bei dem Krieger.

(Übersetzung von Jürgen Bode)

*** *Schiebetüren:* Die seitlich verschiebbaren Türen und Fenster im altjapanischen Haus bestehen aus hölzernem Gitterwerk, das mit Papier beklebt oder überzogen ist; ähnlich die beweglichen Zwischenwände. Nachts oder bei schlechtem Wetter zieht man zusätzlich massive Holzläden vor die Fenster.

Die rechte Proportion

Sen No Rikyu, ein Tee-Meister, wollte einen Blumenkorb an eine Säule hängen. Er bat einen Zimmermann ihm zu helfen und gab Anweisungen, den Korb ein bißchen höher oder tiefer, mehr rechts oder links zu hängen, bis er genau die richtige Stelle gefunden hatte. »Das ist der Platz«, sagte Sen No Rikyu schließlich.

Der Zimmermann, der den Meister prüfen wollte, machte ein Zeichen an die besagte Stelle und gab dann vor, sie nicht mehr zu finden. »War dies der Platz? Oder war es vielleicht der?« fragte der Zimmermann und deutete auf verschiedene Stellen der Säule.

Doch so genau war des Tee-Meisters Sinn für Proportion, daß erst, als der Zimmermann die ideale Stelle wieder erreicht hatte, der bezeichnete Ort Billigung fand.

Paul Reps

Wie man ein chinesisches Gedicht schreibt

Ein berühmter japanischer Dichter wurde gefragt, wie man ein chinesisches Gedicht mache.

»Das übliche chinesische Gedicht hat vier Zeilen«, erklärte er. »Die erste Zeile enthält den einführenden Teil; die zweite Zeile die Fortsetzung dieses Teils; die dritte Zeile wendet sich von diesem Thema ab und beginnt ein neues; und die vierte Zeile bringt die ersten drei Linien zusammen. Ein bekanntes japanisches Lied macht das deutlich:

Zwei Töchter eines Seidenhändlers lieben Kyoto.
Die ältere ist zwanzig, die jüngere achtzehn.
Ein Soldat tötet mit seinem Schwert,
aber diese Mädchen erschlagen Männer mit ihren Augen.«

Paul Reps

Mit dieser Anekdote werden die dynamischen Kunstformen erklärt, das sind die Formen, die eine Entwicklung durchlaufen: Haiku, Sonett, Drama, Sonate und Sinfonie. Das kleinste Gedicht und die ausgedehnteste Sonatenform folgen dem gleichen Prinzip, aber große Formen sind tragfähig nur mit »großen« Themen, an die der Hörer sich mit Freude erinnert, erst dann tauchen aus dem Nebel Umrisse auf. Die Wiederholung der Exposition in der Sonate – noch schöner und intensiver gespielt – vertritt die Stelle der zweiten Gedichtzeile in unserer Anekdote und ist nur dann entbehrlich, wenn sie in der Durchführung erweitert nachgeahmt wird, ihr Fehlen betrügt den Hörer um die Themen, die er gerne wieder hören will, bevor etwas Neues kommt. Oftmals ist ein Thema – wie ein Motto oder Sprichwort – zu schön und bestimmt, um sich entwickeln zu können: Dann ist es ein Lied.

Lafcadio Hearn
Japanische Kalligraphie

Was solche Zeichen im Vergleich mit unseren leblosen Buchstaben sind, können nur die verstehen, die im Fernen Osten gelebt haben. Denn selbst die gedruckten Lettern der japanischen und chinesischen Texte geben keine annähernde Vorstellung von der Schönheit solcher für dekorative Inschriften, bildhauerische Zwecke oder gewöhnliche Werbungsaufgaben modifizierte Schriftzeichen. Keine pedantische Konvention engt die Phantasie des Zeichners oder Kalligraphen ein. Jeder bemüht sich, seine Buchstaben schöner als irgendein anderer zu machen. Generationen auf Generationen von Künstlern haben seit unvordenklichen Zeiten den gleichen Feuereifer aufgewendet, so daß durch Jahrhunderte und Aberjahrhunderte unermüdlicher Anstrengung und Studien die primitive Hieroglyphe zu einer Schöpfung von unsäglicher Schönheit entwickelt wurde. Sie besteht nur aus einer gewissen Anzahl von Pinselstrichen, aber in jedem Pinselstrich liegt eine unergründliche, geheime Kunst der Anmut, der Proportion, des unmerklichen Schwunges, welche ihn tatsächlich lebendig erscheinen läßt, und bezeigt, daß der Künstler während seines Schaffens die ihm vorschwebende Idealform des Pinselstriches gleichsam in einer ganzen Länge nachfühlte. Die Kunst der Pinselstriche jedoch ist nicht alles. Die Kunst ihrer Kombination ist das, was den Zauber hervorruft, oft in einem Maße, daß die Japaner selbst davon überrascht sind. Läßt man das auf seltsame Weise persönlich belebte, esoterische Äußere japanischer Schriftzeichen auf sich wirken, so erscheint einem die Existenz wunderbarer Legenden über die Kalligraphie wahrlich nicht erstaunlich, Legenden, die berichten, wie von Meistern geschriebene Worte sich belebten, von ihren Tafeln heruntersteigen, um mit der Menschheit Zwiesprache zu halten.

Ostasiatische Kalligraphie ist Musik in einem anderen Medium, eine abstrakte Kunst auf fester Grundlage und Improvisation mit Pinsel, Farbe und Papier. In gleichen Formen existiert sie seit über tausend Jahren und ist ein gutes Beispiel für das im Vorwort Gesagte: ein Pinselstrich ist durch seine Lebendigkeit bedeutsam, eine Änderung der zugrundegelegten Form ist unnötig, die aus sehr alter Zeit vorgegebenen Formen wer-

den immer wieder improvisatorisch frei umschrieben. Wie z. B. beim Dirigieren, bei der Bogenführung der Streicher, bei Dynamik und Rubato bedarf es langer, geduldiger Übung bis Freiheit erreicht ist.

Sato Tsuji

Vom rechten Sitzen

Die wahre Gestalt des Menschen als Leibwesen erscheint im Aufrechtstehen des Körperstammes. Also kann sich auch der Charakter des Menschen nur in der autonomen Betätigung dieser Stellung bekunden.

Die wichtigste, stärkste und zugleich empfindsamste Stelle zur Bewährung der rechten Haltung liegt im Koshi. (Mit Koshi bezeichnet der Japaner den ganzen unteren Rumpf, abwärts vom Nabel). Er muß zur festen Basis werden, auf der man dann den Oberkörper leicht aufruhen läßt. Wenn der Oberkörper schwer, der Unterkörper dagegen leicht ist, so bedeutet das eine Verfassung, bei der das Leben wie von etwas Dinghaftem unterdrückt und das Höhere vom Niederen herabgezogen wird. Dagegen besagt ein fester Unterkörper mit einem leichten Oberkörper eine Verfassung, in der das im Menschen sich darleibende Leben seinen Charakter als Subjekt bezeugt, das auch das Dinghafte an ihm in sich einbezieht.

Um die richtige Stellung des menschlichen Körpers zu gewinnen, muß man zunächst den Unterleib mit der Kraft *(genki)* des ganzen Körpers füllen. Den Koshi mit Kraft füllen heißt zugleich, die Bauchmuskeln ein wenig anspannen. Wenn man die Bauchmuskeln richtig anspannt, erscheint als Kernpunkt dieser Anspannung ein Konzentrationspunkt unter dem Nabel. Dieser Konzentrationspunkt heißt seit alters her *kikai tanden*. Die Kunst dieser *tanden*-Ertüchtigung *(rentan)*, alle Kräfte, die sich in den verschiedenen Teilen festsetzen, loszulassen und die Kräfte des ganzen Körpers samt und sonders in den Tanden zu konzentrieren, diese Kunst ist von alters her im *budo* (Ritterweg), im *gedo* (Künstlerweg) und im *sado* (Sitzweg) gepflegt worden.

Den Koshi mit Kraft erfüllen, das geht naturgemäß mit dem Ausatmen zusammen. Beim Einatmen muß man die Kraft aus dem Bauch herausnehmen, dabei gleichzeitig aber die Verfassung des Koshi bewahren. Dann dringt die eingeatmete Luft gleichsam von selbst ein und erfüllt den Oberbauch, und am Ende des Einatmens wird der untere Hara von selbst kraftvoll, und man kann ganz natürlich und glatt wieder zum Ausatmen übergehen. Es muß ein ganz glatter Übergang zwischen Aus- und Einatmen sowohl wie von Ein- und Ausatmen sein. Man muß auch nicht beim Übergang mit der Atmung aufhören.

Wenn alle Muskeln des Körpers ihr rechtes Gleichgewicht gewinnen, dann wird die Magengend beim Ausatmen konkav. Der Unterleib dagegen tritt etwas vor. Das bedeutet nicht, ihn in besonderem Maße herausdrücken. Der Rauminhalt des unteren Körpers ändert sich von außen gesehen wenig, aber er füllt sich fest aus. Also der Unterkörper betätigt die Wendung zwischen Leere und Fülle, obwohl er sich rauminhaltlich nur wenig verändert.

Das Einatmen geschieht bei dieser Übung in ganz kurzer Zeit, das Ausatmen dagegen dauert länger, wobei man die Kräfte des Hara allmählich stärkt. Das bedeutet aber gar nicht, daß man mit der ausströmenden Luft spart. Man zieht das Kinn etwas an und öffnet weit und breit den Hara-Boden (*hara-no-soku*) und atmet die Luft voll und stark aus. Diese Ausatmung muß, je mehr sie sich dem Ende nähert, gleich einer Keule immer dicker werden. Wenn man im Boden des Hara keine Kräfte hat, dann ist die Ausatmung flüchtig ächzend, aber wenn man wirklich vom Bauchboden aus atmet, dann wird sie mächtig und strömend.

Wo die Kraft aus dem Unterkörper herausgeht, so daß dieser gleichsam zusammenbricht, verkrampft sich die Kraft in der Brust, an den Schultern, im Nacken oder im Gesicht, bzw. im Kopf, und es ist nur ein Notbehelf, diese Verkrampftheit durch *amma* (Kneten) und Massage zu lösen. Um die Quelle dieser Verkrampfung völlig zu stopfen, muß man die Wirbelsäule zurechtrücken und eine richtige Haltung einnehmen.

Diese richtige Haltung, die die dem Körper zugedachte Senkrechte zuläßt, ist der einzige Weg zur Stufe einer Gestalt, die die Einheit des Seins jenseits aller dualistischen Trennung ausdrückt. Da man aber dabei die Ichbefangenheit lassen muß, die die Kraft sich an einzelnen Stellen verkrampfen läßt, so entsteht hier eine gewisse Ichlosigkeit.

Wenn man eine richtige Haltung einnimmt, so fällt der Schwerpunkt des ganzen Körpers in die Mitte des Sitzbeins und der Koshi wird felsenfest, und es bleibt uns nichts anderes übrig, als die Kraft wie von Natur in den Unterleib zu legen. Die in den Unterleib gelegte Kraft spannt die Bauchmuskeln in angenehmer Weise an und läßt einen die Kraftfülle des ganzen Körpers empfinden. Die Anspannung des Unterbauches ist beim Ausatmen am stärksten. Die Haltung, bei der man die Brust anspannt, zieht die Muskeln herauf, macht den Unterbauch dünn, verlagert den Schwerpunkt nach oben und erzeugt dadurch eine Un-Stabilität. Die Brust muß leer sein. Man soll mehr Wert darauf legen, die Kraft aus der Brust herauszunehmen und die Brust zu öffnen – als die Brust vollzupumpen. Die Kraft des ganzen Körpers soll ausschließlich im Koshi als der

Basis des Rumpfes liegen, die Muskeln des ganzen Körpers müssen alle naturgemäß in die Koshigegend tendieren. Wenn die Koshigegend krafterfüllt ist und der Oberkörper und der Nacken leer sind, so ist die Bewegung eines jeden Gliedes, wie auch jede Kraftanspannung an welcher Stelle auch immer, Ausdruck der Ganzheit und Einheit des Tanden und bringt keine unnatürliche Drehung *(twist)* der Muskeln mit sich. So wird jede Bewegung an besonderer Stelle zu einem wunderbaren Sein in der Leere.

Am Körperstamm sind die Schultern der beweglichste Teil. Von ihnen auch wird das Ganze am leichtesten verstellt. Es müssen also für die Übung der rechten Haltung die Schultern als eine der wichtigsten Stellen des Körpers angesehen werden. Für die rechte Haltung kommt es darauf an, die Schultern fallen zu lassen. Da der Kopf den Himmel, der Rumpf die Erde bedeutet, verwirklicht man die wahre Gestalt erst dort, wo man sich in den Schultern losläßt und zur Mitte hin niederläßt und auf diese Weise die wahre Leere des Himmels und die Fülle der Erde bezeugt. Schwache Menschen haben hochstehende Schultern. Wenn einem bang ist, zieht man unwillkürlich die Schultern hoch. Wer gegenüber einer Überraschung die Schultern herabläßt, muß sich auf irgendeine Weise geübt haben.

Der Kernpunkt des Fallenlassens der Schultern liegt darin: Man läßt sie sacht nieder, als fiele einem von den Schultern eine Sutane herab. Aber wenn man das Bewußtsein in die Schultern legt, »um« sie niederzulassen, so werden sie eher verkrampft als gelöst! Immer wird der Körper dort, wo das Bewußtsein willensmäßig hingelegt wird, verkrampft. So bleibt uns nichts anderes übrig, als das Bewußtsein in den Tanden zu legen. Dort kann die ganze Aufmerksamkeit zentriert sein, ohne daß es etwas schadet. So ist es besser, beim Senken der Schultern das Gefühl zu haben, man ließe die beiden Arme herabsinken, als die Schultern niederlassen zu wollen. Wenn man gar keine Kraft in die Arme legt und ein Gefühl hat, als trennten sich die Arme von den Schultern, werden zugleich die Schultermuskeln ruhiger, und die Muskeln des ganzen Körpers können um so »ruhiger« werden, als die Schultern ruhig werden.

Das rechte Sitzen offenbart die wahre Gestalt des Menschen. »Richtig sitzen und an die wahre Gestalt denken« wird im Fugen-Sutra als das Urbild der leiblichen »Übung« (Tat) des Menschen bezeichnet. Dieses »an die wahre Gestalt denken« darf nicht in der Stufe des Wissens verbleiben, die von der Übung getrennt ist. Richtiges Sitzen ist die wahre Gestalt des Menschen, der Vollzug des richtigen Sitzens ist ein ursprüngliches Erlebnis des Menschen. Die körperliche Tat des richtigen Sitzens ist schlechthin richtiges Denken! Die rechte Sitzweise mit freiem Selbstbewußtsein zu üben, ist die praktische Übung *einer* unter den verschiedenen möglichen »guten Taten«, andererseits in sich selbst eine Weise der Verwirklichung des absoluten Einen, das über allem relativen Einen erhaben ist. So ist also die dem Menschen mögliche Vollkommenheit der Einstellung allein in der rechten Sitzhaltung zu verwirklichen.

*

In den Haltungen unserer Musiker (z.B. Furtwängler, Casals, Paganini) finden wir manches, was uns in diesem Lehrtext erläutert wird: Die Gesetze sind überall die gleichen. In Japan allerdings hat sich bewußte Lehre und lebendige Tradition gebildet und die Meister wirken vor allem im Kreis ihrer Schüler, um ihnen bei der Bewußtwerdung auf dem Weg der Kunst durch Vorbild, Beispiel und Unterweisung weiterzuhelfen. Der vorliegende Text ist dem Buch »Wunderbare Katze« von Karlfried Graf Dürckheim entnommen, das sehr lesenswerte Texte enthält, die zu interessantem Vergleich mit Kleists »Marionettentheater« auffordern.

*

Die Beziehung des künstlerischen Schaffens zum »Tanden«, dem Sitz des Ursprünglichen, ist unmittelbar und wesentlich. Weder die Hand noch der Kopf sollen das Bild zeichnen. Es ist eine notwendige Bedingung für den Ausdruck des Wesenswerten in aller Kunst, daß man vorher seinen Kopf leer und frei macht und also seine volle Energie auf den »Tanden« konzentriert. Dann wird der Pinsel im Einklang mit dem Rhythmus der Urkraft sich von selbst bewegen. Wenn beim Zeichnen der Linien dagegen die Kraft in die Hand gelegt und der Kopf angestrengt wird, wird der Ausdruck, von der Quelle der inneren Synthesis abgeschnitten, hart und fixiert.

Kaneko Shoseki

Heinrich von Kleist
Über das Marionettentheater

Als ich den Winter 1801 im M... zubrachte, traf ich daselbst eines Abends, in einem öffentlichen Garten, den Herrn C. an, der seit kurzem, in dieser Stadt, als erster Tänzer der Oper, angestellt war, und bei dem Publiko außerordentliches Glück machte.

Ich sagte ihm, daß ich erstaunt gewesen wäre, ihn schon mehrere Male in einem Marionettentheater zu finden, das auf dem Markte zusammengezimmert worden war, und den Pöbel, durch kleine dramatische Burlesken, mit Gesang und Tanz durchwebt, belustigte.

Er versicherte mir, daß ihm die Pantomimik dieser Puppen viel Vergnügen machte, und ließ nicht undeutlich merken, daß ein Tänzer, der sich ausbilden wolle, mancherlei von ihnen lernen könne.

Da diese Äußerung mir, durch die Art, wie er sie vorbrachte, mehr, als ein bloßer Einfall schien, so ließ ich mich bei ihm nieder, um ihn über die Gründe, auf die er eine so sonderbare Behauptung stützen könne, näher zu vernehmen.

Er fragte mich, ob ich nicht, in der Tat, einige Bewegungen der Puppen, besonders der kleineren, im Tanz sehr graziös gefunden hatte.

Diesen Umstand konnt ich nicht leugnen. Eine Gruppe von vier Bauern, die nach einem raschen Takt die Ronde tanzte, hätte von Teniers nicht hübscher gemalt werden können.

Ich erkundigte mich nach dem Mechanismus dieser Figuren, und wie es möglich wäre, die einzelnen Glieder derselben und ihre Punkte, ohne Myriaden von Fäden an den Fingern zu haben, so zu regieren, als es der Rhythmus der Bewegungen, oder der Tanz, erfordere?

Er antwortete, daß ich mir nicht vorstellen müsse, als ob jedes Glied einzeln, während der verschiedenen Momente des Tanzes, von dem Maschinisten gestellt und gezogen würde.

Jede Bewegung, sagte er, hätte einen Schwerpunkt; es wäre genug, diesen, in dem Innern der Figur, zu regieren; die Glieder, welche nichts als Pendel wären, folgten, ohne irgendein Zutun, auf eine mechanische Weise von selbst.

Er setzte hinzu, daß diese Bewegung sehr einfach wäre; daß jedesmal, wenn der Schwerpunkt in einer *graden Linie* bewegt wird, die Glieder schon *Kurven* beschrieben; und daß oft, auf eine bloß zufällige Weise erschüttert, das Ganze schon in eine Art von rhythmische Bewegung käme, die dem Tanz ähnlich wäre.

Diese Bemerkung schien mit zuerst einiges Licht über das Vergnügen zu werfen, das er in dem Theater der Marionetten zu finden vorgegeben hatte. Inzwischen ahndete ich bei weitem die Folgerungen noch nicht, die er späterhin daraus ziehen würde.

Ich fragte ihn, ob er glaubte, daß der Maschinist, der diese Puppen regierte, selbst ein Tänzer sein, oder wenigstens einen Begriff vom Schönen im Tanzen haben müsse?

Er erwiderte, daß wenn ein Geschäft, von seiner mechanischen Seite, leicht sei, daraus noch nicht folge, daß es ganz ohne Empfindung betrieben werden könne.

Die Linie, die der Schwerpunkt zu beschreiben hat, wäre zwar sehr einfach, und, wie er glaube, in den meisten Fällen, gerad. In Fällen, wo sie krumm sei, scheine das Gesetz ihrer Krümmung wenigstens von der ersten oder höchstens zweiten Ordnung; und auch in diesem letzten Fall nur elliptisch, welche Form der Bewegung den Spitzen des menschlichen Körpers (wegen der Gelenke) überhaupt die natürliche sei, und also dem Maschinisten keine große Kunst koste, zu verzeichnen.

Dagegen wäre diese Linie wieder, von einer andern Seite, etwas sehr Geheimnisvolles. Denn sie wäre nichts anderes als der *Weg der Seele des Tänzers*; und er zweifle, daß sie anders gefunden werden könne als dadurch, daß sich der Maschinist in den Schwerpunkt der Marionette versetzt, d. h. mit andern Worten, *tanzt*.

Ich erwiderte, daß man mir das Geschäft desselben als etwas ziemlich Geistloses vorgestellt hätte: etwa was das Drehen einer Kurbel sei, die eine Leier spielt.

Keineswegs, antwortete er. Vielmehr verhalten sich die Bewegungen seiner Finger zur Bewegung der daran befestigten Puppen ziemlich künstlich, etwa wie Zahlen zu ihren Logarithmen oder die Asymptote zur Hyperbel.

Inzwischen glaube er, daß auch dieser letzte Bruch von Geist, von dem er gesprochen, aus den Marionetten entfernt werden, daß ihr Tanz gänzlich ins Reich mechanischer Kräfte hinübergespielt, und vermittelst einer Kurbel, so wie ich es mir gedacht, hervorgebracht werden könne.

Ich äußerte meine Verwunderung zu sehen, welcher Aufmerksamkeit er diese, für den Haufen erfundene, Spielart einer schönen Kunst würdige. Nicht bloß, daß er sie einer höheren Entwickelung für fähig halte: er scheine sich sogar selbst damit zu beschäftigen.

Er lächelte, und sagte, er getraue sich zu behaupten, daß wenn ihm ein Mechanikus, nach den Forderungen, die er an ihn zu machen dächte, eine Marionette bauen wollte, er vermittelst derselben einen Tanz darstellen würde, den weder er, noch irgen dein anderer geschickter Tänzer seiner Zeit, Vestris selbst nicht ausgenommen, zu erreichen imstande wäre.

Haben Sie, fragte er, da ich den Blick schweigend zur Erde schlug: haben Sie von jenen mechanischen Beinen gehört, welche englische Künstler für Unglückliche verfertigen, die ihre Schenkel verloren haben?

Ich sagte, nein: dergleichen wäre mir nie vor Augen gekommen.

Es tut mir leid, erwiderte er; denn wenn ich Ihnen sage, daß diese Unglücklichen damit tanzen, so fürchte ich fast, Sie werden es mir nicht glauben. – Was sag ich, tanzen? Der Kreis ihrer Bewegungen ist zwar beschränkt; doch diejenigen, die ihnen zu Gebote stehen, vollziehen sich mit einer Ruhe, Leichtigkeit und Anmut, die jedes denkende Gemüt in Erstaunen setzen.

Ich äußerte, scherzend, daß er ja, auf diese Weise, seinen Mann gefunden habe. Denn derjenige Künstler, der einen so merkwürdigen Schenkel zu bauen imstande sei, würde ihm unzweifelhaft auch eine ganze Marionette, seinen Forderungen gemäß, zusammensetzen können.

Wie, fragte ich, da er seinerseits ein wenig betreten zur Erde sah: wie sind denn diese Forderungen, die Sie an die Kunstfertigkeit desselben zu machen gedenken, bestellt?

Nichts, antwortete er, was sich nicht auch schon hier fände; Ebenmaß, Beweglichkeit, Leichtigkeit – nur alles in einem höheren Grade; und besonders eine naturgemäßere Anordnung der Schwerpunkte.

Und der Vorteil, den diese Puppe vor lebendigen Tänzern voraus haben würde?

Der Vorteil? Zuvörderst ein negativer, mein vortrefflicher Freund, nämlich dieser, daß sie sich niemals *zierte*. – Denn Ziererei erscheint, wie Sie wissen, wenn sich die Seele (vis motrix) in irgend einem andern Punkte befindet als in dem Schwerpunkt der Bewegung. Da der Maschinist nun schlechthin, vermittels des Drahtes oder Fadens, keinen andern Punkt in seiner Gewalt hat als diesen: so sind alles übrigen Glieder, was sie sein sollen, tot, reine Pendel, und folgen dem bloßen Gesetz der Schwere; eine vortreffliche Eigenschaft, die man vergebens bei dem größten Teil unserer Tänzer sucht.

Sehen Sie nur die P... an, fuhr er fort, wenn sie die Daphne spielt, und sich, verfolgt vom Apoll, nach ihm umsieht; die Seele sitzt ihr in den Wirbeln des Kreuzes; sie beugt sich, als ob sie brechen wollte, wie eine Najade aus der Schule Bernins. Sehen Sie den jungen F… an, wenn er, als Paris, unter den drei Göttinnen steht, und der Venus den Apfel überreicht: die Seele sitzt ihm gar (es ist ein Schrecken, es zu sehen) im Ellenbogen.

Solche Mißgriffe, setzte er abbrechend hinzu, sind unvermeidlich, seitdem wir von dem Baum der Erkenntnis gegessen haben. Doch das Paradies ist verriegelt und der Cherub hinter uns; wir müssen die Reise um die Welt machen, und sehen, ob es vielleicht von hinten irgendwo wieder offen ist.

Ich lachte. – Allerdings, dachte ich, kann der Geist nicht irren, da, wo keiner vorhanden ist. Doch ich bemerkte, daß er noch mehr auf dem Herzen hatte, und bat ihn, fortzufahren.

Zudem, sprach er, haben diese Puppen den Vorteil, daß sie *antigrav* sind. Von der Trägheit der Materie, dieser dem Tanze entgegenstrebendsten aller Eigenschaften, wissen sie nichts: weil die Kraft, die sie in die Lüfte erhebt, größer ist, als jene, die sie an der Erde fesselt. Was würde unsre gute G… darum geben, wenn sie sechzig Pfund leichter wäre, oder eine Gewicht von dieser Größe ihr bei ihren Entrechats und Pirouetten, zu Hilfe käme? Die Puppen brauchen den Boden nur, wie die Elfen, um ihn zu *streifen*, und den Schwung der Glieder, durch die augenblickliche Hemmung neu zu beleben; wir brauchen ihn, um darauf zu *ruhen*, und uns von der Anstrengung des Tanzes zu erholen: ein Moment, der offenbar selber kein Tanz ist, und mit dem sich weiter nichts anfangen läßt, als ihn möglichst verschwinden zu machen.

Ich sagte, daß, so geschickt er auch die Sache seiner Paradoxe führe, er mich doch nimmermehr glauben machen würde, daß in einem mechanischen Gliedermann mehr Anmut enthalten sein könne als in dem Bau des menschlichen Körpers.

Er versetzte, daß es dem Menschen schlechthin unmöglich wäre, den Gliedermann darin auch nur zu erreichen. Nur ein Gott könne sich, auf diesem Felde, mit der Materie messen; und hier sei der Punkt, wo die beiden Enden der ringförmigen Welt in einander griffen.

Ich erstaunte immer mehr, und wußte nicht, was ich zu so sonderbaren Behauptungen sagen sollte.

Es scheine, versetzte er, indem er eine Prise Tabak nahm, daß ich das dritte Kapitel vom ersten Buch Moses nicht mit Aufmerksamkeit gelesen; und wer diese erste Periode aller menschlichen Bildung nicht kennt, mit dem könne man nicht füglich über die folgenden, um wie viel weniger über die letzte, sprechen.

Ich sagte, daß ich gar wohl wüßte, welche Unordnungen, in der natürlichen Grazie des Menschen, das Bewußtsein anrichtet. Ein junger Mann von meiner Bekanntschaft hätte, durch eine bloße Bemerkung, gleichsam vor meinen Augen, seine Unschuld verloren, und das Paradies derselben, trotz aller ersinnlichen Bemühungen, nachher niemals wieder gefunden. – Doch, welche Folgerungen, setzte ich hinzu, können Sie daraus ziehen?

Er fragte mich, welch einen Vorfall ich meine?

Ich badete mich, erzählte ich, vor etwa drei Jahren, mit einem jungen Mann, über dessen Bildung damals eine wunderbare Anmut verbreitet war. Er mochte ungefähr in seinem sechzehnten Jahre stehn, und nur ganz von fern ließen sich, von der Gunst der Frauen herbeigerufen, die ersten Spuren von Eitelkeit erblicken. Es traf sich, daß wir grade kurz zuvor in Paris den Jüngling gesehen hatten, der sich einen Splitter aus dem Fuße zieht; der Abguß der Statue ist bekannt und befindet sich in den meisten deutschen Sammlungen. Ein Blick, den er in dem Augenblick, da er den Fuß auf den Schemel setzte, um ihn abzutrocknen, in einen großen Spiegel warf, erinnerte ihn daran; er lächelte und sagte mir, welch eine Entdeckung er gemacht habe. In der Tat hatte ich, in eben diesem Augenblick, dieselbe gemacht; doch sei es, um die Sicherheit der Grazie, die ihm beiwohnte, zu prüfen, sei es, um seiner Eitelkeit ein wenig heilsam zu begegnen: ich lachte und erwiderte – er sähe wohl Geister! Er errötete, und hob den Fuß zum zweitenmal, um es mir zu zeigen; doch der Versuch, wie sich leicht hätte voraussehn lassen, mißglückte. Er hob verwirrt den Fuß zum dritten und vierten, er hob ihn wohl noch zehnmal: umsonst! er war außerstand, dieselbe Bewegung wieder hervorzubringen – was sag ich? die Bewegungen, die er machte, hatten ein so komisches Element, daß ich Mühe hatte, das Gelächter zurückzuhalten: –

Von diesem Tage, gleichsam von diesem Augenblick an, ging eine unbegreifliche Veränderung mit dem jungen Menschen vor. Er fing an, tagelang vor dem Spiegel zu stehen; und immer ein Reiz nach dem anderen verließ ihn. Eine unsichtbare und unbegreifliche Gewalt schien sich, wie ein eisernes Netz, um das freie Spiel seiner Gebärden zu legen, und als ein Jahr verflossen war, war keine Spur mehr von der Lieblichkeit in ihm zu entdecken, die die Augen der Menschen sonst, die ihn umringten, ergötzt hatte. Noch jetzt lebt jemand, der ein Zeuge jenes sonderbaren und unglücklichen Vorfalls war, und ihn, Wort für Wort, wie ich ihn erzählt, bestätigen könnte. –

Bei dieser Gelegenheit, sagte Herr C… freundlich, muß ich Ihnen eine andere Geschichte erzählen, von der Sie leicht begreifen werden, wie sie hierher gehört.

Ich befand mich, auf meiner Reise nach Rußland, auf einem Landgut des Herrn v. G…, eines livländischen Edelmanns, dessen Söhne sich eben damals stark im Fechten übten. Besonders der ältere, der eben von der Universität zurückgekommen war, machte den Virtuosen, und bot mir, da ich eines Morgens auf seinem Zimmer war, ein Rapier an. Wir fochten; doch es traf sich, daß ich ihm überlegen war; Leidenschaft kam dazu, ihn zu verwirren; fast jeder Stoß, den ich führte, traf, und sein Rapier flog zuletzt in den Winkel. Halb scherzend, halb empfindlich, sagte er, indem er das Rapier aufhob, daß er seinen Meister gefunden habe: doch alles auf der Welt finde den seinen, und fortan wolle er mich zu dem meinigen führen. Die Brüder lachten laut auf, und riefen: Fort! fort! In den Holzstall herab! und damit nahmen sie mich bei der Hand und führten mich zu einem Bären, den Herr v. G…, ihr Vater, auf dem Hofe auferziehen ließ.

Der Bär stand, als ich erstaunt vor ihn trat, auf den Hinterfüßen, mit dem Rücken an einem Pfahl gelehnt, an welchem er angeschlossen war, die rechte Tatze schlagfertig erhoben, und sah mir ins Auge: das war seine Fechterposition. Ich wußte nicht, ob ich träumte, da ich mich einem solchen Gegner gegenüber sah; doch: stoßen Sie! stoßen Sie! sagte Herr v. G…, und versuchen Sie, ob Sie ihm eins beibringen können! Ich fiel, da ich mich ein wenig von meinem Erstaunen erholt hatte, mit dem Rapier auf ihn aus; der Bär machte eine ganz kurze Bewegung mit der Tatze und parierte den Stoß. Ich versuchte ihn durch Finten zu verführen; der Bär rührte sich nicht. Ich fiel wieder, mit einer augenblicklichen Gewandtheit, auf ihn aus, eines Menschen Brust würde ich ohnfehlbar getroffen haben: der Bär machte eine ganz kurze Bewegung mit der Tatze und parierte den Stoß. Jetzt war ich fast in dem Fall des jungen Herrn v. G… Der Ernst des Bären kam hinzu, mir die Fassung zu rauben, Stöße und Finten wechselten sich, mir triefte der Schweiß: umsonst! Nicht bloß, daß der Bär, wie der erste Fechter der Welt, alle meine Stöße parierte; auf Finten (was ihm kein Fechter der Welt nachmacht) ging er gar nicht einmal ein: Aug in Auge, als ob er meine Seele darin lesen könnte, stand er, die Tatze schlagfertig erhoben, und wenn meine Stöße nicht ernsthaft gemeint waren, so rührte er sich nicht.

Glauben Sie diese Geschichte?

Vollkommen! rief ich, mit freudigem Beifall; jedwedem Fremden, so wahrscheinlich ist sie: um wie viel mehr Ihnen!

Nun, mein vortrefflicher Freund, sagte Herr C…, so sind Sie im Besitz von allem, was nötig ist, um mich zu begreifen. Wir sehen, daß in dem Maße, als, in der organischen Welt, die Reflexion dunkler und schwächer wird, die Grazie darin immer strahlender und herrschender hervortritt. – Doch so, wie sich der Durchschnitt zweier Linien, auf der einen Seite eines Punkts, nach dem Durchgang durch das Unendliche, plötzlich wieder auf der andern Seite einfindet, oder das Bild des Hohlspiegels, nachdem es sich in das Unendliche entfernt hat, plötzlich wieder dicht vor uns tritt: so findet es auch, wenn die Erkenntnis gleichsam durch ein Unendliches gegangen ist, die Grazie wieder ein; so, daß sie, zu gleicher Zeit, in demjenigen Körperbau am reinsten erscheint, der entweder gar keins, oder ein unendliches Bewußtsein hat, d. h. in dem Gliedermann, oder in dem Gott.

Mithin, sagte ich ein wenig zerstreut, müßten wir wieder von dem Baum der Erkenntnis essen, um in den Stand der Unschuld zurückzufallen?

Allerdings, antwortete er; das ist das letzte Kapitel von der Geschichte der Welt.

Chorgesang des Zen-Lehrers Hakuin

Die Menschen sind in ihrem tiefsten Wesen
Buddha,
Wie Wasser Eis ist. Und wie es kein Eis gibt
Ohne Wasser, so gibt es ohne Buddha
Nicht einen Menschen.
Weh den Menschen, die in weiter Ferne suchen
Und, was nahe liegt, nicht wissen!
Sie gleichen denen, die mitten im Wasser stehen
Und doch nach Wasser schreien.
Als Söhne des Reichsten und Vornehmsten geboren,
Wandeln sie gleichwohl in Armut und Elend
Trostlos dahin.
Die Ursache des ewigen Kreislaufes im sechsfachen Reich
Ist der düstere Weg eigener Stumpfheit und Blödheit.
Doch immer dunkler und dunkler wird es um sie
Im Dunkel des Irrtums.
Wann sollten sie je sich lösen
Von Leben und Tod?

O Wunder der vollkommenen Schau des Mahāyāna,
Das über alles Lob erhaben ist!
Alle Tugenden: Wohltun und Gebottreue,
Alle gute Tat: Lobpreisung Buddhas,
Reue und Übungen,
Alle münden sie hier!
Wem nur ein einmaliger Sitz sich vollendet,
Dem verschwindet unermeßlich aufgehäufte Sünde.
Wo sollte sich denn ein Ort der Verbannung
Finden für das Böse, wenn
Reines Land so nahe ist.

Wer nur einmal diese lobpreiswürdige Wahrheit
Vernimmt und heilige Wonne fühlt,
Dem wird unermeßliches Glück zuteil;
Noch mehr, wenn er ihr sich hingibt

Und unmittelbar seine eigene Natur erlebt.
Dann ist sein eigenes Wesen nichts anderes
Als die Natur des vollendeten Nichts,
Und es ist erhaben über des Denkens Spiel.

Weit öffnet sich das Tor der Einheit
Von Ursache und Wirkung;
Und der einzige Weg tut sich auf, geradeaus-hin,
Kein zweiter und dritter.
Wer ihn beschreitet, der nimmt an als Gestalt
Die Gestalt des Gestaltlosen;
Und weder sein Gehen noch Kommen
Sind ihm fremd.

Der nimmt an als sein Denken das Denken des Nicht-Denkens,
Und sein Singen und auch sein Tanzen
Sind Stimme der Wahrheit.
Der Himmel der Sāmadhi
Ist unbehindert ausgespannt,
Und es leuchtet der volle Mond
Der vierfachen Weisheit.

Was fehlte da noch,
Wo sich offenbart das Nirvāna?
Hier ist nichts anderes als Lotos-Land,
Und dieser Leib hier ist nichts anderes
Als Buddha!

Interpretation und Praxis

Johannes Ludwig Schmitt

Wie die Woge denn Kahn
wie die Lüfte die Wolke
wie die Erde das Gras trägt
in Heiterkeit und Gelassenheit,
also trägt der Atem
das Lebendige der Erde
und läßt es heraus-
und hineinschwingen
in den Kosmos,
den Schoß Gottes

Arthur Nikisch
(1855–1922)

Arthur Nikisch soll nach den Zeugnissen vieler einer der bedeutendsten Dirigenten gewesen sein. Verzauberung breitete sich über Musiker und Publikum aus, wenn er vor dem Orchester erschien; seine Bewegungen sollen die Musik in ihrem ganzen Ausdruck wiedergegeben haben.

Außer wenigen unvollständigen Schallplattenaufnahmen ist von seinem Musizieren nichts geblieben. Dieser Abschnitt ist ein Denkmal für Arthur Nikisch, die wenigen Zeugnisse sind hier gesammelt.

»So wie mein Pulschlag mir das Tempo eines Musikstückes diktiert, so fordert meine Blutwärme leuchtendes Leben, blühenden Klang von meinem Orchester, und keine Rücksicht auf ›historische Treue‹ darf mich an der Erreichung dieses Zieles hindern.«

»Dirigieren ist Seelensprache«

*

Als Beitrag zur physiologischen Psychologie des musikalischen Genies verdient festgehalten zu werden, was Arthur Nikisch über die Art seines Gedächtnisses gelegentlich äußerte. Diese seine Mitteilungen stellten die Tatsache fest, daß er jede Partiturseite durch die Zuleitungsbahnen des Auges gleichsam in seinem Gehirn zu »photographieren« pflegte. Das so gewonnene und mit einem intensiven Willensakt seinem Gedächtnis ein für allemal einverleibte, haarscharf genaue Gesichtsbild charakterisiert die Natur seines Gedächtnisses als »visuell«. Es liegt durchaus auf der Linie dieses visuellen Musikgedächtnisses, daß Nikisch, wenn er ein Orchesterstück aufführte, ohne des Schriftwerks sich zu bedienen, in seiner ideellen, unsichtbaren Partitur las, ihre Seiten in Gedanken umwendete, daß er, um die Ruhe dieses geistigen Photogramms nicht durch ein verändertes Gesichtsbild zu stören, immer die gleichen Partituren vor sich zu haben gewohnt war. In diesem freien Wiederschaffen eines musikalischen Werkes, unabhängig von der Vorlage einer Partitur, stand ihm natürlich auch das benachbarte »akustische« Gedächtnis hilfreich zur Seite, wie jedem Musiker. Übrigens vermied Arthur Nikisch den Schein und die

»Eitelkeit des Auswendigdirigierens«. Seine Partitur lag immer vor ihm auf dem Pult. Aber wie selten benutzte er sie! Wohl griff seine Linke dann und wann einmal lässig in ihre Blätter, schlug sie büschelweise um, ließ sie wieder ruhen, gleichsam als wolle er ihr, der zum Leben Erwachten, das Gefühl der Vernachlässigung ersparen: *er* bedurfte ihrer nicht; aber sie: sie bedurfte seiner, seines Geistes, seines Odems, seiner Liebe. Und er wollte nicht um seines Gedächtnisses willen bewundert werden.

Ein ähnliches Fest, das im Jahre 1885 in Leipzig den Geist der Modernität triumphieren ließ über die herrschenden konservativen Strömungen und einen auf die Dauer unerträglichen, zu Widerstand und Revolten herausfordernden, ganz einseitigen Mendelssohn- und Schumannkult, brachte ihm glänzende Dirigenten-Triumphe. Bei der Festfeier widmete Franz Liszt, der sich von Anfang an auf das lebhafteste für die seltene Begabung Nikischs interessierte und ihn schon 1881 in Magdeburg ausgezeichnet hatte, dem jungen Meister einen Trinkspruch, den er mit den Worten schloß: »Ich trinke auf das Wohl des Auserwählten unter den Auserwählten!«

Gefürchtet waren bei den meisten die auftaktigen Anfänge, und um uns in diesen einzuüben, wurde immer wieder der erste Satz der B-dur-Sinfonie von Schumann als Aufgabe gestellt. Den Hauptaugenmerk richtete der Meister auf den deutlichen Niederstreich, sodann überhaupt auf größte Präzision des Schlages. Das erschien nun vielen von uns höchst sonderbar, daß gerade er, der eigentlich selten erkennbaren Takt schlug, gerade bei uns darauf großen Wert legte. Mehr oder weniger glaubten wir alle, ihn zu kopieren, wenn wir recht undeutlich den Takt gaben. Wir hatten eben noch nicht das Wesentliche seiner Technik erkannt: äußersten Rhythmus und zugleich Elastizität der Zeichengebung im Sinne der Phrase. Als ich einmal in der Einleitung zur »Oberon«-Ouvertüre – um »recht zart« zu bleiben – die Achtel bei der bekannten 32stel-Stelle undeutlich angab, fiel er mir energisch in den Arm, nahm mir den Taktstock aus der Hand und rief unter entsprechenden Bewegungen fast heftig: »So schlägt man eins – so zwei usw«. Wie recht hatte er doch gerade in diesem Falle mit seinem Verlangen nach Präzision gehabt! Das empfinde ich noch heute, wenn ich diese Einleitung dirigiere. Wenn eine »schwere« Stelle keinem der Aufgerufenen glücken wollte, so ergriff er selbst den Stab; doch ist dies meiner Erinnerung nach nur zweimal im ganzen Semester der Fall gewesen.

Man kann von dem großen Musiker Arthur Nikisch nicht sprechen, ohne seines Klavierspiels zu gedenken und der Form, in der es die Welt kennenlernte: seinen *Liedbegleitungen*. Sie waren etwas Einziges, Unvergleichliches. Nikisch am Blüthnerflügel: edle Instrumente, die er allen anderen vorzog. In dem wundervollen Anschlag, dem singenden Ton seiner Klaviermelodik, in der weichen Anschmiegsamkeit an das gesungene Wort und der farbenglühenden Charakteristik voll genialer Anschaulichkeit, war seine Begleitung schon ein ganzes Kunstwerk, das ganze Lied; in Poesie getaucht, in Klang und Musik, in Seele und Ausdruck gewandelt. Er spielte, sang, dichtete am Klavier, wenn er Lieder begleitete. Derselbe unerreichte Kolorist, derselbe Romantiker der Farbe, der er war, wenn er auf dem Orchester spielte, blieb er auch als Klavierlyriker. Aus warmer Farbigkeit und vollendetem Klangsinn, von einem höchsten Schönheitsideal beherrscht, quoll sein Ton. Rein akkordische Begleitungsharmonien wirkten in manchen Liedern wie Fundamente aus Opalen. Und den seelischen Ausdruck schöpfte dieser Musikpoet von Gottes Gnaden aus den tiefen Meeren des Lebens. Seine Liedbegleitungen trugen das Gedicht wie auf himmlischen Händen, trugen die Singstimme und den Hörer, genau so, wie der Dirigent Nikisch nicht nur das Orchester vor ihm, sondern auch alle die Empfangenden dirigierte, die Menschen, die Vielheit hinter ihm, die den Saal füllten. Es galt als seltene Auszeichnung eines Gesangskünstlers, von Nikisch begleitet zu werden.

(Ferdinand Pfohl)

Man kann sich vorstellen, was es für eine angehende Musikerin bedeutet, unter den Augen eines Nikisch aufzuwachsen, wie glücklich und voll von Anregungen diese Jahre für mich gewesen sind! Oft saß er im Nebenzimmer, wenn ich übte; nicht selten rief er mich zu sich oder kam selbst ans Klavier, um mich mit gutem Rat oder durch eigenes Vorspielen zu fördern. Ich glaube, die Welt weiß gar nicht, welch vollendeter Pianist Nikisch war, wie er die schwierigsten Stücke mit vollendeter Leichtigkeit vom Blatt spielte, und wie unvergleichlich der Zauber seines Anschlags war. Dabei lehnte er jedes Lob über sein Klavierspiel mit jener rührenden Bescheidenheit ab, die ihm in allem eigen war.

(Paula Hegner)

Nikisch dirigierte, man kann das ganz ruhig sagen, nicht nur am besten, sondern zugleich auch am schönsten, ihn dirigieren zu *sehen*, war schon ein ästhetischer Genuß und ein hinreißender Anblick. Dabei war seine Zeichensprache in der ganzen Linienführung nicht nur von einer unvergleichlichen, beherrschten und disziplinierten Schönheit, sondern auch von stärkster Eindringlichkeit und charakteristischer Beredsamkeit. Schönheit und Wahrheit standen in ihr nebeneinander. Und so vielsagend war die stumme Sprache seines Taktstockes, daß man ohne weiteres aus ihr nicht nur den Grundcharakter des vorgetragenen Werkes, sondern auch verfeinerte Einzelstimmen der Komposition und zugleich die ganz persönliche Ausdeutung, die Nikisch ihnen gegeben wissen wollte, hätte ablesen können.

(Heinrich Chevalley)

Lehrreich waren die Proben unter Nikisch. Sie vollzogen sich ohne jegliche Nervosität, mit eben jener Ruhe, die für Nikischs Dirigierkunst so bezeichnend war. Kaum jemals wird man den Ausdruck eines heftigen Affektes beobachtet haben. Mit der Sicherheit desjenigen, der stets über der Sache steht – und diesen Eindruck hatte man von dem ersten Takt an –, wurde die Partitur eines neu einzustudierenden Werkes aufgeschlagen, und schon mit dem Lesen nahm er es in sich auf und gestaltete es. Denn nie hatte er Werke zu Hause »studiert«. Er konnte nicht, wie er sagte, sich vorher überlegen: dies machst du so und dieses wieder so, – nein, er mußte »den lebendigen Klang des Orchesters vor sich haben«, dann kamen ihm »Tempo, Ideen – mit einem Worte: alles – von allein«. Sein außerordentliches Gedächtnis, seine schnelle Auffassungsgabe, eine seltene Übersicht der Partitur, gepaart mit einem geradezu phänomenalen Gehör, sowie die völlige Beherrschung der Dirigiertechnik waren ihm die zuverlässigen Stützen hierbei. Daher in seinen Partituren keine Einzeichnungen. Mit einigen schlichten, jedem leicht verständlichen Worten werden die kompliziertesten Probleme gelöst; jetzt wird eine Stelle diesem oder jenem Instrument vorgesungen oder eine mittlere Stimme hervorgeholt; dort irgendwo im dritten Horn oder der zweiten Klarinette ist ein Ton falsch, oder ein anderer in der dritten Posaune klingt ihm etwas zu tief oder zu hoch; jetzt wird eine Retusche vorgenommen, um hier einen weicheren Klang zu erreichen; nun ist er wieder voll Lobes für den oder jenen, der diese Stelle so »famos« herausgebracht hat. Welch ein Wunder, daß bei solchem Zusammenarbeiten der Führer und sein Orchester völlig ineinanderwuchsen: das von Liszt gewünschte »geistige Band« zwischen dem Dirigenten und seinem Orchester wird hier zur geistigen Einheit!

(Stanislaw Stražnicky)

Ich kann nicht umhin, an dieser Stelle eine Eigenheit der Direktion Nikischs zu erwähnen, die ihm oftmals als nicht ganz zu Recht bestehend vorgeworfen wurde. Das war das sogenannte *Vor*dirigieren, d. h., daß er den kleinsten Bruchteil einer Sekunde voraus mit dem Taktstock auf einen Taktteil niederschlug, ohne daß er voraussetzte oder wollte, daß das Orchester auch bereits dort angekommen wäre. Dasselbe tut übrigens Ernst von Schuch in Dresden in noch mehr hervortretender Weise.

Die namentlich bei modernen Werken erzielte schöne Folge dieser Direktionsart war eine sehr weiche und feine Klangfarbe des Orchesters. Aber bei *einer* Art von Tonstücken rächte sich doch diese Angewohnheit. Das war bei den fugierten Allegros, namentlich Bachs und Händels, wo nicht die Farbe, sondern die Zeichnung die Hauptsache ist. Dort fehlte oft die rechte Präzision, das den – Nagel-auf-den-Kopf-Treffen –, namentlich war in Leipzig öfters ein nicht ganz festes Zusammengehen der ersten und zweiten Violine etwa in schnellen Terzensechzehnteln u. dgl. bemerkbar.

(Heinrich Zöllner)

Die andere eindrucksvolle Feststellung, die ich einem der Nachrufe entnahm und aus eigener Anschauung bestätigen konnte, besagt, daß seine Linke kaum jemals eine Bewegung der Rechten kopiert habe, höchstens vielleicht einen Takt lang bei einem Höhepunkt, nie länger. M. Walter Legge prägte kürzlich den Ausdruck »griechische Vasen-Methode« für den häßlichen modernen Stil, mit beiden Ellenbogen gleichzeitig zu dirigieren, als sei der eine Arm das Spiegelbild des anderen. Die Ursache für diese linkisch wirkende Methode liegt vielleicht darin, daß sie vom Dirigenten als viel kraft- und eindrucksvoller empfunden wird. Leider aber sieht es sich nicht so an.

Ich erwähnte bereits, daß Nikisch der erste war, der mich beflügelte, der erste Dirigent, der mir jungem Menschen ein bis dahin unerschlossenes Geheimnis zu besitzen schien, eine Methode der Stabführung, die mit sparsamsten Mitteln eine Wirkung erzielte, die sich an Größe, ja Leidenschaftlichkeit, mit jeder anderen Art von Stabführung vergleichen läßt.

Darauf möchte ich hier nun näher eingehen und Nikischs Stabtechnik sowie seine Art, zu proben im einzelnen untersuchen. Es drängt mich, meinen Eindruck seiner Methode festzuhalten, den ich durch sechs Monate genauester Beobachtung, namentlich im Probensaal, gewonnen habe; denn ihre Wirkung, die im umgekehrten Verhältnis zu der Sparsamkeit der Mittel steht und nach meiner Erfahrung ihresgleichen nicht hat, sollte nicht vergessen werden.

Zunächst einmal vermochte er mit seinem Stab mehr zu sagen als irgendein Dirigent, den ich beobachtet habe. Die Ausdruckskraft dieses Stabes war derartig zwingend, daß es zum Beispiel unmöglich gewesen wäre, ein Staccato zu spielen, wenn Nikisch Legato angab. Er brauchte nie abzubrechen, um ein Sostenuto zu fordern – sein Stab hatte es bereits den Musikern entrissen. Und so ging es mit fast jeder denkbaren Nuance. Infolgedessen konnte seine äußerst sensible Linke (wiewohl höchst selten und sparsam) den Ausdruck, den der Stab vermittelte, ergänzen, so daß mit Worten nur wenig zu erklären blieb.

Im Leipziger Gewandhaus hielt Nikisch auch die öffentliche Generalprobe am Mittwochnachmittag ab. Es herrschte der allgemeine Eindruck, daß diese genau der Konzertaufführung entsprach. Ja, die Besucher der Proben spielten sich manchmal auf und kritisierten das festlich gekleidete Abendpublikum als snobistisch und unmusikalisch. Nikisch war offenbar nicht dieser Meinung, denn er probte ganz eindeutig noch während der Generalprobe. Er brach zwar nie ab, gab aber beispielsweise mit seiner Linken und mit seinen Augen zu verstehen, daß irgend etwas viel zu laut gewesen sei und bei der Aufführung verbessert werden müsse. Seine vorhergehenden Proben, denen wir Studenten beiwohnen durften, befaßten sich mit den ausgefallenen Dingen des Programms. Der übliche Klassiker wurde unter Umständen gar nicht berührt – höchstens vielleicht einige besondere Passagen daraus gespielt. Der übrige Teil, einschließlich der Solistenkonzerte, wurde zum erstenmal auf der öffentlichen Generalprobe durchgenommen, eine Methode, die für die Solisten nicht immer befriedigend war!

Es hieß, daß der erste Takt des »Tristan« genügte, um jeden mit verbundenen Augen die Wärme und Klangschönheit wahrnehmen zu lassen, die verrieten, daß Nikisch dirigierte. Diese Dinge lassen sich nicht beschreiben, aber zweifellos begriff er bis ins letzte die Forderung Wagners nach wenigstens einer melodiösen Linie in jeder Musik. Auch die Macht, dies heraufzubeschwören, lag in seinem wunderbaren Stab, und sobald er ein Orchester kannte, verlangte er in den Proben nur selten eine besondere Spannung. Diese verliefen immer friedlich, fast ereignislos; nur ein einziges Mal sah ich ihn die Geduld verlieren, nur selten forderte er einen volleren Ton – der würde sich, wußte er, zu gegebener Stunde und auf ein Zeichen seines Stabes unfehlbar einstellen.

Er hatte ein ausgesprochenes Taktgefühl und Kontakt mit seinen Mitarbeitern; Inghelbrecht berichtet in seinem letzten Buch, daß Nikisch zu sagen pflegte, die Mentalität der Orchestermusiker entspreche meistens ihren Instrumenten; so könne er auf eine subtile und zarte Weise zu einem Oboisten oder Streicher sprechen, sich aber viel handfester ausdrücken, wenn er z. B. einen Posaunisten vor sich habe.

(Sir Adrian Boult)

Nikisch gehörte zu den wenigen, die nicht nur das Orchester, sondern auch das Publikum zu dirigieren wußten… Die ungeheure Beredsamkeit seiner Zeichen, die das ganze Melos in die Luft malten, sprach nicht nur zu den ausübenden Musikern. Auch ein Tauber im Saale hätte den Ablauf des Werkes erkennen, hätte mit den Augen hören müssen, wenn Nikisch dirigierte.

(Richard Specht)

Sein rasches Arbeiten in der Vorbereitung ist sprichwörtlich; wer aber nie einer seiner Proben beigewohnt hat, würde es nicht für möglich halten, in welch unfaßlich kurzer Zeit er das Gedankliche wie Klangliche aus einem neuen Werk herausschält. Er klopft verhältnismäßig selten ab und stets nur bei besonderen Anlässen; was er zu sagen hat, kleidet er in knappe Sätze, seine Bemerkungen sind wie Epigramme, kein Wort zu viel, keines überflüssig. Bietet eine Stelle mehr als gewöhnliche Schwierigkeiten, genügt eine kurze lapidare Erläuterung, ein plastisches Vorsingen, besser gesagt Vordeklamieren einer Phrase: die herbste und sprödeste Polyphonie oder Polythematik erhält im Handumdrehen eine vertraute Physiognomie.

Mit Beendigung der Probe ist erst die vorbereitende Arbeit zum Abschluß gekommen; den letzten Schliff, die kleinen und kleinsten Lichter und Schatten erhält das Werk am Abend. Ungemein charakteristisch für Nikisch ist, daß er in den Aufführungen vieles anders nimmt, als in den Proben, besonders das Dynamische hat oft ein ganz anderes Gesicht: willig überläßt er sich der momentanen Inspiration und seinen wechselnden Empfindungen.

(A. Szendrei)

Es war einer der größten Glücksfälle meines Lebens, daß Arthur Nikisch in den Kriegsjahren zu einigen Gastspielen nach Darmstadt kam, wo ich damals als dritter Kapellmeister tätig war. Nikisch dirigierte eine ›Tristan‹-Orchesterprobe – für mich ein künstlerisches Erlebnis, das ich nie vergessen werde. Nur wenige Zuhörer saßen im dunklen Zuhörerraum. Die Sängerin der Isolde war noch nicht anwesend, und Nikisch spielte den Liebestod mit dem Orchester allein, und dieses Orchester war plötzlich wie verwandelt. Was er an Ekstase, Leidenschaftlichkeit und Klangschönheit in einer einzigen Orchesterprobe da hervorzauberte, war mir und allen Zuhörern unfaßbar. Immer klangen die Partituren bei ihm so, wie man es sich manchmal im einsamen Arbeitszimmer bei intensivstem Studium träumen läßt. Geradezu unheimlich waren seine gewaltigen Crescendi; wo andere mit beiden Armen turnen mußten, hob Nikisch die linke Hand langsam hoch und das Orchester brauste wie ein Meer auf.

(Erich Kleiber)

Wilhelm Furtwängler

(1886–1954)

»Der einzige Dirigent, der überhaupt nichts Verkrampftes an sich hatte,
war Nikisch, dessen Schüler ich mich in diesem Punkt zu sein bemühe.
Sehr merkwürdig ist ja, daß alle Muskelkontraktionen und Krämpfe des
Dirigenten sich im Klang des Orchesters wie auf einer photographischen
Platte abspiegeln. Der wirklich schöne, lockere und präzise Zusammenklang eines Orchestervortrages wird nur durch vollkommen lockere Bewegungen erzielt.«

Bewahrer der Musik

Die Aktualität Wilhelm Furtwänglers scheint mir heute daran ablesbar,
daß in der Breite der musikalischen Interpretation etwas fehlt, was Furtwängler in höchstem Maße besaß: das Organ für musikalischen Sinn, im
Gegensatz zum bloßen Funktionieren, wie es als Ideal im Anschluß an
Toscanini in die musikalische Welt kam. Man könnte sagen, daß Furtwängler etwas wie ein Korrektiv sei für eine bestimmte Art des nur an der
Perfektion des Apparates ausgerichteten Musizierens.

Ich selbst habe meine erste Erinnerung an Furtwängler aus meiner frühesten Jugend, – ich war 16 Jahre alt. Mein damaliger Kompositionslehrer
Bernhard Sekles sagte mir, ich müsse unbedingt am Abend den Tristan
besuchen; ein junger Kapellmeister aus Mannheim, Wilhelm Furtwängler, dirigiere, und so etwas hätte es noch nicht gegeben. Ich war völlig
überwältigt; vielleicht darf ich hinzufügen, daß Furtwängler zu dieser
Zeit keineswegs berühmt war. Die beseelende Kraft seines Dirigierens ist
bis in die letzte motivische Verästelung der Musik gedrungen, es gab keine tote Note, das überwog jedes Interesse an der Schlagtechnik. Furtwängler war überhaupt nicht das, was man einen Dirigiervirtuosen
nennt, kein sogenannter geschickter Dirigent. Seltsam, daß er trotzdem
den größten äußeren Erfolg hatte, zu einem solchen Star wurde: kein
schlechtes Zeichen für die musikalische Kultur jedenfalls der Aufneh-
menden seiner Epoche.

Man sagt leichthin, das Dirigieren von Furtwängler sei subjektivistisch gewesen und meint das – gemessen an neusachlichen Vorstellungen – kritisch und herabsetztend. Nun war er sicherlich insofern subjektiv in seinem Musizieren, als jeder Takt, den er schlug, vermittelt war durch seine außerordentlich hochgesteigerte Sensibilität. Aber niemals hat bei ihm die Subjektivität sich um ihrer selbst willen bekundet, sondern war an der Darstellung der Sache diszipliniert. Ihm ging es darum, das subjektive Moment in den Texten zu erwecken, in denen es geronnen ist, nicht sich, sein zufällig individuelles Gefühl zu Gehör zu bringen.

Trotz des Hanges von Furtwängler zur Romantik – zu seinen großartigen Leistungen gehörte die C-dur-Symphonie von Schubert, die Freischütz-Ouvertüre, vor allem auch Bruckner –, trotz dieses Hanges zur Romantik war er nicht das, wofür man ihn heute so gern hält, ein reiner Ausdrucksmusiker, sondern er hat alle überhaupt sinnverleihenden Momente des musikalischen Zusammenhanges herausgearbeitet. Er hat, wie man das heute wohl nennen würde, musikalisch strukturell gedacht. Es war sicherlich kein Zufall, daß er eine so starke Beziehung zu den Theorien von Heinrich Schenker hatte und dem Vernehmen nach ihn immer wieder konsultierte, wohl gar in gewissem Sinn als dessen Schüler gelten darf.

Wollte ich versuchen, mit einem Wort die Idee Furtwänglers – ich meine die objektive Idee, nicht das, was er wollte, sondern was durch ihn sich verwirklichte – zu formulieren, so müßte ich wohl sagen, es wäre ihm auf die Rettung eines bereits Verlorenen angekommen; darauf, dem Interpretieren das wiederzugewinnen, was es im Augenblick des Verblassens verbindlicher Tradition einzubüßen begann. Dies Rettende verlieh ihm etwas von der übermäßigen Anstrengung einer Beschwörung, der das, was sie sucht, rein unmittelbar schon nicht mehr gegenwärtig ist.

War seine Idee das Retten von Musik, die dem Bewußtsein entsinkt, dann wäre es wohl an uns, im gleichen Geist das Bild der Musik zu erretten, das in ihm noch einmal lebendig war.

(Theodor W. Adorno)

Wilhelm Furtwängler als Klavierspieler

Die Kadenz aus dem 5. Brandenburgischen Konzert von Johann Sebastian Bach ist ja ein seltsames Stück. Alle Welt redet immer von den wohlausgewogenen Proportionen, die gerade für die Barock-Musik so charakteristisch seien. Aber wenn man den Kopfsatz des 5. Brandenburgischen

Konzerts unbefangen betrachtet, dann ist es doch fast verwunderlich, daß da ein konzertanter Satz plötzlich abbricht und mitten in ein verhältnismäßig kurzes Stück eine ungeheuer lange, ungeheuer ausdrucksvolle, alle Proportionen eigentlich doch sprengende Kadenz eintritt. Wilhelm Furtwängler hat, um 1943, das 5. Brandenburgische Konzert in der Schweiz dirigiert und am Flügel selber den Solopart samt rissiger Kadenz gespielt. Es existiert ein privater Mitschnitt.

Furtwängler spürt, und er läßt spüren, daß da ein großer Kadenz-Auftritt stattfindet. Darum bringt er es zuwege, daß – kurz bevor dieser Einsatz des Klaviers stattfindet – alles beinahe erstarrt. Er spielt immer langsamer, die Zweiunddreißigstel stören ihn überhaupt nicht, das Klavier und das Orchester (beziehungsweise das Cembalo und das Orchester, aber er benutzt charakteristischerweise das Klavier) vereinigen sich zu einem riesigen Doppelpunkt. Dann findet nahezu emphatisch, ganz langsam der Auftritt des Helden, also das sogenannte Solo, statt. Was Solo heißt, was solistisch ist, macht Furtwängler hier am Klavier klarer, als irgendeiner der anderen großen Pianisten oder Cembalisten es bisher je getan hat.

Denn nicht nur, daß er den Doppelpunkt, von dem an dann der Soloauftritt stattfindet, außerordentlich hervorhebt, der Held, der sich da äußert, also das Klavierthema, spricht auch plötzlich viel langsamer. Man merkt, er ist allein, er meditiert, er verliert sich. Und dieses Element der Meditation ist, wenn Furtwängler spielt, so ungeheuer groß, daß es mystische Züge annimmt. Nichts bleibt unbeseelt – alles geht ins einzelne, klingt erstaunlich schön, frei und romantisch. Wo andere nur einzelne Noten sehen, einzelne Sterne gleichsam, da entdeckt Furtwänglers Blick Sternbilder. Und trotzdem führt er sein Entdecken nicht aufdringlich pointiert vor.

Man darf nicht mit irgendwelchen Vorstellungen von Bach-Stil und Bach-Spiel, wie es angeblich sein muß oder sein soll, darangehen. Man muß zuhören, wie sich im Temperament eines großen Musikers die Linien Bachs brechen.

Wie der Komponist Anton von Webern das Ricercare aus Bachs »Musikalischem Opfer« beim Instrumentieren gewissermaßen auch analysierte, so wirkt die Interpretation Furtwänglers nicht nur wie eine pianistisch perfekte Interpretation, sondern sie ist mehr, sie ist die Analyse, die ein großer Dirigent, der zugleich ein großer Klavierspieler war, hier einem bedeutenden Stück barocker Musik zuteil werden läßt.

(Joachim Kaiser)

Zeugnisse

Furtwängler fühle ich mich sehr verbunden, weil er sich meiner väterlich angenommen hat. Noch ehe er mich wirklich kannte, noch bevor ich ihm vorgesungen hatte, rief er mich eines Tages an und warnte mich vor der Unterzeichnung eines Schallplattenvertrages, denn da seien doch diese und jene Klauseln zu beachten. Ganz rührend. Den Dirigenten Furtwängler verehre ich, weil ich als Hörer erlebt habe – lange bevor ich ihn persönlich kennenlernte –, was dieser Mann an einem Abend zu leisten imstande war. Wie es ihm gelang, die Menschen mit seiner Musik zu verwandeln. Das habe ich nie wieder erlebt bei einem anderen Dirigenten.

(Dietrich Fischer-Dieskau)

Vom ersten Augenblick meiner Begegnung mit Dr. Furtwängler spürte ich eine tiefe künstlerische Verbundenheit. Später habe ich oft die Sopranpartie in Beethovens Neunter gesungen; wenn man ihn während der ersten drei Sätze dieses Werkes beobachtete, stand man völlig im Bann seiner bezwingenden Persönlichkeit. Sein Gesicht schien verklärt zu sein, und der Glanz dieser göttlichen Musik umgab uns. Er glich einem Erzengel!

(Erna Berger)

Ich erinnere mich noch sehr lebhaft an mein erstes Furtwängler-Konzert, 1922 im Musikverein in Wien. Auf dem Programm stand die Neunte Sinfonie, die Wiener Symphoniker spielten. Die Einleitung der Neunten gehört wohl zum Eindrucksvollsten was Beethoven geschaffen hat, doch damals schien sie aufregender als ich sie je zuvor gehört hatte. Und als sich der erste Satz in seiner ganzen Bildhaftigkeit und außergewöhnlichen Lebendigkeit des Details entfaltete, überkam mich die Befürchtung, denn die ungeheure Fülle der Farben und Schattierungen der ersten zehn Minuten sich je würde vollenden können, wenn die bewunderungswürdigen siebzig Minuten Musik ihren Höhepunkt erreichten. Meine Befürchtungen erwiesen sich als unbegründet, die Aufführung war von wunderbarer Ausgewogenheit, und als wir den Konzertsaal verließen, bestand kein Zweifel, daß wir eine künstlerische Leistung höchsten Ranges erlebt hatten. Beethovens Meisterwerk war auf eine tiefbewegende und zugleich wunderbar ausgewogene Weise verwirklicht worden.

Ich begrüße es sehr, daß die Erinnerungen an Furtwängler festgehalten werden, denn das Leben eines Interpreten ist wahrlich sehr kurz, und nur wenige Erinnerungen bleiben, wenn er seine aktive Tätigkeit beendet hat.

(Sir Adrian Boult)

»Der symphonische Fluß« – Furtwängler hat diesen Begriff geprägt, um diese einigende Kraft mit einem von den ewig gültigen Naturgesetzen abgeleiteten Namen zu bezeichnen: der Ablauf des symphonischen Klangdramas, das sich Motiv, Thema, Melodie und Rhythmus unterordnet und sie zu einer überzeugenden Gesamtheit zusammenfaßt – dieses Konzept war sein schöpferisches Ideal.

Jener Klangsynthese galt seine Aufmerksamkeit, und sie wies ihn immer wieder auf Heinrich Schenker hin, über dessen neue Gedanken über die Gesetzmäßigkeit der Musik, die Grundlinie und die jedem einzelnen Ton innewohnende Energie er oft nachdachte und sie in Gesprächen erörterte. »Durch diese unterstützende Rolle der Durchdringung« – ich erinnere mich genau an Furtwänglers Worte – »durch die fortwährende Vertiefung des Dirigenten in die Musik, wird dem Hörer die Wahrheit des Meisterwerks erschlossen.«

Was er vermittelte, war musikalische Wahrheit. Die Interpretation wurde gleichsam zur Schöpfung. Man meinte, er komponiere während des Dirigierens, improvisiere auf einem Instrument – dem Orchester. Wer unter seiner Leitung musizierte, wurde zum Meister, schuf Meisterwerke – durch den innigen Glanz seiner tiefen Erkenntnis.

(Carl Bamberger)

Furtwängler! Welche Erinnerungen weckt dieser glanzvolle Name an meine Studienzeit in Berlin am Ende der zwanziger Jahre! Zuerst erinnere ich mich natürlich an die vielen, faszinierenden Aufführungen der großen klassischen Konzerte, die er in der alten Philharmonie zusammen mit meinem Lehrmeister Artur Schnabel gab; am lebhaftesten und nachhaltigsten beeindruckte mich jedoch die Neunte Sinfonie von Beethoven unter seiner Leitung. Der Eindruck der edlen Größe dieser Aufführung blieb über die Jahre so stark, daß ich mich schließlich doch fragte, ob ihre Herrlichkeit im Grunde nur die Illusion eines empfindsamen Musikstudenten gewesen war. Zufällig hörte ich im Radio eine Aufnahme dieses Werkes unter Furtwängler, die mit den Aufnahmen von vier seiner größten Zeitgenossen verglichen wurde, und zu meiner bleibenden Freude schien er mir auch nach dreißig Jahren noch bei weitem der sensibelste Musiker von allen. Der Name Furtwängler wird für mich stets gleichbedeutend sein mit jener jugendlichen Musikbegeisterung, die – was selten geschieht – die Jahre unversehrt überdauert.

(Clifford Curzon)

Es wird oft von großen Künstlern gesagt und trifft nur selten zu, aber Furtwängler drang wirklich bis ins Mark der Werke vor, die er aufführte. Er war nicht nur bei den Klassikern groß, wie oft behauptet wird, er war groß in allem was er anfaßte. Für mich war er der Interpret von dem man träumt, der ideale Interpret, der eins wird mit der Musik, die er dirigiert. Furtwängler vermochte das. Alles, was er anfaßte, verstand er. Wohl der größte Debussy, den ich gehört habe, war von ihm und Beethoven, Brahms und Bruckner. Die herrlichste Chopin-Begleitung, die man sich erhoffen kann, kam von ihm. Er atmete jedes kleine Rubato mit mir, jeden Seufzer, jedes An- und Abschwellen. Und dann sein Schönberg und Tristan (werden wir in den nächsten hundert Jahren etwas hören, was dem gleichkäme?), und Fidelio und Don Giovanni! Was sein magischer Stab berührte, wurde lebendig, als wäre es neu erschaffen, ich meine, dort und dann aufs neue erschaffen. Man braucht nur auf seine Aufnahme der Neunten von Schubert zurückzugreifen, und man vernimmt wieder den unfehlbaren Herzschlag der wahren Interpretation und die Magie, die visionäre Kraft, die völlige Hingabe des wahren Interpreten.

(Claudio Arrau)

Meine Erinnerungen an Wilhelm Furtwängler beschränken sich auf seine letzten vier Lebensjahre. Sein erstes Konzert mit dem Philharmonia-Orchester fand im Mai 1950 statt, sein letztes (und vielleicht denkwürdigstes) im Jahre 1954. Es war Beethovens Neunte, die wir zweimal während der Festwochen in Luzern aufführten. Ich glaube, er war mit diesen Aufführungen besonders zufrieden, denn ich erinnere mich, daß er mir danach im Künstlerzimmer herzlich die Hand schüttelte und auf diese Weise den Musikern des Philharmonia-Orchesters dankte. Meiner Ansicht nach sind diese beiden Aufführungen und die Schallplattenaufnahme von Tristan und Isolde die Höhepunkte seiner Konzerttätigkeit mit uns gewesen. Vor allem die Tristan-Aufnahme hat einen bleibenden Eindruck auf mich gemacht, obgleich ich eigentlich kein Freund der Opern Wagners bin. Ich war deshalb nicht sonderlich erfreut über die Aussicht Tristan aufzunehmen, was drei Wochen in Anspruch nahm. Wenn ich aber auf die acht Jahre meiner Zugehörigkeit zum Philharmonia-Orchester zurückblicke, die ich meist im Aufnahmestudio zubrachte, so gehören diese drei Wochen zu den erfreulichsten. Vom Anfang bis zum Ende war Furtwängler der unumstrittene Beherrscher des Aufnahmestudios, und seine Hingabe an die Sache war bemerkenswert. Besonders erinnere ich mich daran, in welcher Weise er sich das neue Verfahren der Bandaufzeichnung zunutze machte, er ließ lange Passagen der Oper spielen ohne abzuklopfen und kleinere Fehler zu korrigieren. Er war ungehalten mit allen, die den Fluß seiner Gedanken und der Aufnahme störten. Einmal verließ er im Zorn das Studio. Die Sitzung sollte noch eine halbe Stunde dauern, aber er kam an diesem Tag nicht wieder.

Als Konzertmeister machte ich mir mitunter unnötigerweise Gedanken über Kleinigkeiten, die er überhaupt nicht zu bemerken schien. Ich glaube nicht, daß sie wirklich ins Gewicht fielen, aber sie erschwerten meine Aufgabe. Hingegen widerspreche ich mit Nachdruck allen jenen, die behaupten, sein Schlag sei unsicher und unklar gewesen. Ich kenne mehr als eine Geschichte über diesen Aspekt der Schlagtechnik Furtwänglers. (»Setze ein, wenn sein Stab den dritten Westenknopf erreicht« usw. usw.) Ich fand seinen Schlag stets entschieden und beredt. Bei einer Gelegenheit spürte er, daß die Streicher einen kräftigeren Aufschlag wünschten. Er klopfte ab und erklärte ziemlich ungehalten, daß er einen völlig klaren Schlag geben könnte – und er führte uns das vor. Doch, sagte er, sei das nicht die Wirkung, die er erzielen wolle. Ein weiterer Punkt: selbst wenn man die Aufmerksamkeit einen Augenblick von seinem Schlag abschweifen ließ, fand man ihn immer da, wo man ihn erwartete, bei einem bestimmten Takt oder einer bestimmten Phrase. Obwohl er jede Phrase mit beträchtlicher rhythmischer Freiheit behandelte. Selbst seine Temposchwankungen hatten eine gewisse logische und sehr musikalische Form und Kontinuität, und stets erlaubte er der Musik zu atmen, zu leben und zu singen. Vielleicht war das nur eine seiner Qualitäten – eine wesentliche immerhin, die ihn über die Mehrzahl der Dirigenten seiner Zeit hinaushob.

(M. Parikian, Konzertmeister des Philharmonia Orchestra of London)

Sir John Barbirolli

Einige Worte über das Dirigieren

Ich bin gebeten worden, einen kurzen Artikel über das Dirigieren zu schreiben. Doch scheint mit ein kurzer Artikel über dieses Thema unmöglich zu sein. Das Dirigieren ist vielleicht eines der ungreifbarsten Geheimnisse der musikalischen Kunst. Und gelegentlich versuche ich diese meine Auffassung den Hörern durch ein sehr einfaches Beispiel klarzumachen:

Nehmen Sie ein erstklassiges Orchester und lassen Sie es von zwei hervorragenden Dirigenten leiten. Bei jedem wird das Orchester völlig anders klingen, und doch spielen dieselben Menschen auf denselben Instrumenten. Beide Klangbilder können überzeugen, doch bleibt die Tatsache bestehen, daß jedes Klangbild unterschiedlich ist. Und wenn man die Kraft erklären könnte, die diese verschiedenartigen Realisationsformen erzeugt, dann könnte man die Kunst des Dirigierens erklären.

Aus diesem Grunde halte ich an dem Gedanken fest, daß Dirigenten geboren werden, aber nicht erzogen werden können. Deswegen weigere ich mich Dirigentenschüler anzunehmen und folgte vor einigen Jahren einer Einladung, an einem Sommerkurs für Dirigenten teilzunehmen, lediglich zu dem Zweck, um meine Auffassung zu überprüfen, daß man Unlehrbares nicht lehren kann. Gewiß konnte ich den Teilnehmern einige schlagtechnische Feinheiten zur Realisierung bestimmter komplizierter musikalischer Vorgänge zeigen, aber meines Erachtens kann die Gabe, persönlichen musikalischen Vorstellungen Ausdruck zu geben, nicht auf andere Menschen übertragen werden.

Als ich zum ersten Male dirigierte, hatte ich vorher noch niemals einen Taktstock in der Hand gehabt. Ich begann zunächst mit einem Kammerorchester, während ich weiterhin Cello in einem Streichquartett spielte, dem ich damals angehörte und das in England und Europa konzertierte. Dann hatte ich Gelegenheit eine Oper zu dirigieren und stand damit zum ersten Male vor einem großen Orchester. Nach meinen Erfahrungen gibt es keine bessere Schule für einen Dirigenten als die Oper, weil sich bei einer Opernaufführung nichts vorher fixieren läßt. Denn alle, auch die kleinsten musikalischen und szenischen Vorkommnisse müssen instinktiv vom Dirigenten korrigiert werden, und zwar so, dass die vollzogene Korrektur so wenig wie möglich auffällt. In diesem Zusammenhang erinnere ich mich an eine Geschichte, die von Sir Edward Elgar berichtet wird. Der großartige Musiker W. Reed – Konzertmeister des London Symphony Orchestras – war als junger Mann vom ersten Hören eines Elgarschen Werkes so beeindruckt, daß er den Komponisten vor dem Künstlerzimmer der alten Queens Hall in London erwartete und diesen bat, ihm Kompositionsunterricht zu erteilen. Elgar, immer bescheiden und aufrichtig, antwortete ihm: »Ach, wissen Sie, ich verstehe nur wenig davon. Aber kommen Sie mit mir, wir werden etwas darüber plaudern«.

Mir geht es mit meinem Thema ähnlich, weil einige der rwichtigsten und unentbehrlichsten Aspekte der Kunst des Dirigierens schwer zu definieren und zu fixieren sind. Man brauchte einen viel versierteren Phrasenmacher als mich, um diese Einsichten verständlich zu formulieren. Demzufolge beschränke ich mich auf ein paar Hinweise.

Zunächst einige Bemerkungen über die physisch-psychologischen Voraussetzungen des Dirigierens, wie ich sie nenne – was nicht so schwierig ist, wie es klingt. Ich halte es deswegen für so ungemein bedeutungsvoll, weil es zu nichts führen würde, so hervorragend die musikalischen Vorstellungen eines Menschen auch sein mögen, wenn er die folgenden Qualitäten nicht hätte.

Unter den physischen Voraussetzungen verstehe ich eine angeborene gestische Begabung. Die Zeichengebung, die die reine Schlagtechnik mit einschließt, muß immer klar und ausdrucksvoll sein. Zwar glaube ich nicht, daß es hierfür eine Norm gibt, doch erwarte ich, daß jede Geste eine definierbare Bedeutung hat, wahrhaft inspiriert ist und damit niemals einer posierenden Schaustellung dient. Ich selbst habe nie eine genaue Vorstellung davon, welche Gesten ich machen werde, da diese immer von der augenblicklichen Notwendigkeit bestimmt sind.

Unter den psychologischen Voraussetzungen verstehe ich die Fähigkeit, die Persönlichkeiten der Musiker, mit denen man arbeitet, schnell und richtig zu erfassen, und die Kraft, sie zu Höchstleistungen zu bringen.

Dabei ergibt sich die delikate Frage, wieviel Freiheit der Dirigent den Musikern bei Solopassagen zubilligen darf. Auch hierfür kann es keine festen Regeln geben, da einige Musiker mehr geführt werden müssen als andere, was der Dirigent schnell erfassen muß. Es ist gefährlich, einen sensiblen Musiker zu sehr zu beunruhigen, ganz im Gegenteil: der Dirigent soll ihn während eines schwierigen Solos durch Sympathie und Vertrauen unterstützen. Die gewährte Freiheit darf jedoch nicht so weit gehen, Eigenwilligkeiten in der Phrasierung zu gestatten. Und in einem erstklassigen Orchester sollte kein »selbstherrlicher« Musiker, sei er auch noch so gut, toleriert werden.

Ich halte es nicht für ein Abschweifen von meinem Thema, wenn ich auch etwas über die alltäglichen Aufgaben und Probleme des Dirigenten sage. Denn oft frage ich mich, ob dem Publikum wirklich bewußt ist, daß die Dinge, die es von dem Dirigenten sieht, nur den kleinsten Teil seiner Arbeit darstellen. Dabei meine ich nicht die fortwährenden Proben während der Saison, ich möchte vielmehr auf die Arbeit mit den Stimmen, die mit Anmerkungen versehen werden müssen und auf das oft langwierige Studium der Partituren verweisen.

Selbstverständlich gehört auch die Programmgestaltung zu den wichtigen Aufgaben, mit denen der Dirigent konfrontiert wird. Als Grundlage der Programme dienen die klassischen Meisterwerke, zu denen die repräsentativen Werke der Musik der Gegenwart treten sollen. Dabei versuche man jedoch nicht, allen Leuten zu gefallen. Auch kann sich jeder vorstellen, daß eine Zusammenstellung der vier besten Musikstücke noch kein gutes Konzertprogramm ergibt. Allein, der Austausch eines Werkes kann ein ausgeglichenes Programm völlig zerstören. Ohne Übertreibung kann ich sagen, daß es mich Monate kostet, bevor ich die Programme für die Saison zusammengestellt habe. So kann ein sogenannter Urlaub eines Dirigenten kaum als Erholungsurlaub bezeichnet werden. Und nach vielen Wochen des Studiums und Forschens empfinde ich es als eine Art Befreiung, das Dirigieren wieder aufnehmen zu können. Musikalische Vorstellungen, mit denen ich mich seit Monaten beschäftigt habe, können dann endlich wieder realisiert werden.

Zu den Fragen, die man oft an mich gerichtet hat, gehören auch die nach der Aufstellung des Orchesters, der Begleitung eines Solisten und ob es besser sei, im Konzert mit oder ohne Partitur zu dirigieren. Diese drei Fragen sind so persönlich, daß ich sie nur aus eigenen Erfahrungen beantworten kann. Für die Orchesteraufstellung, bei der der Hauptunterschied in der Anordnung der Streicher liegt, gibt es keine festen Regeln. Letzten Endes gruppiert der Dirigent das Orchester nach seinem Ermessen.

Die Komplimente, die mir seit jeher von verschiedenen Künstlern über meine »sogenannten« Begleitungen gemacht werden, haben mich besonders erfreut. Mit Bedacht sage ich »sogenannte« Begleitung, weil man im Hinblick auf die meisten großen Konzerte etwa von Mozart, Beethoven, Brahms u. a. das Orchester und den Dirigenten ebensowenig als Begleiter bezeichnen kann, wie man den Klavierpart der Duosonaten derselben

Komponisten als Begleitung abtun kann. Meine Erfolge auf diesem Gebiet lassen sich dadurch erklären, daß ich ein Konzert nie wie ein virtuoses Paradestück eines Einzelnen behandle, sondern als eine gemeinschaftliche musikalische Gestaltung und keine Mühe scheue, um dieses Ideal zu verwirklichen.

Ein noch strittigeres Thema schneidet die Frage nach der Benutzung von Partituren beim Dirigieren an. Ich brauche nicht zu betonen, daß es töricht ist anzunehmen, ein Dirigent kenne ein Werk weniger, wenn er eine Partitur benutzt. Ebenso töricht ist es aber zu behaupten, daß Dirigenten, die auf die Partituren verzichten, Angeber und Scharlatane seien. Die wichtigste Aufgabe eines Dirigenten besteht darin, die bestmögliche Aufführung jedes ihm anvertrauten Werkes zu erzielen. Um dieses Ziel zu erreichen, darf er jedes Mittel anwenden, von dem er glaubt, daß es ihm die erwünschten Ergebnisse ermöglicht. Einige Dirigenten würde die Partitur nur stören, anderen, selbst wenn sie nur selten hineinschauen, bietet die Partitur eine Erleichterung, die ihrer Phantasie entschieden mehr Spielraum gibt. Ich dirigierte am Anfang meiner Karriere häufig ohne Partitur und stellte mir die äußerst schwierige Aufgabe, alles niederzuschreiben, was ich auswendig dirigierte. Da ich nicht ständig diese lästige Gewissenhaftigkeit durchführen konnte, kehrte ich dazu zurück, die Partitur wieder auf dem Pult liegen zu haben. Als ich vor einigen Jahren in London »Die Meistersinger« dirigierte, machte es mir Spaß, die Generalprobe ohne Partitur zu dirigieren, bei der Aufführung jedoch schien es mir respektvoller, die Paritur vor mir zu haben.

Abschließend möchte ich jedem jungen Menschen, der beabsichtigt dieser anstrengenden und verantwortungsvollen Karriere zu folgen, sagen: »Pflichtbewußtsein gegenüber dem Komponisten, dessen Werk Du zu interpretieren suchst, sei Dein Wahlspruch«. Denke niemals »Was kann ich aus diesem Stück machen?«, versuche vielmehr zu erkennen, was der Komponist zu sagen beabsichtigte. Wir müssen uns bewußt sein, daß der Dirigent heute – im Positiven wie im Negativen – zu einer der wichtigsten und verantwortlichsten Persönlichkeiten der musikalischen Welt geworden ist, der durch stilgetreue Aufführungen wesentlich zu einem wirklichen musikalischen Verständnis des Musikpublikums beitragen kann. Andererseits können Aufführungen, die lediglich dem Ausdruck der Eitelkeit eines Stars dienen, sei er auch noch so begabt, uns nur weiter von dem einen Ziel abbringen, daß das Ideal aller echten Musiker sein sollte: Jener großen Kunst zu dienen, für die wir das Vorrecht haben, sie auszuüben.

Ernest Ansermet

Aus Gesprächen über Dirigieren

Sagen wir lieber, die Musik ist objektiviertes Gefühl – objektiviert in Gestalt des harmonischen Gefühls, und zwar eines harmonischen Gefühls, das in Kadenzen Gestalt gewinnt und folglich bewegt ist und uns bewegt. Andererseits objektiviert in Gestalt des melodischen Verlaufs, der in seiner Vielfalt von den verschiedenen Instrumenten gezeichnet wird. In diesem melodischen Verlauf signifiziert sich äußerlich das innere harmonische Gefühl, ebenso wie durch den Satz, den ich spreche, meine innere geistige Tätigkeit zum Ausdruck kommt. Wenn ich dirigiere, ist deshalb mein Blick auf diese melodische Linie gerichtet, die in einem imaginären Raum über den Tönen erscheinen, und mit dem Blick verfolge ich in diesen Melodien die Bewegung des harmonischen Gefühls, das mich in diesem Augenblick beseelt und das sie nach außen in Erscheinung treten lassen, so wie der Wellenkamm die Bewegung der Wassermasse nach außen in Erscheinung treten läßt. Wenn ich dirigiere, bin ich also tatsächlich innerlich beschäftigt mit dem Gefühl, aus dem die Musik besteht und das sich meiner bemächtigt. Aber dieses Gefühl selbst lenkt meinen Blick nach außen, zu den melodischen Bildern, die bedeutsamste Ausprägung des musikalischen Verlaufs sind. Zugleich lenkt es auch meine Gestik, die den Musikern vermitteln will, weshalb sie die Musik so aufführen können, wie wir sie in unseren Proben erarbeitet haben. Andererseits verfolgt mein Blick auch meine Gestik, um ein stillschweigendes Verstehen zwischen den Musikern und mir herzustellen. Sie sind es, die die Musik aufführen, aber ihr Musizieren wird durch meine Gestik von dem Gefühl geleitet, das die Musik in mir weckt; und dieses Gefühl hat mir alles diktiert, was ich ihnen in den Proben über Phrasierung, Akzente und Klangwerte gesagt habe.

In dieser Situation dient die Partitur vor seinen Augen zu nichts anderem, als daß sie dem Dirigenten zeigt, was er erwartet, was sich ihm bereits ankündigt. Sie stört ihn überhaupt nicht, da sie ihn in Wirklichkeit nichts lehrt, was er nicht bereits wüßte. Sie ist ihm aber trotzdem dienlich, weil sie ihm im rechten Augenblick das Detail der Melodieverläufe vor die Augen bringt, deren Fortgang er innerlich folgt. Und dieses Detail ist so komplex, besonders bei modernen Partituren, daß es nichts schadet, wenn er es im Augenblick der Interpretation vor Augen hat. Das enthebt ihn, genau gesagt, einer Gedächtnisanstrengung, die ihn nur vom Allgemeinverlauf des *Melos*, der doch das Wichtigste ist, ablenken würde. Es gibt sogar Fälle, wo die auswendige Beherrschung eines Details zu einem Nachteil werden kann. Zum Beispiel sind in der ersten der *Quatre Études pour Orchestre* von Strawinsky, die ich in einem Abonnementskonzert gegeben habe, ständig Taktwechsel, weil Strawinsky jede Zählzeit des melodischen Motivs einmal auf die starke Zählzeit des Taktes bringen will. Als mir klar geworden war, daß das letztlich der Grund für diese dauernden Taktwechsel ist, hatte ich alles begriffen. Hätte ich jetzt ohne Partitur dirigieren wollen, dann hätte ich bei diesen Stellen die Zählzeiten zählen müssen; und das wäre nicht nur nutzlos gewesen, weil sie sich von selbst im Orchester ergeben, sondern es hätte mich auch aus dem eigentlichen musikalischen Ereignis, nämlich seiner melodischen Kontinuität herausgebracht.

Um die Berechtigung des Taktstockes zu beurteilen, muß man sich darüber klar werden, daß die Musiker den Rhythmus machen und nicht der Dirigent. Was aber macht der Dirigent? Mit einer Armbewegung zeigt er die *Kadenz* an, aus der sich die Rhythmen bilden. Da sich auf dieser Grundkadenz im Orchester alle Arten von Kadenzen und Rhythmen bilden, muß die Geste des Dirigenten schematisch sein, und das Schematische dieser Geste läßt sich viel genauer, einfacher und energischer mit dem Stock andeuten als mit der Hand. Zum Dirigieren eines Vokalchores genügt die Hand vollauf; denn die vokale Musik stellt andere Anforderungen und kennt nicht die rhythmische Kompliziertheit der Instrumentalmusik. Selbstverständlich kann man auch ein Orchester mit der Hand dirigieren. Aber der Taktstock hat den Vorteil, daß er den Dirigenten zwingt, die Kadenz der Bewegung zu schlagen und die Funktionen mit seinen beiden Armen zu differenzieren. Ohne Taktstock ist er in Versuchung, mit seinen Händen den Rhythmus der Musik nachzuzeichnen oder bloß die betonten Zeiten zu schlagen, was nicht ausreicht, um die Triebkraft der musikalischen Bewegung zu sein. Strawinsky dirigierte seine Musik, indem er die Schlagzeiten mit der Hand markierte, weil er eine metrische Auffassung vom Rhythmus hatte. Aber gerade seine Musik hat mich fest davon überzeugt, daß die musikalische Bewegung kadenziell sein muß. Damals, als er seine ungleichmäßigen Takte schrieb, fehlte es nicht an Musikern, die meinten, er hätte für seine Rhythmen einen gemeinsamen Nenner finden und so diese Rhythmen in einer kontinuierlichen Taktart notieren können. Honegger zum Beispiel sagte mir einmal, er rühme sich, ungleichmäßige Kadenzen ohne jeden Taktwechsel schreiben zu können, und in *Pacific 231*, das er mir widmete, hat er das bewiesen. Allgemein gesprochen, in der abendländischen Musik ist der Rhythmus eine Gestalt vor einem Hintergrund. Um sich das klarzumachen, braucht man sich nur die Stelle im ersten Satz der *Eroica* vor Augen zu halten, wo sich auf dem Hintergrund einer dreizeitigen Kadenz zweizeitige Rhythmen ergeben. Aber Strawinskys Rhythmik ist oftmals gröber. Gewöhnlich besteht sie in der monokadenziellen Gleichzeitigkeit, das heißt der Wechsel in der melodischen Kadenz zieht den Wechsel in der Tonstruktur nach sich. Was daher der Dirigent auf jeden Fall andeuten muß, ist die Grundkadenz, aus der alle übrigen Kadenzen entstehen, und dafür ist nach meiner Meinung der Taktstock viel geeigneter als die Hand.

Die private Arbeit des Dirigenten besteht in einem zeitraubenden Studium der Werke; denn um sich die Musik ganz zu eigen zu machen, muß er diese Musik und ihren Ausdruckswillen erst einmal im Text entdecken. Zu diesem Zweck muß er vor allem seine Einbildungskraft in Anspruch nehmen, denn er muß selbst entdecken, was sich der Komponist vorgestellt hat und was ihm seine Musik eingab. Dieses Studium ist übrigens niemals zu Ende, denn man kann niemals alles sehen. Während dieses Studiums ist das Klavier ein notwendiges Werkzeug für den Dirigenten; denn er kann sich noch so gut die Musik beim Lesen der Partitur im Geiste vorstellen – ab und zu muß er sich eine konkrete Vorstellung davon machen und am Klavier die Klänge oder die Stimmführungen hören, die er in der Partitur liest. Ich spiele heute sehr schlecht Klavier, weil ich nicht mehr übe; aber mein Klavierspiel reicht noch immer aus, daß es mir beim Studium der Partituren hilft.

Die Dirigiertechnik ist im Prinzip und in der Theorie sehr einfach, in der Praxis dagegen höchst subtil. Beim Dirigieren kann der Dirigent, da ihn die Musik gänzlich in Anspruch nimmt, nicht an seine Gesten denken, die also spontan sein müssen. Die conditio sine qua non unseres Berufes sind deshalb eine vollkommene Freiheit der Gestik, eine völlige Unabhängigkeit in der Bewegung der Arme und die angeborene Gabe des Ausdrucks, zumindest einer bestimmten gestischen Ausdruckskraft. Ich hatte einen Freund, der alles besaß, was man zum Dirigieren braucht, der aber nicht den Arm heben konnte, ohne zugleich den Oberkörper vorzubeugen, so daß die Musiker nie wußten, welcher Geste sie folgen sollten: dem Arm oder dem Oberkörper. Dieser Mangel an motorischer Beherrschung war von Anfang an ein Hindernis für seine Karriere. Dagegen sind die Italiener, die bekanntlich mit den Händen reden, oftmals geborene Dirigenten, wenigstens, was die Gestik betrifft. Ich bin der Meinung, daß jeder Dirigent seine persönliche Schlagtechnik hat, deren Wirksamkeit oder Nichtwirksamkeit er bei der Arbeit erfährt.

Hans Diestel

Ein Orchestermusiker über das Dirigieren

Das Vorwort von Richard Strauss

Als ich in den Jahren 1886–89 im Münchener Hoftheater (so schöne Dinge gab es damals noch mit unlimitierten Subventionen und Sängern ohne kontraktlichen Urlaub) als kgl. Musikdirektor meine ersten Opern dirigierte, saß mein 65jähriger Vater noch immer an seinem seit 45 Jahren angestammten Platze am ersten Horn, in märchenhafter Pflichttreue stets eine Stunde vor Beginn der Vorstellung vor seinem Pult und bangte nicht nur vor seinen eigenen heiklen Solis in »Cosi fan tutte«, sondern auch, daß der grüne Taktstock des unroutinierten Filius da oben sich keine Blöße gäbe.

Etwas spöttisch tat der alte Lachnerverehrer und Bülowgegner damals den Ausspruch: »Ach, ihr Kapellmeister, bildet euch auf eure Machtstellung Wunder was ein! Wenn so ein neuer Mann das Orchester betritt – wie er aufs Pult steigt, die Partitur aufschlägt – bevor er noch den Taktstock in die Hand genommen hat, wissen wir schon, ob er der Herr ist oder wir!«

Dieses Wort gleichsam als Motto Ihrer Arbeit voranstellend möchte auch ich meinen verehrten Pultkollegen zurufen: Seid nicht zu stolz auf euren dreimaligen Hervorruf nach der dritten Leonorenouvertüre! Da unten im Orchester, bei der ersten Violine, da hinten bei den Hörnern, oder gar am anderen Ende bei der Pauke, sitzen Wächter mit Argusaugen, die jedes eurer Viertel oder Achtel mit kritischen Blicken verfolgen, die stöhnen, wenn ihr ihnen Tristan-allabreves in vier Vierteln »vor der Nase herumfuchtelt«, die »Szene am Bach« oder die zweite Variation im Adagio der »Neunten« in 12 richtig ausgeschlagenen Achteln zelebriert. Sie revoltieren sogar, wenn du während der Vorstellung fortwährend »pst« und »piano, meine Herren« hinunterschreist und mit der rechten Hand immer Forte dirigierst. Sie blinzeln mit den Augen, wenn du zu Beginn der Probe monierst: »Die Holzbläser stimmen nicht« und dann selbst nicht angeben kannst, welches Instrument zu hoch oder zu tief ist.

Während der hohe Chef glaubt, sie hängen ehrfurchtsvoll an seinem Taktstock, spielen sie getreulich, ohne ihn anzublicken, weiter, wenn er sich »verschlägt«, sie kreiden seiner »individuellen Auffassung« jedes falsche Tempo an, wenn er vielleicht zum ersten Male eine Sinfonie dirigiert, die sie schon hundertmal unter besseren Dirigenten gespielt haben.

Der erste Solobratscher der Wiener Philharmoniker rief mir in einer Probe, als mein Taktstock nicht da war und ich gerade einen anderen nehmen wollte, zu: »Herr Doktor, nicht den, – der hat keinen Rhythmus!«

Kurz, die Geschichten der von Orchestermitgliedern ertappten Chefs könnten Bände füllen! Und doch, diese boshafte Horde, die in chronischem Mezzoforte bummelt, der kein Begleitungs-pp abzuschmeicheln ist, keine Präzision bei Recitativakkorden, wenn der richtige Mann nicht oben sitzt, mit welcher Begeisterung spielen diese so oft von des Probierens unkundigen Stümpern gequälten, durch Stundengeben ermüdeten Musikanten, mit welcher Aufopferung proben sie sogar, wenn sie zu ihrem Kapellmeister das Vertrauen haben, daß er sie nicht unnütz schindet, wie folgen sie am Abend (besonders wenn er ihnen eine Probe »geschenkt« hat) seinem kleinsten Winke, wenn seine rechte Hand im Vollbesitz der eigentlichen Dirigiertechnik aufs genaueste ihnen seine Absichten zu vermitteln imstande ist, sein Auge streng und gütig zugleich ihr Spiel überwacht, seine linke Hand beim ff sich nicht zur Faust ballt, sie beim p nicht ganz unnötig beschwichtigt.

Mein lieber Herr Diestel! Sie haben 20 Jahre in der Berliner kgl. Kapelle unter mir gespielt in einer Zeit, als ich wirklich schon zu dirigieren verstand und nun Gelegenheit hatte, an der Spitze eines erstklassigen Orchesters mein Können allmorgendlich noch zu verbessern und allabendlich zu erproben, und ich schmeichle mir, daß Ihr verdienstvolles Buch das Ergebnis unserer gemeinsamen künstlerischen Arbeit ist.

Nach der monumentalen Arbeit R. Wagners »Über das Dirigieren« ist das Neue an Ihrer Arbeit, daß zum ersten Male die Tätigkeit des Dirigenten vom Orchester aus gesehen, also von unten herauf und nicht von außen her oder vom Pult selbst aus sachlich beurteilt und beleuchtet wird. Jeder objektive Leser wird zugeben müssen, daß hier mit wissenschaftlicher Schärfe und gründlicher Sachlichkeit eine Materie nahezu erschöpft wird, die bisher meistens nur entweder mit handwerklicher Trockenheit oder frivoler Oberflächlichkeit behandelt wurde.

Ich gebe ihr deshalb auch keine weitere Empfehlung mit auf den Weg, als den Wunsch, daß sie fleißig gelesen werde. Sie wird besonders denjenigen meiner Pultkollegen, denen in bescheidenem Zurücktreten hinter dem Komponisten ernstlich daran liegt, daß Orchestermusik wieder mehr mit den Ohren, statt mit den Augen gehört werde, reichlichen Nutzen bringen.

Die Taktfiguren

Die Taktfiguren sind zu bekannt, als daß sie hier einer Darstellung bedürften. Es muß nur darauf hingewiesen werden, daß das korrekte Ausziehen der Figuren als eine wichtige Vorbedingung für die Verständigung anzusehen ist. Die zwei-, drei-, vier- und mehrzeitigen Figuren müssen von den im Halbkreise um den Dirigenten gruppierten Ausführenden überall deutlich erkannt werden können. Nach dieser Selbstverständlichkeit wird man allerdings meist vergeblich Ausschau halten müssen – wie häufig zeigen die einzelnen Schläge von der Seite aus gesehen das gleiche Bild, so daß weder 2 von 1 im alla breve, noch 2, 3 und 4 in den anderen Taktarten von 1 unterschieden werden können –, nicht etwa weil ihre Bedeutung verkannt oder unterschätzt würde – jeder Dirigent ist von der Deutlichkeit seiner Zeichengebung überzeugt und bekräftigt seine Meinung durch den häufig gehörten und auf einen vorwurfsvollen Unterton gestimmten Ausspruch: mehr wie deutlich schlagen, kann man doch nicht! –, sondern weil das deutliche Ausziehen der Taktfiguren unbewußt zu einer Unmöglichkeit gemacht wird und zwar dadurch, daß die Vorstellung nicht bis zur Taktstockspitze vordringt, sondern in der Hand stekkenbleibt. Infolgedessen wird statt mit der Taktstockspitze die Zeichnung der Taktfiguren mit der Hand ausgeführt und meist nicht einmal gezogen, sondern – besonders bei Steigerungen der Stärkegrade und bei hohen Stärkegraden, sowie bei Kurztonstellen – klaviermäßig geschlagen, gehackt, gestochen, d. h. an den Biegungen eckig unterbrochen. Als weitere Folge ergibt sich, daß der Taktstock leblos und ungeistig bleibt. Er wird zu einem Armanhängsel, das in seiner an und für sich schon ungenauen Figurenzeichnung dem gedachten Rhythmus stets um ein Weniges nachhinkt und eine durchgeistigte Führung nicht auszustrahlen vermag. Dieser erste und folgenschwerste Fehler der Dirigiertechnik, der Urgrund mangelnder Verständigungsmöglichkeit ist allein und leicht dadurch zu beheben, daß die Vorstellung bis zur Taktstockspitze vorgeschickt und die Spitze zum wahren Werkzeug der Dirigiertechnik erhoben wird. In und von der Spitze muß die Ziehung der Taktfiguren ausgeführt werden und die Gestaltung des Kunstwerkes ausgehen, etwa wie der Maler die Farbe aufträgt und seine Gedanken und Empfindungen durch die Pinselspitze in Linie und Farbe ausströmen läßt.

In diesem Zusammenhang sei an die Technik des Geigers erinnert, der im Berührungspunkte von Bogenhaar und Saite vermittels des vom Arm geführten Werkzeuges Bogen den Ton zu bilden hat[*]. Die auf den Berührungspunkt eingestellte Anschauung läßt die richtige Erregung und Gestaltung der jeweilig gewollten Schwingungen finden, löst gleichzeitig aber auch rückwärts das Problem der sinngemäßen Bewegungen. Als Bild ergibt sich die die ästhetische Befriedigung allein verbürgende Übereinstimmung von Idee und Bewegung. In ähnlicher Weise, durch die in die Taktstockspitze vorgeschickte Vorstellung, gelangt die Dirigiertechnik gleichsam zu den richtig abgemessenen, dem Gedanken kongruent geformten, d. i. beschränkten und verständlichen Bewegungen. Wohl ist der ganze Arm im Zusammenwirken aller Glieder und Gelenke an den Bewegungen beteiligt, aber mit dem Blick auf das Ziel, verständliche Taktfiguren mit der Taktstockspitze zu ziehen, gestalten sich die Armbewegungen von selbst zweckentsprechend. Ohne auch nur an den Arm zu denken, löst der Handwerker das Problem der Armbewegungen einwandfrei einfach durch die auf das Ziel gerichtete Vorstellung.

Die Anwendung nur zweckentsprechender Bewegung, die Übereinstimmung von Bewegung und gewolltem Ausdruck, von Sichtbarem und Unsichtbarem, kurz die Harmonie im Vortragsgang bietet erst ungestörten Genuß. Die Dirigiertechnik sollte bestrebt sein, sich des einfachen, doch grundlegenden Mittels, die Vorstellung in die Taktstockspitze vorzuschicken, bewußt bedienen, um zur Harmonie zu gelangen.

Der Weg zu dieser Harmonie erfordert aber noch ein weiteres Mittel. Der Dirigent denkt in Zeit und hat ihre Teilungen durch räumliche Bewegungen kenntlich zu machen. Der Ausführende sieht im Raume und schließt aus den Bewegungen auf die Zeitabschnitte. Die Möglichkeit der Verständigung ist daher auf eine Verbindung von Zeit und Raum zu stützen, die man als deren Kongruenz bezeichnen könnte. Die Verständlichkeit setzt diese gewisse Übereinstimmung von Zeit und Raum voraus. Wenn auch die begriffliche Formulierung dieses Geschauten philosophischen Ansprüchen nicht genügen dürfte – wie denn überhaupt die auf bestimmte Ziele gerichteten und durch bestimmte Gedanken geformten Be-

---

[*] Die übliche Lehrmethode geht von den äußeren Erscheinungsformen aus und glaubt durch Gestaltung des Sichtbaren, d. i. der Haltungen und Bewegungen, den Erfordernissen des Unsichtbaren gerecht werden zu können. Vgl. die Kennzeichnung der alten und einer neuen Methode in dem Artikel »Das Wesen der Violintechnik« im »Orchester« vom 1. Mai 1931.

wegungen in ihrer vielgestaltigen Verschränktheit nicht erschöpfend zu beschreiben, höchstens in ihren Entwicklungsgrundlagen zu erfassen sind –, so möge eben durch die Forderung der Kongruenz von Zeit und Raum eine der bedeutsamen Grundlagen der Dirigiertechnik gekennzeichnet sein.

Wenn man bedenkt, daß der Taktwert (und Taktteilwert) der übergeordnete Wert ist, der die Notenwerte zu Motiven, Perioden usw. ordnet, so kann kein Zweifel darüber bestehen, daß als Inhalt der Kongruenz grundsätzlich nur die Taktwerte in Frage kommen können, d. h. die gleichmäßigen Zeitabschnitte, in die die Tonwerte einzufühlen sind. Es ist durchaus nicht unwichtig, das festzustellen, beobachtet man doch häufig Chordirigenten, die ihre Technik auf den Grundsatz stellen, für jede Note einen Schlag. Aber auch Dirigenten mit ernst zu nehmender Technik gehen nicht gar selten zu einer Kennzeichnung von Taktunterteilungen, also zu einer Taktstockbewegung über, die mehr von den Notenwerten als von den Taktwerten beeinflußt ist. Geringe Dehnungen des Zeitmaßes, Auftakte (in Verkennung der wahren Ursachen lassen Mißerfolge zu Bewegungen und Maßnahmen greifen, die man zu dem Begriff Auftakthemmung sammeln könnte), nachschlagende akzentuierte Akkorde im alla breve, scharf pointierte oder punktierte Episoden – um nur einige Erscheinungsstellen anzuführen – verleiten leicht dazu, von dem ruhigen Ausziehen der Taktwerte abzugehen und in ein zuweilen sogar überscharfes Markieren der Notenwerte zu fallen. Die vielgliedrigen Taktfiguren bedeuten in dieser Beziehung eine geringere Gefahrenzone als das der besonderen Beachtung zu empfehlende »alla breve«, wohl der für den flüssigen Vortrag wichtigsten Taktart, die zweifüßig (2/4 als 4/8 und 4/4 gedacht) und dreifüßig (6/4, 6/8) auftritt. Schon der Name bezeichnet etwas unter einer Linie Zusammengefaßtes.

Das Alla-breve-Taktgeben ist eine Sache der ausgeprägten musikalisch-rhythmischen Empfindung und Kultur, die aber auch nicht gar selten vor seiner Anwendung zurückschreckt, und zwar infolge des Mangels der technischen Beherrschung, denn gerade das »alla breve« verlangt mehr wie die vielgliedrigen Taktfiguren die Taktstockspitze und die Übereinstimmung von Zeit und Raum. Schon die äußere Erscheinung der Taktfiguren ist sorgfältig zu behandeln, indem der Aufstrich durch eine von unten nach oben gezogene Linie deutlich dem Niederstrich gegenübergestellt wird, so daß jeder Irrtum in der Erkennung von 1 und 2 ausgeschlossen ist. Das innerlich Entscheidende des Alla-breve-Gebens liegt aber in dem rhythmisch genauest gezogenen und von jonglierenden

Schnörkeln unbelasteten Aufstreich (Auftakte am Anfang und im Verlauf eines Stückes), aus dem unzweifelhaft das Zeitmaß des nächsten Taktes, ja vielleicht der ganzen folgenden Phrase erkennbar ist, so daß die Notenwerte in die Taktwerte in genauester, zugleich in geschmeidigster Weise eingefühlt werden können. Ein Zweifel über die Anwendung sollte stets mehr zugunsten als zu ungunsten des »alla breve« entschieden werden. – Bei Verlangsamungen des Zeitmaßes (ritardando), falls ein Wechsel der Taktfigur für notwendig erachtet würde, sollte dieser nicht am Anfang, sondern erst im Verlauf der Verlangsammung vorgenommen werden. Ebenso umgekehrt bei Beschleunigungen. – Ein Herausfallen aus der gezogenen Linie, und das den Notenwerten eingeräumte Übergewicht macht sich sofort in abträglicher Weise bemerkbar, indem infolge der Unterbrechung der Linie oder des unerwarteten und mißverständlichen Überganges in eine andere Taktfigur einmal das Zusammenspiel ins Schwanken gerät und damit gerade das eintritt, was vermieden werden sollte, zum anderen das *formale* Element des Vortrages, die Spannung, zerrissen wird. Ein Beispiel bietet der Anfang der Neunten Sinfonie von Beethoven: die Spannung im Aufbau des ersten Themas ist im Augenblick verflogen – für den Ausführenden und für den aufmerksam beobachtenden Zuhörer –, wenn im 16. Takt, später im 50. Takt, plötzlich von zwei zu vier Schlägen übergegangen wird, um – vielleicht lehrhaft befangen – die geringe Dehnung des zum vollen Hauptthema überleitenden Taktes anzuzeigen und seine Bedeutung zu steigern. Von der Notwendigkeit des Wechsels in der Zahl der Taktschläge dürfte nie ein Ausführender überzeugt, dagegen sein Spannungsempfinden stets verletzt worden sein.

Und was in den Ausführenden an Stimmung und Spannung zerstört wird, wirkt sich auf Tongebung und Vortrag aus und überträgt sich stimmung- und spannungtötend auf den Zuhörer. Das Spannungsnetz, dessen zarte Fäden sich von Notenwerten und Harmonien zu Taktteilwerten, von Taktteilwerten zu Taktwerten spinnen und weite Satzgebilde, Motive und Perioden überziehen, ist zu empfindlich, als daß es lehrhaften oder groben Bewegungen gegenüber, die sichtlich ihr Mißverhältnis zum Gedanken zeigen, d. h. die Kongruenz von Zeit und Raum vermissen lassen, standzuhalten vermöchte. Die Zeit ist eine gleichmäßig fortziehende Richtung. Die Spannung ist das gestaltende Element für den Inhalt der Zeit. Die Zeit wird an den Bewegungen im Raume erkannt. Die Dirigiertechnik darf sich daher nur gespannt-ziehender oder ziehend-gespannter Bewegungen bedienen, um in den Ausführenden und durch die Ausführenden dem gedachten und gefühlten Inhalt gleichwertige Gestalt zu gewinnen. Die Bewegungen müssen sich, wenn sie verständlich sein und bleiben sollen, an den Taktwerten hinziehen, wohl beeinflußt vom musikalischen Inhalt in bezug auf Agogik und Dynamik, aber nicht bestimmt durch kleinere Notenwerte. Die Kennzeichnung von Unterteilungen bedeutet meist eine überflüssige Maßnahme, weil sie fast immer zu Mißverständnissen Anlaß gibt und die Durchhaltung der Spannung gefährdet. Dagegen wirkt sich in gegebenen Fällen, wenn Notenwerte die Taktteilwerte übertragen, eine erweiterte Fassung der Taktteilwerte sehr zum Vorteil des Vortrages aus. Ich habe das Vorspiel zum III. Akt »Siegfried« nie wieder in der Größe erlebt wie unter der Leitung von Felix Mottl, der in der zweiten Hälfte des Vorspiels nur die Notenwerte des Wanderermotivs mit Wendungen der ziehenden Bewegungen bedachte.

Eine inhaltlich weitere Ausgestaltung der Bewegungen innerhalb der Taktfiguren ist durch die Notwendigkeit bedingt, die Stärkegrade der musikalischen Gedanken, das An- und Abschwellen usw. zu verdeutlichen. Mehr oder weniger weites Ausziehen, Heben und Senken der Taktfiguren, Erhöhung oder Verminderung der Spannung in den Bewegungen, Konzentration oder Zerdehnung im Ausziehen der Taktstockspitze werden gesondert oder in Verbindung miteinander auftreten, um das Ziel zu erreichen. *Auf je kleinere und intensivere Ausmaße die durchschnittliche Größe der Taktfiguren gestellt ist, um so unterschiedlichere, stärkere und beherrschtere Wirkungen werden ihren Vergrößerungen und Verkleinerungen verbunden sein.* Wie man mehr durch zwingende Logik und Eindringlichkeit der Sprache, nie durch lautes Schreien überzeugt, so sollten höchste Stärkegrade nicht durch übergroße Armschwingungen, die sich nur durch den Mangel aller die innere Wirkung des Vortrages bedingten Momente auszeichnen, sondern durch gespanntes Verhalten in den ziehenden Bewegungen der Taktstockspitze ausgedrückt werden. Das Geben der Akzente ist vielleicht zur Anschauung zu bringen durch den Vergleich mit einer Stahlfeder, die – den verschiedenen Arten und Graden der Akzente entsprechend – einen Grundstrich in einen Haarstrich auslaufen läßt oder umgekehrt einen Haarstrich in einen Grundstrich überführt.

Die Dirigiertechnik, die sich den Gedanken der Kongruenz von Zeit und Raum, ausströmend aus der *Taktstockspitze,* zu eigen macht, von der Kongruenz ausgeht und aus ihr die unendlich vielen gar nicht aufzuzählenden und zu beschreibenden Einzelheiten ableitet, wird nicht nur mühelos zu einer guten Verständigung gelangen, sondern auch – Spannungsempfinden vorausgesetzt – Spannung im Vortrag und gespanntes Interesse am Kunstwerk nach allen Seiten hin auslösen. Diese Dirigiertechnik wird schon von vornherein befreit sein von allen Ursachen des Mißverständnisses und der Unterbrechung der Spannung und des Interesses, als welche alle hastigen, eckigen, schlagenden, ruckweisen, stoßförmigen, klaviermäßig unterbrochenen Bewegungen anzusehen sind. Es ist ein Irrtum anzunehmen, daß gewisse Einsätze – womöglich noch mit Vorausgabe mehrerer Schläge –, langsame Tonfortschreitungen, punktierte Themen und Gänge usw. scharfkantig gegeben werden müßten. Die allbekannten Erscheinungen im Zusammenspiel wie Auseinanderfallen von Einsätzen, Auseinandermusizieren von Phrasen, die von mehreren Instrumenten auszuführen sind, das Schleppen bei schon ruhigen Fortschreitungen, das Eilen bei Passagen, das nicht sofortige Erfassen vom Zeitmaßwechsel, alle derartigen Übel, deren Entstehen auf die hastigen, scharfkantigen Bewegungen, also auf eine unzweckmäßige Dirigiertechnik zurückzuführen ist, werden durch erhöhte Scharfkantigkeit nicht nur nicht behoben, sondern vielmehr verschlimmert, und zwar aus dem Grunde, weil die erweiterten Unterbrechungen zwischen den scharfen Schlägen – und das ist erhöhte Inkongruenz von Zeit und Raum – eine Erschwerung der Zeitmaßerkennung zur Folge haben. Nur technische Unbekümmertheit, die stets gern geneigt ist, Vortragsfehler anstatt auf das eigene auf das Schuldkonto der Ausführenden zu schreiben, kann verlangen, die weichen und ineinander überfließenden Zeitabschnitte aus harten, von starrer Ruhe unterbrochenen Stockschlägen herauszuempfinden. Das Zeitmaß der Taktwerte muß sofort und nicht erst nach einer Reihe von Schlägen erkannt werden können. Die Möglichkeit des sofortigen Verstehens ist nur gegeben, wenn die Taktstockspitze zur Linienführung benutzt und mit ihr ausschließlich Linien gezogen werden, die die Taktfiguren genau gestalten und selbst auf die Übereinstimmung von Zeit und Raum gestellt sind. Einem dem Verstehen gleichen Schicksal ist durch die eckig unterbrochenen Bewegungen, deren krampfhafte Unzweckmäßigkeit im Andeuten starker Tongebung häufig noch gesteigert wird, die Spannung ausgeliefert. Es ist das auch gar nicht anders zu erwarten, stehen doch die beiden Dinge, Spannung und eckige Bewegungen, wie Fluß und Erstarrung im schärfsten Gegensatz zueinander. In diesem Zusammenhang gewinnt ein Ausspruch Richard Wagners an Bedeutung: »Ich schlage nicht Takt, dadurch würde der Vortrag steif, ich male es in die Luft«. In dem einen Wort »male« ist die mit der Spitze des Werkzeuges gezogene gespannte und zerdehnte Linie gekennzeichnet.

Im besonderen mag noch darauf hingewiesen sein, daß das harte, heftige Anschlagen der Fermaten sowie das lehrhafte Abschneiden von Tonwerten vor Pausen oder von längeren Tonwerten innerhalb des Tongefüges für den Vortrag äußerst gefährlich ist. Das letzte Quäntchen Spannung und Stimmung, des kann man gewiß sein, wird durch das lehrhafte und sichtbare Auseinanderstreben von Ausdruck und Bewegung beseitigt. Als nicht minder sinnwidrig wird das aus dem Zusammenhange herausfallende schnelle Durchschlagen mehrerer leerer oder auf einen Akkord gestellter Recitativtakte empfunden. Wenn nicht schon die drohende Gefahr des Mißverständnisses, so sollte die Einsicht vor dieser Manier bewahren, daß durch sie zeitweilig jede Gestaltungs- und Spannungsmöglichkeit aus der Hand gegeben wird. *Unterbrechung der Spannung bedeutet Verzicht auf Gestaltung, Spannungsempfinden ist Gestaltungsvermögen.* Auf der Grundlage der Kongruenz von Zeit und Raum wird das Spannungsempfinden stets das Richtige zu treffen wissen.

Sir Adrian Boult

Casals als Dirigent

Zweimal im Jahr kehrt Casals in seine Geburtsstadt Barcelona zurück, um dort mit einem Orchester, das seinen Namen trägt, fünf oder sechs Wochen zu proben. Dieses Orchester dirigiert er in sechs Konzerten.

Vor kurzem kam mir das Privileg zu, an einem dieser Konzerte teilzunehmen und den Proben drei Wochen lang beizuwohnen. Es fanden täglich zwei Proben statt, zu so ungewöhnlichen Zeiten wie 14.30 Uhr und 21.45 Uhr. Spanier scheinen nie schlafen zu gehen, und so war es nicht ungewöhnlich, daß Orchestermitglieder um 0.15 Uhr gemächlich von der Probe wegschlenderten, um sich auf den Stühlen am Boulevard niederzulassen, zu einer Stunde, da weniger akklimatisierte Fremde dem Bett zustrebten.

Die Proben dauerten zweieinhalb Stunden, mit jeweils einer Viertelstunde Pause. Man kann sich sehr wohl vorstellen, daß neun solcher Proben mit einem Orchester, das sich aus äußerst fähigen Musikern zusammensetzte, von denen jeder seinen Platz in irgendeinem Symphonieorchester in Europa haben könnte (wobei es interessant ist festzustellen, daß nur ein einziges Mitglied nicht in Barcelona gebürtig war), am Ende eine ungewöhnliche Perfektion des Zusammenspiels, aber auch Langeweile ergeben hätten, wären sie nicht mit beachtlichem Geschick geführt worden.

Ich wage daher anzunehmen, daß eine Beschreibung dieser Probenarbeiten für alle Musiker interessant sein dürfte, zumal es sich um wirkliche Lehrstunden handelte. Und Casals, der Lehrer, ist nicht weniger herausragend als Casals, der Instrumentalist.

Er ging die Werke in Abschnitten an, wobei er nicht unbedingt den schwierigsten an den Anfang stellte. Zunächst ließ er das Werk zügig und ohne Unterbrechung durchspielen, um dann sofort Einzelheiten sorgfältig einzustudieren. Natürlich war das die interessanteste Phase, denn mitunter verbrachte er zehn Minuten damit, zwei oder drei Takte mit einem Instrument oder einer Instrumentengruppe allein zu üben. Es ist erstaunlich festzustellen, daß es das spanische Temperament durchaus erlaubt, daß das übrige Orchester in völliger Ruhe dasitzt, ohne auch nur einen einzigen verstohlenen Zug an einer Zigarette zu nehmen. Tatsächlich zählte ich neunzehn Wiederholungen der chromatischen Skala in der Mitte des Scherzo zum Sommernachtstraum, in dem jede Gruppe der Streicher zwei Takte der Tonleiter durch vier Oktaven zu spielen hat. Sobald die Einzelheiten eines Werkes eingehend durchprobt waren, ging Casals das ganze Programm in dieser Weise durch. Dann fand eine zweite Wiederholung des gesamten Abschnittes statt; gelegentlich begann er mit einigen wenigen, besonderen Passagen, meist aber ließ er alles auf einmal durchspielen, unterbrach nur dort, wo es erforderlich war. Das ging so bis zur Aufführung. Kein Werk war je vollkommen und immer fanden sich neue Gesichtspunkte, die es zu berücksichtigen galt. Ich will hier einige der besonderen Eigenarten erläutern, die bei Casals Probenarbeiten auffallen.

1. Die Durchführung. Bei dem geringsten Mangel an Klarheit, gleichgültig, ob es sich um eine begleitende oder um eine deutlich hervortretende Stimme handelte, klopfte Casals ab und forderte die Musiker häufig auf, durch minutenlanges, getrenntes Üben ihren eigenen Weg zu finden. Dann wurde die Stelle gemeinsam gespielt, und es war beeindruckend mitzuerleben, daß sie sich von der ungeschliffenen Rohform zur Aufführungsreife entwickelte, wobei diese Entwicklung nicht nur auf Korrekturen von Intonation, Rhythmus usw. beruhte, sondern vor allem in der Korrektur des Stiles des Gesamtwerkes. Die gleiche rhythmische Figur wurde bei Schubert ganz anders behandelt als bei Tschaikowsky. Bei modernen Werken gestand Casals eine gewisse Freiheit zu, den Klassikern hingegen verlieh er strahlendes Leben durch einen mathematisch genauen Rhythmus. Es war eine aufregende Erfahrung mitzuerleben, wie eine einfache Figur wie das erste Thema von Schuberts C-Dur Sinfonie oder die auf halbe Noten folgenden Viertel, die in klassischen Scherzos häufig anzutreffen sind, an Charakter und Schärfe gewannen, wenn sie im absolut richtigen Zeitmaß gespielt wurden.

Das ganze Ausmaß dieses Ergebnisses spürte ich auf der ersten Probe zu Butterworths First Idyll: die in diesem Werk häufig vorkommenden, von Sechzehnteln gefolgten punktierten Achteln wurden in perfektem Rhythmus gespielt, was dem Werk gleich zu Beginn den richtigen Ausdruck verlieh. Bei jenen Teilen, die sich in verschieden Passagen aufteilen, brachte die absolute Regelmäßigkeit des Spiels sofort das Charakteristische zum Vorschein, obwohl keine Mühen gescheut wurden, bestimmte Einzelheiten genauestens auszuarbeiten, wenn dies erforderlich war. Oft wurden Fragen der Bogenhaltung oder des Fingersatzes besprochen, und bei allen wesentlichen Passagen war die Bogenführung der Streicher einheitlich. Dafür sorgte der ausgezeichnete Konzertmeister, Casals jüngerer Bruder.

2. Ausdruck. Auch hier zeigte es sich im Verlauf der Proben immer wieder, daß die Aufmerksamkeit, die Casals den Details widmete, stets dem Stil des Gesamtwerkes galt. Klangqualität, Einsätze, Abstimmung der Akkorde – ob die Noten des Akkords von gleicher Stärke waren oder ob eine hervortrat – all dies zu bewerkstelligen bestimmte nicht eine willkürliche Regel, sondern der Ausdruck des jeweiligen Werkes.

Alles wurde erklärt, bis jedes Orchestermitglied selbst die unvermeidliche Verbindung zwischen dem momentanen Ausdruck und dem Stil des Gesamtwerkes fühlte. In dieser Hinsicht war Casals das genaue Gegenteil von Nikisch, der während der Proben bewußt langsamer spielen ließ als später bei der Aufführung, damit der raschere Ablauf und die größere Spannung während der Aufführung dafür sorgen sollten, daß die Details den Platz einnehmen, der ihnen jeweils zukommt.

3. Der Probenverlauf.

a. Die Proben begannen stets mit dem sorgfältigen Stimmen der Blas- und Streichinstrumente – das »a« eines jeden Blasinstrumentes wurde gehört und gebilligt, und auch den Streichern widmete Casals einige Zeit.

b. Fehlende Buchstabenbezeichnung in den Noten beeinträchtigte die Proben keineswegs. Nach dem Abklopfen ging Casals meist vierzig oder fünfzig Takte zurück. Damit wurde zweierlei erreicht: zum einen konnte ein zurückliegender Punkt gefestigt, zum anderen konnten die Musiker die fragliche Stelle vergessen, ehe sie aufs neue zu dieser Stelle kamen und sie dann endgültig verbesserten.

c. Bei der Schubert-Sinfonie wurden gewisse Striche eingefügt, allerdings erst bei der letzten Probe. Die gesamte Sinfonie war sorgfältig erprobt, ehe man die Striche vornahm.

d. Wie ich bereits erwähnt habe, schien es den Musikern nie etwas auszumachen, daß ein bestimmter Abschnitt eigens geübt wurde. Besondere Beispiele hierfür bilden die doppelt besetzte Posaune und die Harfe, die jeder Probe beiwohnten (das Programm war nie bekannt) und bis zum Schluß als aufmerksame Zuhörer im Parkett saßen. Cortot (der bei einem späteren Konzert mit dem Orchester musizierte) hat dies in einem witzigen Artikel für »Le Monde Musicale« festgehalten.

4. Der Taktstock. Casals benutzte einen schweren Taktstock, er wollte nicht den Stil des modernen, virtuosen Dirigierens vortäuschen, bei dem der ganze Ausdruck mit der Spitze des Taktstockes vermittelt wird, so wie wir das in England tun müssen, wegen der knapp bemessenen Probezei-

ten. Sicher ist es besser, dem Orchester den richtigen Ausdruck in echter Probenarbeit zu vermitteln, als sich darauf zu verlassen, die rechte Wirkung werde sich im letzten Moment noch einstellen. Das ist eine sehr viel schwierigere Aufgabe bei modernen Werken virtuoser Art. Hier spürt man, daß gewisse Effekte nur mit einem leichten Taktstock zu erzielen sind, geführt von lockerem Gelenk und leichten Fingern. Doch was ist die Brillanz moderner Werke im Vergleich zu Aufführungen klassischer Musik, die alle Zuhörer von ihrer unumstößlichen Richtigkeit überzeugt? Die klassische Musik hat den Prüfungen der Zeit standgehalten, und deshalb wissen wir, daß sie gut ist. Und wenn ein Werk wie die C-Dur Sinfonie so bewegend aufgeführt wird, daß die Zuhörer wie gebannt lauschen und ein reichlich nervöser Musiker während der Aufführung völlig vergißt, daß er den nächsten Programmpunkt einleiten soll, dann ist das zweifelsohne höher zu bewerten, als bloße, geschickte Taktstockarbeit eines modernen Dirigenten. Unter einem Dutzend Musikern, die sich bei modernen Werken auszeichnen, wird sich kaum ein einziger finden lassen, der in gleicher Weise den Klassikern gerecht wird.

Wir alle kennen Casals Spiel der Klassiker. Als Dirigent ist er ein ebenso großer Künstler.

Interessant dürfte eine Analyse der für die einzelnen Werke angesetzten Probenzeit sein:

1. Konzert		Std.	Min.
Beethoven, 5. Sinfonie		6	55
Saint-Saens. Le Rouet d'Omphale		2	10
Enescu. Rumänische Rhapsodie in A		3	15
Debussy. Gigues		4	45
Bach, Ouvertüre in D-Dur		2	30
	9 Proben	19	35
2. Konzert		Std.	Min.
Berlioz, Symphonie fantastique	I	2	-
	II		30
	III	1	35
	IV		35
	V	1	05
Beethoven, Leonoren-Ouvertüre Nr. 2		2	50
Korngold, Schaupiel-Ouvertüre		4	50
Morena, Zwei Sardanas (Katalanische Tänze)		2	-
Tschaikowsky, Hamlet		3	35
	9 Proben	19	--

3. Konzert

Schubert, C-Dur-Sinfonie	I	4	20
	II	2	10
	III	2	10
	IV	2	10
Butterworth, Folk Song Idyll		1	05
Holst, Perfect Fool Ballet		4	10
Liadoff, Kikimora		1	40
Mendelssohn, Ein Sommernachtstraum			
	Overtüre	3	20
	Scherzo	2	20
	Nocturne		40
Berlioz, Rakoczy-Marsch			40
	11 Proben	23	55

(Übersetzung von Carola Dietlmeier)

Über Dirigieren

Zum Dirigieren ist der Taktstock *nicht* entbehrlich, es handelt sich nur darum, *wie* er gehandhabt wird. Am entbehrlichsten ist jedenfalls die linke Hand und *beide* Arme. Ein gutes Handgelenk genügt.

Wie wenig wichtig es ist, alle vier Viertel oder Achtel stets ›auszuschlagen‹, habe ich in fünfzigjähriger Tätigkeit ausprobiert. Entscheidend ist ein rhythmisch genauer Auftakt, in dem schon das ganze darauffolgende Tempo enthalten ist, sowie ein sehr präziser Niederstrich.

Am besten wird musiziert, wenn man so ruhig vor sich hindirigiert.

Richard Strauss

Er machte nur sehr kleine Bewegungen. Aber die Wirkung war enorm. Er hatte absolute Kontrolle über das Orchester.

(Otto Klemperer über Strauss)

Der Dirigent tut gut daran, alle seine Bewegungen soweit einzuschränken, daß sie sich noch leicht in dieses zweite Blickfeld des Musikers einfügen. Mit anderen Worten, wenn die Gesten des Dirigenten einmal hoch über dem Kopf und dann wieder unten bei seinem Knie verlaufen, wird es schwer sein, ihm zu folgen, und ebenso wird der Musiker, der auf Grund einer ungünstigen Sitzordnung den Dirigenten nur aus einem *schrägen Blickwinkel* sehen kann, Mühe haben, sich seinem Taktschlag anzupassen.

Wenn nun der Dirigent ein Podest erklimmt, das die Orchesterpulte um einen Meter oder mehr überragt, werden die vorderen Spieler unmittelbar über ihren Noten nur seine Knie wahrnehmen und müssen sich jedesmal den Hals verrenken, wenn sie seinen Taktstock verfolgen wollen. Besonders schwer leiden die führenden Pulte darunter, in entscheidenden Augenblicken zu einem Dirigenten aufblicken zu müssen, der in Wolkenhöhen über ihnen schwebt. Ich weiß immer gern mein Pult nur ein paar Zentimeter über der Augenhöhe der Spieler. Die hinteren Reihen können ihre Kopfhaltung aufeinander einstellen, damit ein enger Kontakt entsteht. Die Herren Dirigenten mögen sich ja nicht einbilden, daß sie ein Orchester besser beherrschen, wenn sie ihr Podest um das Drei- oder Vierfache erhöhen... Ebenso sollten sie darauf achten, daß die Spieler ihre Noten nicht so niedrig setzen, daß sie den Blick abwenden müssen, um den Taktschlag zu verfolgen. Die besten Orchestersolisten, die ich kenne, sitzen immer so, daß ich ihre Augen (und höchstens noch ihre Nasen) über ihrem Pult wahrnehmen kann.

Sir Adrian Boult

Die Hand ist nicht in allen Fällen Teil des Menschen, sondern nur, wenn sie ihre Verrichtung wahrnehmen kann, also die belebte Hand; nicht belebt ist sie kein Teil.

Aristoteles

Willi Schmid

Pablo Casals

Ein Künstler wie Casals hat mehr als auf unsere Bewunderung auf unsere Verehrung Anspruch. Wer in einer Zeit, wo Durchschnitt und Mittelmaß vielfach zur Regel geworden sind, das Geistige in der Kunst so klar und zuchtvoll ausprägt, der ist mit des Tages Maßstäben nicht zu messen. Er mißt uns. Er stellt Forderungen an uns. Ihn hören heißt nicht bloß genießen im hedonistischen Sinne der üblichen Musikschwelgerei. Und wer den Cellisten Casals nur aus seinen Platten kennt, lernt nur eine Dimension seiner Persönlichkeit kennen. Ja, es will mir scheinen, als ob im Gegensatz zu der üblichen Ansicht, daß auf Platten nur das Vollkommenste Berechtigung und Sinn habe, hier der Grundsatz sich überschlage: Casals ist so vollkommen, sein Spiel so vielseitig, daß das mechanische Werkzeug eben noch ausreicht, um einen Teil seiner Musik zu erfassen. Nicht aber mehr. Vor Casals Spiel versagen die üblichen Beiworte. Das Einmalige seiner Künstlerschaft übt auf den, der sie recht erlebt, eine ganz unvergleichbare Wirkung aus. Die ewige Norm des Vollkommenen in der Kunst wird mit Kraft und Entschiedenheit vor die Augen der Jünger gestellt. Alle Vollkommenheit setzt freilich die Gnade des Begabtseins, dies freie Geschenk der Musen, voraus. Aber errungen wird sie nur durch ein Leben der Zucht und der Arbeit. Hierin ist uns die Persönlichkeit Casals ein Vorbild.

Fragt man nach den Zusammenhängen zwischen der Eigenart eines Künstlers und seiner Zeit, so ist es klar, daß sie bei Casals in einer besonderen Form und besonders deutlich gegeben sind. Es gehört zum höchsten Vorrecht einer späten Epoche, einen Künstler von seiner Art hervorzubringen, es macht mit ihr herrlichstes Glück aus, in einem Phänomen, wie er es ist, sich selbst spiegeln zu dürfen. Erst jetzt, am Ende eines geschichtlichen Zeitabschnittes, der uns Augen und Ohren für den ganzen ungeheuren Reichtum von Jahrhunderten abendländischer Musik geöffnet hat, erst jetzt, auf diesem Grade der Bewußtwerdung, ist solche Reproduktion möglich geworden. Es ist immer ein später Zustand in der Kunst, dem dieses Wissen um alles Menschliche, die Kraft der Einfühlung, diese Sicherheit der Erkenntnis geschenkt wird. In unschöpferischen Augenblicken erreicht die Fähigkeit der Analyse ihre höchste Steigerung. Und mit der Kulturanalyse mancher Gedanken Nietzsches und Spenglers ist Casals' Kunst nahe verwandt. Nahe verwandt aber auch mit der reinen Aktion, dem absoluten Handeln als Willenskundgebung. In dem Augenblick, wo Casals in höchster Gesammeltheit den Bogen ansetzt, herrscht er imperatorenhaft im Reich der Musik. Und in seinem Kopf, diesem reichen, einfachen und schönen Kopf eines Musikers, der ein Mann ist, drückt sich zusammengefaßt all das aus. Eine ungewöhnliche Kraft geht von ihm aus, ein Antrieb, eine moralische Aufforderung an alle Jünger der Musik.

Die späte europäische Bewußtseinslage nimmt in Casals eine deutlich national bestimmte Form an. Weil er Spanier, näherhin Katalane ist, ist er zugleich der beste Europäer. Aus dem gemeinsamen römischen Erbe nimmt er die Fähigkeit zur Erkenntnis und Darstellung der reinen Form. Romanisch an seinem Spiel ist der Adel sinnhafter Schönheit, der untadelig vollkommene Klangleib seines Tones, romanisch die Harmonie, die scheinbare Einfachheit und die letzte Ausgewogenheit jeder instrumentalen Darstellung. Man hat das Kommentatorische als das Stigma unserer Epoche gekennzeichnet. Auch Casals ist ein Kommentator. Aber die mehr negative Wertung solcher kommentierenden Fähigkeit wandelt er um in ein stolzes Plus, aus dem »Nur« wird ein »jetzt erst und nie wieder!« Das ist freilich ein Geheimnis bei Casals, nicht mehr deutbar durch Herkunft und Bildung, seine schier unheimliche Einfühlung ins Eigentümlichstes aller europäischen Musik. Das macht seine besondere Größe aus, diese Fähigkeit, omnia omnibus zu geben. Wir können es vielleicht das Katholische an Casals nennen. Obwohl er ganz allein steht, in einer großen Entfernung, in einer großen Einsamkeit, unter den reproduktiven Musikern allein wie ein Himalaja unter den Gebirgen der Erde, ist er doch zugleich allen nahe, ganz menschlich, ganz zugänglich. Alle beschenkt er; und jeder einzelne empfängt nach seinem Vermögen.

Die Deutung der einzelnen Werke durch Casals gibt immer eine vollkommen entsprechende Wertantwort. Sie dringt in die geheimsten Winkel des Werkes und damit ins Innerste der Seele, die es geschaffen. Sein Spiel legt aber nicht bloß die Seelenzustände von Musikern, sondern auch von Ländern, Völkern und Provinzen unserer Kunst dar. Dies ist nur möglich dort, wo die Bewußtheit wie bei Casals eine letzte Verbindung mit dem Naiven, dem Spontanen eingeht. Das macht seine Darstellung zur wahren »reproduction« im lateinischen Wortsinn, zur Wiederhervorführung, zur Wiedergabe. Sie wird zur Enthüllung, zu einer Art geheimnisvoller Selbstenthüllung des Werkes. Das Individuum Casals scheint ganz zurückzutreten, nur mehr vermittelnd als ein Medium von gänzlicher Transparenz tätig zu sein. Mit dem Ergebnis, daß es uns wie Schuppen von den Augen fällt. Wir sehen, wo wir vorher blind waren.

Enthüllung wird Casals' Spiel bei Beethovens Cello-Sonate in D-dur, Enthüllung dieser innigen und tragischen Phantastik einer einsam schweifenden großen Seele. Enthüllung bei dem Konzert Haydns, wo der Genius Haydn, seine heitere und strenge Größe, seine Anmut und seine Tiefe klare, beglückende Gestalt annehmen. Erschreckend fast die Enthüllung in Brahms' e-moll-Sonate, wo uns die »Melancholie des Unvermögens« mit so ergreifender Offenheit anblickt. Enthüllung aber vor allem bei Bach. In der Beschränkung auf das Repertoire des Violincellos freilich viel zu eingeengt, findet Casals erst bei Bach Gelegenheit, alle seine Möglichkeiten ganz auswirken zu lassen. Die Bachschen Solosuiten haben gleichsam auf Casals gewartet, um ihren ganzen Wert zu offenbaren, ihre volle Wirksamkeit zu entfalten. In unbeschreiblich großartiger und einfacher Form nimmt in Casals' Bach-Spiel der Geist des 18. Jahrhunderts tönende Gestalt an, enthüllt sich uns die Quintessenz abendländischer Musik.

Wir wissen aus der Musikgeschichte von keinem wahrhaft großen Cellisten. Casals ist der erste Cellist, der so groß ist, daß er alle andern ausübenden Musiker weit hinter sich läßt. Erinnern wir uns hier, daß das Spiel der Urform des Violoncellos, der Viola da gamba, der Vihuela in Spanien einen ersten Höhepunkt der Entwicklung erreicht hat. Casals nun führt aus den Vorhöfen ins Heiligtum der Musik. Sein Spiel hat mit Startum, mit den Verblüffungen des Virtuosentums nichts gemeinsam. Freilich setzt es in seiner geistigen Strenge die letzten Stufen der technischen Virtuosität als selbstverständlich voraus. Diese Virtuosität von Casals wird auch als rein technische Erscheinung erst in unserer Zeit möglich, nachdem jahrhundertelang sich das Streichinstrumentenspiel bis zur höchsten Vervollkommnung geläutert hatte. Paganini ist die Voraussetzung für Casals. Paganinis Erscheinung bekommt ihren Sinn, eben den Sinn der Bereitstellung aller technischen Mittel, erst durch Casals. Die Leere bloßer Virtuosität als Selbstzweck, die geistlose Sensualität halsbrecherischer Kunststücke wird durch Casals gerichtet. Man könnte uns entgegenhalten: Aber die kleinen Stücke, die Casals spielt, diese Leckereien des Nachtischs, die er uns serviert, sind sie nicht, wenn auch noch so verfeinerte Sinnlichkeit? Wir müssen sie nur richtig verstehen. Dadurch, daß Casals sie spielt, werden sie in ihrer Existenz gerechtfertigt; Casals schenkt mit ihnen all den Tausenden, die ihn in die Einsamkeit der großen

Kunst nicht begleiten können, runde, kleine, ganz durchseelte Formen, gleichsam Abbilder ihres eigenen Seins. Aus der eisigen Größe der Gletscher und der Felsen steigt er herunter in die Wiesen und Gärtchen, in den geputzten Sonntag der einfachen Leute. Alles, was er berührt, wird ihm zu Gold. Die Nähe des Humanen adelt seine reine Kantabilität. Im Klangzauber, in der schwellenden Schönheit seines Tones, namentlich bei den kleinen spanischen Stücken, wird die Musik des Südens lebendig. Nirgendwo wirkt Casals dabei dekadent, niemals verliert er sich in die Niederungen bloßer Unterhaltung, genießerischen Schwelgertums.

Der Musiker Casals ist Realität. Er stellt dar, was ist, nicht, was sein soll. Begnadete Intuition vereinigt sich mit klarer Bewußtheit. Auch die höchste Abstraktion nimmt ganz konkrete Form an, die reine Objektivität erscheint im Schmuck der subjektiven, persönlichsten Vollendung. Das gibt seinem Bach-Spiel das Gepräge einziger Richtigkeit. Es ist so vollkommen, daß selbst genaueste Erinnerung daran eine angemessene Rekonstruktion nicht zu vollziehen vermag, versagt ja die Fähigkeit des Wortes bei der Darstellung musikalischer Eindrücke durchaus. Nur ein Traumbild von einer reinen, prästabilierten Harmonie bleibt als Abglanz und Sehnsucht im Herzen.

Es gibt eine Esoterik des Letzten und Höchsten, die sich in gewisse geheiligte Werke unserer großen Künstler zurückgezogen hat. Dorthin zu folgen, ist nur wenigen gestattet. »Pulchrum est paucorum hominum«. Der Satz gilt für Bachs verborgenste Werke, für die Kunst der Fuge und für die Solosonaten und Suiten für Geige und Cello. Werden dort die Möglichkeiten der Vielstimmigkeit erschöpfend ausgebreitet, so hier die der Einstimmigkeit. »Einsame Kunst« hat man diese Werke für ein Streichinstrument allein genannt. Ein Gegenstück dazu findet sich nur im Gregorianischen Choral, der freilich den Einzelnen aus der Zuspitzung seines Ichs erlöst und hereinführt in die große Gemeinschaft. Casals nun spielt die Bachsche Linienkunst ganz einfach. Die Gesetzlosigkeit der Formen ersteht voll klarer Größe, in gelöster Schönheit strömt der Gesang. »Ich mache einfach Musik«, sagt er. Und: »Es kommt darauf an, die richtigen Akzente zu geben«. Zunächst ist er architektonisch tätig, er baut in aller Selbstverständlichkeit das formale Gerüst. Dann, mit einer ihm allein eigenen, von dem bloßen affektbetonten Drauflosgehen anderer Musiker weit unterschiedenen Zielstrebigkeit, mit einer wunderbaren Frische, mit treibender Kraft und drängender Geladenheit arbeitet er die Spannungselemente, die energetischen Reihungen heraus. Seine Kunst der Bach-Phrasierung ist deshalb so klar, weil sie auch das Verwickeltste ganz selbstverständlich aussagt. Unmittelbar erfassen wir die Genialität Casals' in der Art, mit der er die Wiederholungen ausspielt. Am deutlichsten erkennt man hier, wie Form bei ihm Zustand und Entwicklung zugleich ist. In der Wiederholung ersteht noch lebendiger, noch mitfortreißender als das erste Mal das Werk vor uns; Verstand und Herz sind vollkommen zufriedengestellt. Man kann sich kein größeres musikalisches Glücksgefühl vorstellen. Die Sarabande, jene Form, die auch Bach mit besonderer, runder Schönheit der Linie ausstattet, wird bei Casals zum reinsten Gesang. Sein Ton bekommt einen neuen Klang; ganz frei von allen Beimischungen des Ich-Gefühls erklingt die sich selbst genugtuende Fülle dieser strömenden Schönheit. Wir empfinden dabei etwas Ähnliches wie vor einer griechischen Plastik. Alle Hüllen fallen, der Schleier löst sich, und die nackte Wahrheit steht in strahlendem Glanz vor uns.

Nie haben wir Bach so gehört. Nicht von Busoni, nicht von Joachim, nicht von Busch, nicht von Straube, nicht von Schweitzer. In der Gestalt des Musikers Casals, der uns Bach spielt, erfassen wir die Einheit und die Folge der abendländischen Kunst. Er, Katalane von Geburt, Weltbürger durch Wahl, enthüllt uns die fortwirkende Kraft unserer großen Musik. Er schenkt sie uns wieder, ganz rein, ganz ohne Zutaten, ganz so, wie sie ist. Wer Casals nie gehört hat, weiß nicht, wessen der Mensch fähig ist, fähig mit einem Instrument aus Holz, das mit Därmen bespannt und von Pferdehaaren gestrichen wird. Ist das nicht Zauber? Zauber eines Orpheus in unserem ach so entgötterten Jahrhundert? Verneigen wir uns in verehrender Liebe vor dem großen Pablo Casals.

(1931)

Willi Schmid (1893–1935) war ein hochgeschätzter Musikschriftsteller in der Zeit vor dem 2. Weltkrieg, er kam in der dämonischen Zeit auf tragische Weise unschuldig und durch Gewalt ums Leben, es vermag wenig zu trösten, daß durch Namensverwechslung für ihn ein anderer überlebte: Der Arzt Dr. Johannes Ludwig Schmitt, von dem wir ebenfalls einen Beitrag abdrucken. Willi Schmid war auch ein Dichter:

Mit einem Bild seiner Kinder

(auf einer Postkarte)

Nachsommerklarheit in der Luft,
den frühen Abend krönen Sterne,
am kühlen Fluß gehn wir so gerne
und atmen letzten Honigduft.

Die Kinder springen froh im Heut geborgen.
Laut tönt die Lust und scheucht die Klage,
und selbst das unruhvolle Morgen
dünkt fern uns noch wie eine Sage.

*

Casals ist ein wahrhaft feinfühliger, tiefer Künstler; grundmusikalisch im weitesten Sinne des Wortes. Er vernachlässigt auch nicht die geringste Einzelheit, alles bringt er mit richtigem Unterscheidungsvermögen, Ausdruck und Können zur Geltung… Seine Haltung ist das Spiegelbild seines Geistes, und der ist wach, klar und angeregt bis in die Tiefe der Seele… Casals ist der bedeutendste Interpret, den ich je gehört habe.

(Eugène Ysaye)

Derjenige, der Casals nie gehört hat, weiß nicht, wie ein Streichinstrument klingen kann. Diese Vereinigung von Geistigkeit und körperlicher Schönheit ist einzigartig.

(Wilhelm Furtwängler)

Er ist nicht nur der größte musikalische Interpret seiner eigenen Generation. Er war überdies auch das vollkommenste geistige Beispiel, ausgezeichnet durch den unbeugsamen Adel eines menschlichen Charakters, der keine Schwäche oder Zweideutigkeit kennt, und durch den wunderbaren Vorzug seiner hellseherischen Gaben, die ihn von Jugend an – zum mit unbeschreiblichem Respekt geprägten Erstaunen seiner musikalischen Zeitgenossen – in die tiefsten Geheimnisse seiner Kunst eindringen und ihn mit unvergleichlicher Feinfühligkeit und Sprachgewalt die höchsten geistigen Kundgebungen der Meister wiedergeben ließen.

(Alfred Cortot)

Paul Klee

Pablo Casals

Im fünften Symphoniekonzert spielte Casals, einer der wunderbarsten Musiker, die es je gab! Sein Celloton ist von der rührendsten Wehmut. Grenzenlos seine Gestaltung. Bald nach außen, aber aus der Tiefe, bald nach innen, in die Tiefe. Beim Spiel schließt er die Augen, doch der Mund grollt leicht in diesen Frieden hinein.

Unseren Vereinsdirigenten hat er in der Probe schwer gezaust. Casals kam etwa eine halbe Stunde zu spät daher. Der Vereinsdirigent empfing ihn mit entgegengehaltener Uhr. Den Spanier, der eidgenössisch nicht versteht, verdroß das. Dachte sich sichtlich, wollen sehen, was du kannst. Das Tutti zum Haydnkonzert beginnt. (N. B. Hauptprobe vor zahlenden Hörern.) Unseres Vereinsdirigenten Sache waren nie die Tempobestimmungen, und er vergriff sich natürlich total. Casals versuchte, es ihm beizubringen. Natürlich umsonst. Nun setzte er mit dem Solo ein, und es klang, als ob der Himmel sich öffnete. Aber da er nicht Halir war mit Luftpausen, verlangte er ein Ganzes. Nun bekam der Dirigent auch noch Angst und konnte nach der Solokadenz trotz mehrmaligen Übens den Einsatz nicht richtig geben. Daß er's nicht fühlte, war dem Spanier längst klar, nun aber stieg ihm der Verdacht auf, daß es ihm zudem noch an der Notenkenntnis fehlen könnte. Er nannte ihm laut mit Namen jede Note vor dem Tuttieinsatz. Das erklang so scharf als möglich, wie in der Elementarschule.

Nun waren die Hörer gespannt, wie es dem Pianisten Brun bei der Sonate von Boccherini ergehen würde. Aber der Spanier war mit den Worten »ah c'est terrible de jouer avec cet orchestre!« abgegangen und wollte keinen Ton mehr spielen. Fritz Brun war sehr froh und probierte dann später mit ihm zu Hause, wo Casals sehr zufrieden sich äußerte.

Am Abend saß Casals grollend vor dem introduzierenden Orchester. Der Vereinsdirigent sah sich stumm bittend nach seiner Meinung über das Tempo um. Der Spanier hielt es grade noch einen Takt aus, dann griff er mit den Bässen ein und schaffte mit ein paar Bogen-Rippenstößen Ordnung.

Wir hatten die g-Moll von Mozart, eine Ouvertüre (Vestalin) von

Spontini und die kleine Cosi-fan-tutte-Ouvertüre, jenes wunderbarste unter den Wunderwerken, zu spielen.

Außer Boccherini spielte Casals noch eine Sarabande von Bach allein.

(Aus den Tagebüchern, 1905)

Die Kunst des Violoncellospiels

Ein Interview mit Pablo Casals

Es war ein denkwürdiger Anlaß. Wir hatten Casals schon einige Male zuvor aufgesucht, aber an diesem herrlichen Tag auf dem Marlboro Festival in Vermont waren wir in Begleitung eines kenntnisreichen und engen Freundes, des Musikkritikers Alan Branigan von der *Newark (New Jersey) News*. Alan hielt später dieses unter einem guten Stern stehende Ereignis schriftlich fest:

»Die Szene war ein großer, mit knorriger Fichte getäfelter Saal in einem Waldstück. Auf dem provisorischen Podium saß ein Orchester, das aus einigen der weltbesten Musiker bestand. Die Aufmerksamkeit konzentrierte sich auf den Dirigenten, einen leicht gebeugten Mann, der, über die Partitur geneigt, nur selten den Takt schlug. Wenn nötig, richtete er sich in einem gewaltigen Ausbruch von gebieterischem Musikantentum auf. Die Musik, die dann erklang, war klangvoll, beredt und sehr bewegend. Der kleine Mann auf dem Podium war einer der ganz Großen in der Musikwelt der Gegenwart, der katalanische Cellist und Dirigent Pablo Casals.«

Hier dabeizusein, an dieser eindrucksvollen Begebenheit teilzuhaben, war das Miterleben einer wahrlich dynamischen Lektion in Musik. Casals' Auffassung, weniger der Einzelheiten, als seine Einbindung dieser Einzelheiten in die große Idee, war etwas Außerordentliches.

Später sprachen wir mit ihm über Grundsätzliches bei der Interpretation. »Man muß empfindsam sein gegenüber der relativen Bedeutung einer Note, wie etwa der zweiten Note des Takts, der vierten oder der letzten Note. Man muß Crescendi und Diminuendi aufs Gründlichste studieren, ja sogar die kleinen Abschnitte der Crescendi und Diminuendi innerhalb des Takts.«

»Wissen Sie«, meinte er mit Ausdruck, »ein ›doppeltes‹ Piano muß ebenso schön und bewegend sein wie ein ›doppeltes‹ Forte. Was wir brauchen, ist Klarheit der Diktion. Ich mag Präzision und Sauberkeit einer Aufführung. Ich mag die Freiheit, gewisse Noten ein wenig länger auszuhalten als andere, auch wenn sie in der gleichen Länge auf dem Papier stehen. Natürlich«, und Casals sah uns beeindruckend an, »muß diese Freiheit innerhalb der großen Ordnung sein.«

»Was die Dynamik anbelangt, eine Passage im Forte bedeutet nicht, daß alle Noten forte zu spielen sind. Eine achttaktige Phrase im Forte kann kleine Diminuendi und Crescendi enthalten. Wichtig ist«, sagte er mit Nachdruck, »die Note mit der magischen Kraft zu finden. Die Note der Noten, die dieser magnetischen Note vorangehen, müssen gespielt werden, als ob sie in die magnetische Note hineinführen. Man sollte ihnen aber keine besondere Betonung zugestehen.«

»Die Noten, die auf die magnetische Note folgen, müssen so gespielt werden, daß der Hörer spürt, daß man eine Note mit magnetischer Kraft hinter sich läßt«, fügte Casals hinzu.

»Ein Diminuendo«, fuhr er fort, »muß sorgfältig analysiert und unterteilt werden, selbst wenn das Diminuendo auf einer einzigen Note stattfindet. Wenn eine Note der Noten zu einem Punkt führen, wo eine Crescendo beginnt, muß man sehr vorsichtig herausfinden, wie man dieses Diminuendo auf logische Weise unterteilt.«

»Und lange Noten, die keine besondere Bezeichnung haben?«

»Alle langen Noten«, meinte er eindringlich, »sollten interessant gespielt werden. Sie sollten ein kleines Crescendo oder Diminuendo haben und diese müssen gespielt werden, als ob sie eine Note ansteuerten oder sich von einer bestimmten Note entfernten. Und auch hier«, riet er, »unterteile man die lange Note, damit Sie sich beim An- und Abschwellen dieser Note leiten lassen können. Sogar das Vibrato muß eine Hilfe sein beim Crescendieren, um mehr Intensität zu erzeugen. Beim Diminuendo weniger Intensität.«

Casals ist unerbittlich, wenn es um Intonation geht. Er hat seine Schüler Passagen wiederholen lassen bis zur absoluten Genauigkeit der Intonation. Einem Schüler, der eine Sonate mit Klavier spielt, empfiehlt er: »Scheuen Sie sich nicht, mit dem Klavier in verschiedener Stimmung zu sein. Es ist das Klavier, das verstimmt ist. Das Klavier mit seiner temperierten Skala ist ein Kompromiß in der Intonation.«

Sein Gefühl für Rhythmus ist äußerst aufregend. »Die rhythmische Passage«, insistiert er, »muß immer Vitalität besitzen.«

Er hegt eine Abneigung gegen leicht verkürzte Noten. Seine herausragendste Eigenschaft als Lehrer ist wohl seine Fähigkeit, den Schüler restlos für die Botschaft einer Phrase oder einer Komposition als Ganzes zu motivieren. »Portamenti müssen vom Herzen kommen! Sie sind nicht Sache der Finger!« Er verwies uns auf das Portamento zu Beginn des zwölften Takts im Andante von Bachs Gambensonate D-Dur.

Als Interpret ist Casals atemberaubend und unübertrefflich. Theodore

Strongin von *The New York Times* schrieb über seine Wiedergabe der Suiten von Bach: »*Casals hat sein eigenes, vollblütiges, vollkommenes Universum geschaffen, und seine Liebe zu Bach bricht durch wie die Sonne. Alle vier Suiten sind saftige, lebendige, robuste, energiegeladene und farbenprächtige Darbietungen.*«

Casals wiederholt: »Mannigfaltigkeit ist Gesetz der Natur. Nichts in der Natur wird auf genau gleiche Weise wiederholt. Nichts. So ist es auch mit der Musik.«

»Außerdem sollte ich noch sagen, ›Forte‹ bedeutet dynamische Veränderungen innerhalb eines Fortes oder im Bereich des Ausdrucks und der Tongebung, wie sie einem Forte entspricht. Dasselbe läßt sich von einem Piano oder einem Fortissimo und Pianissimo sagen.«

»*Welche allgemeine Regel gilt für absteigende oder aufsteigende Noten?*«

»Ich möchte es so ausdrücken«, erwiderte Casals. »Wenn wir eine Gruppe von absteigenden Noten haben, dann haben wir ein Diminuendo. Das trifft nicht immer zu, aber fast immer. Allerdings gibt es da etwas, wovon wir loskommen müssen«, und Casals sah uns voll an, »das ist, Bezeichnungen im Notentext wörtlich zu befolgen. Was in den Noten *nicht* steht, o ja, das ist von größter Wichtigkeit!«

Als Lehrer verlangt er ›Regenbögen‹ von einem Schüler, der das Menuett Nr. II aus der G-Dur-Suite von Bach spielte. »Ich möchte Regenbögen!« forderte er und gestikulierte beredt mit seinen Händen, um Regenbögen verschiedenster Größe anzudeuten. Seine Gestik entsprach kurzen, auf- und absteigenden Phrasen. »So viel Musik entspricht dem. Wenn wir so denken, haben wir für uns selbst bereits eine Richtschnur geschaffen.«

Und wieder sprach er von seinem bevorzugten Grundsatz: »Zwei Noten sollten niemals in der gleichen Weise gespielt werden.« Als Beispiel zitierte er hier den zweiten Takt aus Beethovens Sonate op. 102, Nr. 1. »Die zweite Note sollte ein wenig stärker als die erste gespielt werden.«

»*Und was denken Sie über lange ausgehaltene Noten?*«

»Man muß immer irgendetwas tun. Ich habe eine sehr entschiedene Meinung über Noten, die ausgehalten werden. Wenn eine lange Note auf ein Forte folgt, oder in einem Forte ist, müssen wir ein Diminuendo machen. Wenn eine lange Note auf ein Piano folgt oder in einem Piano ist, versuche man ein Crescendo.«

Als wir über Vibrato sprachen, erfuhren wir von Casals. »Vor allem sollte es eine Menge Vielfalt geben, und es gibt Momente, in denen wir überhaupt kein Vibrato anwenden sollten. Das ist der Fall bei zarten Passagen des Adagios in Beethovens Opus 102, Nr. 1. Das setzt sehr subtiles Können voraus. In Forte-Passagen ist es vorteilhaft, reichlich Vibrato zu verwenden. Im Diminuendo zu einem Piano wäre es sehr wirkungsvoll, überhaupt kein Vibrato zu spielen.«

Über Tempo: »Man muß die Kunst erlernen, nicht im Tempo zu spielen. Ich könnte das so sagen: Wir müssen den Vorgang erlernen, die Noten nicht genau so zu spielen, wie sie geschrieben sind.«

Pablo Casals hat sich in Puerto Rico, in Santurce, niedergelassen. Vor kurzem meinte er nachdenklich: »Ich habe einmal gedacht, achtzig sei ein sehr hohes Alter. Jetzt bin ich neunzig. Jetzt denke ich nicht mehr so. So lange man bewundern und lieben kann, ist man jung. Es gibt so viel zu bewundern und zu lieben! Schauen Sie den Himmel, die Bäume, die Blumen an!«

»Die Natur ist es, die mich inspiriert hat. Sie ist meine Lehrerin und die Quelle meines Meditierens. Die Natur hat mir geholfen, nicht die Philosophien.«

»In Bach sehe ich Gott. Jeden Morgen meines Lebens, erst Natur, dann Bach. Ich behandle Musik als etwas Göttliches, so wie ich auch jedes menschliche Wesen behandle. Keine zwei Sandkörner sind gleich, und keine zwei Menschen sind gleich. Das ist Gottes Wunder.«

Pablo Casals wurde am 29. Dezember 1876 in der Nähe von Barcelona geboren. Seine musikalischen Erfolge, seine unbeugsame moralische Stärke bei harten Schicksalsschlägen, sein freiwilliges, schmerzliches Exil von seinem geliebten Vaterland, seine die Welt bewegenden Musikfestivals, die mehr sind als nur Aufführungen, erzählen die Geschichte unserer aufgewühlten Zeit. Casals ›Werdegang‹ veranlaßt uns zu einer aufrichtigen Verbeugung vor einem überragenden Menschen.

Wir sprachen mit Casals über das Trio op. 38 von Brahms. »Wie monoton wäre es«, meinte er, »wenn alle diese acht Noten gleich lang gespielt würden. So müssen wir hier Abwechslung bringen, nicht allein durch die Dynamik, sondern auch durch die Zeitdauer, die wir den Noten, die von gleicher Länge sind, geben. Noten, die wichtiger als andere sind, müssen etwas länger ausgehalten werden, aber die Zuhörer müssen sich noch der Tatsache bewußt sein, daß Achtelnoten gespielt werden. Wenn wir uns Freiheiten erlauben, muß auch große Ordnung da sein!«

Die Kadenz im Boccherini-Konzert betreffend wiederholte er: »Da muß Freiheit mit Ordnung sein. Wo es Phantasie gibt, muß es Logik und Ordnung geben.«

Während wir den Darbietungen einer Meisterklasse beiwohnen, ist Casals' Genauigkeit hinsichtlich Intonation nicht zu überhören. »Intonation ist eine Lebensaufgabe. In der ersten Lage ist die Streckung der Hand unnatürlich, und wir müssen uns daher besonders anstrengen tonrein zu spielen. Oftmals wird der zweite Finger in der ersten Lage zu hoch sein. Triller sind besonders empfindlich. Der höhere Finger muß sicher sein hoch genug zu reichen, sonst wird der Triller unsauber sein.«

Auch zum Thema Fingersatz hat uns Casals eine Menge präziser Ideen zu bieten. »Als generelle Regel vermeide ich gern Sprünge. Ich ziehe Streckungen vor. Man ist so besser in der Lage, den Abstand zwischen Tönen abzumessen und springt nur, wenn man muß. Für die Festigkeit ziehe ich es vor, wenn möglich den dritten anstelle des vierten Fingers zu benützen. Ich finde ihn stärker und bin sicher, den Ton sauber anzuspielen.«

»*Geiger werden das sicher verstehen*«, pflichteten wir ihm bei.

»Es gibt mir ein gutes Gefühl, daß ich das, was ich mit dem dritten Finger tun kann, mir nicht erlauben würde, mit dem vierten zu tun. Um sicher zu gehen, daß ich perfekte Quinten bekomme, stimme ich die G-Saite oft um eine Nuance höher, damit sich eine perfekte Quinte mit der D-Saite ergibt.«

Auf Triller zurückkommend, lehnt er »Triller« ab, die für einen langsamen Satz zu schnell sind. Ich möchte sie nie mit voller Geschwindigkeit beginnen. Wenn wir einen Triller auf einer langen Note haben, dann spielen wir zuerst die Note, oder wir könnten auch sagen, erst kommt die Vorstellung der Note, dann der Triller, und dann die Fortführung des Klangs mit einem Crescendo oder einem Diminuendo. Oftmals wird ein Triller zwei Akzente haben, der eine, wenn er anfängt und der andere am Schluß, wenn er zur Note überleitet. Wenn eine Note mit einer höheren als Ornament beginnt, dann ist es diese höhere Note, die den Akzent hat.«

»*Gilt das gleiche Prinzip auch dann, wenn einer Note die gleiche vorausgeht wie die mit der der Triller beginnt?*«

»In diesem Fall beginne man den Triller nicht mit der höheren Note. Ein Beispiel hierfür wäre der 20. Takt des Adagios von Bachs Gambensonate in D-Dur.«

»*Was würden Sie zur Ausführung von Akzenten empfehlen, die sich nicht auf Triller beziehen?*«

Casals erwiderte: »Das erfordert viel Sachkenntnis und Überlegung. Einen ganz wichtigen Punkt möchte ich erwähnen, nämlich daß der Akzent auf dem Anfang der Note sein muß und ein Diminuendo zu folgen hat. Beginnen Sie nicht mit der Note und erzeugen Sie erst den Akzent.

Das Diminuendo, das auf den Akzent folgt, muß sorgfältig eingeplant sein. Wenn es ein ziemlich langes Diminuendo sein wird, dann lassen Sie ihm genügend Zeit. Zum Thema Diminuendo möchte ich noch hinzufügen, daß häufig ein Diminuendo ein Ritardando ersetzen sollte. In vielen Fällen ist es vorzuziehen, nicht ein Diminuendo plus Ritardando zu haben.«

»*Könnten wir über die Bogenführung generell sprechen?*« fragten wir ihn.

»Als hauptsächliche Regel meine ich, daß junge Musiker vermeiden sollten, sich von vorgezeichneten Bogenstrichen versklaven zu lassen. Es ist besser, den Bogen häufig zu wechseln, um eine Tonqualität und einen Klang zu erzeugen, der einem im Geiste vorschwebt.«

»*Doch wie ist es bei langen Noten?*«

»Auf jeden Fall machen Sie einen Bogenwechsel in der Mitte einer langen Note. Um eine gute Bogentechnik zu entwickeln, sollten wir lernen, gleichmäßig lange Noten auf allen dynamischen Ebenen auszuhalten. Bei einer öffentlichen Aufführung«, so versicherte er uns, »sollten Sie sich die Freiheit nehmen, den Bogen bei langen Noten zu wechseln.«

»In der Vergangenheit meinten die Musiker, sie sollten stets den ganzen Bogen verwenden. Ich bin anderer Ansicht. Wir brauchen nur so viel Bogen zu verwenden, wie wir benötigen und nur mit dem Teil des Bogens, mit dem wir spielen wollen. Und was Akkorde betrifft, so bin ich nicht immer glücklich mit der Tradition, Akkorde auf zwei Saiten gleichzeitig zu spielen. Das ist nicht immer die musikalischste Weise, Akkorde zu spielen. Oft bin ich dagegen, den ganzen Bogen beim Spielen von Akkorden zu benützen. Ich konzentriere mich gern auf die Baßnote, um sicher zu sein, daß sie voll klingt, und es schadet durchaus nicht, dann mit der höchsten Note aufzuhören und sie auszuhalten.«

(Aus dem Englischen übersetzt von Ken W. Bartlett)

Dieses Interview ist einer sehr interessanten zehnbändigen Buchreihe entnommen – »The Way They Play« – in der alle bedeutenden Streicherinstrumentalisten unserer Zeit in ausführlichen Interviews vorgestellt werden. Der Interviewer, Samuel Applebaum, der ein erfahrener Musiker und Geiger ist, hat die Interviews so sachkundig und geschickt geführt, daß der Leser in diesen Bänden bedeutende Einblicke in Technik und Kunst von mehr als 300 Instrumentalisten gewinnen kann.

David Blum

Casals' »expressive Intonation«

»Intonation«, sagt Casals einem Schüler, »ist eine Frage des Gewissens. Sie hören, wenn ein Ton falsch ist in gleicher Weise wie Sie fühlen, wenn sie im Leben etwas Unrechtes tun. Wir dürfen Unrecht nicht fortsetzen.« Sein Anliegen, daß »jeder Ton wie ein Glied einer Kette ist – wichtig für sich selbst und auch als Verbindung zwischen dem was gewesen ist und dem was sein wird«, galt sowohl für die Intonation als auch für andere Aspekte der Interpretation. Die Töne einer Komposition bestehen nicht für sich allein; die Bewegung harmonischer Fortschreitungen, melodischer Umrißlinien und ausdrucksmäßiger Färbungen geben jedem Intervall einen besonderen Sinn von Herkunft und/oder Richtung. Infolgedessen legte Casals besonderen Wert darauf, daß die gleichschwebende Temperatur mit ihren festen und gleich weit entfernten Abständen – wie man sie auf dem Klavier findet – ein Kompromiß ist, mit dem sich der Streicher nicht abfinden darf.[1] Rein spielen heißt daher nicht, sich an Intervalle zu halten, die auf vorgeordneten mathematischen Formeln beruhen. Es ist ein dynamischer Prozeß, der die organische Beziehung zwischen Tönen in einem musikalischen Zusammenhang ausdrückt, was Casals »expressive Intonation« nannte. Die endgültige Beurteilung kommt dem immerfort aufmerksamen Ohr des Musikers zu.

Weil sie eine natürliche und instinktive Reaktion auf Musik ist, wird expressive Intonation bis zu einem gewissen Grade von vielen Musikern spontan angewendet. Jedoch wenige wenden sie mit dem umfassenden Bewußtsein an, das Casals' Methode kennzeichnete. Wenn neue Schüler zu Casals kamen – die meisten von ihnen fortgeschritten, manche schon im Beruf stehend – mußten sie oft gewisse bequeme Illusionen aufgeben, wenn sein scharfes Gehör ihre gewohnte Intonation in Frage stellte. Es geschah selten genug, daß Casals, strahlend vor Vergnügen, verkünden konnte, »Sie spielen rein«. Aus diesem Grunde sollte sich eine ins Einzelne gehende Erklärung als nützlich erweisen.

Die Hauptforderung gegenüber dem Streicher, dessen Fingergefühl ab-

---

[1] Diese Bemerkungen gelten auch für Holzbläser und nicht zuletzt für Sänger.

gestumpft wurde durch die mechanische, vom Klavier erzeugte Tonhöhe, ist die richtige Stelle der Halbtöne festzulegen. Hier müssen wir zwischen diatonischen und chromatischen Halbtönen unterscheiden, deren erstere als unveränderlich charakterisiert sind durch eine Art von Zusammenhang, die Casals der Anziehung der Gravitation verglich.[1]

Er betrachtete die Tonika, Subdominante und Dominante einer gegebenen Tonart (die 1., 4. und 5. Stufe einer Tonleiter) als Ruhepunkt, auf die hin andere Töne bezogen werden. So ist das Prinzip der Gravitation in jedem der zwei Tetrachorde, aus denen eine Tonleiter zusammengesetzt ist, wirksam. Der diatonische Halbton in jedem Tetrachord hat eine natürliche Tendenz zu steigen: die 3. Stufe gegen die 4. und, besonders die 7. Stufe – der Leitton – gegen die Oktave. Der Leitton muß genügend erhöht werden, um uns das Gefühl der Unvermeidlichkeit seiner Auflösung in die Tonika zu geben.

Intonieren wir die Halbtöne höher, werden die dazwischenliegenden Töne davon betroffen, und wir müssen diese entsprechend anpassen. So werden die 2. und 6. Stufe etwas höher gespielt. In der D-Dur-Tonleiter z. B. wird das *e* und *fis*, vom *g* angezogen, das *h* und *cis* vom *d*.

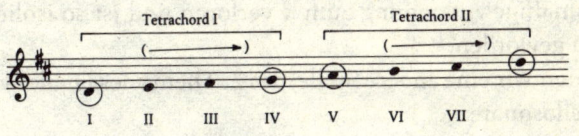

Beispiel 164

In Moll-Tonleitern sind diese Anziehungspunkte etwas verändert, doch immer in Übereinstimmung mit dem gleichen Prinzip, einen Ton in Beziehung zu seine Nachbartönen zu setzen.

In der Ausführung ist diese »Gravitationskraft« alles andere als akademisch, sie ist ein lebendiger Teil der musikalischen Mitteilung. Man nehme z. B. das Anfangsthema von Mozarts Symphonie Nr. 40.

[1] Ich definiere diese Halbtöne wie folgt: wenn zwei Töne, die einen Halbton bilden, auf verschiedenen Stufen des Liniensystems geschrieben werden (z. B. *cis-d*) ist dieses Intervall diatonisch. Wenn sie auf derselben Grundstufe geschrieben sind (z. B. *des-d*) ist das Intervall chromatisch.

Beispiel 165

Die erste Note *es*, als die 6. Stufe der g-Moll-Tonleiter, hat eine natürliche Tendenz, im Fallen sich an das *d* anzulehnen. Um sie sauber zu intonieren, sollte der Streicher – absichtlich oder intuitiv – die Tonhöhe des *es* leicht tiefer nehmen, und es so näher an das *d* heranbringen. Das kann sogleich durch das Spiel von Beispiel 165 geprüft werden:

1. auf einem Streichinstrument mit dem *es* leicht tiefer, wie eben beschrieben;
2. auf dem Klavier;
3. wieder auf einem Streichinstrument, sich genau der Intonation des Klaviers anpassend.

Hier wird es offenbar, daß Version III unrein ist wie ein Fernrohr, das nicht ganz auf den richtigen Brennpunkt eingestellt ist. Das *es* hat seine ausdrucksmäßige Anziehung zum *d* verloren und ist so isoliert und unpersönlich geworden.

Betrachten wir eine andere Stelle, das 2. Thema des Finales von Beethovens 3. Cellosonate:

Allegro vivace dolce

Beispiel 166

Hier sind wir in E-Dur. Das *dis* als Leitton wird magnetisch emporgezogen zur Tonika *e* und muß daher ein wenig höher intoniert werden als das *dis* auf dem Klavier.

Wenn wir das *es* in Mozarts Symphonie mit dem *dis* in Beethovens Sonate vergleichen, entdecken wir, daß diese zwei Töne erstaunlich verschieden sind. Casals erklärte, daß unter solchen Bedingungen ein ebenso großer Abstand zwischen *es* und *dis* sein kann, wie z. B. zwischen dem Halbtonschritt *d – es*.

Die Phrase, mit der Mozarts Streichquartett in Es KV 428 beginnt, hat fünf Halbtöne: vier diatonische und einen chromatischen.

Allegro ma non troppo

Beispiel 167

Während die Töne innerhalb eines jeden diatonischen Halbtones eng aufeinander bezogen sind, ist dies bei *b – h*, die einen chromatischen Halbton bilden, nicht der Fall. Das *b* als 5. Stufe von Es-Dur, ist in einer festen Lage, das folgende *h* strebt weg vom *b* zum *c*.

70: Ähnlich im ersten Thema von Schumanns »Adagio und Allegro« op.

Langsam, mit innigem Ausdruck

Beispiel 168

Die engere Verwandschaft besteht nicht zwischen den Tönen des chromatischen Halbtonschrittes *es – e*, sondern zwischen der 2. und 4. Note, welche den diatronischen Halbton *e – f* umfaßt. (Das dazwischenliegende *g* ist ein Vorhalt, welcher die grundsätzliche Anziehung nicht ändert, die das *e* auf das *f* ausübt.)

Diese wenigen Beispiele, ausgelesen aus endlosen Möglichkeiten, zeigen die Basis für diesen Grundsatz, welchen Casals ständig wiederholte: »Im Allgemeinen müssen wir dahin tendieren, die Halbtöne eng zusammenzuhalten.«

Gelegentliche Kompromisse sind wegen der Erfordernisse von Akkordgriffen, oder bei Stellen, an denen eine leere Saite Leitton ist, unvermeidlich. Im letzteren Falle drückte Casals wenn möglich die Saite mit dem ersten Finger nieder und verbesserte dadurch sowohl die Intonation wie auch die Tonqualität.

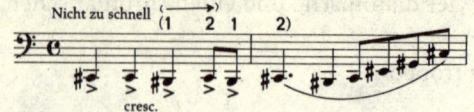

Beispiel 169 Schumann: Cellokonzert, I. Satz

Die genaue Intonation von Halbtönen wird auch durch die Geschwindigkeit beeinflußt, mit der sie ausgeführt werden. Casals riet: »In einem relativ raschen Satz (d.h. wenn die besonderen Halbtonverhältnisse schnell gepielt werden) müssen wir die Enge der Halbtonabtände noch mehr übertreiben.« Er zeigte dies, indem er folgende Stelle spielte:

Beispiel 170

I. Allegro, in welchem Falle *b* und *gis* in einem Ausmaße gegen das *a* gezogen werden, daß die Intervalle sich einem Achtelton annähern.
II. Andante, welches erfordert, daß die Intervalle – wenn sie auch enger sind als die der gleichtemperierten Tonleiter – ein bißchen *weniger eng* sein sollten als im Allegro.

Wenn Casals einen richtig intonierten Halbton vorspielte, pflegte er manchmal auszurufen, »Ist das nicht schön!« Und wirklich war es so. Das Greifen von Intervallen in sinnvoller Beziehung verschafft ein tiefes Wohlgefühl. Die Töne fallen genau auf ihren richtigen Platz und gewinnen so an Kraft. Intellektuelles Bewußtsein, intuitive Wahrnehmung und kritisches Hören spielen alle eine Rolle für den Instrumentalisten in der genauen Bestimmung der Tonhöhe.

Man braucht nicht an Berg oder Bartok zu denken, um Beispiele für Schwierigkeiten reiner Intonation zu finden. Obwohl Bachs Sarabande aus der c-Moll-Suite (siehe Beispiel 171) eine Werk für Solocello ohne Begleitung ist, muß jeder Ton mit dem immer gegenwärtigen harmonischen Hintergrund übereinstimmen. Es fällt umso mehr in die Verantwortung des Cellisten, diese Zusammenhänge ohne unterstützende Harmonie, mittels der Intonation zu suggerieren. Kein Ton kann isoliert von seinem Nachbarton intoniert, kein Intervall abseits von seiner schwerpunktmäßigen Tendenz betrachtet werden. So werden große und übermäßige Intervalle notwendigerweise vergrößert, kleine und verminderte verkleinert. Gewisse Halbtonverwandtschaften werden angedeutet, selbst wenn sie nicht unmittelbar aufgelöst werden. Zum Beispiel die Töne *as* (6. Stufe der Tonart) in den Takten 1-3 finden ihre Auflösung in dem *g*, welche den 3. Ton abschließen. Das *h* (Leitton) im Takt 2 weist auf das *c* im 4. Takt.[1] Die Tiefe des Ausdrucks, die dieses schwermütige Stück in *c*-Moll vermittelt, ist wesentlich durch die Spannung wiedergegeben, die man in diesen Intervallen spürt. Expressive Intonation, in einer Komposition durchgehend angewendet, wird zu einem der wichtigsten Faktoren der Gefühlsmitteilung.

Wenn Casals dieses Stück unterrichtete – im langsamen Zeitmaß – erläuterte er: »Rein spielen ist lange, lange Arbeit. Sie müssen ständig sich beobachten, erziehen und streng mit sich selbst sein.«

Sarabande

Beispiel 171

Casals hielt es für wesentlich, daß expressive Intonation den Streichern vom Anfang ihrer Studien an gelehrt werden sollte. Er gab sich endlose Mühe, den Gehörsinn und die übliche Fingersetzung von Schülern, welche seit ihrer Kindheit unüberlegt Klavierintonation für ihre Schreicherintonation angewandt hatten, immer wieder erneut zu üben. »Die Auswirkungen jeder Nachlässigkeit von dieser Art…können einen Spieler durch seine ganze Laufbahn beeinträchtigen, wie begabt er auch immer sei.« Ein lebendiger Beweis dieser Feststellung war eine Cellistin, die Casals' Berkeleyklasse besuchte – eine Spielerin nicht ohne Talent, deren Gehör aber von früh an durch die Gehirnwäsche der gleichschwebenden Temperatur gegangen war. Als sie Casals zum erstenmal hörte, rief sie aus: »Es ist *sooo* schön, aber warum spielt er nicht rein?«

Casals erklärte, daß, wenn das Cello in reinen Quinten gestimmt ist, die tieferen Saiten die Tendenz haben, zu tief zu klingen im Vergleich mit den

---

[1] Siehe auch die Beziehung *d–es* in den Takten 6 und 7; es stehen mehrere solche Fälle von verzögerter Auflösung im 2. Teil des Satzes.

oberen. Er riet die C- und G-Saite einen geringen Bruchteil höher zu stimmen, was die Quint zwischen G und D leicht vermindert, um dadurch ein Gleichgewicht zwischen den äußeren Registern des Instruments zu erlangen. Dieses Stimmen hat auch den Vorteil, die tieferen Töne des Cellos in Einklang zu bringen mit den entsprechenden Klaviertönen, welche andernfalls als Folge der gleichschwebenden Temperatur zu tief sind. Er empfahl den Geigern das gleiche Vorgehen, d. h. die zwei tieferen Saiten – g und d – unmerklich höher zu stimmen.

Casals war der Meinung, daß, wenn ein Streich- und ein Tasteninstrument zusammenspielen, die Diskrepanz von expressiver und gleichtemperierter Stimmung leicht erträglich ist. Ausgenommen in Unisono-Stellen hielt er es für unnötig und dem vitalen Ausdruck des Streichers abträglich, sich der gleichschwebenden Temperatur anzupassen. *

Der Grad des Bogendrucks und die Klangfülle, mit der man spielt, beeinflussen die Intonation. Bei intensivem Bogendruck z. B., hat die Saite die Tendenz zu steigen, und der notwendige Ausgleich muß mit der linken Hand gemacht werden.

Casals pflegte sein Cello im Mezzoforte zu stimmen, um den natürlichen Klang der Saite zu hören. Aber das geschah hinter der Bühne. Einmal auf der Bühne berührte er, wenn nötig, die Saiten nur leicht mit seinen Fingern. »Das Stimmen mit dem Bogen stört die Zuschauer. Sie haben nichts mit dem Instrument zu tun.«

Der Beitrag ist einem sehr interessanten Buch entnommen: »Pablo Casals und die Kunst der Interpretation«, das eine Fülle hochinteressanter Hinweise enthält.

Interessant ist hier auch der Vergleich mit dem Text »Aus Gurdjieff's Gesprächen«, dem man entnehmen kann, daß die siebenstufige Tonleiter unserer Musik in den ältesten Lehren des Orients, in den Oktavenlehren, eine große Rolle spielt. Die in dieser Lehre so betonte wichtige 3. und 7. Stufe, auf denen Schocks einwirken müssen, damit die höheren Stufen (d. h. eine höhere Schwingung) erreicht werden können – mit diesem Prinzip werden alle dynamischen Lebensvorgänge erklärt –, diese wichtigen Stu-

---

* Der Pianist kann die Höhe des einzelnen Tones nicht so verändern wie der Geiger oder der Sänger. Mit Hilfe der dynamischen Differenzierung kann er aber eine vollkommene Illusion erwecken. (Er schlägt den Ton, den er als einen höheren hört, etwas stärker an.) In diesem Sinne kann der Pianist genauso gut oder schlecht intonieren wie der Geiger oder der Sänger. Der Unterschied besteht nur darin, daß der Sänger tatsächliche Tonhöhenunterschiede zustande bringt, während der Pianist durch die entsprechende Verteilung der Dynamik die Zuhörer denselben Ton nach Bedarf höher oder tiefer empfinden läßt. (J. Gat, Klaviertechnik)

fen spielen auch in unserer Musik eine ganz entscheidende Rolle: Ohne diese zwei Halbtöne wäre der dynamische Fluß und die Formbildung der abendländischen Musik undenkbar.

In der Lehre der sieben Bewußtseinsebenen spielen die 3. und 7. Stufe eine sehr bedeutende Rolle, die 3. Stufe ist der Übergang aus der Tierwelt in die Menschenwelt. Diese Lehre läßt uns nachdenken über unsere Aufgabe, unsere Rolle und Stellung und die Bedeutung des Genies, das höhere Wirklichkeit empfängt und uns verständlich macht, das uns also weiterhilft wie wir den unter uns liegenden Stufen auch weiterhelfen sollten.

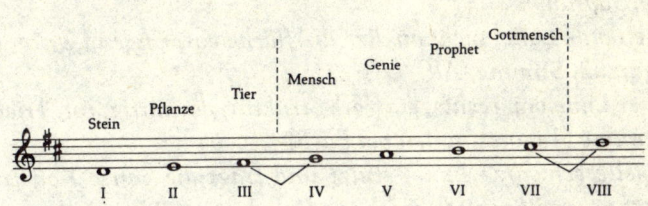

Unsere Musiker haben also in den letzten 500 Jahren eine der ältesten Überlieferungen der Menschheit intuitiv entdeckt, ausgearbeitet und in den feinstofflichen, ätherischen Medien der musikalischen Meisterwerke vorgeführt. Nebenbei sei noch gesagt, daß das nicht die einzige Beziehung der abendländischen Musik zu sehr alten Überlieferungen ist: Es gibt ein sehr altes, tibetisches Schriftzeichen, das in seinen Strukturen die Formmuster aller denkbaren, materiellen Bildungen enthält, es wird das »Bild des Kosmos« genannt. Die abendländische, vierstimmige Musik mit ihren Formelementen Oberstimme (Melodie), 2. (ergänzende) Stimme, (dynamische) Mittelstimme und das (strukturtragende) Fundament des Basses ist ein genaues Abbild dieses Zeichens, sogar die Baßoktaven, die schwarze ›Farbe‹ des Basses und die verschiedenen Bewegungsarten der Stimmen sind in den Formen und Farben dieses Zeichens sichtbar (Eine Melodie bewegt sich anders als eine Baßstimme). Bach'sche Choralvorspiele, Mozart und Beethoven's Streichquartette und alles, was diesen ähnlich ist, kommen dieser Idealform am nächsten. Vielleicht liegt hier auch der tiefere, sozusagen psychologische Grund, warum die Musiker sich eines Tages aufmachten, den polyphonen Stil zu verlassen, um zu homophonen Melodie-Baßformen zu gelangen, die das Ideal – nämlich Mozart – erst möglich machten. Zum Vergleich der menschliche Körper: Knochen, Blut, Fleisch und Nerven sind Strukturen verschiedener Dichte, und so ist alles aufgebaut, was uns umgibt. Die Reinheit der indischen einstimmigen Musik, vereint mit diesen Elementen, ist vielleicht die Musik der Zukunft – was Beethoven betrifft vielleicht auch die Musik der Vergangenheit – und vielleicht ist auch die »Musik der Sphären« mehr Harmonie als Melodie, und es könnte sein, daß sich unsere Komponisten eben dahin geöffnet haben. Es darf also niemand von den »schmutzigen« Harmonien der abendländischen Musik sprechen, sie sind ein »Bild des Kosmos«, das unsere Musiker vor uns hingestellt haben.

Das Zeichen ist so aufgebaut (von rechts):

1. Kurvenreichste und längste Linie, blau, Nervensystem, Atmung: Melodie, Sopran
2. Begleitende Linie, nicht an die Oberfläche vordringend, grün, Fleisch, Organe: 2. Stimme, Alt
3. Dritter Linie von rechts, starrere Struktur, dornartig, rot, Trieb, Blut: 3. Stimme (Tenorstimmen bei Bach)
4. Doppelte schwarze Linie, stützt und trägt die ganze Konstruktion, fußartig, zweitlängstes Zeichen (Melodie und Baß würden genügen, Baß und Oberstimme nicht Spiegelbild, sondern Ergänzung), schwarz (Paul Klees »Schwarze Bässe), Knochensystem: Baßstimme.

Diese Bemerkungen als Anregung für weitere Forschung, man könnte Kompositionslehren, Instrumentationslehren etc. darauf aufbauen.

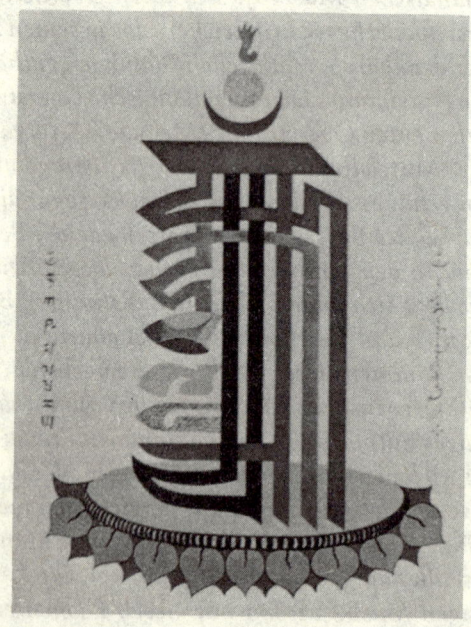

Sinah Kessler

Barlettas Bandoneon

Eine Kunst, die sich ihr Publikum erobert

»In Alejandro Barlettas Händen wird das Bandoneon zu einer Kammerorgel. Ich war aufs Tiefste beeindruckt von der außerordentlichen Kunst, mit der er dieses Instrument spielt«, schrieb Hindemith. Und seit man Barletta in einem von Italiens »Jeunesses musicales« veranstalteten Konzert (im Mailänder Konservatorium) selbst hören konnte, stimmt man begeistert ein in die Elogen nicht nur Hindemiths, sondern auch Milhauds und Chatschaturians, Ginasteras und Sauguets wie versiertester Kritiker in Amerika und England, Argentinien, Frankreich und Italien.

Zuerst ist man ein bißchen skeptisch: Bach und Händel, Mozart, Frescobaldi etc., und von Schumann, Grieg bis hin zu Bartók, Kodály und Kagel – und das alles auf dem Bandoneon? Jenem 1840 von Heinrich Band gebauten Instrument für Volksmusik, das durch deutsche Auswanderer vor allem in Argentinien heimisch wurde? Würden Bachs Toccaten, Präludien und Fugen (in h-Moll, C-Dur, d-Moll) nicht allzu dünn klingen, noch dazu in einem großen Konzertsaal? Man war rasch vom Gegenteil überzeugt. Ein paar einführende Worte über die Spieltechnik dieses Instruments, dann setzt Barletta zur ersten Frescobaldi-Gaillarde an, und schon spürt man eine Faszination, die sich bis zum Ende des Programms und während der vielen, von den begeisterten Zuhörern geforderten Zugaben immer mehr steigert. Der Klang, den Barletta seinem Bandoneon entlockt, gleicht dem der Orgeln des 17. und 18. Jahrhunderts, ist aber flexibler, feiner in den Modulationen, erreicht Wirkungen, die weder dem Klavier noch der Orgel gegeben sind. Man bittet diesem kleinen unterschätzten Instrument sehr schnell seine Vorurteile ab.

Allerdings muß es wohl auch von einem Künstler wie Barletta gespielt werden. Er hat es für die klassische Musik entdeckt. In Buenos Aires als Sohn einer musikfreudigen Familie geboren, suchte er sich als Heranwachsender, im Gegensatz zu seinen Brüdern, ein nicht „klassisches« Instrument aus und fand sehr rasch eine Technik, die ihm erlaubte, in Hauskonzerten neben seinen Brüdern zu bestehen, mit ihnen gemeinsam Kammermusik zu machen. Seit über zehn Jahren gibt er Konzerte (inzwischen über tausend) in Süd-, Mittel- und Nordamerika, in Rußland und in einigen europäischen Ländern, spielt allein oder mit renommierten Orchestern zusammen (z. B. auch unter Cluytens) in Sälen wie der Carnegie Hall oder im Teatro Colón. Er entwickelte eine Spieltechnik fürs Bandoneon, die ihm auch einen Lehrstuhl für Bandoneon-Spiel an der Kunsthochschule von Buenos Aires eintrug. Viele Komponisten (Balada, Kagel u. a.) komponierten für ihn, und auch er selbst hat eine Reihe interessanter Kompositionen für sein Instrument geschrieben. Hört man seine »5 kosmischen Präludien«, scheint sich ein Weg aufzutun für eine Synthese Frescobaldi, Scarlatti, Bach bis Kagel, Penderecki, Stockhausen.

»Alejandro Barletta ist ein außergewöhnlicher Künstler. Seine Kunst war für mich eine Offenbarung«, sagte Pablo Casals, als er ihn gehört hatte. »Er ist ein Künstler, der in die Reihe der Großen unserer Zeit gehört.« Es wäre zu hoffen, daß auch Deutschland ihn anhört. Erstaunlich war die Wirkung gerade auf das junge Publikum: das Interesse am Instrument schien sogar ein neues Interesse der Klassik zu wecken. Man sah Zehn-, Fünfzehn- und Zwanzigjährige, die wie auf einem unsichtbaren Bandoneon mitzuspielen versuchten, die einer den Körper beherrschenden Atemführung folgten wie den Bewegungen der das Instrument führenden Arme und stützenden Knie.

Nicht nur der Applaus bezeigte, daß dieses Instrument sie »ergriffen« hatte, sondern auch die Diskussionen in der Pause und am Ende über die Möglichkeiten, für sich selbst und mit anderer Musik aller Epochen zu machen. Barletta hat die so skeptische und sonst meist auf Lautstärke eingeschworene Jugend in seinen Bann gezogen.

Joseph Kanz

Probleme des Chorgesanges

Gekürzter Vorabdruck aus dem im Verlage Max Hieber in Vorbereitung befindlichen Buche »Schule des Chorgesanges« des gleichen Verfassers. Der knappe Rahmen dieses Vorabdruckes ließ es nicht zu, alle angesprochenen Themen ausführlich zu behandeln. Die wesentlichen Dinge habe ich jedoch genauer erklärt. Empfehlenswerte Bücher sind am Schlusse des Artikels aufgeführt.

*

Die nun folgenden Zeilen sind den Problemen des Berufschores (Oper und Rundfunkchor) gewidmet, über die kaum Fachliteratur vorhanden ist. Der Laienchor ist in einigen Büchern sehr gut behandelt, so daß es sich erübrigt auf dessen ganz andersgeartete Probleme hier einzugehen. Der Unterschied zum Laienchor ist folgender:

1. Der Berufschor besteht aus mehr oder minder ausgebildeten Sängern.
2. Jeder Sänger muß seine Stimme pflegen. (Chorische Stimmbildung mit Berufschören ruft nur Unwillen oder Heiterkeit hervor.)
3. Der Chor wird von einem Chef (mit Assistenten an großen Theatern) einstudiert und dann dem jeweiligen Dirigenten übergeben.
4. Der Chordirektor ist meist nur ein Zubringer für andere. Musikalisch hat er nur bei undankbaren a cappella Werken (Rundfunkproduktionen) das letzte Wort.
5. Gastchorleiter, die die Chorarbeit abwechslungsreicher gestalten könnten, sind auch hier nur selten anzutreffen. Nur Rundfunkchöre haben öfters Gäste.
6. Der Berufschorsänger *muß* täglich singen, der Laienchor *will* ein bis zweimal wöchentlich singen.
7. Die Programmauswahl trifft ein Intendant, ein Generalmusikdirektor oder eine Hauptabteilung Musik. Der Chordirektor hat nur wenig zu sagen, besonders an großen Theatern.
8. Der Laienchor ist »Solist« eines Chor-Orchester-Konzertes, der Berufschor ein funktionierendes Rädchen; kein Mensch stellt sich für eine Nacht um Karten an, um einen Opernchor zu hören.

9. Der Berufssänger, der im Chor singt, wäre halt so gerne Solist geworden.

10. Laienchöre gibt es immer mehr, der Berufschor ist mit großen Nachwuchssorgen geplagt.

Blättert man die zahlreichen Bücher über Gesang durch, so fällt einem bald auf, daß niemand über eines der Hauptprobleme des Singens schreibt: Die Intonation. Es gibt viel über mythologische Dinge zu lesen, die Antike wird bemüht, Caruso muß als Beispiel herhalten, und am Ende aller dieser Dinge weiß der Leser so viel, daß er bald gar nichts mehr versteht. Dabei sind eine Handvoll Bücher gut und auch gut zu lesen, aber alle machen um die Intonation einen weiten Bogen. Dem Chorgesang wird eine höchst verdienstvolle Funktion zuerkannt, bitte wer möchte die großen Chorwerke und Opernchöre missen, aber der ›wahre‹ Sänger geht natürlich im Chor kaputt, seine Persönlichkeit leidet etc. pp. Alle Buchautoren waren Sänger, pardon, Solisten und wissen ganz einfach nicht, was im Chor verlangt wird. Ein Schüler, dem die Probleme des Chorsingens nie gelehrt wurden, muß sich zwangsläufig schwer tun, wenn er in den Chor geht, ja, »wenn er in den Chor geht«. Der resignierende Unterton ist nicht zu überhören, als wenn es eine Schande wäre mit anderen Sängern zusammen zu singen. Daß solistischer Gesang und Chorgesang zwei Paar Stiefel sind, ist klar; sie ergänzen aber einander. Mozart und Bach bieten Beispiele genug, daß Tugenden des Chorgesanges wichtig sind. Und wieviel gute Mozart- und Bachsänger gibt es?

Bevor ich weitergehe, eine kleine Aufzählung dessen, was ein Solist und ein »Chorist« (um das Schimpfwort) zu gebrauchen, können sollte: Rhythmus, klare Aussprache, reine Intonation und er sollte anpassungsfähig sein. (Primo il ritmo, dopo le parole e poi la musica). Der Solist muß führen können, der Chorsänger sich führen lassen, jedoch ist es oft so, daß ein gut studierter Chor den Dirigenten führt.

Eine Grundregel für Chorleiter muß heißen: »Sage Deinem Chor nie von vorne herein, ›zu tief‹. Das tötet die Stimmung sicher ab. Sage lieber, wo etwas tatsächlich falsch war, es sind eh nur wenige Stellen.«

Daß häufiger zu tief denn zu hoch gesungen wird, ist eine Tatsache. Die Spannung läßt nun mal eher nach, als daß sie steigt. Das zu hoch Singen, das manche ›Profis‹ bewußt machen, ist aber genauso falsch, und der Chormeister muß ebenso streng dagegen vorgehen.

Sicher, ab und zu können die ›Treiber‹ die Stimmung des Chores wieder nach oben drücken, aber es leidet die Homogenität des Klanges. Komischerweise gilt aber »zu hoch Singen« als Tugend in vielen Chören, wie auch viele glauben, daß im a capella Gesang alle Terzen hoch sein müssen. Unsere Zeit ist halt so überspannt, daß eben nur wenige sich von Zeit zu Zeit ›loslassen‹ können. Die deutsche Sprache hat ein schönes Wort: Stimmung. Wer in ›Stimmung‹ ist, kann auch im Singen die Stimmung halten. Chorleitung ist höchste Kunst der Menschenführung! Oder wie es H. Schmidt-Isserstedt schnoddrich, aber treffend sagte: Ein Orchester treibt's mit Jedem, ein Chor will erobert sein. (So nach dem Bericht seines Schülers H. P. Rauscher). Ungute Atmosphäre kann allen Sängern den Hals zuschnüren. Mit ›Wut im Bauch‹ kann man zur Not noch irgendwie ›Musik machen‹, aber die Singstimme kann versagen! (Unangenehme Dirigenten, wie z. B. A. Toscanini, F. Reiner, S. Kussewitzkij, G. Szell und K. Böhm, um nur einige Namen zu nennen, haben es oft genug bewiesen.) Ich werde später an einigen Beispielen zeigen, daß, ganz prosaisch, außermusikalische Gründe oft viel wichtiger als alles Singen sind.

Alles gut gemeinte Reden über Intonation ist ohne saubere Vokalisierung wertlos. Hier müßte der Gesangsunterricht beginnen! Wenn die Singstimme keinen guten Sitz hat, d. h. nicht kopfig geführt ist, ist sie für den Sängerberuf ungeeignet. Die guten Sänger, selbst wenn sie das ›schwere Fach‹ singen, können es.

Gefährdet sind besonders Altistinnen, denen von dummen Lehrern eine zu dunkle, künstlich gedeckte Vokalisation eingeredet wird. Ein dunkles, sattes Timbre kann man niemals züchten, aber begabten Stimmen alle Berufschancen nehmen; das sei zur Warnung hier gesagt. Andererseits haben wir uns schon so an das Mittelmaß gewöhnt, daß sich eine sauber und kopfig singende Altistin sehr schwer tut im Berufsleben Tritt zu fassen. Das ist ja ein Sopran ohne Höhe, allenfalls ein Mezzo, heißt es dann. Daß es in der umfangreichen italienischen und französischen Opernliteratur eigentlich nie Altstimmen gibt, sondern nur 2. Soprane, sei nur kurz erwähnt. Und die Italiener wußten viel von der Singstimme. Ähnlich, wenn auch nicht ganz so gefährdet, sind Bässe.

Soprane tendieren dazu, gerne etwas zu ›scharf‹ zu intonieren, und bei Tenören kann und muß man alles an Unarten erwarten. Der inzwischen katastrophale Tenormangel zwingt zu den schlimmsten Kompromissen.

Am Beispiel des Vokals »A« kann man sehr schön zeigen, wie sich die Intonation verändert, je nachdem ob er dunkel oder hell genommen wird. Die Schwankungen sind erschreckend groß. (Der Leser probiere es ruhig selbst aus.) Ebenso können »O« und »U« gefährlich sein. E, A, Ü, Ö und I sind da »sicherer«.

Für die Praxis des Chorsängers, aber auch des Solisten, muß das heißen: »In allen dunklen Vokalen muß etwas von den hellen, kopfigen Klängen des Ö, I oder Ü vorhanden sein.« In der Intonation gibt es einen Spielraum, in der ein Ton variieren darf. Ohne diese glückliche Eigenschaft des Gehörs könnte z. B. kein temperiert gestimmtes Klavier mit einem Orchester spielen. Auch Violinkonzerte kann man je nach Laune und Temperament des Solisten ein bißchen über oder unter der Stimmung des Orchesters erleben.

Der Chorsänger muß jedoch danach trachten, sich immer am oberen Rand dieser Intonationsbreite zu bewegen. Der Chor ist eine Masse, und jede Masse nivelliert. Jede Nivellierung führt aber nach unten. Darum muß bewußt gegengesteuert werden.

Das ›zu hoch‹ singen mancher Profis, besonders solcher, die aus Knabenchören hervorgegangen sind, hat hier seine Ursache. Es ist aber meist kein bewußt scharfes Intonieren, dagegen wäre nur wenig einzuwenden, sondern oft ein ›zu flaches‹ Singen ohne Stütze, das der Tod einer guten Stimme sein kann. Es fehlt diesen Stimmen der Kopfklang und der Unterleib, somit die Obertöne, und so penetrant sie in der Nähe klingen, sie tragen schlecht.

Der Solist ist hier freier, muß es sein, auch ein Chor mit Orchester tut sich leichter. Der a cappella-Gesang ist aber unerbittlich streng mit seinen Anforderungen. Meist ist aber der Chormeister gezwungen, die fehlende Strenge der Sänger zu sich selbst nachzuholen. Daß reine Terzen in einer Mozartoper ein auf dieser Welt seltener Genuß sind, sei hier nur am Rande gesagt.

Die Forderung für den Gesangsunterricht muß demzufolge lauten: weg vom ohnehin meist verstimmten Klavier. Als Heilmittel empfiehlt der Autor schlichte Volksweisen und Kirchengesänge, a cappella, von Anfang bis Ende. Das kann auch jeder Anfänger ohne Gefahr für seine Stimme machen. Der oft kleine Umfang dieser Weisen kommt diesem Zwecke entgegen. Am Ende sollte man dann kontrollieren, ob die Tonhöhe gehalten wurde. Diese diatonische Rohkost sollte neben der Arbeit an der Stimme regelmäßig verzehrt werden. Nur wer diatonisch rein singen kann, beherrscht später die Chromatik. Bei dieser Gelegenheit können am Rande die C-Schlüssel mitgelehrt werden, und siehe da, es ist gar nicht schwer. So wird sich allmählich ein Gefühl für reine Intervalle herausbilden, ohne das kein guter Musiker herauskommt. Ohne Gefühl geht gar nichts in der Musik, und dieses Gefühl muß man schulen.

Wenn jedoch ein Lehrer meint: »Du bist die geborene Pamina, du darfst nicht vom Blatt singen, das schadet der Stimme, am Theater bringt

dir es sowieso ein Repetitor bei«, dann kann ich nur sagen: diese »Welt-
karriere« endet im Opernchor von Knieritz an der Knatter. Es ist erstaunlich, welche Lehrer immer noch auf die Menschheit losgelassen werden.

Nach dem Vokal, den ich hier aus Platzmangel nicht ausführlicher behandeln konnte, ein Abstecher in die Akustik.

Die nun folgenden Sätze sind bewußt überspitzt formuliert, gewissermaßen goldene Eselsbrücken:

> Der Halbton nach unten ist winzig.
> Der Halbton nach oben ist groß.
>
> Der Ganzton nach unten ist klein.
> Der Ganzton nach oben ist riesig.

Zwei Ganztöne nach oben können unüberwindlich sein.
Zwei Ganztöne nach unten sind oft lebensgefährlich.

Die Quintessenz ist also: Nach oben muß man sich plagen, nach unten
geht es von selber.

Bevor ich weiterschreibe, etwas Grundsätzliches: Die temperierte
Stimmung hat nur die Orgel (vielleicht), das Klavier und sonstige Tasten-
instrumente. Und von Klavierstimmer zu -stimmer sind deutliche Unterschiede zu bemerken. Jeder Chor singt mitteltönig, mit Einsprengseln der
reinen Stimmung und bewußt temperiert intonierten Stellen. Dies ist
kein Akustikbuch, es zeigt sich aber, daß jeder Chorleiter mit diesen Dingen vertraut sein muß, sonst bleibt es Dilettantismus.

Blechbläser kämpfen mit ähnlichen Problemen, für Interessierte sei auf
M. Vogel's Arbeiten verwiesen. Der Hauptunterschied ist aber, daß die
Blechbläser die falschen Töne hören, aber infolge der technischen Eigenarten der Instrumente oft machtlos sind; der Sänger hingegen hätte die
Möglichkeit, ähnlich dem Posaunisten, rein(er) zu singen, er hört oft
nicht, *wo* es falsch ist. Das ist kein böser Wille, wer selbst singt, kann oft
seinen Nachbarn kaum hören, zu nahe sind Stimme und Gehör beieinander. Man kann aber sein Gehör schulen, so daß es lernt, auch in der Menge gut zu hören. Auf Opernbühnen, trotz Stützlautsprecher, ist aber oft
der beste Sänger machtlos gegen Intonationsprobleme, weil ja noch das
szenische Element hinzukommt, und das Orchester so kaum zu hören ist.
A cappella Chöre sind dort besonders gefürchtet und gehen meistens »in
den Graben«.

Die akustischen Grundlagen sind, wie sooft, erstaunlich einfach. Kein

Ton steht für sich allein, immer ist der Zusammenhang entscheidend. Die reine Stimmung kennt zwei Möglichkeiten eine 7-stufige Tonleiter zu bekommen, 1. durch Quinten, 2. durch die Obertonreihen.

Pythagoras

harmonisch

Vergleicht man beide Skalen, so stellt sich folgendes heraus: Die Terzen sind bei Pythagoras sehr hoch, was solange nicht stört, wie einstimmig gesungen wird, ja, einstimmige Musik bedarf dieser Intervalle; es ist eine melodische Tonleiter. Setzt man jedoch diese Terzen aufeinander, so klingen sie nicht sehr schön. Sie sind, wie der Musiker sagt, ›zu scharf‹. Jetzt versteht man, warum Pythagoras sie nicht als Konsonanz gelten ließ.

Im harmonischen System der Obertonreihe, wie sie die Posaune und das Horn sehr schön vormachen können, sind die Terzen matt und verschmelzen mit der Quint zum Dreiklang, der als Einheit empfunden wird. Macht man jedoch aus den durch Überblasen gewonnenen Tönen eine Tonleiter, so merkt man bald, daß die Ganztöne zu klein oder anders gesagt zu ›matt‹ sind.

Wir sehen also, daß wir bereits in diatonischer Musik zwei Systeme reiner Stimmung haben. Ich will hier keine Schwingungszahlen berechnen, das bringt für die meisten Leser gar nichts, meine auch hier bewußt vereinfachten Regeln lauten wie folgt:
1. In einer Oberstimme oder melodisch führenden polyphonen Stimme müssen die Terzen und Ganztöne scharf sein.
2. In einer Mittelstimme oder begleitenden Unterstimme müssen die Terzen matt sein, sonst klingt der Akkord nicht homogen.
3. Die Mollterz ist überraschend hoch!
4. Auch der Leitton ist nicht immer so scharf, wie es uns manche Geigenlehrer einreden wollen. Vielmehr muß der bei guter Stimmführung folgende Halbton nicht zu eng sein.

Beispiel:

Das *a* im Tenor (1. Takt) ist höher wie das *a* im 2. Takt (Schlußakkord). Auch das *d* im 2. Takt des Tenors ist hoch. Sämtliche *a* im Sopran sind scharf zu nehmen. Die matte harmonische Terz erreicht, daß der Akkord, in diesem Falle nur der Schlußakkord, harmonisch in sich ruht. Die scharfe, melodische, pythagoräische Terz drängt nach vorne. Auch die Ganztöne sind groß zu nehmen. Der Tenor sollte sich in diesem Falle die Quint *c* als Ziel bereits innerlich vorstellen, bevor er sie singt, und den Raum *f–c* so aufteilen; *f–g* groß, *g–a* groß, *a–b* klein und *b–c* wieder groß. Auch das folgende *d* ist ein großes Intervall, und nur die Schlußterz *a* ist matt zu intonieren.

Alles dies sollte ein Sänger (nicht nur im Chor) gefühlsmäßig machen. Das angeführte Beispiel ist bewußt einfach, das Prinzip funktioniert auch bei schwierigen Stellen, also bitte, nicht zu viel denken!

Aufgabe des Dirigenten ist es, an den entscheidenden ›Ecken‹ *der* Stimme, die falsch singt zu sagen, was sie tun soll. In diesem Falle müßte vielleicht der Tenor ermahnt werden, das *d* hoch zu nehmen, mehr nicht. Was bei guter Stimmung von alleine kommt, muß der Dirigent anzunehmen lernen.

Wie schon gesagt, muß man bereits in diatonischer Musik mit zwei Systemen reiner Stimmung arbeiten. Um eine gewisse Temperierung, ähnlich der barocken-mitteltönigen Stimmung kommt man also nicht herum.

Namentlich die Komponisten der Spätromantik haben aber von Chören harmonische Kühnheiten verlangt die kaum a cappella zu realisieren sind. Der Pilgerchor aus »Tannhäuser« wird ohne instrumentale Stütze (Harmonium) an kaum einem Theater sauber beendet. Dem Sänger fehlen im Gegensatz zum Streicher die leeren Seiten, an denen er sich bei »kitzligen« Stellen orientieren kann. Besonders gut für Singstimmen *und* Chöre haben folgende Komponisten geschrieben, von denen einige oft etwas von oben herab betrachtet werden, z. B. Händel, Haydn, Mendelssohn, Bruckner, Schumann, Brahms, Dvorak, Tschaikowsky, Puccini und Britten. Manches Werk hochgeschätzter Genies (z. B. Beethoven) ist wegen seiner stimmlichen Probleme bei allen Sängern gefürchtet.

Was ist nun zu tun, wenn der Chor immer an den gleichen Stellen absinkt? Das Kreuz von Wüllner und Schwickerath (+) kann kleine Wunder vollbringen. Gefährlich sind die Tonwiederholungen, die muß man sich immer etwas höher vorstellen. Auch lange Töne können unmerklich sinken. Aufgabe der Maestri ist es, neuralgische Töne herauszufinden und *diese* zu proben. Mensch, werde wesentlich! Wie sooft im Leben gelten aber die fleißigen »Steinchensammler« als die besseren Künstler. Wer als Chorleiter an jedem zweiten Ton herummäkelt und tatsächlich oder nur scheinbar alles hört, kann unter Umständen dem Chor alle Noten sauber beibringen, aber Musik wird er kaum machen. Wenn ein Ensemble nur noch verkrampft singt, hilft die sauberste Intonation nur wenig. Mir ist auch lieber, ein Chor sinkt um eine Spur ab, bleibt aber in sich rein, als ein paar »Retter« drücken gegen Schluß mit Gewalt den Chor wieder nach oben. Auch ein Streichquartett kann nach der »Großen Fuge« etwas abgesunken sein. Allerdings sind es bei den Streichern einige Schwingungen, im Chor kann es innerhalb kurzer Zeit ein Halbton sein.

Ist der Chor einmal um eine Spur abgesunken, so kann man bei Tonwiederholungen mit bewußt langsam ansteigender Intonation wieder ausgleichen. Vokale etwas heller nehmen und so ganz elegant kaschieren. Warnen muß ich nochmals vor dem ›flachen Singen‹. Es kann der Tod einer Stimme sein. Der Chor erfordert oft vibratolose Töne, aber mit guter Stütze kann man ›gerade‹ singen. Gewiß, in der Not frißt der Teufel Fliegen, und das flache Singen kann manchmal, besonders wenn man müde ist, als Notnagel helfen, aber nur dann. Sonst ist es *verboten*.

Ein Phänomen ist kaum bisher behandelt worden, daß die B-Tonarten in aller Regel sauber bleiben. Rutscht ein Chor von G-Dur (eine schwere Tonart) nach Ges-Dur, dann bleibt er eigenartiger Weise sauber und rutscht nicht weiter ab. »Gefährliche« Tonarten sind demnach C-Dur, G-Dur, D-Dur, A-Dur. Auch F-Dur kann tückisch sein, besonders bei Kinderchören, die oft Volkslieder in F-Dur singen. E-Dur oder Fis-Dur bleiben reiner! Übrigens, Blechbläser stimmen in Ges-Dur am besten. Diese Bevorzugung der B-Tonarten kann man bei a-cappella Musik bis Mozart ausnützen. Der Chorton der damaligen Orgeln lag etwa einen 1/2 Ton über dem 440er a. Singt man z. B. Orlando di Lasso, der selten in Tonarten mit vielen Vorzeichen notiert hat, in einer B-Tonart, kann man vielen Problemen aus dem Wege gehen. Anscheinend gibt es ein absolutes a nach dem sich alle Singstimmen richten.

Die musikalischen Ratschläge sind also recht einfach, aber die Tücke des Objekts heißt ›Stimme und ihre Register‹. So wie jedes Instrument seine ›faulen‹ Töne hat, an den ›kurzen‹ Tönen der Klarinette kann man es besonders schön zeigen, so hat auch die Singstimme Übergangslagen. Ich sage bewußt nicht ›Bruch‹, so verbreitet dieser Ausdruck auch ist, eine gute Stimme hat keinen Bruch, sie plagt sich aber an den Übergängen ein bißchen. Diese Übergänge liegen bei jeder Stimme ein wenig anders, jedoch immer in der ähnlichen Lage. Für den Baß und den Bariton sind es folgende Töne.

Der Tenor hat folgende »Ecken«

Der Alt plagt sich da

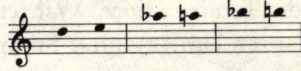

und auch der Sopran hat es manchmal schwer.

Es gibt auch im tieferen Register Übergänge, nur sind diese nicht so anstrengend und demnach leichter sauber zu singen. Die hier gezeigten Töne sind besonders »kitzlig«, wenn es um die reine Intonation geht. Was über diesen Tönen liegt, ist oft leichter zu treffen, wenn auch etwas anstrengender. Je nach Tücke des Vokals und des Konsonanten, der für jede Stimme anders liegt (i- oder a-Sänger z. B.), können Schwierigkeiten hinzukommen oder auch wegfallen. Auch was im Zusammenhang zu singen war oder noch ist, ist wichtig.

Auf einen wichtigen Punkt ist meines Wissens noch niemand gestoßen: daß die Musik seit Mozarts Tagen immer homophoner wurde. Der Sopran diktiert, aber alle anderen Stimmen haben zu kuschen. Früher wußten weise Musiker noch um die Wichtigkeit des Basses, Eugen Jochum weiß es, in Rußland soll dieses Geheimwissen im Volke noch weiterleben, wie man auf vielen Schallplatten hören kann. Und so ist besonders der Alt zur »2. Stimme« verkümmert, hat sein musikalisches Rückgrat verloren und kann, wenn er sollte, nicht mehr ›führen‹. Wir haben weiter oben gesehen, daß harmonische Mittelstimmen matter intonieren müssen, und wenn sie es lange genug tun, können sie bald nichts mehr anderes. Die polyphone Musik vor und um Bach forderte alle Stimmen gleichmäßiger. Seit der französischen Revolution sind zwar alle Menschen gleich, aber in der Musik herrscht der Absolutismus der Oberstimmen!

Da die meisten Chöre Opernchöre sind und Opernmusik aus Gründen der Dramatik einfacher sein muß, treffen alle diese Punkte hier besonders zu. Das gängige Repertoire bevorzugt Opern ab Mozart und musikalisch für den Chor dankbare Aufgaben finden sich leider nur selten. Russische Opern lieben große Chöre, und Verdi hat gerne für den Chor geschrieben. In vielen Spielopern und Operetten ist der Chor oft nur optisch hübsche Kulisse für die Solisten und musikalisch drittrangig behandelt. Die Texte sollte man oft lieber vergessen.

Große Komponisten haben immer alle Stimmen gleichmäßiger gefordert. Am »Zeitgeist«, den man ebensowenig packen kann wie die »öffentliche Meinung«, kam aber *kein* Komponist vorbei. Im Berufsalltag aber werden beileibe nicht nur Stücke der 1. Wahl gesungen und gespielt. Bei dieser stark homophonen Musik muß man feststellen, daß besonders im Chor nur der Baß und der Sopran in ihrer natürlichen Lage singen. Der Alt liegt meist zu tief und der Tenor zu hoch. Während bei Palestrina die Mittelstimmen über den ganzen Umfang ihrer Stimme beschäftigt werden, muß z. B. bei Wagner der Chortenor oft in seiner Bruchlage singen. Wagner und Verdi wußten, daß Altstimmen in der Tiefe schwach sind und haben deshalb gerne im 4-stimmigen Satz dem 1. Tenor die 2. Stimme gegeben. Das klingt zwar gut, führt aber dazu, daß der Tenor noch mehr in seiner Übergangslage singen muß. Darum sind Chortenöre oft so schnell abgesungen. Es ist für jede Stimme leichter, Spitzentöne zu singen und dann die Stimme in der Mittellage zu entspannen, als ständig in gespannten Übergangslagen mit künstlich zurückgehaltener Stimme zu säuseln, um den Alt oder Sopran nicht zuzudecken. Besonders schlimm können Männerchöre sein. Der 1. Tenor ist dann oft nur knapp von einer Körperverletzung entfernt. Aber auch Aufführungen guter polyphoner Musik aus der Zeit vor und um Bach sind heute mit Problemen behaftet, weil diese Musik ursprünglich für Knaben, Falsettisten oder Kastraten geschrieben wurde. Erst ab Mozart duldete man Frauenstimmen in der Kirche. Manche Altpartie in dieser Musik ist von Frauen kaum zu singen, weil sie viel zu tief liegen und einem Tenor zugeteilt werden müßte, für den sie dann wiederum unangenehm hoch liegt. (Falsettisten trifft man heute nur noch in England an.) Denn wer über lange Jahre immer nur in gefährlichen Registern oder mit Überspannung singt, schädigt meistens seine Stimme. So haben viele Soprane und Tenöre in Rundfunkchören die Mittellage, durch das von vielen Tonmeistern geforderte Dauerpiano-a-cappella-Gesäusel verloren. Wenn dann die Tenöre wieder in der Mittellage singen, klingt das oft hoffnungslos zu tief. Die Gegend von h bis d ist neuralgisch. Nach der Überspannung fehlt das Gefühl für eine notwendige Entspannung. So kann eine Stimme durch einseitige Belastung eine Quart ihres Umfanges einbüßen, und man vergißt wie schön kraftvoll die Tiefe klang.

Was für den Tenor in der Tiefe, gilt für den Alt in der Höhe. Nach kurzer Zeit fangen viele Altstimmen an stumpf zu klingen, weil im Chor nur noch die schwache Mittellage gefordert wird, die so gefährlich bequem liegt und die man so leicht ›überbrusten‹ kann. Es bedarf vieler Kraft, um die Stimme geschmeidig zu erhalten, regelmäßige solistische Tätigkeit und Fortbildung sind unumgänglich. Wer jedoch den Alltagstrott eines Berufchors kennt, das mangelnde Verständnis der Vorgesetzten und die oft kleinliche Dispens- und Urlaubspolitik, dazu das Gerangel um kleine Soli innerhalb des Chores, kann nur müde lächeln. Die Guten gehen nicht in den Chor oder verlassen ihn bald. Für Soprane und den Baß ist das Chorsingen auf andere Art und Weise gefährlich: Am leichtesten hat es der Baß. Er muß nur darauf achten die Kopfstimme zu pflegen. Ansonsten mischen sich auch schlechte Bässe gut. Nicht so der Sopran. Obwohl der Sopran oft in seiner natürlichen Lage singen darf, ist besonders in Rundfunkchören die Gefahr groß sich die Stimme ›wegzumarkieren‹. Es gibt nur wenig Rundfunkchöre, und viele Chorleiter haben den luftigen Klang laienhafter Stimmen im Ohr, wenn sie mit Profis arbeiten. Auch scheint es mir, als hätten viele Chorleiter Angst vor der sinnlichen Kraft einer gereiften Frauenstimme. Solange Frauen wie 17jährige Mädchen oder »Pseudoknaben« singen werden sie akzeptiert. Wenn sie aber erwachsen geworden sind und im übertragenen Sinne oder tatsächlich Mütter geworden sind, bekommen es viele Dirigenten mit der Angst zu tun und setzen alles daran, die Stimme zu ›Blockflöten‹ oder ›Orgelpfeifen‹ zurückzuentwickeln. Daß zwischen wildem ›Drauflosplärren‹ und sterilem ›Geflöte‹ ein weites Land schönen Chorgesanges liegt, muß ich hier deutlich sagen. In unserer sich erotisch ach so offen gebenden Zeit verwundert das ein wenig. Aber wovon man spricht, das hat man nicht. Natürlich können gute Soprane ein *pp* ›hinzaubern‹, aber wenn von ausgebildeten Stimmen mit Rücksicht auf das Mikrophon nur noch jahrein – jahraus ein *pp* gefordert wird, damit der Chor um jeden Preis homogen klingt, muß jede etwas fülligere Stimme Schaden nehmen. Die ständige Nörgelei an der Oberstimme ist der Tod vieler Stimmen. Auffälligerweise ist außer bei russischen Chören kaum ein Baßfundament zu hören, es wird nur der Sopran dirigiert. Fehlt aber das Fundament, tun sich alle anderen Stimmen schwer sauber zu singen. Zu alledem ist der Sopran die Stimme, die sich am schwersten mischen läßt. Selbst Qualitätsstimmen sind davon betroffen. Das Wort ›Discantus‹ Zersinger, zeigt das deutlich. Gewiß, für einen Chor wird man nur leichtere Stimmen auswählen, aber das Repertoire erfordert namentlich für den Opernchor auch große, tragfähige Soprane. Laienchöre klingen zauberhaft mit a-cappella Musik von Mendelssohn, ›verrecken‹ aber an der ›Missa solemnis‹ oder ›Carmina Burana‹.

Mit einer geschickten Aufstellung, schwere Stimmen nach hinten, leichte nach vorne, kann der Chormeister etwas ausgleichen, er muß jedoch mit verletzter Eitelkeit rechnen.

Dazu haben die Tonmeister die unglückselige Leidenschaft, die Mikrophone immer näher zu stellen. So fallen einzelne Stimmen leicht heraus, auch wenn es im Raum gar nicht zu merken ist.

Heute (1984) haben die Techniker das Sagen, und so zwingt man die Musiker und Sänger oft zu unnatürlichen Sing- und Spielmanieren. Nur damit das Mikrophon zufrieden ist. Es liegt an den Chorleitern und Dirigenten Rückgrat zu zeigen, das Heft wieder in die Hand zu nehmen und den Tonmeistern ›den Schneid abzukaufen‹. Oft werden vermeintlich technische Gründe vorgeschoben, um »Interpretationen« der Techniker durchzusetzen. Im Zweifelsfalle war es ein technischer Fehler, und schon muß die Aufnahme wiederholt werden. Und den Letzten beißen die Hunde, das ist nach dem Orchester der Chorsänger. Um auf einer Schallplattenhülle zu erscheinen, kuschen selbst ›große‹ Namen vor einem Aufnahmeleiter und Produzenten. Ein gerüttelt Maß Tontechnik muß heute jeder Dirigent beherrschen, sonst ist er den Technikern hilflos ausgeliefert.

Was im Rundfunkchor das Pianogesäusel sein kann, ist im Opernchor das Dauerforte. Beide sind besonders für Frauenstimmten und Tenöre lebensgefährlich. An vielen Theatern sind die Chöre in Folge des Nachwuchsmangels unterbesetzt. Die Extrachöre sind oft stimmlich schwach, und so sind alle Mitglieder des Hauschores gezwungen zu forcieren. Das Orchester, unter ständig wechselnden Dirigenten, spielt immer zu laut, na ja, das Ergebnis ist allabendlich zu hören. Unsere doppelte Moral verzeiht Männern, wenn sie sich besaufen, Frauen werden dann als ›Schlampen‹ tituliert.

Ebenso ist es im Gesang. Der kleinste Fehler, die geringste Unvorsichtigkeit, haben oft bei Sopranstimmen schlimme Folgen, während Männerstimmen dann als »Ausdrucksstark« gelten.

Ein weiterer Hauptgrund für unreines Singen ist der Menstruationsrhythmus. Solistinnen können oft an ihren ›Tagen‹ pausieren, Chorsängerinnen nicht, sonst bräche bald der Betrieb zusammen. Selbst für eine ausgeglichene, zufriedene Frau können die ersten Tage der Blutung schmerzhaft sein, ebenso die Tage kurz davor. Außerdem schwellen in dieser Zeit die Stimmbänder ein wenig an. Um dann noch gut zu singen, bedarf es einer guten Technik. Soprane, die immer exponierter liegen, tun sich dann oft schwer. Wenn dann noch mangelndes Verständnis von Kolleginnen oder gar blöde Kommentare von ewig pubertierenden Kollegen hinzukommen, ist manche Sängerin schon still verzweifelt. Wenn alte Kolleginnen meinen, das hätte es ›früher‹ nicht gegeben, daß man da einfach daheimbleibt, ich habe da noch das ›Blondchen‹ gesungen...., dann kann ich nur sagen, das ist schlicht erlogen. In vielen guten Ensembles können Frauen heute einen Tag daheim bleiben, wenn sie sich besonders ›unwohl‹ fühlen, und das ist gut so.

Überhaupt ist Singen eine sinnliche Sache. In den Lehrbüchern wird meist ein Bogen um dieses Thema gemacht, aber es ist der Grund für die Popularität manchen Tenors und mancher Chansonsängerin. Die »Stütze« liegt im Unterleib. Erst wenn bei Manderl und Weiberl die Hormone stimmen, stimmt auch die Stimme. Einfach gesagt: So lange eine Frau gut Kinder gebären kann, kann sie gut singen, d. h. etwa vom 19. bis zum 45. Lebensjahr. Nach dem Klimakterium behalten Altistinnen oft die Stimme, Soprane werden meist etwas tiefer und sollten dann häufig im Alt mitsingen, anstatt durch falsches Heldentum den Sopranklang zu ruinieren. Auch die Ausdauer läßt nach, doch kann eine intelligente Sängerin lernen, so zu singen, daß die Vorzüge der neuen, tieferen Stimme ausgenützt werden, und in der kritischen Höhe kluge Zurückhaltung üben. Am Theater können Frauen im »Solo« das ›Fach‹ wechseln, warum geht das nicht im Chor? Hier sollten die Gewerkschaften einhaken. Ein 1. Hornist geht nach 20 Jahren ohne Gesichts- und Autoritätsverlust an das 2. oder 3. Horn. Tenöre sind zwar Männer, aber die angespannte Stimmlage (und nicht die oft nachgesagten Liebesabenteuer) lassen die Stimme oft früh ermüden. Mit 55 möchte mancher gerne in Pension gehen, kann es aus rechtlichen Gründen nicht. Oft singen Tenöre schon mit 50 mittelmäßig.

Bässe halten das, was Tenöre versprechen und singen oft noch mit 60–65 Jahren anständig im Chor und bisweilen im Solofach. Baritonstimmen werden im Alter etwas tiefer und singen dann oft 2. Baß mit. Da im Chorbaß extreme Höhen selten sind und sich bekanntlich auch mittelmäßige Stimmen gut mischen, sind keine großen Probleme zu erwarten. Nur läßt der Sinn für reine Intonation und schönes Musizieren in Folge der häufig anzutreffenden Abstumpfung leicht nach. Andererseits kann eine gute Baßgruppe ein humorvoller Haufen großer Kinder sein, und den Chor mit ›Umdichtungen‹ bekannter Texte bei faden Alltagsproben erheitern. Der Chormeister muß das dulden und nur bei schlimmen Exzessen eingreifen.

Stimmlich reifen viele Bässe erst mit 40 Jahren, dann, wenn der Römer erst ›VIR‹ genannt wurde, und der Schwabe ein Mann wird. Die Ausdauer läßt zwar auch nach, aber lange nicht in dem Ausmaße als in anderen Stimmen; nun, mancher ›VIR‹ ist im reiferen Alter noch einmal Vater geworden.

Diese Abschweifung in die Biologie war notwendig, um zu zeigen, daß oft ganz prosaisch-unmusische Gründe für die ›Stimmung‹ und dann im Gefolge für die Intonation verantwortlich sind.

Ein Chor mit überalterten Tenören und Sopranen, der ein schweres Oratorium wie z. B. ›Die Jahreszeiten‹ gesungen hat, ist u. U. so müde, daß er oft einige Tage kaum mehr sauber singen kann. Daß Musica viva noch schlimmer sein kann, besonders wiederum für Soprane (weil den Komponisten im Baß die Clustertöne ausgehen!) am Rande sei erwähnt. Wenn dann im Chor 3 Soprane, die sonst Stützen sind, ihre Periode haben, 2 andere haben etwas Schnupfen, und eine Sängerin hat vom langen Stehen Rückenschmerzen, die Kopfweh verursachen, bekommen und wenn das sinngemäß für alle Stimmgruppen gilt, dann ist es Zeit für ein paar Tage: ›Nun tacet für den Chor‹ (Lortzing). Es helfen dann keine musikalischen Tips, wie: großer Ganzton, reine Terz, sondern einige Tage körperlicher und seelischer Entspannung.

Ein anderer wichtiger Grund für unreines Singen und die Überanstrengung der Singstimme ist der überzogen hohe Kammerton der heutigen (mitteleuropäischen) Orchester. Verdi hat für die »Aida« das Pariser normal a von 435 hz (870 Schwingungen) verlangt, weil auch schon damals hohe Stimmungen anzutreffen waren. Schon mit 435 hz ist »Aida« schwer genug zu singen. Jahrzehntelang war man mit 435 hz zufrieden. Dann, nach 1920, begann ein Ansteigen des Kammertones auf 437 bis 440 hz. 1939 wurde dann international 440 als Stimmton festgelegt. Jedoch vielen Orchestern und vor allem Dirigenten war das immer noch nicht brilliant genug, und so stieg in Deutschland, Österreich und der ČSSR der übliche Stimmton auf 445 hz, und mancherorts auf bis zu 447/448 hz. Wenn dann im Laufe eines Abends die Stimmung, in Folge der Wärme, bei den Bläsern steigt kann ein Stimmton von 450 hz – 453 hz erreicht werden. Was das bei einem Werk wie »Missa Solemnis« für den Chor heißt, hat der Autor mehrfach selbst erlebt. Daß französische, russische und amerikanische Orchester pragmatisch vernünftig sind und fast durchwegs auf 440 hz einstimmen ist lobenswert. Schon 440 hz sind hoch genug für viele Partien.

Der Grund für dieses Ansteigen ist einfach: Mehr Spannung in den Geigen (und nur diese können wirklich davon profitieren) macht den Ton lauter, und unsere Umwelt ist lauter geworden. Der Baß leidet wieder mal darunter, weil sich die Relation nach oben verschiebt. Ein a von 435 hz, so gut es für die Stimme wäre, läßt sich wegen der Holzbläser (Intonation!) z. Zt. nicht mehr durchführen. Ein 440er a ist aber möglich und sollte wieder vermehrt eingeführt werden. Die Sänger, besonders die großen unter ihnen, müssen sich endlich wehren und nicht meinen: »Ich bin ein Sänger mit guter Höhe, mir macht das nichts aus«. Die Belastung für die Singstimme ist nämlich zwiefacher Art:

1. Das Orchester wird lauter und der Sänger tut sich schwer, dagegen anzusingen.

2. Die Lage (nicht der Spitzenton) ist anstrengender geworden (hohe ›tessitura‹) und oft ist zu tief singen die einzige Notwehr, die dem Körper bleibt.

Daß viele Dirigenten das Orchester ›krachen‹ lassen und kaum noch Sänger begleiten können ist selbst bei ›großen‹ Namen häufig zu bemerken. Auf Schallplatten ist dank technischer Manipulation oft nur ein Solist zu hören und das Orchester säuselt indifferent im Hintergrund. Diese verschobene Balance ist auch mit ein Grund dafür, daß Sänger in der Oper forcieren müssen, denn Schallplatten gelten heute vielen Dirigenten als absolute Autorität und sie merken gar nicht, wie abgestumpft ihr Sinn für eine gute Balance zwischen Graben und Bühne ist. Und das Publikum hat zum Teil das Zuhören schon verlernt und reagiert nur noch auf ›Brunftschreie‹!

Kann das absolute Gehör helfen sauber zu singen?

Das absolute Gehör ist eine zweischneidige Sache. Wenn es sich an den z. Zt. geltenden Kammerton angepaßt hat, kann es helfen, wenn es aber noch »Klänge der Heimat« liebt, und, wie so oft bei 435 hz liegt, dann kann es eine Quälerei sein, alles zu hoch zu hören. Außerdem ist nicht jedes absolute Gehör gleich »scharf«, und es kann passiv oder aktiv sein. Wenn z. B. ein Chor um nur einen 1/8 – 1/4 Ton absinkt, dann im Laufe des Stückes wieder steigt und dann am Ende glücklich sauber ankommt, so kann mancher »Absolutist« das Gefühl haben, er sänge zwischen den Tasten, und so irritiert sein, daß er selber unrein zu singen beginnt. Ein scharfes, relatives Gehör ist oft mehr wert. Für die garstigen, stimmschädigenden Werke der »Musica Viva«, die eher eine »Musica morta« ist; weil fast alle Werke Totgeburten sind, ist das absolute Gehör jedoch ein Segen. Man muß nur den Satz »lieber zu hoch als falsch« beherzigen und sich nicht vom Nachbarn irritieren lassen. Komischerweise kommen Rundfunkchöre (die Hauptleidenden) immer »sauber raus«, die Intervalle stimmen aber eigentlich nie ganz genau und die einzelnen Stimmen (wenn's nicht wie so oft vom Komponisten ausgedachte 45 Soli sind) sind nie homogen, aber die Komponisten merken es selber nicht. Selbst die Stimmgabel kann nur das Schlimmste verhüten, da aber jeder ein Intervall etwas anders abnimmt, kann es nie ganz genau sein. Aber der Kritiker hat das Stück »atmosphärisch interessant« gefunden, und der muß es ja wissen.

Wie gesagt, die Stimmgabel ist bei solchen Werken unentbehrlich, und man sollte sie ruhig offen und ehrlich zeigen. Man hört sie im Publikum nie, der Sänger selbst bei Clustern kaum, aber es klingt so schön, wenn sie einer Dame runterfällt. Wenn aber der Chor trotz Stimmgabel den Ton verloren hat, ist sie oft nur eine Last und unnütz. Selbst gute Blattsänger tun gut daran, sich bei verrückten Intervallen »Hilftonarten« vorzustellen für den Fall, daß man den »Kammerton« nicht brauchen kann. Und wie gesagt: Lieber zu hoch! Dann kann kein Kollege oder Chef sagen: »Sie waren zu tief«. Die »Stimmung« ist nach 4–6 Wochen zermürbender Proben eh' so giftig, daß man gerne zu hoch singt. (Es ist schon pervers, wenn ein Spitzenensemble mühselig »die Noten lernen« muß, um dann ein zeitgenössisches Werk halbwegs über die Runden zu bringen, während der Zeitgenosse Mozart auch von seinen zeitgenössischen Kirchenchören, also »Laien« gesungen wurde!)

Zum Schluß noch eine wichtige Frage: Wie lange kann man sauber singen? Nach Josef Kugler, sind nur 1 1/2–2 Stunden sauberen a-cappella Gesangs möglich. Alles, was darüber hinausgeht, wird zu tief oder künstlich hochgehalten. Kugler, der legendäre Münchner Chortyrann, wußte, was er sagte. Aber heute ist Zeit Geld und pro Stunde Aufnahme werden 2–4 Minuten Musik gerechnet. Also muß der Chor 3 1/2 bis 5 Std. (mit Orchester) ran, sonst ›rentiert‹ es sich nicht. Solange nur Noten in der

Probe gelernt werden, sind längere Probezeiten als 2 Stunden möglich. Man muß dann u. U. Kompromisse bei der Intonation eingehen. Bei Konzerten und Aufnahmen sollte die Kraft aber sorgfältig eingeteilt werden. Auch langes Herumtrödeln und Warten kostet Energie!

Üblich sind folgende Probenzeiten:

$10-12^h/13^h$,	ab $19^h/20^h$ Vorstellung (Opernchor)
	oder ab $17^h/19^h$ Probe auf der Bühne
	oder mit dem Extrachor (Berufstätige)
$10-12^h$	Rundfunkchöre
$13-14.30$	

oder gar 9.30–13.00 ohne Mittagspause.

(Die stündlichen kleinen Pausen sind nicht eigens aufgeführt.)

Aufnahmen können über den ganzen Tag verteilt sein, oft hängt die Arbeitszeit vom Belegungsplan der Studios ab. Günstig sind folgende Zeiten 10^h-13^h und 15^h-17^h. 11^h-17^h oder 10^h-16^h mit nur einer Stunde Pause sind nicht so gut. Konzerte beginnen in Deutschland meist um 20^h, in romanischen Ländern um 21.30^h. Der Streit, ob man zu Mittag essen soll und dann weiter singen, ist alt. Viele werden dann so müde, daß kaum noch sauber gesungen wird. Andere sind froh über eine Unterbrechung und fühlen sich nach einem Essen und Getränk erfrischt. Außerdem kann man mit Kollegen reden, und etwas Abwechslung tut gut. Daß aber in der Regel die letzte halbe Stunde von 3 1/2 Stunden nicht die beste Zeit einer Probe ist, und man als Sänger vor $10.30^h/11^h$ kaum richtig »warm« ist, sollte nicht vergessen werden. Künstler sind nun mal Nachtmenschen. Das Zusammenziehen von Proben (Bsp. 3.) kann auch in »Sekundenschinderei« ausarten, um ja früh wegzukommen, um andere Dinge zu erledigen. Es liegt, wie immer, am Leiter, was er daraus macht. Die beste Probenzeit wäre (wie Jos. Kugler es praktizierte) 10^h-12^h und 16^h-18^h. Das entspricht in etwa den am Theater üblichen Zeiten, mit der nachmittäglichen Ruhezeit. Da aber nur noch wenig Sänger in der Innenstadt Wohnungen haben (Mietpreise!) können sie nicht schnell heimfahren, um sich ein Stündchen hinzulegen, was der Stimme gut täte. Denn Singen ist Schwerarbeit, etwa der Hochofenarbeit vergleichbar. (Ja, meine Herren und Damen von der Bürokratie, es ist ärztlich erwiesen!) Diese geteilte Probenzeit ist also nur noch Historie. Das müdeste Ergebnis hat man aber nachmittags von 14^h-18^h, wenn, oft wegen der Männerstimmen (meist Schullehrer), bei großen Besetzungen geprobt wird. Der Südländer macht dann aus gutem Grunde seine Siesta. Auch geteilte Einzelstimmen-Proben, gerne bei moderner Musik anzutreffen, führen dazu, daß wenn der Chorleiter um 9.30^h beginnt, er am Abend, wenn um ca. 17^h die letzte Gruppe kommt, oft so müde ist, daß es nur noch schlechte Proben werden. Oft schickt er die letzten früher heim, was insgeheim von diesen gerne einkalkuliert wird. Täglich 8 Stunden garstige Musik zu proben hat eben schon viele Chorleiter mürbe gemacht.

Wie sollen Proben sein?

Opernchöre stehen sich oft ein Loch in den Bauch, schwitzen die letzten Bühnenproben unter unpraktischen Kostümen und müssen sich lange Reden von Regisseuren anhören. Daß ein Chor, ähnlich wie Milch, wenn sie lange herumsteht, sauer wird, merken »Verbalvirtuosen« erst, wenn gemault und gemeutert wird. Eine Masse von Chorsängern muß in Bühnenproben ständig im Einsatz sein, damit keine Zeit zum »Ratschen« bleibt. Daß ein Chor immer etwas meutert, ist normal, es ist ein Zeichen, daß er gesund ist. Wer schimpft, dem fehlt nichts. Wenn aber dicke Luft entsteht, dann zeigt sich bald, ob ein Regisseur eine Persönlichkeit oder ein Windbeutel ist. Mit Gewalt geht vieles, aber ein rebellischer Chor kann eine Vorstellung »schmeißen«. Es ist allemal besser von vorneherein für abwechslungsreiche Proben zu sorgen, um solchem Ärger aus dem Wege zu gehen, als Machtmittel einzusetzen.

Wie schon gesagt: Chorleitung ist die höchste Stufe der Menschenführung, denn (nach E. Smola) »Musiker sind wie Kinder, und wollen als solche behandelt werden«. Und wer *spielen* und singen soll wird mit *liebevoller* Strenge gut zurechtkommen, aber niemals mit gebrüllten Kommandorufen. Daß sich das Klima eines Chores deutlich bessert, wenn sich ein Chordirektor bei aller gebotenen Strenge vor sein Ensemble stellt und es in Schutz vor Wichtigtuern nimmt, ist eine *Grundregel* für Maestri. Als zu Josef Kugler ein Aufnahmeleiter einige unnötige Dinge sagte, meinte er nur trocken mit seiner gefürchteten, schneidenden aber leisen Stimme: »Machen Sie nur Ihre Arbeit, ich mache hier meine Arbeit«. (Nach dem Bericht von Rud. Gantner). Nun Kugler hatte Rückendeckung von Jochum und das tat auch dem Chor gut.

Wichtig beim Singen ist besonders: Gute Luft und genügend Platz. Daß hier oft gesündigt wird, steht auf einem anderen Blatt. Konzertchöre bekommen oft nur 4 Reihen harter Bänke ohne Rückenlehne, und wo nur siebzig Menschen hinpassen, müssen dann neunzig stehen, die Noten halten, die oft unhandlich sind, und möglichst nach vorne zum Maestro schauen, der kaum gute Einsätze gibt und so die Verkrampfung weiter steigert. Ach ja, sauber singen soll man auch noch und nicht ungeduldig werden, wenn der Dirigent lange mit dem Orchester probt. Daß man auch ohne die photogene Kulisse eines Chores alle Orchesterstellen proben kann, ist nur dort möglich, wo durch gute Tarifverträge dem Chor diese Herumtrödelei erspart wird. Es ist aber sehr selten.

Helmut Franz ließ auch als Gastdirigent im BR bei Aufnahmen nur im Sitzen singen. Jeder Sänger hatte ein Pult vor sich und so die Hände frei. Ich teile nicht ganz die Meinung dieses ausgezeichneten, aber schwierigen Mannes. Für viele a cappella Aufnahmen aber, die nur mit halber Stimme gesungen werden müssen, ist diese Aufstellung gut. Die müden Füße sind so entlastet und die Hände ruhig.

Gerade das enge, bewegungslose Stehen mit den oft unhandlichen Noten, dazu das ständige Umblättern bei Chorpartituren, so praktisch diese sind, ist eine unnötige Belastung. Wenn der Chor steht, dann muß jeder Sänger nach vorne und seitlich Platz haben. Auch muß man über den Vordermann hinüber sehen können, was sich durch gute Podeste und Umstellungen der Größe nach erreichen läßt. Die Tränen der Eitelkeit muß man übersehen lernen.

Die siebzig cm, die leider die Regel sind (um möglichst viele Laienstimmen unterzubringen), genügen aber auf Dauer keinem Konzertchor, der professionell arbeitet. Laienchöre werden gerne als Musterbeispiel dem Berufschor vorgehalten, wie brav sie doch seien, nur die Profis nörgelten ständig, wenn man jedoch täglich mit unpraktischen, ja gesundheitsschädlichen Sitzen auskommen muß, ist irgendwann die Geduld am Ende. Die Folgen wie Bandscheibenschaden, ect. sind nicht zu übersehen.

Im Rahmen eines Artikels lassen sich alle Themata nie erschöpfend behandeln. Besonders Notenbeispiele müssen dann wegfallen. Im Buche werde ich jedoch, an schwierigen Stücken, die Punkte zeigen, die musikalisch entscheidend sind. Auch Möglichkeiten der richtigen Vokalwahl, Aussprache, ect. werden dort zu finden sein. Die außermusikalischen Dinge, die kein anderes Buch genau behandelt, zumindest nicht auf Deutsch, waren mir so wichtig, daß ich ihnen breiteren Raum gab. Der Teufel sitzt nämlich öfters als man glaubt in diesem Detail. Ebenso wichtig z. B. und in der Praxis genauso langwierig ist das Problem der Aussprache, das selbst guten Blattsängern viel Kraft und Nerven kostet. Der Musiker hat nur die Noten zu spielen, der Sänger muß oft ungeschickt unterlegte Texte, besonders in Übersetzungen dazu abliefern. Leider lassen sich nur wenige Regeln aufstellen, und bei diesen gibt es viele Meinungsverschiedenheiten, so daß für jedes Werk neue Wege gesucht werden müssen. Darum habe ich aus Platzmangel hier auf eine Erörterung verzichtet. Interessierte können aber in den meisten Chorleitungsbüchern wissenswertes darüber erfahren.

Singen ist, wie gesagt, körperliche Schwerarbeit. Aus diesem Grund läßt sich extreme Dynamik nur kurze Zeit durchhalten, da durch ständige Wiederholung bei den Proben die Stimme weitaus mehr als bei einem Auftritt beansprucht wird. Eine sinnvolle »Probierdynamik« zeichnet einen guten Chormeister aus. Der häufig gehörte Satz »Singen Sie piano, schonen Sie sich« ist zweischneidig, denn ein klingendes piano kann über längere Zeit anstrengender als ein forte sein. Man soll seine Stimme »in den Hals bekommen«, dazu gehört – aus körperlichen Gründen –, daß Fortestellen in angemessenem Forte geprobt werden. Man sollte in beiden dynamischen Richtungen vom gesund empfundenen Mezzoforte ausgehen, ohne in das Einheitsmezzoforte altgedienter Chorprofis zu verfallen. Die letzten Proben müssen mit voller Dynamik gesungen werden, ohne daß die letzten Reserven hergegeben werden. Daß bei Aufnahmen Musiker und Sänger durch unnötige und schier endlose Wiederholungen frühzeitig verschlissen werden ist bekannt, deshalb schützen sich viele in solchen Fällen durch langweilige Dynamik, die dem aufzunehmenden Werk auch nicht nützlich ist.

Daß ein Hauptproblem des Chorgesanges die Chorleiter sind, derer es wenige Gute gibt, muß aber noch gesagt werden. Solange Chöre von gescheiterten Dirigenten eingehämmert werden, der Chorsänger andererseits oft ein schwacher, ebenfalls erfolgloser, im besten Falle ein mit schwachen Nerven versehener Solist ist, der aus Gründen der Existenzsicherung »in den Chor« ging, solange haben wir die Situation eines Strafbatallions, die unerfreulich für beide Seiten ist.

Wenn dann noch dazu die Verantwortlichen das nicht merken, den Chor seine Zweitrangigkeit deutlich fühlen lassen, dann braucht sich niemand darüber zu wundern, daß der Berufschor in seiner Existenz bedroht ist. Wenn man jedoch dem Berufschor die Rechte gibt, die (sinngemäß) sich gute Orchester erkämpft haben, dann werden auch gute Kräfte vermehrt diesen Beruf ergreifen. Der Chorsänger aber sollte lernen, sich als »Vokalmusiker« zu verstehen und solistische Träume Träume sein lassen. Zum Solisten gehört mehr als eine gute Stimme!

Leider ist die Situation wirklich ein Teufelskreis. Viele Sänger (weiß Gott, nicht nur Chorsänger) sind unmusikalisch; Stimmbesitzer halt. Und, wenn dann ein Chormeister immer wieder wie ein Hilfsschullehrer tagtäglich die primitivsten Dinge erklären, vormachen und einbleuen muß, und nach 2 Wochen alles vergessen ist und Punktierungen vielleicht noch Triolen sind, kein Text mehr, außer an der Kassa erhältlich ist, und die Intonation flöten geht, dann ist jeder noch so Gutwillige irgendwann am Ende seiner Kräfte. Entweder er wird ein Ekel und schüchtert die Masse Chor nach dem Motto »oderint dum metuant« (mögen sie hassen, wenn sie nur fürchten) ein, oder er resigniert und singt lustlos. Ein Chor ist nun mal viel lebendiger als ein Orchester, jeder Sänger ist selbst ein Instrument und nimmt auch noch so gerechtfertigte Kritik leicht sehr persönlich. Schwache Chorleiter haben oft nur das Talent einen gegen den anderen auszuspielen, was das Klima weiter vergiftet. Ein Chorleiter muß eine starke, überlegene Persönlichkeit mit viel Humor sein, die es versteht, ihre Forderungen geschickt zu verpacken. Dann frißt ihm der Chor aus der Hand. Wer das aber alles beherrscht, ist meist schon Dirigent und froh, daß er dem Chorsaal entronnen ist. Das Mittelmaß bleibt hängen.

Andererseits sind viele GMD's nicht scharf darauf, *zu gute* Chorleiter zu haben. Er soll die Noten eintrichtern, die Schau zieht aber »Il grande Maestro« selber ab, und fürs Familienalbum gibts dann ein Foto mit Widmung des »großen« Mannes. Chorleitung erfordert eingehende Kenntnis der Singstimme, die vielen Dirigenten abgeht. Chorleitern und den Chören muß man daher dankbare Aufgaben übertragen. Daß viele Chorleiter schlecht dirigieren, liegt oft an der fehlenden Praxis. Wer aber im Chorsaal nur Klavier spielt, kann bald nicht mehr dirigieren. Nur wer gefordert wird, lernt hinzu.

Was aber den gutwilligsten Chorsänger in seinem Berufsleben oft verzweifeln und resignieren läßt, ist, daß viele Dirigenten sich *nie* vorher mit den Chorleitern absprechen. Das ist schlimm genug, wenn eine »al fresco« Einstudierung gemacht werden muß, es gibt aber eine handvoll Grundregeln für diesen Fall. Zuerst müssen die Noten stimmen, dann die Intonation, es muß stimmen die deutliche Absprache der Konsonanten im Text und ganz besonders der Rhythmus. Der Chor muß lernen auf verschiedene Tempi zu reagieren, denn man weiß ja nicht, wie es letztendlich wird.

Die Dynamik kommt ganz zuletzt! Sie hängt ja auch von vielen Unwägbarkeiten wie, z. B. Saalgröße, Orchesterbesetzung etc. ab, und stellt sich erst im letzten Moment heraus.

Leider würzt ein großer Teil der Chorleiter die Proben mit »Privatinterpretationen«, die meist nur aus unsinnigen dynamischen Vorschriften bestehen, wie das ach so beliebte »mezzopiano«, oder »dolce forte«. Im meist zu kleinen Chorsaal mag das noch stimmen, wenn aber dann das Orchester hinzutritt ist alles nur »Pferdebewegung« gewesen. Ein schon verstorbener Kollege sagte immer: »Schreib Dir ja nichts ein; im Chorsaal fieseln sie alle am pianissimo herum und hernach mit dem Orchester derfst plärrn«. Er hat leider fast immer Recht behalten. Der Bleistift ist zwar das beste Gedächtnis, aber was hilft es, wenn alles immer anders wird, als es geprobt wurde!

Wie kann man die Nachwuchssorgen lindern?

Nun ganz einfach: Durch gute Bezahlung, geordnete Arbeitszeit, gerechte Dispens- und Urlaubspolitik und gute Chorleiter. Auch muß man sich überlegen, ob die übliche Altersgrenze von 30–35 Jahren bei Engagements für den Chor nicht flexibler gehandhabt werden sollte. Bei Anfängern mag sie gelten, wer aber z. B. mit 40 Jahren ein großes Repertoire ersungen hat, sollte meiner Meinung nach die Möglichkeit haben, wenn er die Leistung erbringt, in einen anderen, vielleicht besseren Chor überzuwechseln. (Wenn Vakanzen frei sind, versteht sich.)

Wer aber als junger Mensch die Aussicht hat, nie mehr seinen Arbeitsplatz wechseln zu können, ohne sich umzuschulen, geht ungern in ein Ensemble. Und es kann fürchterlich sein, wenn man auf Gedeih und Verderb mit mittelmäßigen oder unfähigen Kollegen oder Chefs zusammenbleiben muß.

Daß die arbeitsrechtlichen Dinge m. E. lösbar sind, sei allen Juristen gesagt, wo ein guter Wille ist, ist auch ein Weg! Und es werden auch nicht alle Sänger auf und davon laufen. Aber es wäre ein Anreiz mehr, den Chorsängerberuf zu ergreifen, und wir müssen uns etwas einfallen lassen, sonst sind die Berufschöre bald so ausgezehrt und überaltert, daß man sie besser auflöst. Schon heute singen viele ehrgeizige Konzertchöre mit Laienstimmen manchen mittelmäßigen Opernchor glatt an die Wand! Aber auch die Chorleiter sollten danach trachten, sich auch musikalisch zu bilden, als nur gut Klavier zu spielen. »A good Choirmaster has to bee a good singer«, heißt es in einem guten englischen Fachbuch. Ich habe dem nichts hinzuzufügen.

Glonn im Mai 1984

Empfohlene Bücher:

Klink, Waldemar*: Der Chormeister, Schott
Reynolds, Cordon*: The Choirmaster in action, Novello (engl.)
Bimberg, Siegfried*: Handbuch der Chorleitung, VEB Deutscher Verlag
für Musik, Leipzig
Meyer, Xaver*: Chorleitung, UE Wien Nr. 20510
Die Peters Reihe »Praxis der Chorprobe«, besonders
»Die Schöpfung« von H. Franz.: C. F. Peters
E. Häflinger: Die Singstimme, Hallwag
Franz Thomas: belcanto, Gg. Achterberg Verlag, Berlin.

Die Probleme des Chorgesanges werden in den zwei letzten Büchern nicht
erwähnt, es sind aber viele gute Ratschläge allgemeiner sängerischer Art,
die auch für »Choristen« wichtig sind. Die bekannten Chorleitungsbü-
cher von z. B. Kurt Thomas sind zu sehr auf Laienchöre zugeschnitten
und besonders in der Stückauswahl erschreckend einseitig. Der Berufssänger muß den Eingangschor aus dem 2. Akt von Puccinis Bohème beherrschen, nicht aber schwache Werke von Pepping.

*Joseph Kanz, geboren 1949, ist seit Jahren im Berufschor tätig und hat
vielseitige Erfahrung als Musiklehrer, Kapellmeister und Chorleiter.*

* Besonders gut.

Enrico Caruso

(1873–1921)

»Er singt nicht gedeckt, aber auch nicht offen, wie singt er denn nur?«

So hörte ich Gesangsexperten in der Pause aufgeregt diskutieren, als Caruso 1911 bei »Kroll« den Radames sang. Ich verstand von ihrer Weisheit nichts, ich wußte nur, daß er frei und natürlich sang, ohne jeden Zwang, während alle anderen Stimmen klangen, als wenn sie hinter einem Vorhang sängen. Zudem sang er so vollendet, daß ich trotz Hitze und Stehplatz, wie von einem Zauber erfaßt, in den Schlußszenen nichts von Ermattung spürte, sobald seine Stimme erklang.

Bei seinem Gastspiel »Der Liebestrank« 1912 im königlichen Opernhaus, Berlin, waren es »die Sachverständigen des 4. Ranges«, die in der Pause in heftiger Diskussion die Meinung vertraten, Caruso sei Natursänger, alles sei bei ihm Natur. »Schauen Sie doch hin«, ereiferten sie sich gegen meinen Widerspruch, »wie spielend leicht, wie natürlich er singt, ohne jede Anstrengung! Sehen Sie dagegen unsere Sänger, wie sie sich mühen und anstrengen. Da sieht man, die haben Gesang studiert!«

In diesem Gastspiel gab Caruso wohl das Vollendetste an Gesangskunst und Innerlichkeit, das je von einem Sänger – außer vielleicht noch von Maria Felicita Malibran (Schule Garcia Vater) und Jenny Lind (Schule Garcia Sohn) – erreicht wurde. Es gab Augenblicke, in denen jedem die Tränen in den Augen standen. Das waren die Momente, in denen die Stimme die Empfindungen des Sängers – Verzweiflung, Hoffnung, Liebe – in der großen ihr zur Verfügung stehenden Farbenskala spielend zu überwältigendem Ausdruck brachte. Atemlose Stille herrschte, als die Stimme plötzlich in leichtem Blau aufleuchtete, dann in helles Rot überging, aber auch schon im nächsten Augenblick in dunkles Violett abfiel, um jedoch – beim Singen des Namens der Geliebten – plötzlich im Erfassen neuen Hoffens in hellstem weißem Lichtglanz zu erstrahlen.

Wohl nie zuvor oder nachher hat ein Sänger die Skala seiner Empfindungen in tönenden Farben wiedergegeben bzw. wiedergeben können.

Über dieses einmalige Phänomen schrieb auch s. Zt. Oskar Bie im Börsenkurier und später ausführlich in seinem Werk »Die Oper«.

– Die Kunst war bei Caruso Natur geworden – kunstlose Kunst, vollendete Kunst –

(Franz Thomas)

Und nun komme ich zur eigentlichen Lösung, zu dem, was mir an diesem kunstgesellschaftlichen Phänomen am bedeutungsvollsten erscheint: Caruso ist nicht bloß ein Liebling des Publikums, sondern auch, wie man früher sich ausdrückte, der Musen, aller Musen, die ihn begnadet haben. Er antwortet der Begeisterung mit wirklicher Kunst, und er ist eine Erscheinung von so starker Kraft, daß er Völker aus dem Schlaf wecken kann. So hat er Berlin geweckt, und er hat das Verdienst, ihm jedes Jahr wieder etwas Theatermut gemacht zu haben, vielen auch etwas Lebensmut. Ich spreche das nicht leichtsinnig aus, ich überschätze weder das Theater noch die Musik noch die Singerei – aber ich habe in den Augenblicken, da diese wie aus einem Schlaf geweckte Begeisterungsfähigkeit unserer Theatergänger und seine außerordentliche Kunst in Flammen zusammenschlugen, in diesen Augenblicken habe ich eine Daseinssteigerung erlebt, die aus der Angelegenheit der Bühne wirklich eine des Lebens gemacht hat. Caruso ist nicht, wie es Kainz war, Stimmungen so unterworfen, daß er in die Verlegenheit kommt, an schlechten Abenden seine Routine, statt seine Rolle zu spielen. Bei einer guten Stimme geht das nicht, sie hat zuviel elementare Kraft und Schönheit. Aber seine fast gleichmäßige Kunst hat Momente, in denen sie sich noch über sich selbst hinaus steigert, an einer Partnerin entzündet oder sie berauscht und dadurch sich selbst beflügelt. Eine kleine Gemeinde – wie wenig Menschen füllen dies Opernhaus – erinnert sich ihr Leben lang an den ersten Aida-Abend Carusos mit der Destinn, wie da die beiden schönsten Stimmen der Welt sich fanden, sich in Feuer setzten, steigerten, fortrissen, übertrafen und wieder ruhig zu machen suchten, sich suchten und liebten und vereinigten, eine Stimmenhochzeit feierten, die das Haus zittern und weinen machte. Was Theater und Aida und Amerika und Neapel und Prag und Billett und Frack und Auto und Garderobe – Lebensräusche gab es von ungeahnter Stärke, gleichzeitiges Atmen, saugende Sinne, eine Empfindung, als ob alle sängen, alle, die nie singen können, alle durch diese beiden göttlichen Stimmen ihren stummen Gesang herausholten, eine Befreiung für uns alle, die die beiden da vom Druck erlösten und in den Himmel zurückschickten, wir an ihren Lippen hängend, mit ihren Kehlen sprechend, mit ihren Körpern fliegend in ein Reich, voll Mut und Kraft und Schönheit – nicht nachdenken, keine Worte, nur hören und hören in die Unendlichkeit. Eine kleine Gemeinde erinnert sich dieses Abends, wie ein Geheimbund, der sich durch Zeichen zu verstehen gibt: wir wissen es. Und wieder kam ein anderer Abend, ein verschiedener, neuer, und doch nicht schwächerer: Caruso mit der Hempel in der Bohème. Statt zweier aufglühender Stimmen diesmal das Schauspiel einer wundervoll führenden und einer hingebend geführten Stimme. Er ganz Kraft und Männlichkeit und Lebenserfahrung und Stolz und Bewußtsein, stark und voll, mutig und sicher, sie ganz Weib, erwachend und in herzlicher Dankbarkeit, frühlingshaft süß und lieblich fein, Blüte und Farbe und Schmetterling, mit der höchsten Freude derer, die sterben sollen. Die beiden gehen zum Schluß des ersten Akts in Liebe dahin. Ihr Duett ist ein Naturphänomen. Auf seiner Heldenhaftigkeit ist ihre Süße. Er führt ihre Stimme, wie der Tänzer die Tänzerin führt. Er gibt der Phrase Atem, Klang und Licht, und sie folgt ihm in rührender Holdseligkeit, gleich als ob sie seine Bogen füllen, seine Linien vermenschlichen wolle, im zitternden Verlangen von entzückender Natürlichkeit des Stimmausdrucks, im hingebenden Werben von reizend vielfältiger Anmut. Welches Vergnügen hatten alle, die das Haus besuchten, um die Vereinigung dieser beiden Organe zu studieren und zu genießen, die nicht an Rollen und Noten und Naturalismus und Operntechnik dachten, sondern nur dies eine beobachten wollten, was eben nur dort zu beobachten war: den Mut des Mannes und die Hingabe des Weibes in denjenigen Exemplaren von Stimmen, die sie heute am besten verkörpern und die, auf schöne Momente ineinandergefügt, ein Wunder uns zu ahnen geben. Eine Stimme ist mir so viel. Eine Stimme ist der unübertreffliche Ausdruck aller wirklichen Schönheiten und aller zum Licht drängenden Empfindungen. Die Stimmen sind verteilt, in hundert Spielarten. Das Theater vereinigt sie. Es ist ein Tempel, keine Literaturanstalt.

Caruso ist ein Kind im Leben. Eine feine Unbefangenheit, eine spielerische Naivität kleiden ihn gut. Man hört ihn selten von Kunst reden, hier und da hat er einen Freund, Schicksale erregen ihn, die Reise läßt sie vergessen, die Welt ficht ihn nicht an, er bleibt schließlich für sich und spielt mit den Dingen. Er dalbert wie ein Vierjähriger, amüsiert sich mit Pianolas wie ein Zehnjähriger und karikiert mit wenigen geschickten Strichen seine Umgebung, aber vor allem sich, wie ein Zwanzigjähriger, der von seines Vaters Gelde lebt. Wenn er die Bühne betritt, löst es sich, der Neapoletaner hat die natürliche Geschicklichkeit, Rollen zu gestalten, der Karikatuer hat die größere, sie zu Charakteren zu erheben. Caruso zwischen Carmen und Micaela vor Verzweiflung keuchend, als Bettler des Lebens und der Liebe vor der geputzten Carmen, die er erdolchen wird, obwohl er fast vom Schicksal erfleht, daß er es so weit nicht treiben müsse, Caruso als Bohemien mit der routinierten Lust am Elend und dem Humor der kleinen Lebensfreuden, als Rigolettoherzog, als Ricardo süß zerfließend in seine frevlerische Liebe, als Bajazzo mit dem Wissen um alles Bajazzotum seines und deines und unseres Lebens, das wäre genug an sich. Es ist scharf und sicher, Bilder eines Malers. Aber es ist nur der Fond für die Mimik seiner Stimme. Diese Stimme ist weit von allem, was Tenöre kompromittiert, von Affektiertheit und Pose und hohlen Renommagen hoher C's und rollender Passagen. Sie ist gesättigt von Ausdruck und Schönheit. Aus dem Körper kommt sie, voll und reich und männlich, eher dunkel als hell, eher baritonal lebenswahr als tenorhaft kurios, und sie führt Ströme von lagernden Farben mit sich, die sie auf ihrem Wege verschwendet. Es glänzt braun, grüne Lichter blitzen, blaue Fernen öffnen sich, violette Ahnungen streichen. Die Stimme eilt nach den Lippen zu, um sich möglichst vorn zu halten, schön flach und elegant leicht zu bleiben; aber sie verleugnet dabei ihre tiefe und volle Herkunft nicht, den Wurzelbogen nicht, das eigentümliche Aroma, wie Altistinnen, die gut in Höhe gebildet werden. Im Kopfe schlägt sie dann eine neue Residenz auf. Sie wendet sich zurück und läßt, glockenrein anklingend, den Piano-Kopfton entstehen, in dem wie von oben gesehen alle Farben des Brustregisters in einer neuen und eigentümlichen Beleuchtung, ahnungsvoller und mystischer, hindurch schimmern, oder sie wendet sich hinaus und führt die melodische Linie unmittelbar durch die hohe Lage in ein Himmelreich von heroischem Glanz, von heißen Heldenhaftigkeiten, in denen alles, was dieser Leib geben kann, in fortreißender Kraft und Leidenschaft Ausdruck wird: man glaubt die letzten Ventile schon geöffnet, nun erst wird man des ganzen Zaubers und der erschütternden Freiheit dieses Organs gewahr, das Leiden und Freuden mit unwiderstehlicher Gewalt hinausruft. Vor diesem Heldenton beugt sich eine Welt. Er singt ihr Wahrheiten von Schönheit und Tugend entgegen, die sie mehr überzeugen als alle Ästhetik. Sein Glanz blendet himmlisch. Aber dies Wagnis der Gottwerdung einer Stimme ist dem Menschen nur durch letzte Kunst möglich. Natur würde umschlagen, Kunst gibt die Souveränität.

Caruso ist nichts Typisches, er ist kein wunderbares Fragment, er ersetzt nicht durch Tugenden seine Mängel, sondern er ist ein Gesamtkunstwerk von Sänger, das man für unmöglich halten müßte, wenn es nicht lebte. Das Stimminstrument hat er wie die Melba, den Horizont wie die Lehmann, die Farbe wie die Destinn, ein Kerl ist er nicht weniger als Kraus, und die Sembrich übertrifft ihn nicht an mondänem Glanz. Seine Technik ist die aller Großen: sie steht sicher und fest vor dem Gesang da, die Phrase ist gebildet, ehe sie erscheint, die Dynamik verteilt, ehe sie beginnt, alles Gesungene ist ein Werk überlegtester Disposition, in der

Atem und Bindung keinem Zufall überlassen bleiben. Wie entzückend leicht scheint er die Donna mobile hinzuträllern, wie sich zu freuen über gewisse Atembogen, die, indem sie ein paar Noten mehr hineinnehmen, diesen eine neue seelische Nuance leihen, wie scheint er zu improvisieren in dem ihm eigentümlichen Hinaufziehen hoher Töne, die er wie lustwandelnd durch die Skala sucht – und doch ist dies alles Technik der Technik, genialster Fleiß, ein Studium, das, von der Eigenart der Stimme ausgehend, sie in Gesetze bringt und die Phrase bis aufs letzte Detail lebendig macht, wieder zurück nach der Natur hin. Das ist etwas einziges. Der Ästhetiker würde sagen: das besondere ist allgemein geworden, der Stil Persönlichkeit. Wir sagen einfach: es ist ein beneidenswerter Künstler, der so viel schulmäßige Technik lebendig zu halten und so viel frische Natur in Form zu bringen weiß. Möge uns allen eine Ahnung davon beschert werden.

(Oscar Bie)

Der Dirigent Karl Gotthardt, langjährig an der Hamburgischen Staatsoper, dem früheren Hamburger Stadttheater, hatte als junger Kapellmeister ein Gastspiel Carusos in einer Puccini-Oper zu betreuen. Auf der Orchesterprobe sang Caruso – damals im Zenith seines Ruhmes – einen hohen Bravourton zwar wunderschön, aber etwas knapp im Zeitmaß. Später fragte Gotthardt ihn: »Meister, wollen Sie die Fermate auf diesem herrlichen Ton nicht länger halten?«, worauf Caruso zögernd gestand, er fürchte sich ein wenig vor diesem Ton. Am Abend ritt den jungen Dirigenten der Teufel: als die bewußte Stelle kam, erhob er sich zu voller Größe, blickte dem Sänger herausfordernd in die Augen und »reichte ihm den Ton« in suggestiver Art – wie ein Operndirigent das kann – sozusagen »hin«. Caruso trat vor, setzte den Ton an in seiner Art, den Kopf dabei etwas nach vorn zu senken, entwickelte den Ton, wobei er sich zu freier Gestalt aufrichtete, löste sich sozusagen von der Erde, alle Fesseln hinter sich lassend, und ließ seine Stimme souverän und genießerisch in unbeschreiblichem Glanze aufleuchten – eben wie nur er es vermocht hat. Die Menschen hielten den Atem an – unbeschreiblicher Jubel brach los, man wußte sich kaum zu fassen. Nach Schluß des Aktes umarmte ein glücklicher Caruso den jungen Dirigenten, und er beendete die Oper wie in einem Rausch der Siegeszuversicht. (Nur ein Sänger weiß, was dieses Gefühl bedeutet, das nichts mit Eitelkeit gemein hat, sondern reinstes Glücksempfinden darstellt.) Eine dankbare Widmung, von Gotthardt zeit

seines Lebens hoch in Ehren gehalten, gab Zeugnis von dieser »Stern-
stunde« eines Dirigenten und seines Sängers.

(Karl Gotthardt)

Tobias A. Matthay

Das Element des Rubato

Tobias Augustus Matthay (1858–1945) galt als einer der führenden Kla-
vierpädagogen seiner Zeit. Matthay, von deutscher Abkunft, wurde 1871
Schüler von Bennett und Sullivan an der Royal Academy of Music in
London und lehrte ab 1876 an diesem Institut. 1900 gründete er seine
eigene Klavierschule. Matthay war ein ausgezeichneter Pianist, verfaßte
eine Anzahl von Lehrbüchern und komponierte Klavierkonzerte, Kam-
mermusik und viele Klavierwerke. Das hier erstmals in Deutschland ver-
öffentliche Kapitel über »Das Element des Rubatos« ist seinem 1913 in
London erschienen Buch Musical Interpretation *entnommen.*

Die Notwendigkeit der Tempo-Kontinuität

Eine der Ursachen, weshalb es Unerfahrenen nicht gelingt, die Ganzheit
eines Stücks im Auge zu behalten (bei aller angestrebten Sorgfalt für sein
Detail), liegt in der Verkennung der Tatsache, daß stets Kontinuität im
Tempo vorhanden sein muß, wenn der Ablauf des Stücks ungebrochen
sein soll.

Man denke daran, daß für den Hörer jeder Tempowechsel einen Neu-
anfang bedeutet, und er sich dem neuen Tempo wiederanpassen muß. Das
führt zu einer völligen Desorganisation des Stücks, wenn es sich um eine
kontinuierliche Komposition handelt; und wenn dieses Verändern des
Tempos beibehalten wird, erzeugt dies Unbehagen, ja sogar richtiggehen-
de Verärgerung, auch wenn der Hörer der wirklichen Ursache seines Un-
muts nicht gewahr wird.

Als einfache Medizin lasse man seinen Schüler einige Male im Zimmer
herumgehen und bestehe darauf, daß er unvermittelt alle paar Schritte
das Tempo seiner Gangart wechselt. Er wird sich dabei so verrückt vorkommen, daß er die Lektion für den Rest seiner Tage im Gedächtnis behalten wird.

Kontinuität hängt auch von tonlicher und emotionaler Gesamtplanung ab

Die Kontinuität einer Aufführung hängt natürlich nicht allein von der Befolgung dieses Gesetzes der Kontinuität des Tempos ab; sie wird auch bedingt durch angemessenes Durchplanen der Tonwerte und emotionellen Spannungen des Stückes.

Bei dieser Durchplanung können oft eine allmähliche Steigerung und Zurücknahme des Tempos selbst, wie auch gewisse Variierungen in der Tongebung hilfreich sein. Doch das bringt mich zur Erörterung eines Ausdrucksaspekts, der zwar einer der eindrucksvollsten und wirksamsten, zugleich aber auch einer der am meisten mißverstandenen ist. Und er wird auch kaum jemals richtig gelehrt (auch wenn der Versuch gemacht wird), da er an ein Prinzip rührt, das als etwas mysteriöses gilt, obgleich es durchaus leicht einzusehen ist. Ich meine damit *Das Prinzip des Rubato*[1].

Die wahre Natur des Rubato wird für gewöhnlich völlig mißverstanden

In der Tat, die Feststellung ist nicht übertrieben, daß Rubato generell völlig mißverstanden wird, sogar von denjenigen, die es vielleicht richtig in ihren eigenen Interpretationen anwenden.

Oft genug höre ich von Lehrern, die ihren Schülern sagen, daß sie »nicht Rubato spielen dürfen«. Das sind Lehrer, die sich zu diesem Schritt gezwungen sehen, einfach weil ihren Schülern niemals richtig gezeigt worden ist, wie man ein Tempo hält, geschweige denn, was Rubato wirklich bedeutet; und weil diese Schüler deshalb absurd sinnlose *ritardandi*

---

[1] *Rubato ist nichts magisches, es ist weder »etwas geheimnisvolles« noch »Telepathie«.*
Seit ich diese Vorlesung zum ersten Mal hielt, hat sich eine erheiternde Begebenheit zugetragen. In einem kurz nachher erschienenen Buch (das wohl bezwecken sollte, die technische Seite meines Unterrichts in Mißkredit zu bringen) ist dem Autor bewußt geworden, daß es neben der Tonnuancierung noch ein gewisses Etwas geben muß, das im musikalischen Ausdruck eine überaus gewichtige Rolle spielt; aber da er gerade auf dem Gebiet der »Analyse«, die er so sehr mißbilligt und verabscheut – jener »Rationalismus«, den er so heftig verspottet – nicht sattelfest ist, gelingt es ihm nicht, die wahre Natur dieses für ihn mysteriösen »Etwas« zu diagnostizieren. So verheddert er sich in verschwommenen Formulierungen, in »Telepathie« und Unsinnigkeiten wie »stummer Klang« u. ä. Da es ihm an jenem verabscheuten analytischen Wissen gebricht, ist er in seiner Blindheit unfähig, auf dem Boden der Tatsachen zu bleiben und dieses so überaus notwendige Element des Rubato als die Ursache für seinen angeblich »stummen Klang« und seine »telepathischen« Effekte zu erkennen!

und *accelerandi* anstelle von notwendigen, musikalisch hilfreichen und echten Rubati spielen.

Außerdem erscheint es als unvorstellbar, daß ein einsichtiger Musiker den grotesken Fehler begehen sollte anzunehmen, Rubato müsse einen Bruch des Zeitmaßes nach sich ziehen. Und dennoch weiß ich von einer Reihe von Fällen, in denen recht bekannte Professoren ihren Schülern mit Nachdruck sagen: »Du darfst Chopin nicht im Tempo spielen!«

Natürlich befinden sich beide Kategorien von Professoren gleichermaßen im Unrecht – diejenigen, die Rubato beanstanden und diejenigen, die einen Bruch des Zeitmaßes zulassen – und ihr Unterricht beweist nur zu überzeugend, wie gründlich sie daran gescheitert sind, die wahre Natur von Rubato als ein wichtiges und allgegenwärtiges Ausdrucksmittel zu begreifen. Zugegeben, ihr musikalisches Denken ist genügend entwikkelt, um ihnen das Gefühl zu verleihen, daß das Zeitmaß oftmals von einer Schnurgeraden abweichen muß, aber diese Künstler (ja, sie spielen durchaus passabel) besitzen so wenig Überzeugungskraft, daß es ihnen unmöglich ist zu analysieren, was sie selbst zustandebringen, um eben diese »Vierschrötigkeit«, die ihnen aus gutem Grund zuwider ist, zu verhindern; und solche Lehrer finden sich in einem Engpaß, denn sie wissen keinen berichtigenden Ausweg aus dem musikalischen Chaos, in das sie ihre Schüler irregeleitet haben!

Es läuft wirklich auf krasse Stupidität im Fall von Leuten hinaus, die jahrelang in ihrem Beruf tätig gewesen sind, obgleich es als entschuldbare Sünde unerfahrener junger Lehrer angesehen werden kann.

Ritardandi und Accelerandi sind kein Rubato

Wenn ich also auf der absoluten Notwendigkeit für Kontinuität in der Wiedergabe einer kontinuierlich gebauten Komposition bestehe, und das nur durch ein Beharren auf der Kontinuität von Tempo gewährleistet werden kann, ergibt sich daraus, daß ständig sich wiederholende *ritardandi* und *accelerandi* als Ausdrucksmittel unzulässig sind[2]. Und dennoch werden wir beim Spielen immer wieder gezwungen, ein Gestaltungsmittel aus der gewöhnlichen Rede anzuwenden, von dem wir Gebrauch machen müssen, wenn wir Worte hervorheben wollen, ohne die Stimme zu erheben; dann müssen wir *diesen-Worten-mehr-Zeit* lassen.

---

[2] Ritardandi und Accelerandi (anstelle von Rubato) werden oft versehentlich von Komponisten vorgezeichnet, wenn sie die Wiedergabe ihrer eigenen Werke nicht mit hinreichender Sorgfalt analysiert haben. Vgl. Anm. 8 und 23.

Das unumstößliche Grundprinzip des Rubato

Darin erkennen wir die Grundlage und Notwendigkeit von Rubato: Wir wollen bestimmte Noten hervorheben ohne ihnen eine übertriebene tonliche Emphase zu verleihen, und ganz natürlich verweilen wir länger auf ihnen, als ihnen eigentlich zukommt. Da aber Kontinuität im Tempo unerbittlich bleibt, ist der einzige Weg, diese zwei anscheinend gegensätzlichen Erfordernisse (Kontinuität und Dehnung des Zeitmaßes) in Einklang zu bringen, das Zeitmaß zu beugen und nicht aufzubrechen. Wenn wir also gewissen Noten zusätzliche Zeit zukommenlassen wollen, müssen wir anderen die entsprechende Zeit wegnehmen, um die so verbrauchte Extrazeit wieder wettzumachen; oder andersherum, wenn wir gewisse Noten einer Passage beschleunigen wollen, müssen wir aus dem gleichen Grund andere Noten entsprechend verlangsamen. Auf diese Weise wird es uns möglich sein, unseren Tempo-Umriß strikt einzuhalten, trotz aller Tempo-Beugungen und Abweichungen.

Tempokurven sind stets erforderlich

In der Tat, wir können und sollten in fast jedem Musikstück auf solche Weise um die Linie eines sonst gerade verlaufenden Pulses Kurven ziehen, aber dürfen dabei nie die eigentliche Position der Linie im Zeit-Raum vergessen. Eine Analogie läßt sich optisch durch die Kontrastierung einer Geraden mit einer in Kurven gezogenen oder sonstwie ornamentierten Linie herstellen, zumal eine solche Ornamentierung die eigentlich zugrundeliegende lineare Progression nicht zu zerstören braucht. *Beispiel 1, a, b und c:*

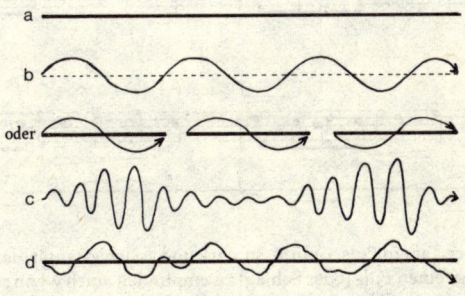

a, b und c im obigen Beispiel mögen zur Darstellung von Rubato dienen, wobei d ein *schlechtes* Rubato ist, da der auf beiden Seiten der horizontalen Linie beanspruchte Raum hier nicht ausgewogen ist – er »führt nicht zurück um Puls«.

So können wir im Rubato scheinbar den Puls ignorieren, ja sogar die Taktstriche über mehrere Wiederholungen hinweg, und dennoch dürfen wir nie, wenn wir solche Tempokurven ziehen, diejenige Stelle aus den Augen verlieren, an der Taktstrich oder Puls am Ende des Rubatos wiederkehren. Wir sehen also, daß Rubatospiel, weit davon entfernt, rhythmische Schwächen durchblicken zu lassen, in Wirklichkeit ein stark entwickeltes Gefühl für den Puls erfordert. Sonst werden wir während eines Rubatos gezwungen, den Puls für eine Reihe seiner normalen Auftritte zu übergehen und nicht in der Lage sein, zurückzuschwingen oder ihn mit der gebührenden Genauigkeit am Ende eines Rubatos wiederaufzunehmen[3].

Rubato in neuer Musik

Kein Werk der neueren Musik ist ohne eine angemessene Anwendung von Rubato – und nicht zu wenig davon – denkbar. Ein Chopin-Nocturne etwa oder eine neuere Komposition ohne Zeitmaß-Beugungen zu hören, ist in der Tat (für jemanden, der nur etwas musikalische Sensibilität besitzt) ein schreckliches Erlebnis. Ich möchte Ihnen davon eine Geschmacksprobe geben und Ihnen vorführen, was die Abwesenheit von Rubato wirklich bedeutet. Ich werde ein paar Takte aus Chopins Nocturne in f-Moll spielen, erst ohne und dann mit dem angemessenen Rubato:

Beispiel 2a

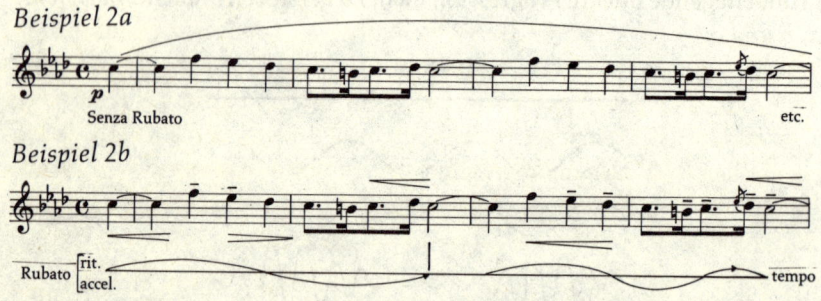

Beispiel 2b

[3] Rubato erfordert in der Tat ein Puls-Gefühl, so stark und voller Vitalität, daß es uns in die Lage versetzt, unentwegt einen Puls (oder Schlag) zu empfinden, auch wenn sein rhythmisches Wiederauftreten so langsam (oder verzögert) ist, daß es sich jedes Mal über eine ganze Phrase hinzieht – ja sogar manchmal eine ganze halbe Seite einer Klavierkomposition.

Rubato in älterer Musik

Während es jedoch durchaus einleuchtet, daß neuere Musik undenkbar ohne Rubato ist, werden wir sehen, daß auch die meiste ältere Musik es in einem gewissen Ausmaß benötigt – wenn auch äußerst subtil angewandt. Beethoven braucht es weniger als andere ältere Meister, aber sogar bei ihm ist es nicht völlig abwesend. Bach läßt es jedenfalls in Grenzen zu, und Mozart benötigt es ganz offensichtlich, wenn auch subtil ausgeführt. Wir wissen aus Mozarts eigenen Briefen, daß er es ausgiebig verwendete, und das sehr zum Erstaunen, zur Verwunderung und sicher auch Bestürzung seiner Zeitgenossen.

Der Irrtum von der Nüchternheit der alten Meister

Das verleitet mich zu einer Abschweifung. Ich muß Protest einlegen gegen die Tendenz bei gewissen Leuten zu glauben, weil ein großer Meister vor so vielen Jahren lebte, weil sein Körper schon so lange tot und unter der Erde ist, daß auch seine Musik in gewissem Sinne tot ist – ohne Emotion, ohne Leben und ohne Leidenschaft. Es könnte keinen alberneren Irrtum geben! Sicherlich, alle diese großen Meister waren blutvolle, lebendige Menschen, zumindest ebenso dem Leben zugetan und voller Freude wie wir, ebenso emotional, leidenschaftlich, stark im Fühlen und Denken wie die besten unserer Zeitgenossen, und das vielleicht in noch höherem Grad. In der Tat, ist es nicht offenkundig, daß sie, gerade weil sie von einem so phänomenalen Enthusiasmus für ihre Kunst erfüllt waren, von so phänomenaler Empfindsamkeit und Vitalität – und Überzeugungskraft – imstande waren, uns solche Meisterwerke zu schenken? Und dann die Zeugnisse, die wir von ihrem Spiel besitzen, sind sie Belege für ein kaltes Mendelssohnsches Glitzerwerk? Lesen wir in ihnen nicht das Gegenteil? Und dennoch führen heute einige Leute ins Feld, das sei nicht »klassisch«, Beethoven oder Bach mit menschlicher Emotion zu versehen! ... Und tatsächlich gibt es neuerdings Anzeichen dafür, daß ausgerechnet Chopin bald ins Reich der Kalten und Toten – und »Klassiker« – verwiesen wird[4].

---

[4] Doch was für eine Begriffsverwirrung! Sollte »klassisch« nicht eher die perfekte Ausgewogenheit von Emotion und Intellekt bedeuten, die allein die Grundlage aller wahren Kunst ist? Es gibt keine solche Ausgewogenheit, wenn wir Emotion unterdrücken.

Bei der Erfüllung mit emotionalem Leben darf die Gestalt nicht aus den Augen verloren werden

Man mißverstehe mich jetzt bitte nicht, daß ich behaupten wollte, Beethoven und Bach müßten genauso wie Schumann, Brahms und Debussy behandelt werden! Es trifft in der Tat zu, je wohlgestalteter, je architektonisch gelungener die Musik ist, desto weniger ornamental sollte sie wiedergegeben werden. Die majestätischen Bogen, Säulen und Gewölbe einer wirklich schönen Kathedrale mit kitschigen Farben und Kinkerlitzchen zu beschmieren, grenzt natürlich ans Verbrecherische. Aber wollen wir nicht so tun, als ob wir die Kathedrale ohne Licht sehen könnten – ohne die kräftigen Schatten und Farben, das Geheimnisvolle – und den Rhythmus – die das Licht mit sich bringt! Wie ich bereits gesagt habe, wenn wir große Werke spielen, kontinuierlich und ausladend in ihrer Konstruktion wie etwa die Beethovens, dann müssen wir immer wieder dem Anreiz widerstehen, dem Detail zu viel Farbe zu geben, damit wir nicht die größeren Gestalten des Stücks, seine allgemeine Atmosphäre und den majestätischen Ablauf seiner großen Ausmaße aus den Augen verlieren. Wir sollten Beethoven nicht gefühlvoll spielen, sondern mit Gefühl - mit starker Empfindung und dramatisch. Lassen Sie mich ein paar Takte aus der »Waldstein«-Sonate spielen, wie ich sie mißhandelt gehört habe, und dann mit der Korrektur dieser Rührseligkeit[5]. Also: A) mit Rubato – falsch; B) fast ohne Rubato – richtig.

Beispiel 3

Wann Rubato gelehrt und gelernt werden muß

Da wir gesehen haben, von welcher überragenden Bedeutung Rubato ist, obliegt es uns, es so früh wie möglich zu lehren – sogar im Kindesalter. Es sollte möglichst früh gelehrt werden: erstens weil ein Gefühl für Rhythmus verhältnismäßig leicht in jungen Jahren erworben werden kann, und zweitens wegen der extrem wichtigen Rolle des Rubato in der ganzen neueren Musik. Und natürlich muß das Kind damit anfangen, seine musikalischen Erfahrungen mit der Musik von Heute zu machen und nicht mit der von Gestern, denn das Durchschnittskind kann nur schwer erlernen, sich in ein Idiom der Vergangenheit hineinzudenken, bevor es nicht beträchtliche Erfahrung mit der Musik der Gegenwart gesammelt hat[6].

So ziemlich jedes Kind kann durchaus lernen, Puls und Zeitmaß zu erfühlen, wenn richtig unterrichtet – wenn von Anfang an dazu angehalten zu sehen (wie ich bereits betont habe), daß Musik aus Progression oder Bewegung besteht, Progression oder Bewegung hinsichtlich der Melodie, Progression hinsichtlich der Harmonik und vor allen Dingen aus Progression hinsichtlich Puls und Rhythmus. Offensichtlich findet das Kind es ganz leicht, auch den nächsten Schritt zu vollziehen und diese Pulse in alle möglichen Einzelbestandteile zu zerlegen – aber wohlgemerkt, immer als Bestandteil der Progression. Wenn nunmehr das Kind all das erlernen kann – und auch lernen kann, die Proportionen von Zeit weniger stark zu empfinden als den Puls, dann ist es sicherlich nur noch ein weiterer Schritt für das Kind zu lernen, genau auf die Wiederkehr von breiter verteilten Schlägen und Puls zu achten – solche, die sich in größeren Abständen wiederholen, während vorläufig jegliche Bezugnahme auf die Zwischenschläge, wie für Rubato erforderlich, unterbleibt.

[5] In diesen Rubato-Beispielen wird das Zeichen ◁◁◁◁◁◁◁◁▷ gelegentlich für Zeitabweichung benützt (analog dem Zeichen ◁◁◁◁ ▷▷▷▷ für Tonnuancierung). Wo das Zeichen weiter ausschwingt, verbreitert sich das Zeitmaß. Bei anderen Gelegenheiten wird zur Andeutung von Rubato eine Kurve unter- oder oberhalb einer horizontalen Linie verwendet.

[6] *Das Problem von Musik für Kinder.*
Das heißt keineswegs, daß man das kindliche Gemüt mit Monströsität oder Schwachsinn abspeisen darf. Man kann jedoch keine größeren Fehler begehen als zu meinen, daß Musik, nur weil sie selbst in einem gewissen Entwicklungsstadium in Erscheinung getreten ist, dem Kind in einer ähnlichen Größenordnung nahegebracht werden muß; und daß wir deshalb mit dem schwierigsten, intellektuell kompliziertesten, emotionell subtilsten und wunderbarsten aller großen Meister beginnen müssen – eine feine Fehleinschätzung, in der Tat! Ich muß gestehen, daß ich meinerseits immer noch nicht meinen Widerwillen und mein Vorurteil gegenüber Miltons »Paradise Lost« überkommen habe, das mir eingebleut wurde, lange bevor ich es verdauen konnte, bevor ich hätte hoffen können, alle die Schönheiten zu entdecken, an die zu glauben ich durchaus bereit bin, die sich mir aber wegen der Torheit meiner frühen Lehrer heute noch verschließen. Hier ist auch der Moment gekommen, gegen die Torheit zu protestieren, Kinder tödlich langweilige und unmusikalische Stücke und Etüden vorzusetzen. Wie kann ein Kind lernen, Musik zu lieben, wenn es mit Nicht-Musik vollgepumpt wird? Ein Strom solcher Makulatur, angeblich leicht zu spielen, wird als »Lehrmaterial« von Verlegern produziert und auf den Markt geworfen – reine Platitüden, ohne einen Funken von Erfindungsgabe oder Phantasie oder rhythmischer Lebendigkeit, die nichts aussagen und nichts bedeuten, und solches Zeug soll Kindern Musik nahebringen! Kein Wunder, so viele

verabscheuen ihre Übungsstunden! Dieses Verbrechen wäre nicht möglich, ermangelte es nicht dem durchschnittlichen Möchtegern-Lehrer völlig an musikalischer Urteilskraft, und so ist er außerstande, die katastrophal verderblichen Eigenschaften dieser kommerziellen Schundliteratur zu erkennen. Denn mit nur wenig Mühe läßt sich eine Menge echter Musik finden, die durchaus für das Kind erfaßbar und deshalb anregend ist – und auch für den Lehrer; so gibt es keine Entschuldigung dafür, Material zu verwenden, das auf beide entmutigent und paralysierend wirkt.

Wir dürfen nie vergessen, daß das Kind eher auf das heutige Idiom eingestimmt ist als auf das einer vergangenen Generation. Wir besitzen Meisterwerke für Kinder von echten Musikern wie Poldini und anderen guten Komponisten wie Jensen, Godard, Ole Olsen, Kullak, Grieg etc., sowie viele erwähnenswerte und achtbare britische Musiker wie John Kinross, Felix Swinstead, Carlo Albanesi, Cuthbert Nunn und eine Reihe anderer. Einige wenige außergewöhnlich veranlagte Kinder sind auch für die Schönheiten der Klassiker zugänglich (wie Corelli, Scarlatti, Bach, Haydn, Mozart und Beethoven), aber man sollte sich dessen vergewissern, bevor man sie mit einem Idiom konfrontiert, das von dem für sie natürlichen so weit entfernt ist.

Wenn allerdings solchen Kindern die älteren Klassiker offensichtlich Freude machen, dann gibt es keinen Grund, warum man sie nicht mit einigen der leichteren Werke vertraut werden lassen sollte oder mit einem derart wahrhaftig zeitgemäßen Werk wie der *Chromatischen Phantasie* – obwohl natürlich kein Kind den hintergründigen Inhalt solcher »Erwachsenen«-Musik begreifen kann.

In diesem Zusammenhang wurde mir bei einem meiner Vorträge eine interessante Frage gestellt. Ich wurde gefragt, ob es nicht gleichzeitig notwendig sei, daß Kindern Musik älterer Komponisten als Literatur vorgesetzt wird, und das in einem Ausmaß, daß ein bleibender Eindruck von dem Charakter eines jeden großen Meisters entsteht. Die Antwort ist, daß das von Fall zu Fall entschieden werden muß – was Gift für die einen ist, mag gut für andere sein. Aber keine Musik, und wenn sie auch noch so gut ist, sollte jemandem aufgezwungen werden, bevor er soweit ist, daß er Freude daran haben kann; andernfalls riskieren wir einen Abscheu vor aller Musik anstelle von Liebe zu ihr. Man muß deshalb allmählich und vorsichtig beginnen. Man gebe Kindern Musik, an der sie Spaß haben können (und die wird wahrscheinlich durchaus zeitnah im Ausdruck sein), und von dort führe man Schritt für Schritt dahin, ein Idiom zu begreifen, das für sie schwieriger ist, ein älteres Idiom oder ein komplizierteres, das für sie deshalb schwieriger zu meistern ist. Man führe immer vom idiomatisch Einfachen zum Komplizierten in Struktur und Ausdruck; man führe vom Idiom der Gegenwart zum Verständnis desjenigen der Vergangenheit. Natürlich finden wir, wie ich schon gesagt habe, außergewöhnliche Fälle, kleine Genies von neun oder zehn, die durchaus bereit sind, Bach zu lieben und instande, vieles von seinem wahren Ausdruck zu verstehen.

Was den Versuch anbelangt, Kindern die »Charakteristiken« der verschiedenen großen Komponisten beizubringen, ist es das Gleiche, wie Kindern die *Ereignisse* der Geschichte zu lehren und daraus die Folgerungen zu ziehen, Folgerungen, die vielleicht einige wenige Ältere aus der Geschichte lernen, vorausgesetzt, solche historische Folgen von Ereignissen werden so analysiert, daß die Evolution von Völkern, Institutionen, von Ideologien etc. offengelegt werden.

Ist es nicht verfrüht zu versuchen, Kinder dazu zu bringen, die »distinktiven Stilcharakteristiken« eines Shelley und Browning, eines Shakespeare und Milton, eines Swinburne und Rosetti wahrzunehmen? Und was schadet es, wenn sie es vorerst nicht tun? Die Hauptsache ist, sie zu lehren, an Musik Gefallen zu finden und sie zu lieben. Und was den Lehrer anbelangt, das steht auf einem anderen Blatt; die einzelnen Komponisten erfordern unterschiedliches Vorgehen, deshalb muß der Lehrer um solche Unterschiede wissen.

Die beiden charakteristischen Grundformen von Rubato: (I) das »Gedehnte Rubato«

Um ins einzelne zu gehen: Zunächst müssen wir zur Kenntnis nehmen, daß Rubato zweierlei charakteristische Formen annehmen kann. Die gebräuchlichste ist diejenige, bei der wir einen Ton (oder eine Anzahl von Tönen) hervorheben, indem wir mehr als den zu erwartenden Zeitwert geben und dann die so verlorene Zeit durch Beschleunigen dieser Phrase oder dieses Gedankens wiederhereinholen, damit wir genau zum Puls zurückkommen können. Diese Rückkehr zum Puls muß stets auf dem wichtisten Punkt oder Ton der Phrase – das ist nahe ihrem Ende – erfolgen. Man denke daran, dieses Gesetz ist unumstößlich, wir müssen immer vorausblicken und zum Puls auf der Hauptsilbe der Phrase zurückkehren, wie weit wir auch vorher von ihm abgewichen sind.

Rubato ist die stärkste Form von Emphase

In der Tat, es ist gerade der Umstand unserer Rückkehr zum Hauptpuls nach einer Abweichung von ihm, der das stärkste Mittel von Emphase darstellt, die wir irgendeiner Note angedeihen lassen können.

Nocturne in Fis von Chopin[7]

Beispiel 4a

---

[7] Hier haben wir ein Doppelrubato: Das Hauptrubato wird durch ein Verweilen auf den ersten Noten der Phrase hervorgerufen, und die hierdurch entstandene Verzögerung muß wieder eingebracht werden durch ein Hinwegeilen über die ersten zwei cis-Achtel, was uns genau am Taktstrich auf den Puls zurückbringt – die Hauptsilbe der Phrase mit ihrer Auflösung der Dominant-Harmonie des vorhergehenden Takts; und ein kleineres Hilfsrubato verhindert, daß die nachfolgenden Zweiunddreißigstel eckig klingen – wobei dieses Hilfsrubato die Form eines ganz geringfügigen Verweilens auf dem ersten cis dieses Takts annimmt, während die Zeit wiederum durch eine entsprechende Beschleunigung dieser Zweiunddreißigstel zur Schlußnote der Phrase hin eingespielt wird, was ein überraschendes unbetontes (oder »weibliches«) Phrasenende zur Folge hat. Bei jeder anderen Spielweise würde sich die Phrase als völlig unmusikalisch erweisen. Beide Zeitabweichungen (sogar die erste) sind hier äußerst delikat und minimal.

(II) Das »drängende Rubato«

Bei der entgegengesetzten Form von Rubato (es mag als invertiertes Rubato bezeichnet werden) beginnen wir mit einem Vorwärtsdrängen oder einer Beschleunigung des Zeitmaßes. Dem müssen wir notwendigerweise ein Verlangsamen der nachfolgenden Noten der Phrase entsprechen lassen. Dieses Langsamerwerden (wie das korrespondierende Zurückschwingen bei der ersten Rubatoform) dient dazu, uns am Phrasenhöhepunkt wieder in Übereinstimmung mit unserem Puls zu bringen. Und dieser Phrasenhöhepunkt liegt, um das wieder in Erinnerung zu bringen, nahe dem Ende der Phrase.

Valse noble aus *Karneval* von Schumann[8]

Beispiel 4b

Die beiden Rubatoformen lassen sich kombinieren

Außerdem können diese beiden Formen von Rubato sogar in einer einzigen Phrase kombiniert werden. Und tatsächlich ist ein solches gemischtes Rubato viel gebräuchlicher als die einfache, nicht kombinierte Form.

---

[8] *Ritardandi und Accelerandi im Notentext stellen sich oft als inkorrekt notierte Rubati heraus.*

Hier ist eine gute Gelegenheit darauf hinzuweisen, daß wir uns nicht durch ungenaue Bezeichnungen irreführen lassen dürfen, wie wir sie in den Texten von Herausgebern und sogar Komponisten finden. Chopin, Schumann und Brahms haben beispielsweise immer wieder Ritardandi notiert, wenn sie in Wirklichkeit an das Rubato-Zurückschwingen eines Rhythmus nach einem vorangegangenen (nicht angezeigten) Accelerando dachten; und umgekehrt, haben sie oft *accelerando* eingezeichnet, wobei sie übersehen haben, das vorhergehende ursächliche *ritardando* zu notieren. Die einfache Erklärung hierfür ist, daß sie dabei versagt haben, die tatsächlich für die Wiedergabe ihrer eigenen Musik erforderlichen Mittel zu bestimmen.

So konnte Schumann in seinem ersten *Nachtstück* kein konstantes Aufbrechen des Werks gemeint haben! Zweifellos hatte er, wenn er das Stück selbst spielte, gewisse Stellen bemerkt, an denen *ritardandi* anscheinend erfolgten, und sie auch sogleich festgehalten. Aber es entgingen ihm die vorausgehenden *accelerandi*, die Ursache für das Abweichen und Wiederausgleichen des Zeitpulses sind, während sie eine eindringliche Darstellung seiner aufgewühlten Empfindungen erlauben.

Die genaue Position der Rückkehr zum Puls muß beachtet werden

Ein weiterer beachtenswerter Punkt ist, daß wir beim Lehren von Rubato mit Genauigkeit lediglich die Position der Rückkehr zum Puls präzisieren können; denn das tatsächliche Ausmaß einer Rubatokurve kann und sollte ja nach Stimmung des Interpreten variieren, ebenso wie im Fall der analogen Tonkurven. Die eigentliche Beschaffenheit der Kurve selbst ist demnach ebenfalls variabel, nicht aber die Rückkehr zum Puls – sie hat immer eine feste und unabänderliche Position für jede Phrase.

Auf den Anlaß für ein Rubato ist ebenfalls zu achten

Wir sollten auch in jedem Fall den Anlaß für jedes einzelne Rubato festhalten, die Stelle, an der das Rubato eingeleitet worden ist, d. h. ob das Rubato (im ersten Abschnitt einer Phrase) durch eine »dehnende« Hervorhebung oder Verzögerung zustandegekommen ist oder durch ein »Drängen« oder Beschleunigen, oder ob die beiden Arten von Rubato in der betreffenden Phrase kombiniert worden sind.

Außerdem variiert der tatsächliche Ausschlag einer Rubatokurve beträchtlich, da wir ein Rubato zur Hervorhebung nur eines einzigen Tons verwenden oder einer ganzen Phrase zu einer anmutigen Kurve verhelfen können wie in so vielen Werken von Chopin, etwa in seiner Berceuse, dem Nocturne c-Moll u. a., ja sogar einem ganzen Abschnitt eines Satzes in anderen Chopin-Stücken, z. B. seiner Ballade f-Moll, der Fantasie-Polonaise usf.

Rubato erlaubt, einen Phrasenhöhepunkt descrescendo einzuführen

Rubato ermöglicht es uns auch, den Höhepunkt einer Phrase sogar mit einer Decrescendo-Progression auf ihren Höhepunkt hin herauszustellen; denn es ist, wie bereits ausgeführt, von größter Bedeutung, daß die Rückkehr zum Puls (nach einer Abweichung von ihm) die zwingendste Art von Emphase ist, die wir einem Ton zukommen lassen können[9].

---

[9] Genaugenommen kann es kein Rubato auf nur einer Note geben; aber wir können einem Einzelton Beachtung zukommen lassen, indem wir vor oder nach ihm ein Rubato anwenden.

Wenn wir vom Phrasenhöhepunkt sprechen, versteht es sich natürlich, daß er unabänderlich nahe oder am Ende der Phrase eintritt.

Irrtum hinsichtlich des Phrasenhöhepunkts

Das mag als überflüssige Wiederholung erscheinen nach all dem, was ich über die Beschaffenheit einer Phrase bereits erwähnt habe – nämlich daß sie immer aus einer Progression von Noten besteht, die zu einer Kadenz hinführen – aber ich habe die Erfahrung gemacht, daß das in einigen »Lehrbüchern« auf bedenkliche und absichtsvolle Weise falsch dargestellt worden ist, nämlich daß der Akzent einer Phrase »immer auf ihrem Anfang liegt«; und nichts könnte von der musikalischen Wahrheit weiter entfernt sein!

Anspielen einer Phrase

Möglicherweise ist dieser Irrtum dadurch entstanden, daß der erste Ton einer Phrase manchmal einer leichten Akzentuierung bedarf, um die Wirkung eines »guten Einsatzes« hervorzurufen. Solche leichten Betonungen sind natürlich eine Art von »Querakzenten«, da sie dem Empfinden einer Geradeaus-Progression entgegenstehen. Sie werden besonders dann notwendig, wenn Phrasen und Motive sozusagen »gegen den Strich« der Musik beginnen, wie es so oft bei Bach und den älteren Meistern geschieht:

Beispiel 5

Man sollte aber immer bedenken, daß ein solches »Anspielen« einer ersten Note unter keinen Umständen das Gefühl für die Progression der Phrase zu ihrem Höhe- oder Wendepunkt hin beeinträchtigen oder schwächen darf[10].

---

[10] Das meiste Musikmaterial der alten Meister beginnt auf einem nicht akzentuierten Teil des Rhythmus. Diese Regel gilt auch bei scheinbaren Ausnahmen. So beginnt die Fuge in Bachs *Chromatischer Phantasie* optisch an einem Taktstrich. Sie steht im 3/4-Takt, aber das Thema ist eigentlich im 6/4-Takt und beginnt mit einem Halbtakt dieses Zeitmaßes; deshalb liegt auch hier keine Ausnahme vor.

Verschiedene Formen von Rubato erläutert: (I) das gebräuchlichere oder »gedehnte« Rubato

Wir wollen nunmehr einige Beispiele für diese verschiedenen Formen von Rubato vornehmen. Zuerst wollen wir uns mit der Hervorhebung des Einzeltons befassen, und da die Meinung so weit verbreitet ist, Bach sei ohne Rubato zu spielen, wollen wir uns sein Präludium in Fis-Dur ansehen. Das Rubato ist hier tatsächlich äußerst geringfügig. Wahrscheinlich würde man ohne meinen Hinweis seine Bedeutung nicht bemerken – dann aber sollten Rubatowendungen niemals so unangemessen eingesetzt werden, daß sie als solche auffallen[11].

Alle Ausdrucksmittel müssen immer allein der Musik dienen

Tatsache ist, daß kein Ausdrucksmittel (wie es auch beschaffen sein mag) Aufmerksamkeit erzwingen darf. Es darf nie so grobschlächtig angewendet werden, daß es dem Hörer auffällt. Ich will jetzt die ersten Takte dieses Präludiums spielen, zuerst *mit* diesen so notwendigen Rubatowendungen und dann *ohne* sie, und Sie werden bemerken, wie trostlos und unmusikalisch trocken die Wirkung ohne Rubato ist – obgleich es Bach ist!
Der Autor spielte an dieser Stelle seiner Vorlesung die ersten Takte von Bachs Präludium Fis-Dur mit den richtigen (äußerst geringfügigen) Dehnungen des Zeitmaßes bei den übergebundenen Noten:

Beispiel 6

---

[11] Es gibt Leute, die sogar solche leichten Rubati mißbilligen, wie die hier in Frage kommenden, die eigentlich überhaupt kein Rubato sind sondern lediglich ein »Lehnen« auf einem Ton; sie vergessen dabei völlig, daß ein solches Lehnen, wenn es nicht anderswo in der Phrase wieder berichtigt wird, unausweichlich zu einem rhythmischen Spiel führen muß. Eine jede derartige Dehnung bedeutet somit ein echtes Rubato, wenn auch von sehr geringem Ausmaß. Vgl. Anm. 9.

Dann spielte er den gleichen Takt ohne diese Abweichungen und demonstrierte damit, wie »hölzern« die Wirkung ohne sie ist.

Tongebung variiert mit Notenlängen in unregelmäßigen Passagen

Hier ist ein gegebener Anlaß, die Aufmerksamkeit auf einen anderen Sachverhalt zu lenken, obwohl es eine Abschweifung von dem darstellt, womit wir uns unmittelbar befassen. Man beachte, daß die Tongebung selbst mit den variierenden Tonlängen in einer solchen Passage variieren muß. Ausführlicher heißt das: Wenn Sie eine solche Passage spielen, wie wir sie gerade gehabt haben, eine Passage mit Noten, die in ihrer Zeit-Größenordnung differieren – Noten unterschiedlicher Länge – dann ist es nicht nur notwendig, diese Passage so zu behandeln, wie wir es getan haben (indem wir den längeren Noten geringfügig mehr Zeit und den kürzeren Noten geringfügig weniger Zeit einräumen, als ihnen dem Notentext zufolge zukommt), wir müssen aber auch die Nuancen in der Tongebung auf die gleiche Weise anwenden – die kürzeren Noten müssen etwas im Ton zurückgenommen werden. Auf diese Weise kommen wir dem generellen Klangeffekt der den Ton aushaltenden Instrumente näher[13].

In einem langsamen Satz wird der Ton für die rascheren Noten in einem dichteren Zusammenhang reduziert

In einem langsamen Satz sollten diese Tonvariierungen (bei den rascheren Notenfolgen) als ein Zurücknehmen des Tons gegenüber dem generellen Tonniveau verstanden werden, wie in dem soeben gezeigten Bach-Beispiel. Mit anderen Worten, der Hauptbestandteil der Passage erfordert hier ein beträchtliches Volumen gesangvollen Tons, wir müssen aber dieses normalerweise hohe Tonniveau reduzieren, wo immer die kürzeren Noten auftreten. Hören Sie sich diese Bach-Passage nochmals an und ach-

---

[13] Denn wir bemerken, daß bei einem tragenden Instrument, wie es die Singstimme oder Violine ist, die längeren Töne sich dem Ohr naturgemäß stärker einprägen als die kürzeren, da das volle Tonvolumen auf solchen Instrumenten während der Gesamtdauer des Tons weiterklingt, während beim Klavier der Ton beim Anschlag eine viel stärkere Wirkung hervorruft als im weiteren Verlauf, den wir Pianisten uns als eine Haltenote vorstellen – denn sogar beim tragfähigen, singendsten Anschlag ist jedem Klavierklang ein gewisser Schlagzeugeffekt immanent.

ten Sie darauf – auf den Mechanismus – wie man eine Passage unmecha-
nisch klingen machen kann. Ich werde sie langsamer spielen, damit Sie
dies besser erkennen können: (Der Vortragende wiederholte hier Beispiel
6, wobei er auf die von ihm verwendete Tongebung hinwies, in der natürlich alles ganz minutiöse Veränderungen waren.)

Um das unter Beweis zu stellen, hören Sie die Stelle ein weiteres Mal
mit gleichen Notenwerten und urteilen Sie selbst, wie häßlich das klingt:
(Der Vortragende spielte die betreffenden Takte ein weiteres Mal, jedoch
ohne Tonnuancen; hierauf wiederholte er die Stelle in richtiger Wiedergabe.)

In einem schnellen Satz trifft das Gegenteil zu

In einem schnellen Satz haben wir genau das Gegenteil zu tun. Anstatt die
Passage als auf hohem Tonniveau befindlich zu verstehen und das Tonvolumen bei den unwichtigeren und rascheren Noten zurückzunehmen
(oder zu senken), müssen wir hier von einer viel leichteren Grundlage
ausgehen und in solchen rascheren Passagen diesem normalerweise niedrigen Tonniveau mehr Volumen zukommen lassen, wo immer die akzentuierten Noten auftreten, beispielsweise in der nachfolgenden Stelle aus
Beethovens »Waldstein«-Sonate. (Vgl. Beisp. 7)

(Der Autor spielte hier Beispiel 7 zuerst mit den erforderlichen Akzen-
tuierungen, dann lediglich mit einem seiner leichten Grundlage entsprechenden Anschlag und dann wieder mit den richtigen Akzenten über dieser Grundlage. Er spielte auch als Beispiel einige Takte aus seiner eigenen
Konzertetüde »Bravura«.) Vgl. Beisp. 8.

aus Beethovens »Waldstein«-Sonate

Beispiel 7

Beispiel 8   aus »Bravura« von Tobias Matthay[14]

[14] Mit Genehmigung des Verlags Ricordi.

Auch hier sind die Akzente über eine leichte Grundlage gesetzt. Wir wollen jedoch auf unsere Rubatoerläuterungen zurückkommen:

Weitere Beispiele für ein »gedehntes« Rubato

Wir hatten ein Beispiel von Bach, jetzt wollen wir uns eines von Beethoven vornehmen. Das erste Thema des letzten Satzes der »Waldstein«-Sonate ist durchaus geeignet, wenn auch das hier anzuwendende Rubato recht geringfügig und subtil ist. Der Anfang der Phrase erfordert Emphase zum zweiten der beiden g^2 hin, während die weitere Progression der Phrase zu ihrem kleinen Höhepunkt hin dennoch verdeutlicht werden muß. Wir würden den lieblichen Charakter der Melodie zerstören, wollten wir versuchen, diese beiden Momente allein durch Tonemphase aufzuzeigen. Das würde ungeschlacht und grob klingen, etwa so:

Beispiel 9a

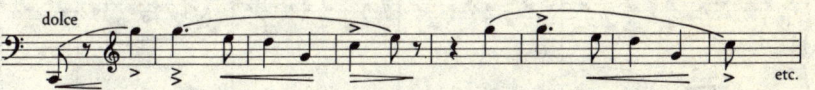

Wir sind also gezwungen, uns eines leichten – ja überaus leichten – Rubatos zu bedienen. Wir müssen eine äußerst geringfügige Zeitmaßdehnung hin zum und auf dem zweiten der beiden g^2 spielen und diese zusätzliche Zeit während der nächsten drei Melodietöne wiedereinbringen, sodaß wir genau mit dem c^2 – der Note des Motivhöhepunkts – zu unserem Puls zurückkehren. Diese unsere Rückkehr zum Puls an diesem Punkt wird auch ohne unangebrachte Tonemphase genügend Betonung bewirken; und sie wird ganz beiläufig die beiden kurzen Melodiebogen zu einer einzigen achttaktigen Phrase zusammenbinden:

Beispiel 9b

Als Beispiele für ein etwas länger ausgedehntes Rubato bei Bach und Beethoven wollen wir das zweite Thema von Bachs Präludium f-Moll (aus dem *Wohltemperierten Klavier*) und den Anfang des Allegrettos aus Beethovens »Mondschein«-Sonate wählen. Zuerst will ich sie spielen und dabei versuchen, ihnen den entsprechenden Stimmungsgehalt ohne Verwendung von Rubato zu geben, und Sie werden sehen, daß das möglich ist. Dann will ich beide mit den ihnen angemessenen Zeitkurven (oder Rubati) spielen, und Sie werden sehen, wie die Phrasen mit einem Mal Leben bekommen[15]:

Beispiel 10

Beispiel 11

[15] *Rubato-Dehnungen müssen stets subtil ausgeführt werden.*
Der Leser, der versucht, diese Rubato- und Tondehnungen auszuführen, muß immer daran denken, daß sie äußerst geringfügig und subtil zu sein haben. Sie dürfen als solche niemals bemerkbar sein außer dem analysierenden Ohr. Man erinnere sich an Chopins Veranschaulichung für einen Schüler: erst blies er eine Kerze an, die vor ihm stand, und als sie zu flakkern begann, meinte er: »Schau, das ist mein Rubato«; dann blies er die Kerze aus und sagte dazu: »und das ist *dein* Rubato.« Vgl. Anm. 23.

Beispiel für Analyse von Rubato. Zwei Takte aus Chopins Ballade As-Dur.

Als Beispiel für ein Rubato ähnlichen Charakters, jedoch stärker prononciert, wollen wir kurz die Eröffnungsphrase von Chopins Ballade As-Dur betrachten. Wie selten, in der Tat, wird diese Phrase sogar von den besten Spielern befriedigend oder überzeugend wiedergegeben, es sei denn durch reinen Zufall. Diese Unsicherheit hinsichtlich des Gelingens entspringt ganz einfach dem Umstand, daß das erforderliche Rubato nicht ausreichend analysiert oder verstanden worden ist. Es lohnt sich also, das hier benötigte Rubato zu analysieren, bietet es doch ein einzigartiges Beispiel für die außerordentliche Wichtigkeit von genauem Studium und Analyse dieses Vorgangs.

Das zur Diskussion stehende Rubato erfolgt innerhalb der ersten zwei Takte, ich will aber vier Takte spielen, um der Phrase ihre Vollständigkeit zu verleihen, zunächst ohne jegliche Spur von Rubato und dann mit Rubato.

Beispiel 12a

Die Taktbezeichnung 6/8 ist irreführend und hätte eigentlich als 12/8 notiert werden müssen, und das Stück beginnt daher mit einem Halbtakt von 12/8. Die Struktur der Phrase entspricht einem Hinschwingen zum Tonika-Dreiklang; das am Anfang stehende Es ist somit kein schwerer Taktteil (wie ihn das Notenbild zeigt) sondern ein Auftakt – eine Synkope in Wirklichkeit; als solche erfordert sie beträchtliche Tonstärke und Emphase von Zeit. Diese Zeitdehnung auf dem Anfangs-Es ist der Anlaß für das Rubato, und wir sind gezwungen, die verbleibenden Achtelnoten zu beschleunigen, damit wir mit dem Wendepunkt der Phrase wieder zum

Puls zurückschwingen können – also zum As-Dur-Akkord am echten Taktstrich[16]. Auf diese Weise können wir die Aufmerksamkeit ohne übertriebene tonliche Emphase darauf lenken, während wir das wirkliche rhythmische Schwingen deutlich wiedergeben. Auf diesen Angelpunkt der Phrase folgt eine »feminine« Endung, und auch hier unterstützt ein ganz leichtes Rubato das rhythmische Schwingen; und so haben wir, wie Sie sehen, in Wirklichkeit ein Doppelrubato in dieser einfachen kleinen Phrase. Hier ist ein weiteres ähnliches Rubato aus dem gleichen Werk:

Beispiel 12b

Und hier noch ein weiteres »gedehntes« Rubato, jedoch in einem rascheren Satz:

Beispiel 12c   aus »Elfen« von Tobias Matthay[17]

Als Beispiel für ein ausgedehnteres Rubato – eine ganze viertaktige Phrase mit einem Zeit-Schwell in der Mitte – möge uns Schumanns »Träumerei« dienen:

---

[16] Die echten Taktstriche sind hier dicker gezogen als die unechten.
[17] Mit Genehmigung des Verlags Weekes and Co.

Beispiel 13

Man denke daran, daß solche Zeitkurven nur sanfte Wellenbewegungen sein dürfen und nicht einem Erdbeben ähnlich! Vgl. Anmerkung 15 zum Beispiel 10.

Beispiel von Rubato zum Aufzeigen des Phrasenverlaufs trotz eines diminuendo

Um ihnen vorzuführen, wie ein Rubato es uns ermöglicht, einen Phrasenhöhepunkt oder einen Akzent an einer Haupttaktlinie trotz eines *diminuendo* zu verdeutlichen, will ich zwei Themen von Beethoven und eines von Chopin zitieren. Vgl. Beisp. 14, 15 und 16:

Beispiel 14   aus Beethovens Op. 2 in C-Dur

Beispiel 15   aus Beethovens Op. 31 in G-Dur[18]

---

[18] Ohne dieses leichte Rubato kann der Phrasenakzent hier nicht verdeutlicht werden, da ein *crescendo* zu ihm hin unangebracht wäre; dagegen wird seine Position ohne weiteres durch das zu ihm zurückschwingende Rubato klargemacht. Aber dieses Rubato ist wiederum von durchsichtiger, hauchdünner Beschaffenheit.

Beispiel von Rubato, einen Querakzent aufzeigend

Der Dreitakt-Rhythmus von Chopins *Andante Spianto* zeigt uns, wie Rubato eine Phrase verdeutlichen kann, trotzdem sie mit einem Querakzent beginnt. Wiederum will ich das zuerst ohne Rubato spielen, und Sie werden wahrnehmen, wie tot und zäh es bleibt; dann will ich das angemessene Rubato hinzugeben, und dann wird die Phrase voller Leben – und Schwung – sein[19].

Beispiel 17   aus Andante Spianato von Chopin

[19] Man beachte, daß diese Analyse der Struktur der Phrase beweist, daß sie in Wirklichkeit im 9/4-Takt und nicht im Original notierten 3/4-Takt steht. Die Phrase beginnt mit einem Querakzent (oder Synkope), die auf den zweiten Takt einer solchen 9/4-Bewegung fällt, und der eigentliche Phrasenhöhepunkt wird somit auf den ersten Schlag des nachfolgenden Takts verschoben.

Sogar bei Beethoven finden wir Beispiele für diese Tendenz, einen »gedehnten Akzent« anzubringen (also eine Zeit- oder Rubatoemphase), wo die Töne einer Melodie synkopiert sind; man nehme dafür etwa das erste Thema der Sonate op. 90.

Und wieder die Notwendigkeit kritischen Überprüfens

Auch hier werden Sie verstehen, wie ungeheuer wichtig es ist, vor dem Spielen jede Phrase kritisch zu durchleuchten. Wie oft, in der Tat, wird das herrliche Schwingen dieser Melodie völlig ruiniert, einfach weil der korrekte Rhythmus nicht beachtet worden ist. Obgleich im 3/4-Takt geschrieben, handelt es sich in Wirklichkeit um einen 6/4-Takt mit dem Akzent stets auf jedem zweiten der ursprünglichen 3/4-Taktstriche. Man darf also die Melodie nicht wie folgt spielen:

Beispiel 18a

(Falsche Akzentuierung)

Sie sollte folgendermaßen akzentuiert werden:

Beispiel 18b

(Richtige, korrekte Spielweise)

Oder anstelle solcher groben Tonakzente ist es noch besser, diesen Rhythmus mittels geringfügiger Rubati zu verdeutlichen:

Beispiel 18c

(Die beste, angemessene Wiedergabe)

Hier ist noch eine längere Form des »gedehnten« Akzents:

Beispiel 19   aus »Love Phases« No. 3 von Tobias Matthay[20]

Rubato notwendig zur Darstellung von Erregung

Das bringt mich zu der Feststellung, daß Rubato vor allem zur Steigerung emotionell-erregter Momente notwendig ist. Vage Emotionen wie Glaube, Verlangen, Sehnsucht usf. benötigen für den ihnen gemäßen Ausdruck viel Hinzutun und Kurvenraum in ihrer Pulsprogression[21]. Ein Effekt wie Nebel, Dunst oder »Atmosphäre« wird damit für das Ohr er-

---

[20] Mit Genehmigung des Verlags Joseph Williams.

[21] Oder mit anderen Worten, die Eliminierung (oder Auslassung) von in kurzen Abständen sich wiederholenden Pulsschlägen, sowie Ersatz von Pulsschlägen, die in weit längeren Zeitabständen wiederkehren.

zeugt; denn die Details werden hier auf analoge Weise verschleiert wie die eines impressionistischen Gemäldes. Viele Momente bei Brahms, Debussy u. a. brauchen ein derartiges Verwischen der Konturen mittels Zeitmaß-Abweichung – und auch durch reichlich Pedal oder Halbpedal; gleichermaßen sind Chopin und Schumann ohne die ständige Verwendung der Zeitmaß-Abweichung völlig undenkbar[22].

Bestimmtheit, Entschlossenheit ist am besten ohne Rubato auszudrücken

Andererseits, wenn wir Bestimmtheit oder Entschlossenheit in Musik Ausdruck verleihen wollen, wie wir sie in jeglicher Musik finden, die reine Vitalität, Aggressivität etc. zum Inhalt hat, dann müssen wir jedes Detail so klar wiedergeben wie einen sonndurchfluteten Tag. Die Darstellung eines solchen Empfindens muß Rubato so weit wie möglich vermeiden; so ist es kein Zufall, daß die Musik Beethovens mit ihrem Anspruch auf alles, was vital und unverbraucht, rein in ihrer Lebendigkeit und groß in ihrer Universalität ist, größtenteils geradezu nach der Unterdrückung dieses weitreichenden Elements Rubato verlangt, außer in der bereits angedeuteten untergeordneten und minutiösen Art und Weise, und mit Ausnahme der langsamen Sätze seiner letzten Sonaten, in denen Empfindung, mehr als in seinen früheren Werken, um so vieles der intimen und unmittelbaren Selbstdarstellung mehr entgegenkommt – eine Charaktereigenschaft der Romantik.

[22] *Immer formbewußt, wie verschleiert die Form auch sein mag.*
Eine derartige Zeitabweichung muß allerdings immer in der Gestalt eines echten Rubatos sein und darf niemals in ein Aufbrechen des Zeitmaßes und in rhythmisches Chaos ausarten. Zugegeben, verschleierte Gestalten sind reizvoll, manchmal noch schöner als jene eindeutig definierten, und dennoch ist es das Vorhandensein von Gestalt, das ihnen erst ihre Schönheit verleiht.
Die Klage mancher unserer jungen Möchtegern-Komponisten, daß Zeitmaß und Tonalität nichts weiter als »die Überbleibsel einer veralteten, geplatzten Scholastik« sind, beweist natürlich, daß sie die Fakten, die die wahren Grundlagen jeglicher musikalischen Kunst ausmachen, nicht erkannt haben. Debussy selbst jedoch, der stärkste Verfechter dieses neuen Modernismus, dessen Manierismen sie alle nachzuahmen versuchen, besitzt trotz allem ein feines Gefühl sowohl für Rhythmus als auch für Tonartverwandtschaft, obwohl er absichtlich und mit viel Geschick beides zugunsten der Erfordernisse seines musikalischen Individualismus verschleiert.
Ein weiterer Grund für die Anwendung von Rubato in dieser so extrem emotionellen Musik mag sich vielleicht in dem Umstand finden lassen, daß Agitation unseren Herzschlag verändern kann – eine Beschleunigung der Herztätigkeit hervorruft; und es wäre schon nur deshalb logisch, unsere musikalischen Pulsschläge zu verändern und zu beschleunigen, wenn wir dem Hörer eine Gefühl von Agitation vermitteln wollen.

Um diese Gegensätzlichkeiten klarer herauszustellen, lassen Sie mich Ihnen ein Beispiel für die erste Kategorie geben, die herrliche Melodie aus Chopins Scherzo b-Moll mit ihrem Ausdruck unstillbarer Sehnsucht. Ohne Rubato wäre es unmöglich, ihren Rhythmus zu verdeutlichen – denn diese Melodie beginnt mit einer anschwellenden Dehnung oder einem Querakzent. Anstatt des notierten 3/4 steht dieser Satz eigentlich im 12/4-Takt, und die Melodie beginnt eine halbe Takteinheit vor diesem zusammengesetzten Vierertakt:

Beispiel 20

Um zu zeigen, wie sehr uns Rubato in einem solchen Fall hilft, lohnt es sich, die ganze Melodie durchzuspielen, erst ohne irgendwelche Zeitmaßdehnungen und dann mit:

Beispiel 21

Jetzt wollen wir das hier mittels einer Zeitmaßdehnung zum Ausdruck gebrachte unstillbare Sehnen einem Chopin-Beispiel gegenüberstellen, in dem er Entschlossenheit, um nicht zu sagen Trotz zeigen will – das erste Thema des Scherzos cis-Moll:

Beispiel 22

Vergewissern Sie sich selbst, wie falsch das mit wilden Rubati klingt, wie ich es zu hören bekommen habe: (Beispiel wird vorgeführt)

Diese Wirkung von Abwesenheit von Rubato erhöht sich hier dadurch, daß der Komponist dieses Thema nach einer langen rezitativischen, überaus freien Einleitung vorstellt.

Nochmals mangelhaftes Spiel bei Chopin-Scherzi

Da ich die Erfahrung gemacht habe, daß dieses Thema so oft mißhandelt und heruntergeklimpert wird wie eine schlecht eingeübte Etüde, will ich es Ihnen vorspielen, wie ich fühle, daß es aufgefaßt werden sollte. Beachten Sie, daß die Oktave A im letzten Rezitativ in Wirklichkeit eine Synkopierung ist[23]. Vgl. Beisp. 23:

---

[23] Im Zusammenhang damit und der ungenauen Notation und Phrasierung bei Chopin berichtet M. Peru, »der letzte noch lebende Schüler Chopins«, in einem im *Musical Herold* wiedergegebenen Interview: »Was seine Kompositionsmethoden anbelangt, so waren sie, im Gegensatz zur landläufigen Meinung, höchst mühselig. Er hatte die Gewohnheit, zuerst seine Einfälle aufzuschreiben, dann am Klavier auszuprobieren, was er notiert hatte, um es dann wieder und wieder zu korrigieren, bis kaum eine Note des Originals stehenblieb… Wenn er aufgefordert wurde, Ausdrucksbezeichnungen anzubringen, dann tat er das wenig sorgfältig, wobei er seine Stücke niemals so spielte, wie sie gedruckt waren, und zeichnete ein Pedal am Anfang eines jeden Takts vor ohne auch nur die leiseste Beachtung des musikalischen Sinns. Sein eigener Pedalgebrauch war äußerst seltsam. Sein Fuß hüpfte unentwegt auf und nieder, wie um die Wirkung eines ausgehaltenen Pedals und gleichzeitig stetige Schärfe hervorzurufen… Chopins Interpretation seiner eigenen Musik war nie zweimal die gleiche, jedoch immer makellos. Er spielte mit sehr plötzlichen und scharfen Nuancierungen und häufigem Tempowechsel. Das, was wir ›klassische Interpretation‹ nennen, hatte keinerlei Bedeutung für ihn. Alles war Schönheit, und nicht einmal aus einer Fuge machte er eine trockene Übung sondern einen Gegenstand poetischen Charmes …« Vgl. auch Anm. 8.
Alfred Cortot war in der Vergangenheit einer der berühmtesten Chopin-Spieler, er war geschätzt wegen seiner Art, das Klavier zum Klingen zu bringen, Akkorde richtig zu spielen und sein Rubato-Spiel war so, wie Chopins Spiel überall beschrieben wird: Frei in der Zeit (Anm. d. Herausg.)

Beispiel 23

Merkwürdig und unerkärlich die Falscheinschätzung des Chorals im weiteren Verlauf des Werks, sogar durch sonst fähige Musiker! Wie oft höre ich ihn rhythmisch völlig auf den Kopf gestellt! (Vgl. *a*, Beisp. 24) Richtig wäre er wie in *b*, Beisp. 24.

Beispiel 24

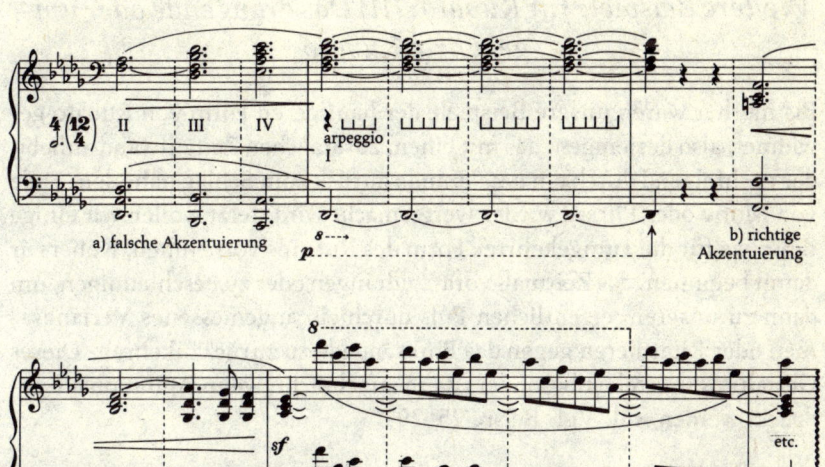

a) falsche Akzentuierung b) richtige Akzentuierung

Einer der herrlichsten Rubato–Effekte findet sich in der *Berceuse* von Chopin. Ich will Ihnen das vorspielen, und Sie werden hören, daß das Rubato hier des öfteren vom Anfang bis zum Ende einer jeden zweitaktigen Phrase verläuft, sich manchmal sogar über vier Takte erstreckt und somit zwei kurze Phrasen zu einer einzigen von doppelter Länge zusammenbindet. Jede viertaktige Phrase wird hier in eine einzige Takteinheit verwandelt – in einem einzigen vollen Puls oder Schwingen des Rhythmus, wobei jede komplette Phrase zur Geraden von Puls oder Schlag nur einmal während des Lebens dieser kompletten Phrase zurückkehrt – an ihrem rhythmischen Höhepunkt[24].

Man beachte auch, daß, während die rechte Hand auf diese Weise frei ist, der Vorstellung des Spielers zu folgen (jedoch immer strikt innerhalb

---

[24] Solche Beispiele für lange Rubati – und noch längere – sind in den Werken von Chopin und Schumann sowie jüngerer Komponisten reichlich vorhanden.

der Grenzen einer jeden kompletten Phrase), die linke Hand dagegen gleichzeitig durch das ganze Stück hindurch fast genau ein festes Zeitmaß einhält – mit beinahe exakten Wiederholungen der drei Schläge in jedem Halbtakt. (Der Vortragende spielte hier Chopins *Berceuse*.)

Weitere Beispiele für Rubato: (II) Das drängende oder umgekehrte Rubato

Bis hierher waren unsere Beispiele der häufigeren Form von Rubato gewidmet, also desjenigen, das mit einem zusätzlichen Zeitaufwand anhebt, der nachfolgend durch ein *accelerando* zurück zum Schlag nahe dem Ende von Motiv oder Phrase wieder wettgemacht wird. Jetzt wollen wir einige Beispiele für die »umgekehrte« Form des Rubatos vornehmen, wobei wir damit beginnen, das Zeitmaß voranzudrängen oder zu beschleunigen, um dann zu unserem eigentlichen Puls durch ein angemessenes Verlangsamen oder Ritardieren gegen das Phrasenende zu zurückzukehren. Dieses Gestaltungsmittel ist besonders dann angebracht, wenn Agitation ausgedrückt werden soll. Vgl. Beisp. 25–29.

Beispiel 25   aus Beethovens Sonate op. 31 in d-Moll

Das Zeichen ⁀Λ⁀ bedeutet einen »Halb-Pedal«-Effekt

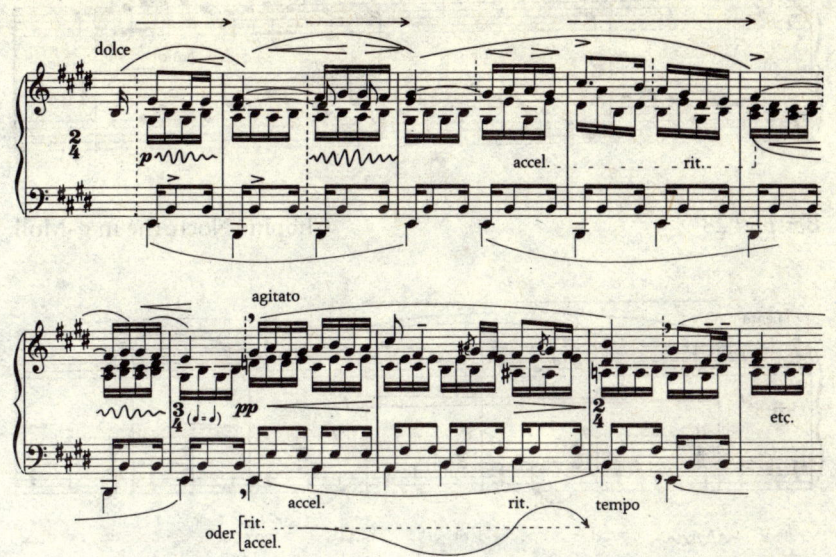

Diese Episode beginnt eigentlich mit einem Halbtakt eines 12/4-Takts.

Beispiel 27   Episode aus Chopins Ballade g-Moll

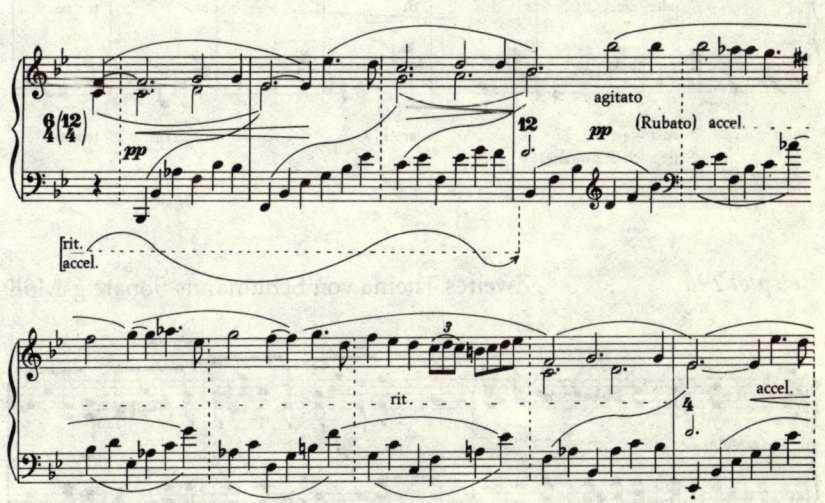

[25] Die punktierten Taktstriche stammen von Chopin selbst; sie sind durchaus irreführend, und die richtigen Taktstriche und das »Prüfergebnis« werden hier durch normale Taktstriche angezeigt.

Beispiel 28   Chopins Nocturne in g-Moll

Beispiel 29a   Zweites Thema von Schumanns Sonate g-Moll

Beispiel 29b   Episode aus dem letzten Satz der gleichen Sonate

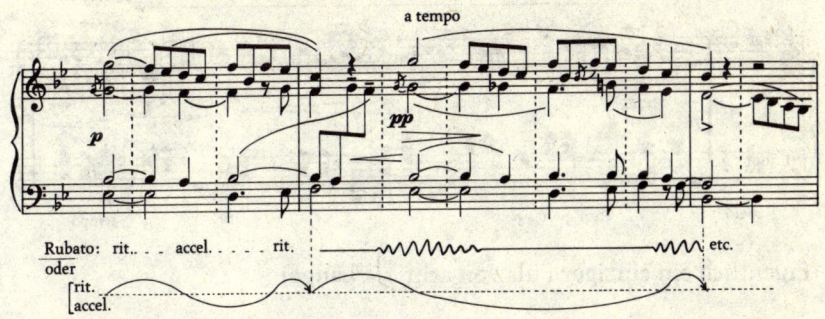

Beispiel 30   Nocturne aus York Bowens *Miniature Suite* No. 1[26]

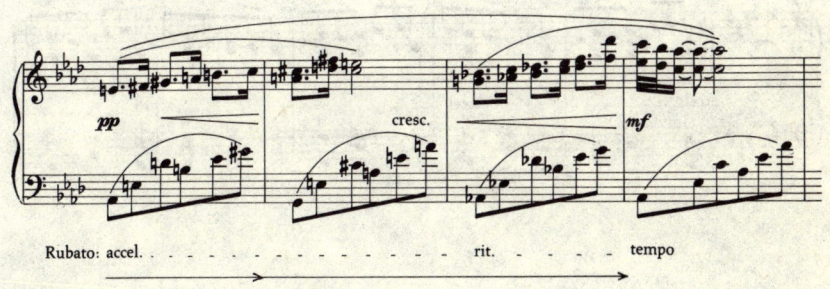

[26] Mit Genehmigung des Komponisten (Avision Edition).

(Eigentlich ein einziger Puls von acht ♩. Länge)

Hier haben wir ein achttaktiges Rubato, und das Trio dieser Mazurka zeigt uns, wie Zweitakt-Phrasen oder -Motive in eine Viertakt-Phrase eingebunden werden können, also folgendermaßen:

Beispiel 31b

Die senkrechten Pfeile bezeichnen die einzigen Stellen, wo der notierte Rhythmus auch tatsächlich mit dem gespielten »Zeit-Punkt« zusammentrifft – alle übrigen Takte und Schläge fallen nicht mit der geraden Linie der Schläge zusammen.

Ein weiteres und, wie ich meine, sehr bemerkenswertes Beispiel für diese Form von Rubato findet sich im zweiten Melodiebogen des zweiten Themas von Chopins Sonate b-Moll. Diese ganzen acht Takte sollten ohne eine Wiederaufnahme der Pulsgeraden bis zur Auflösung des Melodiebogens gespielt werden, die auf dem ersten Ton der Wiederholung des ersten Bogens des Themas beim Forte stattfindet:

Beispiel 32

Dieser ganze Gedanke besteht demnach aus einem einzigen unvollständigen Langtakt im 12/1, der Forte schließt und auf dem fünften Schlag dieses Langtakts beginnt.

Beispiele für die Kombination der beiden Formen von Rubato

Diese beiden grundlegenden Formen von Rubato werden auch oft in enger Verbindung angetroffen, und doch sind die soeben aufgestellten Richtlinien gleichermaßen gültig; denn wir müssen es immer so einrichten, daß wir mit dem Puls am Höhepunkt der Phrase oder des Abschnitts oder Motivs, wie dem auch sein, wieder »nach Hause« kommen. So ist der

erste Melodiebogen der Episode aus Chopins Ballade g-Moll, die ich soeben zitiert habe, ein typischer Fall, denn er bedarf tatsächlich einer solchen Kombination von beiden Rubatoformen in seinem kurzen Dasein.
Vgl. Beisp. 27.

Ein weiteres sehr eindeutiges und gleichzeitig auf engstem Raum zu-
sammengedrängtes Beispiel für ein solches Mischrubato im Rahmen
einer kurzen Phrase sind meinem Gefühl nach die Eröffnungstakte von
Brahms' Intermezzo es-Moll, op. 118. Damit es uns gelingt, die so überaus bittere Wirkung dieser Phrase zu erzielen, beginnen wir hier mit
einem »gedehnten« Rubato, aber anstatt es in der üblichen Weise zu beenden durch eine entsprechende Beschleunigung geradewegs zurück zum
Puls am Höhepunkt der Phrase, müssen wir hier das Zeitmaß so merklich
vorantreiben, um dann zurückzuschwingen, nicht nur zur eigentlichen
Pulslinie, sondern darüber hinaus und hier ein spürbares Ritardo über den
letzten zwei oder drei Noten herbeizuführen, bevor schließlich der Puls
an der Note des Höhepunkts wieder erreicht ist. Es zahlt sich aus, die
Phrase zuerst völlig non-rubato durchzuspielen und sie dann mit dem erforderlichen Mischrubato zu wiederholen, wobei Sie sich dessen bewußt
werden, in welchem Ausmaß diese Zeitmaßveränderungen tatsächlich
wesentlicher Bestandteil des musikalischen Gehalts sind:

Beispiel 33a

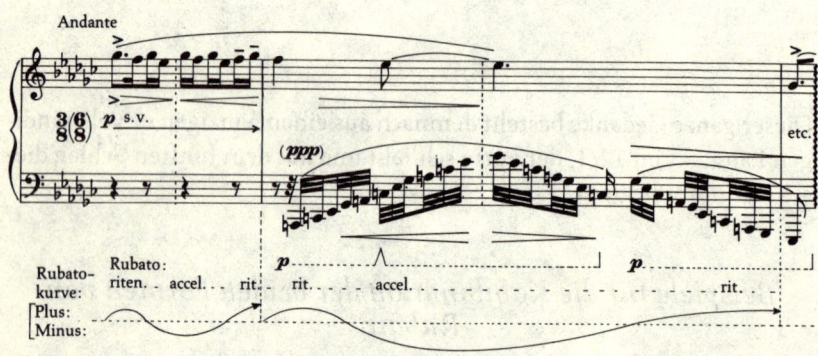

Auch hier muß die Rubatokurve aufs Subtilste geführt werden – ein
Leben spendender Hauch, nicht ein die Umwelt erschütterndes Erdbeben!

Man versuche nicht, dem Rubato Ausdruck zu geben, sondern man bediene sich seiner, um die in dieser Phrase konzentrierte Intensität zu realisieren. Vgl. Anm. 15.

Die marschartige Episode (oder Trio) dieses Intermezzos mit ihrem Fatalismus ist ein lehrreiches Beispiel für den rein emotionalen Effekt, der in diesem Fall durch die Abwesenheit von Rubato erzielt wird; und der Kontrast zwischen ihrer Geradlinigkeit und Vierschrötigkeit und den vorangegangenen heftigen Rubati ist äußerst beeindruckend:

Beispiel 33b

Als ein weiteres lehrreiches Beispiel für Mischrubato lassen Sie mich ein paar Takte aus den schönen Variationen der Sonata in d-Moll von Benjamin Dale spielen:

Beispiel 34[27]

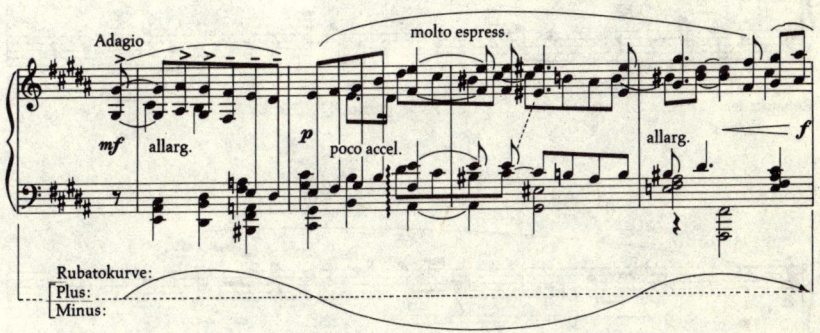

[27] Mit Genehmigung des Komponisten (Avision Edition).

Hier haben wir ein »gedehntes« Rubato in Kombination mit einem »drängenden« Rubato in einer einzigen Phrase, und die Plus-Zeit an ihrem Anfang und Ende muß genauestens durch die Minus-Zeit in der Mitte der Phrase ausgeglichen werden, um uns so zum Puls am Höhepunkt zurückzubringen.

Als weitere Beispiele für Mischrubato folgen drei von Robert Schumann:

Beispiel 35   aus Papillons (Nr. 10)

tempo   non rubato

Beispiel 36   aus *Kinderszenen* (»Am Kamin«)

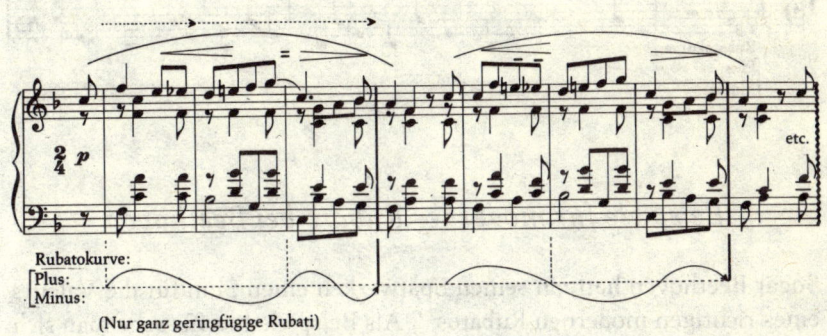

Rubatokurve:
Plus:
Minus:

(Nur ganz geringfügige Rubati)

Beispiel 37   aus *Kinderszenen* (»Fast zu ernst«)

Rubato: riten. .... accel. .... ritardo .... accel. ... tempo

riten. .... accel. .... ritardo .... Tempo

Und hier ist ein Beispiel von Claude Debussy – sein zauberhafter Walzer »La plus que lente«[28].

Beispiel 38

Beispiele für modernes Rubato bei Beethoven

Sogar Beethoven hatte in seinen Spätwerken einen Sinn für die Valeurs eines richtigen modernen Rubatos[29]. Als Beispiele hierfür sehe man sich die beiden nachfolgenden Passagen aus Op. 110 und Op. 111 an, in denen er versucht hat, solche echten Rubati auszuschreiben:

Beispiel 39   Beethoven, aus dem Adagio von Op. 110

---

[28] Mit Genehmigung von Durand et Cie., Verlag und Eigentümer.

[29] Das hatte auch Bach – man muß nur den wahren Sinn beispielsweise der Rezitative seiner *Chromatischen Phantasie* begreifen!

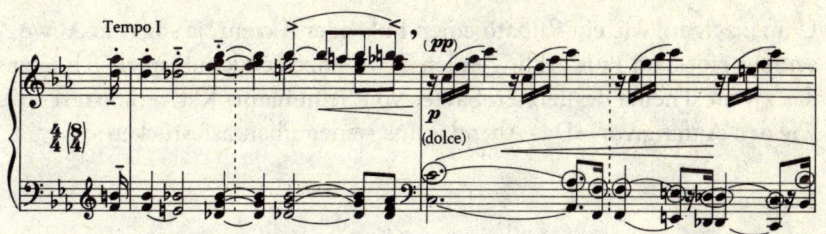

Agitato: Leicht drängen, zurück zum Puls retardieren

Von hier an ein großes Rubato, beim ff genau zur Pulslinie zurückkehren*

Rubato zeigt den Akzent auf einer Pause oder einer über-gebundenen Note auf

Um zu zeigen, wie ein Rubato einen Puls oder Akzent, ja sogar in Abwesenheit eines am Puls erklingenden Tons, anzeigen kann, spiele ich jetzt das zweite Thema des letzten Satzes von Schumanns Klavierkonzert sowie den Anfang von »Des Abends« aus seinen Phantasiestücken:

Beispiel 41

Beispiel 42

Rubato immer in der Art einer Kurve, niemals als Zacke im Zeitmaß

Ein weiterer Aspekt, der, wenn auch noch so selbstverständlich, nur zu oft beim Versuch ein Rubato zu spielen übersehen wird, besteht darin, daß Rubato immer mehr oder weniger in seiner Eigenschaft als Kurve in Erscheinung treten muß – es muß über mehr als nur eine einzige Note hinweg angewendet werden. Sonst haben wir anstelle eines schönen Kurveneffekts (der eigentliche Sinn von Rubato) Zacken im Zeitmaß (aus dem Zeitmaß fallende Töne), die aus Ihrer Wiedergabe überall hervorstehen – Zacken, die ebenso unangenehm sind wie leibhaftige Stachel[30]. So habe ich eine recht gute Musikstudentin die Anfangsphrase von Chopins Nocturne in G mit einem derartigen Zacken-Rubato spielen hören, als sie versuchte, das gewisse Etwas, das sie als notwendig empfand, einzubringen. Ich will Ihnen den Fehler und sein Korrektur vorführen[31]:

Beispiel 43

Einen solchen Fehler zu machen scheint an sich schon absurd, aber es ging wirklich um ein äußerst ehrliches Bemühen einer durch und durch ernsten und auf vielerlei Weise erfahrenen Musikerin und Lehrerin. Er kam dadurch zustande, daß es ihr als junger Studierenden niemals gestattet war, Rubato anzuwenden, und sie damals seine richtige Anwendung

[30] Vgl. Anm. 9 und 11.

[31] *Man behalte bei Rubato-Abweichungen immer das musikalische Ziel vor Augen.*
Ich möchte den Leser nochmals eindringlich ermahnen, Sorge zu tragen, die in diesen Beispielen gezeigten Rubato-Abweichungen aufs subtilste auszuführen – nicht als grobschlächtige, auffallende Ritardandi und Accelerandi sondern als sanfte Kurven, nicht wahrnehmbar als solche außer für das ernsthaft analysierende Ohr. Vgl. Anm. 89.

leicht gelernt haben könnte; aber ihre Lehrer hatten derartige als Frivolität angesehenen Dinge verpönt – einfach weil sie unfähig waren, ein Rubato zu lehren.

Als dann später ihr natürliches musikalisches Empfinden sie dazu brachte, sich aus der miserablen Zwangsjacke ihrer Ausbildung zu befreien, besaß sie keinerlei Wissen oder Erfahrung, die sie hätte leiten können. Alles, was ich in ihrem Fall zu tun hatte, war ihr klarzumachen, was der Vorgang wirklich benötigte, und daß anstelle einer Pause lediglich auf dem ersten Ton eine sanft verlaufende Kurve des Zeitmaßes erforderlich war, verteilt auf den ganzen Takt; und alsbald spielte sie, statt ihrer früheren Karikatur des Nocturnes (oder »gekünstelte Interpretation«, wie Musikkritiker gewöhnlich Mängel charakterisieren, für die sie keine richtige Diagnose wissen) die Passage mit dem angemessenen Gefühlsausdruck, den sie wohl ganz richtig erfaßt hatte, aber bislang nicht artikulieren konnte, einzig und allein wegen ihrer Unkenntnis des gebotenen Prozesses.

Und wiederum ist die Lehre hieraus, ein jeder sollte Unterricht bekommen, solange er noch jung genug ist, leicht zu lernen, und es sollte alles durch unmittelbare, logische Erklärung der Mittel zur Aneignung richtiger Ausdrucksweise gelehrt werden. Nur zu oft finden schlummernde Empfindung und Wahrnehmung keinen Ausdruck, ausschließlich wegen solcher interpretatorisch-technischer Mängel, über die wir uns soeben unterhalten haben.

Tempo Rubato

Zeugnisse aus drei Jahrhunderten

Girolamo Frescobaldi (1583–1643)

»Es ist mir wohl bekannt, welch große Beliebtheit das Spiel mit Verzierungen und mannigfaltigen Passagen allgemein genießt. Aus diesem Grunde erlaube ich mir diesen bescheidenen Arbeiten, die ich dem Druck übergebe, die folgenden Ratschläge beizufügen, möchte aber doch beteuern, daß ich den Verdienst der anderen vollkommen anerkenne und vor den Fähigkeiten eines jeden größte Achtung habe. Diese Bemerkungen, die ich mit bester Absicht mache, möge der freundliche, wißbegierige Leser mit Wohlwollen entgegennehmen.

1. Diese Spielart soll, gleichwie es bei den modernen Madrigalen Brauch ist, dem Takt nicht streng unterworfen sein. Obwohl diese Madrigale schwer sind, werden sie dadurch erleichtert, daß man den Takt bald langsam, bald schnell führt oder sogar innehält, je nach ihrem Ausdruck oder dem Sinn der Worte.

2. In den Toccaten habe ich nicht nur darauf Rücksicht genommen, daß sie reich an verschiedenen Passagen und Verzierungen seien, sondern auch, daß man die einzelnen Teile voneinander getrennt spielen könne, um dem Spieler zu ermöglichen nach Belieben abzuschließen, ohne die Toccata beenden zu müssen.

3. Der Anfang der Toccata sei langsam gespielt und »arpeggiando«. In den Vorhalten oder Dissonanzen dagegen, sowie in der Mitte des Stückes, werden die Akkord-Töne gleichzeitig angeschlagen. Entsteht dadurch das Gefühl einer Leere des Instrumentes, können die Akkorde von neuem angeschlagen werden, was dem Geschmack des Spielers überlassen sei.

4. In den Trillern sowie in den Passagen (seien sie sprungweise oder in Tonleitern) soll der letzte Ton zurückgehalten werden, auch wenn diese Note Achtel, Sechzehntel oder verschieden von der folgenden ist. Durch dieses Innehalten wird das Verwechseln einer Passage mit der anderen vermieden.

5. In den Kadenzen, obwohl in kleineren Werten geschrieben, wird man das Zeitmaß stark zurückhalten, ebenso beim Nahen des Abschlusses einer Passage oder Kadenz verlangsamen.

6. Eine Passage wird dort abgeschlossen und von einer anderen getrennt, wo man einer Konsonanz begegnet, die für beide Hände in Viertelnoten geschrieben steht.

   Hat eine Hand, die rechte oder die linke, einen Triller auszuführen, die andere aber gleichzeitig eine Passage zu spielen, soll man nicht Note gegen Note spielen, sondern trachte einzig danach, daß der Triller rasch, die Passage dagegen langsamer und ausdrucksvoller sei, ansonst Verwirrung entstehen würde.

7. Finden sich Passagen in Achtel- und Sechzehntel-Noten gleichzeitig in beiden Händen, wird man diese Stellen nicht zu rasch spielen. Die Hand, welche die Sechzehntel ausführt, mache sie etwas punktiert. Von zwei Noten sei zwar nicht die erste, sondern die zweite punktiert und so fortlaufend, die erste nicht, die zweite punktiert.

8. Bevor zwei Passagen in Sechzehnteln mit beiden Händen zusammengespielt werden, soll bei der vorangehenden Note angehalten werden, sogar wenn diese Note schwarz ist. Dann greife man mit Entschlossenheit die Passage an, um die Geläufigkeit der Hände um so besser zur Geltung zu bringen.

9. Man wird gut tun, ein breites Zeitmaß für die Partiten zu wählen, in denen sich Passagen und ausdrucksvolle Stellen vorfinden. Man beachte dies auch in den Toccaten. Dagegen spiele man ziemlich rasch die Partien, die keine Passagen enthalten. Dem guten Geschmack und feinen Urteil des Spielers sei es überlassen, das richtige Tempo zu treffen, das dem Geist dieser Satz- und Spiel-Art am besten entspricht.

(Die Passacagliensätze können nach Belieben getrennt gespielt werden. Das Zeitmaß des einen sei dem des anderen Satzes angepaßt. Dasselbe gilt auch für die Ciacconen.)

Domenico Pietro Cerone, 1613

Der Sänger ist gehalten, die Ausführung gemäß der Eigentümlichkeit der Komposition auszuschmücken. Dazu muß er wissen, daß die erwähnten Noten mit Accenten zu begleiten sind, die durch einiges Zögern und Zurückhalten der Stimme gebildet werden; das wird in der Weise ausgeführt, daß man *einer Note einen Teil wegnimmt und ihn einer anderen gibt.*

Francesco Tosi (1647–1727)

Wer im Singen nicht die Noten zu verziehen weiß, der kann ganz gewiß weder componiren, noch sich accompagniren; und bleibt des schönsten Geschmacks und der besten Einsicht beraubt. Das Verziehen der Noten ist absonderlich im Pathetischen ein ruhmwürdiger Raub…, wenn nur seine Einsicht und Witz das geraubte geschickt wieder zu ersetzen weis.

Johann Mattheson (1681–1764)

Die Führung des Takts ist gleichsam die Hauptverrichtung des Regierens einer Musik bei der Bewerkstelligung. Solche Taktführung muß nicht nur genau beobachtet werden; sondern nach dem es die Umstände erfordern, wenn etwa von einem künstlichen Sänger eine geschickte Manier gemacht wird, kann und soll der Director mit der Bewegung eine kleine Ausnahme machen, die Zeitmaße verzögern, nachgeben oder auch, in Betracht einer gewissen Gemüts-Neigung *und anderer Ursachen halber,* den Takt etwas beschleunigen und stärker treiben als vorhin.

Jean-Philippe Rameau (1683–1764)

Wird der Geist nicht von der Kraft des Ausdrucks, von den lebendigen Farben ergriffen, deren allein der Harmoniker fähig ist, dann wird dieser Geist nicht völlig befriedigt… Allein die Harmonie kann Emotionen erzeugen. Sie ist die einzige Quelle, aus der die Melodie unmittelbar hervorgeht und ihre Kräfte erhält… Das Gefühl kennt keine vorherbestimmten Rhythmen und kann folglich *nicht überall in einen regelmäßigen Takt gezwungen werden,* ohne die Wahrhaftigkeit zu verlieren, die seinen Reiz ausmacht. In Takt und Rhythmus liegt der musikalische Ausdruck des Körperlichen; jener dagegen, der die Emotionen erzeugt, stammt aus der Harmonie und ihren *Ergebnissen,* eine Tatsache, die wir sorgfältig abwägen sollten, ehe wir entscheiden, was das Gleichgewicht hält… In der Musik gehorcht das Ohr allein der Natur. Es berücksichtigt weder Takt noch Umfang. Es wird ausschließlich vom Instinkt geleitet.

Carl-Philipp Emanuel Bach (1714–1788)

Hingegen wird bey aller Mühe, ohne hinlängliche Empfindung nichts rechtes ausgerichtet können werden. So bald man sich mit seiner Ober-Stimme sclavisch an den Takt bindet, so verliert dies Tempo sein Wesentliches, weil alle übrigen Stimmen aufs Strengste nach dem Tacte ausgeführt werden müssen.

Wiewohl man, um nicht undeutlich zu werden, alle Pausen sowohl als Noten nach der Strenge der erwählten Bewegung halten muß, ausgenommen in Fermaten und Kadenzen, so kann man doch öfters *die schönsten Fehler wider den Takt* mit Fleiß begehen, doch mit diesem Unterschied, daß, wenn man allein oder mit wenigen und zwar verständigen Personen spielt, solches dergestalt geschehen kann, daß man der ganzen Bewegung zuweilen einige Gewalt antut; die Begleitenden werden darüber, anstatt sich irren zu lassen, vielmehr aufmerksam werden und in unsere Absicht einschlagen; daß aber, wenn man mit starker Begleitung, und zwar wenn selbiges aus vermischten Personen von ungleicher Stärke besteht, man bloß in seiner Stimme allein wider die Einteilung des Takts eine Änderung vornehmen kann, indem die Hauptbewegung desselben genau eingehalten werden muß.

Leopold Mozart (1719–1787)

Was das gestohlene Tempo ist, kann mehr gezeigt als geschrieben werden.

Johann Adam Hiller (1728–1804)

Man stiehlt gleichsam dem einen Tone etwas von seiner Zeit, um es dem andern zu geben.

Daniel Gottlob Türk (1750–1813)

Außer der angezeigten Bedeutung des tempo rubato versteht man unter diesem Ausdruck zuweilen auch nur eine besondere Art des Vortrags, wenn nämlich der Akzent, welcher der guten Note zukommt, auf die schlechten verlegt wird, oder mit anderen Worten: wenn man die Töne auf dem schlechten Takttheile stärker vorträgt, als diejenigen, welche in die gute Zeit des Taktes fallen.

H. Chr. Koch

Joseph Haydn und Dittersdorf waren die ersten, die sich dieser Gattung des Tempo rubato in der Menuet, jedoch immer mit weiser Sparsamkeit bedienten.

W. A. Mozart (1756–1791)

Nun sieht und hört er, daß ich mehr spiele als Beeché; daß ich keine Grimassen mache, und doch so expressive spiele, daß noch keiner, nach seinem Bekenntnis, seine Pianoforte so gut zu tractieren gewußt hat. Daß ich immer accurat im Takt bleibe. Über das wundern sie sich alle. Das Tempo rubato in einem Adagio, daß die linke Hand nichts darum weiß, können sie gar nicht begreifen. Bey ihnen giebt die linke Hand nach.

L. v. Beethoven (1770–1827)

Was ich selbst von Beethoven immer vortragen hörte, war mit wenig Ausnahme stets frei alles Zwanges im Zeitmaße; ein »Tempo rubato« im eigentlichsten Sinn des Worts, wie es Inhalt und Situation bedingte, ohne aber nur den leisesten Anklang an eine Carricatur zu haben. Es war die *deutlichste, faßlichste Declamation*, wie sie in dieser hohen Potenz vielleicht nur aus seinen Werken heraus zu studieren seyn dürfte.

(Anton Schindler)

C. M. v. Weber (1786–1826)

Der Takt (das Tempo) soll nicht ein tyrannischer, hemmender oder treibender Mühlhammer sein, sondern dem Musikstücke das, was der Pulsschlag dem Leben des Menschen ist... Das Vorwärtsgehen im Tempo, eben so wie das Zurückhalten, beide dürfen nie das Gefühl des Rückenden, Stoßweisen oder Gewaltsamen erzeugen. Es kann also in musikalisch-poetischer Bedeutung nur perioden- und phrasenweise geschehen, bedingt durch die Leidenschaftlichkeit des Ausdrucks... Für alles dieses haben wir in der Musik keine Bezeichnungsmittel. Diese liegen allein in der fühlenden Menschenbrust.

Es gibt kein langsames Tempo, in dem nicht Stellen vorkämen, die eine raschere Bewegung forderten, um das Gefühl des Schleppenden zu verhindern.

Carl Czerny (1791–1857)

Daß die Zeit ebenso unendlich teilbar ist, wie die Kraft, haben wir schon oben bemerkt. Nun muß zwar allerdings jedes Tonstück in dem, vom Autor vorgeschriebenen und vom Spieler gleich anfangs festgesetzten Tempo, sowie auch überhaupt streng im Takte und in niemals schwankender Bewegung bis ans Ende vorgetragen werden. Aber diesem unbeschadet, kommen sehr oft, fast in jeder Zeile, einzelne Noten oder Stellen vor, wo ein kleines oft kaum bemerkbares Zurückhalten oder Beschleunigen notwendig ist, um den Vortrag zu verschönern und das Interesse zu vermehren.

...daß man das richtige Tempohalten ganz verlernt, da das Tempo rubato (nämlich das willkürliche Zurückhalten oder Beschleunigen des Zeitmaßes) jetzt oft bis zur Caricatur angewendet wird.

F. Mendelssohn-Bartholdy (1809–1847)

Der Meister hielt vor allem auf strenge Taktobservanz. Kategorisch verbot er jedes nicht vorgeschriebene Ritadando und wollte die vorgeschriebenen Verzögerungen auf das allergeringste Maß beschränkt haben.

(H. v. Bülow)

Frédéric Chopin (1810–1849)

Sehen Sie diesen Baum, der Wind spielt in den Blättern, entwickelt unter ihnen Leben, der Baum bleibt derselbe, das ist Chopinsches Rubato.

(Franz Liszt)

Chopin war der erste, der in seinen Kompositionen diese Manier angab, die seiner Ausführung musikalischer Stücke die eigentümliche Signatur aufdrückte: wir meinen damit das Tempo rubato. Ein hinschwindendes, regellos unterbrochenes Zeitmaß, geschmeidig, abgerissen und schmachtend zugleich, flackernd wie die Flamme unter dem bewegenden Luftzuge. Später pflegte er die Bezeichnung dieses Tempos bei Veröffentlichung seiner Werke nicht mehr hinzuzufügen, überzeugt, daß, wer überhaupt deren Verständnis besaß, von selbst dieses Gesetz der Ungebundenheit entdecken würde…Alle Chopinschen Stücke müssen mit jener Art akzentuierter und prosodischer, wiegender Beweglichkeit gespielt werden, deren Geheimnis man nur schwer zu lösen vermag, wenn man nicht ihn selbst zu hören häufig Gelegenheit hatte…Eifrig schien er darauf bedacht, diese Manier seinen Schülern beizubringen, vorzugsweise aber seinen Landsleuten, denen er mehr noch als Anderen seine Art und Weise zu interpretieren wünschte.

(Franz Liszt)

Das Tempo rubato wandte er (Chopin) mit großem Erfolg nicht nur auf seine Nocturnen, sondern auch auf viele Mazurken an… Der geniale Künstler gab in seinem Spiele zum Entzücken jenes Rubato wieder, welches die Melodie beständig gleich einem Boote auf mächtiger Meeresfläche schwanken läßt…

(Mauricy Karasowski)

Meyerbeer behauptete einmal, Chopin spiele seine Mazurka C-Dur (op. 33) im 2/4-Takt. Chopin widersprach ihm, spielte seine Mazurka mehrmals, zählte laut, stampfte den Takt mit dem Fuß, er war außer sich! Es half nichts. Meyerbeer blieb bei zwei Vierteln – sie trennten sich gereizt.

(Wilhelm Lenz)

Im Tempohalten war Chopin unerbittlich, und es wird Manchen überraschen zu erfahren, daß das Metronom bei ihm nicht vom Claviere kam. Selbst bei seinem so viel verleumdeten Tempo rubato spielte immer eine, die begleitende Hand streng gemessen fort, während die andere, singende, entweder unentschlossen zögernd, oder aber wie in leidenschaftlicher Rede mit einer gewissen ungeduldigen Heftigkeit früher einfallend und bewegter, die Wahrheit des musikalischen Ausdrucks von allen rhythmischen Fesseln frei machte.

(Carl Mikuli)

Chopin ertrug schlecht den Zwang des Zeitmaßes; er trieb, nach meiner Meinung, die rhythmische Freiheit zu weit.

(Hector Berlioz)

Etwa im Jahre 1845 oder 1846 sagte ich mir, ich wolle ihn darauf aufmerksam machen, daß die meisten Mazurkas…, wenn er sie selber spielte, wie im 4/4-Takt und nicht im 3/4-Takt geschrieben tönten, weil er die erste Note jedes Taktes so lang aushalte. Er lehnte es strikte ab, bis ich ihn bat, eine davon zu spielen, und dabei pro Takt laut auf vier zählte, was genau paßte. Dann lachte er und sagte, es sei der Nationalcharakter dieses Tanzes, der dieses Mißverständnis verursache. Noch deutlicher war die Tatsache, daß man bei der Vorstellung von 4/4-Takt den Eindruck von 3/4-Takt erhielt. Natürlich traf das nicht bei allen Mazurkas zu, aber bei manchen.

(Charles Hallé)

Franz Liszt (1811–1886)

Sie (die letzten Orchesterwerke Beethovens) erfordern meinem Urteil nach von seiten der ausführenden Orchester einen Fortschritt in der Betonung, in der Rhythmisierung, in der Art, gewisse Stellen im Detail zu phrasieren, zu deklamieren und Schatten und Licht im ganzen zu verteilen – mit einem Wort: einen Fortschritt im Stil der Aufführung selbst. Dieser knüpft zwischen dem dirigierten und dirigierenden Musiker ein Band anderer Art als das, welches durch einen unverwüstlichen Taktschläger geknotet wird; denn an vielen Stellen arbeitet die grobe Aufrechterhaltung des Taktes und jedes einzelnen Taktteiles/1, 2, 3, 4/1, 2, 3, 4/ einem sinn- und ausdrucksvollen Ausdruck geradezu entgegen… Für die Werke Beethovens, Berlioz' und ihm verwandte Meister sehe ich weniger als für andere die Vorteile ein – die ich auch anderwärts bestreiten möchte –, welche daraus entstehen können, wenn ein Dirigent die Funktion einer Windmühle zu der seinigen macht und im Schweiße seines Angesichts seinem Personal die Wärme der Begeisterung mitzuteilen sucht... Da namentlich, wo es sich um Verständnis und Gefühl, um ein geistiges Durchdringen, um ein Entflammen der Herzen zu geistiger Gemeinschaft im Genuß des Schönen, Großen und Wahren in der Kunst und Poesie handelt – da dürfte die Selbstgenügsamkeit und handwerksmäßige Fertigkeit des gewöhnlichen Kapellmeisters nicht mehr genügen, sondern dürfte sogar mit der Würde und erhabenen Freiheit der Kunst in Widerspruch stehen... Ich glaube, es schon einmal ausgesprochen zu haben, daß nach meiner Meinung die wirkliche Aufgabe eines Kapellmeisters darin besteht, sich augenscheinlich überflüssig zu machen und mit seiner Funktion möglichst zu verschwinden. Wir sind Steuermänner und keine Ruderknechte.

Die sehr häufige Anwendung jeder Art des Tempo rubato ist in seinem (Liszt's) Spiel so wohl berechnet, daß er stets, wie ein trefflicher Deklamator, jedem Hörer verständlich bleibt.

(Carl Czerny)

Franz Kullak (1844–1913)

Alles Nachgeben in einzelnen Takten bei kurzen Gesangstellen, bei gefälligen Mittelideen, muß fast nur unmerklich geschehen und nie bis zum Adagio hinabgezogen werden, so daß der Abstand zwischen dem Zurückhalten und dem Vorwärtsgehen nie zu auffallend gegen das Hauptthema erscheint.

Hugo Riemann (1849–1919)

Das wirklich Genaue im Taktspielen (z. B. nach dem Metronom) ist ohne lebendigen Ausdruck, maschinenmäßig, unmusikalisch.

Max Reger (1873–1916)

Als Kapellmeister schwelgt er etwas zu sehr im tempo rubato, und für ein Orchester, das zum erstenmal unter seiner Leitung spielte, war die Aufgabe sicher nicht leicht, aber das Haager Residenzorchester wußte sie mit Anstand zu lösen.

(Aus Zeitungsnotizen)

Aphorismen und kurze Texte

Die Werke der Meister sind Inseln der Ewigkeit, auf denen sich die Sterblichen ausruhen sollen.

(Japanisch)

Tremolieren ist völlig wider die Natur. Die Menschenstimme zittert schon selbst, aber in einem solchen Grade, daß es schön ist. Man macht ihr's auch nicht allein auf den Blasinstrumenten, sondern auch auf den Geigen nach, ja sogar auf dem Klaviere. Sobald man aber über die Schranken geht, ist es nicht mehr schön, weil es wider die Natur ist.

W. A. Mozart

Es ist viel leichter, eine Sache geschwind als langsam zu spielen; man kann in Passagen etliche Noten im Stich lassen, ohne daß es jemand merkt. Ist es aber schön? – Man kann in der Geschwindigkeit mit der rechten und linken Hand verändern, ohne daß es jemand sieht und hört; ist es aber schön? – Und in was besteht die Kunst, prima vista zu lesen? In diesem: das Stück im rechten Tempo wie es sein soll zu spielen, alle Noten, Vorschläge u. mit der gehörigen Expression und Gusto, wie es steht auszudrücken, so daß man glaubt, derjenige hätte es selbst komponiert, der es spielt.

W. A. Mozart

Gleichwie der Dichter seinen Monolog oder Dialog in einem bestimmt fortschreitenden Rhythmus führt, der Deklamator aber dennoch zur sicheren Verständlichkeit des Sinnes Einschnitte und Ruhepunkte sogar an Stellen machen muß, wo der Dichter sie durch seine Interpunktion anzeigen durfte; ebenso ist diese Art zu deklamieren in der Musik anwendbar.

Durch Beachtung der Längen und Kürzen tritt der melodische Gang in der Passage hervor; ohne die Beachtung verliert jede Passage ihre Bedeutung.

Ludwig von Beethoven

Wenn ich singe, singt Christus in mir.

Wilhelmine Schroeder-Devrient

608

Beethovens Vortrag des Adagio und des Legato im gebundenen Stil übte auf jeden Zuhörer einen beinahe zauberhaften Eindruck und ist, so viel ich weiß, noch von niemandem übertroffen worden.

Karl Czerny

Wenn Liszt die schwierigsten Bravourstellen, die längsten Cadenzen spielte, die mir früher oder später beim Vortrage jedes anderen Virtuosen wie überflüssiger Virtuosenflitter erscheinen wollten, so machte das bei ihm den Eindruck, als ob er Blüten und Perlen mit vollen Händen ausstreute.

Carl Reinecke

Der Musiker hat unter den Künstlern das schönste Material: den Ton; aber wie oft maltraitiert er denselben, nötigt ihn zum Mißlaut, macht in undeutlich oder quetscht ihn in Engen, in denen er heulen, winseln und verletzen muß.

M. Hauptmann

Daß natürlich mit jedem Akzente ein sofortiges Nachlassen der Tonkraft verbunden ist, braucht wohl nicht weiter erörtert zu werden, denn der Akzent bedeutet eben ein scharfes Anstoßen des Tones bei seinem Beginne!

Daß überhaupt Melodienoten stärker zu spielen sind wie Begleitungsnoten würde ich, als selbstverständlich, gar nicht erwähnen, wenn ich nicht schon öfter die Beobachtung gemacht hätte, daß man darin auch viel zu weit gehen kann, wodurch statt des schönen cantabile ein ungemein roher, den Gefühlsausdruck ganz verfehlender Effekt erzielt wird.

F. Kullak

Wenn ich links spiele, falle ich links von Klavierstuhl, wenn ich rechts spiele, falle ich rechts vom Klavierstuhl.

Gioacchino Rossini

Ich denke fast nie an den Eindruck, den ich mache, und wenn mir dieser Gedanke je kommt, so verdirbt er meine Darstellung. Es ist mir, während ich spiele, als fühlte ich voll die Empfindungen der Rolle, die ich wiedergebe. Ich bilde mir ein, ja ich glaube in der Tat, mich in ihrer Lage zu befinden und denke nie an das Publikum.

Jenny Lind

Das meiste von dem, was ich in meiner Kunst zu leisten vermag, habe ich durch unglaubliche Arbeit und erstaunliche Mühe selbst erworben – und gelernt habe ich nur von Garcia einige wenige wichtige Dinge.

Jenny Lind

Man hat sogenannte »stumme Klaviaturen« erfunden; versucht sie eine Weile lang, um zu sehen, daß sie zu nichts taugen. Von Stummen kann man nicht sprechen lernen.

R. Schumann

Brahms zu einem Zuhörer, der anmerkte, daß er diesmal ja ein anderes Tempo nehme: »Ja glauben Sie denn, daß ich so ein Trottel bin und immer gleich spiele?«

Am *11. März* besuchte ich mit Brahms ein Konzert Anton Rubinsteins. Brahms war überaus lebhaft und aufgeräumt: »Ich könnte Rubinstein die ganze Nacht zuhören. Ein herrlicher Kerl!« Brahms lobte besonders, daß Rubinstein diesmal ganz ruhig und rein gespielt habe. Als ich anspielend auf das nur aus Kompositionen von Anton Rubinstein bestehende Programm bemerkte, es sei fast gleichgültig, *was* Rubinstein spiele, sagte er nur: »Nun, ganz wurst ist's mir gerade nicht! Das Zeug wird einem etwas viel. Aber es ist doch herrlich, wenn er spielt!« Als wir im Gespräch bemerkten, daß noch eine längere zweite Abteilung des Konzerts folge, zeigte Brahms auf das Programm und sagte: »Jetzt heißt's halt noch eine Stunde in der Hitze aushalten. Fortgehen kann man doch nicht früher und mag auch nicht. Aber eine *Stunde!*«

Im Gespräch kamen wir nochmal auf Rubinstein: »Er ist der Allererste! Der Einzige! Bei allen anderen habe ich immer das Gefühl: Das kann ich zuhause besser haben. Rubinstein spielt immer aus dem vollen, wie ein Zigeuner, stets mit ganzer Seele! Ein kolossaler Kerl!« Auch über seine Kompositionen äußerte sich Brahms und sagte: »So schöne Anfänge, so gute Einfälle – und aus all dem wird nichts! Und seine Fugen! – oder was er dafür hält!«

(Richard Heuberger)

Wann werde ich niedergehen? Nie betrete ich die Bühne, ohne mich zu fragen, ob ich imstande sein werde, bis zum Ende der Oper durchzuhalten. Ein bewußter Sänger ist niemals seiner selbst oder irgendeiner Sache sicher. Er befindet sich stets in der Hand des Schicksals.

Enrico Caruso

Institution ist das entscheidende Element, sowohl beim Komponieren als auch beim Interpretieren von Musik. Natürlich haben Technik und Intelligenz dabei lebenswichtige Funktionen – man muß die Technik eines Instruments so beherrschen, daß man alle vorhandenen Möglichkeiten herausholen kann, und seine Intelligenz dazu verwenden, um alle Einzelheiten der Musik zu erforschen – aber letztlich spielt die Intuition die Hauptrolle. Für mich ist der bestimmende Faktor der Schöpferkraft, die ein Werk zum Leben bringt, der musikalische Instinkt.

Musik, diese wundervolle Weltsprache, sollte eine Quelle der Verständigung unter den Menschen sein. Wieder einmal ermahne ich meine Musikerkollegen in der ganzen Welt, die Echtheit ihrer Kunst in den Dienst der Menschheit zu stellen, um alle Menschen brüderlich zu vereinen. Möge jeder von uns, so weit er fähig ist, seinen Teil dazu beitragen, bis dieses Ideal in all seiner Herrlichkeit erreicht ist.

Pablo Casals

Abbildungen

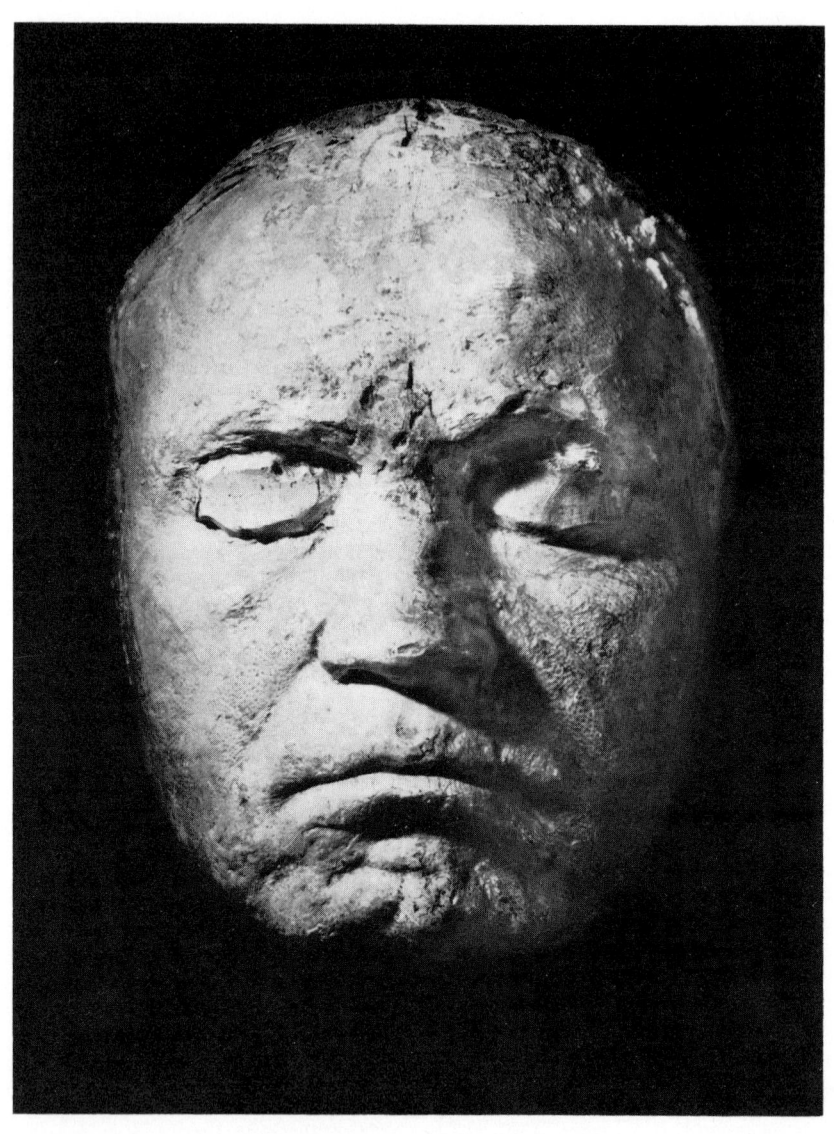

1   *Ludwig van Beethoven, Lebendmaske*

2 *Kalligraphie des Zenmeisters Hakuin (1685–1768)*

3   *Mozart am Klavier, Bild seines Schwagers Lange*

4   *Dinu Lipatti*

5   *Schubert am Klavier, Zeichnung von M.v.Schwind*

6   *Schuberts Zimmer, Zeichnung von M.v.Schwind*

7   *Franz Liszt*

8 Adam Liszt, der Vater von Franz

9   *Fanny Bloomfield-Zeisler*

10 *Anton Bruckner*

11 *Max Reger*

12   *Felix Mendelssohn-Bartholdy, Daguerreotypie*

13   *Joseph Joachim*

14 *Johannes Brahms, Zeichnung von Willy von Beckerath*

15 *Camille Saint-Saëns und Pierre Monteux*

16   Béla Bartók mit seiner Schülerin Ann Chenée

17   George Enescu und Yehudi Menuhin

18 *Igor Strawinsky*

19 *Sergiu Celibidache*

20   J. S. Bach, Altersbild

21   *Anton von Webern*

22 *Olivier Messiaen*

23   *Ferruccio Busoni*

24　*Sri Aurobindo*

25   »Die Mutter«

26 Huta, Symbolische Darstellung des Einsseins mit dem Göttlichen
    Geist und Materie vereinigen sich in der Erleuchtung

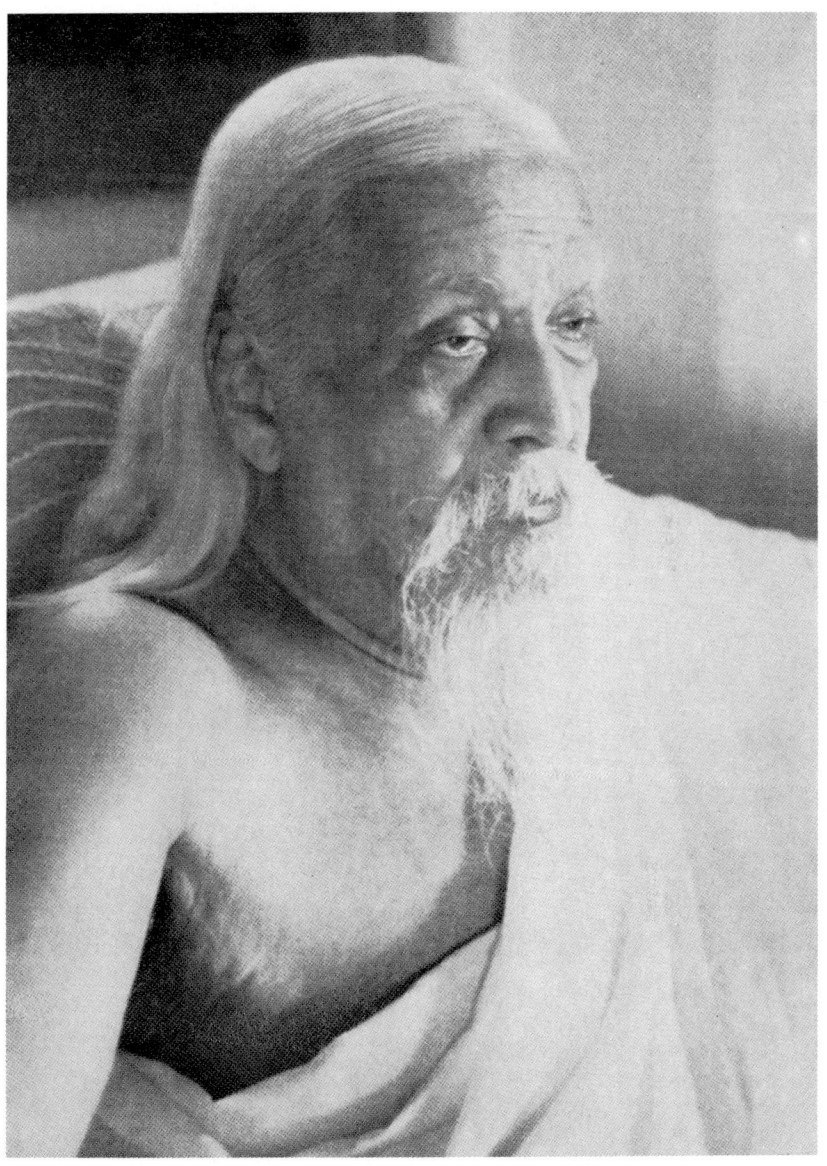

27 *Sri Aurobindo in seinen letzten Jahren, Aufnahme von Cartier Bresson*

28   *Donald Francis Tovey*

29 *Pablo Casals*

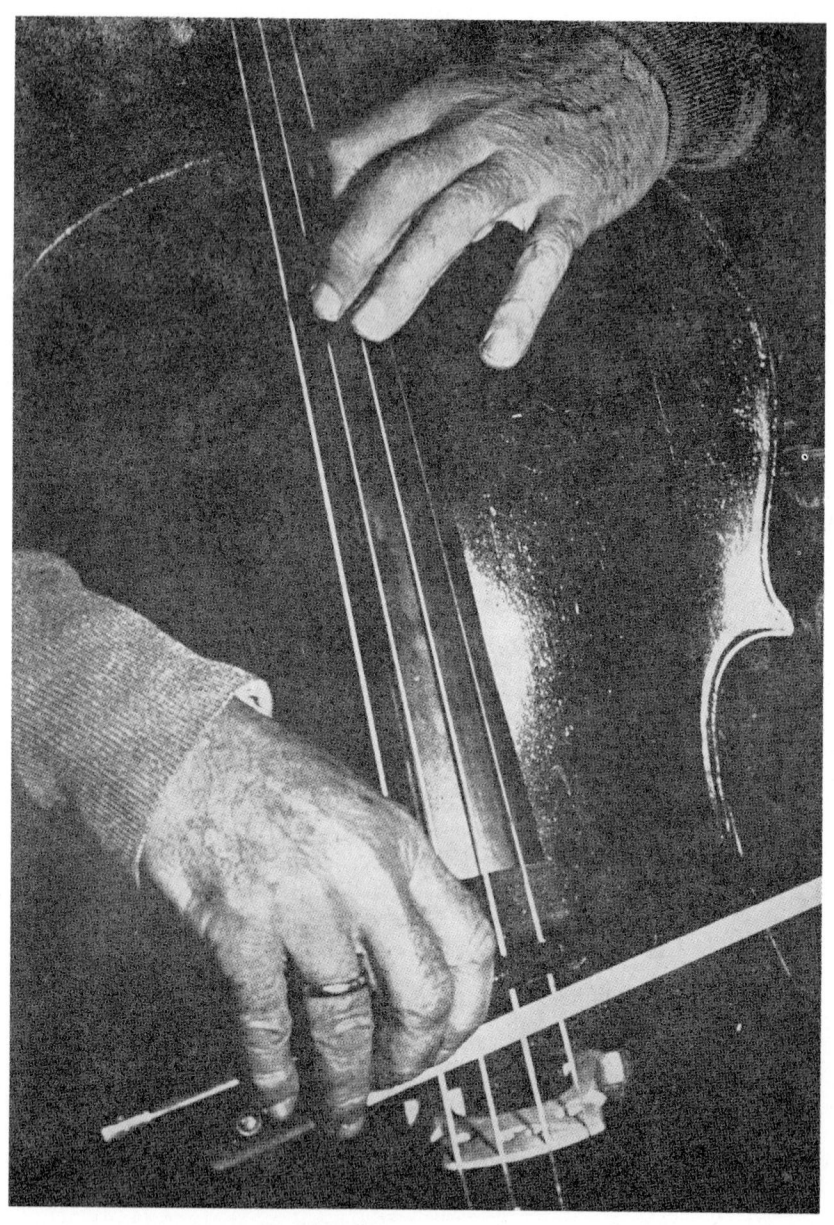

30 *Casals' Hände, Aufnahme von Mallais du Carroy*

31 *Unterricht bei Casals*

32   *Casals und seine Frau Martita*

33   *Casals, seine Frau Martita, Rudolf von Tobel und Wilhelm Kempff*

34　Casals in der Berliner Philharmonie, etwa 1930

35   Niccolò Paganini, Skizze von Delacroix

36   Casals bei einer Orchesterprobe

37   *Pablo Casals*

38   *Pablo de Sarasate*

39   *Mieczyslaw Horszowski*

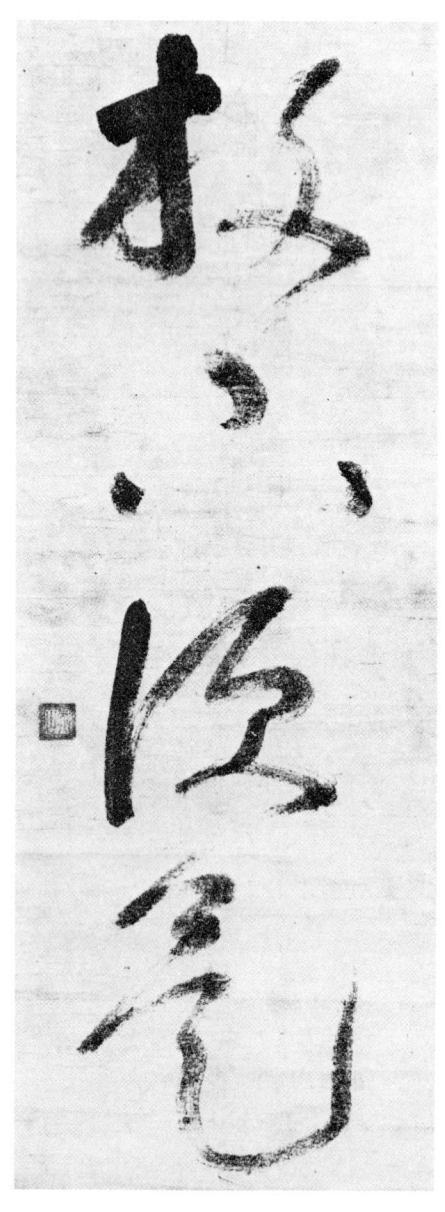

40   Musik in einem anderen Medium: Kalligraphie des »Königs von Japan«,
des Shôgun Ashikaga Yoshimitsu (1358–1408)

Otto Wiedemann geschn.

41   *Arthur Nikisch*

42   *Rudolf Serkin*

43   *Arthur Nikisch, Zeichnung von Eugen Spiro*

44   Enrico Caruso, Sheepshead Bay, 1918

*45   Arturo Toscanini in seinem Musikzimmer, Mailand 1954,
Aufnahme von David Seymour*

46 *Arthur Rubinstein und André Cluytens, Beethoven, 4. Klavierkonzert, 2. Satz,*
Aufnahme von Roger Hauert

47   *Sir Adrian Boult*

48   Wilhelm Furtwängler und Paul Badura-Skoda

49   Wilhelm Furtwängler

50   *Wilhelm Furtwängler*

51   *Wilhelm Furtwängler in der Berliner Philharmonie*

52   *Franz Liszt und der Geiger Eduard Reményi*

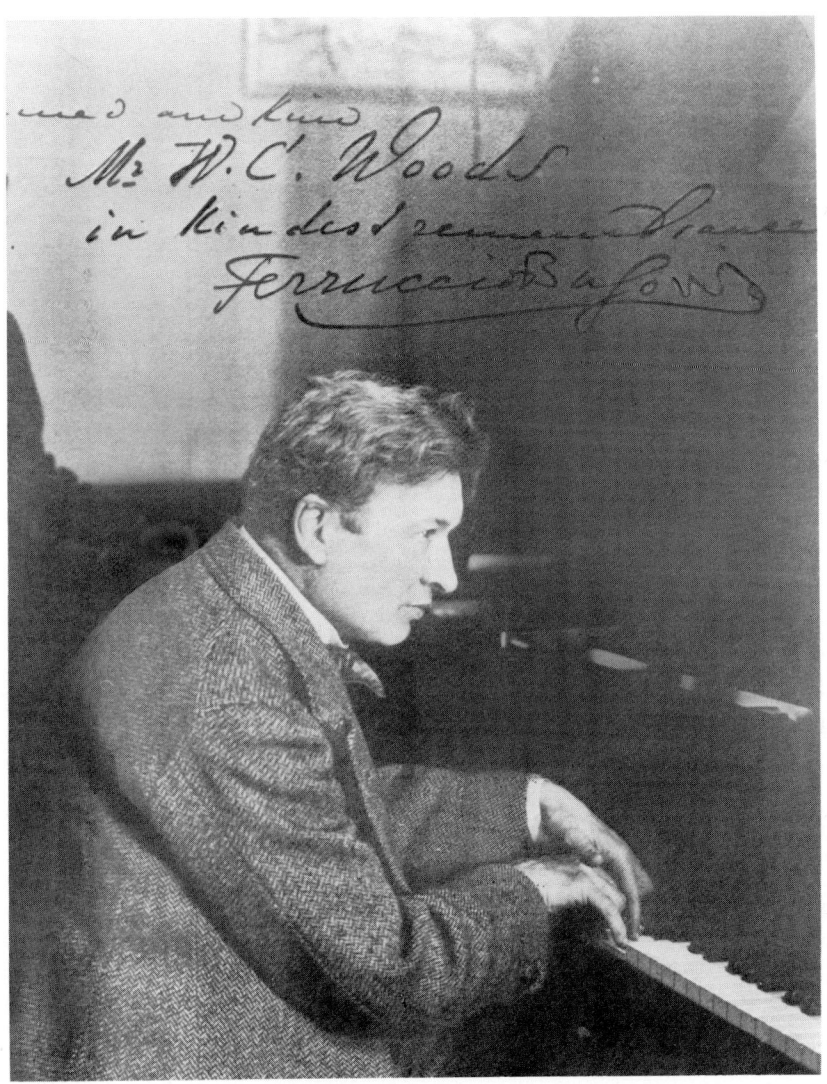

53   *Ferruccio Busoni bei einer Aufnahme, New York 1915*

54　*Clara Schumann*

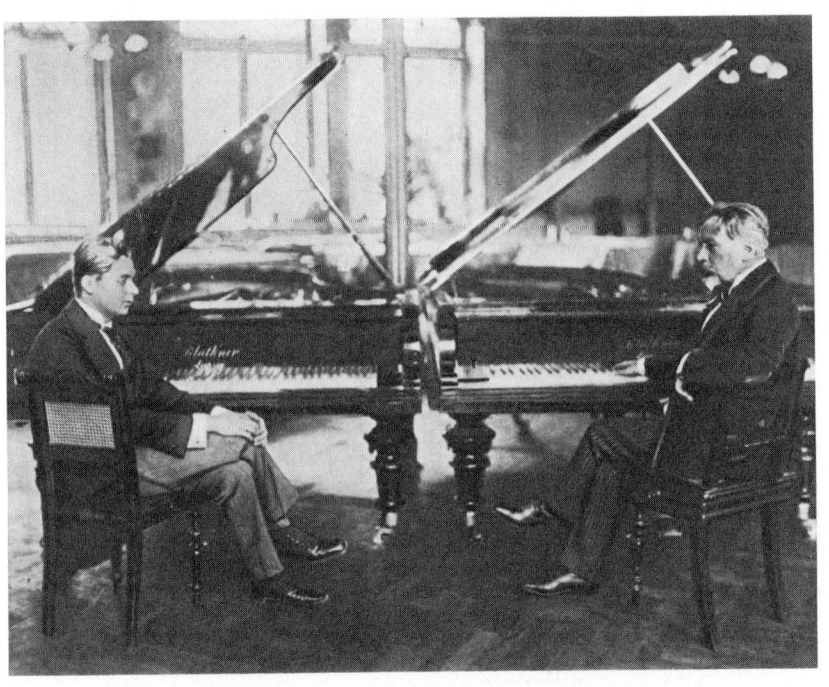

55 *Arthur Nikisch und sein Sohn Mitja*

56 *Walter Gieseking, Aufnahme von Roger Hauert*

57   *Ferruccio Busoni*

58   *Dame Myra Hess*

59   *Franz Liszt, Aufnahme von Hanfstaengl*

60   *Alfred Cortot*

61   *Bruno Walter*

62   *Svjatoslav Richter*

63   *Franz Liszt, 1886*

64 *Ägyptisches Gefäß: Sich dem Schöpfer öffnen, wie die Blumen sich der Sonne öffnen.*

Verzeichnis der Quellen

Wir danken den Verlagen, Autoren und Fotografen für ihre Abdrucksgenehmigungen. In einigen Fällen war es nicht möglich, die Rechtsinhaber ausfindig zu machen, wir bitten sie, sich zu melden, die Rechtsansprüche bleiben gewahrt.

Johann Sebastian Bach
Bach-Archiv Leipzig, Leitung Werner Neumann (Hrsg.): *Bach-Dokumente*. Kassel: Bärenreiter Verlag 1963.

Georg Friedrich Händel
Schaal, Richard (Hrsg.): *Georg Friedrich Händel, Beiträge zu seiner Biographie*. Wilhelmshaven: Heinrichshofensverlag 1979.

Joseph Haydn
Reich, Willi (Hrsg.): *Joseph Haydn, Chronik seines Lebens*, Zürich: Manesse Verlag 1962.

Die Bücher der Musikreihe des Manesse Verlages sind sehr zu empfehlen. Sie beruhen auf Originaldokumenten in sehr sorgfältiger Auswahl, die für den Leser grundlegenden Lesestoff bietet. Die wissenschaftliche Bearbeitung ist hervorragend und die typographische Darbietung bis hin zur einzelnen Versalien-Zeile ist außerordentlich ansprechend.

Wolfgang Amadeus Mozart
Bauer, W. A. (Hrsg.): Mozart, *Briefe und Aufzeichnungen*, Kassel: Bärenreiter Verlag 1962; Deutsch, O. E. und Eibl, J. H. (Hrsg.): Mozart, *Dokumente seines Lebens*. Kassel: Bärenreiter Verlag 1963; Niemetschek, Franz Xaver: *Lebensbeschreibung des k. k. Kapellmeisters Wolfgang Amadeus Mozart*, Reprint der Ausgabe von 1808. Leipzig: VEB Deutscher Verlag für Musik 1978; Novello, Mary und Vincent: *Eine Wallfahrt zu Mozart aus dem Jahre 1829*. Hrsg. Nerina Medici di Marignano und Rosemary Hughes. Bonn: Boosey & Hawkes 1959; Schlichtegroll, Friedrich: *Mozarts Leben*. Hrsg. J. H. Eibl. Kassel: Bärenreiter Verlag 1974;

Ludwig van Beethoven
Kerst, Friedrich: *Erinnerungen an Beethoven*. Stuttgart 1913; Reich, Willi (Hrsg.): *Beethoven, seine geistige Persönlichkeit im eigenen Wort*. Zürich: Manesse Verlag 1963.

Igor Strawinsky, Über Beethovens Klaviersonaten
Strawinsky, Igor: *Beethovens Piano Sonatas*. New York: Harpers Magazine März 1975.

Donald Francis Tovey, Analyse von musikalischen Meisterwerken
(Überschrift vom Hrsg.) Tovey, Donald Francis: *A Companion to Beethoven's Piano Sonatas* (Einleitung). London: Associated Board of the Royal Schools of Music 1943; Grierson, Mary: *Donald Francis Tovey*. Westport, Connecticut: Greenwood Press 1970.

Franz Schubert
Reich, Willi (Hrsg.): *Franz Schubert im eigenen Wirken und in den Betrachtungen seiner Freunde*. Zürich: Manesse Verlag 1971; Deutsch, O. E. (Hrsg.): *Schubert, die Dokumente seines Lebens*, Kassel: Bärenreiter Verlag 1964.

Franz Liszt
Dupré, Marcel: *Erinnerungen*, Berlin: Merseburger Verlag 1981; Weißheimer, Wendelin: *Erlebnisse mit Richard Wagner, Franz Liszt und vielen anderen Zeitgenossen*. Stuttgart 1898.

Frederic Horace Clark, Liszts Offenbarung
Clark, Frederic Horace: *Liszts Offenbarung* (gekürzt). Berlin 1907.

Richard Wagner
Weißheimer, Wendelin: *Erlebnisse mit Richard Wagner, Franz Liszt und vielen anderen Zeitgenossen.* Stuttgart 1898

César Franck
Tournemire, Charles: *Erinnerungen an César Franck.* Paris 1931.

Johannes Brahms
Johannes Brahms, Symphonischer Sommer (Erzählt von Hans A. Neunzig, fotografiert von Sigrun Asshauer und Henning Berkefeld). München, Wien: Mahnert Lueg bei Langen Müller 1983; Heuberger, Richard: *Erinnerungen an Johannes Brahms.* Hrsg. Kurt Hofmann. Tutzing: Verlag Hans Schneider 1976; Rufer, Josef: *Bekenntnisse und Erkenntnisse,* Frankfurt: Ullstein und Propyläen Verlag 1979.

Peter Iljitsch Tschaikowskij
Bücken, Ernst: *Musikerbriefe,* Leipzig 1940

Engelbert Humperdinck
Irmen, Hans-Josef: *Die Odyssee des Engelbert Humperdinck.* Siegburg: Geschichts- und Altertumsverein 1975.

Richard Strauss
Strauss, Richard: *Betrachtungen und Erinnerungen,* Zürich 1949

Ferruccio Busoni
Busoni, Ferruccio: *Briefe an seine Frau.* Hrsg. Friedrich Schnapp. Erlenbach-Zürich: Rotapfel Verlag 1935.

Max Reger
Schreiber, Ottmar: *Max Reger in seinen Konzerten I,* Bonn: Dümmler Verlag 1981.

Arnold Schönberg
Schönberg, Arnold: *Harmonielehre.* Wien Universal Edition 1922.

Arnold Schönberg, Zur Kompositionslehre
Schönberg, Arnold: *Stil und Gedanke.* Hrsg. Ivan Vojtech. Frankfurt/Main: S. Fischer Verlag 1976.

Maurice Ravel
Ewen, David: *The book of modern composers,* New York 1947. (Zitiert nach Josef Rufer: *Bekenntnisse und Erkenntnisse.* Frankfurt: Ullstein und Propyläen Verlag 1979)

Pablo Casals
Alavedra, Joan: Einführung in die Schallplattenaufnahme von »El Pessebre«. CBS.

Igor Strawinsky
Strawinsky, Igor: *Musikalische Poetik und Lebenserinnerungen, Gespräche mit Robert Craft.* Mainz: Atlantis Verlag und B. Schott's Söhne 1957; Lindlar, Heinrich (Hrsg.): *Musik der Zeit, Strawinsky in Amerika* und *Strawinsky, Wirklichkeit und Wirkung.* Bonn, Boosey & Hawkes 1955 und 1958. Nabokov, Nicolas: *Igor Strawinsky.* Berlin: Colloquium Verlag 1964.

678

Othmar Schoeck
Corrodi, Hans: *Othmar Schoeck*. Frauenfeld: Verlag Huber & Co. AG. 1956; Vogel, Werner: *Othmar Schoeck im Gespräch*. Zürich: Atlantis Verlag 1965.

Olivier Messiaen
Contrepoints, No. 3, 1946

Satprem, Mantrische Dichtkunst
Satprem: *Sri Aurobindo oder das Abenteuer des Bewußtseins*. Weilheim/Obb.: Otto Wilhelm Barth Verlag 1970.

Rudolf Steiner, Vom Wesen des Musikalischen
Dornach/Schweiz: Rudolf Steiner Verlag 1975

Günther Braunger, Der verlorene Klang
Beitrag für dieses Buch.

Johannes Brahms und die Inspiration:
(Überschrift und Zwischentexte vom Herausgeber) Abell, Arthur M.: *Gespräche mit berühmten Komponisten*. Kleinjörl bei Flensburg: G. E. Schroeder Verlag 1962; *Aus dem Leben der Prophetin Gottes. Die christliche Myterienschule. ein ehemals geistig unwissender Mensch auf dem Pfad zu Gott*. Herausgegeben von der Gemeinschaft zur Förderung des Heimholungswerkes Jesu Christi e. V. Würzburg 1983 und 1984.

Jesus, Sohn des Joseph
(Überschrift vom Herausgeber) *The Apocryphal New Testament*, translated by M. R. James (englische Ausgabe) erschienen bei The Clarendon Press, Oxford. Siehe auch E. Hennecke: Neutestamentliche Apokryphen Band II. Tübingen: J. C. B. Mohr Verlag 1971; Lefort, Rafael: *Die Lehrer Gurdjieffs*. Frankfurt/Main: Verlag Bruno Martin 1980.

Sri Aurobindo, Briefe an seine Schüler über Kunst
(Überschrift vom Herausgeber) Roy, Dilip Kumar: *Sri Aurobindo kam zu mir*. Frankfurt/Main: Fischer Verlag 1978; Sri Aurobindo: *The Future Poetry and Letters on Poetry, Literature and Art*. Pondicherry: Sri Aurobindo Ashram 1972; Sri Aurobindo: *Die späten Sonette*, übersetzt von Carlo Schüller. Pondicherry; Auropublications 1980; Sri Aurobindo: *Last Poems*. Pondicherry: Sri Aurobindo Ashram 1952; Wolff, Otto (Hrsg.): *Sri Aurobindo, Der integrale Yoga*. Hamburg: Rowohlt Verlag 1957.

»Die Mutter«, Gespräche über Musik und Kunst
(Überschrift vom Herausgeber) »Die Mutter«: *Gespräche* 1929. Pondicherry: Verlag SABDA 1976; *Für die Zukunft*, Zeitschrift der Mirasangha und Mirapuri Freunde Nr. 16, Die Mutter über Kunst. Planegg: Mirapuri Verlag 1984.

Rosemary Brown, Toveys zehn Gebote für Musiker
Brown, Rosemary: *Kompositionen aus dem Jenseits*. München: Goldmann Verlag 1981.

Gopi Krishna, Kosmisches Bewußtsein und Inspiration Gopi Krishna: *The Shape of the Events to come*. New Delhi: Kundalini Research and Publication Trust 1979.

John Diamond, Musiktherapie
(Überschriften vom Herausgeber) Diamond, John: *Lebensenergie in der Musik*. Zürich: Verlag Bruno Martin und Jecklin 1983.

David Villaseñor, Mandalas im Sand
Obernhain: Iris Verlag 1974.

Peter Tompkins und Christopher Bird, Pflanzen und Musik
(Überschrift vom Herausgeber) Tompkins, Peter und Bird, Christopher: *Das geheime Leben der Pflanzen*. Frankfurt: Fischer Verlag 1977.

Dorothy Maclean, Du kannst mit Engeln sprechen
Forstinning/München: Aquamarin Verlag 1983.

Mohan Singh, Botschaft eines Yogi
Zürich, Origo Verlag 1956

Von Drüben
Remagen: Der Leuchter, Otto Reichl Verlag 1976

Gayle High Pine, Der nicht-progressive große Geist
Gesellschaft für bedrohte Völker (Hrsg.): *Akwesane. Wo das Rebhuhn balzt.* Indianische Texte. München: Trikont Verlag 1982.

Carlos Castaneda, Sacateca
(Überschrift vom Herausgeber) Carlos Castaneda; *Eine andere Wirklichkeit*, Neue Gespräche mit Don Juan. Frankfurt/Main: Fischer Verlag 1975.

Aus Gurdjieffs Gesprächen
(Überschrift vom Herausgeber) Gurdjieff, Georg I.: *Aus der wirklichen Welt.* Gurdjieffs Gespräche mit seinen Schülern. Basel: Sphinx Verlag 1982.

Aphorismen und kurze Texte
Aivanhov, Omraam Mikhael: *Auf dem Weg zur Sonnenkultur.* Fréjus (France): Prosveta Verlag 1982; Caddy, Eileen: *Spuren auf dem Weg zum Licht.* Kimrathshofen: Greuth Hof Verlag 1983; Duno, Beinsa: *Spruchweisheit.* Remagen: Der Leuchter, Otto Reichl Verlag 1984.

Pablo Casals, Du bist ein Wunder
(Überschrift vom Herausgeber) Kahn, Albert E.: *Pablo Casals.* Frankfurt/Main: S. Fischer Verlag 1970.

Pablo Casals, Ein Brief und ein Aufruf zugleich
Kern, Elga (Hrsg.): *Wegweiser in der Zeitenwende.* Basel: Ernst Reinhardt Verlag 1955.

Rudolf von Tobel, Casals als Lehrer
(Überschrift vom Herausgeber) Tobel, Rudolf von: *Pablo Casals.* Erlenbach-Zürich: Rotapfel-Verlag 1941.

Busoni als Lehrer
(Überschrift vom Herausgeber) Selden-Goth, Gisela: *Ferruccio Busoni.* Leipzig 1922; Stuckenschmidt, H. H.: *Ferruccio Busoni.* Zürich und Freiburg: Atlantis Verlag 1967.

Charles Cooke, Die Freuden des Klavierspiels
Zürich: Origo Verlag 1949.

Unterricht bei Brahms
(Überschrift vom Herausgeber) Heuberger, Richard: *Erinnerungen an Johannes Brahms*. Tutzing: Verlag Hans Schneider 1976; Reich, Willi (Hrsg.): *Gespräche mit Komponisten*. Zürich: Manesse Verlag 1965; Schumann, Eugenie: *Erinnerungen*. Stuttgart: 1925.

Arnold Schönberg, Schulung des Ohrs durch Komponieren
Schönberg, Arnold: *Stil und Gedanke*. Frankfurt/Main: S. Fischer Verlag 1976.

Eberhard Fiebig, Die Herrschaft der Phantasielosen
Frankfurt: Frankfurter Allgemeine Zeitung Nr. 134, 12. Juni 1981

Scheich Abdul Muhi Kreativität
(Überschrift vom Herausgeber) Lefort, Rafael: *Die Lehrer Gurdjieffs*. Frankfurt: Verlag Bruno Martin 1980.

Eugen Herrigel, Zen in der Kunst des Bogenschießens
Weilheim, Obb.: Otto-Wilhelm-Barth-Verlag 1960.

Miyamoto Musashi, Schwertkunst
(Überschrift vom Herausgeber) Musashi, Miyamoto: *Das Buch der fünf Ringe*. Düsseldorf: Econ Verlag 1983; Reps, Paul: *Ohne Worte – ohne Schweigen*. Übertragung aus dem Englischen von Ulli Olvedi. Bern, München, Wien: Scherz Verlag für Otto Wilhelm Barth Verlag 1976.

Lafcadio Hearn, Japanische Kalligraphie
(Überschrift vom Herausgeber) Hearn, Lafcadio: *Nippon*. Köln: DuMont Buchverlag 1981.

Sato Tsuji, Vom rechten Sitzen
Graf Dürckheim, Karlfried: *Wunderbare Katze*. Bern-München-Wien: Scherz Verlag für Otto Wilhelm Barth Verlag 1964; Graf Dürckheim, Karlfried: *Hara*. Weilheim/Obb.: Otto Wilhelm Barth Verlag 1967.

Heinrich von Kleist, Über das Marionettentheater
Kleist, Heinrich von: *Über das Marionettentheater*. Aufsätze und Anekdoten. Frankfurt/Main: Insel Verlag 1980.

Johannes Ludwig Schmitt, Wie die Woge den Kahn
Mauerer, Josef H.: *Der Atemdoktor*. Leben und Werk des Dr. med. Ludwig Schmitt. Planegg: Jukunda 1976.

Arthur Nikisch
Chevalley, Heinrich (Hrsg.): *Arthur Nikisch, Leben und Wirken*. Berlin: 1922. *Große deutsche Dirigenten*. Berlin: Verlag Severin und Siedler 1981.

Wilhelm Furtwängler
Gillis, Daniel (Hrsg.): *Furtwängler Recalled*. Zürich und New York: Atlantis Verlag und Meredith Press 1965; Höcker, Karla (Hrsg.): *Wilhelm Furtwängler*. Berlin: Rembrandt Verlag 1968; Kaiser, Joachim: *Erlebte Musik*, Teil 1. München und Kassel: Deutscher Taschenbuch Verlag und Bärenreiter Verlag 1982 und Hamburg: Hoffmann und Campe Verlag 1977; Schmidt, Felix: *Musikerportraits*. Hamburg: Hoffmann und Campe Verlag 1984. (Übersetzungen von Carola Dietlmeier)

Sir John Barbirolli, Einige Worte über das Dirigieren
Nicht auffindbare Herkunft

Ernest Ansermet, Aus Gesprächen über Dirigieren
Ansermet, Ernest und Piguet, J.-Claude: *Gespräche über Musik*, München: R. Piper & Co.
Verlag 1973.

Hans Diestel, Ein Orchestermusiker über das Dirigieren
Diestel, Hans: *Ein Orchestermusiker über das Dirigieren*, Wilhelmshaven: Otto Heinrich
Noetzel Verlag 1960.

Sir Adrian Boult, Casals als Dirigent
Kirk, H. L.: *Pablo Casals, A Biography*. London: Hutchinson & Co. 1974.

Willi Schmid, Pablo Casals
Schmid, Willi: *Unvollendete Sinfonie*. München: Oldenbourg Verlag 1935

Paul Klee, Pablo Casals
Klee, Paul: *Tagebücher*. Köln: Verlag M. DuMont Schauberg 1957

Die Kunst des Violoncellospiels
(Überschrift vom Herausgeber) Applebaum, Samuel & Sada: *The Way They Play*, Book 1.
Neptune City: Paganiniana Publications 1972.

David Blum, Casals' »expressive Intonation«
(Überschrift vom Herausgeber) Blum, David: *Pablo Casals und die Kunst der Interpretation*.
Wilhelmshaven: Heinrichshofens Verlag 1981.

Sinah Kessler, Barlettas Bandoneon
Frankfurter Allgemeine Zeitung vom 31.3.1971

Joseph Kanz, Probleme des Chorgesangs
Beitrag für dieses Buch. Vorabdruck aus gleichnamigem Buch.

Enrico Caruso
Bie, Oscar: *Die Oper*. Berlin: 1913; Neudruck München: Noack-Hübner Verlg 1980; Thomas,
Franz: *Belcanto, Die Lehre des Kunstgesangs nach der altitalienischen Schule*. Berlin: Georg
Achterberg Verlag 1968.

Tobias Augustus Matthay, Das Element des Rubato
Matthay, T. A.: *Musical Interpretation*. London: Joseph Williams 1913.

Tempo Rubato (Zeugnisse aus drei Jahrhunderten)
Für diese Texte wurden neben den eigenen Schriften der Autoren und biographischen Schriften über sie folgende Werke benutzt: Bücken, Ernst (Hrsg.): *Die großen Meister der Musik*,
Band 1-12. Potsdam: Akademische Verlagsgesellschaft Athenaion 1932-1935; Bücken, Ernst
(Hrsg.): *Handbuch der Musikwissenschaft*, Band 1-10. Potsdam: Akademische Verlagsgesellschaft Athenaion 1928-1931 (besonders der Band »Aufführungspraxis der Musik« von Dr. Robert Haas); Müller-Blattau, Joseph (Hrsg.): *Hohe Schule der Musik*, Band 1-4. Potsdam: Akademische Verlagsgesellschaft Athenaion 1935.

Ebenfalls benutzte Bücher: Marek, Czesław: *Lehre des Klavierspiels*, Zürich: Atlantis Verlag 1977; Reinecke, Carl: *Aus dem Reich der Töne*. Leipzig: 1907; Rufer, Josef (Hrsg.): *Musiker über Musik*. Darmstadt: Stichnote Verlag 1956; Wörner, Karl H. (Hrsg.): *Musikerworte*. Baden-Baden: P. Keppler Verlag 1949.

Zu den Abbildungen: Es war oftmals unmöglich zu diesen Bildern gute Vorlagen zu finden, andere Abbildungen der gleichen Personen hätten nicht den gewünschten Sinn ergeben. Der Leser wird deshalb um Verständnis gebeten. 1 Lebendmaske von Franz Klein, Beethovenhaus, 2 »Verehrung dem großen Höllen-Bodhisattva«, Hyôgo, Sammlung Yamamoto Kiyoo, Katalog der Ausstellung »Sho« des Ostasiatischen Museums Köln, 3 Mozarthaus Salzburg, 4 photo x,5 Aus dem Besitz von Prof. W. K., 6 Schubert Museum Wien, 7 Paul Nadar, 8 Ungarisches Nationalmuseum, 11 Max Reger-Gesellschaft, Bonn, 15 M. Rol, Paris, 16 G. D. Hackett, N. Y., 17 Agence France Press, 18 Arnold Newmann, 20 Prof. Volbach, 21 Moldenhauer Archive, Spokane, Washington, 22 Jacana, 24-27 Sri Aurobindo Ashram, Pondicherry, 28 Oxford University Press, 29 E. Matter, Montreux, 31 A. Genovese, Vernet-Les-Bains, 33 A. Genovese, 34 SV Bilderdienst, 35 Archives Photographiques, Paris, 37 Pandis Lutetia, 39 A. Genovese, 40 »Wenn du ganz gelöst bist, dann ist es richtig« Kyôto, Shôkoku-ji, Katalog der Ausstellung »Sho«, 44 Dorothy Caruso, 45 Grossmann Publishers, 47 Emi Records, 61 Fritz Eschen, 63 Goethe Nationalmuseum, 64 Ägyptisch, XVIII Dynastie

*

Es war schwer aus der Fülle des Materials eine Auswahl für dieses Buch zu treffen. Es wurden Textstellen ausgewählt, die möglichst unmittelbaren Einblick in die schöpferische Tätigkeit geben, und der Leser ist aufgefordert unter den zur Verfügung stehenden Schätzen selber Nachlese zu halten.

Die handwerkliche Bewältigung des Meisterwerks und das Eindringen in seine Atmosphäre haben immer Vorrang, aber für den, der lesen und auch auf diesem Wege lernen will, kommen nach den Worten der Meister über ihr Werk die Aussagen der genialen Deuter. Sie haben das Feuer ebenfalls brennen sehen und können deshalb handwerkliche und psychologische Kenntnisse vermitteln, die den Kern der Dinge berühren (Adorno, Bernstein, Georgiades, Hindemith, Kayser, de la Mottte, Schenker, Schönberg, Steiner, Tovey u. a.). Ebenso gibt es großartige biographische Werke, aber bei der Deutung historischer Einzelheiten besteht die ernste Gefahr, daß der Leser einen Weg geführt wird, der weder der seine noch der des Gedeuteten ist, peinvoll sind: Wertung, die düstere Vermutung, die unbelegte Folgerung und das Halbzitat. In manchem unbefangenen Bericht, einer Traumnotiz, einer Anekdote ist mehr historische und psychologische Wahrheit enthalten als in ausführlichen Werken. Viele Leser wünschen sich zuerst Texte, die sie selber deuten können, und sollten die Berichte ungenau sein, sind sie doch wahrer und wichtiger als eine Deutung, die auf ihnen beruhen muß.

Zum Schluß: Dieses Buch soll Bilder, Dichtung und Musik beschwören und jungen Komponisten helfen Wege zu Werken zu finden, die denen der Meister vergleichbar sind.

Hilfe durch Yoga

Beschrieben und auf fünfzig Bildern dargestellt von *Gerlinde Fiedler*.
Die bekannte Yoga-Lehrerin aus Berlin hat zu diesem Buch drei Platten
bzw. Cassetten besprochen:
Aufnahme 1: Platte Nr. 6.23 092 (Cassette Nr. 4.23 092 und Nr.
64.22 963).
Aufnahme 2: Platte Nr. 6.23 752 (Cassette Nr. 4.23 752 und Nr.
64.22 965).
Aufnahme 3: Platte Nr. 66.22 541 (Cassette Nr. 64.22 541)
Dazu aus den vielen Zuschriften:
»Genau so, wie Sie es darbieten, mit der Fülle und Tiefe des meditativen
Hintergrundes, gibt es wirklich nichts Vergleichbares! Keine Musik als
Drogenersatz, sondern aufrichtige Spiritualität. – Herzlichen Dank für
Ihr Wirken, für das, was Sie uns täglich sagen.«

Aus dem Vorwort der Verfasserin:
Während meiner langjährigen Tätigkeit als Krankengymnastin und Phy-
siopraktikerin im In- und Ausland beschäftigte mich immer wieder die
Frage, warum Menschen, die den innigen Wunsch haben gesund zu sein
auch meistens sehr schnell gesund werden, und warum andere dagegen,
denen dieser ursprüngliche Drang fehlt, oftmals für lange Zeit sich und
ihren Mitmenschen zur Last werden. Sehr bald erkannte ich, wie wichtig
die Einstellung der Menschen sich selbst und dem Leben gegenüber ist. So
kam ich zu der Überzeugung, daß man nicht erst beim kranken Menschen
helfend eingreifen sollte, sondern schon beim gesunden, und nicht zuerst
beim Körper, sondern beim Wesen des Menschen selbst, bei seiner gei-
stig-seelischen Haltung.

Den Schlüssel hierzu – erst nur erahnt, inzwischen vielfach in der Praxis bestätigt, – fand ich in der *Yoga-Lehre*. Nach Jahren des Studiums dieser Lehre eröffnete ich eine Yoga-Schule. Nun habe ich die wichtigsten
Übungen und ihre Wirkungen erläutert und habe versucht, die Wechselwirkung von Körper, Geist und Seele verständlich zu machen. Wie groß
das Bedürfnis, die wichtigsten Yoga-Übungen kennenzulernen, ist, zeigten die vielen Zuschriften und Anfragen, die mich erreichten, nachdem
ich eine Reihe von Aufsätzen in der Zeitschrift »*Der Naturarzt*« (Paracel-
sus-Verlag, Stuttgart) veröffentlichte.

Yoga am Arbeitsplatz

Ausgleichsübungen für jedermann mit vielen graphischen Darstellungen. Beschrieben von Gerlinde Fiedler.
»Ich fühle mich ausgeglichener, ruhiger und vitaler als je zuvor… Ich danke Ihnen sehr.« *(Aus einer Zuschrift)*

Lyrische Meditation

Vom Weg nach Innen und vom Licht des Geistes.
Worte der Besinnung von Gerlinde Fiedler.

Erschienen im

Metzmaier Verlag
Baden-Baden/Stuttgart

Dieses Buch
wurde gesetzt aus der Aldus
im Foto Satz Pfeifer, München,
es wurde gedruckt und gebunden
bei Hieronymus Mühlberger in Augsburg,
die Reproarbeiten besorgten Gebrüder Czech, München,
der Titel wurde entworfen von Willi Beck, München,
die Notenvorlagen erstellte Michael Novotny, München
Spezialübersetzungen stammen von Ken W. Bartlett
und Carola Dietlmeier, München
Herstellung K.D.M.

*

Zu diesem Buch
ist ein Plakat in Din A 1 erschienen,
auf dem die Portraits der wichtigsten Komponisten
nach Originalabbildungen im Postkarten-
format farbig abgedruckt sind.
Bestell-Nr. MH 1010